TODAS AS PARÁBOLAS DA BÍBLIA

Uma Análise Detalhada de Todas as Parábolas das Escrituras

HERBERT LOCKYER

Dedicado

a

JAMES CORDINER, DE ABERDEEN
—grande defensor da fé—,
e a seus quatro filhos,

James Jr.,
Alfred,
Norman,
Stephen,

todos igualmente dedicados
à causa de Cristo.

TODAS AS PARÁBOLAS DA BÍBLIA
©1963, por Herbert Lockyer
©1999 por Editora Vida
Esta obra foi publicada em inglês com o título
All the Parables of the Bible
por Zondervan Publishing House.

Editora Vida
Rua Conde de Sarzedas, 246 — Liberdade
CEP 01512-070 — São Paulo, SP
Tel.: 0 xx 11 2618 7000
atendimento@editoravida.com.br
www.editoravida.com.br
@editora_vida /editoravida

Todos os direitos reservados por Editora Vida.
Proibida a reprodução por quaisquer meios, salvo em breves citações, com indicação da fonte.

Editor responsável: Reginaldo de Souza
Preparação de texto: Mardônio Nogueira e Fabiano Medeiros
Revisão de provas: João Lira e Josué Ribeiro
Diagramação: Imprensa da Fé
Capa: Nouveau Comunicação

Todas as citações bíblicas e de terceiros foram extraídas da *Almeida Edição Contemporânea* (AEC), ©2001, publicada por Editora Vida, salvo indicação contrária.

1. edição:	1999
9ª reimp.:	2009
10ª reimp.:	2011
11ª reimp.:	2012
12ª reimp.:	jun. 2013
13ª reimp.:	mar. 2014
14ª reimp.:	jan. 2016
15ª reimp.:	fev. 2017
16ª reimp.:	maio 2018
17ª reimp.:	maio 2019
18ª reimp.:	jan. 2021
19ª reimp.:	mar. 2022
20ª reimp.:	nov. 2023

Esta obra foi composta em *Adobe Garamond Pro*
e impressa por Gráfica Expressão e Arte sobre papel
Snow Bright 60 g/m² para Editora Vida.

SUMÁRIO

Introdução 7
A longevidade do método de parábolas, 7; O significado do termo *parábola*, 9; As várias divisões da linguagem figurada, 13; O valor da instrução por parábolas, 17; A missão da parábola, 18; A falsa e a verdadeira interpretação da parábola, 19; As múltiplas formas da parábola, 23

Primeira parte — As parábolas do Antigo Testamento

Introdução 27
As parábolas dos livros históricos (Gênesis — Jó) 29
As parábolas de Salomão (Provérbios, Eclesiastes
e Cântico dos Cânticos) 45
As parábolas de Isaías 49
As parábolas de Jeremias 54
As parábolas de Ezequiel 66
As parábolas de Daniel 99
As parábolas de Oséias, de Miquéias e de Habacuque 108
As parábolas de Zacarias e de Malaquias 114

Segunda parte — As parábolas do Novo Testamento

Introdução 137
As parábolas e seu potencial na pregação 137; Parábolas como retratos falados, 143; As parábolas de acordo com um esboço, 146; Parábolas do início do ministério, 148; Parábolas do final do ministério, 148; Parábolas da semana da paixão, 149

As parábolas de João Batista 149
As parábolas do Senhor Jesus Cristo 158
em Mateus 160
em Marcos 286
em Lucas 292
Ausência de material parabólico em João 359
Instruções parabólicas em Atos 395
Instruções parabólicas nas epístolas paulinas 400
Instruções parabólicas nas epístolas universais 407
Instruções parabólicas em Apocalipse 414

Bibliografia 429

Índice de assuntos 431

INTRODUÇÃO

Em todo o âmbito literário não há livro mais rico em material alegórico e em parábolas do que a Bíblia. Onde, por exemplo, podemos encontrar parábolas, emblemas ou figuras de linguagem comparáveis àquelas que os grandes profetas da antiguidade —dentre os quais Jesus, o maior de todos eles— empregavam quando discursavam aos de sua época? Sabendo do poder e do fascínio da linguagem pictórica, usavam esse recurso para aumentar o efeito de seu ministério oral. Como descobriremos em nosso estudo sobre as parábolas da Bíblia, especialmente as transmitidas pelo Senhor Jesus, veremos que são o mais perfeito exemplo de linguagem figurada para mostrar e reforçar as verdades divinas.

Em outro livro meu, *All the miracles of the Bible* [*Todos os milagres da Bíblia*], tratamos das diferenças entre *milagres* —parábolas em *ação*— e *parábolas* —milagres em *palavras*. Nada há de miraculoso nas parábolas, que, na maior parte, são naturais e indispensáveis, chamando a atenção para a graça e para o juízo. Os milagres manifestam poder e misericórdia. Westcott, no estudo *The gospels* [*Os evangelhos*], afirma que a parábola e o milagre "são perfeitamente correlatos entre si; na parábola, vemos a personalidade e o poder do Grande Obreiro; no milagre, a ação geral e constante da Obra [...] naquela, somos levados a admirar as múltiplas formas da *Providência* e neste, a reconhecer a instrução vinda do *Universo*".

No debate acerca dos vários aspectos do desenvolvimento e da demonstração do método parabólico encontrado na Bíblia, é interessante observar quantos escritores do assunto mencionam, de forma elogiosa, a abrangente pesquisa de Trench em seu *Notes on the parables* [*Anotações sobre as parábolas*]. O dr. Gordon Lang, por exemplo, no "Prefácio" do seu livro esclarecedor *The parables of Jesus* [*As parábolas de Jesus*], afirma que o trabalho do dr. Trench foi o único que ele consultou ao preparar a sua obra. "Seria simplesmente um atrevimento tentar escrever alguma coisa sobre as parábolas", diz o dr. Lang, "sem a orientação que advém da perícia e da grande percepção do dr. Trench". Outros estudiosos de *parábolas*, entre os quais me incluo, são unânimes em reconhecer que devem muito ao dr. Trench. Para orientar pregadores e estudiosos, apresentamos a seguir uma indispensável introdução que trata dos mais variados aspectos da parábola.

A longevidade do método de parábolas

Embora o uso das parábolas tenha sido característica ímpar do ensino popular de Jesus, visto que "Sem parábolas não lhes falava", não foi Cristo o criador desse recurso didático. As parábolas são utilizadas desde a antiguidade. Embora Jesus tenha contribuído para os escritos sagrados com parábolas inigualáveis e tenha elevado esse método de ensino ao mais alto grau, era sabedor da existência milenar desse método de apresentar a verdade. Na época e na região em que Jesus apareceu, as parábolas eram, como as fábulas, um método popular de instrução, e isso entre todos os povos orientais. O dr. Salmond, no manual *The parables of our Lord* [*As parábolas do nosso Senhor*], faz lembrar, no parágrafo que trata do "Encanto da linguagem figurada", que a utilização desse tipo de linguagem exercia:

> ... atração especial sobre os povos orientais, para quem a imaginação era mais rápida e também mais ativa que a faculdade lógica. A grande família das nações conhecidas como semitas, aos quais pertencem os hebreus, junto com os árabes, os sírios, os babilônios e outras raças notáveis já demonstraram a especial tendência à imaginação, como também um gosto particular por ela.

A antiguidade desse método disseminado de linguagem se confirma pelo fato de figurar no AT em larga medida e sob diferentes formas. A primeira parábola registrada, em forma de fábula, mostra árvores escolhendo para si um rei, retrato do que aconteceria entre o povo (Jz 9). Jotão usou essa fábula com o objetivo de convencer os habitantes de Siquém sobre a tolice de terem escolhido por rei o perverso Abimeleque. As parábolas e os símiles do AT, abordados nesta seção, mostram que era muito comum o método de instrução por meio de parábolas. Para uma melhor compreensão da maneira em que os escritores judeus da antiguidade usavam o mundo visível para ilustrar o reino espiritual, o leitor precisa consultar o capítulo muito interessante de Trench, chamado "Outras parábolas que não as das Escrituras". Em nota de rodapé, cita-se a declaração dos judeus cabalistas, segundo a qual "a luz celestial nunca desce até nós sem um véu [...] É impossível que um raio divino brilhe sobre nós, a menos que velado por uma diversidade de revestimentos sagrados".

Graças à sua infinidade, Deus tinha de utilizar aquilo com que os seres humanos estivessem familiarizados, com o objetivo de comunicar à finita mente humana a sublime revelação de sua vontade. A revelação de preceitos fundamentais era revestida de parábolas e analogias. Hillel e Shammai foram os mais ilustres professores a usar parábolas antes de Cristo. Depois de Jesus veio ainda Meir, com quem, segundo a tradição, a capacidade de criar parábolas declinou consideravelmente. A figueira do povo judeu secou e não pôde mais produzir frutos.

Quando o Senhor Jesus apareceu entre os homens, como Mestre, tomou a *parábola* e honrou-a, usando-a como veículo para a mais sublime de todas as verdades. Sabedor de que os mestres judeus ilustravam suas doutrinas com o auxílio de parábolas e comparações, Cristo adotou essas antigas formas de ensino e deu-lhes renovação de espírito, com a qual proclamou a transcendente glória e excelência de seu ensino. Depois de Jesus, as parábolas poucas vezes foram usadas pelos apóstolos. Não existem parábolas em Atos, mas, como mostraremos quanto ao NT, as epístolas e o Apocalipse contêm impressionantes exemplos da verdade divina revestida em trajes humanos.

Embora os apócrifos façam grande uso das figuras de linguagem, não há parábolas nos evangelhos apócrifos. Entre os pais da igreja havia um ou dois que se utilizavam de parábolas como meio de expressão. Trench fornece uma seleção desses primeiros escritores da igreja, cujos trabalhos eram ricos em comparações. Entre os exemplos citados, está este excerto dos escritos de Efraem Siros:

Introdução

Dois homens iniciaram viagem a certa cidade, localizada a cerca de 6 km. Uma vez percorridos os primeiros quinhentos metros, encontraram um lugar junto à estrada, em que havia bosques e árvores frondosas, além de riachos; lugar muito agradável. Ambos olharam ao redor, e um dos dois viajantes, com a intenção de continuar a caminhada rumo à cidade dos seus desejos, passou apressado por aquele local; mas o outro primeiramente parou para olhar melhor e depois resolveu permanecer um pouco mais. Mais tarde, quando começava a querer deixar a sombra das árvores, temeu o calor e assim deteve-se um pouco mais. Ao mesmo tempo, absorto e encantado com a beleza da região, foi surpreendido por uma fera selvagem que assombrava a floresta, sendo capturado e arrastado até a caverna do animal. Seu companheiro, que não se descuidou em sua viagem, nem se permitiu demorar naquele lugar, seduzido pela beleza das árvores, seguiu diretamente para a cidade.

Comparada com as parábolas da Bíblia, essa que acabamos de ver parece um tanto sem graça e infantil. Como demonstraremos mais tarde, as parábolas de Jesus são magníficas na aplicabilidade, na concisão, na beleza e no poder de atração. Embora Cristo não tenha criado o recurso didático da parábola, certamente o dotou de elevada originalidade, conferindo-lhe profunda importância espiritual, com dimensões até então desconhecidas.

O significado do termo parábola

Embora estejamos inclinados a limitar o significado de *parábola* às parábolas de Jesus encontradas nos três primeiros evangelhos, na verdade o vocábulo tem uma flexibilidade de emprego, pois abarca diferentes aspectos da linguagem figurada, como os símiles, as comparações, os ditados, os provérbios e assim por diante.

No AT a palavra hebraica traduzida por *parábola* é *m_sh_l*, que significa provérbio, analogia e parábola. Com ampla gama de empregos, essa palavra "cobre diversas formas de comunicação feitas de modo pitoresco e sugestivo —todas aquelas em que as idéias são apresentadas numa roupagem figurada. Em virtude de sua aplicação ser tão variada, encontra-se na versão portuguesa diferentes traduções". A idéia central de *m_sh_l* é "ser como" e muitas vezes refere-se a "frases constituídas em forma de parábola", característica da poesia hebraica. O vocábulo nunca é usado no sentido técnico e específico de seu correspondente neotestamentário.

Pode ser encontrado no discurso figurado de Balaão:

> Então proferiu Balaão *a* sua *palavra*... (Nm 23:7,18; 24:3,15).

O mesmo termo é usado em ditados proverbiais curtos e substanciais:

> Pelo que se tornou em *provérbio*: Está também Saul entre os profetas? (1Sm 10:12).

Salmond observa que "nesse sentido a palavra é usada em referência às máximas de sabedoria contidas no livro conhecido como Provérbios"; essas máximas se apresentam em larga medida na forma de comparação, como quando se diz:

> Os tesouros da impiedade de nada aproveitam, mas a justiça livra da morte (10:2).

M_sh_l é o termo traduzido por *provérbios* em 1:1, em 10:1 e na frase:

... assim é o provérbio na boca dos tolos (26:7,9; v. 1Rs 4:32).

Também é usado com respeito à frase de sabedoria ética de Jó:

> Prosseguiu Jó em seu discurso... (27:1; 29:1).

É também usado em referência aos ditados obscuros, declarações enigmáticas e enigmas:

> ... decifrarei o meu enigma na harpa (Sl 49:4);

> ... proporei enigmas da antiguidade (Sl 78:2).

É usado ainda como correspondente de figura ou alegoria:

> Fala aos filhos de Israel... (Nm 17:2; 24:3).

C. W. Emmet, no *Dictionary of the gospels* [*Dicionário dos evangelhos*], organizado por Hastings, observa que "há cinco passagens no AT geralmente citadas como a mais próxima representação da 'parábola' no sentido técnico do termo. Cumpre salientar que em nenhuma dessas passagens se encontra a palavra *parábola*. Como já vimos, quando temos a referência "não temos o referente (a *parábola* propriamente dita); de igual modo, quando temos o referente, não encontramos a referência".

As parábolas de Natã (2Sm 12:1-4) e de Joabe (2Sm 14:6) são um tanto semelhantes, tendo uma história real com uma aplicação forte. A primeira corresponde à *Parábola do credor e dos devedores*, e a de Joabe traz à mente a *Parábola do filho pródigo*.

A *Parábola do profeta ferido* (1Rs 20:39) conta com o auxílio de uma dramatização. "Em todas as três parábolas", diz Emmet, "o objetivo é comunicar a verdade da história e condenar o ouvinte mediante os comentários impensados que saem de sua própria boca". Nos últimos dois casos, o método talvez inclua a suspeita de trapaça, modalidade não utilizada pelo nosso Senhor; a aplicação da *Parábola dos lavradores maus* (Mt 21:33) tem sua origem em Isaías 5:1-6.

A *Parábola da vinha do Senhor* (Is 5:1-7) é verdadeira, embora apenas pouco desenvolvida, e serve de exemplo da relação entre a parábola e a metáfora. A linha divisória entre a parábola e a alegoria é estreita (Sl 80:8).

A *Parábola do lavrador* (Is 28:24-28) apresenta uma comparação entre o mundo natural e o espiritual, e não há narração. Conseqüentemente, o AT faz grande uso das parábolas, mostrando algumas vezes serem iguais em espírito, em forma e em linguagem, com notáveis semelhanças, às parábolas do NT. Nossa exposição acerca das parábolas do AT revela que podem ser divididas em três classes:

- *narrativas*, das quais a das *Árvores* é um exemplo (Jz 9:7-15);
- *predicantes*, conforme a encontrada na da *Vinha do Senhor* (Is 5:1-7);
- *simbólicas*, ilustrada pela *Parábola dos dois pedaços de pau* (Ez 37:15-22).

No NT, o termo "parábola" assume uma variedade de significados e formas, sem se restringir às longas narrativas dos *Evangelhos* que conhecemos como parábolas de Cristo. Há no grego duas palavras traduzidas por "parábola". O termo mais comum é *parabol_*, que ocorre 48 vezes nos evangelhos sinópticos sem nunca encontrar definição. O

Introdução

seu significado só se pode conjecturar, tendo sido aproveitado da Septuaginta, que geralmente traduz o vocábulo hebraico "parábola" por *parabol_*.

Há sobretudo duas idéias presentes na raiz da primeira palavra, a saber, "representar ou significar algo"; "semelhança ou aparência". Esse termo grego significa "ao lado de" ou "lançar ou atirar", transmitindo idéia de proximidade, num cotejamento que visa a verificar o grau de semelhança ou de diferença. Uma "semelhança" ou "pôr uma coisa ao lado da outra". Certo escritor disse que o vocábulo original significa *comandar* ou *governar*, como um príncipe cujos preceitos e ordens de justiça devem ser obedecidos pelo povo.

O outro vocábulo traduzido como "parábola" é *paroimia*, que significa "adágio, ditado enigmático, provérbio, apresentação que se distingue dos meios normais de comunicação". Esse termo é praticamente próprio de João, que o usa quatro vezes (Jo 16:6-18,25; 15:1-18). Esse apóstolo nunca usa o primeiro termo, *parabol_*, que é o único dos dois usados por Mateus, por Marcos e por Lucas. *Paroimia*, usado na Septuaginta e por João, denota um provérbio (ou parábola) "tirado dos acontecimentos e objetos do dia-a-dia, disponível para o uso público e para esse fim destinado. O que se dizia uma vez em qualquer caso poderia ser repetido sempre nas mesmas circunstâncias".

Encontra-se flexibilidade no uso do termo "parábola" quando aplicado a ditos proverbiais concisos:

> Sem dúvida me direis este provérbio (*parábola*): Médico, cura-te a ti mesmo (Lc 4:23);

> Disse-lhes uma parábola (Lc 6:39; 14:7).

É também usado em referência a comparações ou afirmações ilustrativas sem a presença de narrativa. Por exemplo, o cego conduzindo outro cego: "Explica-nos essa parábola" (Mt 15:15; Lc 6:39). Além disso há ainda a figueira e seu sinal evidente: "Aprendei agora esta parábola da figueira" (Mt 24:32,33). As palavras de Jesus Cristo sobre as coisas que profanam são citadas como "parábolas" : "Seus discípulos perguntaram-lhe a respeito da parábola" (Lc 7:1-23). Na nossa versão, o termo *"parabol_ "* é traduzido por *figura:* "... e daí [Abraão] também em figura [parábola] o recobrou" (Hb 11:19).

Muitas das *figuras de linguagem* usadas por Jesus contêm a semente da parábola. Outras, chamadas parábolas, são simplesmente símiles ou comparações maiores. Pense sobre esta parábola embrionária: "Pode o cego guiar o cego?" (Lc 6:39). Fairbairn diz que precisamos apenas desenvolver esta pequena indicação, para termos uma história perfeita. "Dois cegos são vistos levando um ao outro pela estrada e, depois de lutarem contra as dificuldades, ambos caem no fosso ao lado da estrada". Nesse provérbio sucinto e ilustrativo de Jesus, temos a substância, embora não a forma, da parábola. Nos episódios acima, os aspectos comuns da vida são empregados para ressaltar uma verdade mais sublime.

Se entendermos o uso dos termos já citados, estaremos prontos para responder à pergunta "O que é exatamente uma parábola?" O que ela *não* é será compreendido quando examinarmos sua natureza. "O uso constante de um termo com o significado de *semelhança*, tanto no hebraico como no grego, torna evidente que uma característica essencial da parábola está em unir duas coisas diferentes, de forma que uma ajude a explicar e a ressaltar a outra". O estudo das parábolas de Cristo nos convence de que eram mais que uma boa escolha de ilustrações acerca da verdade que ele queria transmitir. A parábola já foi explicada como "um símbolo externo de uma realidade interna". E também o "seu poder está na harmonia expressa entre o mundo natural e o espiritual". Bond, em *The Master Teacher* [*O maior dos mestres*], explica a parábola como "uma figura retórica que traduz, por contrastes e similaridades, as leis e os fatos naturais, empregando os termos da vida espiritual". A narrativa fiel à natureza ou à vida é usada com o propósito de comunicar verdades espirituais à mente do ouvinte. Certa estudante de escola dominical "chegou quase lá" quando disse que, para ela, a parábola era "uma história terrena com um significado celestial".

As parábolas demonstram haver harmonia preordenada entre as coisas espirituais e as naturais. Usam-se objetos materiais para expressar verdades espirituais e revelar que a natureza é mais do que aparenta ser. A natureza é um livro de símbolos —fato que Tertuliano tinha em mente quando escreveu: "Todas as coisas da Natureza são esboços proféticos das operações divinas; Deus não apenas nos conta as parábolas, mas as executa". Charles Kingsley reforça esse sentimento neste parágrafo: "Este mundo terreno que vemos é um retrato exato, o padrão do mundo espiritual e celestial que não vemos".

A afirmação de Paulo sobre o mundo visível de Deus, que nos instrui acerca dos mistérios da fé e dos deveres morais, diz: "Pois os atributos invisíveis de Deus, desde a criação do mundo, tanto o seu eterno poder, como a sua divindade, se entendem, e claramente se vêem pelas coisas que foram criadas..." (Rm 1:20).

Incontáveis são os outros testemunhos sobre o fato de que, quando a Bíblia e a natureza são postas lado a lado, parecem corresponder. Lisco, cujo trabalho muito instrutivo *On the parables* [*Sobre as parábolas*] é de especial valor por citar os grandes teólogos da Reforma em relação a cada parábola, diz que o mundo físico tipifica o mundo moral, mais sublime: "Ambos os reinos se desenvolveram de acordo com as mesmas leis; as parábolas de Jesus não eram meras ilustrações, mas analogias internas, a natureza tornando-se testemunha do mundo espiritual; tudo o que se encontra no reino terreno também existe no reino celestial". Quando examinarmos as *parábolas* de Jesus, descobriremos que são terrenas na forma e celestiais no espírito, de acordo com a característica da própria manifestação de Cristo.

O fato de a natureza ter sido escolhida por Deus para representar verdades e relacionamentos de natureza espiritual e de duração eterna é justamente o que lorde Bacon tinha em mente quando escreveu: "A verdade e a Natureza diferem, da mesma forma que a impressão original difere da cópia". Thomas Carlyle, em *Sartor resartus*, concorda e diz que "todas as coisas visíveis são emblemas. O que você vê aqui, não está aqui por acaso; a matéria apenas existe para representar uma idéia e torná-la palpável".

O arcebispo Trench, cujo excepcional *Notes on the parables* [*Anotações sobre as parábolas*] nunca será suficientemente reconhecido, por mais que seja elogiado, lembra que "as analogias ajudam a fazer a verdade inteligível [...] As analogias do mundo natural [...] são argumentos e podem ser chamadas testemunhas, sendo o mundo da natureza testemu-

Introdução

nha do mundo espiritual em todos os sentidos, procedente de uma mesma mão, crescendo a partir da mesma raiz e sendo constituído para o mesmo fim. Todos os amantes da verdade reconhecem prontamente essas misteriosas harmonias e a força de argumentos que delas resultam. Para eles, as coisas da terra são cópias das do céu".

Da talentosa pena de um verdadeiro profeta cristão, o dr. John Pulsford, selecionamos a seguinte contribuição, encontrada em seu livro *Loyalty to Christ* [*Lealdade a Cristo*]: "As parábolas não são ilustrações forçadas, mas reflexos das coisas espirituais. Terra e céu são obras do único Deus. Todos os efeitos naturais estão ligados às suas causas espirituais e suas causas espirituais estão ligadas aos seus efeitos naturais. Os mundos espirituais e os mundos naturais concordam, como o interno e o externo".

Já nos detivemos o suficiente sobre o assunto das analogias existentes entre as obras de Deus na natureza e na providência, e suas operações pela graça. Uma conclusão apropriada para essa inegável correspondência em muitas das parábolas, quem dá é William M. Taylor, em *Parables of our Savior* [*As parábolas do nosso Salvador*]: "O mundo natural veio em sua forma primitiva e ainda é sustentado pela mão daquele que criou a alma humana; e a administração da Providência continua sendo feita por Aquele que nos deu a revelação de sua vontade nas Sagradas Escrituras, e nos ofereceu a salvação por seu Filho. Portanto, talvez encontremos um princípio de unidade que percorra essas três áreas de sua administração; e o conhecimento de suas operações em qualquer uma delas pode ser útil em nossa investigação a respeito das demais".

Como o termo geralmente traduzido por "parábola" significa pôr lado a lado, transmitindo a idéia de comparação, a parábola é literalmente pôr ao lado ou comparar verdades terrenas com verdades celestiais, ou uma semelhança, ou ilustração entre um assunto e outro. As parábolas demonstram: o que há fora de nós é o espelho em que podemos contemplar o espiritual e o interno, como Milton nos revela nestas linhas:

> E se a terra
> É apenas a sombra do céu e das coisas que nele há,
> E um se parece com o outro mais do que se supõe na terra?

As várias divisões da linguagem figurada

São várias as figuras de linguagem que a Bíblia emprega, e todas são necessárias para ilustrar verdades divinas e profundas. Como nossa tendência é agrupar todas essas palavras sem distinguir umas das outras, cada forma, parece-nos, merece atenção especial. Benjamin Keach, na sua obra antiga e um tanto difícil, *The metaphors* [*As metáforas*], apresenta uma dissertação introdutória a respeito da distinção de cada figura de linguagem. Há também o capítulo sobre "As figuras de linguagem da Bíblia", do dr. A. T. Pierson. Insisto com o leitor para que leia a obra de Trench, de elevada perícia, *On the definition of the parable* [*Sobre a definição da parábola*], em que diferencia a parábola da alegoria, da fábula, do provérbio e do mito.

SÍMILE. O vocábulo *símile* significa *parecença* ou *semelhança*, exemplificado no *Salmo dos dois homens:* "Será *como* a árvore plantada junto a ribeiros de águas [...] Os ímpios [...] são *como* a moinha que o vento espalha" (Sl 1:3,4).

O *símile* difere da *metáfora* por ser apenas um estado de semelhança, enquanto a *metáfora* transfere a representação de forma mais vigorosa, como podemos ver nestas duas passagens: "Todos os homens são como a erva, e toda a sua beleza como as flores do campo. Seca-se a erva, e caem as flores..." (Is 40:6,7); "Toda a carne é como a erva, e toda a glória do homem como a flor da erva. Seca-se a erva, e cai a sua flor..." (1Pe 1:24).

No *símile*, a mente apenas repousa nos pontos de concordância e nas experiências que se combinam, sempre alimentadas pela descoberta de semelhanças entre coisas que diferem entre si. O dr. A. T. Pierson observa que "a parábola autêntica é, no uso das Escrituras, um símile, geralmente posto em forma de narrativa ou usado em conexão com algum episódio". Portanto, parábolas e símiles se parecem.

PROVÉRBIO. Ainda que os princípios da parábola estejam presentes em alguns dos pequenos provérbios, das declarações proféticas enigmáticas e das máximas enigmáticas da Bíblia (1Sm 10:12; Sl 78:2; Pv 1:6; Mt 24:32; Lc 4:23), no entanto, diferem do provérbio propriamente dito, que é em geral breve, trata de assuntos menos sublimes e não se preocupa em contar histórias. Os apócrifos reúnem parábolas e provérbios num só grupo: "Os países maravilhar-se-ão diante de seus provérbios e parábolas"; "Ele buscará os segredos das sentenças importantes e estará familiarizado com parábolas enigmáticas" (Ec 47:17; 39:3).

Embora *parábola* e *provérbio* sejam termos permutáveis no NT, Trench ressalta "que os chamados *provérbios* do *evangelho* de João tendem a ter muito mais afinidade com a parábola do que com o provérbio, e são de fato alegorias. Dessa forma, quando Cristo demonstra que o relacionamento dele com o seu povo se assemelha ao pastor com as ovelhas, tal demonstração é denominada *provérbio*, embora os nossos tradutores, mais fiéis ao sentido que o autor pretendia, a tenham traduzido por *parábola* (Jo 10:6). Não é difícil explicar essa troca de palavras. Em parte deve-se a um termo que no hebraico significa ao mesmo tempo parábola e provérbio". (Cf. Pv 1:1 com 1Sm 10:12 e Ez 18:2.) De modo geral, provérbio é um dito sábio, uma expressão batida, um adágio.

METÁFORA. A Bíblia é rica em linguagem metafórica. A metáfora afirma de modo inconfundível que uma coisa *é* outra totalmente diferente. O termo origina-se de dois vocábulos gregos que significam *estender*. Um objeto é equiparado a outro. Aqui temos dois exemplos do uso de *metáforas*:

> Pois o Senhor Deus é sol e escudo (Sl 84:11);
>
> Ele é o meu refúgio e minha fortaleza (Sl 91:2).

Dessa forma, como pode ser observado, *metáfora* é um termo conhecido por nós "na área da experiência que faz sentido, e indica que determinado objeto, possuidor de propriedades especiais, transfere-as a outro objeto pertencente a uma área mais elevada, de modo que o anterior nos dá uma idéia mais completa e realista das propriedades que o último deve ter". Nas passagens supracitadas, tudo o que é relacionado ao Sol, ao escudo, ao refúgio e à fortaleza é transferido para o Senhor. O Sol, por exemplo, é fonte de luz, calor e poder. A vida na Terra depende das propriedades do Sol. Portanto, o Senhor como Sol é a fonte de toda a vida.

No evangelho de João não existem parábolas propriamente ditas,

Introdução

mas há, entretanto, uma série de metáforas impressionantes como:

Eu sou o bom pastor (Jo 10:11).

Eu sou a videira verdadeira (Jo 15:1).

Eu sou a porta (Jo 10:7).

Eu sou o pão da vida (Jo 6:35).

Eu sou o caminho, a verdade e a vida (Jo 14:6).

ALEGORIA. Não é fácil distinguir entre *parábola* e *alegoria*. Esta última não é uma *metáfora* ampliada *e dela difere* por não comportar a transferência de qualidades e de propriedades. Tanto as parábolas como as metáforas abrangem expressões e frases, servindo para desvendar e explicar algumas verdades ocultas que não poderiam ser facilmente compreendidas sem essa roupagem. Num verbete de Fairbairn sobre as "parábolas", em sua renomada *Biblical enciclopaedia* [*Enciclopédia bíblica*], ele diz: "A alegoria corresponde rigorosamente ao que se encontra na origem da palavra. É o ensinamento de uma coisa por outra, da segunda pela primeira; deve existir uma semelhança de propriedades, uma seqüência de acontecimentos semelhantes de um lado e de outro; mas a primeira não toma o lugar da segunda; as duas se mantêm inconfundíveis. Considerada dessa forma, a alegoria, em sentido mais amplo, pode ser tida como um gênero, do qual a fábula, a parábola e o que geralmente chamamos alegorias são espécies".

A *alegoria*, explica o dr. Graham Scroggie, "... é uma declaração de fatos supostos que aceita interpretação literal, mas ainda assim exige ou admite, com razão, interpretação moral ou figurada". A alegoria difere da parábola por conter aquela menos mistérios e coisas ocultas que esta. A alegoria se interpreta por si só e nela "a pessoa ou objeto, ilustrado por algum objeto natural, é imediatamente identificado com esse objeto". Diz o dr. Salmond: "Quando nosso Senhor conta a grande alegoria da vinha, do agricultor e dos ramos, em que ensina aos seus discípulos a verdade sobre o relacionamento que ele próprio tinha com Deus, começa dizendo que ele próprio é a videira verdadeira e seu Pai, o agricultor (Jo 15:1).

Desejando uma melhor compreensão das figuras de linguagem mencionadas na Bíblia, recomendamos ao leitor a obra de grande fôlego do dr. E. W. Bullinger sobre o assunto, a qual, sem dúvida, é o melhor estudo já feito sobre o método figurado empregado pela Bíblia. O dr. Bullinger lembra que há grande controvérsia sobre a definição e significado exato de *alegoria* e declara que, na verdade, os símiles, as metáforas e as alegorias são todos baseados na comparação.

Símile é a comparação por *semelhança*.
Metáfora é a comparação por *correspondência*.
Alegoria é a comparação por *implicação*.

Na primeira, a comparação é *afirmada*; na segunda, é *substituída*; na terceira, é *subentendida*. A *alegoria* é então diferente da *parábola*, pois esta é um símile continuado, enquanto aquela representa algo ou dá a entender que alguma coisa é outra.

Há uma *alegoria* a que Paulo se refere de modo inequívoco: "... Abraão teve dois filhos, um da escrava, e outro da livre. Todavia, o que era da escrava nasceu segundo a carne, mas, o que era da livre, por promessa. O que se entende por *alegoria...*" (coisas que ensinam ou dizem mais do está escrito — v. Gl 4:22,24). Bullinger chega a provar que a *alegoria* pode algumas vezes ser fictícia; no entanto, Gálatas 4 mostra que uma história verdadeira pode ser alegorizada (ou seja, pode mostrar algum ensinamento além daquele que, na verdade, se observa), *sem no entanto anular a verdade da história*. A alegoria é sempre apresentada no *passado* e *nunca no futuro*. Dessa forma, distingue-se da profecia. A alegoria oferece outro ensinamento com base nos acontecimentos do passado, enquanto a *profecia* trata de acontecimentos futuros e corresponde exatamente ao que se diz.

Hillyer Straton, em seu *A guide to the parables of Jesus* [Guia das parábolas de Jesus], comenta que "a alegoria é uma descrição codificada. Ela personifica coisas abstratas; não põe uma coisa ao lado da outra, mas faz a substituição de uma pela outra. Cada aspecto da alegoria se torna importante". O dr. Straton, então, acaba por citar a mais famosa alegoria de toda a literatura, *O peregrino*, em que John Bunyan usou a sua imaginação notavelmente fértil para ressaltar a verdade da peregrinação cristã.

FÁBULA. A fábula é uma narração fictícia que pretende ilustrar um princípio ou uma verdade (Jz 9:8-15; 2Rs 14:9). A missão primordial da fábula é reforçar o conceito da prudência. A *fábula*, usada poucas vezes nas Escrituras, está a quilômetros de distância da *parábola*, embora uma possa, em alguns momentos, ser semelhante à outra nos aspectos externos. Comparando qualquer das *fábulas* de Esopo com as parábolas de Jesus, percebe-se que a fábula é um tipo inferior de linguagem figurada e trata de assuntos menos elevados. Está associada à terra e focaliza a vida e os negócios comuns a todos. Tem por função transmitir lições de sabedoria prudente e prática e gravar nas mentes dos ouvintes as virtudes da prudência, da diligência, da paciência e do autocontrole. Também trata do mal como loucura e não como pecado, além de ridicularizar as falhas e desdenhar os vícios, escarnecendo deles ou os temendo. Essa é a razão por que a fábula faz grande uso da imaginação, dotando plantas e animais de faculdades humanas, fazendo-os raciocinar e falar. A parábola, no entanto, age numa esfera mais sublime e espiritual e nunca se permite a zombaria ou a sátira. Tratando das verdades de Deus, a parábola é naturalmente sublime, com ilustrações que correspondem à realidade —nunca monstruosas ou anti-naturais. Na parábola, nada existe contra a verdade da natureza. Fairbairn diz: "A parábola tem um objetivo mais admirável [...] A parábola poderia tomar o lugar da fábula, mas não o contrário". Desejando informações acerca da narrativa *mítica*, o leitor deve ler o parágrafo "Os mitos", de Trench.

TIPO. Significa *marca* ou *impressão* e tem a força da *cópia* ou *do padrão* (1Co 10:1-10,11 —"exemplos"; na margem "tipos"). As parábolas unem os tipos de um lado, e os milagres de outro. Todas as figuras de linguagem que a Bíblia emprega são elos de uma corrente unida de forma inseparável; os elos como um todo só podem ser desvinculados em detrimento de alguns. Os muitos tipos da Bíblia constituem um estudo independente e fascinante.

PARÁBOLA. Apesar de já termos tratado da natureza da *parábola*,

Introdução

retornamos a título de resumo. Na *parábola*, a imagem do mundo visível é emprestada e se faz acompanhar de uma verdade do mundo invisível ou espiritual. As parábolas são os portadores, os canais da doutrina e da verdade espiritual. Cumpre ressaltar que as parábolas não foram feitas para ser interpretadas de uma única forma. Em algumas, há grandes disparidades e aspectos que não podem ser aplicados espiritualmente. Estão sempre ligadas ao domínio do possível e do verdadeiro.

Os discursos e as frases, cheios de sabedoria espiritual e de verdade, são chamados *parábolas* por dois motivos:

1. por infundir um senso de culpa e a compreensão da autoridade divina;
2. por ser a pedra de toque da verdade —normas que, portanto, devem ser seguidas.

A parábola já foi definida como "a bela imagem de uma bela mente". A parábola é também a justaposição de duas coisas que divergem na maioria dos seus aspectos, mas concordam em alguns. "Os milagres", diz o dr. A. T. Pierson, "ensinam sobre as *forças* da criação; as parábolas, sobre as *formas* da criação. Quando a parábola for profética, estará sempre em roupagem alegórica; quando instrutiva e didática, em roupagem factual e histórica".

"Diferente do *símile* e da *metáfora* e considerada uma espécie de alegoria", diz Fairbairn, "pode-se dizer que a *parábola* é uma narrativa, ora verdadeira, ora com aparência da verdade; exibe na esfera da vida natural um processo correspondente ao que existe no mundo ideal e espiritual". É possível que a *Parábola do filho pródigo* seja o relato de fatos reais. As parábolas são "pomos de ouro em quadros (molduras) de prata".

O valor da instrução por parábolas

O ensino por parábolas tem muitas utilidades e possui vantagens sem igual. Seu mérito ou valor, como instrumento pedagógico, está no fato de ser um teste de caráter cujo resultado pode ser punição ou bênção. Smith, em seu *Biblical dictionary* [*Dicionário da Bíblia*], diz: "Às vezes, a parábola afasta a luz daqueles que amam a escuridão. Protege a verdade contra os escarnecedores. Deixa uma mensagem aos descuidados, que depois pode ser interpretada e compreendida. Releva-se, entretanto, aos que buscam a verdade". A parábola pode ser ouvida, assim como o seu significado pode ser compreendido, ainda que os ouvintes jamais se preocupem com o seu significado real. Em meio às muitas vantagens, pode-se provar que as parábolas das Escrituras são muito proveitosas, porque a parábola:

1. é atraente e, quando completamente compreendida, é mais fácil de lembrar. É de grande ajuda à memória. Estamos mais inclinados a nos lembrar de uma narração ou ilustração do que de qualquer outra coisa proferida em um sermão. A parábola pode ser relembrada muito depois de já termos esquecido o tema principal do sermão.

2. presta grande auxílio à mente e à capacidade de raciocinar. Os seus significados devem ser estudados. É como uma mina de ouro, e devemos escavá-la e buscá-la com toda a nossa diligência, para descobrir o verdadeiro *veio*. O método parabólico nos faz pensar. "O Mestre dos mestres sabia que não poderia ensinar nada aos seus ouvintes, se não os levasse a ensinar a si próprios. Ele deveria alcançar a mente deles e fazê-los trabalhar com a dele. A *for-*

ma da parábola atraía a todos, mas apenas os pensadores entendiam o seu significado". O significado não podia ser encontrado sem o uso do pensamento. A parábola ao mesmo tempo atraía e peneirava a multidão.

3. estimula os afetos e desperta as consciências, como quando o inferno, numa parábola, é mostrado como uma fornalha de fogo e a consciência como um verme roedor.

4. chama e prende a atenção. Atentos às parábolas de Jesus, os ouvintes se mostravam maravilhados e diziam: "Nunca ninguém falou como este homem". Ele *precisava* fazer o povo ouvi-lo —e conseguiu! Era maravilhosa a forma em que usava, pronta e espontaneamente, as sugestões do momento; desse modo chamava e prendia a atenção dos que estivessem à sua volta!

5. preserva a verdade. Ao escrever acerca desse mérito em particular, Cosmo Lang disse: "Quando as pessoas pensam por si mesmas, nunca esquecem; o exercício da mente produz esse efeito. Além do mais, a linguagem dos símbolos —expressa por aquilo que o olho pode ver e construída na imaginação— é mais poderosa e de efeito mais duradoura do que a linguagem que utiliza somente palavras abstratas. Ela comunica e traz de volta à mente o significado interior com rapidez e segurança; traz consigo uma mensagem rica em sugestões e associações". As palavras mudam constantemente de significado, ao passo que os símbolos usados para a vida e para a natureza, como os que foram empregados pelo Senhor em suas parábolas, são tão duradouros quanto a própria natureza e a vida.

Ao comentar acerca das parábolas de Mateus 13, Finis Dake, em sua *Annotated reference Bible* [*Bíblia de referências anotada*], apresenta sete benefícios do uso das parábolas:

1. revelar a verdade de forma interessante e despertar maior interesse (Mt 13:10,11,16);
2. tornar conhecidas novas verdades a ouvintes interessados (Mt 13:11,12,16,17);
3. tornar conhecidos os mistérios por comparações com coisas já conhecidas (Mt 13:11);
4. ocultar a verdade de ouvintes desinteressados e rebeldes de coração (Mt 13:11-15);
5. acrescentar mais conhecimento da verdade aos que a amam e anseiam mais dela (Mt 13:12);
6. afastá-la do alcance dos que a odeiam ou que não a desejam (Mt 13:12);
7. cumprir as profecias (Mt 13:14-17,35).

A missão da parábola

Os intuitos e a missão da parábola estão intimamente ligados aos seus métodos de ensino. Quais são as funções ou os objetivos da parábola? Já tratamos rapidamente do seu poder de atração, mas por que Cristo usou esse método? Para iluminar, exortar e edificar. No prefácio de seu livro esclarecedor *Lectures on our Lord's parables* [*Preleções sobre as parábolas do nosso Senhor*], o dr. John Cumming diz que:

> A *profecia* é um esboço do futuro, que será preenchido pelos eventos;
> os *milagres* são pré-atos do futuro, realizados em pequena escala no presente;
> as *parábolas* são a prefiguração do futuro, projetadas em uma página sagrada.

Todos os três crescem diariamente em esplendor, interesse e valor. Em breve, o Sol Meridional os fará transbordar! Espero que estejamos

Introdução

prontos! Fazendo uso da parábola, Jesus procurou confiar as verdades espirituais do seu Reino ao entendimento e ao coração dos homens. Ao adotar um método reconhecido pelos mestres judeus, Cristo atraiu mentes e prendeu atenções. Os homens tinham de ser conquistados, e a parábola era o melhor método disponível para conseguir isso. Além do mais, Jesus foi extraordinário no uso das parábolas.

Jesus adotou o método de ensinar por parábolas quer ao se dirigir aos discípulos, quer aos fariseus, seus inimigos, a fim de convencer aqueles e condenar estes. A pergunta dos discípulos "Por que lhes falas por meio de parábolas?" (Mt 13:10) é respondida por Jesus nos cinco versículos seguintes. Cristo abria a boca e falava em parábolas por causa da diversidade de caráter, de nível espiritual e de percepção moral de seus ouvintes (Mt 13:13). "Por isso lhes falo por parábolas". *Por isso* dá a entender, segundo Lisco: "Como a instrução tão comumente dada a eles em linguagem clara de nada lhes aproveita, agora vou tentar, com figuras e símiles, levá-los a refletir, conduzindo-os a uma preocupação maior acerca da salvação". Infelizmente, tal era a insensibilidade tola dos líderes religiosos, os quais não compreendiam a verdade profunda e espiritual que Jesus, de maneira tão vigorosa, lhes entregou em forma de parábola. Esses líderes também não perceberam que as parábolas são os melhores instrutores dos que estão cheios da Palavra de Deus, e ensinam e valorizam as coisas relacionadas à paz eterna.

A falsa e a verdadeira interpretação da parábola

Antes de iniciarmos, deve-se dispensar especial atenção a um princípio fundamental, qual seja: a parábola precisa ser considerada no todo, como algo que ilustra ou realça alguma verdade central, obrigação ou princípio no governo divino, e as suas diferentes partes somente servem, em certo sentido, para crescer e se desenvolver. É de suma importância procurar saber com certeza a real esfera de ação e o objeto da parábola.

Além do mais, é necessário examinar com cuidado e observar a relação da parábola com o ambiente em que foi produzida e com a situação dos seus ouvintes, a fim de que se chegue o mais próximo possível da verdade que ela revela. Lisco diz: "Para que a parábola seja explicada e aplicada, primeiramente precisamos examinar sua relação com o que a precede e a segue, e descobrir, com base nisso, antes de qualquer outra coisa, a sua idéia principal. Enquanto não chegarmos a esse ponto central, a esse cerne da parábola, da maneira mais precisa e conclusiva — para isso examinando de modo atento e reiterado o assunto e as circunstâncias dessa parábola—, nem precisamos nos ocupar do significado de qualquer de seus integrantes, uma vez que cada um deles só pode ser corretamente compreendido tomando por base esse ponto central.

O objetivo principal da parábola pode ser deduzido com base numa exposição mais genérica ou mais específica, quando não do objetivo primordial do narrador, que se pode depreender quer da abertura, quer da conclusão. Por exemplo, observe o que vem antes e depois da parábola da *Vinha do Senhor* e da do *Rico e Lázaro*. Quanto a esse aspecto, uma leitura atenta do capítulo "The setting of parables" ["O ambiente das parábolas"], de Ada R. Habershon, ajudará o leitor.

Muito já se escreveu sobre a interpretação da parábola. Ela tem sofrido bastante com as várias interpretações errôneas. Tomemos primeiro as *más interpretações*. Quanto abuso tem havido no uso das parábolas! Muitos são culpados de aplicar certas parábolas de forma artificial e de forçar um significado que os seus autores jamais sonharam! Há dois extremos que devem ser evitados na interpretação da parábola. Um extremo é dar-lhe *muita* importância —o outro é atribuir-lhe *pouca* importância. Cumming, em seu livro *Lectures* [*Preleções*], tratou desse erro duplo desta forma:

> Há dois grandes erros na interpretação das parábolas: um consiste em arrancar significado de cada parte, como se não houvesse nada secundário; o outro, em considerar boa parte da parábola secundária, mera tapeçaria. O primeiro é repreensível, pois a parábola e a sua verdade não são, como já dissemos, duas retas que se encontram em todos os pontos, mas sim uma reta e uma esfera que se tocam em grandes momentos. Cada parábola materializa um grande propósito, que é notoriamente o principal e o mais nobre, e isso sempre deve ser levado em conta na interpretação de todos os aspectos secundários da Bíblia.
> O segundo vê pouco sentido na parábola; percebe em boa parte dela mera intenção de inventar uma história, sendo seus componentes meros conectivos que mais prejudicam que apresentam a finalidade da parábola. Este último tipo destrói muitas das riquezas das Escrituras. Cada parte da parábola, como em qualquer trecho da Bíblia, tem seu significado e importância. Uma pintura perfeita não tem partes que não contribuam para o resultado geral, e cada parte a vida brilha e resplandece de tal forma que a ausência da menor delas já seria uma deficiência.

Desejando um tratamento mais aprofundado acerca dos *prós* e dos *contras* da interpretação, o interessado deve ler o capítulo "The interpretation of parables" ["A interpretação das parábolas"], da obra incomparável de Trench, *The parables of our Lord* [*As parábolas do nosso Senhor*], e "Methods of interpretation" ["Métodos de interpretação"], da obra de Ada Habershon, *The study of parables* [*O estudo das parábolas*]. Trench, referindo-se aos extremos acima, diz que tem havido exageros nos dois sentidos."Os defensores da interpretação superficial e não detalhada estão confortavelmente satisfeitos com sua máxima favorita. Toda comparação deve ser interrompida em algum ponto". Trench cita um ditado de Teofilacto: "A parábola, se for sustentada em todos os seus aspectos, não será parábola, mas o acontecimento que a gerou".

Quanto ao outro extremo da interpretação, "Há o perigo de, com uma mente fértil, deixar de atribuir o devido valor à Palavra de Deus, a menos que o prazer que o intérprete sente no exercício dessa "fertilidade", admirada que é por tantos, não lhe tire de vista que a santificação do coração pela verdade é o principal objetivo das Escrituras".

Muitos dos pais da igreja, buscando alegorizar passagens tanto do Antigo como do NT, foram muito extremistas. Se estavam ou não errados em pensar que havia um significado para todas as coisas é o que se tem debatido há séculos.

Agostinho é um exemplo notável dos que espremiam as parábolas para ensinar algo totalmente fora dos limites. Ao tratar do ensino tradicional da igreja (considerando as parábolas alegorias, em que cada termo representava o criptograma de uma idéia, de modo que o todo precisava ser decodificado em cada termo), C. H. Dodd, em *The parables of the kingdom* [*As parábolas do reino*], cita a interpretação de Agostinho da *Parábola do bom samaritano*:

Introdução

Descia um homem de Jerusalém para Jericó seria uma referência ao próprio Adão;
Jerusalém é a cidade celestial da paz, cuja bênção Adão perdeu;
Jericó é a lua e representa a nossa mortalidade, porque nasce, cresce, míngua e morre;
os *assaltantes* são o diabo e seus anjos;
os *quais o despojaram*, i.e., lhe retiraram a imortalidade;
e, espancando-o, persuadindo-o a pecar;
deixando-o meio morto, porque, quando o homem compreende e conhece a Deus, vive; mas, quando se entrega, sendo oprimido pelo pecado, está morto; por causa disso, é chamado *meio morto*;
o *sacerdote* e o *levita,* que o viram e passaram de largo, representam o sacerdócio e o ministério do AT, que não continham a riqueza da salvação;
o *samaritano* significa o guardião, e o próprio Jesus é conhecido por esse nome;
atou-lhe as feridas é o resgate do pecado;
o *óleo* é o consolo da esperança;
o *vinho* é a exortação para trabalhar com ardor;
a *cavalgadura* era a carne, por meio da qual Jesus veio até nós;
pondo-o sobre a sua cavalgadura é a crença na encarnação de Cristo;
a *hospedaria* é a igreja, em que os viajantes recebem refrigério no retorno da peregrinação à pátria celestial;
o *outro dia* significa o período posterior à ressurreição do Senhor;
os *dois denários* são os dois mandamentos do amor, ou a promessa desta vida e da que está por vir;
o *hospedeiro* é o apóstolo Paulo.

O arcebispo Trench segue as linhas mestras de Agostinho, com um detalhamento ainda mais fértil. Outro exemplo desse tipo de interpretação se encontra entre os intérpretes da Reforma e os católicos romanos, que encontraram um grande significado para o óleo da *Parábola das dez virgens*. Para aqueles, o óleo é a fé, sem a qual as virgens não poderiam fazer parte das bodas; para estes, são as obras, que, de acordo com essa visão, eram igualmente necessárias. O mesmo se deu com o termo *virgens* e as suas classificações. No entanto, Hillyer H. Straton afirma: "Sua interpretação dependerá do lugar em que se encontra; você paga e escolhe o que comprar. Uma coisa sabemos: Jesus desejava ressaltar que devemos estar preparados".

Outros exemplos desse método de interpretação não-autorizada se vêem na *Parábola do mordomo infiel*, interpretada por alguns como a história da apostasia de Satanás, e na *Parábola da pérola de grande valor*, uma referência à Igreja de Genebra. Trench relata o exemplo de Fausto Socino, para quem, com base na *Parábola do credor incompassivo* —em que Deus perdoou seu servo apenas com uma petição (Mt 18:32), não por alguma reparação ou intervenção de um mediador—, podemos com isso concluir que, da mesma forma, sem sacrifícios nem intercessores, Deus perdoará os pecadores simplesmente pelas orações. Diante dessa aplicação, podemos concordar com a observação de Jerônimo a respeito desses que "torcem, para satisfazer vontades próprias, aquelas passagens que as contrariam".

Como cada parábola tem uma lição própria, que nos impede de tentar encontrar significados diferentes ou especiais em cada uma de suas circunstâncias e ensinos descritivos, é indispensável descobrir a real finalidade da parábola. O dr. Graham Scroggie mostra como nos podemos proteger contra o engenho artificial, impróprio e equivocado ao tratar da parábola. Deve-se tomar o cuidado ao tentar distinguir entre *interpretação* e *aplicação*. "Uma interpretação, muitas aplicações" pode ser uma distinção completamente errônea, visto que, se a aplicação é dada pelo Espírito Santo, *também* pode tornar-se uma interpretação. Tristemente, muitas aplicações mal se podem denominar interpretações! "Toda a Bíblia é *para* nós, mas não *sobre* nós. A interpretação é limitada pela intenção original da parábola, e esta determinada pela ocasião e pela circunstância; mas a aplicação não é limitada, visto que pode nos auxiliar justamente no seu significado. A interpretação é *dispensacional* e *profética*. A aplicação é *moral* e *prática*. Os princípios da interpretação podem ser aprendidos nas duas parábolas que o próprio Senhor Jesus interpretou (Mt 13:18-23,36-43). No que diz respeito às suas parábolas como um todo, torna-se difícil avaliar até que ponto ele quer que interpretemos as parábolas sem levar em conta a sua finalidade e o seu foco principal. Se formos honestos e sinceros em nossa busca da verdade, podemos depender do Espírito Santo para nos revelar as coisas de Cristo (1Co 2:11,13).

Quando procuramos a realidade nas características de uma parábola, precisamos saber que na maioria dos casos ela tem apenas um ponto principal. "Não podemos, entretanto, afirmar que todas as parábolas de Cristo tratam de um só assunto, pois Jesus era um artista interessado em comunicar verdades, não em manter certo estilo". C. H. Dodd concorda com esse princípio importante da interpretação: "A parábola em geral, seja uma simples metáfora, seja um símile mais elaborado, seja uma narrativa completa, apresenta apenas um ponto de comparação. Não há a intenção de que os detalhes tenham um significado independente. Já na alegoria, cada detalhe é uma metáfora independente, com significado próprio". Dodd então dá um dos dois exemplos desse princípio, entre eles a *Parábola do semeador*: "A beira do caminho e os pássaros, os espinhos e o chão pedregoso não são criptogramas da perseguição, do engano das riquezas e assim por diante. Esses símbolos estão ali para evocar um quadro da grande quantidade de trabalho desperdiçado, que o fazendeiro precisa enfrentar, e assim fazer sentir o alívio da colheita, apesar de todo o trabalho".

No seu capítulo "The method of interpretation" ["O método da interpretação"], Ada Habershon, em *The study of the parables* [*O estudo das parábolas*], expressa a opinião de que "pode ser verdade que cada detalhe (da parábola acima) tinha um significado, e devemos estar bem preparados para descobrir que algumas delas tinham diversos [...] Nenhuma explicação esgotará os significados da mais simples parábola proferida por Jesus e, se reconhecermos isso, também estaremos prontos para tirar de cada uma "toda sorte de despojos". O caminho mais seguro para lidar com a parábola é procurar o pensamento central ou a idéia principal, em torno da qual todos os elementos subordinados se agrupam. A idéia principal não deve perder-se em meio a um emaranhado de acessórios complexos, mesmo que estes tenham significado espiritual. As parábolas não devem ser tratadas como se fossem um repositório de textos. Cada parábola deve ser vista por suas particularidades, e qualquer analogia feita deve ser real, não imaginária, sempre subordinada à lição principal da parábola".

Introdução

Outros aspectos da interpretação, tratados de forma completa pela *Biblical enciclopaedia* [*Enciclopédia da Bíblia*], de Fausset, são:

1. a parábola, em sua forma externa, deve ser bem compreendida (e.g., o amor de um pastor do Oriente Médio para com suas ovelhas);
2. a situação no começo da parábola, como em Lucas 15:1,2, é o ponto de partida das três parábolas do capítulo;
3. as características que, interpretadas de forma literal, contrariam as Escrituras, dão um colorido ao texto, e.g., o número das virgens prudentes era igual ao das insensatas (Mt 25:1-13).

Em seu capítulo "Place and province of the parables" ["O local e o campo das parábolas"], o dr. A. T. Pierson afirma: "As parábolas bíblicas são narrativas factuais ou fictícias, usadas para transmitir verdades e ensinamentos morais e espirituais. Podem ser históricas, éticas e alegóricas ao mesmo tempo; mas, se o significado mais elevado se perde no menos elevado ou é por ele obscurecido, assim como no caso do espiritual em relação ao literal, perdem-se também o seu objetivo e o seu significado. Em geral a parábola se faz acompanhar de certas indicações de como deve ser interpretada. A lição central é o principal objeto de interesse; o restante pode ser secundário, como a cortina e o cenário de um teatro".

As múltiplas formas da parábola

Quanta diversidade há nas parábolas bíblicas! Na verdade, são inigualáveis nas suas imagens descritivas. Sob a orientação do Espírito Santo, os escritores da Bíblia exploraram todos os veículos apropriados, para expressar a verdade divina. De fato, precisaram de todos eles para ilustrar a inigualável maravilha da Palavra de Deus, que é radiante em sua riqueza de material parabólico. O resumo que o dr. Graham Scroggie faz das parábolas do NT é aqui aplicado para que entendamos o alcance das parábolas bíblicas como um todo. À medida que formos explicando as parábolas, remeteremos o leitor para o campo em que cada uma se enquadra.

1. *Reino espiritual:* parábolas associadas com céu, inferno, querubins e anjos;
2. *Fenômenos naturais:* parábolas relacionadas com sol, luz, raios, terremotos, fogo, nuvens, tempestade e chuva;
3. *Mundo animado:* parábolas relacionadas com criaturas (cavalos, animais selvagens, leões, águias, camelos, bois, ovelhas, cordeiros, lobos, jumentos, raposas, porcos, cães, bodes, peixes, pássaros e serpentes); parábolas ilustradas por plantas e árvores, espinhos, cardos, figos, oliveiras, sicômoros, amêndoas, uvas, juncos, lírios, anis, menta, vinha, cedro e condimento de amoras pretas;
4. *Mundo mineral:* parábolas simbolizadas por metais (ouro, prata, bronze, ferro e latão);
5. *Vida humana:* A variedade de ilustrações parabólicas é muito ampla:

- *física* (carne, sangue, olho, ouvido, mãos, pés; fome, sede, sono, doença, riso, choro e morte);
- *doméstica* (casas, lâmpadas, cadeiras, alimento, forno, culinária, pão, sal; nascimento, mães, esposas, irmãs, irmãos,

filhos, afazeres, casamento e tesouros);
- *pastoral* (campos, vales, pastores, ovelhas, agricultores, solo, semente, cultivo, semeadura, crescimento, colheita e vinhas);
- *comercial* (pescadores, alfaiate, construtor, negociante, balança, talentos, dinheiro e dívidas);
- *de interesse público* (escravidão, roubo, violência, julgamento, punição e impostos);
- *social* (casamento, hospitalidade, festas, viagens e saudações);
- *religiosa* (tabernáculo, templo, esmolas, dízimos, jejuns, oração e o sábado).

As páginas seguintes servirão para mostrar que as parábolas da Bíblia são comparações ilustrativas extraordinárias que nos falam sobre a verdade divina. Podem ser definidas como "narrativas criadas com o objetivo específico de representar uma verdade religiosa de forma pictórica".

PRIMEIRA PARTE

AS PARÁBOLAS DO ANTIGO TESTAMENTO

INTRODUÇÃO

É lamentável que quase todos os livros referentes às parábolas se atenham apenas nas que proferiu o nosso Senhor, esquecendo-se do que o resto da Bíblia —além dos quatro evangelhos— apresenta em matéria de linguagem figurada. Perde tempo quem procura um estudo expositivo das muitas parábolas do AT. G. H. Lang, em *The parabolic teaching of Scripture* [*O ensino parabólico das Escrituras*], dedica cinco páginas ao assunto. O melhor tratamento dado às parábolas do AT que conheço é *Miracles and parables of the Old Testament* [*Milagres e parábolas do Antigo Testamento*], publicado pela primeira vez em 1890 e agora reimpresso pela Baker Book House, de Grand Rapids, EUA. Certamente alguns dicionários bíblicos trazem uma sinopse do ensino parabólico do AT, onde o termo m_sh_ l é empregado com ampla gama de significados. Como já deixamos prever, há apenas cinco textos tidos como o equivalente mais próximo da "parábola" em sentido estrito, a começar pela parábola do profeta Natã. Ainda assim, como demonstrará o estudo que se segue, o AT faz amplo uso das ilustrações parabólicas.

Talvez o estudo mais completo e esclarecedor sobre o simbolismo do AT seja o de Ada Habershon, em seu livro muito instrutivo *The study of the parables* [*O estudo das parábolas*], síntese daquilo que nos propusemos na presente obra. Aquele que "falou-lhes de muitas coisas por meio de parábolas" é o mesmo que inspirou "homens santos da parte de Deus" a escrever o AT; portanto, podemos encontrar a mesma linha de pensamento em todos os livros. Muitas das parábolas, dos tipos e das visões do AT ilustram e esclarecem os do Novo, provando a maravilhosa unidade das Escrituras. Os que ouviram as parábolas de Jesus tinham alguma percepção do ensino que em geral servia de base ao ritual levítico e identificavam o sentido espiritual existente nas cerimônias que deviam realizar.

Os judeus certamente se lembraram do maná de Deuteronômio 8 quando Jesus, em João 6, referiu-se a si mesmo como "o maná", e também quando disse, em Mateus 4, que "não só de pão vive o homem".

A casa construída sobre a rocha com certeza reportou os ouvintes de Jesus ao cântico de Moisés, em que Deus é considerado a Rocha (Dt 32:4).

A *Parábola dos lavradores maus* lhes trazia à mente a *Parábola da vinha do Senhor*, numa estrutura textual praticamente idêntica à de Isaías 5. Compare também Isaías 27:3 com João 15.

As festas de Levítico 23 devem ser estudadas cuidadosamente, junto com as parábolas de Mateus 13. Há muitas analogias entre as festas anuais e esse grupo de parábolas.

A lei sobre os animais puros e impuros (Lv 11; Dt 14) passou a ter um sentido mais profundo quando Pedro viu aquele lençol descer do céu.

A figura da casa por demolir encontra correspondente no NT (cf. Jr 33:7 e Ez 36:36 com At 15:15-17 e Rm 11:1,2).

A instrução a respeito da ovelha perdida é um maravilhoso complemento da *Parábola do Salvador* (cf. Dt 22:1-3 com Lc 15).

Muitos acontecimentos da vida de José são ilustrações da vida e do reinado de nosso Senhor.

A narrativa da vinha de Nabote nos faz lembrar da *Parábola dos lavradores maus*, retratada por Jesus.

A *Parábola do juiz iníquo* assemelha-se à experiência da sunamita (2Rs 8), que clamou ao rei pela sua terra e pela sua casa.

A compra de um campo (Jr 32) vincula-se à *Parábola do tesouro escondido* (Mt 13).

A vestimenta do profeta Josué em forma de parábola (Zc 3) pode ser posta lado a lado com a *Parábola do filho pródigo* (Lc 15).

A visão de Zacarias do efa corresponde em muitos aspectos à *Parábola do fermento*.

Sobre o simbolismo dos Salmos, 78:2 pode ser associado a Mateus 13:34,35, o Salmo 1 a Mateus 24:45-51 e o Salmo 2 à *Parábola dos lavradores maus*. O Salmo 23 fica ainda mais precioso ao lado de João 10. O Salmo 45, que descreve uma noiva e o seu atavio encantador, corresponde às Bodas do Cordeiro (Ap 19). O Salmo 19, em que o noivo sai de seu quarto e se alegra, como um homem forte que participa de uma corrida, remete à encarnação do Verbo e ao retorno glorioso do nosso Senhor Jesus.

A mais bela de todas as parábolas é a da *Pequena cidade*, em Eclesiastes 9:13-17, uma maquete do mundo, atacado por Satanás, mas liberto pelo Senhor Jesus. É interessante observar, nos livros de Provérbios e Eclesiastes, que muitos versículos contêm a mesma linguagem simbólica das parábolas de nosso Senhor. Compare Provérbios 12:7, 24:3 e 14:11 com Mateus 7 e 1Coríntios 3. Os versos finais de Provérbios 4 nos fazem lembrar de muitas parábolas do Senhor, especialmente daquela que ensina aos discípulos que a corrupção brota não daquilo que *entra* pela boca em forma de alimento, mas do que *sai* da boca, em palavras. Em meio às palavras de Salomão, existem referências à semeadura e à sega. Compare Provérbios 11:24 com 2Coríntios 9:6; Provérbios 11:18 e 22:8 com Gálatas 6:7; Provérbios 11:4,28 com *a Parábola do rico e Lázaro,* em Lucas 16; Provérbios 12:12 com João 15; Provérbios 28:19 com a *Parábola do filho pródigo*; Provérbios 13:7 faz referência ao que vendeu tudo o que tinha para que pudesse comprar o campo e a pérola.

Além das parábolas propriamente ditas e daquilo que se aproxima do que chamamos parábolas, há centenas de expressões, versículos e palavras de natureza parabólica. Seria muito proveitoso nos determos nos muitos títulos dados a Deus no AT, como "Um Pequeno Santuário", "Fortaleza", "Mãe" etc., procurando mostrar o sentido espiritual dessas figuras de linguagem. Esperamos que os exemplos que se seguem estimulem o estudo mais profundo desse aspecto envolvente da verdade bíblica.

AS PARÁBOLAS DOS LIVROS HISTÓRICOS

Parábola do monte Moriá
(Gn 22; Hb 11:17-19)

É o Espírito Santo quem nos autoriza a classificar como parábola o episódio em que Abraão oferece seu filho Isaque a Deus. O inspirado autor da carta aos Hebreus diz que, depois do ato de obediência de Abraão, Deus "em figura o recobrou" (11:19). A palavra traduzida por "figura" nesse versículo é a mesma traduzida por "parábola" nos evangelhos. A *Versão Revisada* (em inglês) diz: "em parábola o recobrou". O ato de depositar Isaque sobre o altar é uma representação parabólica da morte —parábola em gestos, não em palavras—, e sua libertação foi, portanto, uma representação da ressurreição de Cristo. A realização figurada do ato passa para a narrativa histórica: "Pegou no cutelo para imolar o filho..." (Gn 22:10). Essa frase, e o fato de que Abraão cria que Deus era capaz de ressuscitar Isaque da morte, revela a grandiosidade do sacrifício que o patriarca foi chamado a fazer. É interessante observar que Isaque é o único nas Escrituras, além de Jesus, a ser chamado "unigênito" (Gn 22:2; Hb 11:17).

A fé deu a Abraão o poder de atender à ordem divina ainda que implicasse a morte de Isaque. Até o tempo de Abraão, ninguém jamais havia ressuscitado da morte, mas o pai da fé, crendo na promessa de Deus, tinha a confiança de que seu filho, uma vez morto, poderia ressuscitar. Assim, quando Isaque estava sobre o altar, na sombra da morte, Abraão recebeu-o de volta à vida, pela graça de Deus. Quando o patriarca disse aos seus servos "voltaremos a vós" (Gn 22:5), usou o idioma da fé. Abraão nunca duvidou da onipotência de Deus.

Esta narrativa é uma figura impressionante da oferta do Filho unigênito de Deus, que foi por escolha própria entregue "por todos nós" (Rm 8:32) e foi recebido de entre os mortos pelo Pai! (1Tm 3:16) A divergência, entretanto, nessa parábola em ação, é o fato de que, embora Abraão tenha oferecido seu filho, este foi poupado. O cordeiro, apanhado entre os arbustos, tornou-se substituto de Isaque e foi sacrificado em seu lugar. Mas Cristo foi o ferido e o aflito de Deus. O Criador deu o seu Filho unigênito para morrer pelos nossos pecados. Nós deveríamos ter morrido, mas Cristo, como o Cordeiro sacrificado, foi morto em nosso lugar. Morreu pelos pecados de um mundo perdido.

Outra mensagem aos nossos corações é a prontidão em fazer a vontade de Deus. Paulo sabia que a grande qualidade do verdadeiro serviço é a nossa disposição: "Pois se há prontidão de vontade, será aceita segundo o que qualquer tem, e não segundo o que não tem" (2Co 8:12). Abraão percorreu um longo caminho e sofreu grande angústia para cumprir a vontade de Deus. Tão logo ouviu a ordem divina, manifestou a prontidão de executá-la. Muitos de nós vão só até certo ponto e depois param, como Marcos, que Paulo recusou-se a levar em sua viagem missionária (At 15:18). Abraão destaca-se magnificamente como aquele que foi até onde Deus o permitiria ir.

Parábola do tabernáculo
(Hb 9:1-10; Êx 25:31)

Neste caso também é o Espírito Santo quem nos autoriza a afirmar que o tabernáculo erigido por Moisés no deserto era uma parábola para nós de uma herança ainda mais gloriosa. "O Espírito Santo estava dando a entender [...] o primeiro tabernáculo [...] é uma *parábola* para o tempo presente..." (Hb 9:8,9).

As figuras ou os objetos parabólicos, associados a todos os serviços e aos utensílios do tabernáculo, dão margem para muito estudo. De maneira notável, os sacrifícios, as ofertas, as festas e a construção do tabernáculo ilustram a pessoa e a obra do Redentor, bem como as bênçãos e os privilégios dos remidos. O maravilhoso capítulo 9 de Hebreus é a exposição do Espírito Santo acerca do tabernáculo, em que se apresenta um retrato sublime da obra completa de Cristo a favor do crente e da vida dos crentes em Cristo como um todo.

O estudante que deseja entender o significado simbólico das coisas ligadas ao tabernáculo poderá escolher entre as inúmeras exposições sobre o assunto. Alguns comentaristas deixaram a imaginação correr solta na interpretação dos elementos de menor importância dessa construção temporária no deserto. Sabiamente, o dr. A. T. Pierson disse: "Ninguém se pode dar por infalível na interpretação dessas imagens e desses objetos, estando a beleza dessa forma de ensino, em parte, no fato de permitir uma nitidez cada vez maior de visão e uma crescente acuidade de percepção, assim como a nossa vida e o nosso caráter se aproximam da indiscutível perfeição [...] Mas estamos certos de que há uma riqueza de significados imaginável, mesmo aos filhos de Deus, e ainda por explorar, a qual apenas os anos que estão por vir conseguirão revelar e desvendar completamente".

A principal característica do tabernáculo estava na sua divisão em três partes —a unidade da trindade:

o *átrio*, com o altar do holocausto e a pia de bronze.
o *Santo Lugar*, com a mesa dos pães da proposição, o candelabro de ouro e o altar do incenso.
o *Santo dos Santos,* com a arca da aliança sobre a qual estava o propiciatório.

Nem precisa muita imaginação para vermos, nessas características expressas, uma parábola sobre a obra de Cristo na ordem em que se deu, desde o seu sacrifício vicário na cruz até a descida do Espírito Santo regenerador e santificador, passando por toda a sua jornada como Luz do mundo, Pão da vida e nosso Intercessor além do véu, na presença de Deus.

O tabernáculo pode também ser considerado uma parábola que mostra como o crente pode aproximar-se de Deus em Cristo.

O *átrio* passa a idéia de dois estados: remissão dos pecados pelo sangue da expiação e regeneração do espírito pela Palavra de Deus e pelo Espírito Santo —*condições* da comunhão.

O *Santo Lugar* ilustra as três *formas* da comunhão —a vida de luz como testemunho, a sistemática consagração interna e a vida de constante oração.

O *Santo dos Santos* retrata o *ideal* e o *objetivo* da comunhão, em que "a obediência perpétua se parece com uma tábua inquebrável da lei, a beleza do Senhor nosso Deus está sobre nós e todos os seus atributos estão em perfeita harmonia com os nossos sentimentos e atividades". Uma análise mais completa desse fascinante aspecto do estudo da Bíblia, o leitor encontrará no "Old Testament symbolism" ["O simbolismo do Antigo Testamento"], capítulo do livro *The study of parables* [*O estudo das parábolas*], de Ada Habershon. Essa talentosa autora tem um pequeno livro, *Studies on the tabernacle* [*Estudos sobre o tabernáculo*], com muitos esboços claros e bíblicos que mostram como os detalhes do tabernáculo foram "sombra dos bens futuros" e "figuras das coisas que estão no céu" (Hb 10:1; 9:23; Cl 2:17; Jo 5:45).

As parábolas de Balaão
(Nm 22; 23:7,18; 24:3,15,20-23)

Seis das dezoito ocorrências da palavra "parábola" no AT estão associados aos pronunciamentos de Balaão. George H. Lang comenta que "as declarações proféticas de Balaão são chamadas *parábolas*. São assim chamadas porque os projetos e os fatos ligados a Israel são apresentados por meio de comparações, compostas na maioria de elementos não-humanos". Por estranho que pareça, as parábolas proféticas desse insignificante profeta estão entre as mais inconfundíveis e admiráveis do AT. Todas elas "dão testemunho do chamado de Israel para ser o povo escolhido de Jeová," diz Fairbairn, "e das bênçãos que estavam reservadas para esse povo, as quais nenhum encantamento, força adversa ou maldição poderia tirar; também dão testemunho da Estrela que despontaria de Jacó e da destruição de todos os que a ela se opusessem".

Qual era o passado de Balaão, de Petor, e como veio a conhecer Balaque? Balaão praticava a *adivinhação*, que compreendia a leviandade e o engano tão comuns nos países idólatras. O fato de ser *ganancioso* fica claro quando ele declara que "o preço dos encantamentos" estava nas suas mãos e nas dos seus cúmplices. Balaão "amou o *prêmio* da injustiça". Foi esse homem que Balaque procurou para receber informações. Os israelitas, seguindo viagem rumo a Canaã, armaram suas tendas nas regiões férteis da Arábia. Alarmados com o número e com a coragem dos hebreus, que haviam recentemente derrotado o rei Ogue, de Basã, os moabitas temeram tornar-se a próxima presa. Balaque, então, foi até os midianitas, seus vizinhos, e consultou os seus anciãos, mas as informações que recebeu eram de grande destruição.

Esse caso, em que Deus faz uso de um falso profeta para proferir parábolas divinamente inspiradas — prova inequívoca do seu amor e dos seus desígnios para o seu povo —, mostra que o Senhor, se necessário, lança mão do melhor instrumento que puder encontrar, ainda que esse instrumento contrarie a sua natureza divina. Deus disse a Balaão: "Vai com esses, mas fala somente o que eu te mandar". Ao encontrar Balaque, Balaão, já orientado por Deus, disse: "Porventura poderei eu agora falar alguma coisa? A palavra que Deus puser na minha boca, essa falarei". Quando censurado por Balaque, rei de Moabe, por ter abençoado Israel, Balaão respondeu: "Como amaldiçoarei o que Deus não amaldiçoou? E como denunciarei a quem o Senhor não denunciou? [...] Porventura não terei cuidado de falar o que o Senhor pôs na minha boca?".

Então, compelido a declarar o que teria alegremente omitido, Balaão irrompe num rompante de poesia parabólica e prediz a bênção indiscutível do povo para cuja maldição fora contratado. Suas parábolas são de fácil identificação.

Na primeira, o pensamento principal é a separação para Deus, a fim de cumprir os seus desígnios: "Vejo um povo que habitará à parte, e entre as nações não será contado" (Nm 23:9).

Essa escolha divina de Israel era a base das reivindicações de Deus sobre o povo e a razão de todos os ritos e instituições singulares que ele decretara para serem observados, pois dissera: "Eu sou o

Senhor vosso Deus que vos separei dos povos. Portanto fareis distinção entre os animais limpos e os imundos [...] Sereis para mim santos, porque eu, o Senhor, sou santo, e vos separei dos povos para serdes meus" (Lv 20:24-26).

Há também o cumprimento do antigo propósito, pelo qual Deus "fixou os limites dos povos, segundo o número dos filhos de Israel" (Dt 32:8). Nessa parábola, que trata da separação de Israel, uma ilustração é extraída do *solo* abaixo dos nossos pés: "Quem pode contar o pó de Jacó...?" (Nm 23:10). Aqui temos uma referência ao imenso número dos descendentes de Abraão, anteriormente comparados à *areia* e às *estrelas* (Gn 22:17). Alguns comentaristas vêem no *pó* e na *areia* uma referência figurada a Israel —os descendentes terrenos de Abraão—, e nas *estrelas*, uma referência simbólica à igreja de Deus —os descendentes espirituais de Abraão. Mas, como George H. Lang afirma: "Faço uma advertência contra o tratamento fantasioso das parábolas e dos símbolos, pois por três vezes Moisés usa as *estrelas* como símbolo do Israel terreno (Dt 1:10; 10:22; 28:62; v. 1Cr 27:23).

De uma coisa estamos certos: a mesma escolha separadora e soberana de Deus é o fundamento do chamado cristão nesta dispensação da graça. Fomos "chamados para ser santos", ou seja, *separados*. Fomos eleitos em Cristo "antes da fundação do mundo". Fomos salvos e chamados "com uma santa convocação [...] segundo o seu propósito e a graça, que nos foi dada em Cristo Jesus antes dos tempos eternos". Essas e outras referências características compõem a verdadeira igreja. Separados do mundo, devemos viver nele como forasteiros e peregrinos.

A parábola seguinte ressalta a *justificação* do povo *separado*. Percebe-se a progressão dos pronunciamentos e das predições parabólicas de Balaão na frase "Então proferiu Balaão a sua palavra", que se repete cinco vezes. Ao escolher Israel, Deus não poderia voltar atrás em sua decisão; então encontrou Balaão e pôs na sua boca esta palavra para Balaque: "Deus não é homem para que minta, nem filho do homem para que se arrependa. Porventura tendo ele dito não o fará, ou tendo falado não o realizará? Recebi ordem de abençoar; ele abençoou, e não o posso revogar. Não vi iniqüidade em Jacó, nem desventura observei em Israel. O Senhor seu Deus está com ele, e entre eles se ouvem aclamações ao seu rei" (Nm 23:19-21). A história do povo escolhido mostra que *havia* iniqüidade, da qual o verdadeiro Jacó estava dolorosamente consciente; e havia tanta perversidade em Israel, que o mundo pagão ao redor ficava surpreso. Mas a maravilha disso tudo é que os olhos de Deus estavam sobre o seu povo pela luz que emanava da graça divina, depois pelo sangue dos sacrifícios ofertados pelo povo a favor de si mesmo e por fim pela morte expiatória do seu muito amado Filho.

A natureza novamente contribui para a inspirada e instrutiva parábola de Balaão, pois refere-se a Deus como "forças [...] como as do unicórnio", enquanto Israel é retratado com a força do boi selvagem e a natureza assustadora do leão e da leoa (Nm 23:22,24; 24:8,9). Tendo sido justificados gratuitamente pela graça divina, justificados pelo sangue de Jesus, justificados pela fé e, portanto justificados de todas as coisas, nós, os cristãos, não temos força em nós mesmos. Nossa força está na graça de Jesus Cristo, nosso Senhor (2Tm 2:1).

Na terceira parábola, Balaão declara que produzir frutos para Deus é o resultado inevitável de sermos separados para ele e justificados perante ele. Quão bela e expressiva é essa explicação inspirada sobre o povo escolhido de Deus! "Que boas são tuas tendas, ó Jacó! E as tuas moradas, ó Israel! Como vales que se estendem, como jardins ao lado de um rio, como árvores de sândalo que o Senhor plantou, como os cedros junto às águas!" (Nm 24:3-14). A linguagem figurada que Balaão empregou forma um estudo à parte. O soberano do céu é comparado a uma *estrela* (cf. Nm 24:17 com Ap 2:28; 22:16). O *cetro*, símbolo comum da realeza, refere-se à poderosa soberania do Messias de Israel. O *ninho posto na penha* fala da segurança dos quenitas (Nm 24:21). Os *navios* que vinham da costa de Quitim eram uma alusão profética às vitórias de Alexandre, o Grande (Nm 24:24).

Embora decepcionado, Deus ainda assim tinha todo o direito de contar com os frutos do seu povo no deserto. Não os tinha escolhido, redimido e abençoado, fazendo deles seu tesouro particular? Quanto mais não espera de nós, que fomos comprados com o precioso sangue de seu querido Filho? Será que não o glorificaremos quando damos muitos frutos? (Jo 15:8). Não somos exortados a estar cheios do fruto da justiça? (Fp 1:11). Não tem um valor extremamente prático o fato de sermos separados para ele e justificados pela graça diante dele? A nossa posição privilegiada não deveria resultar em sermos frutíferos em toda boa obra? (Cl 1:10).

Não é pertinente que a parábola seguinte se volte para a segunda vinda de Cristo? A coroa de vitória é o adorno para a fronte daquele que chamou, separou, justificou e abençoou o seu povo. "Vê-lo-ei, mas não agora; contemplá-lo-ei, mas não de perto. Uma estrela procederá de Jacó, e de Israel subirá um cetro"(Nm 24:17). Segundo certo comentarista: "A estrela refere-se à sua primeira vinda; o cetro, à sua segunda vinda; e, como o falso profeta não o via como salvador, profere a própria condenação". Trata-se do dia do juízo para os iníquos, pois "Um dominador sairá de Jacó, e destruirá os sobreviventes da cidade". A destruição será arrasadora e terrível, como diz Balaão: "Ai, quem viverá, quando Deus fizer isto?" (Nm 24:23).

Parábola das árvores
(Jz 9:7-15)

Essa parábola contada aos homens de Siquém por Jotão, filho mais novo de Gideão e único sobrevivente do massacre de seus 70 irmãos por Abimeleque (outro irmão) é outra profecia em forma de parábola, uma vez que se cumpriu. Abimeleque, filho bastardo de Gideão, aspirava a ser rei e persuadiu os homens de Siquém a matar todos os 70 filhos legítimos de seu pai (exceto o que escapou) e o proclamarem rei. Jotão, o sobrevivente, subindo ao monte Gerizim, proferiu a parábola ao rei e ao povo, fugindo em seguida.

Muitos estudiosos discordam da natureza parabólica do pronunciamento de Jotão. Por exemplo, o dr. E. W. Bullinger, em *Figures of speech* [*Figuras de linguagem*], diz: "Não se trata de parábola, porque não há nenhuma comparação, na qual uma coisa é equiparada a outra [...] Quando árvores ou animais falam ou pensam, temos uma *fábula*; e, quando essa fábula é explicada, temos uma *alegoria*. Se não fosse a oração explicativa 'fazendo rei a Abimeleque' (9:16), o que a torna uma *alegoria*, teríamos uma *fábula*". O dr. A. T. Pierson refere-se a ela como "a primeira e mais antiga alegoria das Escrituras [...] Uma das mais lindas, de todas as fábulas ou apólogos de todo o universo literário". O professor Salmond igualmente refere-se a ela como "um exemplo legítimo de fábula [...] os elementos grotescos e improváveis que a tornam um meio inadequado para expressar a mais sublime verdade religiosa".

Ellicott comenta: "nesse capítulo temos o primeiro 'rei' israelita e o primeiro massacre de irmãos; dessa forma, temos aqui a primeira fábula. As fábulas são extremamente populares no Oriente, onde são muitas vezes identificadas com o nome do escravo-filósofo Lokman, o congênere de Esopo [...] A 'fábula' é uma narrativa imaginária usada para fixar prudência moral nas mentes". Junto com outros comentaristas, entretanto, inclino-me para o aspecto parabólico do discurso de Jotão, o qual, como disse Stanley, "falou como o autor de uma ode inglesa". Lang também vê o discurso como uma *parábola* e faz três observações:

1. o material da parábola pode ser verdadeiro, assim como as árvores são objetos reais;
2. o uso desse material pode ser completamente imaginário; como quando mostra as árvores em uma reunião, propondo a eleição de um rei e convidando aquelas que estão em crescimento —a oliveira, a figueira, a videira e o espinheiro— a reinar sobre as árvores mais altas, como o cedro;
3. os detalhes imaginários podem corresponder exatamente aos homens que precisavam ser instruídos e aos seus feitos [...] O cedro era o mais alto e imponente; assim também eram os homens de Siquém, que foram fortes o suficiente para levar adiante o terrível massacre.

Ainda, quanto à diferença entre *interpretação* e *aplicação*, cumpre dizer que a primeira se relaciona com o problema em questão, a saber, a relação entre Israel e Abimeleque, sendo histórica e local; a segunda é profética, e dispensacional. A *interpretação* imediata da parábola de Jotão seria: as diferentes árvores são apresentadas em 'busca de um novo rei', e sucessivamente apresentam-se a oliveira, a figueira, a videira e, por último, o espinheiro. Nessas árvores desejosas de um rei, temos a apresentação figurada do povo de Siquém, que estava descontente com o governo de Deus e ansiava por um líder nominal e visível, como tinham as nações pagãs vizinhas. Os filhos mortos de Gideão são comparados a Abimeleque, como as árvores boas ao espinheiro. A palavra traduzida por *reina sobre* dá a idéia de *pairar* e encerra também a idéia da falta de sossego e de insegurança. Keil e Delitzsch, em seus estudos sobre o AT, afirmam: "Quando Deus não era a base da monarquia, ou quando o rei não edificava as fundações de seu reinado sobre a graça divina, ele não passava de uma árvore, pairando sobre outras sem lançar raízes profundas em solo frutífero, sendo completamente incapaz de produzir frutos para a glória de Deus e para o bem dos homens. As palavras do espinheiro, 'vinde refugiar-vos debaixo da minha sombra', contêm uma profunda ironia, o que o povo de Siquém logo descobriria".

Então, como observaremos, a vida da nação israelita é retratada pela semelhança com as árvores citadas na parábola, cada qual com propriedades especialmente valiosas ao povo do Oriente. Muito poderia ser dito a respeito das árvores, sendo a vida de cada uma diferente uma da outra. Embora todas recebam sustento do mesmo solo, cada uma toma da terra o que é compatível com a sua própria natureza, para produzir os respectivos frutos e atender às suas necessidades. São as árvores

Parábola das árvores

diferentes no que se refere ao tamanho, à forma e ao valor. Cada árvore possui glória própria. As fortes protegem as mais fracas do calor intenso e das tempestades ferozes (v. Dn 4:20,22 e Is 32:1).

A *oliveira* é uma das árvores mais valiosas. Os olivais eram numerosos na Palestina. Winifred Walker, em seu livro lindamente ilustrado *All the plants of the Bible* [*Todas as plantas da Bíblia*], diz que "uma árvore adulta produz anualmente meia tonelada de óleo". O óleo proporcionava a luz artificial (Êx 27:20) e era usado como alimento, sendo também um ingrediente da *oferta de manjares*. O fruto também era comido, e a madeira, usada em construções (1Rs 7:23,31,32). As folhas da oliveira simbolizam a paz.

A *figueira*, famosa por sua doçura, era também altamente apreciada. Seu fruto era muito consumido, e seus ramos frondosos forneciam um excelente abrigo (1Sm 25:18). Adão e Eva usaram folhas de figueira para cobrir a sua nudez (Gn 3:6,7). Os figos são os primeiros frutos mencionados na Bíblia.

A *videira* era igualmente estimada por causa dos seus imensos cachos de uva, que produziam o vinho —grande fonte de riqueza na Palestina (Nm 13:23). O "vinho, que alegra Deus e os homens". Sentar-se debaixo da própria figueira ou videira era uma expressão proverbial que denotava paz e prosperidade (Mq 4:4).

O *cedro*, a maior de todas as árvores bíblicas, era famosa por sua notável altura, pois muitas vezes "media 37 m de altura e 6 m de diâmetro". Por causa da qualidade da madeira, o cedro foi usado na construção do templo e do palácio de Salomão. Altivos e fortes, eles simbolizavam os homens de Siquém, poderosos o suficiente para levar adiante o terrível massacre dos filhos de Gideão. Lang fez a seguinte aplicação: "Assim como um espinheiro em chamas poderia atear fogo numa floresta de cedros e assim como um cedro em chamas causaria a destruição de todos os espinheiros à sua volta, também Abimeleque e os homens de Siquém eram mutuamente destrutivos e trocaram entre si a recompensa da ingratidão e da violência das duas partes".

O *espinheiro* é um poderoso arbusto que cresce em qualquer solo. Não produz frutos valiosos, e sua árvore, da mesma forma, não serve de abrigo. Sua madeira é usada pelos habitantes como combustível. O dr. A. T. Pierson lembra-nos que "o espinheiro é o sanguinheiro ou ramno" e que "o fogo que sai do espinheiro refere-se à sua natureza inflamável, uma vez que pode facilmente e em pouco tempo ser consumido". A aplicação é por demais óbvia. O nobre Gideão e seus respeitáveis filhos haviam rejeitado o reino que lhes fora oferecido, mas o bastardo e desprezível Abimeleque o aceitara e se afiguraria aos seus súditos como espinheiro incômodo e feroz destruidor; seu caminho acabaria da mesma forma que o espinheiro em chamas no reinado mútuo dele para com os seus súditos (Jz 9:16-20). O fogo a sair do espinheiro talvez se refira ao fato de que o incêndio muitas vezes se inicia no arbusto seco, pela fricção dos galhos, formando assim um emblema apropriado para a guerra das obsessões, que geralmente destroem as alianças entre homens perversos.

Embora a habilidade de Jotão no emprego das imagens tenha atraído a atenção dos homens de Siquém e tenha agido como um espelho a refletir a tolice criminosa deles, esse reflexo não os faz arrepender-se da perversidade. Os siquemitas não proferiram sentença contra si próprios, como fez Davi após ouvir a tocante parábola de Natã, ou como fizeram muitos dos que ouviram as parábolas de Jesus (Mt 21:14). Eloqüência eficaz é a que move o coração a agir. Os ouvintes da parábola de Jotão ainda toleraram o reinado de Abimeleque por mais três anos.

Para nós a lição é clara: "O doce contentamento com a nossa esfera de atuação e o privilégio de estarmos na obra de Deus, estando no lugar em que o Senhor nos pôs; e a inutilidade da cobiça por mera promoção". Como a oliveira, a figueira, a videira e o espinheiro são muitas vezes usados como símbolos de Israel, será proveitoso reportarmo-nos de modo resumido a essa aplicação:

A *oliveira* fala dos privilégios e das bênçãos pactuais de Israel (Rm 11:17-25). É corretamente chamada o primeiro "rei" das árvores, porque, por manter-se sempre verde, fala da duradoura aliança que Deus fez com Abraão, antes mesmo de Israel se formar. Na parábola de Jotão, a oliveira é caracterizada por sua *gordura* e, quando usada, tanto Deus como o homem são honrados (Êx 27:20,21; Lv 2:1). Os privilégios dos israelitas (sua gordura) são encontrados em Romanos 3:2 e 9:4,5. Nenhuma outra nação foi tão abençoada quanto Israel.

O fracasso de Israel (oliveira) se vê no fato de que alguns de seus ramos foram arrancados, e certos galhos selvagens foram enxertados no lugar. Os gentios estão desfrutando de alguns dos privilégios e das bênçãos da oliveira. De todas as bênçãos recebidas por Israel, a principal foi o dom da Palavra de Deus e o dom do seu Filho. Hoje os gentios regenerados estão pregando sobre o Filho de Deus a Israel, levando até essa nação a Palavra de Deus. A restauração dos judeus, entretanto, é vista em sua gordura, no dia em que "todo Israel será salvo [...] se sua queda foi riqueza para o mundo [...] quanto mais sua plenitude".

A *figueira* fala dos privilégios nacionais de Israel (Mt 21:18-20; 24:32,33; Mc 11:12-14; Lc 13:6-8).

O que caracteriza a figueira é a sua doçura e seus bons frutos. Deus plantou Israel, sua figueira, mas o seu fruto se corrompeu e, no lugar da doçura, houve amargor. Foi o que aconteceu quando o nosso Senhor veio a Israel, pois os seus (o seu povo) não o receberam. Com amargor, os judeus o consideraram um endemoninhado e "formaram conselho contra ele, para o matarem". Hoje acontece a mesma coisa, pois Israel ainda rejeita o seu Messias e é amargo para com ele. David Baron disse: "Tenho conhecido pessoalmente muitos homens amáveis e de caráter adorável entre os judeus, mas, assim que o nome 'Jesus' é mencionado, mudam o semblante, como se tivessem um acesso de indignação [...] cerrando os punhos, rangendo os dentes e cuspindo no chão por causa da simples menção do nome.

O fracasso de Israel se vê no ressecamento da figueira (Mt 21:19,20). Nosso Senhor procurou frutos, mas, como não encontrou um sequer, amaldiçoou a árvore infrutífera, e ela secou. Na parábola de Lucas, ela é derrubada. Essa é a situação de Israel há muitos séculos. A figueira está seca, sem rei, sem bandeira e sem lar. Ela é cauda, apesar da promessa de ser cabeça entre as nações.

A restauração de Israel se observa nos brotos verdes da figueira. O Senhor certa vez amaldiçoou uma figueira, dizendo: "Nunca mais nasça fruto de ti". Quanto à outra figueira, Israel, no entanto, disse: "Aprendei agora esta parábola da figueira: Quando já os seus ramos se tornam tenros e brotam folhas, sabeis que está próximo o verão [...]. Igualmente vós, quando virdes todas estas coisas, sabei que ele está próximo, às portas" (Mt 24:32; Lc 21:30).

A *videira* simboliza os privilégios espirituais de Israel (Is 5:1-7; Sl 80:9-19; Ez 15; Jo 15). O que caracterizava a videira era o vinho, que alegra tanto a Deus como ao homem. O vinho é o símbolo escolhido pelo Senhor para a alegria. Quando Israel tinha os odres de vinho cheios e transbordantes, esse fato servia de prova indiscutível de que a bênção transbordante do Senhor estava sobre o povo e, é claro, de que havia alegria sob a aprovação divina; e o próprio Deus alegrava-se na libação oferecida por seu povo.

O fracasso de Israel se vê na videira consumida e devorada e na vinha pisoteada. Deus trouxe a videira do Egito, plantou-a em lugar preparado, fez tudo por ela, mas ela perdeu o viço, de modo que as suas sebes foram retiradas e a plantação ficou desolada. Não existe mais vinho.

A restauração de Israel acontecerá no dia da visitação de Deus. "Ó Deus dos Exércitos, volta-te, nós te rogamos! Atende dos céus, e vê! Visita esta vinha, a videira que a tua destra plantou [...] Faze-nos voltar, ó Senhor Deus dos Exércitos; faze resplandecer o teu rosto, e seremos salvos" (Sl 80). Essa visitação acontecerá na pessoa do Filho de Deus, pois todas as bênçãos espirituais estão nele, e daqui em diante Israel as encontrará somente na Videira Verdadeira.

O espinheiro, a mais insignificante das árvores, só serve para ser queimada. O espinheiro estava disposto a reinar sobre as árvores. E todas elas estavam dispostas a lhe prestar submissão. Isso é profético e reflete o dia em que Israel será dominado pelo Anticristo. O espinheiro é uma árvore cujos espinhos representam a maldição do pecado.

Quando o espinheiro vier, dirá: "...vinde refugiar-vos debaixo da minha sombra...". Quando nosso bendito Senhor esteve aqui, disse: "Vinde a mim"; e o que teve em resposta foi: "Fora! Fora! Crucifica-o! [...] Não temos rei, senão César". Mas, quando vier o espinheiro, eles o receberão e farão uma aliança com ele, depositando a confiança na sua sombra.

Sairá fogo do espinheiro e consumirá a todos. Essa é uma profecia sobre a grande tribulação, a hora da dificuldade para Jacó. Mas o próprio espinheiro será queimado e destruído (Jz 9:20). Isso acontecerá na vinda do nosso Senhor (2Ts 2:8). E a gordura, a doçura e a alegria das árvores abençoarão a Israel e farão dele uma bênção, por meio daquele que morreu no madeiro amaldiçoado.

Parábola da cordeira
(2Sm 12:1-4)

Essa parábola, habilmente formulada por Natã e usada para convencer Davi de seu terrível pecado, demonstra a eficácia da linguagem pictórica. Essa parábola de reprovação é considerada por muitos autores como *fábula*, mais do que *parábola*. De uma coisa sabemos: quando narrada, a tocante história da cordeira despertou o lado bom do rei Davi. Se Natã tivesse entrado no palácio real e, de forma direta e imediata, censurasse a culpa do rei decretando sentença devida ao seu pecado, é pouco provável que Davi desse ouvidos. O tratamento direto e franco da questão talvez fizesse o rei se irar e o impedisse de se arrepender. Davi poderia ter respondido a Natã da mesma forma que Hazael: "Como é que teu servo, que não passa de um cão, poderia fazer tão grande coisa?".

Pelo emprego do método parabólico, contudo, Natã desmascarou o terrível pecado de Davi e extraiu dele a exclamação *Pequei*, que deu origem a todo o salmo 51 e ao começo de um arrependimento tão sincero quanto tinha sido grave a transgressão. A habilidade de Natã de ocultar a real aplicação da parábola faz lembrar as parábolas da *Vinha do Senhor* e dos *Lavradores maus*, proferidas por Cristo; na aplicação prática ao coração e à consciência do ouvinte, foi feita de maneira insuperável (Mc 12:1-12). As duas características gerais dessa parábola que estamos estudando são a *benevolência* e o *perdão* de Deus.

1. A *benevolência de Deus*. Embora Davi tivesse pecado em primeiro lugar perante Deus (Sl 51:4), o Senhor deu o primeiro passo para devolver o seu servo transgressor à benevolência divina por meio do arrependimento. Dessa maneira lemos que "O Senhor enviou Natã". Apesar de o profeta ser, sem dúvida alguma, conhecedor do pecado de Davi, não procurou o rei senão quando enviado *do alto*. Davi tinha caído num poço terrível, e somente a graça divina poderia resgatá-lo e restaurá-lo. Que sabedoria de Deus escolher Natã como porta-voz! Não contava ele com a confiança de Davi, e não fora ele o portador de boas novas ao rei? (2Sm 7:1-19). O sentimento que um tinha pelo outro fez com que as desconfianças de Davi fossem desarmadas, e o preparou para ouvir a tocante história de Natã. Quando nos desviamos do caminho da obediência rumo à vontade de Deus, ele tem as suas maneiras e os seus métodos de nos restaurar à sua benevolente graça (Sl 23:3; 40:2).

Outra evidência do desejo de Deus de tirar Davi do lamaçal depreende-se da incomparável história que ele inspirou Natã a contar ao rei. Graças ao coração de pastor do rei, ele seria tocado pela história. Quando examinamos essa parábola incomparável, ficamos, antes de mais nada, impressionados com "Havia numa cidade dois homens". Em certo sentido, eram iguais, companheiros e compatriotas. Por "dois homens", entendemos Davi e Urias, que, embora estivessem no mesmo nível como seres humanos, ambos sujeitos às leis de Deus, eram porém, diferentes.

Davi era, por nascimento, membro da privilegiada nação de Israel, a qual Deus tanto abençoou de forma significativa, e dela tornou-se um grande rei.

Urias era um súdito do rei e, por opção, habitante da cidade em que Davi morava e reinava.

Quanto às qualidades, Davi e Urias eram "numa cidade dois homens", visto serem ambos audazes, corajosos e valentes. Desde a mocidade, Davi era conhecido pela bravura, da mesma forma que Urias, o hitita. Parte do triste pecado de Davi foi ter usado a bravura de Urias para causar-lhe a morte.

As diferenças entre os dos dois homens retratados por Natã eram gritantes. Habitando "numa cidade", eram como dois pólos quanto à posição social e aos privilégios: "um rico e outro pobre". Deus, por sua misericórdia, tinha dado a Davi muitas riquezas. Como era próspero! Todavia, essa benevolência divina pode mostrar-se uma dádiva perigosa: "Riqueza significa poder para satisfazer os desejos ou para realizar a vontade". Temos um adágio que diz: "O dinheiro fala alto". A posição de Davi como dirigente rico lhe possibilitou regalar-se em deleites ilícitos.

O "pobre" era Urias, soldado do exército de Davi, e portanto obrigado a submeter-se à sua soberana vontade. A despeito da posição menos privilegiada, Urias teve ações mais nobres que as do rei. Tal diferenciação apenas agravava o crime hediondo de Davi.

Parábola dos dois filhos

A parábola de Natã apresenta ainda outra oposição: "O rico tinha ovelhas e gado em grande número, mas o pobre não tinha coisa nenhuma, senão uma pequena cordeira". Davi, sendo rei e rico, possuía muitas esposas, mas Urias não era polígamo —tinha apenas uma esposa, a quem dava todo o seu amor. Da mesma forma que o rico da parábola não soube avaliar a afeição do seu vizinho pobre para com a única cordeirinha que tinha, Davi também não conhecia o amor puro e exclusivo por uma só mulher. Que contraste chocante há entre a paixão ilícita de Davi e o puro e profundo amor de Urias! Como disse o autor de *Miracles and parables of the Old Testament* [*Milagres e parábolas do Antigo Testamento*]: "O rio que se mantém em seu curso é uma bênção para o país em que se encontra; mas o mesmo rio, quando destrói suas ribanceiras e inunda a terra, torna-se um meio de desolação e de destruição. Assim se dá com a afeição lícita e com a paixão ilícita".

Quando a parábola foi desdobrada e o rei ouviu que o "homem rico [...] tomou a cordeira do pobre, e a preparou para o homem que lhe havia chegado", "o furor de Davi se acendeu sobremaneira", e considerou aquele rico digno de morte em razão daquele ato tão desalmado e impiedoso. Ellicott, ao comentar esse aspecto diz: "Os impulsos generosos de Davi não haviam sido destruídos pelo pecado, nem seu senso de justiça; o seu caráter impulsivo no mesmo instante (1Sm 25:13,22,23) o fez indignar-se sobremaneira". Mas quão cabisbaixo ficou ao descobrir que, por planejar a morte de Urias, ele era o que matara a cordeira do pobre.

Com ousadia e sem demora, Natã aplicou a parábola à consciência já desperta de Davi e disse: "Tu és esse homem". Davi, antes sensibilizado pelo sofrimento que o pobre teria experimentado ao ver sua cordeira transformada em alimento na mesa do rico, agora tem consciência de quanto o ferido Urias não teria sofrido naquele ato de sedução da sua amada esposa.

2. *O perdão de Deus*. Culpado de um grande crime, Davi conscientizou-se da necessidade de uma grande confissão —o que fez, assim que se identificou com a parábola: "Pequei contra o Senhor". A resposta de Natã foi imediata: "O Senhor perdoou o teu pecado. Não morrerás". Contudo, embora o pecado de Davi tenha sido perdoado e, em decorrência disso, ele tenha escrito os salmos 32 e 51, muitas das conseqüências do ocorrido se mantiveram: "a espada jamais se apartará da tua casa". Será que não poderemos perceber agora o profundo significado do "refrigera a minha alma" de Davi"? Se nós, como crentes, pecamos, não importa qual seja o nosso pecado, a promessa é: "Se confessarmos os nossos pecados, ele é fiel e justo para nos perdoar os pecados, e nos purificar de toda injustiça". Davi condenou-se a si mesmo de forma tão absoluta quanto condenara o rico da parábola e, com duradoura e profunda dor, usufruiu mais uma vez do sorriso perdoador de Deus.

Parábola dos dois filhos
(2Sm 14:1-24)

É interessante comparar a parábola da mulher de Tecoa com a parábola acerca da cordeira, que acabamos de analisar. Essa comparação é sobretudo importante porque ressalta as diferenças entre uma e outra. Novamente, Davi é o alvo da parábola. A da *Cordeira* foi proferida por Natã, o profeta inspirado; a dos *Dois irmãos,* por uma mulher esperta, instigada por Joabe, que era "astuto, político e inescrupuloso", capaz de "ler o caráter humano e discernir as motivações humanas se lhe fosse dada uma oportunidade, mesmo que pequena".

A parábola de Natã foi uma ardente condenação ao pecado duplo de Davi, de sedução e de assassinato; a parábola da mulher de Tecoa estava cheia de astúcia e de bajulação. Aquela se baseava nos princípios divinos da verdade, da justiça e da retidão, sendo proferida com toda a solenidade; esta foi um misto de verdade e de falsidade, e de conclusões erradas sobre Deus. A mulher que Joabe subornou para contar a parábola que ele arquitetara não sentia de fato o que, na verdade, era só encenação. Ela protagonizou um espetáculo impressionante. Só encenação. Assim, também o objetivo de cada parábola difere. A de Natã foi feita para condenar Davi por seu pecado e induzi-lo a um arrependimento verdadeiro; a da mulher tinha por objetivo apoiar os planos de Joabe, cheios de interesses próprios e de um senso de autopreservação.

1. *O ambiente da parábola.* A história inventada por uma "mulher humilde e desconhecida, de uma vila também pouco conhecida de Israel, quase 3 mil anos atrás", foi atentamente ouvida por Davi, porque sentia nela uma correspondência com a sua própria história. Embora Deus lhe tivesse feito descansar dos seus inimigos, Davi ainda estava dominado pela lembrança de sua dolorosa queda e, nos pecados e crimes de seus filhos, escutava o triste eco das transgressões que ele mesmo cometera. Sua harpa, tantas vezes um consolo, para ele estava "pendurada no salgueiro" (Sl 137.2). Absalão, seu filho amado, estava no exílio havia três anos, por ter assassinado seu irmão Amnom, que havia violentado Tamar (irmã de Absalão e meia-irmã de Amnom). Apesar dos pecados de Absalão, Davi ansiava por vê-lo: "o rei Davi sentiu saudades de Absalão".

Em seu livro, cheio de vívidos sermões biográficos, Clarence E. Macartney, ao tratar da "Mulher de Tecoa", mostra com forte realismo o conflito que Davi passou naquele momento. De um lado estava o Davi rei, guardião da justiça; do outro, o Davi pai, saudoso do filho que cometera aquele crime:

"O Davi rei, sustentáculo da lei, está dizendo: 'Absalão, você é um assassino. Você matou de forma traiçoeira o seu próprio irmão. Você sujou as mãos com o sangue de Amnom. Violou a lei de Deus e a lei dos homens. Absalão, permaneça no exílio. Nunca mais veja o meu rosto'.

"Mas o Davi pai está falando de maneira muito diferente: 'Absalão, volte para casa. Sem você, os banquetes não têm o mesmo sabor; sem você, a minha harpa fica sem melodia; sem você, as salas do palácio são tristes; sem você, os cerimoniais de guerra nada mais são que um espetáculo vazio. Você matou seu irmão, mas, apesar de todas as suas falhas, eu ainda o amo. Absalão, meu filho, meu filho, volte para casa'". Então se passaram os dias, as semanas, os meses e os anos.

2. *A essência da parábola.* Ao perceber o desejo de Davi de trazer de volta a Absalão, embora a justiça o houvesse obrigado a ser severo, Joabe, chefe do exército, conselheiro e amigo do rei, sabia que havia apenas uma solução para a dor que estava impedindo Davi de cumprir seus deveres reais. Ele teve a idéia da parábola, e sabia que uma mulher poderia contá-la melhor que um homem. Evidentemente a mulher de Tecoa tinha sabedoria, sutileza e eloqüência, e a parábola foi criada com o propósito claro de não se asseme-

lhar tanto à história de Absalão. Então, cobrindo-se com a máscara da dor e da aflição, a mulher transmitiu a mensagem que Joabe lhe pusera nos lábios. Para Macartney, essa narrativa: "é um dos quatro ou cinco grandes discursos da Bíblia [...] Em nenhum lugar da Bíblia se vê, em tão curto espaço, uma passagem com metáforas tão lindas quanto essas, tão emocionantes, apaixonadas e eloqüentes".

O lamento da mulher, em evidente sofrimento, tocou o coração bondoso e cordato de Davi, que, mandando que se levantasse, perguntou: "Que tens?". Então ela contou a tocante história dos dois filhos que, brigando em um campo, um acabou sendo morto. Por causa do assassinato, o restante da família se revoltou e exigiu que ela entregasse o filho vivo para ser morto por causa do crime. Quando ela clamou pela segurança do suposto filho, Davi se comoveu e disse-lhe que fosse embora, pois sua petição seria atendida: "não há de cair no chão nem um cabelo de teu filho".

Ao destruir as defesas externas do coração de Davi, a mulher, instruída pelo astuto Joabe, dirigiu-se às defesas internas; com uma graciosidade, uma sutileza e uma humildade incomparáveis, apresentou o apelo para o regresso e a segurança de Absalão, embora ele tivesse assassinado o irmão. Ao penetrar no disfarce da mulher, Davi detectou o estratagema de Joabe: "Não é verdade que a mão de Joabe anda contigo em tudo isto?". A mulher prontamente confessou que todo o esquema era do chefe do exército. Davi então mandou chamar a Joabe e designou-o para fazer "voltar o jovem Absalão". E assim o filho banido retornou.

Ainda assim, porém, não houve reconciliação familiar imediata. Davi o proibiu de ver a sua face e, por causa desse regresso "incompleto", o mal surgiu. Passaram-se dois anos até que pai e filho se encontrassem novamente face a face. Irritado com a ação de Davi, Absalão planejou uma conspiração para derrubar o próprio pai e lhe tomar o trono. Não estaria Davi colhendo com dor as conseqüências dos seus pecados, nas quais se incluíam as transgressões de seus dois filhos? Amnom era culpado de sedução, e Absalão, de assassinato; ambos os crimes se vêem no tratamento de Davi com Urias e com Bate-Seba. Pode ser que a consciência de seu duplo pecado lhe tenha enfraquecido a determinação. Se tivesse punido o filho Amnom como merecia, não teria havido a necessidade de banir Absalão. Davi estava amargamente certo de estar colhendo o que havia semeado, e seus filhos estavam apenas seguindo seus passos.

3. *O significado espiritual da parábola*. Mil anos antes de Cristo morrer na cruz, para trazer os exilados de volta a Deus, a mulher de Tecoa teve um vislumbre da verdade divina, embora a tenha aplicado de forma equivocada e a tenha pervertido para um mau intuito. "Ele também cria um meio de impedir que os seus desterrados sejam afastados dele". Que poderoso evangelho essa mulher inconscientemente pregou! Deus não se vinga imediatamente, mas "espera para ser gracioso". Os pecados baniram o homem da presença de Deus, mas este proporciona os meios de trazer o pecador de volta. Que meios ele criou? A encarnação, a morte e a ressurreição de seu amado Filho, com toda a certeza! Deus amou um mundo de perdidos pecadores, e seu coração foi à procura de banidos que, quando retornam, não são aceitos de meio-coração, como Davi recebeu o seu filho pródigo Absalão. Uma vez que o pecador volte para Deus, a reconciliação é completa, e o que retorna, salvo, é um com Deus, plenamente aceito no Amado.

A *Parábola dos dois filhos*, que Jesus contou em Lucas 15, é o correspondente neotestamentário da *Parábola dos dois filhos*, de Joabe. O pai perdera um dos dois filhos, que se tornou um pródigo em terra longínqua; mas seu amor acompanhou o rapaz obstinado, o qual, em seu retorno, teve uma recepção completa e recebeu também a plena e irrestrita bênção paterna e os privilégios de filho. O plano de perdão e de restauração de Deus foi mais longe que o de Joabe. Davi enviou o chefe do exército para trazer Absalão de volta para casa. O coração paterno de Deus o compeliu a enviar o seu Filho unigênito para morrer pelo pecado, para que os pecadores pudessem ser plenamente reconciliados com Deus. Que surpreendente graça!

Parábola do profeta ferido
(1Rs 20:35-43)

Essa parábola segue o padrão dos escritos proféticos, em que as palavras se fazem acompanhar de uma *encenação* parabólica (Jr 27:2; Ez 12:7). Estas *parábolas encenadas* devem ter sido marcantes para os que as viram e ouviram.

De acordo com Josefo, esse "um dos homens" que encenou a parábola era Micaías, filho de Inlá. Obviamente era representante de uma escola profética. A morte pelo leão traz à mente a morte do profeta desobediente, relatada no capítulo anterior (13:24). O propósito da parábola era fazer com que o próprio Acabe se condenasse. Um aspecto semelhante de condenação está presente nas duas últimas parábolas que estudamos. Esta parábola, no entanto, não gerou arrependimento em Acabe, mas suscitou nele a teimosia e a indignação características que mais tarde viria a demonstrar (21:4).

O profeta alegou ser de inspiração divina o seu primeiro pedido, que teria sido a solicitação de um louco, se não fosse "a voz de Senhor". Como Lang observa em seu famoso *Commentary* [*Comentário*]: "A punição do homem que se recusou a obedecer à ordem do profeta prova, sem dúvida alguma, que a exigência era acompanhada de uma exposição de motivos e da explicação de ser aquela uma ordem do Senhor". Era essencial que não só a aplicação da parábola ficasse escondida daquele a quem ela se dirigia, mas que também o que a contasse não fosse identificado. Por isso o disfarce do rosto coberto. Assim como o pescador procura ocultar tanto a si mesmo como o anzol, usando para isso uma isca, aqui, como no caso de Natã, o anzol da intenção estava escondido. Acabe não tinha respeito pelos mensageiros do Senhor, e quem quisesse enfrentá-lo precisaria disfarçar-se de ferido, para trazer a esse rei desobediente a sua própria condenação.

Quanto ao significado dessa parábola, apesar de não ser muito clara em todos os seus detalhes, uma coisa é incontestável, como mostra Lang: "o jovem que havia saído à batalha representa Acabe, e o homem confiado aos seus cuidados, o qual escapou por falta de atenção, representa Ben-Hadade. Israel tinha acabado de enfrentar uma batalha difícil e sangrenta, e tinha conquistado a vitória prometida; mas agora, na pessoa de Ben-Hadade, o arquiinimigo que Deus havia entregue em suas mãos, estava livre e sem punição".

Muitas lições podem ser extraídas dessa parábola. O profeta da narrativa era dirigido pela Palavra de Deus, e teve de sofrer por obedecer a ela. A obediência ao Senhor algumas vezes nos leva a um caminho doloroso. Os que vão contra a verdade divina trazem condenação sobre si. A sentença de Acabe sobre o homem foi executada contra ele próprio. Ele recebeu o pagamento na mesma moeda. Então, na solene incumbência feita ao profeta pelo homem que voltara da batalha, há uma verdade a mais para observar: "me trouxe outro homem, e disse: Guarda-me este homem". A coragem e o sacrifício do herói nunca são em vão. Cristo sacrificou a si mesmo, para que a presa saísse da mão dos poderosos e para que os cativos fossem libertos; ele mesmo não morreu em vão, como podem atestar miríades de almas redimidas, tanto no céu como na terra.

Além do mais, a falta de intenção e de atenção por parte do rei não foi reprovada com as palavras: "Estando o teu servo ocupado de uma e de outra parte, o homem desapareceu"? Por acaso estamos condenados na questão da vigilância? O homem que havia efetuado a fuga na parábola tinha ido embora. Que possamos ser preservados da negligência em nossas solenes responsabilidades! Muitos de nós se ocupam por demais aqui e acolá, em missões de menos importância, deixando que uma incumbência de maior valor lhes escape. Precisamos de maior *concentração* como também de *consagração* — mais *atenção* e *intenção*.

Parábola de Micaías
(1Rs 22:13-28)

O profeta Micaías, dirigindo-se aqui a Zedequias, não era homem de profanar o seu chamado. Não contribuiu para a idéia supersticiosa de que, uma vez que se cresse que a inspiração dos profetas vinha de Deus, essa inspiração ainda assim poderia ser alterada conforme os profetas achassem melhor, e assim podiam ser subornados, enganados ou obrigados a profetizar coisas mais aceitáveis. Micaías foi um verdadeiro discípulo de Elias, e a austera resposta que deu mostrou ser ele um inimigo da corrupção.

A parábola profética de Micaías, expressa numa metáfora impressionante e numa visão simbólica, parece-se com a referência de Jó à conversa de Satanás com o Senhor (1:6-12). Ellicott diz que a idéia expressa pela parábola "é o engano dos falsos profetas por um espírito maligno, numa condenação de Deus pelos pecados de Acabe e pela degradação que esses falsos profetas provocaram ao ofício. As imagens são tomadas por empréstimo à ocasião. São obviamente extraídas da analogia com uma corte real, onde, como no caso perante os olhos de Micaías, o rei procura conselho contra os seus inimigos".

Parábola do cardo e do cedro
(2Rs 14:8-14)

Proferida por Jeoás a Amazias, essa parábola nos leva de volta ao reino das árvores e dos animais, fazendo lembrar a parábola vigorosa de Jotão (Jz 9:8-15). Nos antecedentes históricos da parábola estava o abatimento de Edom. Amazias, rei de Judá, estava extasiado por ter dominado os edomitas, matando dez mil homens. Concluiu com isso que seria da mesma forma bem-sucedido contra os mais invencíveis inimigos do exército de Israel. Mas Amazias veio a descobrir que seu primeiro sucesso tinha sido apenas relativo. Cometendo o erro de subestimar o poderio militar do adversário, Amazias encontrou a derrota. Depois disso fez o insolente desafio a Jeoás: "Vem, encontremo-nos face a face".

As duas metáforas extraídas da natureza são *o cedro* e *o cardo*, que expressam o sentimento de superioridade de Jeoás ao reprovar Amazias. O *cedro*, árvore de crescimento lento e de vida longa, usada para os deveres sacrificiais do templo, representa a força de Israel. O *cardo*, identificado por Ellicott com o espinheiro, a sarça ou o abrunheiro-bravo, é uma planta que cresce como erva daninha e não tem nenhum valor, transmitindo de maneira vívida o desdém de Jeoás por seu rival. "O cedro de mil anos não pode ser arrancado nem eliminado pela maior força deste mundo, ao passo que o cardo de ontem está à mercê do primeiro animal da floresta que passar por seu caminho".

Depois temos uma ilustração extraída da vida familiar: "Dá tua filha por mulher a meu filho". Trata-se de um costume oriental em que o homem, ao pedir a filha de outro em casamento, devia ter as mesmas condições sociais; senão, a solicitação seria considerada um insulto. Habilmente, Jeoás mostra que a proposta do cardo ao cedro era semelhante à do pobre, que pede ao rico permissão para casar com a sua filha. Dessa maneira, "o destino do cardo mostra o que seria o resultado da auto-estima do rei de Judá se não aceitasse o conselho 'fica em tua casa! Por que te intrometerias no mal, para caíres tu?', que é a aplicação de toda a palavra".

A parábola, então, era uma imagem verdadeira do caráter de Amazias que, infelizmente, não estava disposto a se ver nela. Um caráter deformado não tem o desejo de se ver refletido em um espelho fiel. As incomparáveis parábolas de Jesus geralmente não eram bem-sucedidas quanto à aprovação de seus ouvintes. A insolência e o orgulho de Amazias foram a sua ruína. Se tivesse ficado satisfeito com a conquista de Edom, teria sido poupado da humilhação de ser derrotado pelas mãos de Jeoás, rei de Israel. O tema central da parábola é: "A soberba precede a ruína, e a altivez de espírito, a queda" (Pv 16:18).

Parábola de Jó
(27:1; 29:1)

Embora as oito respostas de Jó a seus amigos se achem nos capítulos de 26 a 31 e sejam cheias de linguagem simbólica e cativante, na verdade a seção não contém nenhuma parábola de fato, ainda que o termo seja usado duas vezes nos diálogos. As partes que compõem sua primeira *parábola*, como Jó chama a sua réplica no original, podem ser facilmente percebidas:

1. a decisão de não negar a sua integridade (27:2-6);
2. a avaliação que faz sobre o destino dos perversos (27:7-23);
3. a magnífica avaliação da natureza da sabedoria (28);
4. a comparação de sua vida antiga com a sua experiência de então (29 e 30) (Quão saudosamente Jó relata a sua antiga felicidade!);
5. a declaração inequívoca de inocência e de conduta irreprovável (31). Neste capítulo temos uma esplêndida confissão de retidão.

O termo usado por Jó e às vezes traduzido por "parábola" no que se refere aos seus eloqüentes discursos, é *m_sh_l*, que significa *similaridade*, mesmo vocábulo usado nas profecias de Balaão (v. tb. Sl 49:4; 78:2). O termo acima é também usado em sentido amplo e vago, englobando poesia profética e também proverbial (Nm 21:27).

Parábola da videira trazida do Egito
(Sl 80)

Na verdade esse grande salmo apresenta uma variedade de figuras de linguagem cativantes. Por exemplo, temos:

1. A maravilhosa e conhecida metáfora do pastor, uma das principais designações do Senhor usada em relação a Israel e à igreja (Gn 49:24; Jo 10:11).

2. O pão de lágrimas (Sl 80:5). Quantas provas e tribulações, sofrimentos e lutas o povo de Deus havia suportado.

3. A vinha (Sl 80:8-11) é usada como emblema de Israel —símbolo tão "natural e adequado que não surpreende encontrá-lo repetidas vezes no AT e adotado no Novo" (Gn 49:22; Jo 15:1). Israel foi tirado do Egito e plantado em Canaã. Sua sombra cobriu as montanhas, seus ramos os rios, o que se refere aos limites da terra prometida, do mar até o rio Eufrates.

4. Os cedros (Sl 80:10). Os ramos da vinha são comparados aos "cedros de Deus". A prosperidade de Israel era semelhante à exuberância da mais magnífica de todas as árvores da floresta.

5. O javali da selva (Sl 80:13). Essa é a única referência ao *javali selvagem* na Bíblia, usada para ressaltar o poder devastador de certo opressor de Israel, assim como o *crocodilo* é usado em relação ao Egito, e o *leão*, com respeito à Assíria. Mas Deus é capaz de proteger os seus de todas as forças destrutivas (Sl 80:14-19).

> Visita esta vinha, a videira que a tua destra plantou, o sarmento que para ti fortificaste [...] Seja a tua mão sobre o povo da tua destra, sobre o filho do homem, que fortaleceste para ti.

Aqui temos "um bom exemplo de quando o pensamento passa naturalmente do sentido figurado para o literal". Esse salmo parabólico termina em belo estilo ao dirigir-se a Deus, com o refrão alcançando seu tom completo, expressando a mais plena confiança. Apesar das provas que nos são permitidas, Deus sabe preservar e libertar os seus, como diz Whittier nestes versos:

> De Deus o caminho escuro, sem tardança,
>   Os brilhantes píncaros da alva pode alcançar.
> O mal não pode tolerar a esperança;
> O bem, esse sim, não tem pressa de esperar.

AS PARÁBOLAS DE SALOMÃO

Os apócrifos concordam com o fato, difundido entre os judeus da antigüidade, de que Salomão escreveu em parábolas. Sobre ele lemos: "Tua alma cobriu toda a terra, e a encheste com obscuras parábolas. Teu nome penetrou as ilhas, e por tua paz foste amado. Por teus cânticos, provérbios, parábolas e interpretações, foste amado por toda a terra" (Eco 47:15,17). Só precisamos ler os livros que Salomão escreveu —*Provérbios, Eclesiastes* e *O Cântico dos Cânticos*— para perceber que habilidade o rei tinha de expressar-se por parábolas, que não eram senão ricas e variadas. Como disse Habershon: "Graças à luz do NT, algumas das parábolas de Salomão deixam de ser enigmáticas, pois podemos ver nelas as profecias daquele que é maior que Salomão". O dr. R. K. Harrison, em seu *History of Old Testament times* [*História dos dias do Antigo Testamento*], diz que "Salomão tinha enorme habilidade intelectual e se tornou lendário em uma idade relativamente jovem. Ele é tido como o criador de muitas composições poéticas, e tinha a habilidade especial de cristalizar os variados aspectos da vida em provérbios literários".

Parábola da inutilidade
(Pv 26:7)

O livro de Provérbios é inigualável no emprego das ilustrações parabólicas. É um livro repleto de ilustrações, de metáforas e de figuras extraídas de todos os aspectos da vida. O capítulo de Habershon sobre esse fato é muito esclarecedor. No meio de algumas dessas jóias que a autora enumera estão a *Parábola da casa com alicerce* e a *Parábola da casa sem alicerce* (9:1; 24:3,27; v. 12:7; 14:1). Como nos lembram Mateus 7:24-29 e 1Coríntios 3:11-15! A casa aparentemente forte de um não é tão segura quanto a tenda frágil de outro.

A passagem sentenciosa sobre aqueles que recebem com desprezo o convite para o banquete (Pv 1:24-27) deve ser comparada com a parábola de Jesus sobre a recusa dos convidados para irem a um grande banquete (Mt 22).

O parágrafo sobre a humildade na presença da realeza e diante dos grandes (Pv 25:6,7) é quase idêntico ao que o nosso Senhor disse quanto aos que cobiçam os melhores lugares quando deveriam procurar os inferiores. Ao adaptar a exortação parabólica de Salomão, Jesus chama a atenção para o seu próprio exemplo (Lc 14:10; Mt 20:26).

O poder de um rei justo para dissipar o mal (20:8) pode ser posto ao lado do efeito do reinado de Jesus quando se assentar em seu trono (Mt 25:31-46). Um justo olhar seu será o suficiente para emudecer os que estão sem as vestes nupciais.

O provérbio "O rei tem deleite no servo prudente" encontra eco nas parábolas em que os servos mostram prudência pela fidelidade nos negócios, pela diligência em servir e pela constância em vigiar. Em Provérbios 8:34, o próprio Senhor fala sobre aquele que vela, assim como Jesus fez nos evangelhos: "Bem-aventurado o homem que me dá ouvidos, velando diariamente às minhas portas, esperando às ombreiras da minha entrada".

Ao referir-se ao caminho do perverso e mostrar como evitá-lo (Pv 4:20-27), Salomão usa uma linguagem semelhante àquela utilizada nas parábolas de Jesus, nas quais este ensina aos seus discípulos que a contaminação se origina não no alimento que *entra* pela boca, mas nas palavras que *saem* do coração e dos lábios. "A importância de preservar o coração com toda a diligência é o pensamento central da cadeia de sete preceitos básicos de Salomão. Esses preceitos se dividem em dois grupos: os três primeiros mostram como a Palavra alcança o *coração* pelos *ouvidos* e pelos *olhos;* os outros quatro ensinam que o coração governa o caminhar"."Não ensinou nosso Senhor que 'a boca fala do que está cheio o coração?'"

Ademais, Salomão usa uma grande quantidade de figuras sobre *semear* e *ceifar* (Pv 11:18,24; 22:8; Ec 11:6), todas as quais podem ser postas lado a lado com a *Parábola do semeador* e também com a que Paulo escreveu sobre o mesmo tema (2Co 9:6; Gl 6:7).

A *Parábola do rico e Lázaro* (Lc 16:19-31) é uma expansão do provérbio: "A riqueza nada vale no dia da ira [...] Aquele que confia nas suas riquezas cairá" (Pv 11:4,28).

Frases como "os justos reverdecerão como a folhagem" e "a raiz dos justos produz o seu próprio fruto" (Pv 11:28; 12:12) recebem novo significado quando comparadas com João 15. "... o que segue os ociosos se fartará de pobreza" (Pv 28:19) resume a experiência do *filho pródigo*. Quanto a Provérbios 13:7, refere-se ao que vendeu tudo o que tinha para comprar um campo e uma pérola. Essa é a única vez que o termo *parábola* é encontrado em Provérbios (no original), embora, em sentido mais amplo, seja às vezes utilizado em referência ao provérbio. Aqui Salomão diz: "Como as pernas do coxo, que pendem frouxas, assim é o provérbio (parábola) na boca dos tolos", dando a entender que o cego espiritual não pode fazer uso de uma parábola para orientação assim como o coxo não pode fazer uso de suas pernas aleijadas. Não era o que Jesus tinha em mente quando disse aos seus discípulos: "A vós é dado conhecer os mistérios do reino de Deus, mas aos outros fala-se por parábolas, para que, vendo, não vejam, e, ouvindo, não entendam" (Lc 8:10)?

Há também a *Parábola do jovem pobre e sábio* (Ec 4:13-16). Embora seja difícil descobrir a exata associação histórica dessa breve parábola, é fácil perceber que, no "rei velho e insensato", Salomão nos dá um autoretrato. Na aplicação da parábola, Ada Habershon diz que "o jovem pobre e sábio é evidentemente o próprio Senhor [...] 'o jovem pode ter saído do cárcere para reinar' ou 'chegado para ser rei'. Obviamente isso aponta para alguém maior que Salomão. 'pode ter nascido pobre no seu reino'. Salomão observa o reinado de outro, 'o sucessor do rei'. Ele contempla o número de seus súditos: 'Todo o povo que ele dominava era sem conta'. É essa também uma profecia acerca da rejeição para com o nosso Senhor, um indício dos séculos muito posteriores à sua encarnação, em que os homens não terão aprendido a se alegrar nele?". O salmo de Salomão (72) fala do dia feliz em que todas as nações chamarão o Senhor *bendito*.

Parábola do comer e do beber
(Ec 5:18-20)

Nessa breve parábola, o pregador, Salomão, retorna à conclusão a que já havia chegado (v. 2:24; 3:12,22). O resumo da parábola parece ser que "no deleite das dádivas de Deus, Salomão não pensa muito nas dores e na brevidade da vida". Não há um duplo significado nessa impressionante parábola sobre o *comer* e o *beber*? O que Salomão escreveu aplica-se à comida espiritual bem como à natural. O apetite natural ou espiritual que seja bom e saudável é uma dádiva de Deus, algo pelo que devemos ser gratos. Para o corpo ou para a alma, o bom apetite é sinal de saúde e proporciona saúde. Como poderemos ter o desejo físico por comida ou a energia espiritual para a Palavra de Deus, se nosso apetite for pequeno?

Em continuação à sua parábola, Salomão mostra que a falta de apetite é uma terrível doença (Ec 6:1,2). A incapacidade de se alimentar, apesar de se ter grande variedade de alimentos à disposição, pode resultar em sérios danos físicos. Isso não tem uma relação com a vida espiritual? Com a falta de apetite por Deus e por sua Palavra, muitos cristãos professos deixam de "crescer na graça e no conhecimento do Senhor". E não é difícil perceber o seu estado de magreza e inanição. Ligada a essa parábola temos outra bem pequena em "Não é dos ligeiros o prêmio [...] nem tampouco dos sábios o pão" (Ec 9:11). A mera sabedoria carnal nunca encontra alimento na Palavra. Toda a verdade é revelação.

Parábola da pequena cidade
(Ec 9:13-18)

Tem havido tentativas frustradas de encontrar uma alusão histórica nessa encantadora parábola, mas, como observa Ellicott: "O que temos aqui assemelha-se tanto à narrativa da libertação de Abel-Bete-Maaca por uma mulher sábia, cujo nome, contudo, não se conservou (2Sm 20), que não podemos ter certeza de haver alguma outra história real na mente do escritor". Essa é a mais bela de todas as parábolas de Salomão, e todos os estudiosos da linguagem figurada concordam com isso.

Todas as palavras dessa parábola estão cheias de significado: "Houve uma pequena cidade em que havia poucos homens, e veio contra ela um grande rei, e a cercou e levantou contra ela grandes tranqueiras. Ora, vivia nela um sábio pobre, que livrou aquela cidade pela sua sabedoria. Mas ninguém se lembrou mais daquele pobre homem". A aplicação da parábola é óbvia, como assinala Habershon. O mundo é atacado por Satanás, mas liberto pelo Senhor Jesus Cristo. O contraste entre as personagens e as forças é marcante. Um "sábio pobre" e "um grande rei". Depois temos "uma pequena cidade" e "grandes tranqueiras". Poderia parecer que uma cidade pequena como essa, com tão poucos homens a guarnecê-la, não teria ensejo de sobreviver diante de um forte rei resolvido a conquistá-la. Mas o poderoso monarca foi derrotado por um pobre insignificante que, evidentemente, era mais forte que o rei, provando, como diz Salomão, que "Melhor é a sabedoria do que a força".

Toda essa história nos faz lembrar Cristo de modo surpreendente e a grande libertação que ele operou nas almas dominadas pelo pecado! A referência ao tratamento dispensado ao pobre sábio é profética. Lemos que "a sabedoria do pobre foi desprezada, e suas palavras não foram ouvidas". Essa não é uma previsão daquele que veio como o Único, desprezado e rejeitado? (Is 53:3). Quanto à ingratidão da cidade, que não se lembrou desse pobre homem, não é a mesma ingratidão dos que nunca param para pensar sobre tudo o que Jesus suportou por eles? Rico que era, esse Homem tornou-se pobre por amor deles e, uma vez pobre, nasceu numa estrebaria. Ao morrer, nada tendo para deixar, derrotou o monarca do inferno por sua sabedoria infinita e por sua graça, demonstrada em sua morte e ressurreição. Da mesma forma, proporcionou, a preço de sangue, a emancipação de todas as almas escravizadas pelo pecado.

Esse homem fez também um pedido antes de deixar "a pequena cidade" que a sua presença havia santificado. Ao instituir a Santa Ceia, Jesus disse: "Fazei isto em memória de mim". E sempre que tomamos o pão e o vinho nas mãos, com corações gratos e cheios de amor, nos lembramos do Homem Pobre que, por sua pobreza, nos fez tão ricos. Aleluia, que maravilhoso Salvador!

Parábola do amado e sua amada
(O Cântico dos Cânticos)

Antes de deixarmos o alegórico e atraente estilo de Salomão, precisamos dedicar algum espaço para o seu "Cântico dos Cânticos", nome que recebe o seu último livro. O salmo 45 é naturalmente comparado com *O Cântico dos Cânticos*, uma vez que o casamento é o tema comum aos dois. Esse salmo é chamado "O cântico dos amores". Esse cântico de casamento prefigura o casamento do Cordeiro mencionado por João (Ap 19:2,9). Há quem negue qualquer direito a essa obra da literatura secular de fazer parte das Escrituras, uma vez que não contém nem sequer uma simples linha de sentimento religioso ou espiritual. No *cântico* de Salomão não há o nome de Deus e nenhuma menção de ordenanças ou de ritos sagrados, quaisquer que sejam. No entanto, como diz Bunsen em seu estudo sobre este livro, "Haveria a falta de alguma coisa na Bíblia, se não se encontrasse nela uma expressão do mais profundo e mais forte de todos os sentimentos humanos". *O Cântico dos Cânticos* é uma valiosa contribuição à Bíblia, pois ensina que o sentimento do amor é enobrecedor quando associado aos sentimentos morais. Dessa forma, esse belo idílio, que retrata a união e a comunhão entre os amantes do livro, é uma parábola do precioso vínculo entre o Amado celestial e sua Noiva: "Eu sou do meu amado e ele é meu".

O poema profético de Salomão termina com duas pequenas estrofes que resumem tudo o que tem sido relatado, vez após vez, sob diferentes metáforas, a saber, o namoro e o casamento de dois corações felizes: "Vem depressa, amado meu". Não é esse o pedido dos nossos corações quando pensamos em nosso Amado ausente? Mas temos a esperança de que em breve ele virá por sobre os montes dos aromas para buscar a sua Noiva.

AS PARÁBOLAS DE ISAÍAS

Parábola do dono da manjedoura
(Is 1:2-9)

Os escritos proféticos, como veremos, são célebres pela linguagem figurada de forte realismo. Esses grandes profetas eram patriotas e, como anunciadores da justiça e do juízo, sabiam usar as forças naturais para chamar atenção para as suas mensagens. Muitas vezes recorriam ao vento e ao mar, às tempestades e aos terremotos —símbolos muito apropriados para os assuntos agitados de que tratavam. Cenas mais amenas da terra de Israel também apareciam em seus escritos. A generosidade de Deus é semelhante a "uma vinha num outeiro fértil" (Is 5:1). O prático Miquéias fala de "chuvisco sobre a erva" (5:7). Jeremias, conhecedor dos hábitos dos pássaros de sua terra natal, usava-os em suas ilustrações com grande efeito (8:7; 17:11). Tantas vezes se recorre a montanhas, cedros, pastagens, rebanho, nuvem e fogo, aplicando-se todas essas figuras, que é difícil examinar todas.

A sublime natureza parabólica e profética dos livros proféticos, junto com seu indiscutível valor espiritual, faz com que seus escritos sejam classificados entre a melhor literatura do mundo. Com base nos escritos desses porta-vozes de Deus, podemos construir um panorama de Canaã, a terra muito cobiçada. "Para os hebreus, o sangue dos seus animais machos e a associação com o passado histórico santificaram o solo de Canaã [...] Canaã era duplamente querida e duplamente sagrada para o povo de Israel por ser um presente do seu Deus, sinal inequívoco da sua graça. A terra e a fé eram para eles inseparáveis". Essa é a razão de a terra ser retratada de modo tão vívido. Robert Browning escreveu a respeito do país sob cujos céus azuis ele passou os seus anos mais felizes:

No meu coração, verás ao abrir, vai
a entalha,
Em que outra coisa não se lê, senão
Itália.

Só precisamos ler o que os profetas tinham a dizer sobre a sua terra abundante para saber que, com o mesmo entusiasmo, também podiam declarar haver entalhado no coração o nome *Canaã*.

Entre os profetas, Isaías se destaca pelo uso de uma linguagem esmerada. Ellicott diz o seguinte sobre esse grande poeta e profeta de Israel: "Os provérbios de Salomão, como sempre, de destaque na formação judaica, o muniram de um vocabulário ético e filosófico (11:1,3; 33:5,6) e do método do ensino por parábolas (28:23-29), ensinando-lhe a assentar os fundamentos da moral no temor do Senhor". Isaías apresenta uma notável versatilidade na escolha dos paralelismos, das figuras e das parábolas para reforçar e impor sua mensagem. O fato de que tinha grande inclinação para o uso de simbolismos pode ser comprovado no nome de seus filhos. Escritor talentoso, com o passar dos anos o profeta ampliou o seu vocabulário, variando na fraseologia e no estilo de acordo com a ocasião ou com a intensidade do que sentia. Diante de nós está a primeira das marcantes figuras de linguagem de Isaías, na qual o profeta utiliza os valores da parábola para contrapor o comportamento de Israel para com Deus aos sentimentos normais de um relacionamento familiar —até os instintos de gratidão dos animais de carga.

Isaías inicia sua grande acusação de ingratidão e de iniqüidade por parte de Israel implorando a atenção do universo: "Ouvi, ó céus, e dá ouvidos, ó terra" (1:2). Depois compara os filhos de Deus aos que cresceram debaixo do cuidado de um pai amoroso. Deviam retribuir-lhe com amor filial e com respeito, mas tudo o que fizeram foi rebelar-se contra o controle do pai. Usa-se então uma figura de linguagem muito forte para ressaltar a profunda desobediência e a degradação de um povo divinamente abençoado. Os animais, que têm instinto, conhecem os seus donos e obedecem às suas ordens, mas Israel recusava-se a reconhecer as leis do Senhor. Se a ingratidão do homem para com outro homem produz grande tristeza, a ingratidão do homem para com Deus produz profunda dor no coração deste.

Com cores vivas, Isaías pinta os diversos estágios de crescimento da iniqüidade na nação da qual fazia parte. Primeiramente o povo abandonou a Deus, depois o desprezou e por fim apostatou totalmente. Quão contrário à natureza divina o povo tinha- se tornado! *O Santo de Israel* é o nome divino que Isaías gostava de usar (ocorre cerca de trinta vezes em suas profecias) por reunir em si os conceitos de consagração, de pureza e de santidade. Israel tinha sido projetado para ser "a nação santa", a fim de refletir a santidade do "Santo", mas mergulhou na corrupção. O profeta segue então retratando como o pecado, uma epidemia mortal, espalha-se e torna-se uma terrível e desventurada doença: "Desde a planta do pé até a cabeça não há nele coisa sã". A descrição da podridão (Is 1:5,6) é "uma das parábolas naturais da ética, fazendo lembrar da descrição que Platão faz das almas dos tiranos: cheias de úlceras".

A partir daí, Isaías amontoa analogias sobre analogias. Teríamos um proveitoso estudo à parte, se quiséssemos ajuntar todas as metáforas, analogias e dizeres parabólicos que o profeta emprega. Embora a profecia seja o que se salienta em seu livro dramático, as profecias, como também as visões, carregam aspectos próprios da parábola. Por exemplo, os pecados são apresentados como de cor *escarlata*, mas os que pecaram podem ficar *brancos como a neve* (1:18). Duas imagens referem-se à degradação dos soberanos, cuja negligência era responsável pela desordem de que Isaías trata: "A tua prata se tornou em escórias, o teu vinho se misturou com água" (Is 1:22). Essa linguagem simbólica é retomada adiante: "purificarei inteiramente as tuas escórias, e tirarei de ti toda impureza" (Is 1:25). Deus, o

Grande Purificador, pode purificar metais degradados (Ml 3:2,3). O pecado *faz murchar* e também *queima* (Is 1:30,31). "Na glória manifesta do Senhor, os homens podem encontrar, da mesma forma que o viajante em sua tenda, proteção contra todas as formas de perigo, contra o calor abrasador do meio dia e contra a torrencial tempestade" (4:5,6).

Um estudo sobre a versatilidade expressiva de Isaías nos leva a concordar com Driver, em seu magistral livro *Isaiah* [*Isaías*], quando diz que seu "talento poético é extraordinário". O estilo incomparável do profeta marca o apogeu da arte literária hebraica. Jerônimo compara o orador e poeta do AT a Demóstenes. Quanto ao esplendor de suas imagens, Isaías era insuperável: "Cada palavra sua emociona e cumpre seu objetivo. A beleza e a força são características de seu livro como um todo. Ele é um perfeito artista das palavras". Para o estudo mais aprofundado do leitor, agrupamos algumas das características que o dr. George N. Robinson ressalta em seu manual muito útil *The book of Isaiah* [*O livro de Isaías*]:

1. Nenhum outro escritor do AT usa tantas ilustrações pitorescas e belas (5:1-7; 12:3; 28:23-29; 32:2).
2. Epigramas e metáforas, principalmente sobre inundações, tempestades e sons (1:13; 5:18-22; 8:8; 10:22; 28:17,20; 30:28,30).
3. Interrogação e diálogo (6:8; 10:8).
4. Antítese e aliteração (1:18; 3:24; 17:10,12).
5. Hipérbole e parábola (2:7; 5:17; 28:23-29).
6. Paronomásia ou jogo de palavras (5:7; 7:9).
7. Ele é também famoso pelo seu vocabulário e riqueza de sinônimos. Ezequiel usa 1 525 vocábulos; Jeremias, 1 653; o salmista, 2 170; Isaías, *2 186*.
8. Ele elabora freqüentemente as suas mensagens em estilo rítmico e poético (12:1-6; 25:1-5; 26:1-12; 38:10-20; 42:1-4; 49:1-9; 50:4-9; 52:13-53; 22:60-62; 65:5-24).
9. Em várias ocasiões Isaías inclina-se para um ritmo de lamentação. Por exemplo, há um tenso poema sobre Senaqueribe em 37:22-29, e, em 14:4-21, há outro sobre o rei de Babilônia.

Sem dúvida, o livro desse profeta de grande importância se destaca como obra-prima da literatura hebraica.

Parábola da vinha do Senhor
(Is 5:1-7)

Um ou dois pensamentos introdutórios inevitavelmente se apresentam para consideração quando examinamos essa linda parábola sobre a vinha, intimamente relacionada com a parábola anterior e com a posterior. Na verdade, Isaías proporciona duas parábolas em uma — a primeira, sobre o cuidado protetor sem retorno; a segunda, sobre uma sentença implacável, sem recursos nem conciliações. Todo o possível já tinha sido feito para propiciar a fertilidade da vinha e assegurar o desenvolvimento das possibilidades latentes. Mas todo o cuidado dispensado à vinha tinha sido em vão. Israel, a videira, havia rejeitado a atenção do viticultor e conseqüentemente tornou-se planta sem valor — erva daninha. O primeiro pensamento é este:

Isaías era em primeiro lugar um profeta. Desde que foi chamado e comissionado por Deus, considerou a profecia como o ministério de sua vida e, com notável prontidão, aceitou a tarefa que, desde o princípio, se afiguraria inútil: advertir e condenar (6:9-13). Todas as suas profecias giram em torno de "Judá e Jerusalém" (1:1). O "profeta universal de Israel" entremeava suas profecias com a história sempre que a ocasião exigisse (Is 7:20,36-39). "Nenhum profeta do AT", diz Robinson, "aliou tão perfeitamente quanto Isaías visão terrena e sagacidade, coragem e convicção, diversidade de talentos e unidade de propósitos, de um lado, com amor pela retidão e um aguçado entendimento da santidade e da majestade do Senhor, do outro". Por isso era capaz de transmitir o seu ensino profético em forma de parábolas. As parábolas eram usadas para predizer acontecimentos da história. Quando se aproxima o cumprimento da profecia, o significado, até então pouco nítido, torna-se mais claro, o esboço completa-se, até que o pleno desenrolar do que havia sido profetizado nos possibilite entender com clareza aquilo que vinha revestido em roupagem parabólica. O outro pensamento que sobressalta no estudo da linguagem parabólica é que:

As parábolas têm sempre um correspondente. A *Parábola da vinha do Senhor*, de Isaías, assemelha-se muito com a *Parábola dos lavradores maus*, do nosso Senhor Jesus (Mt 21:33). Notavelmente parecidas em alguns detalhes, ambas contêm uma profecia acerca do destino da nação judaica, ainda em cumprimento. Estudioso diligente que era do AT, tendo a mente repleta das suas figuras de linguagem, Jesus devia ter em mente a *Parábola da vinha do Senhor*, de Isaías, quando proferiu sua parábola sobre um tema semelhante. Muitos escritores já trataram desse aspecto duplo das parábolas, sobretudo Habershon, cuja obra, no apêndice, trata das semelhanças e das diferenças entre pares de parábolas correspondentes, sobretudo no NT. Ainda outra característica, à qual já demos atenção, merece ser realçada, a saber:

As parábolas têm em geral uma lição principal

Aqui na *Parábola da vinha do Senhor*, de Isaías, embora muitos detalhes denotem o cuidado satisfatório do dono da vinha para com ela, nem todas as informações têm um significado à parte. Nem todo detalhe deve obrigatoriamente ensinar uma lição. Como diz Lang: "As parábolas são como as telas, que necessitam de detalhes para a composição do todo da pintura, mas sem que cada detalhe tenha necessariamente uma lição própria e especial". O único propósito da vinha é produzir frutos. E nisso Israel falhou.

Quando o Senhor esperou que sua vinha produzisse frutos, tudo que ela gerou foram "uvas bravas"; quando esperou justiça, encontrou opressão; quando esperou a retidão, ouviu clamor. Com um jogo de palavras (5:7), Isaías a seguir apresenta alguns tipos de "uvas bravas", ou pecados da nação, como mostra Robinson:

1. Cobiça insaciável; mas a colheita será apenas um décimo da semeadura (5:8-10).
2. Anulação e desrespeito para com a palavra e a obra do Senhor; mas os banquetes e a bebedice os levarão ao cativeiro (5:11-17).
3. Provocação ousada ao Senhor e desprezo propositado para com as denúncias do profeta, fortemente demonstrados no fato de desafiarem o "dia do Senhor" a chegar (5:18,19).
4. Hipocrisia e dissimulação, engano e confusão moral (5:20).
5. Presunção astuta que não se digna submeter-se à correção de Deus (5:21).
6. Poder mal-empregado: valentes nas bebedices, mas fracos perante o suborno, no castigo dos malfeitores (5:22,23).

A punição por tais transgressões seria a retirada da provisão e da proteção divina. A vitalidade da nação seria minada e roubada; os ladrões atacariam o povo e os animais selvagens o devorariam, como a Assíria já tinha feito a Israel. Não haveria como escapar desse merecido juízo divino (Is 5:24-30). A parábola, então, era uma profecia acerca da punição vindoura do povo judeu pelos assírios e por Nabucodonosor, cujos detalhes são encontrados nos capítulos 7 e 8. O significado completo da parábola, entretanto, não podia ser entendido até que os acontecimentos anunciados se tornassem fatos da história.

Quanto ao significado da figura da vinha, cada família sendo uma planta e cada pessoa sendo um ramo, cumpre ressaltar o seguinte:

A *posição*. Mostrou-se cuidado na seleção do lugar em que a vinha se encontraria. Seria num "outeiro fértil", que ilustra as abundantes vantagens naturais de Canaã, a terra que Israel foi possuir.

A *provisão*. As "sebes" são uma figura de linguagem referente à proteção providenciada, à posição natural de Canaã e aos obstáculos naturais que tornavam a invasão do país muito difícil.

A *preservação*. Quando se diz que Deus "a limpou das pedras", isso significa que seu povo tinha sido preservado de ser subjugado. Ele expulsou as nações idólatras de Canaã, para que seu povo não deixasse de segui-lo.

O *privilégio*. Para Deus, a vinha estava repleta de "excelentes vides", expressão que se refere a Abraão, a quem o Senhor passou o direito da terra de Canaã em solene aliança, de modo que ele foi a primeira videira, da qual brotaria toda a casa de Israel, a vinha do Senhor. A expressão também demonstra o sentimento de Deus pelo povo israelita quando o estabeleceu na terra.

A *punição*. Como a degeneração é característica do pecado, a boa vinha tornou-se ruim e repugnante ao seu dono, devendo ser descartada. A religiosidade formal, sem vida e hipócrita de Israel tornou-se afrontosa para Deus. A ausência de frutos foi a transgressão da nação, e a infertilidade da terra veio a ser a sua punição. Deus retirou as sebes da sua vinha, o que significa que retirou os privilégios dos judeus e permitiu que afundassem ao nível dos povos vizinhos. A nação tinha quebrado as suas cercas primeiramente pela idolatria e por negligenciar as leis divinas. Por causa disso, os judeus se tornaram "como os filhos dos etíopes", como retrata Amós (9:7). Mas Deus não se esquecerá totalmente do seu povo. Um futuro glorioso aguarda a sua *vinha*, como Isaías profetiza de forma tão vívida.

Este último pensamento é apresentado de maneira clara por Robinson, quando diz: "Isaías vivia na teologia futura de Israel, enquanto Paulo tratava dos ensinamentos do passado. A *predição* é a própria essência de toda a mensagem de Isaías. Seus tempos verbais são *predominantemente futuros* e *perfeitos proféticos*. Isaías era, acima de tudo, um *profeta do futuro*. Com uma rapidez nunca vista, ele repetidas vezes salta do desespero para a esperança, da ameaça para a promessa, do concreto para o ideal [...] O livro de Isaías é *o evangelho anterior ao Evangelho*".

Parábola do consolo
(Is 28:23-29)

Esse é um dos grandes capítulos do livro de Isaías e serve de introdução à série dos *seis ais* (28-33). Isaías sem dúvida era um profeta de muitos *ais*, dos quais seis se encontram no capítulo 5. No capítulo 6, profere um *ai* para si mesmo: "Ai de mim".

Aqui, Isaías começa convocando o povo a dar ouvidos à parábola, a qual não interpreta sem levar em conta que os juízos de Deus são sempre proporcionais às transgressões dos homens.

Ellicott diz que: "a idéia presente no cerne dessa parábola assemelha-se à de Mateus 16:2-4: para discernir os sinais dos tempos, os homens deixam de empregar a sabedoria que utilizam na identificação dos fenômenos comuns da natureza e no cultivo do solo. Assim como esse cultivo apresenta ampla variedade de processos, variando conforme o tipo de vegetação, também a semeadura e a debulha da lavoura espiritual de Deus apresentam uma diversidade de operações. O que essa diversidade denota em detalhes é o que o profeta passa a mostrar, com o que podemos chamar novamente de minuciosidade dantesca". Os juízos de Deus não são arbitrários. Os métodos empregados pelos camponeses na agricultura são uma parábola do propósito de Deus ao disciplinar os seus. "O lavrador não ara e grada a terra o ano todo; ara e grada para que possa semear e ceifar. Da mesma forma Deus não pune para sempre; um futuro glorioso aguarda os redimidos". Isaías, o Profeta da Esperança, assegura aos que ouvem os seus "ais" que, assim como o lavrador não debulha todos os tipos de grãos com a mesma severidade, assim também ele não enviará mais o seu povo para o deserto. Não é essa de fato uma verdade consoladora?

Poderíamos ater-nos longamente no uso que Isaías faz da linguagem metafórica e parabólica. Há, por exemplo, seu maravilhoso capítulo 40, tão cheio de cativantes símiles, no qual refere-se à eterna majestade e ao glorioso poder do Senhor, o qual '"mediu com a concha das mãos as águas [...] ou pesou os montes e os outeiros em balanças [...] Certamente as nações são consideradas por ele como a gota de um balde [...] está assentado sobre o círculo da terra [...] que faz sair o exército de estrelas, uma por uma, e as chama pelo nome [...]' e faz com que o povo suba com asas como as águias". Acreditamos já ter escrito o suficiente para aguçar o apetite do leitor para um estudo mais completo sobre o estilo pitoresco de Isaías. Quanto a mim, deixo Isaías com o sentimento expresso por Valeton, que assim descreve o profeta em seu trabalho *The prophecies of Isaiah* [*As profecias de Isaías*]: "Talvez nunca houve profeta como Isaías, que tinha a cabeça nas nuvens e os pés em terra firme; o coração nas coisas da Eternidade e as mãos e a boca nas temporais; o espírito no conselho eterno de Deus e o corpo num momento bem específico da história".

AS PARÁBOLAS DE JEREMIAS

Como Isaías, Jeremias profetizou principalmente para o reino de Judá, e sua palavra ao povo, envolta numa mensagem simbólica de impacto, era mais um anúncio de que Deus rejeitou a nação por causa de sua apostasia e de seu pecado. Jeremias também recebeu ordens de profetizar acerca do cativeiro babilônico como a vontade de Deus para o povo que fora chamado para rejeitar todas as alianças mundanas, especialmente com o Egito, ao qual os líderes se voltaram em busca de socorro contra os assírios. Esse ministério pertinente tornou o profeta extremamente impopular, sendo constantemente perseguido por sua ousada mensagem.

As parábolas do Jeremias

É graças à grande semelhança entre Jeremias e Jesus que o profeta tem fascinação pelos santos de Deus. Ambos eram homens sofridos e familiarizados com o sofrimento; ambos vieram para os seus e os seus não os receberam; ambos suportaram horas de rejeição, de desolação e de abandono. De todos os profetas do AT, Jeremias parece ter padecido os mais atrozes sofrimentos. Não houve dor igual à sua (Lm 1:12; 3:1). Era popularmente conhecido como o *Profeta das Lágrimas* e foi retratado por Miquelângelo cabisbaixo, em meditação sofredora. Jeremias teve a graça e o dom das lágrimas. Possuidor de um temperamento ascético, era "fervoroso, sensível, facilmente depressivo, desconfiado de si mesmo, facilmente tomado de severa e irada indignação". As páginas das suas profecias trazem as manchas das suas lágrimas.

Sabemos mais da história de Jeremias que de qualquer outro profeta. Foi dito a seu respeito que, "mais do que qualquer outro, da respeitável companhia dos profetas, a sua vida toda está diante de nós como um livro aberto". Chamado desde a tenra idade para servir ao Senhor, Jeremias reconhecia com grande perspicácia sua condição quando disse "não passo de uma criança", referindo-se, sem dúvida, à sua idade. Ele estava consciente da sua imaturidade e fragilidade diante da enormidade de sua grande e solene tarefa. Também declarou que não podia falar, o que significa que lhe faltava eloquência, embora falar era exatamente o ministério para o qual fora chamado. Ao comentar a consciência que Jeremias tinha de sua limitação discursiva, o dr. F. B. Meyer diz: "Os melhores pregadores para Deus são frequentemente os menos dotados de eloquência humana; pois, se essa eloquência estiver muito presente —a poderosa capacidade de comover—, há o risco potencial de confiar nela, atribuindo-lhe os resultados do seu encantamento magnético. Deus não pode dar sua glória a outro. Não divide seu louvor com os homens. Não ousa expor seus servos à tentação de sacrificar a si mesmos, ou confiar em suas próprias habilidades".

Infelizmente, alguns são grandes demais para que Deus os use, uma vez que são propensos a buscar toda a glória para si! São aqueles que, como Jeremias, são fracos, nada sendo aos próprios olhos, que o Senhor escolhe para realizar façanhas por ele (Jz 6:11-16; Is 6:5; 1Co 1:27,28). Os lábios de Jeremias foram consagrados a Deus; ele não era tão eloquente quanto Isaías, nem tão elevado quanto Ezequiel, mas tímido e retraído, consciente de sua completa debilidade. Deus, porém, o tomou e usou como um instrumento escolhido para proclamar a mensagem divina à sua geração corrupta e degenerada. Por natureza acanhado em razão de sua debilidade, Jeremias tornou-se forte no Senhor (2Co 12:9,10). Houve ocasiões em que, diante do Senhor, esquivava-se das tarefas a ele confiadas, mas, quando de fato se apresentava ao povo, enchia-se de coragem. Deus tocou os lábios do profeta, para que, purificado e cheio de poder, pudesse transmitir as verdades a ele confiadas.

O fato de estar imerso na lei e nos escritos de Israel ajudou em muito o estilo de Jeremias ao transmitir a mensagem de Deus. Os *Salmos Alfabéticos* (9, 25, 34, 37, 111, 112, 119 e 145) ajudaram a formar o estilo da estrutura das suas *Lamentações,* em forma de acróstico. A familiaridade com a maior parte das profecias de Isaías também contribuiu para as vigorosas imagens de Jeremias. Às vezes parece que ele copia algumas das suas ilustrações parabólicas . A leitura do livro de Jeremias impressiona por uma característica, a saber, que o seu estilo corresponde ao seu caráter. Ele era especialmente marcado por um sentimento passional e por uma empatia com os miseráveis, como mostram suas *Lamentações*. A série completa de suas parábolas e elegias tinha apenas um objetivo: expressar a tristeza por seu país tão arruinado e desgraçado pelo pecado. Existem numerosas expressões e abundantes repetições, à medida que Jeremias expressa seus sentimentos abalados. Os judeus o veneravam tanto, que acreditavam na sua ressurreição dentre os mortos para ser o precursor do Messias (Mt 16:14).

Parábola da vara de amendoeira e da panela a ferver
(Jr 1:11-19)

Sobre a linguagem figurada desse capítulo, Ellicott diz que, "Como antes, vemos aí o elemento do êxtase e das visões, símbolos não escolhidos pelo profeta, mas —disso podemos ter certeza— adaptados à sua formação, às suas inclinações e, por assim dizer, ao seu temperamento. A poesia dos símbolos é de extraordinária beleza".

A dupla parábola diante de nós era para os olhos e para os ouvidos e faz lembrar uma das parábolas do nosso Deus. Como comenta certo autor, "na instituição da ceia do Senhor e quando ele lavou os pés dos discípulos, temos parábolas que chamam a atenção pelos olhos, não pelo ouvido, ambas de caráter mais impressivo do que as meras palavras. Quando Cristo lavou os pés dos apóstolos, *encenou* uma parábola, e temos no AT muitos casos em que os profetas recebem ordens de fazer esse tipo de encenação". No Memorial da ceia, a *encenação* não recebe tanto realce, mas pode ser considerada uma parábola em visões, uma vez que, por meio de um símbolo (1Co 11:26), serviu de predição aos discípulos e de declaração para nós da "morte do Senhor".

A visão que Jeremias teve nesse capítulo de abertura de sua profecia era parabólica e contém *um pensamento* em diferentes estágios de desenvolvimento. A mudança na metáfora da *agricultura* para a *arquitetura* é digna de nota. Lemos sobre "extirpar", "demolir" e "edificar", o que dá a entender que a restauração depende do arrependimento. As predições de Jeremias eram sobretudo denunciadoras; dessa forma, a destruição das nações é apresentada em primeiro lugar e com grande variedade de termos para só depois mencionar a restauração delas.

A vara de amendoeira. Em contraposição às palavras iniciais de terror, mas ainda em harmonia com a mensagem de esperança, Jeremias vê uma vara de amendoeira, com seus vivos e rosados brotos, florescendo em janeiro e dando o seu fruto em março; e vê suas folhas verde-claros, sinal do começo da primavera, surgindo da melancolia do inverno. No original, o nome que Jeremias dá à amendoeira, nome poético e raro, torna o símbolo mais expressivo. Significa literalmente "a árvore vigilante", ou "a vigia", ou a árvore "que se apressa em acordar", porque desperta de sua hibernação antes das outras árvores. Nessa parábola, Deus mostrou a *rápida* execução do seu propósito: "eu velo (em hebraico, *apresso-me)* sobre a minha palavra, para a cumprir" (Jr 1:12). Jeremias faz um jogo entre a palavra traduzida por *amendoeira*, que em hebraico também significa "vigia", e *velo* (ou *me apresso*), que denota a ação daquele que vigia. Os juízos decretados contra a nação judaica estavam próximos do cumprimento (Am 8:2).

Parábola do cinto apodrecido

A panela a ferver. Nessa ilustração parabólica, o profeta revela o lado sombrio do seu ministério. Numa visão, Jeremias viu, num monte de lenha em chamas, uma grande panela de metal, fervente e fumegante, *inclinada para o norte*, de onde poderia despejar seu conteúdo escaldante sobre o sul. Aqui temos o instrumento que executaria outra palavra de Deus. A fervura foi possível pelas chamas sob a panela, mantidas por um sopro —símbolo oriental da fúria da guerra. A aflição estava vindo do norte. "A panela voltava-se para o norte, com a boca a ponto de despejar o seu conteúdo em direção ao sul, a saber, sobre a Judéia."

Os judeus foram comparados a uma panela fervente, mostrando que Deus permitiu que fossem lançados como carne numa panela e fervessem até ser reduzidos a quase nada. Primeiramente, Deus usou a punição branda da vara (Rm 2:4), mas sem resultado. Recorreu ao castigo mais severo da fervura (Êx 20:5; Sl 7:12; Hb 10:31). O castigo intensificou-se por ter-se agravado o pecado da nação. Que forte contraste existe entre a beleza primaveril da vara de amendoeira e a panela fervente, sendo esta a ilustração dos terrores das regiões ao norte do seu país, Assíria e Caldéia, terrores esses que Israel podia dar como inevitáveis (Mq 3:12).

O capítulo termina referindo-se a Jeremias como cidade fortificada: coluna de ferro, muros de bronze. Essas imagens de fortaleza, sobrepostas umas às outras, asseguravam ao profeta a presença e a proteção daquele que o comissionara a testemunhar em seu nome. Os reiterados encorajamentos foram necessárias à temerosidade própria da constituição de Jeremias (v. 1Tm 4:12; 6:13; 2Tm 2:3).

Parábola do cinto apodrecido
(Jr 13:1-11)

Ellicott não acredita que haja significado parabólico nessa e em outras representações figuradas da verdade: "Não há absolutamente nenhum fundamento em considerar o cinto uma visão ou parábola, assim como também não há razão em considerar o uso simbólico da 'botija de oleiro' (19:1), ou das 'brochas e canzis' (27:2), ou do fato de Isaías andar 'nu e descalço' (Is 20:2)". Mas, usando o termo *parábola* no sentido mais amplo, é evidente que Jeremias recebeu ordens de *encenar* mais uma parábola sobre o trato de Deus com o seu povo rejeitado. Essas ações figuradas não existiam só na mente de Jeremias, como parte de uma visão interna; também se materializaram numa encenação.

A frase inicial da parábola, "Assim *me* disse o Senhor", mostra o método divino de revelação, a saber, ensinar aos homens pelo homem. Deus depositou o seu tesouro em vasos de barro para que toda a glória fosse para ele. Aqueles a quem ele escolheu e que resolvem transmitir a mensagem divina aos homens são "homens [...] sujeitos às mesmas paixões" (At 14:15; 2Co 4:7). Além disso, permite-se às vezes que os chamados para instruir sofram pela verdade que declaram. Jeremias teve de comprar e mesmo usar o cinto até quase cheirar mal, para depois dirigir-se ao Eufrates e escondê-lo numa rocha. O profeta teria de extrair o completo significado do cinto antes de lançá-lo fora. Posteriormente, os apóstolos sofreram pelo nome que pregavam.

O cinto de linho. Esse componente da veste sacerdotal de Jeremias (Êx 28:40; Lv 16:4) era significativo na interpretação da parábola encenada. Sendo *branco*, a cor relembrava aos israelitas o caráter santo que deveriam apresentar como "nação santa" (Êx 19:6; Ap 19:8). Israel, como cinto do Senhor, fora escolhido para um propósito sagrado. A "aquisição" ou "compra" do cinto também lembra aos judeus que eles foram redimidos ou comprados por Deus.

... põe-no sobre os teus lombos. Esse ato complementar denota a grande intimidade com que o Senhor atara Israel e Judá a si (13:1,2,11). Deveriam ser "um povo chegado ao Senhor". O cinto era também parte ornamental das vestes dos sacerdotes orientais: "cheio de beleza e de glória " (Is 4:2). Do mesmo modo, Israel fora escolhido para glorificar ao Senhor diante das nações da terra (Jr 13:11). Nosso propósito supremo não é glorificar a Deus? Assim como o cinto, atado ao corpo de quem o usa, aumenta a sua resistência, Israel foi destinado a ser uma potência para Deus, testemunhando de seu nome.

... não o metas na água. Os sacerdotes antigos jamais podiam esquecer-se de sua santa vocação. Além do coração limpo, deveriam ter um corpo puro; por isso os levitas sempre lavavam o corpo e as vestes. A proibição excepcional aqui representa a imundície moral de Israel, que se tornou como a sujeira de uma vestimenta usada constantemente sobre a pele, sem ser lavada. Quanto mais Jeremias usava o cinto sem lavá-lo, pior ficava. O cinto não lavado, então, simbolizava a ausência da "água limpa" do arrependimento (Ez 36:25; v. Zc 3:3).

... esconde-o ali na fenda de uma rocha. Por causa da corrupção e da falta de arrependimento do povo, este seria preso em penhascos (13:17). Tecido para ter um nobre uso, o cinto deteriorado e podre foi colocado na fenda de uma rocha, descartado por ser inadequado para o seu propósito. Também Judá, falhando em sua santa e honrosa missão, tornou-se cativo. Como um cinto na rocha, os judeus foram expostos às más influências das nações pagãs ao redor, às quais não poderiam resistir.

Ao fim de muitos dias [...] o cinto tinha apodrecido. O intervalo pode ter sido de setenta dias —"símbolo perfeito dos setenta anos de exílio que o ato de esconder o cinto junto ao Eufrates representava (v. 13:18-22; Os 3:4). O cinto maculado, deteriorado, inútil era uma parábola do estado de Judá após o exílio, desprovido de toda a sua grandeza exterior, sem o lugar que ocupava entre as nações da terra". *Ainda que a dignidade de Judá e de Jerusalém tenha sido grande, eu vou desfigurá-la.* O tempo fez com que o cinto se tornasse impróprio para uso, "sem nenhuma serventia", símbolo de como os judeus se corromperam com os vizinhos pagãos e idólatras, deixando de atuar como testemunhas de Deus, sendo assim jogados fora, como um cinto podre, estragado e inútil. Quão sentenciosa é a lição dessa parábola para o seu coração e para o meu! "... se o sal se tornar insípido [...] Para nada mais serve" (Mt 5:13).

Parábola do odre de vinho
(Jr 13:12-14)

O odre é feito de pele de animais e comporta líquidos de todos os tipos. Quando Jeremias contou essa parábola, ela não foi compreendida pelos ouvintes. O significado é que, assim como o vinho embriaga, a ira e os juízos de Deus entregariam o seu povo desobediente a um estado de perturbação irremediável, fazendo-o apressar-se em direção à própria ruína. "... bêbados, mas não de vinho" (Is 29:9) —uma impotência e uma confusão, como as da embriaguez, atingiriam o povo (25:15; 49:12; v. Is 51:17,22; 63:6).

O profeta recebeu ordens de proclamar a *"todos* os habitantes desta

Parábola do oleiro e do barro

terra" a sua enigmática mensagem, a qual, em parte por assombro, em parte por zombaria, eles haveriam de rejeitar: "Não sabemos disso? Por que precisamos ouvir dos lábios de um profeta?". Independentemente da posição ocupada, *todos* seriam despedaçados como se quebra um vaso, porque não se lamentaram nem se humilharam por causa do seu pecado (Sl 2:9; Ap 2:27). O reino decadente estava à beira da ruína, e todos os laços que uniam a sociedade seriam quebrados. O orgulho nacional de Judá estava arruinado com o cerco do seu próprio pecado (Jr 13:9), como o cinto podre e o odre despedaçado vividamente retratam. A humilhação sofrida deveria ter resultado na adoração do Senhor Deus, mas não confessaram a sua culpa. Quão triste ficou Jeremias quando viu o rebanho do Senhor levado ao cativeiro!

Duas figuras de linguagem expressivas são usadas em referência ao terrível exílio de um povo desobediente e degenerado.

1. *O etíope e o leopardo.* Os hábitos podem-se tornar tão naturais que parecem fazer parte de nós. O persistente pecado de Judá estava por demais enraizado para que pudesse haver uma reforma espontânea. Assim como o etíope não podia mudar a cor escura de sua pele, nem o leopardo erradicar suas manchas, também era impossível aos degenerados judeus abandonar seus hábitos pecaminosos inveterados. Estavam tão presos aos seus maus caminhos, que nada restava, senão o mais extremo castigo, o qual experimentaram quando foram levados para o exílio.

2. ... *o restolho que passa arrebatado pelo vento.* Por *restolho* devemos entender "as canas de milho deixadas no campo pelo ceifeiro". Esse restolho quebrado estava sujeito a ser carregado pelo primeiro vendaval (Is 40:24; 41:2). Os ventos do deserto varrem tudo e não há obstáculos que os detenham. A solene aplicação desse símile é que o castigo corresponde à perversidade do povo. "Como seus pecados foram cometidos nos lugares mais públicos, Deus declarou que os exporia ao franco desprezo das outras nações" (Lm 1:8). Talvez a irremediabilidade da condenação seja abrandada pela pergunta: "Ficarás limpo? Quando?". Embora Jeremias aparecesse para negar a possibilidade de que tão longo endurecimento no pecado fosse purificado *tão depressa*, havia, contudo, a esperança de que o leopardo pudesse mudar as suas manchas. "Nada há que te seja demasiado difícil" (Jr 32:17; Lc 18:27; 1Jo 1:7).

Parábola do oleiro e do barro
(Jr 18:1-10)

Ao contemplar o trabalho do oleiro sobre as rodas, Jeremias passa a aprender a lição de como Deus lida com as nações. A parábola continuou quando o profeta foi ao vale do filho de Hinom, para advertir o rei e o povo da destruição que os acometeria. Assim como o oleiro despedaçava o vaso, eles seriam condenados por não ter valor (Jr 19). A figura do Oleiro já fora empregada em referência à obra da criação de Deus (Is 29:16; 45:9; 64:8). Muito da linguagem figurada de Jeremias tem a influência de Isaías.

O que mais impressionou tanto Isaías (29:16; 45:9) quanto Jeremias (18:4,6) foi o absoluto domínio da vontade do oleiro sobre o seu barro, o mistério e a maravilha de sua capacidade criadora. Depois de observar o oleiro, Jeremias declarou aos judeus que eles eram, apesar de tanto se jactarem de sua força, tão frágeis quanto o barro e tão sujeitos à vontade de Deus quanto o barro ao oleiro. A posição e todos os privilégios de que desfrutavam eram providências divinas, para que fossem vasos de honra. Mas, no processo de formação, resistiram à vontade e ao poder do Oleiro celestial. Não se deve perder de vista o fato de que "o teor completo dessa parábola, bem como o conhecido caráter de Deus são *contrários* à conclusão de que o Senhor tivesse algum prazer no caráter degenerado de Israel ou de alguma forma tivesse contribuído para esse estado". O vaso quebrado não era culpa do oleiro. Alguma substância estranha no barro frustrou seus esforços e arruinou o seu trabalho.

Essa parábola é de atos, não de palavras, visto que não há registro de conversa entre o profeta e o oleiro. Enquanto Jeremias observava a obra criada nas rodas, por meio do que *viu* pôde ouvir Deus *falar*. De pronto identificou o significado simbólico do oleiro e do barro, embora o próprio oleiro não visse nada de parabólico em sua obra. Jeremias, contudo, aprendeu a mensagem no vaso quebrado e assim desafiou a nação que frustrara o propósito divino: "Não posso fazer de vós como fez este oleiro, ó casa de Israel?".

Nenhuma das parábolas do AT nos fala de modo mais direto, pessoal e abrangente do que essa. Embora a primeira interpretação refira-se ao Israel de então, a parábola tem aplicação muito mais abrangente. Os profetas do AT foram antes de tudo mensageiros da época em que viviam —*anunciadores* antes de atuar como *prenunciadores* ou mensageiros das gerações seguintes. A *Parábola do oleiro e do barro*, então, era toda acerca de Deus e de *Israel*. É toda acerca de Deus e de *nós mesmos*.

Deus, contudo, é o Deus da segunda oportunidade, o que Jeremias aprendeu ao observar o oleiro amassando o barro que o decepcionara e transformando-o em um vaso encantador. Que excelente parábola sobre o que o tratamento que Deus dispensa aos homens e às nações! (Rm 9:21; 2Tm 2:20). Acaso o Senhor não é capaz de reconstruir o caráter, a vida e a esperança? Sua vida está deformada por resistir à modelagem das mãos de Deus? Bem, sendo dele, você está ainda em suas mãos (Jo 10:28,29), e ele espera moldá-lo outra vez, da mesma maneira que transformará Israel em vaso de grande honra quando retornar para introduzi-lo em seu reino. Então, como nunca antes, Israel será a sua glória. Enquanto permanecermos em suas mãos como barro submisso, nada temos a temer. Ainda que sejamos fracos e sem valor, ele pode fazer de nós vasos de honra, próprios para ele usar.

> Mas de Ti preciso, como antes,
> De Ti, Deus, que amaste os errantes;
> E como, nem mesmo nos piores turbilhões,
> Eu —à roda da vida,
> Multiforme e multicolorida,
> Atordoadamente absorto— errei meu alvo, para abrandar Tua sede,
> Então toma e usa a Tua obra!
> Conserta toda falha que sobra,
> As distorções da matéria, as deformações do alvo!
> Meus momentos estão em Tua mão:
> Arremata o vaso segundo o padrão!
> Que os anos revelem os jovens, e a morte os dê por consumados.

Parábola da botija quebrada
(Jr 19:1-13)

Essa outra parábola *encenada* não pode ser confundida com a que acabamos de analisar, embora Jeremias possa ter usado uma botija do mesmo oleiro. Essa parábola dramatizada representa o lado negro da parábola anterior, do oleiro. A evidente diferença entre as duas parábolas revela a irremediabilidade da condição e da posição de Israel.

Na *Parábola do oleiro* há a idéia de *construção*. O barro, apesar de impuro, ainda estava maleável, podendo ser remodelado no formato desejado. Assim "o oleiro tornou a fazer dele outro vaso".

Na *Parábola da botija*, o tema evidente é a *destruição*. Israel estava tão incorrigível no pecado e na rebeldia que parecia já não ter esperança de recuperação. Aqui o barro já está endurecido. Qualquer remodelagem era impossível e, por não servir ao propósito para o qual fora criado, não haveria outra medida senão destruí-lo. Que solene e espantoso símbolo da obstinação de Israel, que resultou no declínio do seu sistema nacional, político e religioso!

Os anciãos, tanto do povo quanto dos sacerdotes, eram os representantes do governo civil e religioso e, portanto, foram chamados para testemunhar a parábola encenada e a profecia sobre tudo o que consideravam de mais precioso (19:10; Is 8:1,2). "Deus espalhou as nações e os seus representantes". Mais tarde, os judeus não poderiam alegar desconhecimento das profecias que seus *anciãos* tinham recebido.

É algo significativo que o lugar em que o pecado foi praticado tenha sido escolhido como o local da denúncia divina contra Israel. O próprio lugar de onde aguardavam o socorro dos seus ídolos seria o cenário de seu massacre. No vale de Hinom a mais abominável forma de idolatria era praticada. Tofete era o centro dos sacrifícios a Moloque (2Rs 23:10) —sacrifícios humanos a que Israel se viciara. Assim, o lugar de degradação testemunharia o castigo e a destruição, exatamente como mais tarde aconteceu em Jerusalém, onde Cristo foi crucificado, fazendo da cidade um lugar de terrível destruição.

Quanto à quebra da botija diante dos homens, esse ato parabólico realça o direito e o poder divino de quebrar os homens e as nações em pedaços, como a um vaso de oleiro (Sl 2:9). As imagens bem conhecidas expressam a soberania absoluta de Deus (Jr 18:6; Rm 9:20,21). "... não pode mais refazer-se" refere-se de modo trágico à ruína de Israel. Deus, como divino oleiro, *quebra* o que não pode ser restaurado. Jeremias profetizou o colapso e a dispersão de Israel —*nação* privilegiada— profecia que se cumpriu plenamente na invasão dos romanos (70 d.C.). Os terríveis infortúnios desse capítulo foram *escolha* de Israel; e o castigo por rejeitarem a Deus deveria ser pago.

Embora a botija ou o vaso do oleiro não possa ser restaurado, pode-se fazer outro do mesmo material, de modo que há, para a felicidade de Israel, uma profunda compaixão divina que a parábola de Jeremias não deixa de apresentar. Deus recolheu os fragmentos do lixo e fez surgir uma nova semente para os judeus —não igual aos rebeldes destruídos, cuja ruína o profeta anunciou, mas a colocação de outra geração no lugar deles. Paulo ensina que os fragmentos espalhados hão de se unir novamente e Israel se transformará num vaso de grande honra (Rm 11).

Parábola dos dois cestos de figos
(Jr 24:1-10)

Os capítulos de 22 a 24 dizem respeito ao mesmo período, a saber, o reinado de Zedequias, após a primeira conquista de Jerusalém e o cativeiro de seus principais habitantes. Esses acontecimentos formam o cenário da visão simbólica de Jeremias (v. Am 7:1,4,7; 8:1; Zc 1:8; 2:1). Se os cestos de figos foram realmente vistos, então temos um exemplo nessa parábola da capacidade do profetapoeta de encontrar parábolas em todas as coisas —"Sermões em pedras e livros em riachos". No entanto, como Jeremias começa a parábola com as palavras "Mostrou-me o Senhor", concluímos que o profeta recebeu uma mediação especial de Deus. Seus olhos físicos viram o oleiro nas rodas, mas foram seus olhos espirituais que tiveram a visão dos figos. Em estado de consciência e de responsabilidade, Jeremias recebeu a mensagem divina para Zedequias.

Figos muito bons

Um cesto continha figos bons, temporãos. Esse "figo que amadurece antes do verão" ou "fruta temporã da figueira no seu princípio" (Is 28:4; Os 9:10; Mq 7:1) era tratado como a mais fina iguaria. No dia da calamidade, dois grupos distintos foram achados —os bons e os maus. Os "figos muito bons" representavam os cativos levados para a Caldéia. Por meio deles, no futuro, Deus restauraria os seus. Daniel, Ezequiel, os três jovens hebreus e Jeconias (Joaquim) estavam entre os *bons* figos. Como essa parábola-profecia deve ter encorajado os desesperançosos exilados! Também serviu para repreender os que escaparam do cativeiro, os quais, julgando-se superiores aos exilados na Babilônia, injuriaram os antepassados de Deus (Jr 52:31-34).

Figos muito ruins

Ruim é palavra portuguesa que abarca uma infinidade de sentidos de cunho negativo. Cumpre salientar, porém, as acepções "inútil", "sem mérito" e "estragado", "deteriorado". Hoje, quando dizemos que uma fruta é ou está "ruim", em geral nos referimos à qualidade do seu sabor, ao fato de não ser ou estar muito palatável (sendo ou estando azeda, amarga, verde etc.). De modo que as acepções mencionadas acima de certa forma se perderam nas transformações etimológicas da palavra ou, ao adjetivar outros substantivos, se perdem ainda na subjetividade, imprecisão e abrangência do vocábulo. Lendo os clássicos da literatura, contudo, poderemos notar o emprego de *ruim* com a idéia muito clara, em alguns casos, de "sem valor", "inútil".

No cesto de figos imprestáveis, tão ruins que não podiam ser comidos, temos um símbolo dos cativos de Zedequias e daqueles judeus rebeldes, indóceis e obstinados que permaneceram com ele. Sobre esses cairia o juízo divino (Jr 24:8-10). Os termos *bons e maus* são usados não em sentido absoluto, mas como comparação e para mostrar o castigo dos maus. Os bons eram olhados por Deus *com favor* (24:5). Deus estimava os exilados na Babilônia como quem vê bons figos com bons olhos e desfez o cativeiro "para o seu bem". Levando-os para a Babilônia, Deus também os salvara da calamidade que sobreviria ao restante da nação e os conduziria ao arrependimento e a uma condição melhor (2Rs 25:27-30).

O retorno do cativeiro babilônico e a volta a Deus eram resultado do efeito punitivo da escravidão, um tipo da completa restauração dos judeus. Então, quando o Messias retornar, serão como uma nação renascida em um dia. Tendo-se voltado para Deus de todo o coração, todo o povo será um cesto de figos muito bons. No *Commentary [Comentário]* de Lange encontramos esta aplicação: "Os prisioneiros e os de coração quebrantado são como os figos bons, agradáveis a Deus porque:

1. conhecem o Senhor e voltam-se para ele;
2. ele é o Deus deles, e eles são o seu povo.

Parábola do copo do furor

Aqueles que se mantêm arrogantes e confiantes desagradam a Deus e são como os figos ruins porque:
1. vivem na cegueira tola;
2. desafiam o julgamento de Deus.

Essa *Parábola dos dois cestos de figo* pode ser comparada de forma proveitosa com a *Parábola do joio e do trigo*, de Jesus.

Jeremias era um "figo bom", um profeta de verdade, mas os falsos profetas, "figos ruins", tentavam influenciar os cativos na Babilônia e os que estavam em Jerusalém; e o restante da mensagem divinamente inspirada de Jeremias a Zedequias desmentia a autoridade e a inspiração dos falsos mestres e mostrava a exatidão da visão dos cestos de figos dados por Deus.

Parábola do copo do furor
(Jr 25:15-38)

Esse capítulo sentencioso trata da profecia dos setenta anos de cativeiro, bem como da destruição da Babilônia e de todas as nações opressoras dos judeus. A condenação de Judá resultou da sua persistência em pecar. Apesar dos reiterados apelos divinos ao arrependimento, a nação judaica não deu ouvidos a Deus, sendo conquistada pela Babilônia e levada ao exílio. Então temos a profecia sobre a condenação da Babilônia após os setenta anos de cativeiro, executada por uma aliança de nações e reis. Ao contemplar o futuro, Jeremias profetizou o inescapável juízo que cairia sobre todas as nações, quando a punição divina se destinaria a cada uma delas, até uma grande tempestade surgir dos confins da terra com severos golpes sobre os reis e autoridades. Nessa profecia Zedequias identifica a inevitável destruição que ameaça a si e a Jerusalém.

Não tomaremos o "copo do furor" em sentido literal, como se Jeremias de fato oferecesse uma taça de vinho aos embaixadores das nações citadas e reunidas em Jerusalém. Esse "copo" refere-se ao que Deus revelou à mente do profeta com respeito aos seus justos juízos. A taça de vinho simbolizava punição embriagadora (Jr 13:12,13; 49:12; 51:17). Como já mencionamos, Jeremias muitas vezes incorpora a linguagem parabólica de Isaías em suas profecias (cf. Lm 4:21 com Is 51:17-22; v. Jó 21:20; Sl 75:8; Ap 16:19; 18:6).

As nações, quando bebessem do copo do furor, cambaleariam e enlouqueceriam como os que se embriagam. Elicott diz que "as palavras falam do que a história já testemunhou muitas vezes: o pânico e o terror de nações pequenas diante do avanço de um grande conquistador —ficam como que tomadas de uma louca embriaguez e o seu desespero ou a sua resistência são igualmente ensandecidos. As imagens já são comuns a profetas anteriores" (Sl 60:5; Ez 23:21; Hc 2:16).

"... se não quiserem tomar o copo" (Jr 25:28) parece insinuar que nenhum esforço evitaria a destruição. "Se não poupo nem os meus eleitos por causa dos seus pecados, muito menos a vocês" (Ez 9:6; Ob 6; Lc 23:31; 1Pe 4:17). A consumação da fúria divina sobre um mundo ímpio e perverso dar-se-á na grande tribulação, quando os copos do furor de Deus serão derramados sobre a terra (Ap 6:16; 14:10,19; 16:19 etc.).

Jeremias conclui o capítulo com uma referência aos magistrados e reis que se julgam "vasos agradáveis" ou vasos do desejo. Seriam quebrados e inutilizados. Jeconias fora idolatrado pelos judeus, e Jeremias, falando em nome deles, manifesta a perplexidade diante daquele com quem tanto contavam, mas que foi completamente derrubado (Jr 22:28;

Sl 31:12; Os 8:8). Que solene lição para o seu coração e o meu!

Parábola das brochas e dos canzis
(Jr 27 e 28)

Agrupamos esses dois capítulos porque os dois tratam de "brochas e canzis" ou, como prefere certo comentarista, *tiras e ripas*. O capítulo 27 fala da inutilidade de resistir ao domínio de Nabucodonosor. Jeremias, que mostrara na visão dos cestos de figos o castigo determinado contra Judá pela Babilônia, agora proclama o parecer divino sobre esse assunto. O profeta recebeu ordens para fazer brochas e canzis, enviando uma mensagem aos embaixadores dos reis que queriam que o rei de Judá entrasse em aliança com eles. Zedequias e os demais são intimados a se render, porque o cativeiro era o plano divino para a reconstrução. "Metei os vossos pescoços no jugo do rei de Babilônia [...] e vivereis" (Jr 27:12,13). Mas o povo rejeitou o plano de Deus e o conselho de Jeremias, sofrendo por isso (Jr 39:6-8).

Os capítulos 28 e 29 contêm profecias relacionadas às dos capítulos anteriores e dizem respeito ao relacionamento franco entre Jeremias, o verdadeiro profeta, e os falsos profetas, dos quais o homem de Deus tão solenemente advertira a Zedequias. Hananias falsamente profetizara que Deus quebraria o jugo da Babilônia em dois anos e quebrou os canzis, querendo simbolizar com isso a quebra do jugo do conquistador. Jeremias recebeu ordens divinas de contradizer a profecia de Hananias e declarar que canzis de ferro substituiriam os de madeira e o falso profeta morreria, como de fato aconteceu depois de imposta a forma mais severa de cativeiro.

Brochas. Era por meio dessas correias que o canzil era atado ao animal de carga.

Canzis. O canzil em geral era um pedaço de madeira entalhado, fixado, em cada extremidade, a um jugo. Esses dois jugos, então, eram postos sobre a cerviz de dois bois a fim de uni-los. O fato de canzil estar no plural (27.1) significa que Jeremias deveria usar um e dar os outros aos mensageiros (28:10,12).

Não é mencionado como a ordem chegou a Jeremias. O profeta simplesmente declara: "Assim me disse o Senhor". Ellicott supõe que Jeremias recebeu uma clara predição simbólica, semelhante à que Isaías teve quando foi chamado a andar "nu e descalço" (Is 20:2). Parabolicamente, Jeremias deveria se ver como escravo e animal de carga, para ressaltar a aflição que estava por vir, que era a subjugação do povo (v. At 21:11). É muito evidente, entretanto, que Jeremias obedeceu à risca à ordem divina (Jr 28:10).

O ato carnal de Hananias de tomar o canzil do pescoço de Jeremias e quebrá-lo foi uma audácia ímpia e uma demonstração de que Deus não cumpriria a sua sentença. Como Hananias, que se dizia profeta de paz, quebrara o símbolo da escravidão, com isso declarou que o mesmo aconteceria ao detestável cativeiro que o canzil representava.

A substituição dos "canzis de madeira" pelos "canzis de ferro" (Dt 28:48) realça a verdade de que, quando a aflição leve não é bem aceita, permite-se aflição mais pesada (Jr 28:13,14). Os falsos profetas intimaram os judeus a rebelar-se e desvencilhar-se do canzil da Babilônia, leve em comparação com o que haveriam de experimentar. Ao proceder assim, somente atraíram sobre si o jugo mais severo imposto por Nabucodonosor. "É melhor carregar uma cruz leve pelo caminho que puxar uma cruz mais pesada sobre a cabeça. Podemos evitar as providências destrutivas submetendo-nos às providências humilhantes. Espiritualmente, contrapomos o fardo suave de Cristo ao canzil do cativeiro da lei" (Mt 11:28-31; At 15:10; Gl 5:1). Quando aceitamos o reto juízo de Deus sobre os nossos pecados, a aflição passa a ser benéfica e salutar. Seremos surpreendidos por um juízo ainda mais severo, se, depois da condenação, continuarmos a pecar (1Co 11:31). Se tivessem submetido-se ao merecido cativeiro, este curaria os judeus de sua idolatria. Na resistência à escravidão, *morreram*. Assim expressa o poema inglês:

> Conta cada aflição, quer suave, quer grave.
> Se um mensageiro de Deus for enviado a ti,
> Aceita com cortesia a sua visita: desperta-te e inclina-te.
> E, antes que sua sombra passe pela tua porta,
> Suplica permissão antes que seus pés celestiais saiam.
> Então coloca diante dele tudo o que tens.
> Não permitas que nenhuma nuvem de sofrimento se apodere do teu semblante;
> Nem estrague a tua hospitalidade.
> A história de amor
> Corrompeu as filhas de Sião com o mesmo ardor;
> Cuja desenfreada paixão no pórtico sagrado
> Foi vista por Ezequiel.

Parábola das pedras escondidas
(Jr 43:8-13)

É magnífica a coragem de Jeremias diante da rejeição de sua mensagem divinamente inspirada. Evidentemente ele sabia que, apesar das advertências, seu povo iria para o Egito e lá morreria pela espada, pela fome e pela pestilência. A precisão de sua mensagem manifestou-se imediatamente, e todos foram para o Egito, inclusive ele próprio, onde continuou seu ministério de denúncia e de advertência. Não havia declarado ser completa loucura tentar fugir dos juízos decretados por Deus?

Temos aqui outra das impressionantes *parábolas encenadas*. Jeremias é instruído por Deus a pegar grandes pedras e escondê-las com barro no pavimento à entrada do palácio de Faraó, à vista dos homens de Judá. Quão significativa foi essa parábola encenada para aqueles cujas mentes estavam abertas para receber a implicação divina desse ato. A predição do profeta fica ainda mais vívida quando nos lembramos que Jeremias escondeu as pedras no barro. Como vemos, esses atos simbólicos são comuns nas Escrituras (Jr 19:10; 27:2; Ez 12:7 etc.). O rei se assentaria sobre as pedras que Jeremias escondera, "não por mera pompa real, mas com a natureza de um vingador a executar a ira do Senhor contra a rebelião". O símbolo visível do rei sentado nas pedras significa que o trono de Nabucodonosor seria estabelecido sobre os destroços do reino de Faraó.

Para os judeus, as *pedras* eram símbolos proféticos e históricos conhecidos. Transmitiram à posteridade alguns fatos consumados e profetizavam acontecimentos que ainda iam se dar. Jacó e Labão erigiram um altar de pedras (Gn 31). Doze pedras memoriais foram postas por Josué no Jordão (Js 4:3,6,9,21). As duas tribos e meia construíram um altar de pedra nas margens do mesmo rio (Js 22). Em todo tempo, muitas pedras permaneciam como um marco e teriam a sua mensagem transmitida de geração a geração. Essa era uma antiga maneira de preservar arquivos.

Como as pedras foram tomadas do solo egípcio, poderiam fazer Israel lembrar-se do cativeiro de seus pais e de como Deus os livrou com "mão forte, com braço estendido". As pedras escondidas num pavimento devem ter lembrado o cativeiro e a perseguição dos antepassados e de como Deus fez das pedras um instrumento de castigo aos opressores do Egito (Êx 9:8). Enterrar as pedras simbolizava a condição passada e presente dos judeus, enterrados sob a opressiva tirania do domínio pagão. Aquelas pedras, com o seu significado passado, presente e futuro, tinham por objetivo induzir os judeus indóceis a buscar ajuda e proteção no único lugar em que podiam ser encontradas, a saber, naquele para quem o seu povo sempre foi a menina de seus olhos. Não é também significativo, quando pensamos nessas pedras, o fato de a tradição afirmar que Jeremias foi apedrejado até a morte por seus compatriotas em Tafnes?

AS PARÁBOLAS DE EZEQUIEL

Nada sabemos da história do grande profeta Ezequiel, a não ser o que pode ser concluído com base no livro que leva o seu nome e com base nas circunstâncias dos dias em que viveu. Ele não é mencionado em nenhum outro livro do AT, e no Novo não há nenhuma citação de seus escritos. Quanto ao fato de que grande parte das imagens de Ezequiel se encontra no livro de Apocalipse é o que veremos quando chegarmos ao último livro da Bíblia.

O nome Ezequiel significa *Deus fortalecerá* e era singularmente apropriado à sua vida e ministério. "... a mão do Senhor Deus caiu sobre mim" (Ez 1:3; 8:1; 37:1; 40:1), que ocorre reiteradas vezes no livro, revela como Ezequiel estava consciente de que Deus o havia comissionado e capacitado. Embora fosse cativo, vivia em casa própria às margens do rio Quebar e serviu a Deus e ao povo por bem mais de 22 anos (Ez 1:2; 3:15). Um vislumbre da glória divina resultou no chamado de Ezequiel para o ministério profético (Ez 1:1,3). Sua repetida expressão "casa rebelde" dá a idéia de que a sua mensagem era às vezes desdenhosamente rejeitada (Ez 3:7). Chamado muitas vezes para admoestar os israelitas, estes não se deixavam influenciar por suas palavras (Ez 33:30-33). Todavia, existiam alguns companheiros de exílio que o consideravam um verdadeiro profeta e iam à sua casa em busca de aconselhamento (Ez 8:1; 14:1; 20:1). Era pastor tanto quanto profeta, pois tanto cuidava das almas como intrepidamente proclamava a mensagem de Deus.

Ezequiel, levado cativo para a Babilônia junto com o rei Joaquim (1:2; 33:21), no oitavo ano do reinado de Nabucodonosor, era casado. Quando a esposa morreu subitamente por volta do nono ano do seu cativeiro (24:1,16,17), Deus o proibiu de prantear essa morte. Dessa forma o profeta exilado teve de suportar na solidão as grandes provas de sua vida profética.

Sua vida, especialmente em sua primeira parte, foi acompanhada de muita provação. Teve de lutar contra grandes dificuldades em meio à abundante maldade, morrendo sem conseguir ver o pleno resultado de seu trabalho infatigável e fiel. Hengstenberg, em sua monumental *Christology of the Old Testament* [*Cristologia do Antigo Testamento*], diz que: "Ezequiel foi um Sansão espiritual que, com braço forte, agarrou as colunas do templo dos ídolos e as derrubou ao chão; enérgico e gigantesco caráter que, por essa mesma razão, estava perfeitamente apto para combater o espírito dos tempos babilônicos, que amava manifestar-se de formas violentas, gigantescas e grotescas: alguém que estava sozinho, mas valia por cem profetas".

Por ser homem de notável caráter, Ezequiel chamava a atenção. "Sua coragem moral era impressionante (3:8); ele sempre agiu como 'subordinado', aceitando uma desagradável missão e dedicando-se a ela, apesar do sofrimento rápido e constante (3:14,18; 33:7). Quando suspirava, era por ordem de Deus" (21:6,7). Sendo inconfundivelmente um profeta, relacionava-se com os aspectos *interiores* do reino de Deus. A qualidade das suas profecias era contundente, porque podia falar a Israel *por meio dos* exilados e *por meio de* Israel aos homens de todas as nacionalidades e épocas. Tinha igualmente capacidade de ver pelas circunstâncias reinantes na época, o fundamento e os princípios das verdades eternas. Em todas as suas profecias, a nota de esperança ressoa clara e jubilante. Como diz o dr. Campbell Morgan, em sua *Message of Ezekiel* [*Mensagem de Ezequiel*]: "Com toda a probabilidade, foram as profecias de esperança de Jeremias que inspiraram as de Ezequiel, mas pode ser que a ausência de lágrimas e de lamentações na mensagem de Ezequiel se dava ao fato de que a sua visão de Deus do processo e da vitória definitiva era mais nítida que a de Jeremias".

George Herbert cantou:

> O homem que olha o espelho,
>   Seus olhos nele se podem fixar;
> Mas, se desejar ver mais além,
>   O Céu então há de avistar.

"Ezequiel viu o espelho, mas olhou para além dele. Por ter observado com precisão o transitório, certamente percebeu além dele o eterno. Percebia com muita argúcia o mundo material, mas tinha supremamente mais consciência do mundo espiritual."

Ezequiel era também *sacerdote* —"sacerdote em traje de profeta". Refere-se a si mesmo como "filho de Buzi, o sacerdote" (Ez 1:3), e a consciência da sua herança arônica coloria a sua missão e as suas mensagens. "Sendo um 'cristão' em todos os aspectos", um forte caráter eclesiástico permeia as suas profecias e lhes dá o tom. Pensamentos e princípios do sacerdócio controlavam a sua conduta (Ez 4:14) e enriqueceram seu ministério vigoroso, o que se manifesta na descrição detalhada do templo, no final do seu livro. "Como sacerdote, quando exilado, seu serviço foi apenas transferido do templo visível de Jerusalém para o templo espiritual da Caldéia". Impossibilitado de desempenhar oficialmente as funções sacerdotes, Ezequiel exerceu um ministério vital, tanto profético como pastoral.

O estilo parabólico e simbólico do profeta caracteriza a sua mensagem oral e escrita. Falava em parábolas com o propósito expresso de despertar a atenção do povo para o real sentido de sua mensagem: "eles dizem de mim: Não é ele um contador de parábolas?" (Ez 20:49). Sem dúvida ele foi influenciado pelo estilo das profecias de Jeremias. Ezequiel é chamado "o prolongamento da voz de Jeremias", e a influência deste sobre ele é evidente. Embora o estudo dos dois profetas revele íntima harmonia da verdade de ambos, nas características pessoais eram largamente opostos. "Jeremias era queixoso, sensível às falhas e meigo; Ezequiel era abrupto, intransigente, resoluto, demonstrando zelo sacerdotal contra os que se opunham a ele. Seu procedimento com a corrupção reinante na época era tão severo quanto o de Jeremias", diz Campbell Morgan, "e suas mensagens de condenação eram igualmente severas. Nunca recorria às lágrimas como Jeremias, mas a sua visão da libertação final do povo pelo triunfo do Senhor era ainda mais nítida".

Quanto ao estilo de Ezequiel, sobejam as repetições, não como ornamento, mas para dar força e peso. Sempre que as repetições ocorrem nas Escrituras, referem-se a algo que o Senhor deseja ressaltar: "Eu, o Senhor, o disse", "saberão que eu sou o Senhor". Essas expressões são usadas inúmeras vezes. "Veio a mim a palavra do Senhor" é a conhecida introdução às profecias de Ezequiel e revela o chamado do profeta para declarar a vontade de Deus e para firmar a sua autoridade. A palavra favorita de Ezequiel em referência aos ídolos é usada perto de 58 vezes. Em seu livro redundam as imagens, e às vezes temos um misto de figurado e literal (31:17). Os paralelismos poéticos tinham por objetivo estimular a mente adormecida dos judeus. Ezequiel viu com muita clareza o que estava diante dele e descreveu tudo com figuras cheias de significado (Ez 29:3; 34:1-19; 37:1-14). Há também uma verdadeira força lírica em seus cantos fúnebres (27:26-32; 32:17-32; 34:25-31). Em nenhum outro lugar da Bíblia se vê uma linguagem tão violenta com respeito ao pecado quanto a de Ezequiel. Fairbairn, no estudo *On Ezekiel* [*Sobre Ezequiel*], refere-se ao caráter indiscutivelmente enigmático de alguns de seus símbolos: "Associadas de forma inseparável ao prazer que o nosso profeta sentia no uso das parábolas e dos símbolos, as trevas, se entendidas de forma correta, de modo algum divergiam de seu grande desígnio de profeta. Seu objetivo principal era impressionar — despertar e estimular, despertar pensamentos espirituais e sentimentos nas profundezas da alma, trazendo-a de volta a uma confiança viva e a uma fé em Deus. Para tanto, embora fossem necessárias grande clareza e força de linguagem, os símbolos misteriosos e as admiráveis delineações parabólicas também seriam de utilidade. Por conseguinte, ainda que Ezequiel muitas vezes se dirija ao povo na linguagem simples de admoestação ou de promessa, é também pródigo de visões bem elaboradas (1:8; 9; 37; 40—48) e ações simbólicas (4; 5; 12), fazendo uso também de analogias (15; 33; 35), de parábolas (17) e de demoradas alegorias (23); mesmo nas acusações, como a do Egito (29-32), ele às vezes se eleva à altura da mais ousada e eficaz poesia".

Após essa introdução, já estamos aptos a examinar a instrução parabólica inspirada de Ezequiel, o qual sempre buscou lograr uma representação concreta dos pensamentos abstratos. Possuidor de rica fantasia, ele era no entanto tomado de emoções profundas, e sempre em sua mente estava a consecução de um resultado prático definido.

Parábola dos seres viventes
(Ez 1:1-28)

Embora haja um elemento de mistério associado a essa primeira parábola de Ezequiel, essa visão envolvente revela uma profunda experiência de *manifestação*. Campbell Morgan faz lembrar que "A palavra-chave da visão é *semelhança*. Semelhança é aquilo que revela algo. A idéia da raiz do termo hebraico é a de comparação. É exatamente a mesma idéia presente no vocábulo gre-

Parábola dos seres viventes

go que traduzimos por *parábola*. Não estou afirmando que o significado da raiz seja o mesmo, mas sim que transmite a mesma idéia. A parábola é algo posto ao lado de alguma coisa, com o fito de *explicar*. É uma figura que tem por objetivo interpretar algo que, sem ela, não poderia ser claramente compreendido. Essa é a tônica da visão. Trata-se de comparação, analogia, parábola, figura. Ezequiel não viu o que algum outro homem já vira, mas contemplou uma visão do Senhor na forma de uma semelhança".

O que ele viu começa na terra e termina no céu, com um Homem assentado no trono. A linguagem altiva e maravilhosa do profeta revestiu a realidade suprema e central dos quatro seres viventes, que constituem "uma revelação ou manifestação do infinito mistério do Ser que ocupa o trono acima do firmamento — visão que também constitui a razão da esperança de Ezequiel". Antes de examinarmos a visão em todos os seus pormenores, há três aspectos que merecem destaque nessa visão da Inteligência Suprema:

1. Por ser infinito, Deus teve de revestir a revelação de si mesmo em linguagem ou em formas compreensíveis ao nosso entendimento finito. Por esse motivo reveste realidades eternas e invisíveis com elementos temporais e visíveis. Ezequiel esforçou-se para representar o que inevitavelmente ultrapassa a capacidade humana de expressão; daí as repetições e a falta de clareza nos pormenores. "Toda as descrições de manifestações divinas", diz Ellicott, "são, como essa, marcadas, com maior ou menor força, pelas mesmas características" (v. Êx 24:9,10; Is 6:1-4; Dn 7:9,10; Ap 1:12-20; 4:2-6).

2. A visão parabólica de Ezequiel inclui todas as formas de manifestação divina conhecidas até a sua época. São elas:

O *fogo*, que apareceu a Abraão, a Moisés e a Israel no Sinai.
O *vento tempestuoso*, do meio do qual Deus falou a Jó. Um vento assim também fendeu as montanhas diante de Elias.
O *arco-íris*, sinal da aliança de Deus com Noé.
A *nuvem (de glória) com resplendor ao redor*, como a que repousava sobre o tabernáculo e sobre o templo.
As *teofanias* ou *formas humanas* com as quais o Juiz de toda a terra apareceu a Abraão.

E um símbolo novo:

as *rodas que brilhavam como o berilo*, "cheias de olhos" e "altas e formidáveis".

3. Há quatro expressões usadas em referência à revelação de Deus feita a Ezequiel. As três primeiras dizem respeito a elementos externos, que assegurariam ao profeta a verdade da revelação. A quarta expressão relaciona-se ao preparo interior de Ezequiel para receber a revelação.

1. ... abriram-se os céus... (Ez 1:1; v. Mt 3:16; At 7:56; 10:11; Ap 19:11). Os céus abertos mostram a aproximação misericordiosa de Deus em relação ao homem. Quando os céus estão fechados, o homem não tem acesso a Deus e não pode contar com a sua provisão.
2. ... visões de Deus... (Ez 1:1; v. Gn 10:9; Sl 36:6; 80:10; Jn 3:3; At 7:20). O que Ezequiel experimentou não foi nenhum transe ou alucinação, mas visões divinas, ou manifestações de Deus, dadas pelo próprio Deus (Ez 8:3; 40:2).
3. ... a palavra do Senhor... (Ez 1:3; 24:24). Somente nesses dois casos Ezequiel fez menção do seu próprio nome, e o faz como alvo de uma comunicação concedida por Deus.

... *veio expressamente* significa "veio sem sombra de dúvida", com total comprovação de sua verdade. A expressão "a palavra do Senhor", que ocorre repetidas vezes, tem em si a força da inspiração divina (1Ts 4:11).

4. ... *ali esteve sobre ele a mão do Senhor...* (Ez 1:3; 3:22; 37:1; v. 1Rs 18:46; Dn 8:15; 10:15; Ap 1:17). O Senhor, por seu poderoso toque, fortaleceu Ezequiel para a tarefa sublime e árdua de transmitir de modo preciso a revelação divina recebida.

Examinaremos agora os integrantes da visão que o profeta teve da glória de Deus, que ocupam o restante do capítulo:

1. ... *um vento tempestuoso que vinha do norte...* (Ez 1:4; v. Jr 1:14,15; 4:6; 6:1). Ezequiel aprendeu com Jeremias que o vento tempestuoso significa os justos juízos de Deus (Jr 22:19; 25:32). O fato de vir do *norte* tem duplo significado. O *norte* era tido como o lugar em que Deus se assentava (Is 14:13,14). E foi do *norte*, ou seja, da Assíria e da Caldéia, que as forças inimigas invadiram Judá.

2. ... *uma grande nuvem...* Esse quarto versículo poderia ser traduzido da seguinte forma: "... vi um vento tempestuoso vindo do norte que provocava uma grande nuvem". Ezequiel sabia que a nuvem simbolizava a manifestação de Deus e que, no Sinai, representava o esconderijo da majestade divina (Êx 19:9-16). A *nuvem* era tudo o que os olhos humanos suportavam ver.

3. ... *um fogo que emitia labaredas de contínuo...* (Ez 1:4; Êx 9:24). Certo texto bíblico lembra que o *fogo* é expressão da santidade de Deus: "... o nosso Deus é fogo consumidor" (Hb 12:29). O *fogo* toma conta de tudo o que o cerca e, tragando para si, a tudo consome. Horrendas tempestades se fazem acompanhar de nuvens negras às vezes iluminadas por relâmpagos. Essa aparição natural se depreende da frase do profeta, que diz: "um resplendor ao redor dela".

4. *O centro do fogo tinha a aparência do brilho de âmbar* (Ez 1:4,27; 8:2). O termo original traduzido por *brilho* significa também "olho"; o *âmbar*, encontrado somente em Ezequiel, é em geral interpretado como alguma forma de metal brilhante, que resplandecia quando fundido, se assemelhava ao fogo, ou ainda ao bronze polido (Ez 1:7; Ap 1:15), reluzente e resplandecente pela luz das "labaredas de contínuo". Temos assim "sobreposto à primeira aparição do fenômeno natural um olho brilhante ou um centro da nuvem, a reluzir mesmo do centro do fogo.

5. ... *quatro seres viventes...* (Ez 1:5-26). Do centro da nuvem de fogo surgiram esses seres simbólicos, não existentes de fato. Na visão inspirada por Deus, Ezequiel viu nessas criaturas uma estranha variedade de detalhes, cada uma, porém, com uma forma em geral humana.

Talvez seja de grande valia se analisarmos cada um dos detalhes:

Eram seres. Animais, como traduz a *Versão corrigida*, não é a melhor tradução. Um deles tinha "o rosto de um homem", e o *ser humano* no máximo seria denominado "animal racional"; o vocábulo "animal", desacompanhado de qualquer restrição em referência ao homem, seria um tanto impróprio. Mais adiante, Ezequiel identifica esses "seres" como *querubins* (Ez 10:15,20; 41:18-20), detalhe que examinaremos mais de perto quando chegarmos ao capítulo em questão. Em termos gerais, os *querubins* representam "a imediata presença do Deus Santo". Por terem "a semelhança de

Parábola dos seres viventes

homem", então, esses seres viventes apresentavam a aparência do corpo humano em todos os aspectos assim especificados. Tinham "mãos" e "rostos", e os "pés" eram *direitos*, ou na posição vertical. O autor anônimo de *Miracles and parables of the Old Testament* [Milagres e parábolas do Antigo Testamento] escreveu há mais de setenta anos: "Não necessariamente se deve considerar a forma dos querubins um símbolo de *alguma ordem exclusiva de* seres criados; antes, parecem ter por objetivo *abranger e unir todas as ordens sagradas de inteligência, sejam anjos, sejam homens*, e expressar *propriedades morais e intelectuais, qualquer que seja a ordem dos seres que as possuam*". Nesse sentido, o reiterado vocábulo "semelhança" tem sua importância. O que saiu da nuvem de fogo pareciam, mas não eram de fato as criaturas retratadas.

Eram seres "viventes". Vez por outra essa importante característica é citada (Ez 1:5,13,14,15,19,21; Ap 4:6 etc.). Não eram meras fantasias, mas eram vivos e ativos, com a vida intimamente ligada à fonte de toda a vida, "o Deus vivo", cujo trono estava acima da cabeça desses "*seres viventes*" (Ez 1:26).

Cada um tinha quatro rostos. Cada um dos quatro seres tinha *quatro* rostos (Ez 1:6). Os querubins do tabernáculo e do templo segundo consta tinham *somente um* rosto; os mencionados por Ezequiel em outro texto aparecem com *dois* rostos (41:18,19); os quatro seres viventes apresentados por João eram diferentes uns dos outros (Ap 4:7). Mas aqui (Ez 1:6,10) os quatro rostos se associam em cada um dos querubins. Sobre esses símbolos fundamentais da terra, Campbell Morgan comenta: "Cada ser se voltava em quatro direções, e cada rosto transmitia, com cada símbolo —homem, leão, boi e águia—, uma idéia diferente. Além disso, os quatro foram de tal forma postos nos quatro cantos de um quadrado, que o rosto de homem olhava em todas direções, assim como o de leão, o de boi e o de águia. Dessa forma, na unidade dos quatro as mesmas verdades eram transmitidas, como também na unidade de cada um. Cada um tinha quatro rostos, e o quadrado total tinha a mesma revelação de quatro aspectos".

Quatro é o número da terra; assim, temos os quatro pontos cardeais: *N*orte, *S*ul, *L*este e *O*este —tendo o primeiro deles a mesma inicial da palavra *novas* ou do vocábulo *notícias*. O noticiário proporciona informações desses quatro cantos do mundo. Além disso, os quatro rostos representam uma múltipla variedade e uma extraordinária distribuição de dons e de particularidades associadas para um propósito: cada rosto simboliza as diferentes qualidades da mente e do caráter.

Rosto de homem. O *homem* é o mais admirável dos quatro seres mencionados, sendo o ideal que serve de modelo aos outros três (Ez 1:10; 10:14). O rosto é o sinal de *inteligência* e de *sabedoria*. O homem é o cabeça de todos os animais criados. "O homem era o símbolo da manifestação [...] Manifestação passa a idéia de revelação do melhor que a vida tem a oferecer, e o *homem* era o homem-símbolo."

Rosto de leão. Como o leão é o rei dos animais selvagens, temos aqui o símbolo da supremacia. "Supremacia passa a idéia de reinado, e o leão era o símbolo do rei." O leão é também o símbolo oficial de *poder* e de *coragem*.

Rosto de boi. O boi é reconhecido como o cabeça dos animais domésticos e simboliza *serviço, esforço perseverante, força* e *paciência*. "Serviço passava a idéia de sacrifício, e o boi era símbolo do servo."

Rosto de águia. A águia é indiscutivelmente a soberana entre os pássaros, sendo "o emblema do que é *ardente, penetrante, elevado, moralmente sublime e devotado*". Ou ainda: "a águia é símbolo do mistério, que transmite a idéia de algo insondável, sendo também símbolo da divindade".

Desde os pais da igreja, os comentaristas da Bíblia vêem nesses quatro rostos uma inspirada representação de Cristo nos quatro evangelhos. Não é ele o único que reúne todas as excelências?

Em Mateus, vemos sua supremacia como *rei*;
em Marcos, vemos seu serviço sacrificial como *servo*;
em Lucas, vemos sua perfeita manifestação como *homem*;
em João, vemos seu infinito e insondável ministério como *Deus*.

Outros detalhes de importância parabólica são:

Cada um tinha quatro asas. Movimento e rapidez na execução dos propósitos de Deus são as idéias presentes na simbologia das asas, duas das quais eram unidas uma à outra (Ez 1:6,11), fazendo supor que todos se movimentavam de forma harmônica e num só impulso. As duas outras asas cobriam o corpo, o que denota reverência (Is 6:2).

Cada um tinha pernas direitas. "As suas pernas eram direitas", i.e., sem nenhuma dobra, como a que temos nos joelhos. Por serem retas, eram igualmente adequadas não apenas para a estabilidade, mas também para mover-se em qualquer direção. O fato de serem "as plantas dos seus pés como a planta do pé de um bezerro" implica que a parte do pé que se apoiava no chão "não era como o pé do ser humano, formado para mover-se apenas para frente, mas sólido e redondo como a planta do pé de um bezerro". "... luziam como o brilho do bronze polido" é um detalhe que contribui para o fulgor e para a magnificência geral da visão.

Cada um tinha mãos de homem debaixo das asas. Essas mãos, à semelhança de mãos humanas e a representar *ação*, ocultavam-se sob as asas. *Asas* e *mãos!* Que combinação interessante! As asas transmitem a idéia de *adoração*; as mãos, de *serviço*. As asas, contudo, cobriam as mãos, mostrando que, na vida do crente, o espiritual e o secular andam juntos, o primeiro sempre prevalecendo sobre o segundo. A rotina diária e as tarefas comuns devem glorificar a Deus, da mesma forma que o aposento de oração.

Cada um andava para diante. Não se viravam quando iam. Com "quatro rostos", os seres olhavam em todas as direções; e os pés redondos igualmente lhes possibilitavam mover-se em qualquer sentido. Qualquer que fosse a rumo que tomassem, seguiam sempre "para diante". Nunca desviavam do curso divinamente prescrito. Que lição para nosso indócil coração avaliar!

Cada um tinha aparência de brasas de fogo ardentes e tochas. O profeta não incorreu em *tautologia* ao usar "semelhança" (que denota a forma geral) e "parecer" (que denota o aspecto particular). *Brasas de fogo ardentes* (tochas ou relâmpagos) podem representar a intensa e abrasadora pureza de Deus consumindo todas as coisas estranhas à sua santa vontade. Os relâmpagos que saíam do fogo, subindo e descendo, e os seres viventes, saindo e

Parábola dos seres viventes

voltando, denotando esplendor e velocidade, expressam muitas verdades preciosas. Há o maravilhoso vigor do Espírito de Deus em todos os seus movimentos, sem jamais descansar, sem nunca se cansar. O fogo ardente simboliza a santidade e a glória de Deus. Os relâmpagos que saíam do fogo transmitem a solene idéia de que, assim como a retidão de Deus faria o raio de sua ira cair sobre Jerusalém, também sobrevirá por fim à terra culpada.

Cada um tinha quatro rodas. Rodas de imensas proporções são agora acrescidas ao querubim, mostrando que uma energia gigantesca e terrível haveria de caracterizar as manifestações do Deus de Israel. Um irresistível poder apareceria agora nos tratos de Deus, que perfazem uma ação perfeitamente harmoniosa, controlada pela vontade suprema. Várias verdades podem ser extraídas de mais esse curioso simbolismo.

Em primeiro lugar, essas rodas de grande altura estavam na terra (Ez 1:15), depois conectadas ao trono celestial (Ez 1:26). As rodas também tinham o brilho do berilo, o que se harmoniza, na visão, com a freqüente menção de fogo e de luz brilhante. Em segundo lugar, uma roda estava dentro da outra. Isso refere-se a uma situação em que há um elemento misterioso, e envolvente. Essa roda apresentada por Ezequiel não seria possível mecanicamente, e é usada apenas em sentido parabólico. Uma roda estava num ângulo exato com a outra, e seus movimentos eram inexplicáveis —"iam em qualquer das quatro direções".

As cambotas —*aros* ou *circunferências* das rodas— eram "cheias de olhos" (v. Ap 4:8: "por dentro, estavam cheios de olhos"). Essa multiplicidade de olhos (Ez 1:18; 10:12) simboliza o perfeito conhecimento de Deus acerca de todas as suas obras e a absoluta sabedoria de todos os seus feitos (2Cr 16:9). Jamieson fez este interessante comentário a respeito desse detalhe: "Vemos simbolizada aqui a *abundância de vida inteligente,* sendo o olho a janela pela qual 'o espírito da criatura vivente' nas rodas (1:20) percorre toda a terra (Zc 4:10). Como as rodas significam a providência de Deus, assim os olhos querem dizer que ele vê todas as circunstâncias, e nada faz por impulso cego".

Resumindo a mensagem do mistério e do movimento das rodas, que são redondas para girar, sabemos que Ezequiel viu o Senhor em meio às estranhas rodas giratórias do seu procedimento e em meio à irresistível energia de que falou na qualidade de Espírito Santo. Como foram construídas para se mover, o *movimento* é o estado normal das rodas; o *repouso* é exceção. Quando pensamos nas leis divinas da providência e da natureza, percebemos que a sua característica normal é o movimento constante. Na história das nações e das pessoas, um acontecimento sempre sucede a outro. "Na ordem e nos movimentos gerais do universo, há *constante rotação, incessante movimento para diante,* perfeita regularidade e imperturbável harmonia entre tudo o que possa parecer obscuro e complicado. Na qualidade de Intérprete de si mesmo, Deus por fim esclarece todas as coisas". A impressionante lição no mecanismo das rodas, então, é a representação do sistema de influências físicas e materiais e a representação de todo o andamento do mundo físico unido às influências intelectuais e morais, simbolizadas pelos seres viventes —tudo sob o controle do trono celestial, existindo para a glória do seu Ocupante divino.

Por último, temos três aspectos específicos da glória divina, observada por Ezequiel em sua visão, a saber: a *voz*, o *trono* e o *arco-íris*.

A *voz*. A mesma palavra hebraica nesse versículo poder ser traduzida por "ruído" e por "voz". Por isso, "o ruído das suas asas", "o ruído de muitas águas", "a voz de um estrondo" e "uma voz por cima do firmamento" transmitem algo da impressionante "voz do Onipotente". Quando a sua voz era ouvida, os seres viventes, acabrunhados por seus tons majestosos, silenciaram em reverência. "O forte ruído dos seus movimentos silenciou-se, e baixavam as asas sem mexê-las, todos em atitude de reverente atenção".

O *trono*. A divindade agora aparece na semelhança de um homem entronizado. As resplendentes referências ao trono, com a sua "aparência de [...] safira", "como o brilho de âmbar" e "como o aspecto do fogo", contribuem para exaltar a glória, a santidade, o poder e a soberania daquele que se assenta no trono. "Se nas profecias de Isaías vimos o trono com seus princípios fundamentais", diz Campbell Morgan, "e nas de Jeremias descobrimos as atividades daquele que se assenta no trono, nas de Ezequiel temos o desvendar da natureza de Deus".

Não temos aqui uma insinuação ou um prenúncio da encarnação do Filho de Deus, que se tornou Filho do Homem para fazer dos filhos dos homens filhos de Deus? Cristo não é apenas o representante da "plenitude da divindade" (Cl 2:9); é igualmente o representante encarnado da humanidade. Não são boas novas o fato de o trono ser ocupado por alguém que se apresenta como "homem" e como "Salvador" e, ao retornar à terra, atuará como Juiz (Ap 19:11-16)? O profundo segredo da esperança de Ezequiel era ter conhecido o trono e os princípios governamentais aplicados por aquele que, como Deus-homem, atua tanto a favor Deus como do homem.

O *arco-íris*. "O arco [...] na [...] chuva" lembra o arco-íris, que Deus apresentou como símbolo da firme aliança de sua misericórdia para com seus filhos, de quem não se esqueceria na condenação dos perversos (Ap 4:3; 10:1). Além dos atributos da sua terrível majestade, descrita por Ezequiel, havia também a sua misericórdia e benignidade. O esplendor, assim como o terror, circundam o trono. O "arco que aparece na nuvem no dia de chuva" não é mera alusão ao fenômeno natural do arco-íris, mas relaciona a visão de Ezequiel à promessa misericordiosa de Gênesis 9:13.

Coberto pela glória do Senhor, que mais o profeta poderia fazer senão prostrar-se sobre o rosto e calar enquanto a Voz falava? A manifestação direta e gloriosa de Deus em geral deixa o homem subjugado e sem palavras (Ez 3:23-25; Is 6:5; Dn 8:17; Lc 5:8; 8:37; At 9:4; Ap 1:17). Vemos aí também a nossa atitude quando assumimos qualquer trabalho para Deus. Na primeira visão de Ezequiel, o Senhor reuniu nessa revelação inicial de si próprio a essência de tudo o que haveria de ocupar sua missão profética, como finalmente se deu na gloriosa visão que João teve no apocalipse (ou na revelação) de Jesus Cristo.

Quanto ao significado geral das visões parabólicas de Ezequiel, Ellicott chama a atenção para o fato de que foram vistas quatro vezes pelo profeta em várias associações com a sua vida ministerial:

1. Quando chamado para exercer o ofício profético (1:1-28).
2. Quando enviado a decretar juízos sobre um povo pecador e predizer a destruição de Jerusalém e do templo (3:23 etc.).

3. Quando, um ano e meio depois, tem a mesma visão, quando é levado a compreender as maldades e as abominações praticadas no templo e também a sua futura restauração (11:23).
4. Quando vê a presença do Senhor voltar e encher o templo com a sua glória (43:3-5).

Parábola do rolo engolido
(Ez 2 e 3)

Esses dois capítulos, que poderiam ser lidos como um, tratam do chamado de Ezequiel ao seu ofício e das instruções para o serviço. A designação "Filho do homem" é usada cerca de noventa vezes em referência a Ezequiel, apenas uma vez em relação a Daniel (Ez 3:17), e a mais nenhum outro profeta. Cristo foi conhecido pelo mesmo título, uma vez que veio para representar o homem. O Espírito apoderou-se do profeta, e, tendo recebido a ordem "põe-te em pé", que lhe enchia de coragem, estava preparado para transmitir uma mensagem de condenação ao povo rebelde de Deus. Como Ezequiel precisava de preparo divino e de coragem para atuar como porta-voz do Senhor à nação de Israel, perversa e de coração empedernido, que por onze vezes é chamada "casa rebelde"!

Os livros na antigüidade eram confeccionados em formato de rolo, recebendo inscrição na frente e no verso. O pergaminho em geral trazia inscrições só no *interior*, quando enrolado. Mas esse trazia a mensagem de Deus, repleta de iminentes ais. Estava escrito também no verso. Em sentido figurado, Ezequiel recebeu a ordem de *comer* esse rolo. Não comer *de fato*, assim como não se come de verdade a carne de Cristo nem se bebe o seu sangue —como ensinam erroneamente os católicos romanos. Essa linguagem figurada quer mostrar que Ezequiel precisava receber a mensagem condenatória no seu coração e ser inteiramente tomado pelo que lhe estava sendo transmitido (v. Jr 15:16; Jo 6:53-58; Ap 10:9,10). Precisava digerir com a mente, e o conteúdo desagradável da mensagem deveria tornar-se, por assim dizer, parte de si mesmo, a fim de transmití-lo de modo mais vívido aos seus ouvintes.

Os dois efeitos dessa apropriação, diferente um do outro, é apresentado pelo profeta. O que comeu era "doce como o mel", mas, como também o deixou "amargurado" (3:3,14), Ezequiel tinha primeiro de *comer* e depois *falar*. O pregador que *fala* sem antes *comer* a Palavra de Deus é ineficaz. Jamieson afirma: "O mensageiro de Deus precisa apropriar-se internamente da verdade de Deus para transmiti-la". Como a ação simbólica, externa, brotou do íntimo, a visão espiritual tornou mais impressionante a declaração profética.

"... doce como o mel". A primeira impressão que Ezequiel experimentou em conseqüência de sua missão profética foi de deleite: "Deleito-me em fazer a tua vontade". De fato, a mensagem que deveria entregar era dolorosa, mas, por assumir a vontade de Deus como sua, o profeta regozijou-se pelo grande privilégio de levar aquela palavra ao povo. "O fato de que Deus seria glorificado era o seu grande prazer".

"... eu me fui, amargurado". Feliz por ter sido chamado para ser o "porta-voz" de Deus, Ezequiel estava triste por causa das iminentes calamidades que fora chamado a anunciar. "... a mão do Senhor era forte sobre mim" mostra o poderoso impulso de Deus, instando o profeta, sem levar em conta se estava alegre ou triste, a transmitir a mensagem divina (Ez 3:14; Jr 15;16; 20:7-18; Ap 10:10). "A ordem do Senhor era doce; cumpri-la, amargo." Dessa forma, havia um misto de prazer e de tristeza quando Ezequiel executou a tarefa de que fora incumbido. Mas a Palavra de Deus era fogo abrasador dentro dele; e ele não poderia recuar —experiência pela qual todo mensageiro fiel de Deus é obrigado, com maior ou menor amplitude, a passar.

O capítulo termina com Ezequiel atônito no momento de entregar a sua mensagem agridoce. Como o povo se recusava a ouvi-lo, a sua língua se pegou ao céu da boca. Todavia, o Todo-Poderoso prometera fazer com que pregasse no momento certo: "... abrirei a tua boca". Quanto aos resultados da mensagem divina, alguns a ouviriam e outros se recusariam a recebê-la. Essa foi a reação que o Mestre recebeu, e é a mesma que recebe todo mensageiro enviado por Deus (Ap 22:11).

Parábola do tijolo entalhado
(Ez 4:1-17)

Todo esse capítulo está repleto de ações simbólicas que relatam a severidade do cerco de Jerusalém que estava por acontecer. Tijolos com entalhes, em geral medindo 61 cm de comprimento por 30 cm de largura, sobejavam nas ruínas da Babilônia. O barro macio e, portanto, maleável transformava-se em tijolos em que se faziam inscrições cuneiformes. Depois, com a secagem ao sol, o objeto ou a inscrição esboçada no tijolo ali se conservava para sempre. Muitos exemplos dessa arte babilônica podem ser vistos em vários museus nacionais pelo mundo afora. Se Ezequiel de fato desenhou Jerusalém no tijolo ainda molhado, retratando o desenrolar do cerco, ou se isso diz respeito a um ato simbólico, é um assunto em que as autoridades divergem. O mesmo se pode dizer de todas as ações mencionadas nessa visão parabólica que trata da difícil situação em que Jerusalém logo se veria.

Instando o profeta a edificar uma fortificação contra o cerco, Deus instruiu seu mensageiro a tomar uma sertã de ferro e pô-la como parede entre si e a cidade. Kiel, em seu estudo sobre Ezequiel, diz que "a sertã de ferro, posta como parede, não representa nem os muros da cidade, nem os baluartes dos inimigos, uma vez que isso já está representado pelo tijolo; mas significa um firme e inexpugnável muro de separação que o profeta, como mensageiro e representante de Deus, levantou entre si e a cidade sitiada". Ezequiel, então, representando a Deus, mostra que "a parede de separação entre ele e o povo era como que de ferro, e o exército da Caldéia, que estava por atacar —sendo o instrumento de separação entre eles e Deus—, era indestrutível".

Depois temos a outra ação parabólica de Ezequiel, em que se deita sobre o seu lado esquerdo por 390 dias e sobre o direito por 40 dias, simbolizando com isso o carregar da iniqüidade do número correspondente de anos e profetizando contra Jerusalém durante todo esse período. "Era um processo longo e maçante levar a iniqüidade da casa do Senhor, no sentido de confessá-la, assim revelando o motivo do cerco e da condenação." Levar a maldade de alguém (Nm 14:34) é expressão bíblica que denota incorrer na punição devida ao pecado. Deitando-se sobre o seu lado esquerdo, o profeta mostrou como o povo sofreria o castigo divino por seus pecados. A importância do lado *esquerdo* está no "hábito, no Oriente, de olhar para o Leste a fim de indicar as direções na bússola; o Reino do Norte estava, portanto, à esquerda". Por isso "a casa de Israel" é diferenciada da "casa de Judá", que corresponde ao "lado direito" (4:6), o mais honroso.

Outras ações simbólicas eram

dirigir o rosto para o cerco de Jerusalém e ter o braço descoberto. A expressão hebraica traduzida por *Dirigirás o teu rosto* (também traduzida em outras passagens por *voltar-se para, pôr a face contra*, etc.) é comum nas Escrituras no sentido de firmeza de propósito (Lv 26:17). Sendo expressão favorita de Ezequiel (15:7; 20:46 etc.), implica firmeza de propósito a ser aplicada "quanto ao cerco de Jerusalém". Não haveria abrandamento; a condenação divina sobreviria à cidade conforme decretada.

"... com o teu braço descoberto". Essa ação faria uma vívida impressão. As longas roupas orientais, que em geral cobriam os braços, impediam que se agisse com rapidez (Is 52:10). Então, adapatando as palavras às suas ações, Ezequiel profetizou contra a cidade. Quanto às "cordas" sobre o profeta, impedindo-o de virar-se da esquerda para a direita até o fim do cerco, o comentário de Ellicott é esclarecedor. "É mais um aspecto do caráter inflexível da condenação preconizada. O poder de Deus interviria para garantir a missão do profeta. Era preciso evitar que, não apenas a comiseração, mas mesmo a debilidade e a fadiga, próprias do homem, representassem algum impedimento. Fala-se de um cerco do profeta porque foi o que fez figuradamente."

A seguir, apresenta-se o rigor do cerco de modo muito pitoresco. Em vez da farinha usada na confecção de delicados bolos (Gn 18:6), os judeus teriam uma mistura não-refinada de seis espécies diferentes de grãos, em geral consumidos somente pelos mais pobres. Os grãos, dos melhores aos piores, deviam ser misturados numa vasilha —violação do espírito da lei (Lv 19:19; Dt 22:9)— simbolizando com isso as severidade do cerco e a implacável privação sobre os sofredores. A comida devia ser preparada de modo que lembrasse imundície. As leis alimentares que tratavam dos alimentos puros e impuros não foram observadas (Os 9:3,4). A escassez de pão e de água para suprir as necessidades físicas afligiria os habitantes da cidade (Ez 4:11; 16:17; v. Lm 1:2; 2:11,12), intensificando assim a completa ruína que se seguiria à condenação de Jerusalém. Comer pão por peso e beber água por medida falam da terrível penúria comum em períodos de fome. Em razão de seus pecados persistentes, o povo experimentaria grande sofrimento e angústia. Não admira que se espantariam "uns com os outros", expressão que denota a aparência chocante da carência desesperadora.

Parábola da cabeça e da barba rapada
(Ez 5:1-17)

O amplo emprego que o profeta faz das ações parabólicas exige nossa cuidadosa atenção. Nenhum outro autor recorreu com tanta freqüência ao método parabólico de instrução quanto Ezequiel. Intimamente relacionado com o capítulo anterior, esse que agora passamos a estudar intensifica, com novos símbolos, a denúncia de condenação contra os judeus. Juízos mais severos que as aflições do Egito viriam sobre o povo por causa de seus pecados.

A "faca afiada [...] como navalha de barbeiro" significa qualquer instrumento cortante, como a espada, por exemplo, e é usada como símbolo das armas do inimigo (Is 7:20). Uma espada, então, afiada como navalha de barbeiro, devia ser usada para rapar o cabelo e a barba do profeta. Sendo ele representante dos judeus, a espada deveria ser passada sobre a "cabeça" dele, servindo de sinal do tratamento severo e humilhante, sobretudo para um sacerdote (2Sm 10:4,5). Sendo os *cabelos* sinal de consagração, os sacerdotes eram expressamente proibidos pela lei de rapar tanto o cabelo como a barba (Lv 21:5). Rapá-los representaria o mais desolador castigo.

Os cabelos que tinham sido cortados deveriam ser pesados e divididos em três partes. A primeira seria queimada no meio da cidade no fim do cerco, a segunda seria ferida pela espada ao redor da cidade e a terceira seria espalhada ao vento. Por fim Ezequiel apresenta o sentido da parábola: uma terça parte do povo morreria de *peste* no meio da cidade, outra terça parte cairia à *espada* e a última terça parte seria espalhada ao vento. Isso aconteceu aos remanescentes. Uns poucos fios de cabelo deveriam ser recolhidos e atados nas abas das vestes do profeta, sendo o restante atirado ao fogo. Os poucos que escaparam aos severos juízos não se salvaram da prova de fogo??? (Jr 41:12; 44:14). Em dias melhores, Deus assegurara ao seu povo que os cabelos da cabeça seriam contados, prova do cuidado e da provisão divina. Agora, arrancadas de Deus e separadas de sua presença, as cabeças rapadas anunciavam o afastamento da bondade e da proteção divina.

Resumindo as ações simbólicas desse capítulo e do anterior, *The biblical expositor* [*O comentarista bíblico*] afirma que essas ações devem ter atraído um círculo de curiosos espectadores, a quem Ezequiel explicou o que significavam: "Não foi Babilônia nem a sua queda que retratou, mas os juízos muito merecidos e irrevogáveis sobre a ímpia Jerusalém. Em vez de ser o centro de onde a salvação irradiaria para as nações, ela excedeu os gentios na perversidade. Assim, Deus não mais a pouparia, nem teria compaixão dela. Sua punição seria severa por ter pisoteado os grandes dons da graça de Deus".

Parábola da imagem de ciúmes
(Ez 8:1-18)

Depois do simbolismo que se conclui em Ezequiel 5:4, nos capítulos 6 e 7 o profeta pela primeira vez apresenta as suas profecias em linguagem clara. Seu estilo passa da prosa para a forma mais comum de apresentação profética: cheia de paralelismos —característicos da poesia hebraica. No capítulo 8, Ezequiel retoma o método parabólico com a sua nova série de profecias. O mais surpreendente autor dentre todos os profetas, Ezequiel, manifesta uma força e uma energia em suas denúncias que não encontram precedentes. Suas freqüentes repetições apresentam ao leitor os próprios juízos de que ele é porta-voz.

Como os cativos na Babilônia reclamaram de que Deus os tratara com severidade (Ez 8:15), o Senhor concedeu a Ezequiel uma visão do que estava-se passando no templo de Jerusalém, a despeito dos terríveis juízos impostos sobre eles. A idolatria era praticada de todas as formas por demais odiosas e abomináveis, até mesmo pelos sacerdotes e pelos anciãos, homens que, por sua autoridade, deveriam tê-la condenado. Sentado em sua casa, o profeta sentiu o impulso da mão divina sobre ele e viu uma "semelhança como aparência de fogo". Os anciãos sentaram-se diante dele para ouvir o motivo e o processo do merecido juízo. Como estavam presentes quando a profecia foi entregue, não restavam desculpas a esses líderes. Parece ter havido quatro fases no processo de desmascarar a idolatria oculta:

1. Levado a Jerusalém "em visões de Deus", Ezequiel contemplou a glória divina na porta do templo e, por meio dessa ofuscante luz, viu os obscuros recessos da infidelidade de seu

povo (Is 6). Para onde quer que se voltasse, via a perversidade do coração humano, culpado de trocar a glória do Deus eterno por imagens (Rm 1:23). Na entrada do pátio de dentro da casa do Senhor, Ezequiel viu "a imagem que provoca ciúme" de Deus (Dt 32:21; Êx 20:4,5). O Senhor diz a Ezequiel que essa era a razão por que se afastara do santuário. Deus não pode tolerar um rival (Ez 8:5,6; Dt 4:23,24).

2. Depois o profeta recebe ordem de cavar um buraco na parede e, ao entrar pela porta, descobre, para seu espanto, os anciãos de Israel queimando incenso diante de répteis, animais abomináveis e ídolos (8:7-12). Pensaram que não seriam descobertos, mas o Senhor penetra todos os aposentos da escuridão. Nada lhe é oculto. O incenso aos ídolos é o mau cheiro da iniqüidade, detestável a Deus. Aqueles líderes religiosos tinham-se afastado tanto da comunhão com o Senhor, que imaginavam ter ele abandonado a terra e, portanto, eles não seriam vistos. A respeito desse pecado, Jamieson escreveu: "Quão terrivelmente agravou o pecado da nação o fato de os setenta, depois de ter recebido acesso ao segredo do Senhor (Sl 25:14), agora, 'nas trevas', entrarem no 'conselho' dos perversos (Gn 49:6) e, apesar de estarem legalmente obrigados a extinguir a idolatria, serem os que a promoviam".

3. A depravação das mulheres de Israel, que choravam por Tamuz, foi a visão seguinte do profeta (Ez 8:13,14). Tamuz era o conhecido deus babilônico da vegetação e da fertilidade. "Parte da cerimônia que visava a garantir o retorno da estação fértil consistia em lamentações por Tamuz, que, nas estações infrutíferas do ano, diziam estar morto. Em seu desatino, as mulheres de Israel serviam a um deus pagão, e não ao Deus vivo, o Deus de Israel." Que oportunas são estes versos de Milton sobre o choro pelo deus Tamuz:

> A história de amor
> Corrompeu as filhas de Sião com igual ardor;
> De quem Ezequiel viu na porta sagrada
> A paixão desenfreada.

4. Por último Ezequiel vê 25 homens de costas para o templo, prostrados diante do Sol (Ez 8:15-18). A idolatria de Israel não era meramente "um desvio exterior ou o resultado da ignorância do povo. Era um afastamento deliberado e consumado em relação a Deus, como se todos os sacerdotes, tendo o sumo sacerdote por cabeça, estivessem de costas para o Santo dos Santos e prestassem toda a sua adoração ao deus pagão Sol" (1Cr 24:5-9; 2Cr 36:14). A despeito do pranto em alta voz do povo, Deus não desfez a condenação, como mostram os capítulos de 9 a 11. A arma destruidora da condenação divina estava nas mãos de executores já designados para castigar os perversos idólatras de Jerusalém (v. Êx 12:23; 2Sm 24; 2Rs 19).

Parábola do homem com um tinteiro
(Ez 9 e 10)

Essa visão do profeta guarda relação com as anteriores. Os capítulos anteriores trataram de desmascarar o pecado de Israel; temos agora a conseqüente punição e a identificação dos fiéis. Uma característica marcante desses capítulos é a diferenciação que Deus faz na hora de aplicar o seu juízo. Podem-se observar aí aspectos inconfundíveis, como:

1. *O homem com um tinteiro.* Entre os seis homens que vinham da porta alta, havia um que não estava armado com uma espada, mas trazia um tinteiro de escrivão. Seu "vestido de linho" distinguia sua função

da dos seis oficiais da vingança. Usado pelo sumo sacerdote, o linho branco simbolizava pureza (Lv 16:4). Na cintura desse homem com aparência de sacerdote havia um "tinteiro", um pequeno estojo com canetas, tinta e faca, material usado pelos escribas orientais. Não temos nenhum indício acerca da identidade do homem com o tinteiro. "Ele é simplesmente necessário à visão", diz Elicott, "um mensageiro angelical, para identificar aqueles cuja fidelidade a Deus em meio aos perversos ao redor os exclui da condenação" (Ap 7:3). Alguns comentaristas vêem nesse homem uma figura do Sumo Sacerdote celeste, cuja tarefa especial é a *salvação* e carrega seu tinteiro para "marcar" os seus eleitos e escrever seus nomes no livro da vida (Êx 12:7; Ap 7:3; 9:4; 13:8-11,17; 20:4).

2. *O sinal nas testas* (Ez 9:4). Depois que a glória do Senhor se levantou do templo, os seis homens armados passaram pela cidade para matar os habitantes, mas o que estava com o tinteiro foi na frente, marcando na testa os que suspiravam pelas abominações desmascaradas e denunciadas. Enquanto os seis homens seguiam, matando os que não estavam assinalados, eram poupados os marcados, que choravam pela razão do castigo e o terrível processo de condenação.

Essa marcação simbólica é comum nas Escrituras (Êx 12:7,13; 28:36; Ap 7:3; 9:4; 14:1); e era necessária para guiar os agentes angelicais e humanos que deviam executar as ordens divinas. A visão de condenação aterrorizou tanto Ezequiel, que clamou em oração, nada tendo por resposta senão que o juízo era irrevogável, sem levar em conta descendência ou posição. Somente os marcados, que não tiveram parte na iniqüidade da nação e por ela se entristeceram foram por misericórdia poupados do massacre. O fato de terem sido marcados na testa (região do corpo de maior destaque) mostrava que o fato de não incorrem na condenação seria manifesto a todos (Jr 15:11; 39:11-18; Ap 13:16; 14:1,9). Na hora do castigo, Deus faz acepção de pessoas. Isso fica evidenciado no fato sentencioso de que o terrível juízo apresentado iniciou-se pelo Santuário (9:6). Deus não poupou os anjos que pecaram, mesmo sendo *anjos*.

3. *A visão de um trono* (Ez 10:1-22). O homem com o tinteiro, que passou pela cidade para marcar os que suspiravam e gemiam, agora obedece à ordem de passar por entre as rodas, pegar nas mãos brasas acesas e espalhá-las pela cidade. Os querubins, já vistos por Ezequiel, reaparecem para assinalar o retorno da glória do Senhor. Aqui estão intimamente associados ao processo de condenação que Ezequiel passa a expor. O homem que apanhou o fogo e o espalhou por Jerusalém passou por entre as rodas, e a glória visível do Senhor, quando se levantou do limiar, agora se mescla às rodas e aos querubins. O objetivo dessa visão era evidenciar que o Senhor, entronizado acima dos querubins, executava os seus justos juízos por meio dos babilônios. Israel achava-se condenado diante do Senhor, o qual, por não tolerar o desprezo para com a sua misericórdia, determinou todo o seu poder, no céu e na terra, para punir a desprezível ingratidão daqueles a quem abençoara de modo tão especial. A visão revela, na perspectiva correta, a lúgubre culpa de Israel e suas horrendas conseqüências.

Parábola da panela e da carne
(Ez 11:1-25)

De modo milagroso, o profeta foi

Parábola da mudança

levantado pelo Espírito e levado à última porta, de onde a glória divina se tinha levantado, para testemunhar, na presença dessa majestade, uma nova cena de destruição. O profeta viu 25 homens, liderados pelos chefes do povo, reunidos com o iníquo propósito de conspirar contra o rei da Babilônia. Esses homens se achavam seguros na cidade, mas Ezequiel, divinamente instruído, denunciou-os por sua loucura e tornou manifesta a vingança de Deus contra eles.

A figura da *panela* é usada para ressaltar o decreto divino, pelo qual esses homens morreriam por causa dos seus pecados. Enquanto Ezequiel profetizava, um dos chefes pereceu. Iludidos, eles achavam-se seguros dentro dos muros da cidade, como a carne na panela é protegida do fogo. Mas o profeta, sendo o porta-voz divino, afirmou que Jerusalém era uma panela só no sentido de estar cheia de mortos. Não haveria lugar para se esconder dos invasores. Arrancados de suas casas, os chefes sofreriam os juízos divinos.

O remanescente fiel, saindo de Jerusalém para o exílio, recebe muito encorajamento. Privados da adoração no seu amado templo, o próprio Deus seria como "um pequeno santuário" para eles. Deus também prometera trazê-los de volta à terra e, uma vez limpos moral e espiritualmente, reaverem os seus privilégios.

Parábola da mudança
(Ez 12:1-28)

Chegamos agora à segunda série de parábolas de condenação, em ações e em palavras, que se estende até o final do capítulo 14. Lamentavelmente, também esses sinais não quebraram o orgulho ímpio dos que se julgavam invencíveis! Ezequiel recebeu ordens de à vista do povo fazer as vezes de um exilado partindo de sua casa e de seu país, preparando os "trastes, como para mudança" e levando-os de um lugar para outro. O que o profeta retratou foi a casa rebelde de Israel, com o príncipe deixando tudo para trás, exceto "os trastes", que "levará aos ombros e às escuras". O rei Zedequias seria levado cativo para Babilônia, mas não a veria. Cegado, morreria sem ver a terra dos seus conquistadores (Jr 39:4-7; 52:4-11; 2Rs 25:1-7).

Ezequiel estava encarregado de fazer ao povo outra demonstração visual, transmitida por um quadro falado de ações, a saber: comeria pão e beberia água com medo e cuidado e, por esse sinal, profetizaria as desolações que sobreviriam a Jerusalém, quando seus habitantes teriam a escassez de provisões comum em épocas de sítio. O capítulo termina com duas mensagens da parte de Deus (21-25; 26-28) com o propósito de refutar objeções, segundo as quais as profecias de juízo anunciadas havia tanto tempo não se cumpriam senão num futuro remoto. Dois provérbios tentam mostrar que a profecia não se cumpriu, sendo adiada para um período muito distante. Mas Ezequiel recebe a incumbência de anunciar a iminência do castigo divino e o cumprimento de cada palavra proferida. Os pecadores que experimentam a paciência, a tolerância e a longanimidade, escondem-se num falso refúgio se acreditam que Deus não executará a sua palavra a respeito da condenação derradeira, caso persistam e morram em seus pecados (v. Ec 8:11; Am 6:3; Mt 24:43; 1Ts 5:3; 2Pe 3:4). No capítulo seguinte, Ezequiel denuncia os falsos profetas e profetisas, que, com mensagens mentirosas, haviam dado ao povo um falso senso de segurança, que o profeta comparou a uma parede construída com argamassa fraca, contra a qual o Senhor trará um vento tempestuoso para que seja furiosamente devastada com os que a construíram (Ez 13:10-16). As falsas profetisas, não mencionadas em nenhum outro lugar do AT, aí se acham para uma menção especial e para um juízo específico (Ez 13:17-23). O trato severo de Deus com todos esses falsos mensageiros e adoradores será motivo de espanto (Ez 14:7-8).

Parábola do pau da videira
(Ez 15:1-8)

Temos aqui outra evidência da dívida de Ezequiel para com os grandes profetas anteriores, pois a sua *Parábola do pau da videira* é um suplemento da *Parábola da vinha do Senhor*, de Isaías (Is 5:1-7). Ezequiel, realçando a condição natural de Israel, mostra que, como uma videira, ele se mostrou inútil e não pode ter proveito algum. Nessa magnífica parábola, ele expressa com muita força, como nunca antes, o pecado (15:3—16:34), a rejeição (16:35-52) e a restauração definitiva de Israel (16:53-63). A imensidão do pecado da nação é apresentada pelo fato de Israel não ter a princípio nenhum direito ao favor de Deus, tampouco nada que o tornasse atraente. Agora se podia ver o que realmente era: uma criança rejeitada e repulsiva (15:3-5). Por sua misericórdia, contudo, Deus a salvou e cuidou dela (16:6,7) e, na maioridade, fez com ela uma aliança, abençoando-a sobremaneira (16:8-14). Infelizmente, ela se mostrou de todo infiel à aliança, esposa infiel e incomparavelmente libertina; portanto, merecedora de castigo (16:15-63).

Essa parábola, então, ensina a respeito do fim da existência de Israel como nação. Deus a criara e a escolhera com alegria (Sl 105:45), mas, não obstante todo o seu cuidado e trabalho, a videira não produziu frutos. Como outras árvores, tinha *folhas*, mas não *frutos* (Lc 13:6-9). Como a videira não tem valor senão pelos seus frutos, assim Israel era mais inútil para o mundo que as nações pagãs ao redor. Em conseqüência dessa inegável inutilidade, Israel devia ser destruído como nação. O Viticultor não tinha alternativa, senão permitir que o fogo do castigo destruísse a videira infrutífera (2Rs 15:29; 23:30,35). Como a videira vazia, Israel dera frutos para si mesmo (Os 10:1); mas, vivendo para si próprio, tornou-se desprezado pelo mundo.

A parábola ensina, de forma clara, que, quando Deus nos escolhe como ramos da Videira, acredita que frutificaremos para a sua glória. Não é essa a verdade personificada nos ditos e nos atos parabólicos de João Batista e do Senhor Jesus? (Mt 21:33-41; Mc 11:12-14). Abençoados por Deus com os mais altos privilégios, jamais sejamos culpados de decepcioná-lo. Sua graça nos faça frutificar em toda boa obra!

Parábola de Jerusalém como esposa infiel
(Ez 16:1-63)

De certo modo, essa parábola está ligada à anterior, na qual o profeta demonstrou que Israel, por não cumprir a sua finalidade como nação escolhida, foi queimada e consumida pelos juízos divinos. Por não ter correspondido à bondade e à graça de Deus, Ezequiel agora emprega a parábola de uma esposa libertina para realçar o motivo do merecido castigo. Israel tornara-se infrutífera por ser infiel, e por seu pecado ser ultrajante. Não é agradável o quadro que Ezequiel traça. Ele mostra com todas as letras como o pecado é negro, pútrido e repulsivo para Deus. Jerusalém é acusada por suas abominações, e Ezequiel refere-se a elas usando a figura do adultério e da prostituição espiritual, de que Oséias também faz uso de modo tão vívido e poderoso.

Se analisarmos essa parábola, veremos que a matéria-prima das parábolas pode ser real ou fictícia, tomada de empréstimo à natureza ou à vida humana. A videira provém da natureza, a adúltera, da vida humana. Lang observa que, se entendermos o sentido do quadro que Ezequiel apresenta, teremos "uma valiosa formação no estudo das parábolas [...] Discernir a história e a profecia manifestas nessa alegoria é obter a chave do passado, do presente e do futuro, da forma como são vistos por Deus, e assim entender que as principais partes do AT servem de fundamento para o NT".

Nessa parábola, Ezequiel não se contenta em usar uma expressão metafórica aqui e ali; ele ocupa todo o longo capítulo traçando um paralelo entre uma adúltera e os judeus; a série de quadros que utiliza conferem grande força às suas repreensões. Toda a história de Israel apresenta-se deste modo:

1. *A menina* (1-5). Ainda na primeira infância, foi exposta e lançada para morrer —retrato da situação precária do novo povoado fundado por um amorreu e uma hetéia. Israel origina-se da terra dos cananeus, tendo um amorreu por pai e uma hetéia por mãe. Por sua estreita ligação com os vizinhos pagãos, não tinha qualidades naturais que lhe dessem direito à posição de povo escolhido de Deus, tampouco tinha beleza que o tornasse desejável ou força interior para continuar a existir. Era uma criança desamparada, abandonada (16:1-14).

2. *O passante* (6-7). Temos aqui uma referência terna e comovente de Deus nutrindo a rejeitada ao encontrá-la. Como Deus criou Israel e cuidou dessa nação! É repleto de beleza esse quadro de Deus inclinando-se e tirando-a da ignóbil extinção. Acaso não fez de Israel objeto de especial preocupação, para que se tornasse célebre pela "grande formosura" que ele lhe dera? Deus também determinou que Jerusalém seria o centro na terra, dele e de Israel.

3. *O marido* (8-14). Ao alcançar a maturidade, a menina escolhida tornou-se esposa de seu Benfeitor, que lhe presenteou com toda sorte de ornamentos e de luxos. Sendo o marido, encheu-lhe de privilégios que fizeram dela objeto de admiração e de inveja de todos os que a contemplavam. Por causa da condição sublime, sua fama "Correu [...] entre as nações". Tudo isso mostra a origem humilde de Israel em Canaã, o cuidado de Deus por ela no Egito, o dia em que de lá a libertou e o que se passou até a sua prosperidade, nos dias de Davi e de Salomão.

4. *A adúltera* (15-25). A parábola agora apresenta uma virada trágica, pois, em vez de retribuir ao marido o amor, a honra e a fidelidade que lhe dera, essa esposa ricamente presenteada entrega-se à prostituição sem restrições. Confiante em sua beleza e em seus bens, voltou-se para a prostituição e, de modo ingrato e infiel, passou as riquezas do marido para os falsos amantes. Era culpada de seduzi-los e de atraí-los como uma meretriz vulgar, além de ceder às tentações deles. Os presentes, fartamente recebidos do marido em amor, foram usados por ela como meios de continuar na sua conduta perversa. Esse perfeito realismo revela as "abominações" e a desprezível história de Israel. Elevada entre as nações, do nada, à condição de importante, Israel rejeitou o Senhor em troca de deuses falsos e, mergulhou nas profundezas da iniqüidade, pros-

tituiu os dons de Deus aos seus desejos abomináveis. Em virtude do procedimento licencioso e infame, Israel havia obrigado Deus a afastá-la e a retirar dela todas as vantagens que lhe concedera.

5. *Os falsos amantes* (35-43). Em virtude do terrível pecado dessa adúltera, o castigo seria por demais severo. A iniqüidade de Israel se agravou por suas alianças políticas com as nações estrangeiras cujo paganismo havia copiado (26-34). Seus amantes eram os egípcios e os assírios, que ela havia subornado em troca de ajuda política, demonstrando assim falta de confiança em Deus como fonte de proteção e de provisão. Esses falsos amantes voltaram-se contra Israel e tornaram-se os seus destruidores; numa terrível vingança, privaram a nação das posses de que tanto se jactava, expondo-a à vergonha. Ezequiel já não havia usado de rodeios para se referir ao fracasso e à loucura de Israel, e agora anuncia a sua punição em termos igualmente aterradores: "Para Ezequiel, a destruição de Jerusalém já era fato consumado. Quando de fato se cumpriu na história, a ironia da estultícia humana se tornou manifesta: Deus destrói o orgulho dos homens pelos próprios ídolos dos seus desejos".

6. *As duas irmãs* (44-49). Embora as três cidades —Jerusalém, Samaria e Sodoma— são apresentadas como *irmãs* —e todas culpadas de "adulterar" e de apostatar do verdadeiro Deus—Ezequiel introduz duas nações-irmãs nesse momento como personagens coadjuvantes no enredo da parábola. As três *irmãs* tinham um parentesco espiritual, mas a culpa de uma —Jerusalém— era maior e mais hedionda, uma vez que, dizendo-se servir de modelo para as *irmãs*, fora mais abominável que elas. "Mede-se o pecado na proporção da graça rejeitada. Sodoma e Samaria nunca foram tão honradas e enriquecidas por Deus quanto Jerusalém. Ainda assim a apóstata Samaria e a perversa Sodoma foram assoladas pela fúria de Deus. Portanto, poderia tardar o dia do juízo de Jerusalém? As duas irmãs, então, entram na história para revelar o pecado de Jerusalém na perspectiva correta de maior culpabilidade e para realçar a misericórdia de Deus".

7. *A restauração da esposa* (60-63). Embora se mostre que as três *irmãs* se beneficiam da severa punição e, arrependidas, são restauradas, o último ato dessa vergonhosa parábola é aquele em que o profeta anuncia a restauração da esposa pecadora, ocorrida graças ao fato de Deus ter-se lembrado da aliança e a ter restabelecido (Jr 31; Hb 8:6-13). A graça permeia a justiça do *marido* ferido. Onde abundou o pecado da apostasia (Samaria), da soberba (Sodoma) e da infidelidade (Jerusalém), superabundou a graça (Rm 5:20). Uma vez que o juízo atinge o seu propósito, Deus mostra-se pronto a levar o penitente a reaver a comunhão (Rm 11:32).

Parábola da grande águia
(Ez 17:1-24)

Cumprindo ordens divinas, Ezequiel propõe um enigma em forma parabólica, para ressaltar a soberania de Deus sobre as nações e sobre os homens. Nesse capítulo, a parábola se compõe de quatro reis e dos respectivos reinos. Todos os soberanos tinham diferenças entre si, com algo, porém, em comum. Com duas águias, uma videira e ramos a compor a parábola, vamos procurar entender a situação e a sua importância.

Parábola da grande águia

Embora os crimes de Israel tivessem sido desmascarados e se tivessem decretado juízos em razão deles, essa "casa rebelde" recusava-se a ser alertada. "Israel estava certo de que a ameaça da Babilônia poderia ser debelada se entrasse no jogo do poder político internacional. Seria salvo se rompesse o acordo com o rei da Babilônia, Nabucodonosor, e caso se aliasse ao Egito, que disputava a supremacia mundial com os caldeus." O propósito dessa parábola era desmascarar o engano dessa falsa esperança, mostrando que as promessas garantidas de Deus só podem cumprir-se na restauração da casa de Davi.

1. O primeiro rei, comparado a uma grande águia, era o governante da Babilônia, Nabucodonosor, que arrancou a ponta do cedro —Joaquim, rei de Judá, — e o conduziu a uma terra de comércio, a Babilônia (Jr 22:23; 48:40; 49:22). A semente da terra foi levada e plantada em solo fértil, onde se tornou videira muito larga. Nabucodonosor, a primeira grande águia, era poderoso e governava sobre muitas nações, o que se evidencia pelo tamanho de suas asas e pela variedade de cores de suas penas.

2. O segundo rei, também representado por uma grande águia, era Faraó, rei do Egito, cujo tamanho das asas e cujo poder não eram tão grandes quanto os da primeira águia. Nessa época, o Egito já perdera o apogeu de seu poder. A decadência era inegável. Seu domínio não era tão amplo quanto o da Babilônia. Foi para essa segunda grande águia que Judá, a videira, lançou as raízes para que fossem regadas. Esse ato traiçoeiro foi denunciado por Deus, para quem a videira deveria ser arrancada, secando-se com o vento oriental.

3. O terceiro rei era Matanias, a quem Nabucodonosor denominou *Zedequias*. Coroado em lugar de Jeconias, seu tio, esse rei-vassalo de Judá era a videira de baixa estatura, plantada pela primeira águia —Nabucodonosor, que lhe permitiu desfrutar de todos os direitos e honras da realeza, não como soberano independente, mas apenas como tributário do rei da Babilônia. Esse ato de clemência da parte de Nabucodonosor impôs a Zedequias as mais inescapáveis obrigações de submissão confirmada por um solene juramento.

Mas Zedequias buscou a proteção da segunda grande águia, o Egito, e mereceu o castigo de Deus. Desatento ao seu juramento, buscou a ajuda egípcia, pois pensou poder ser liberto da infame vassalagem e experimentar uma soberania independente e livre. Essa traição é retratada na parábola pela imagem de um galho arrancado da ponta do cedro por uma grande águia e plantado como uma videira larga e baixa —um tronco bom que, porém, era ainda inferior ao que o originara. Descontente com a sua condição, a videira lançou as suas raízes para a outra grande águia, na esperança de conquistar ainda maior importância e fertilidade. Graças a essa violação, contudo, experimentou irreparável ruína.

4. O quarto rei é o escolhido de Deus, cujo reino ainda está por vir, que descenderá dos reis de Judá. Será maior que todos os reis antes dele. Com a figura do "mais tenro" renovo, plantado "no monte alto de Israel" e transformando-se num "cedro excelente", prenuncia-se o estabelecimento do reino de Cristo (Is 11:1-12). Esse reino glorioso nunca será subvertido, mas se tornará um monumento eterno de verdade e de poder. O governo divino será estabelecido sobre todas as nações e atuará por meio delas. A promessa final da parábola é que o governante di-

vino será da linhagem de Davi, o "cedro alto", e, quando se manifestar, frustrará todos os outros poderes, "as árvores do campo", e sob seu reino todos os homens estarão salvos, tendo satisfeitas as suas necessidades (Lc 2:67-75).

Parábola da leoa e seus cachorrinhos
(Ez 19:1-9)

Nessa lamentação de grande beleza poética e parabólica, Ezequiel deplora a ruína do reino de Israel como fato consumado. A leoa despojada é Israel; o cativo Jeoacaz foi o primeiro cachorrinho (2Rs 23:31-33), e Joaquim, o segundo (2Rs 24:8-16). [*Cachorro*, termo empregado na ECA, significa também "filhote de animais selvagens" —N. do E.] Os cativeiros e as desgraças não foram acasos da história, mas foram designados por Deus como castigo pelo fato de Israel renunciar ao seu caráter singular e pelo desatino de querer igualar-se às outras nações.

Esses dois reis de Judá são apresentados como *leões*, não por terem a coragem e a nobreza naturais ao leão (Gn 49:9), mas por se regalarem de modo ilícito e incontrolável em seus desejos egoístas e por desconsiderarem qualquer vontade que não a sua. Esses dois leõezinhos, ávidos pela presa, seguiram o mesmo rumo voluntarioso e tiveram um fim semelhante. A figura do leão é freqüente na Bíblia e empregada de maneiras diferentes (Nm 23:24; 24:9 etc.).

Parábola da videira com fortes varas
(Ez 19:10-14)

Esse capítulo encerra uma longa série de profecias e consiste num comovente lamento pela queda da família real de Israel e pela sua total desolação como nação, mostrando que Israel não tem nenhuma esperança de escapar ao juízo divino. A parábola em si é uma extensão da *Parábola da vinha do Senhor* e da *Parábola do pau da videira*, de que já tratamos (Is 5:1-7; Ez 15:1-8). Ela também revela a amplitude do vocabulário de Ezequiel. De que riqueza de expressão era dotado! Com grande habilidade, ele passa de leões para videiras.

O sentido exato de "videira na tua vinha" é de difícil conclusão, uma vez que no original se lê "a videira é o sangue". Certamente não é a mesma "videira [...] de pouca altura" que já vimos numa parábola de Ezequiel (17:6). Temos aqui uma videira forte, notável e excelente. A expressão já foi reescrita deste modo: "Tua mãe é como uma videira a viver no sangue", ou seja, na vida de seus filhos, ou "quando foste plantada no teu sangue —na tua primeira infância— recém-saída do útero, sem ainda teres sido lavada" (Ez 16:6). Calvino traduz a expressão por "no sangue das tuas uvas", que significa "em sua plena força", assim como o vinho tinto é a força da uva (Gn 49:11).

De uma coisa sabemos: a videira, a principal das árvores frutíferas, é aqui empregada pelo profeta como símbolo de toda a casa real de Judá. Chama-se atenção para a sua posição privilegiada —"plantada junto às águas"—, tendo assim todas as vantagens do crescimento e da frutificação responsáveis pelo poder e pela glória dos seus primeiros monarcas. A menção da antiga respeitabilidade real contrapõe-se tristemente à atual degradação da casa real de Davi (19:13). O lamento do profeta é "De uma vara dos seus ramos saiu fogo que consumiu o seu fruto", referência à estultícia de Zedequias e às suas trágicas conseqüências (Ez 17). A nação é apresentada como tinha sido até então: uma videira de "espessos ramos", símbolo do número e dos recursos do povo e de como ela será quando o reino de Cristo encher toda a terra (Sl 110:2; Is 11:1). Os "espessos ramos", contudo, foram *arrancados*, não secados aos poucos —metáfora da *repentina* sublevação do povo no juízo da nação, o qual deveria ter produzido arrependimento.

Por *fortes varas* entendemos aqueles galhos mais robustos que representam os cetros dos reis de Israel, sendo a autoridade desses governantes indispensável ao bemestar do povo. Como afirma Lang: "Parte do castigo da rebelião é que as pessoas ficam sem guia e sem proteção". "uma vara", no singular, sem dúvida refere-se ao último rei, Zedequias, que ocasionou a ruína total para si e para o povo. A quebra e o ressecamento dos galhos aponta para a terrível desgraça da nação quando despojada dos seus governantes. Nesses dias todas as nações precisam de "fortes varas", reis justos e capazes de governar. *De uma vara dos seus ramos saiu fogo* significa que o povo acendeu a ira de Deus com seus pecados e sua estultícia. Apresenta-se a "ira do Senhor" contra Judá como a causa de Zedequias ter recebido permissão de se rebelar contra a Babilônia (2Rs 24:20; Jz 9:15). Como comenta Campbell Morgan: "Arrancados furiosamente, cessaram seus fortes governantes, e de seus galhos saiu um fogo destruidor. Em outras palavras, a destruição definitiva de Judá provinha de seus governantes, e a referência é indubitavelmente a Zedequias".

Parábola das duas irmãs
(Ez 23:1-49).

Os capítulos 20, 21 e 22 apresentam mais um vislumbre da apostasia e do merecido juízo sobre a nação, cujos anciãos mais se entretinham do que se instruíam com as enérgicas parábolas de Ezequiel (20:45-49). Ainda julgavam ter direito ao favor divino como escolhidos, mesmo sem eliminar a abominação da idolatria. Assim, com ainda mais símbolos, Ezequiel refere-se à inevitabilidade do juízo prestes a se abater sobre eles, ainda que tivessem sido o povo privilegiado de Deus. A destruição, como fogo inextinguível, os alcançaria. A espada os devoraria (20:45; 21:32). Na *Canção da espada* (21:8-17), o profeta mostra que é impossível resistir ao massacre. Ezequiel devia suspirar "com quebrantamento dos [...] lombos e com amargura" para deixar bem claro aos seus céticos ouvintes que a espada sem dúvida exterminaria todos os habitantes (21:1-7). O profeta vê o fogo da ira divina derramado sobre todas as classes sociais por causa da corrupção total. Os príncipes, os profetas, os sacerdotes e o povo, todos seriam igualmente surpreendidos pelo holocausto da ira de Deus.

As últimas parábolas relatam o juízo sobre a nação. A primeira delas é a alegoria das duas irmãs, *Oolá* e *Oolibá*. A rejeição de Deus por parte de seus escolhidos é mais uma vez retratada como a quebra da sagrada união do matrimônio (cap. 16). Primeiramente, analisemos a identidade dessas duas irmãs libertinas da parábola:

Oolá, cujo significado é *sua própria tenda*, mostra que a adoração em Samaria, a capital do reino do Norte, era uma invenção do local, nunca tendo sido sancionada por Deus. Ao contrário, essa adoração autoconcebida era objeto da ira divina. As tribos do Norte, separadas após a morte de Salomão, estabeleceram uma tenda ou santuário próprio. Samaria, representada por *Oolá*, era mais corrupta que a irmã. Prostituiu-se com a Assíria e com o Egito, rejeitando as promessas de Deus e buscando segurança na força armada dos falsos deuses dos seus vizinhos. "Ela se tornou um provérbio" ou, mais corretamente "objeto de ridículo". A conquista de Samaria fez dela uma vergonha entre as nações.

Samaria também é acusada na parábola de ser a primeira a transgredir (Ez 23:5-10). Sua proximidade com a Síria, intimamente associada aos assírios, contribuiu para a sua apostasia em primeiro lugar, a qual se iniciou com a adoração ao bezerro de ouro, sob o reinado de Jeroboão (28:3; 1Rs 12:28). Ela é chamada *a mais velha*, ou maior, por preceder Judá em sua apostasia e castigo. O profeta vê Samaria totalmente destruída. "Acusada de infidelidade pela aliança com os assírios, uma vez que se deixou seduzir pelas riquezas e pelo poder deles, abandonando a sua lealdade ao Senhor", é advertida pelo profeta quanto à sua antiga aliança com Judá. Por seu duplo pecado, os assírios tiveram permissão de aprisioná-la e dominá-la.

Oolibá significa "minha tenda nela" e faz supor que Judá ainda conservava o santuário do Senhor, em Jerusalém, sua capital. A adoração em Betel (em Samaria) era de invenção própria, não determinada por Deus. No entanto, a adoração em Jerusalém foi especialmente instituída pelo Senhor, que *habitou* lá, estabelecendo o seu tabernáculo entre o povo como sua habitação (Êx 25:8; Lv 16:11,12; Sl 76:2). Mas Oolibá, como a irmã, Oolá, prostituiu-se. O Senhor disse a respeito dela: "Por que te desvias tanto, mudando o teu caminho?" (Jr 2:36). Ela não conhecia os seus sentimentos, pois primeiro apaixonou-se pelos assírios (Ez 23:12) e depois enamorou-se dos caldeus (23:16). Depois os seus sentimentos se afastaram deles (26:17). Tendo compartilhado do pecado de Oolá, Oolibá precisava também incorrer na mesma sorte (23:11-35). Ela representava Jerusalém, que deveria beber "o copo de tua irmã [...] copo de espanto e de desolação" (23:33). Como se esqueceu de Deus e o lançou para trás de suas costas, o terror e a desolação seriam a sua porção (23:35).

As duas irmãs eram filhas da mesma mãe, mostrando que Israel e Judá eram uma só nação, nascida de uma só ancestral, Sara. Ambas, porém, no início de sua história, praticaram a idolatria (Js 24:14; Ez 26:6-8). Ainda jovens, quando recebiam extraordinários benefícios de Deus, voltaram o coração para outros deuses (16:6). Agora ambas incorrem no juízo divino. Os pecados de Israel e de Judá são enumerados e, graças à transgressão em comum, merecem o mesmo castigo. *As mulheres* significa "as nações". Os juízos que sobreviessem a Israel e a Judá seriam para sempre um monumento notável da severa justiça de Deus. Com linguagem forte, Ezequiel refere-se à perversidade das alianças feitas com as nações vizinhas, referindo-se também à justeza da punição sobre as adúlteras. "Com a imagem do método hebreu de tratar do pecado de adultério, a saber, o apedrejamento, o profeta apresenta o quadro de um conselho contra Jerusalém e Samaria a executar esse juízo e a destruir o povo por completo." Culpa e punição se mesclam num só quadro (Ez 23:36-49). O salário do pecado foi completamente pago às irmãs. Não apenas elas foram apedrejadas e mortas, mas seus filhos e suas habitações foram destruídos (Ez 23:43). "A história de Oolá e Oolibá delineia a trágica ironia do pecado humano", lemos em *The biblical expositor* [*O comentarista bíblico*]. "Assim como os amantes de Samaria e de Jerusalém são seus

Parábola da panela fervente 89

executores, também o pecado traz dentro de si o aguilhão da morte."

Como Israel e Judá trocaram o verdadeiro Deus por deuses falsos, foram severamente punidos e por isso servem de advertência às nações e aos homens. As "cidades da campina" (Gn 13:12), já soterradas, ainda falam do juízo de Deus ao mundo; da mesma forma, Samaria e Jerusalém há milhares de anos anunciam a retidão. Triste é que tenham demorado a aprender que só podem ser felizes e prósperas tendo o verdadeiro Deus como Senhor.

Parábola da panela fervente
(Ez 24:1-4)

Na última profecia dessa seção de seu livro, Ezequiel relaciona a missão que recebeu das mãos de Deus aos acontecimentos de sua época. No dia exato em que Nabucodonosor investiu contra Jerusalém, o fato foi revelado a Ezequiel na Caldéia, o qual também recebeu ordens de tornar manifesto, por meio da *Parábola da panela fervente*, ser chegada a hora da condenação de Israel. Temos aqui uma parábola específica; não uma ação parabólica, mas apenas uma parábola proferida ao povo em linguagem que denotava ação.

Jerusalém já fora apresentada como uma *panela* (Ez 11:3), num provérbio acerca da autoconfiança do povo, que seguia o próprio espírito e não o de Deus: "esta cidade é a panela, e nós a carne". A linguagem jactanciosa de Israel estava a ponto de se concretizar na história e na experiência, mas com um sentido diferente do pretendido pelo povo. Por ser bem fortificada, a cidade foi comparada a uma panela de ferro, e os habitantes sentiam-se seguros dos ataques externos, assim como a carne dentro da panela está defendida contra a ação do fogo. Infelizmente, no entanto, o povo não acreditaria em quanto haveriam de ser fervidos! Ezequiel está dizendo em sua parábola, para todos os efeitos, "o teu provérbio se mostrará terrivelmente verdadeiro, mas não no sentido que pretendes. Assim, longe de beneficiar-se com uma defesa contra o fogo tão potente quanto à da panela de ferro, a cidade será como uma panela sobre o fogo, e o povo como muitos pedaços de carne submetidos ao calor intenso" (Jr 50:13).

Então o profeta aplica a *Parábola da panela fervente* com toda a franqueza, declarando que Jerusalém era de fato uma panela. Ele recorre à figura da segurança utilizada pelo próprio povo e a emprega contra ele, usando-a como símbolo de juízo, não de segurança. Há precisão de linguagem na referência à destruição da cidade e de seus moradores.

... todos os bons pedaços [...] ossos escolhidos... Aqui o profeta se refere aos mais distintos do povo. Não eram ossos comuns, mas "escolhidos", *dentro* da panela com a carne presa a eles.

... debaixo da panela [...] os seus ossos... São ossos sem carne, usados como combustível. São os mais pobres, que sofrem primeiro e deixam de sofrer antes dos ricos, que suportavam o que corresponderia ao fogo baixo no processo de fervura.

... faze-a ferver bem [...] ossos [...] ferrugem... A palavra traduzida aqui por *ferrugem* ocorre quatro vezes no capítulo, e em mais nenhum outro lugar. Talvez queira mostrar que Jerusalém era como uma panela corroída e digna de destruição. Então essa ferrugem prejudicial simboliza a impregnante perversidade do povo. Não eram apenas os pobres da cidade, pois tanto ricos quanto pobres haviam chafurdado na imundície do pecado.

Tira dela a carne pedaço a pedaço... Tanto o refugo quanto o seleto estavam condenados à destruição; o conteúdo da panela, a carne, seria retirado no processo de condenação. A cidade e o povo não seriam destruídos simultaneamente, mas numa seqüência de ataques. Todas as classes participariam da mesma sina, mas "pedaço a pedaço". Sofreriam os ardentes horrores do cerco, mas experimentariam algo muito pior quando fossem arrancados da cidade por seus conquistadores.

... não caia sorte sobre ela... para determinar quem será salvo da condenação; todos foram igualmente punidos, independentemente da classe, idade ou sexo.

... sangue [...] sobre uma penha... O povo haveria de ser desmascarado, e a condenação seria patente a todos. "Sangue é a consumação de todos os pecados e pressupõe todas as outras formas de culpa. Deus propositadamente deixou o povo derramar, para vergonha deles, o sangue sobre a penha descalvada, a fim de que esta clame mais enfática e abertamente ao alto por vingança, e para que a relação entre a culpa e o juízo se torne mais palpável. O sangue de Abel", continua Jamieson, "embora já recebido pela terra, 'clama a mim [Deus]' (Gn 4:10,11) —quanto mais o sangue vergonhosamente exposto sobre a penha descalvada."

... pus o seu sangue... Israel receberia na mesma moeda. Derramando sangue em abundância, teria o próprio sangue em fartura derramado (Mt 7:2).

Amontoa a lenha, acende o fogo... Ilustra os materiais hostis usados na destruição da cidade.

... engrossa o caldo... Que toque irônico! Os sitiadores haveriam de deleitar-se no sofrimento de suas vítimas, como se sentassem para uma saborosa refeição.

... brilhe o seu cobre... Não era suficiente o conteúdo da panela ser destruído; a própria panela, infectada pela ferrugem, deveria ser destruída. Seus focos de ferrugem não cederam à purificação (Ez 24:12,13). A própria casa infectada com lepra deveria ser consumida (Lv 14:34,35).

... cansou-me com suas mentiras... A despeito dos esforços de Deus por purificar seu povo, a sua oferta de misericórdia não foi aceita. Assim, teve de permitir que lhes sobreviessem os juízos pela iniqüidade deliberada. Por meio dos profetas e da lei, com suas promessas, privilégios e ameaças, Deus procurara atar o povo a si, mas todas as intervenções misericordiosas de nada aproveitaram. Assim, foram abandonados à sua sorte, e sofreriam as últimas conseqüências. Paciente e longânimo, Deus agora vem condenar e não pode recuar, poupar nem arrepender-se (24:14).

Parábola da esposa do profeta
(Ez 24:15-24)

Essa comovente parábola é um exemplo da combinação do factual com o simbólico. Hengstenberg, contudo, acha que a morte da esposa de Ezequiel não ocorreu de fato: "Se a primeira ação simbólica do capítulo refere-se a um problema interior, o mesmo se pode dizer, sem sombra de dúvida, da segunda. Assim como o fato de Ezequiel estar dentro de uma panela era apenas uma figura, do mesmo modo a morte de sua esposa foi também simbólica. A idéia nos versículos 16 e 17 não é que o infortúnio público fosse tão grande que superasse a pior das perdas individuais, mas o profeta apenas prefigurava a condição futura do povo. Ele é tipo da nação, e a esposa o equivalente de tudo o que era estimado e precioso para o povo —a saber, o templo, no qual tudo o mais se incluía. Não se lamentariam pela ruína do templo, porque seriam total-

Parábola da esposa do profeta

mente tomados pela angústia de sua desgraça".

Mas o versículo 18 não deixa dúvidas: "... à tarde morreu a minha mulher. Na manhã seguinte fiz como se me deu ordem". Toda a situação da parábola confirma que a esposa do profeta de fato morreu. Como atalaia de Deus, Ezequiel é uma figura triste e solitária, e esse vislumbre de sua vida privada é por demais trágico. Além de anunciar a morte de sua esposa, Deus o proibiu dos sinais comuns de luto. O deleite de seus olhos, sua esposa, seria tirado subitamente do profeta, e a completa subordinação de sua vida ao ministério profético é claramente retratada na narrativa da morte da sua amada. A expressão "o deleite dos teus olhos" mostra quão profundamente ele amava a esposa, que seria arrebatada dele num só golpe (Dt 33:9).

Na eliminação do "deleite" de seus olhos temos o simbolismo do santuário, no qual os judeus tanto se gloriavam, retratando-o como a esposa do Senhor (Sl 27:4; 24:21). A morte da esposa de Ezequiel encenou o completo desespero do povo. Ela lhe era querida, e a "casa magnífica em que seus pais louvavam ao Senhor" (Is 54:11) era querida de todo judeu consagrado. Mas uma visitação divina acabaria com o santuário, o deleite dos olhos deles, e os próprios adoradores, junto com o templo, iriam para a sepultura como a esposa de Ezequiel (24:21-24).

... tirarei [...] de um golpe... Essa expressão mostra quão súbita foi a morte da esposa de Ezequiel, o que lhe deve ter sido esmagador. Todavia, seu autocontrole se evidencia, uma vez que, a despeito da dificílima experiência, todo sentimento rendeu-se às exigências mais importantes de Deus. Por toda a sua vida, seus sentimentos tinham ficado submersos na execução de sua indesejável tarefa, e agora, com uma humilhação sacerdotal diante da vontade de Deus, não há manifestação externa de pesar. Ezequiel consolou-se por saber que a sua dura experiência deveria transmitir uma lição profética ao seu povo condenado (Ez 24:15-25).

... não chorarás... O profeta deveria sofrer em silêncio e não seguir os habituais ritos de luto. Não foi proibido de ficar triste, mas de expressar publicamente essa tristeza, como símbolo da falta de pesar pela completa ruína de Israel.

... não tomes luto pelos mortos... Não havia dúvida de que aos sacerdotes era permitido prantear os parentes próximos (Lc 21:2,3), mas aqui Ezequiel torna-se uma exceção, símbolo da morte de Jerusalém, pela qual não haveria o luto comum em época de morte (Jr 16:5-7). Ele não cortaria os cabelos, como se fazia nessa situação (Lv 21:2,3,10), nem tiraria as sandálias dos pés. Andar descalço era sinal comum de luto (1Sm 15:30; Is 20:2). Cobrir a parte inferior do rosto, outro sinal (Mq 3:7), também foi proibido a Ezequiel em sua tristeza.

O povo percebeu que o estranho comportamento do profeta tinha uma importância parabólica e perguntou: "Não nos fará saber o que significam estas coisas que estás fazendo?" (Ez 24:19). A atitude incomum de Ezequiel despertou a curiosidade de todos, e ele, ao responder, anunciou a destruição do amado templo, e que, na profunda tristeza e aflição por sua queda, não haveriam demonstrações de luto. Ezequiel obedeceu à ordem divina seguinte à parábola anterior, a da *Panela* (24:18), e sua trágica perda desempenharia um papel no seu ministério público. Era um "sinal" aos seus companheiros de exílio de que o Senhor estava prestes a acometer o seu povo com um castigo tão severo, que não achariam alívio na lamentação ou no choro. Ezequiel é informado de que, quando lhe fosse trazida a notícia da queda de Jerusalém, o silêncio de sua própria angústia seria quebrado, e seus lábios se abririam para declarar com segurança a inalterável Palavra de Deus. Como observa Ellicott, "depois que o profeta tomou conhecimento do castigo, houve significativa mudança em seus pronunciamentos, e daí em diante assumiu um tom mais animador e consolador".

Parábola do querubim da guarda ungido
(Ez 28:1-19)

Duas profecias formam esse capítulo. A primeira e maior que vamos analisar é contra o rei de Tiro; a menor, contra Sidom (Ez 28:20-26). Sobre o todo dessa profecia, eivada de imagens variadas e impressionantes, diz Ellicott: "Não há outra passagem na Escritura com uma ironia tão detalhada e singular. Ela mostra de modo impactante a perversidade da ambição, a inutilidade da grandeza, que não busca os seus fundamentos nem o seu respaldo no poder e na bondade do Eterno".

A profecia contra o rei de Tiro divide-se em três partes: sua deificação (2-5), sua sorte (6-10) e sua destruição (11-19). O rei que estava-se endeusando era *Itobal*, cujo nome está intimamente associado a Baal, deus supremo da Fenícia, de quem era representante. Esse orgulhoso soberano, como outros, sofria de "insanidade da prosperidade", vista na estultícia de Senaqueribe (2Rs 18:33-35), em Nabucodonosor —nessa época monarca da Babilônia, a quem essa profecia reservava solene advertência (Dn 3:15; 4:30)— e também em Faraó (Ez 29:3) e em Herodes (At 12:21-23). Itobal, como outros monarcas orientais da época e imperadores romanos posteriores, de fato reivindicava a si as homenagens religiosas. A linguagem empregada em referência a ele também mostra que sofria de um orgulhoso senso de altivez e de auto-suficiência. Como alguns dos ditadores de nossos dias, Itobal destacava-se por seu orgulho desordenado, inspirado pela grande prosperidade, a qual atribuiu ao poder e à sabedoria que tinha, e não à fonte legítima, o verdadeiro e único Deus. Com grande veemência, teve de recordar que, não obstante à sua jactante deidade, não passava de um mortal!

O orgulhoso rei de Tiro sentia que, como Deus está entronizado em sua cidadela celeste, livre de qualquer dano, assim ele estava seguro numa inexpugnável fortaleza, isento de perigo. Mas que vã a sua jactância! Afinal, apenas governava uma pequena ilha no mar, como se fosse "fino pó" aos olhos de Deus (Is 40:15). Governava sobre príncipes-mercadores que, como formigas, gastavam seus dias ajuntando e amontoando riquezas ao rei. Com uma sorte e uma esquadra superiores a de qualquer outro reino da época, Itobal sentia-se seguro contra as ameaças de invasão, e, na insolência da imaginada segurança e no orgulho das posses, disse: *Eu sou Deus*. No entanto, haveria de aprender, para desgosto seu, que Deus, diante de quem "as nações são consideradas [...] como a gota de um balde", tem poder para fazer voltar a nada os príncipes e reduzir a nada os juízes da terra (Is 40:15,23). A grandeza da prosperidade de Tiro foi a causa do orgulho dessa cidade e, portanto, "o motivo de sua queda".

Na presunçosa concepção de si mesmo, o rei sentiu-se mais sábio que Daniel, célebre no grande Império Babilônico pela sabedoria celeste (Dn 1:20; 2:48; 4:18). Perceba a

Parábola do cedro do líbano

ironia com que Ezequiel repreende esse rei por achar-se dotado de tão elevada sabedoria! Mas a sua fraqueza e loucura, contrapostas ao poder e à sabedoria de Deus, são bem realçadas na frase: "Tu serás homem, e não Deus, na mão do que te trespassa". Por deixar que o orgulho de seu coração o iludisse e por ter abrigado pensamentos e propósitos só pertencentes ao Deus Supremo, Ezequiel levantou um lamento sobre o rei de Tiro e tornou manifesto que, por causa de seu orgulho, seria abatido na presença dos reis e, pela multidão de suas iniquidades, tornar-se-ia em cinzas.

A irônica referência de Ezequiel ao rei de Tiro como "querubim da guarda ungido" evoca os querubins que estendiam suas asas sobre o propiciatório. Itobal, considerado por si mesmo um semideus, expandiu suas ambições além dos interesses de Tiro e tornou-se um tipo das pretensões do Anticristo vindouro, que se empenhará por imitar a Deus (Dn 7:25; 11:36,37; 2Ts 2:4; Ap 13:6). No que tange à extraordinária descrição do rei de Tiro apresentada pelo profeta, é muito provável que, na "elevação de sua visão inspirada, ele enxergasse, por trás do rei propriamente dito, a terrível figura de Satanás, de quem Itobal era instrumento e que possuirá e inspirará o Anticristo. Na mensagem endereçada tanto a Itobal quanto à força maligna por trás dele, Ezequiel põe a descoberto o envolvimento de Satanás na queda de Tiro e mostra que em meio à desolação Deus será glorificado". A respeito desse capítulo, recomendamos ao leitor a leitura da nota de rodapé da Bíblia de Scofield.

Sidom, intimamente associada a Tiro, sua filial, não escaparia em sua idolatria da punição que lhe era destinada. A adoração pagã de Sidom corrompia Israel mais que a idolatria de Tiro. Essas nações teriam de desaparecer, para nunca mais ser "espinho que [...] pique" a casa de Israel. Em meio ao assunto da destruição de Tiro e de Sidom, o profeta dá uma breve palavra a respeito da restauração de Israel no final de tudo, quando os fiéis a Deus, espalhados, seriam ajuntados e separados das nações, habitando seguramente com os que os cercam, sabedores de que o Senhor é o seu Deus (Ez 28:20-26).

Parábola do cedro no Líbano
(Ez 31:1-18)

No capítulo 29, o profeta inicia uma série de profecias contra o Egito, o principal inimigo de Israel:

A primeira é contra Faraó e todo o Egito (29).

A segunda é breve, predizendo que o instrumento de condenação seria Nabucodonosor, e a conquista do Egito seria a recompensa pela derrota de Tiro (29).

A terceira refere-se ao processo pelo qual Nabucodonosor exerceria os juízos de Deus (30).

A quarta dirige-se contra o poder de Faraó, cujo braço seria quebrado (30).

A quinta dirige-se à grandeza de Faraó (31).

A sexta é uma lamentação por Faraó, cuja ruína é vividamente apresentada (32).

A sétima é um lamento pelas multidões do Egito, cuja descida para a morte é apresentada de modo assombroso e inspirador de grande reverência (32).

Na *Parábola do cedro no Líbano* ocupamo-nos da quinta profecia. Temos aqui outra vez a combinação do factual com o simbólico. Era costume de Ezequiel às vezes entremear uma parábola com declarações factuais (Ez 31:11,14-16). Já estudamos no capítulo 17 uma parábola em que um reino é representado por uma árvore (v. tb. Dn 4). A árvore parecia ser um símbolo muito empregado na cultura caldéia. Ao dirigir-se a Faraó e suas hostes, Ezequiel pergunta: "A quem és semelhante na tua grandeza?". Em resposta, apresenta-se a grandeza da Assíria, a qual o soberbo Faraó aplicou a si. Mas o Egito, assim como a Assíria, haveria de perder sua importância como império mundial. O insolente rei da Assíria foi conquistado pelos caldeus; também Faraó e o Egito teriam o mesmo destino.

Essa parábola, como a anterior, que trata do rei de Tiro, mescla o histórico com o figurado, sendo composta de história, símbolos e argumentos. É necessário chamarmos a atenção para a importância de várias expressões da parábola. Em primeiro lugar, o *Líbano* é mencionado sobretudo por ser onde os famosos cedros cresciam com maior perfeição. Embora já tenhamos discorrido sobre os vários aspectos do cedro, um dos produtos mais excelentes do mundo vegetal, veremos que aqui é empregado de modo diferente. Por sua aparência altiva e imponente, sobrepujando em altura todas as outras árvores, não poderia haver melhor escolha para simbolizar a glória excelsa do rei da Assíria. Assim como não havia árvore que se igualasse ao cedro em altura, simetria e volume, ninguém se comparava ao monarca assírio. Os galhos longos do cedro, proporcionando abrigo a "todas as aves do céu", denotam a extensão do domínio assírio.

"... a sua raiz estava junto às muitas águas" é um modo figurado de se referir às várias nações subordinadas existentes ao redor, as quais abasteciam o grande manancial de prosperidade da Assíria e ajudavam a aumentar o poder e a opulência do Império. O "jardim de Deus" refere-se ao antigo Éden, situado nos limites do Império Assírio. "... mais poderosa das nações" pode ser, por extensão, uma referência ao monarca caldeu Nabopolassar. "... as árvores do campo" representam os potentados subordinados, que estavam espantados ou "estremecidos" pela queda da Assíria (Ez 26:13,18). Mas a poderosa árvore foi derrubada, e seu tronco sem folhas e sem vida tornou-se repouso de aves e animais —referência pitoresca à queda da Assíria, que afetou todas as nações circunvizinhas. "A quem és semelhante...?" Toda a parábola profética chega ao ápice nessa pergunta. O Egito, semelhante à Assíria em sua glória, como ela experimentaria os juízos de Deus. Como comenta Jamieson: "A lição, numa escala gigantesca de privilégios edênicos, eliminados pelo orgulho e pelo pecado dos assírios, como no caso do primeiro homem no Éden, que acabou em ruína, haveria de repetir-se no exemplo do Egito. Pois o Deus imutável governa o mundo com os mesmos princípios imutáveis [...] pagando na mesma moeda (28:10). O fim de Faraó será tão humilhante quanto o da Assíria, como mostrei. 'Este é Faraó' —*este* é demonstrativo, como se Deus estivesse apontando com o dedo para o Faraó prostrado, espetáculo para todos, como na praia do mar Vermelho (Êx 14:30,31)". A aplicação sem rebuços dessas figuras a Faraó encerra a quinta profecia de Ezequiel.

Parábola dos pastores infiéis
(Ez 34:1-31)

A profecia parabólica desse capítulo se inicia com uma acusação contra os governantes gananciosos de Israel, assemelhados aos falsos pastores que governam "com rigor e dureza", cujo pecado era explorar as ovelhas em vez de alimentá-las. "... as minhas ovelhas foram entregues à rapina" (Ez 34:1-10). Após se cumprir o juízo divino da destruição de

Parábola dos pastores infiéis

Jerusalém, Ezequiel, embora denunciando os opressores e os inimigos de Israel, torna-se mais consolador, e suas profecias se enchem de ricas promessas para o povo aflito de Deus. Assim, nesse capítulo, o profeta anuncia que Deus livrará o seu povo das mãos dos governantes egoístas e perversos que os oprimiam, e ele mesmo os sustentará e protegerá. Como um todo, o capítulo pode ser considerado uma ampliação da breve profecia de Jeremias (23:1-8). As três divisões do capítulo são:

1. *A promessa de condenação dos pastores infiéis* (1-10). Por "pastores" não devemos entender profetas ou sacerdotes, mas *governantes* que, em sua gestão, buscavam satisfazer os seus propósitos egoístas, e não o bem de seus súditos. Esses governantes eram para seus súditos o que os pastores são para o rebanho, e essa primeira parte do capítulo se enche de acusações por serem esses reis indignos (v. 1Rs 22:17; Mt 9:36). Faltavam-lhes as qualificações básicas dos verdadeiros governantes. A satisfação excessiva dos próprios desejos levou-os a negligenciar o rebanho: "Ai dos pastores infiéis que apascentam a si mesmos". Os doentes não eram cuidados; os perdidos não eram procurados. Além disso, esses líderes de Israel estavam "gordos e fortes", mas tratavam com crueldade aqueles de quem deveriam cuidar. Repetiam muitas vezes o perverso tratamento que Acabe dispensou a Nabote. "Não satisfeitos de se apropriarem dos pertences alheios para benefício próprio, estragavam caprichosamente o que não usavam, para que não tivesse nenhuma serventia aos seus donos" (Ez 34:18,19). O resultado das transgressões ativas e passivas dos governantes de Israel foi o cativeiro e depois a dispersão do rebanho. As dez tribos do Norte tornaram-se peregrinas nas terras da Assíria, e as duas do Sul foram dispersas na Babilônia e no Egito, separadas do remanescente que ficou na terra desolada. Contudo, mesmo espalhados por toda parte, o Onisciente sabia onde estava cada uma de suas ovelhas.

2. *A promessa do cuidado divino para com o rebanho* (11-22). A eliminação dos falsos pastores era pré-requisito indispensável para que se levantasse um libertador divino: "... livrarei as minhas ovelhas da sua boca". Temos aqui a intervenção de Deus a favor de seu povo, Israel (Jr 23:1; Zc 11:17). Em virtude da libertinagem geral dos governantes e reis e o abuso ousado do poder, da influência e do contentamento ímpio, Deus encarregou-se da função que os governantes perverteram de modo tão cruel, a saber, a guarda do rebanho. Essa vigilância divina é apresentada numa linguagem repleta de beleza. "Eu, eu mesmo, procurarei [...] e as buscarei [...] Livrá-las-ei [...] Tirá-las-ei [...] e as farei vir [...] trarei à sua terra [...] e as apascentarei [...] se deitarão numa boa malhada [...] ligarei [...] fortalecerei".

Deus deixa claro que não só libertaria, mas governaria também. "Apascentá-las-ei com juízo", quer dizer, haveria manifestação de sua discriminação e administração. Ele impediria que os fortes pisassem nos pastos e machucassem os fracos. Os opressores opulentos seriam condenados, e os pobres humilhados seriam enriquecidos.

3. *A promessa da nomeação de Davi como pastor* (23-31). Davi foi levantado por designação divina, não apenas como governante bom e benevolente, mas como cabeça da teocracia e como ancestral de Jesus Cristo segundo a carne. Davi tipificava o Pastor misericordioso e sublime que efetuaria de modo perfeito os propósitos

de Deus. Na plenitude dos tempos, o Filho do grande Davi, maior que ele, surgiu como o Bom Pastor e deu a vida pelas ovelhas; mas, como os governantes judeus o rejeitaram, o povo de Israel foi espalhado mais ampla e terrivelmente do que antes.

Depois de reprovar severamente a negligência dos nomeados para cuidar do rebanho, Deus promete suscitar um pastor, uma planta de renome, que fielmente desempenharia todos os seus deveres e faria jus à confiança nele depositada (Ez 34:2-16,23,24). O termo *pastor* veio a calhar para Davi na qualidade de "governante", por ser tipo do verdadeiro Davi (Ez 34:22,23). O filho de Jessé foi transferido do ofício de pastor para o de rei. Sua nova função, como fazia antes com o rebanho, era defender e apascentar seu povo (2Sm 5:2; Sl 78:70,71). "Pastor significa *rei*, não instrutor religioso", diz Jamieson, "por isso Cristo foi acima de tudo o verdadeiro Davi, por ser o *Pastor-Rei* (Lc 1:32,33). O Messias é chamado 'Davi' em Isaías 55:3,4, em Jeremias 30:9 e em Oséias 3:5". Esse grande capítulo se encerra com a absoluta certeza de que o povo escolhido de Deus será o seu rebanho, e ele, o seu Deus (Ez 34:31). Esse pastor-rei estabelecerá o seu reino e, sob o seu comando, haverá paz, provisão e proteção. Seu rebanho desfrutará dos recursos divinos, suficientes para satisfazer as necessidades de todos, além do cuidado e da vigilância ininterruptas do Senhor.

Parábola do vale de ossos secos
(Ez 37:1-14).

O capítulo anterior tratou da restauração final de Israel e de como ela se dará. O povo de Deus retornará de todos os países e será purificado interior e espiritualmente, sendo capacitado a mais uma vez testemunhar às nações vizinhas acerca do caráter e da verdade de Deus. A terra de Israel de novo experimentará a prosperidade pelo amor do Senhor e será como o jardim de Deus. E o capítulo continua com a mesma promessa consoladora de restauração. O antigo povo de Deus se tornara como ossos secos, mas, ressuscitado para uma nova vida e com a união dos dois reinos, o santuário de Deus se estabelecerá para sempre entre eles.

A primeira parábola desse capítulo ocupa-se da visão simbólica de Ezequiel acerca da restituição da vida nacional a um povo disperso e sem esperança. No espetáculo misterioso e surpreendente do vale de ossos secos, ouvimos o vento mover-se sobre os ossos disjuntos, depois os vemos unir-se, revestidos de nervos, de carne e de pele, levantando-se como um exército vivo. Tudo isso é uma parábola da recriação de Israel como povo e nação. Que gloriosa ressurreição aguarda aqueles sobre quem Ezequiel profetizou! Para, contudo, reconhecer o real valor dessa gloriosa ressurreição, examinemos a então desesperança de Israel:

... *um vale [...] cheio de ossos*. Esses ossos secos não estavam amontoados, mas abundantemente espalhados sobre a face do vale —figura da dispersão, da desolação e do massacre por forças invasoras. Esses ossos dispersos já estavam "sequíssimos", o que mostra que havia muito estavam sem vida. Esses ossos sem medula quararam pela longa exposição ao ar —símbolo da sequidão e da esterilidade espiritual de Israel, em razão do seu pecado e do cativeiro decorrente.

... *poderão viver estes ossos?* Da perspectiva humana, não. Não havia nenhuma esperança de a nação se reconstituir, senão pela onipotência divina. "Senhor Deus, tu o sabes." O profeta sabia, e o povo, ao receber dele a profecia, foi levado a perceber que "o impossível para os homens é perfeitamente possível a Deus". Assim, falando em nome de Deus, Ezequiel profetizou sobre os ossos, mostrando que o povo disperso e ainda rebelde ouviria a mensagem de sua futura "ressurreição", a qual se daria de fato. Quando Ezequiel profetizou, houve "um ruído", i.e., os ossos se ajuntaram uns aos outros e foram revestidos de nervos, carne e pele. Mas, unidos, os ossos antes secos e espalhados apenas formavam cadáveres de má aparência. Precisavam de *vida*.

... assopra sobre estes mortos para que vivam. Pelo poder da palavra criadora de Deus, a vida entrou naqueles corpos rejuntados, e eles se puseram de pé como "um exército grande em extremo". Assim como Deus formou o homem do pó da terra e lhe soprou nas narinas o fôlego de vida, fazendo-o alma vivente (Gn 2:7), assim Israel devia acreditar que o mesmo Deus abriria suas sepulturas, trazendo o povo de volta à terra de Israel (Ez 37:12). O ensino, portanto, dessa vívida parábola é que "o Israel revigorado é aquele barro do qual Deus formará o povo do seu reino eterno".

Parábola dos dois pedaços de pau
(Ez 37:15-28)

Em mais essa parábola profética, intimamente relacionada à do *Vale de ossos secos*, Ezequiel recebe ordens de fazer uma representação simbólica e explicar o seu significado ao povo. Ao comentar as duas parábolas do capítulo, Ellicott diz: "Na primeira, pela figura da revigoração dos ossos secos, Deus mostrou seu poder de cumprir a promessa de ressurreição espiritual de Israel; na segunda, ele acrescenta a essa mensagem específica o que antes apenas se supunha: que as duas nações de Israel, há muito separadas, serão reunidas e prósperas sob o governo do futuro Davi [...] Essas promessas preparam o caminho para o grande e definitivo ataque (38,39) —e também para a derrota— de todos os seus inimigos pelo poder de Deus".

Ezequiel recebe instruções de pegar dois pedaços de pau e escrever neles *Por Judá*, e *Por José [...] e por toda a casa de Israel*. Esses pauzinhos deveriam ser unidos, para se tornarem um só na mão do profeta. Os dois representavam os dois reinos. Após a morte de Salomão, o reino unido dividiu-se —dez tribos tomando o partido de Jeroboão e conhecidas como *Casa de Israel*, e as outras duas permanecendo com Roboão, sucessor de Salomão, conhecidas como *Casa de Judá*. Enquanto falava dos *pedaços de pau*, talvez o profeta tenha lembrado das varas tribais de que tratou Moisés (Nm 17:2,6-9). Sem dúvida, os dois pedaços de pau foram moldados de forma que, quando juntos, parecessem um só —parábola ou profecia em ação acerca da união fraternal que fará das dez tribos e as outras duas uma nação indissolúvel sob o Rei da aliança. Cessarão todas as divisões, e, com a unificação de Israel, os interesses da nação se consolidarão. A despeito da forte oposição dos inimigos (Ez 38,39), a promessa de Deus de restauração e de unificação não será frustrada. Sua Palavra nunca falha nem deixa de se cumprir. Nunca mais Deus esconderá a face diante do povo.

Quanto aos capítulos 38 e 39, que tratam do completo triunfo do Ungido de Israel, Fairbairn afirma: "Essa é uma parábola *profética* em que todos os detalhes estão repletos de profundo significado, expressos na linguagem da representação simbólica".

Parábola da cana de medir
(Ez 40:1-5; 41:19,20; 43:1-19)

Os capítulos de 40 a 48 das profecias de Ezequiel são "os de maior peso do livro, pois oferecem um esboço cuidadosamente elaborado da estrutura política do Israel repatriado, como numa organização eclesiástica, não como nação". Assim, nessa profecia de natureza notadamente diferente, temos um relato circunstanciado do templo, de seus serviços e da adoração. Se a profecia do templo, em seus mínimos detalhes, meticulosas dimensões e inúmeras ordenanças, deve ser interpretada literalmente, ou como uma parábola de um templo por assim dizer ideal, já foi objeto de muito debate, e muitas obras há escritas sobre o assunto. A profecia foi proferida quando o templo de Salomão já se achava em cinzas, e a terra, desolada. Posteriormente, o templo foi reconstruído, e os judeus, repatriados na Palestina; mas o que Ezequiel retrata aqui ainda está para acontecer. Quanto aos *prós* e aos *contras* da interpretação literal ou simbólica de tudo o que se relaciona ao templo e à nova e impressionante divisão da terra, recomenda-se a leitura da "Preliminary note" ["Nota preliminar"], de Ellicott, dos últimos capítulos de Ezequiel.

Quanto às dificuldades geralmente associadas a esse texto, podem ser todas *aparentes*, não reais. "A fé aceita a Palavra de Deus como ela é", diz Jamieson, e "aguarda o acontecimento, certa de que esclarecerá todas essas dificuldades. Talvez, como pensam alguns, o ideal perfeito de uma comunidade sagrada baseia-se no padrão de culto do templo de então, que seria o imaginário mais conhecido do profeta e dos ouvintes da época."

A mão do Senhor levou o profeta a um alto monte em Israel, de onde viu um homem com uma cana de medir na mão. A característica precisão de detalhes se evidencia no fato de o *cordel de linho* ser usado para medidas maiores e a *cana de medir* para medidas curtas. Se o que Ezequiel viu foi um padrão parabólico de "sociedade espiritual futura, com unidade de fato, habitada por uma presença divina, descansando no divino nome", então saltam várias idéias preciosas. Em primeiro lugar, a medição aqui mencionada exigia o trabalho de um anjo de Deus. O templo de Salomão foi medido e construído por mãos humanas, mas o da visão de Ezequiel ultrapassa a imaginação humana. A habitação de Deus (Ef 2:20,21) consistirá numa multidão "que *ninguém* podia contar" (Ap 7:9).

Em segundo lugar, a grande variedade de materiais, cada qual destinado a um fim específico no templo, simboliza as características de unidade e diversidade no templo vivo de Deus. O templo aqui medido era um quadrado perfeito, e construções desse tipo são muito firmes, seguras e resistentes. Não é o caso do templo construído sobre Cristo, a principal pedra de esquina? (Ef 2:20; Mt 16:13). Além disso, o templo perfeito da visão de Ezequiel era notável por sua beleza, e simbolizava o magnífico templo do seu corpo —formoso e esplêndido.

Parábola das águas em elevação
(Ez 47:1-12)

O maravilhoso rio simbólico visto por Ezequiel saía do templo e procedia de seu limiar, passando o altar, para fora, num fluxo que crescia cada vez mais. Deus retornara para habitar no meio de seu povo antes que brotasse o rio da vida (Ez 43:7-9). Na visão de João, o rio procedia "do trono de Deus e do Cordeiro" (Ap

22:1,3). Ser autônomo, o Senhor é a única fonte de água que jorra para a vida (Jo 4:14). Ele é "o manancial da vida" (Sl 36:9), e o seu templo vivo pode beber da "corrente das [...] delícias" do Senhor (Sl 36:8). "O Messias é o templo e a porta; de seu lado transpassado brotam águas vivas, de volume cada vez maior, tanto em cada crente como em cada coração." Do seu interior fluem rios de água viva (Jo 7:37-39).

A questão principal nessa parábola é que um pequeno fio-d'água rapidamente se transformou numa torrente, não pelo influxo de afluentes, mas por um abastecimento próprio: a sagrada e milagrosa fonte do santuário. O homem com seu cordel de medir chamou a atenção para a incessante elevação do rio —mil côvados após sua nascente, as águas davam pelos artelhos; mais mil, davam pelos joelhos; outros mil, e cobriam os lombos; ainda mais mil, e eram águas que se deviam atravessar a nado. O crescimento do governo do Messias não terá fim (Is 9:7; Zc 14:8,9; Jl 3:18). Temos uma aplicação para o nosso coração: "Quando buscamos as profundezas de Deus, achamos algumas fáceis de entender, como as águas nos artelhos; outras mais difíceis, exigindo uma busca mais profunda, como as águas nos joelhos ou nos lombos; outras que nos fogem ao alcance, nada nos restando senão admirar a sua profundidade" (Rm 11:33). A medição das águas do santuário, de aparência pouco volumosa em primeiro lugar, depois desdobrando-se numa plenitude cada vez mais rica, contrapõe-se aos mananciais dos empreendimentos humanos, cujas águas são imóveis e estagnadas (Jó 6:15-20; Is 58:11).

Como as águas do santuário eram limpas e fluentes, por onde passavam tudo vivia. Sendo águas *vivas*, serviam de águas *curadoras*. O "deserto" é um símbolo muito apropriado da esterilidade dos ímpios, de um mundo separado de Deus (Sl 107:5; Is 35:6). Mas as águas vivas do alto podem transformar qualquer mar Morto, se houver uma entrada e uma saída. Se algum mar Morto recusar-se a receber as águas curadoras, "os seus charcos e os seus pântanos não se tornarão saudáveis" (Ez 47:11). A aplicação não está tão difícil de achar. Os que não forem alcançados pelas águas curadoras do evangelho, por negligência, mundanismo ou rejeição, serão entregues à sua amargura e à sua esterilidade, servindo de exemplo de merecida condenação (2Pe 2:6; Ap 22:11).

Assim, as águas, que jorram, tornando-se mais largas e profundas à medida que se elevam, são uma parábola perfeita do crescimento da igreja, que começou pequena no Pentecostes e é agora um rio caudaloso. As águas em elevação também simbolizam o desenvolvimento da vida espiritual do crente verdadeiro, que deve tornar-se profunda com o passar dos dias. No começo da nova vida em Cristo, pouco se sabe da obra frutífera e revigorante do Espírito que dá vida, mas, quando prosseguimos viagem com ele, passamos a experimentar a plenitude das bênçãos do evangelho que ele torna possíveis ao coração obediente. São numerosas as evidências do Espírito Santo como rio de vida (Is 44:3; Ez 36:25-27; Zc 13:1; Jo 7:37-39).

AS PARÁBOLAS DE DANIEL

Todos os fatos da história de Daniel se encontram no livro que leva o nome desse grande profeta. De origem nobre, foi levado ainda jovem para a Babilônia, no quarto ano de Jeoiaquim, como cativo de Nabucodonosor, e desempenhou uma atividade profética que durou mais de setenta anos. Viveu numa época em que o espírito de profecia ainda não se havia extinguido. Ezequiel menciona a sabedoria de Daniel e faz alusão à intercessão que fazia (Ez 14:14; 28:3). Graças à posição eminente que alcançara, ao seu ministério profético singular e ao seu caráter resoluto, Daniel prestou valiosa ajuda aos seus compatriotas, tanto os do exílio como os de fora dele.

Vivendo a maior parte de sua vida no Império Babilônico, Daniel manifesta profundo conhecimento da vida e das tradições da Caldéia. Sendo um profeta de verdade, era conhecedor das três classes de magos que atuavam na Babilônia (Dn 2:2). Conhecia a linguagem dos magos —*revelar mistérios*— e a teologia deles, segundo a qual a morada dos "deuses [...] não é com os homens" (Dn 2:11; 5:12). Estava familiarizado com as roupas e também com as punições babilônicas (Dn 2:5; 3:6,21). Esses e outros detalhes mostram um autor que vive na Babilônia.

Ajudará na análise das visões parabólicas de Daniel, se lembrarmos que por um longo período ele testemunhou o rápido e espantoso crescimento do Império Babilônico sob o domínio de Nabucodonosor. Daniel também assistiu à "queda paulatina desse poderoso Império após a morte do seu fundador; presenciou o seu colapso definitivo e testemunhou os primórdios da supremacia persa, debaixo da qual — bem como no breve período em que o vice-rei medo presidiu sobre a Babilônia— provavelmente continuou ocupando o alto cargo dos dias de sua juventude".

Os escritos de Daniel são "apocalípticos e não proféticos", diz Ellicott. "Ele apresenta o futuro numa série de figuras enigmáticas, e não em linguagem enigmática [...] O objetivo do livro de Daniel é:

prover o elo perdido da corrente que vincula toda a revelação;
sustentar Israel em meio às dúvidas e aos temores gerados pelo exílio;
revelar a uma nação politeísta o eterno poder do único e verdadeiro Deus."

São muitas e variadas as características mais importantes desse homem de Deus, a quem Bengel chamou "o político, cronologista e historiador dos profetas". A experiência política, debaixo das sucessivas dinastias das grandes potências mundiais, aliada a qualificações naturais e acrescida da percepção espiritual, capacitavam-no a interpretar profecias. Deve-se ainda ressaltar:

Sua pureza e comedimento em meio aos luxos do mundo (Dn 1:8-16; Hb 11:25; Gn 39:9).

Sua fidelidade para com o Criador a qualquer preço e o fato de testemunhar de Deus diante de grandes homens de modo destemido (5:17-23).

Sua recusa de ser subornado por dinheiro e amedrontado por ameaças (Dn 6:10, 11).

Seu patriotismo inabalável, o qual, com orações fervorosas, intercedia a favor de seus compatriotas sofridos pelo castigo (Dn 9).

Sua íntima comunhão com Deus, de modo que, como João —discípulo amado e profeta apocalíptico do NT—, Daniel é chamado "homem muito amado", duas vezes, pelo anjo do Senhor (9:23; 10:11). Por inspiração divina, ele recebeu a plena revelação da vinda do Messias, as setenta semanas de anos e os acontecimentos seguintes até a última vinda do Senhor, para libertar o seu povo. Assim, em todo sentido, Daniel é uma ilustração de como Deus adapta seus instrumentos para o seu serviço.

Auberlen, em seu estudo sobre *Daniel*, compara o profeta a José: "um no começo, o outro no fim da história judaica da revelação; ambos representantes de Deus e de seu povo em cortes pagãs; ambos intérpretes de pressentimentos obscuros acerca da verdade —manifestos por Deus em sonhos— e, portanto, elevados de forma honrosa junto às potências do mundo; assim representantes do chamado de Israel para ser sacerdócio real entre as nações; também tipos de Cristo —o verdadeiro Israel— e do destino de Israel como luz a iluminar todo o mundo gentio, conforme prediz Romanos 11:12,15. Assim como na história da Grécia, Aquiles nos primórdios e Alexandre no fim são os espelhos de toda a vida do povo helênico, o mesmo se pode dizer de José e de Daniel em relação a Israel".

Parábola da grande imagem
(Dn 2:31-45)

Esse notável capítulo, pleno de importância profética e histórica, tem duas nítidas divisões, a saber:

- a revelação da imagem (31-36);
- a interpretação da imagem (37-45).

Não raro, os homens resolutos, que impiedosamente atingem os píncaros do poder, são acometidos de insônia —e Nabucodonosor não era exceção. Agitado, sonhou; mas, ao acordar, não conseguia lembrar-se do sonho. Evidentemente receoso quanto ao que se passara em sua mente e almejando a tranqüilidade, procurou a ajuda dos magos, dos astrólogos e dos encantadores para interpretar o sonho. A exigência desarrazoada do déspota era que os reconhecidos sábios em primeiro lugar reconstituíssem o sonho de que se esquecera e depois lhe indicassem o significado. Seria um teste para descobrir se os magos eram mentirosos e corruptos?

Os sábios insistiram em afirmar ser totalmente impossível atender ao pedido do rei (2:10,11), mas ele prometeu que todos morreriam, se não conseguissem reconstituir e interpretar o sonho (Dn 2:12,13). Daniel, tomando conhecimento dos planos do rei, reuniu seus três amigos para um período de oração, a fim de encontrar a chave do "mistério". Em resposta às fervorosas petições daqueles quatro homens consagrados, Daniel teve a revelação e a interpretação do sonho, louvando depois ao Senhor. Essa oração de louvor feita por Daniel é "uma das expressões da sabedoria divina, nas Sagradas Escrituras, mais belas e de maior lirismo" (Dn 2:20-23). A impressionante demonstração da capacidade de Daniel de interpretar sonhos mostra que não tinha uma aptidão inata, inerente para isso. Tudo o que precisava veio a Daniel por revelação de Deus.

Procurando Arioque, que tinha ordens de matar todos os sábios, pediu que suspendesse as execuções e solicitou uma entrevista com o tirano (Dn 2:24,25). Sem acanhamento, Daniel diz ao soberano que, como só Deus podia revelar os mistérios, o misterioso sonho fora revelado não por sabedoria do profeta, mas por divina revelação (2:28). Então passa a narrar uma das maiores visões apocalípticas dadas ao homem. Nabucodonosor deve ter ficado estupefato ao ouvir Daniel reconstituir o sonho e depois esboçar o começo, o meio e o fim da história e do domínio gentílico. O colosso metálico, com cada parte de um material diferente, simbolizava quatro reinos sucessivos e o reino final e definitivo de Deus, "a pedra que feriu a estátua [,e] se fez um grande monte, e encheu toda a terra" (2:35).

A interpretação de Daniel é por demais fascinante. A *estátua* simbolizava a unidade e a sucessão histórica de quatro impérios mundiais. Sendo a cabeça de ouro e os pés de ferro e de barro, a imagem era instável, destinada, portanto, à ruína.

O *primeiro reino* era a Babilônia, como declarou Daniel quando, ao interpretar o sonho, disse a Nabucodonosor: "*tu* és a cabeça de ouro" (Dn 2:38). Esse grande império existiu de 604 a 538 a.C. O ouro representa com muita propriedade a absoluta autocracia de Nabucodonosor, cujo poder era supremo: "A quem queria matar, mataria" (Dn 5:19).

O *segundo reino* era a Medo-Pérsia, que existiu de 539 a 333 a.C. Inferior ao primeiro, o Império Medo-Persa é ilustrado pelo peito e pelos braços de *prata*. O império dependia do apoio de uma aristocracia hereditária, sendo uma oligarquia monárquica em que os nobres se equivaliam ao rei em tudo, menos no cargo —sistema em que o monarca não podia de forma alguma agir por vontade própria (Dn 6:12-16; Et 8:3-12).

O *terceiro reino* era o Império Grego, que existiu de 490 a 146 a.C. Esse império, fundado por Alexandre, o Grande, continuou por meio dos seus sucessores na Síria e no Egito e permaneceu como um reino, não obstante os reinados confusos. A Grécia foi simbolizada pelo ventre e pelas coxas de *bronze*. O governo de Alexandre era uma monarquia apoiada por uma aristocracia militar tão vulnerável quanto as aspirações de seus líderes.

O *quarto reino* era Roma, que existiu de 27 a.C. a 455 d.C. Esse último império mundial era governado pelos césares, nominalmente eleitos pelo povo, com um senado para aconselhá-los e controlá-los. Esses imperadores romanos não usavam coroas, mas apenas uma láurea de comandante bem-sucedido. Roma é retratada pelas pernas de *ferro*, aludindo assim a um império metálico e coeso. O *ferro* simboliza a "força", e Roma teve uma força maior que a de outros reinos, conservando o seu domínio original de ferro, ou imperialismo democrático.

As *duas pernas* da imagem representam as cisões ocidental e oriental do Império Romano, com a Igreja Grega no Oriente e a igreja papal no Ocidente.

Os *dez dedos de ferro e de barro* sugerem a frágil combinação decorrente da união do ferro de Roma misturado ao barro da vontade popular. A monarquia absoluta degenera-se em democracia autocrática. Essa é a forma de governo mais comum em nosso dias. Vivemos as divisões do Império Romano iniciadas há mais de 1 400 anos, as quais, no retorno de Cristo, serão *dez* (Ap 17:12). A degeneração dos impérios mundiais é representada pelo emprego de metais de valor menor a cada vez. A prata vale menos que o ouro; o bronze, menos que a prata; o ferro, menos que o bronze; o barro, menos que o ferro; sendo este mais perecível ou mais facilmente corrosível ou oxidável que o bronze, a prata ou o ouro. A substância básica de cada um é o *pó*, e pó deve ao pó voltar. Tudo o que fracassa na mão do homem deve passar, sendo estabelecido o que está nas mãos de Deus.

O *quinto reino*. Após o processo de deterioração, há o surgimento e o estabelecimento de uma nova ordem representada pela pedra cortada "sem auxílio de mãos", que esmiuçou os pés da estátua e a derrubou. Ninguém pode duvidar de ser essa uma parábola do reino messiânico, cujo governo abrangerá toda a terra. Cristo é a *pedra* capaz de reduzir homens e nações a pó (Mt 21:44). "...

Parábola da grande árvore

nos dias destes reis" significa os representados pelos *dez dedos*, que governarão no fim da era gentílica. O domínio gentílico era um processo gradual, que passaria desde cabeça até os pés. Mas a *pedra* não encherá a terra de modo gradativo. Repentina e rapidamente, Cristo, o Rei dos reis, virá e introduzirá o seu reino universal. Alguns equivocadamente sustentam que o quinto reino é espiritual —a igreja. Mas será um reino no verdadeiro sentido da palavra, tanto quanto os quatro impérios mundiais que temos estudado. A igreja não está aqui para destruir nenhum reino terrestre, mas para estender a sua influência na qualidade de reino espiritual. Como os quatro metais, a *pedra* também é feita de pó solidificado. Mas que diferença! Cristo assumiu a semelhança da nossa carne e algo do pó humano, glorificado nos altos céus, e nada pode resistir ao poder do pó de mistura com a divindade. Os impérios mundiais destituídos de Deus devem terminar em pó, e, à medida que nos aproximamos do reino milenar de Cristo, os reinos do mundo tornam-se menos duradouros e mais desprezíveis.

Daniel, por reconstituir e interpretar o sonho de Nabucodonosor, ascendeu a uma elevada posição (Dn 2:46-49). Convencido da realidade da revelação celestial, o rei prostrou-se diante de Daniel e confessou o poder de Deus. Entretanto, Nabucodonosor só o reconheceu como "Deus dos *deuses*" —a mais importante dentre múltiplas divindades. O tirano pagão não o aceitou como o único Deus *verdadeiro* e vivo. Seria necessária uma humilhação para que isso se evidenciasse, como veremos.

Parábola da grande árvore
(Dn 4:1-37)

Embora esse capítulo se inicie com uma doxologia —o testemunho piedoso e corajoso de Daniel e de seus três amigos hebreus sem dúvida fez Nabucodonosor compreender o grande poder de Deus — o rei recusava-se a reconhecer a sua obrigação para com Deus, que lhe concedeu outro sonho parabólico. Dessa vez ele se lembra e narra o sonho, que era sobre uma grande árvore, alta e frondosa. Subitamente é cortada e destruída por ordem do vigia celestial. Seus frutos foram espalhados, e seus galhos não mais serviam de abrigo para as aves e os animais do campo. Tudo o que restou foi um reles tronco. Essa visão parabólica, semelhante em sua implicação à *Parábola do cedro no Líbano* (Ez 31:3-17), apresnta ainda outras características.

Nabucodonosor, após relatar a Daniel o sonho que seus magos não tinham conseguido interpretar, recebe do profeta (que agora tinha um nome babilônico, *Beltessazar*) sua interpretação divina. Daniel, atônito ao perceber que o sonho se aplicava ao próprio rei, que o tivera, "começou sua interpretação, dirigindo-se ao rei de forma cortês, o que demonstra sua percepção acerca do infortúnio que lhe sobreviria. Ainda assim, leal que era à verdade, interpretou ao monarca segundo o significado do sonho, e lançou o apelo para que Nabucodonosor abandonasse seus pecados e mostrasse misericórdia para com os pobres, a fim que a sua tranqüilidade se prolongasse".

Daniel explicou que a grande árvore simbolizava o próprio rei, a sua robustez e frutificação ilustravam sua opulência e poder; o fato de ser cortada apontava para um rompimento de sua soberania e poder. A localização da árvore, "no meio da terra", evidenciava o crescimento desenfreado da Babilônia, em todas as direções. Os antigos orientais gostavam de ilustrar o crescimento da grandeza e do poder humano com a figura de uma árvore em crescimento ou já derrubada. A aves e os animais do campo, reunidos sob a árvore, eram uma forma figurada de se referir aos vários povos unidos sob o cetro de Nabucodonosor.

A desgraça não sobreveio de uma só vez a Nabucodonosor. Só um ano depois o rei experimentou o castigo, quando, tendo desobedecido ao apelo de Daniel, andava em seu orgulho, vangloriando-se de ter construído a grande cidade —Babilônia— com o próprio poder e para a sua glória. Uma voz do céu diz ao altivo rei que o império de que se jactava lhe seria tomado, em cumprimento da profecia de Daniel. É assim que, como acontece nos sonhos, a figura transforma-se de *árvore* (organismo vegetal preso ao chão) em *animal*, organismo vivente que, "embora apto por natureza a locomover-se com liberdade e a ter participação independente na vida, está agora violentamente tolhido. As cadeias de ferro e de bronze simbolizam os grilhões de trevas e de grosseira bestialidade em que a mente do rei se manteve por longo período".

Assim como Herodes, o mesmo aconteceu com Nabucodonosor, que, ao jactar-se em seu orgulho, foi imediatamente golpeado. Dominado pela doença mental conhecida como *licantropia*, o rei deposto imaginava-se um animal e agia como tal. Deixou o convívio com os homens para habitar e alimentar-se com os animais do campo. Pela misericórdia de Deus, após algum tempo o rei recobrou o juízo e, com a mente recuperada, procurou louvar a Deus. Nesse caso, o castigo divino parece ter tido um efeito benéfico, pois o rei entendeu o verdadeiro significado do poder de Deus. De volta ao seu reino, louvou ao Rei do céu, cujas obras são verdade e cujos caminhos são juízo. Nabucodonosor aprendeu a lição da humildade, e que o Deus supremo pode abater os que andam orgulhosamente. Aquele castigo foi a disciplina necessária para o orgulhoso governante. Agora estava cumprida a figura do tronco, que apontava para o seu posterior retorno ao poder.

As lições dessa parábola para o nosso coração são claras e evidentes. O orgulho carnal, impróprio, em geral resulta em degradação. A vanglória e a auto-exaltação trazem as suas desventuras. O orgulho e a autoconfiança arrogante são crimes contra Deus e merecem o seu castigo. Então, quando o castigo tiver produzido uma atitude correta do coração diante de Deus, retornam os sinais da graça do Senhor. Além disso, o louvor a Deus mostra que a aflição não foi em vão. Nabucodonosor passou por uma experiência angustiosa e humilhante, mas que resultou em levá-lo aos pés do Deus Eterno. Já que o orgulho é um dos pecados mais comuns ao homem e um dos que Deus mais abomina, que por sua misericórdia nos mantenha mansos e humildes de espírito!

Parábola da escrita misteriosa
(Dn 5:1-31)

Como disse alguém: "Tudo o que se aprende da história é que nada se aprende com a história". Com que perfeição isso reflete a história de Belsazar, que sucedeu seu pai, Nabucodonosor, no trono! Embora não tenhamos detalhes acerca dele, é apresentado nesse capítulo como homem de hábitos perdulários. O quadro de forte impacto apresentado por Daniel dá uma idéia do caráter de um filho que não aprendeu com as loucuras e a degradação do pai. A pândega revela o homem, e que chegara a hora de pela última vez se manifestar o pecado de Belsazar, profanando os utensílios de ouro tomados da casa de Deus em Jerusalém. Belsazar e seus grandes, depois de uma noite de farra licenciosa, ficaram de súbito perturbados ao ver uma misteriosa mão que, na caiadura da parede do palácio real, escrevia a mensagem da condenação do rei e de seu reino.

Belsazar, pálido e abalado por causa da aparição estranha e espantosa da mão, chamou os seus sábios para que interpretassem a escritura, exatamente como seu pai lhes havia pedido que interpretassem os seus sonhos. A sabedoria humana, contudo, nunca pode interpretar a mensagem divina. Aqueles sábios mundanos ficaram desconcertados diante da escritura. A rainha, entretanto, lembrou-se de Daniel, dotado da capacidade de interpretar sonhos. Ele foi trazido diante do rei, que lhe prometeu muitos presentes, se ele pudesse ler o misterioso escrito na parede. Cheio de dignidade e de heróica lealdade para com Deus, Daniel, com palavras claras e incisivas, recusou todos os presentes oferecidos e em seguida acusou o rei por seu terrível pecado, anunciando-lhe seu fim trágico. O profeta apresentou a Deus como o soberano Senhor, sentado sobre os tronos da terra, prestes a pôr fim no Império Babilônico, dividindo-o entre os medos e os persas.

Assim diz *The biblical expositor* [*O comentarista bíblico*]: "Outra potência mundial conquistara hegemonia, tornara-se perversa, fora condenada por Deus, destruída e substituída. Se quiséssemos representar num gráfico os sucessivos reinos deste mundo, veríamos vez após vez linhas paralelas a representar uma firmeza inicial, uma crescente prosperidade, uma posição superior a tudo ao redor e por fim um mergulho no esquecimento. Esse processo, tantas vezes repetido na história, pode levar anos ou até séculos. Às vezes a decadência é rápida, como no caso de Belsazar; às vezes lenta, levando séculos de declínio, como no caso do Império Romano, mas o rumo e o final são os mesmos".

Parábola dos quatro animais
(Dn 7:1-28)

A visão de Daniel dos quatro animais subindo do mar —outra parábola que ilustra poder e graça— ele a teve uns 48 anos após o sonho de Nabucodonosor sobre o domínio mundial. Nessa visão, Daniel estava na praia do *Mar Grande* (mar Mediterrâneo), de onde surgiram os quatro reinos: Babilônia, Medo-Pérsia, Grécia e Roma. *Quatro animais grandes* subiam sucessivamente do mar. Temos aí uma continuação do sonho de Nabucodonosor.

Na *grande imagem* temos o domínio gentílico em seu poder inteligente e harmonizado. Embora os impérios tivessem substância, força e caráter diferentes, tinham, contudo, uma só forma. Agora, nos *quatro animais grandes* apresenta-se outro lado, a saber, o terrível poder devastador dos impérios mundiais, simbolizados pela força bruta. Vejamos como esses dois aspectos se harmonizam. A impiedade e a ambição mundana —resultantes no fruto natural da crueldade e do crime— são nitidamente retratadas pelos *reinos* e pelos *animais*: aqueles observados de acordo com seus aspectos políticos externos, estes representados pelo pensamento que Deus tem acerca de suas características morais. A primeira visão é formada de imagens do mundo inanimado, mas aqui temos imagens tiradas do mundo animado.

Mar. Eis um símbolo perfeito da humanidade intranqüila. A Bíblia apresenta as potências mundiais subindo da agitação do *mar* político

(Jr 46:7,8; Lc 21:25; Ap 13:1; 17:15; 21:1). O *mar* pode ser *traiçoeiro*; e a traição participou ativamente do surgimento dos impérios mundiais. A *inquietação* também caracteriza o mar; e a história das nações é de constante mudança. O mar pode ser *destrutivo*; os sucessivos impérios vistos por Daniel foram, no mundo, forças mais destrutivas que construtivas. Os "quatro ventos" correspondentes aos "quatro animais" são uma parábola dos vários conflitos nos quatro cantos ou sentidos do mundo.

Animais. De modo geral, os quatro animais correspondem aos quatro grandes impérios do sonho de Nabucodonosor, cujas características foram mais animais que humanas. Por isso os impérios dessa visão parabólica são simbolizados por animais selvagens, notáveis por sua força e crueldade. Não se mencionam animais mansos ou dóceis por natureza, o que denota a total ausência dessas qualidades nesses reinos ímpios.

Leão com asas de águia. Olhando, Daniel viu o leão levantado da terra e posto em pé como um homem, e "foi-lhe dado um coração de homem" (Dn 7:4). No Museu Britânico podem-se ver colossais leões de pedra com asas de águia e cabeça de homem, trazidos em 1850 d.C. das ruínas da Assíria e da Babilônia. Esse *animal* corresponde ao primeiro reino mundial —a Babilônia— e ao seu rei que, em sua demência, por um tempo imaginou-se um animal (Dn 4:16,34). O leão é o rei dos animais, e a águia, a rainha dos pássaros, o que figuradamente representa a realeza da "cabeça de ouro" e a rapidez aquilina dos exércitos de Nabucodonosor. Por "arrancadas as asas", podemos entender a insanidade animal de Nabucodonosor (Dn 4:20-27).

Urso com três costelas. Esse animal devorava a carne (Dn 7:5) e denota de modo perfeito o Império Medo-Persa, que rapidamente devorou a Babilônia, a Líbia e o Egito. Depois do leão, o urso é o mais forte e o mais bem conhecido pela voracidade. Sem a agilidade e a majestade do leão, o urso, grosseiro em seus movimentos, domina as suas vítimas pela força bruta. Dessa forma, o Império Medo-Persa, com movimentos pesados, obteve a vitória, não pela bravura e pela perícia, mas pelo vasto contingente pronto a devorar "muita carne". Pelas três costelas entendemos os três reinos: Babilônia, Líbia e Egito, que formavam a "tríplice aliança" para resistir ao poder medo-persa, sendo destruídos por ele.

Leopardo com asas e cabeças. O terceiro animal —"semelhante a um leopardo, e tinha quatro asas de ave nas costas [...] tinha quatro cabeças" (7:6)— é em geral identificado com o Império Grego, que atacou rapidamente e engoliu o mundo conhecido com espantosa e inesquecível rapidez. O "leopardo", o mais ágil e gracioso dos animais, teve sua velocidade auxiliada pelas "asas". Alexandre, o Grande, com um exército pequeno, mas bem equipado e corajoso, movimentou-se com grande velocidade e em dez anos derrotou os pesados exércitos da Pérsia, subjugando o mundo civilizado. Sendo "quatro" o número da terra, pode denotar os quatro cantos do planeta aos quais Alexandre, que morreu sem ter mais o que conquistar, estendeu o seu reino. Quanto às "quatro cabeças", representam os quatro reinos em que o Império Grego foi dividido pelos generais, a saber, o Egito, a Síria, a Trácia e a Macedônia. *O leopardo* corresponde ao ventre e às coxas da estátua.

Grande animal com dez chifres. Ao contrário de qualquer outro animal que Daniel tenha visto ou ouvido falar, esse era "terrível e espantoso, e muito forte, o qual tinha dentes grandes de ferro [...] dez chifres". Nos dentes de ferro, que correspondem às pernas de ferro, e nos dez chifres, que dizem respeito aos dez dedos da estátua, não é difícil notar uma referência de Daniel a Roma, o quarto reino mundial. Entre os dez chifres havia um "pequeno chifre" que surgia e erradicava três dos dez chifres iniciais. Examinando de perto esse "pequeno chifre", Daniel descobriu que tinha "olhos como os olhos de homem, e uma boca que falava com vanglória" (Dn 7:7,8). Semelhante aspecto muito perturbou e confundiu a Daniel, e nos reporta à tremenda arrogância e presunção do Anticristo ao lutar contra os santos do Altíssimo na grande tribulação.

Como nos metais que formavam a estátua, também nesses animais há uma degeneração —do ouro para ferro; do leão para um monstro indescritível. Os *metais* representam os valores humanos dos reinos mundiais —a concentração de riquezas, da majestade e do poder. Os *animais* dão-nos a visão de Deus —a sucessão de animais selvagens e vorazes devorando um ao outro.

Ancião de dias. Que cena diferente diante de nós agora, com o Rei celestial conquistando todas as autoridades da terra e instaurando o seu reino de paz e de justiça. Por ser eterno, Deus é paciente e terá a última palavra; e, quando se pronunciar em juízo, ai dos governantes ímpios da terra. Daniel apresenta uma cena que simboliza o tribunal (Dn 7:9-14). Quão glorioso é o Ancião de dias em suas vestes brancas, seus cabelos bancos, seu trono de chamas e cercado de majestade! Abre-se o livro e segue-se o fim dos reinos da terra. O Rei de Deus recebe um reino que inclui todos os povos, nações e línguas desejosos de servi-lo. Ele está preparado para limpar a desordem da terra, pela qual as nações são responsáveis, e, quando aparecer como "o Príncipe dos reis da terra", seu reino será firme, pacífico, benéfico, indestrutível e eterno. Compare essa cena com a que João visualizou (Ap 5:6-10).

Os reinos do mundo surgem da terra, mas "vinha nas nuvens do céu um como o Filho do homem" (Dn 7:13,14). "Vós sois de baixo", ele diz, mas "sou de cima" (Jo 8:23). Então um reino que não é deste mundo possuirá o mundo. "Teu é o reino" — um reino eterno.

Intimamente associada com o segundo e o terceiro reino está a seguinte visão concedida a Daniel, na qual vemos claramente o Império Medo-Persa e o Grego. Assim, vamos para:

Parábola do carneiro e do bode
(Dn 8:1-25)

Daniel viu um carneiro com dois chifres que dava marradas para o Ocidente, para o Norte e para o Sul. Nada ficava de pé diante dele. A sua vontade era sempre atendida (Dn 8:4). Enquanto Daniel assistia, um bode atacou o carneiro, venceu-o e se engrandeceu. Quatro chifres surgiram de um do qual também cresceu outro até derrubar o santuário. Quando Daniel refletia sobre a visão e procurava entender uma situação que o perturbava muito (Dn 7:8), teve uma interpretação divina.

O carneiro simbolizava o poderio medo-persa; e o bode rude, o rei da Grécia, que seria suplantado por uma violenta força, a qual seria por fim derrotada sem auxílio de mãos. Embora o leitor possa encontrar um tratamento mais detido desse aspecto fascinante da história dos gentios em meu livro *All the kings and queens of the Bible* [Todos os reis e rainhas da Bíblia], um breve resumo do significado desses dois animais será suficiente por enquanto.

O *carneiro* representa o Império Medo-Persa, e seus "dois chifres", dois reis —Dario e Ciro. Um chifre era mais alto que o outro, e o mais alto veio por último.

O *bode* representa o Império Grego: o "chifre grande" entre seus olhos, o primeiro rei —Alexandre, o Grande; e os "quatro chifres", os quatro reinos em que a Grécia foi dividida, a saber, a Macedônia, a Trácia, a Síria e o Egito. Os quatro foram absorvidos pelo Império Romano.

Ao considerar a visão do carneiro, Daniel contemplou o bode vindo do Ocidente, sem ser importunado, e observou o "chifre notável" entre os olhos dirigindo-se com furor, atacando o carneiro e o derrotando. O bode se engrandeceu, mas seu "grande chifre" foi quebrado e os "quatro [...] notáveis" cresceram muito para o Sul, para o Ocidente e para a Palestina, "a terra formosa" (Dn 8:9). O *bode* era o símbolo da Macedônia, e era visto em suas moedas. Conta a lenda que Caremus, o primeiro rei da Macedônia, foi levado à sua capital, Edessa, por uma chafardel de bodes. *Edessa* significava a princípio "a cidade do bode". Semelhantemente, as moedas persas exibiam uma cabeça de carneiro, e considerava-se esse animal o espírito guardião da Pérsia.

Foi revelado a Daniel que os "dois chifres" do carneiro, as "duas espáduas" do urso, os "dois braços" da grande estátua representam a mesma coisa, ou seja, o duplo reino medo-persa. Os "quatro chifres" que nasceram em lugar do "grande chifre" correspondem às "quatro cabeças" do terceiro animal selvagem, o leopardo. Assim o bode, o leopardo (o ventre e as coxas da estátua) todos representam o Império Grego e suas quatro divisões sob o comando dos generais de Alexandre, o Grande. O que não pode ser esquecido é que a revelação de Daniel é progressiva, em que cada nova visão esclarece a anterior. Por exemplo, o carneiro, ao avançar em três direções, lança luz sobre o urso que mastiga "três costelas" —parábola da subjugação da Lídia no Ocidente, da Babilônia no Norte e do Egito no Sul.

Daniel viu um "chifre muito pequeno" que surgiu de um dos "quatro chifres", e Gabriel lhe explicou o significado do símbolo. A passagem que se refere ao "chifre muito pequeno" como tirano e profanador do templo cumpriu-se provavelmente em Antíoco Epifânio. Podemos ainda ter aqui uma parábola da tribulação, quando o Anticristo buscará exercer o domínio mundial (Dn 8:22-27). Daniel ficou tão tomado com essa revelação tremenda dos acontecimentos futuros, que se enfraqueceu e ficou doente por alguns dias.

AS PARÁBOLAS DE OSÉIAS, DE MIQUÉIAS e DE HABACUQUE

Além da grande tragédia que experimentou, pouco sabemos da vida de Oséias. Era filho de Beeri, de Issacar. Nascido em Bete-Semes, era originário do Reino do Norte. Começou o ministério nos últimos anos do reinado de Jeroboão II; portanto, era contemporâneo do rei Uzias. Profetizou na mesma época de Isaías e de Amós. O quarteto conhecido como "os profetas do século VIII" —Amós Oséias, Isaías e Miquéias— se compunha de homens de Deus poderosos, cuja contribuição às profecias do AT, em conjunto, jamais seria suficientemente exaltada. Esses quatro profetas-evangelistas foram o "desafio imortal de Deus ao pecado, à imoralidade, à idolatria e ao paganismo. Transmitiram a mensagem divina e imortal de advertência, de denúncia e de condenação. Com essa palavra severa, anunciaram a promessa divina de esperança, de salvação e de vitória".

Há traços inegáveis da influência de Oséias sobre Isaías, Jeremias e Ezequiel, e "talvez ele seja o único profeta do Reino do Norte cujas sentenças nos chegaram em plenitude literária", diz Ellicott, "incorporando na própria linguagem características do dialeto do norte da Palestina". Oséias é o primeiro da lista dos profetas menores em virtude da "extensão, veemência e patriotismo de suas profecias, bem como da semelhança com as profecias dos grandes profetas". A importante influência desse profeta menor pode ser vista no modo em que os profetas posteriores expressam, com suas sanções inspiradas, as profecias de Oséias (Is 5:13; 9:12,13; 11:12,13; Sf 1:3; Jr 4:3), e também pelas muitas referências do NT ao seu ministério (Mt 2:15; 9:13; Lc 23:30; Rm 9:25,26; 1Co 15:4,55; 1Pe 2:10; Ap 6:16).

Os dias em que Oséias viveu careciam da voz forte e compassiva de alguém que não se recusasse a ressaltar a mensagem divina de juízo e calamidades vindouras, uma voz que não se escusasse de anunciar que essas mesmas calamidades redundariam em condenação irreversível. *The biblical expositor* [*O comentarista bíblico*] comenta: "Durante todo o seu ministério, ele vagou em meio à anarquia, à revolta, ao derramamento de sangue, às contendas, aos comportamentos imorais, aos lares desfeitos, ao ódio entre classes, aos tribunais corruptos, às extravagâncias, às bebedeiras, à escravidão e à superficialidade religiosa. A idolatria, a incúria e a ímpia satisfação própria, juntas, formavam um fardo intolerável. Os sacerdotes falharam e nivelaram-se aos bandidos e agitadores. A adoração era formal, profissional e sem sentido. Era uma situação patética. Como Deus poderia voltar para esse povo o seu olhar de misericórdia? Como um profeta espiritual poderia esperar ter alguma associação com um povo ímpio como esse? Reis, sacerdotes e príncipes estavam todos contra ele. Não contava com a ajuda da própria família. O pecado, o egoísmo, a avareza e o paganismo zombavam dele o tempo todo. A sua tarefa era inútil".

Deus, porém, prepara a quem chama. Com o "Ide" sempre há o "Estarei convosco". Assim, lá foi Oséias, como mensageiro ungido de Deus a um povo pecador, com uma mensagem de misericórdia e de juízo. No fundo, essa alma estranhamente poética, profundamente espiritual e por demais sensível, com "centelhas brilhando dos seus olhos cheios de lágrimas", era um evangelista cuja forma de pregação era pessoal e persuasiva. Ele clamava por decisões, ao lembrar ao povo de que seu pecado hediondo exigia arrependimento e confissão. Que sentimento neste apelo: "Volta, ó Israel, para o Senhor teu Deus" (14:1).

Oséias parece "um homem mais das emoções que da lógica, um poeta, mais que um pregador", em seus apelos, cuja tônica é o amor, violentado amor. A leitura do seu livro revela a riqueza de recursos pelos quais realçava seus apelos. Certo escritor, referindo-se à rápida transição de Oséias de uma forma de elocução para outra, disse: "A linguagem do profeta assemelha-se a uma grinalda de diversas flores; imagens entretecidas umas nas outras, símiles seguidos de outros símiles, metáforas ao lado de outras metáforas".

Parábola da esposa infiel
(Os 1—3)

Muito se tem escrito a respeito do casamento de Oséias e Gômer, filha de Diblaim. Esse acontecimento deve ser interpretado como visão profética, alegoria, parábola de verdade divina e, portanto, acontecimento não-histórico, ou relato estritamente factual? Defendemos, com Ellicott, a visão de que esse casamento e tudo o que lhe diz respeito não são mera alegoria, mas fato histórico responsável pela dor recorrente do coração ferido de Oséias.

A interpretação mais razoável é que Gômer não era mulher adúltera e impura quando se casou com Oséias, mas se tornou infiel pela prostituição após o matrimônio. Esse infortúnio de ter uma esposa infiel e impura foi permitido por Deus, para servir de parábola do modo por que sofrera com os pecados de seu povo desde a libertação do Egito. Que longa história de infidelidade para com Deus Israel tinha proporcionado! Oséias sofreu uma indescritível dor por sua esposa indigna, e ainda assim a amou com inextinguível devoção, passando a entender e a proclamar o amor de Deus por seu povo infiel. Das profundezas de sua angústia, "com coração em chamas e lábios cheios de paixão, Oséias entregou-se ao povo com um desafio evangelístico ardente, para falar da surpreendente graça de Deus". Seu apelo de amor foi em vão? A tônica final e mais brilhante do livro (Os 14; 2Rs 17:2) parece mostrar que, no coração mundano do rei Oséias, uma mudança tinha sido obrada pela exortação do profeta; e Israel também experimentara o avivamento perdoador e restaurador da graça de Deus.

Embora a infidelidade de Israel para com o Senhor seja o tema central de Oséias, essa infidelidade parece dividir-se em dois aspectos claramente distintos:

1. Havia infidelidade nas relações políticas

Por toda a profecia de Oséias, o juízo divino é decretado sobre Israel por aliar-se com as poderosas nações pagãs ao redor e delas depender. Tratados ímpios haviam sido firmados com a Assíria e com o Egito, e, na mente de Oséias, toda essa política de subserviência aos países estrangeiros era uma violação flagrante do antigo princípio teocrático. No entender do profeta, as vantajosas coligações políticas constituíam um abandono traiçoeiro do Deus de Israel, e assim, com figuras mordazes, ele denuncia a infidelidade de Efraim (destacada como tribo predominante, embora toda a nação estivesse envolvida) para com Yahweh, o Senhor dos Exércitos, general dos exércitos de Israel e supremo protetor de suas terras. Desse modo, temos os seguintes símiles:

Efraim é como uma "pomba enganada" que paira entre o Egito e a Assíria pedindo ajuda (Os 5:10; 7:11). "Faz aliança com a Assíria, e manda azeite ao Egito" (Os 12:1). "Estrangeiros lhe comem a força, e ele não o sabe" (Os 7:9). O propósito da severa denúncia de Oséias era levar Israel de volta a depender fielmente do Deus de Jacó e a se voltar para ele em penitência, confessando: "Não nos salvará a Assíria" (Os 14:1-3).

2. Havia infidelidade demonstrada na idolatria

Existem várias metáforas na Bíblia que representam a associação de Deus com seu povo e o cuidado que lhe presta: mas a mais sagrada e preciosa é do *contrato de casamento*, a que sobejam alusões. Jeremias apresenta capítulos inteiros dedica-

Parábola da esposa infiel

dos a Israel como esposa adúltera, convidada a se reconciliar com o divino marido (Jr 3:1,14 etc.). Oséias também emprega uma parábola semelhante, com o acréscimo de uma esposa adúltera como sinal indiscutível da infidelidade da nação israelita. Predominavam a sensualidade e o excesso, ambos relacionados à idolatria. A adoração ao Deus verdadeiro tinha-se degenerado em adoração ao bezerro e depois em adoração ao Baal dos cananeus. Essa idolatria era considerada por Oséias e por outros profetas traição ao puro e santo Deus de Israel. Essa forma de idolatria *espiritual* consistia em amar e servir a criatura mais que o Criador. Portanto, a cobiça e a sensualidade são abrangidas pelo termo (Rm 1:25; Cl 3:5; Fp 3:19).

Mas Deus estava aborrecido de deixar o seu povo permanecer na infidelidade, e o amor imutável de Oséias por sua esposa perdulária refletia o amor imutável de Deus por seu povo voluntarioso e refletia o seu desejo de receber de volta a sua "esposa infiel". Ao manifestar o seu propósito de resgatar o povo de suas idolatrias, Deus disse que cercaria o caminho dos israelitas com espinhos e, seduzindo-os, lhes proporcionaria uma porta de esperança: "Chamarei meu povo ao que não era meu povo" (Rm 9:24-26). A reação que alegrava o coração de Deus pode ser achada nas palavras: não mais "Irei atrás de meus amantes", mas "voltarei ao meu primeiro marido" (Os 2:5; Is 26:13). Oséias, em tons inflamados, esforça-se por despertar um desejo ardente pelo antigo e privilegiado relacionamento pactual com Deus, o qual tinha tirado o seu povo do Egito.

Sementes parabólicas. Seria um exercício proveitoso catalogar as numerosas figuras de linguagem, tão expressivas, de Oséias. Essas parábolas em *miniatura* são a arte de sintetizar, e "a síntese gera a obscuridade, sendo a obscuridade pretendida pelo Santo Espírito, a fim de despertar para um estudo detido". Beleza própria da poesia hebraica e de muitos escritos proféticos é a ampliação de importantes verdades com figuras e metáforas sublimes, explicadas por declarações simples. Assim, se Israel seguir o Senhor, ele lhe será "como chuva serôdia que rega a terra" (Os 6:3). O retorno das chuvas após a seca ilustra o refrigério e a frutífera graça de Deus: "O vosso amor é como a nuvem da manhã, e como o orvalho da madrugada, que cedo passa" (Os 6:4). Aprendemos aqui a instabilidade do homem e a tolerância de Deus.

Convido o leitor a refletir sobre mais estas frases parabólicas: "Efraim é um bolo que não foi virado [...] cãs se espalham sobre ele" (Os 7:8,9). "... um bolo que não foi virado" significa que aprontou de um lado e ficou cru do outro, representando Israel de forma adequada, frio e indiferente em seu relacionamento com Deus, mas por demais ardoroso na busca de outros objetos indesejáveis a Deus. "Cãs" aponta para as causas e os sintomas da decadência espiritual. "Eles semeiam ventos, e colhem tormentas" (8:7) ressaltam que a desventura e a calamidade são conseqüências inevitáveis do pecado. "Israel é uma vide frondosa; dá fruto para si mesmo" (10:1) diz respeito a uma vida infrutífera, em que o "eu" é o princípio, o meio e o fim de nossas ações. Somente somos frutíferos, no melhor sentido, quando permanecemos nele, que é a videira verdadeira (Jo 15).

Quanto aos frutos da graça de Deus, que belas imagens Oséias usa para descrevê-los. Não é possível imaginar uma demonstração mais rica das bênçãos divinas outorgadas a Israel e à igreja do que a encontrada no último capítulo de Oséias.

Eu serei para Israel como orvalho... As comunicações de Deus são muitas vezes tão suaves quanto sublimes. "O orvalho goteja sobre a terra de forma silenciosa e quase imperceptível; no entanto, faz-se perceber nas plantas em que cai, conservando assim o vigor vegetativo delas". As visitas de Deus ao seu povo são secretas, e procura alegrar e reanimar o seu espírito fraco.

... ele florescerá como o lírio... O crescimento, a beleza, a fragrância e a fertilidade são expressos nas metáforas mistas desse versículo (14:5-7). O lírio, de rápido crescimento, tem uma beleza toda própria. "A oliveira" é célebre por sua diversidade de emprego. "... o seu odor como um cedro do Líbano" refere-se aos cedros sublimes, símbolo da fragrância e da força de uma vida sob a vontade de Deus.

Serão vivificados como o trigo, e florescerão como a vide são símbolos da frutificação dos que habitam à sombra do Altíssimo.

Eu sou como o cipreste verde... (Os 14:8). Com a sua notável e espessa copa, a qual não pode ser penetrada nem pelo sol, nem pela chuva, o cipreste proporcionava um abrigo seguro dos raios do sol meridiano e também da violência da tempestade iminente —parábola de nosso refúgio seguro naquele em quem encontramos o nosso fruto.

Concluímos, então, que o livro de Oséias tem "três valores permanentes. Desvenda os *pecados*, o *juízo* e o *amor*."

O *pecado*. Nos capítulos de 4 a 7, vemos como um Deus santo sofre ao ver com desagrado a transgressão de Israel. O pecado é intolerável na presença de sua augusta santidade. O pecado suga toda a seiva vital —físico, mental e espiritual— deixando só a casca. O pecado "corta o nervo ótico da alma" e também fere o coração santo e afetuoso de Deus.

O *juízo*. Um Deus santo e justo deve impor castigos severos (caps. de 8 a 10). "O amor desprezado clamava por juízo. A violação intencional dos votos da aliança torna o castigo inevitável." Desse modo, de forma severa, Oséias diz ao povo que Israel "colheria tormentas" por causa de sua infidelidade sem precedentes. O juízo da nação era obrigatório e inevitável.

O *amor*. Que amor e graça surpreendentes Oséias anuncia! "Como te deixaria, ó Efraim? Seu amor passado, presente e futuro é totalmente descrito. Como Deus de amor, ele providenciará restauração, cura, perdão e salvação total. Infalível em seu amor, apesar da traição da esposa, o lamento de Oséias é de um amante humano por excelência que representa o Amante por excelência de todas as épocas em busca dos seus." O amor vence e garante a vitória (caps. de 11 a 14). Em todos os fracassos de Israel, pode-se ouvir a melodia do amor do Senhor.

Como Miquéias é um dos quatro "profetas do século VIII", podemos observar brevemente como emprega o hebraico *m_sh_l* (*parábola*) —traduzido em nossas Bíblias por *provérbio*— em sua breve, mas importante profecia: "Naquele dia surgirá um provérbio contra vós, e se levantará pranto lastimoso" (Mq 2:4). Aqui, para todos os efeitos, o profeta diz que: "Os inimigos repetirão em zombaria o pranto lastimoso com o qual vocês lastimam o seu estado deplorável".

Isaías e Miquéias têm uma notável semelhança de estilo e o mesmo impacto no uso das imagens. Miquéias, contudo, é mais tenso, conferindo à narração um toque que, nas expressões de Isaías, se expande em longas explosões de eloqüência.

Como outros profetas, Miquéias soube usar uma linguagem parabólica de elevada pertinência.

Parábola de zombaria
(Mq 2)

Nesse capítulo, com as denúncias de pecado e a declaração do merecido juízo, Miquéias usa uma gradação de vocábulos, para marcar a natureza deliberada da transgressão do povo: "Ai daqueles que nas suas camas *intentam* a iniqüidade e *maquinam* o mal! À luz da alva o *praticam* porque está no poder da sua mão". A mesma gradação se vê no Salmo 1 ao retratar o relacionamento com o perverso, que alcança um trágico fim. *Andar* segundo o conselho dos ímpios leva o homem a *deter-se* no caminho dos pecadores e por fim *assentar-se* na roda dos escarnecedores. De que tristeza e opróbrio Israel teria sido poupado, se tivesse atentado para o primeiro passo no afastamento de Deus.

Parábola de escárnio
(Hc 2:6-20)

Essa cantiga de escárnio assemelha-se às anteriores (Is 14:4 e Mq 2:4) e continua até o fim do capítulo num todo simétrico, composto de cinco estrofes —as três primeiras formadas por três versos cada uma; a quarta, de quatro e a quinta, de dois. Cada estrofe tem um assunto próprio, e todas, exceto a última, iniciam por *Ai*; também todas trazem o último verso iniciado por "Visto que", "Porque", "Pois" ou "Mas". O estilo de Habacuque, sobretudo na sua visão da interposição divina, estruturada como um poema lírico, muda com o assunto. "A concisão dá lugar à eloqüência e aos floreios; as acusações sentenciosas, à exuberância dos adornos e adjetivos."

Nessa parábola de acusação, depositada nos lábios das vítimas do invasor, são estes os *ais* que se devem ressaltar:

ai da ganância afoita que não poupa nem a vida, nem os bens (2:6-8);

ai da soberba da nova dinastia, pela força e pela astúcia (2:9-11);

ai da expansão da Babilônia pela opressão e pelo trabalho forçado (2:12-14);

ai do invasor cruel que fez o mundo beber do copo da ira (2:15-17);

ai dos que negligenciam o Senhor para adorar ídolos mudos de criação própria (2:18-20).

"O livro de Habacuque", diz Campbell Morgan, "é a história do conflito de fé de um crente e do triunfo definitivo da fé." Como o de Jonas, esse livro relata a história de uma experiência pessoal e termina, não com um lamento, mas com uma canção. Habacuque não termina como iniciou, com dúvidas, mas com certezas. O profeta começa dizendo que, em meio a toda a violência e desumanidade, Deus se cala e nada faz, mas ocorre uma espantosa mudança, e ele termina regozijando-se no Deus da sua salvação. "Quando Habacuque viu as circunstâncias que o cercavam, ficou perplexo. Quando esperou no Senhor e ouviu a Deus, cantou" —e que cântico de vitória!

> Ainda que a figueira não floresça,
> nem haja fruto na vide;
> ainda que o produto da oliveira falhe,
> e os campos não produzam mantimento,
> ainda que as ovelhas sejam exterminadas,
> e nos currais não haja gado,
> todavia eu me alegrarei no Senhor,
> exultarei no Deus da minha salvação.

AS PARÁBOLAS DE ZACARIAS e DE MALAQUIAS

O profeta Zacarias, filho de Baraquias, nasceu nos últimos anos do cativeiro babilônico. O pai morreu quando o profeta era apenas uma criança, sendo assim criado pelo avô, Ido, que acompanhou Zorobabel, príncipe de Judá, e Josué, o sumo sacerdote, de volta à pátria desolada (Ed 2:1,2; Ne 12:4). Assim como Ezequiel, Zacarias provavelmente era sacerdote e profeta. Portanto, a origem sacerdotal explica o caráter também sacerdotal de suas profecias (6:13). Ele foi um dos três profetas da restauração; sendo os outros dois Ageu e Malaquias. Ageu e Zacarias trabalharam no começo do período, e Malaquias, no fim. Esses três profetas encerram o AT com o rosto voltado na direção do nascer do sol, embora as trevas ainda pairassem sobre o povo de sua época. Desse modo, um aspecto parece permear a profecia de Zacarias: ele é acima de tudo o Profeta da Esperança, como Pedro foi o Apóstolo da Esperança.

A leitura atenta do livro de Zacarias revelará quanto estava familiarizado com os escritos dos outros profetas. Há um dito judaico mais ou menos assim: "o espírito de Jeremias habitou em Zacarias". Desejando um tratamento completo desse aspecto proveitoso de Zacarias, o leitor deve consultar *Introduction to Zecharia* [*Introdução a Zacarias*], de Ellicott, em que há um apanhado do emprego feito pelo profeta da obra de outros profetas. Em si mesmo, o livro de Zacarias "tem uma grandeza de alcance e uma riqueza de sabedoria espiritual. A um só tempo profundo e espetacular, deve trazer aos cristãos não somente nova percepção, mas também um consolo seguro em meio a uma geração perplexa".

Tem-se referido ao livro de Zacarias como o Apocalipse do AT. "Apocalipse" significa a retirada de algo que oculta, um desvendar, e Zacarias foi um grande descobridor do "poder permeante, do propósito persistente do Senhor" e das verdades ocultadas pelo estado de adversidade reinante na época. As três seções principais do livro são:

1. simbólica (1-6);
2. didática (7-8);
3. profética (9-14).

Quanto ao estilo de Zacarias, embora experimente mudanças, sempre se harmoniza com o assunto. Para alguns críticos o livro deve ter dois ou mais autores, em razão de seus diversos estilos. Mas Ellicott rebate essa crítica de modo notável, quando diz que não há razão alguma, pela lógica, por que Deus não possa revelar a sua vontade a um profeta primeiro em visões e depois por outros meios. "Entendemos que a linguagem, as imagens poéticas bem elaboradas e a profunda percepção profética de seus últimos capítulos são exatamente como seriam de esperar, em seus últimos anos, de alguém que na juventude viu e relatou as misteriosas séries de visões contidas na primeira parte [...] O profeta, que ainda na juventude fora achado digno dessa revelação misteriosa e tinha passado muitos anos na comunhão com Deus, meditando nas promessas reveladas pelos 'profetas anteriores' —as profundezas de Deus— parece estar de acordo somente com as nossas experiências da atuação da divina providência que deveria, no pós-vida, tornar-se o alvo das excelentes revelações contidas nos últimos capítulos".

Parábolas dos cavalos e das murteiras 115

Notável pelo poder vívido e realista de expressão, Zacarias, como Ezequiel e Daniel, deleita-se nos símbolos, nas alegorias e nas visões de anjos que ministram diante do Senhor e executam os seus mandamentos na terra. Quando examinamos o significado parabólico da profecia de Zacarias, descobrimos a tríplice convicção do profeta:

1. o Senhor revela a sua vontade para os que estão aptos a recebê-la;
2. o Senhor chama os homens de volta a si e providencia o meio desse retorno;
3. o Senhor promete que, se retornarem, ele voltará para eles, e isso no poder e na força do seu Santo Espírito.

Parábola dos cavalos e das murteiras
(Zc 1:8-17)

A introdução do livro (1:1-7) se compõe de uma advertência com base nas exortações anteriores de Ageu (Ag 1:4-8). Zacarias tem ordens de exortar o povo a evitar as tristezas e os juízos que seus pais tinham experimentado e, pelo arrependimento sincero, preparar-se para receber as visões de uma glória ainda por ser revelada. A repetição de "veio a palavra do Senhor" (Zc 1:1,7), adequadamente empregada em referência às visões noturnas do profeta, faz supor uma revelação divina, cujo teor foi transmitido a Zacarias pelo anjo do Senhor. Ao examinar cada elemento da visão extática que Zacarias teve ainda bem desperto, apesar de ser noite (Zc 1:8; 4:1), vemos:

1. Os *cavalos*. A descrição que se faz deles é que são *vermelhos*, *baios* e *brancos* —cores muito comumente encontradas nos cavalos, as quais João adotou até certo ponto, dando-lhes sentido especial (Ap 6). Há diferentes interpretações para essas cores. Para alguns escritores representam a terra e as nações às quais os cavaleiros tinham sido enviados; para outros, denotam três impérios: o Babilônico, o Persa e o Grego; para outros ainda, relacionavam-se às várias missões que os cavaleiros precisavam realizar: no Leste (vermelho), no Norte (marrom ou preto: Zc 6), no Oeste (cinza) e no Sul (vermelho-escuro). Além disso, o cavalo vermelho sugere guerra e derramamento de sangue; o cinza-claro, fome, escassez e pestilência; o branco, conquista, tempos de completa prosperidade que os judeus experimentaram. Halley observa: "Essa visão dos cavalos significa que todo o mundo estava em paz debaixo da mão de ferro do Império Persa, cujo rei, Dario, inclinava-se a favor dos judeus e decretou que o templo fosse reconstruído".

2. O *cavaleiro*. O "homem" montado no "cavalo vermelho" que permanecia "entre as murteiras" é o mesmo ser celestial, referido como "Senhor meu" e como "anjo do Senhor". A função desse anjo-intérprete (e também intercessor) era explicar o significado da visão parabólica (Zc 1:18; 2:3; 4:1,4,5; 5:5-10; 6:4). Muitas vezes é referido apenas como *ele*. Charles Simeon identifica esse cavaleiro com o Senhor Jesus Cristo, o Anjo da Aliança, que muitas vezes apareceu no AT em forma humana. É o mesmo, diz Simeon, mais adiante apresentado como "o homem que é o meu companheiro" ou o meu igual (Zc 13:7). Fausset refere-se ao anjo que conhece a vontade do Senhor, intercede por Israel e ouve a voz de Deus (Zc 1:9) como "o Anjo do Senhor —a segunda pessoa da Trindade".

O mensageiro do Senhor anuncia que, depois de percorrer a terra, achou-a descansada. Esse descanso seguro é a súplica do Anjo intercessor a favor do templo e do Judá desolado, despertando o "zelo" do Senhor por Sião, de modo que ele se volta a ela com misericórdia, reservando o castigo para o opressor pagão (Zc 1:14-17; Ag 2:20-23). Que diferença do trabalho contrário de Satanás, que rodeia a terra e passeia por ela (Jó 1:7) para ferir os santos e lhes roubar a paz!

3. As *murteiras*. A *murteira*, mencionada somente depois do cativeiro babilônico (o nome hebraico de Ester —*Hadassa*— significa "murta"; Ne 8:15), representa o judaísmo reprimido de então. Outras interpretações vêem na murteira um símbolo dos justos, da teocracia ou da terra de Judá. As murteiras *que se achavam no vale* representam o povo do Senhor no estado vil e degradado em que havia caído. "A murteira", diz F. B. Meyer em sua obra *Zechariah*, "tinha muito sentido no que diz respeito ao retorno dos exilados das terras do Norte, e sua humilde beleza era um símbolo perfeito da condição de desalento do povo, que não mais poderia ser comparado ao frondoso cedro ou ao carvalho de profundas raízes, mas era como a murteira, a qual, apesar de graciosa e verdejante, é, no entanto, uma planta pouco notada e despretenciosa".

Uma advertência se faz necessária, para quando procurarmos interpretar os vários aspectos de uma visão ou parábola. "Não podemos ter por certo que haverá interpretação para cada detalhe da representação figurada: a jóia não pode ser confundida com a armação onde está engastada". Qual é a "jóia" dessa parábola? As pessoas estavam cientes do lugar sombrio, mas não do Vigia celeste, ainda que o Senhor estivesse já descortinado a seus olhos. Na parábola temos "um quadro da nação de Israel como sempre esteve e ainda está: destituída de privilégio e de posição, mas nunca esquecida pelo Senhor, que declara a sua resolução de no final retornar a ela com misericórdia e contemplá-la mais uma vez com a sua graça".

Então abstenha-se o mundo de sua cólera,
 renuncie a igreja o medo;
Israel deve viver para todo o sempre, alvo do zelo do Onipotente.

Parábola dos chifres e dos ferreiros
(Zc 1:18-21)

A segunda visão estava repleta de consolo para o povo a quem Zacarias ministrava. "As boas e confortantes palavras do capítulo anterior estão presentes também aqui, como a doçura demorada de uma cantiga de ninar." O pequeno grupo de exilados que retornavam do cativeiro enchia-se de assombro ao pensar nos poderosos impérios mundiais que os cercavam. Como poderiam enfrentar essas grandes potências? Essa parábola dos quatro chifres nos dá a resposta.

O *chifre* é símbolo de poder e de hostilidade e aqui representa o orgulho e o poder daquele que devasta e oprime o rebanho. Daniel fala do chifre que trava uma guerra contra os santos e os vence. *Quatro*, que faz lembrar os pontos cardeais da bússola, apontam para as nações pagãs que destruíram a unidade nacional dos judeus ao levá-los cativos. Havia inimigos em toda parte decididos a resistir à restauração da vida nacional: a Caldéia, a Assíria e Samaria ao *norte*, o Egito e a Arábia ao *sul*, a Filistia a *oeste* e Amom e Moabe *a leste*. Além dessas nações, podemos ver as quatro grandes monarquias gentílicas que ocuparam e ainda ocupam o tempo dos gentios (Dn 8:8; Ag 2:6).

Parábola do cordel de medir

Os *quatro ferreiros* eram quatro trabalhadores capazes de lidar com os *quatro chifres*. Esses *ferreiros* simbolizam poderosos instrumentos usados por Deus para destruir potências estrangeiras e remir seu povo. Eram mandados pelo Senhor para destruir as nações que procuravam a destruição de Judá e de Israel. No caso da Babilônia, o ferreiro era Ciro; no caso da Pérsia, Alexandre; no da Grécia, Roma; de Roma, a Gália. Muito diferentes uns dos outros, muito cruéis e incansáveis —mas muito aptos para o seu trabalho.

Essa parábola, então, encontra uma maneira de declarar inevitável a derrota final daqueles que se opõem aos propósitos de Deus. Se, na parábola anterior, o povo escolhido estava num lugar sombrio, proscrito, sem influência nem poder entre as nações, nessa segunda parábola temos a garantia de que serão libertos de toda a opressão. Deus reina, ainda que seu povo seja temporariamente derrotado. Comentando sobre a passagem (Zc 1:20,21), C. H. Spurgeon diz: "Quem deseja abrir uma ostra não deve usar uma navalha; no caso de alguns trabalhos, há mais necessidade de força que de delicadeza; a Providência não utiliza escriturários, arquitetos ou cavalheiros para arrancar chifres, mas ferreiros. O trabalho necessita de um homem que, quando precisa trabalhar, põe nisso toda a força, martelando ou serrando a madeira com toda a força. Não temamos por Deus; quando os chifres se tornarem muito problemáticos, o ferreiro estará pronto a combatê-los".

Em cada época Deus encontrou o seu instrumento adequado de poder: Martinho Lutero, Hugh Latimer, John Wesley, George Whitefield, D. L. Moody, Billy Graham. Quando chegar a hora determinada, Deus saberá encontrar os seus trabalhadores!

Parábola do cordel de medir
(Zc 2:1-13)

É bastante natural sonharmos com o que nos povoa os pensamentos quando estamos acordados. Jerusalém era uma cidade de muros queimados e quebrados, um monte de escombros. Mas o orgulho nacional tinha-se inflado, e os topógrafos estariam atuantes no planejamento cuidadoso de novas ruas e muros. O jovem com o seu cordel de medir era, portanto, uma personificação perfeita do novo espírito que agora caracterizava a nação inclinada a reconstruir a antiga cidade. Essa terceira visão refere-se à percepção profética do cumprimento da promessa: "e o cordel será estendido sobre Jerusalém" (Zc 1:16). O *homem* com o cordel de medir não era um *anjo*, como na passagem anterior (Zc 1:8). Não tinha mensagem para entregar nem missão a cumprir. É uma mera figura na visão, e era implicitamente repreendido por sua ação. Há quem acredite que esse "jovem" se refira ao próprio Zacarias. Fausset diz que ele pode ser considerado o Messias, o restaurador vindouro (Ez 40:3; 41:42).

Os limites da cidade não eram mensuráveis, pois a população seria tão grande que extravasaria para os arredores (Zc 2:4). Não devia haver nenhum muro que limitasse a cidade. A segurança de uma cidade sem muros deveria contar com a proteção do Senhor por fora e com sua habitação por dentro (Zc 2:5). Assim, cada um era exortado a apressar o retorno à cidade, cuja segurança e santidade se encontravam somente em Deus (Zc 2:6-13).

> Pois eu, diz o Senhor, serei para ela um muro de fogo em redor, e eu mesmo serei, no meio dela, a sua glória.

Em meio a todos os problemas e castigos da nação, Deus não tinha esquecido dela e aqui promete protegê-la: "A invisível, mas poderosa presença de Deus seria uma muralha em que todos os poderes da terra e do inferno se desfariam". Que segurança temos naquele, segundo quem nenhuma arma forjada contra nós prosperará!

O dr. F. B. Meyer diz que esse capítulo termina com três apelos:

1. aos exilados (v. 6,7);
2. a Sião (v. 10);
3. a toda carne (v. 13).

Parábola do sacerdote Josué
(Zc 3; 6:9-15)

As três visões parabólicas já estudadas tratam sobretudo do aspecto material da tribulação e da restauração de Israel. Chegamos agora à primeira de cinco outras visões associadas antes de mais nada à influencia moral e espiritual dessa nação. O *Josué* a quem Zacarias viu era o então sumo sacerdote, diante do anjo do Senhor, mas com vestes imundas. À direita de Josué estava Satanás, seu adversário, o qual pleiteava contra a causa que o sumo sacerdote representava. Mas os seus trajes sujos foram retirados e substituídos por um turbante limpo e por vestes dignas.

Os trajes sujos simbolizavam os pecados da nação, como os do próprio sumo sacerdote (Is 4:4; 64:5). A troca das vestes retrata a restauração, pela limpeza moral, à posição e à função sacerdotal de acesso a Deus e de meditação nos caminhos do Senhor. A eliminação do pecado é assegurada, e faz-se a promessa de uma glória ainda maior pelo *Renovo*, que é o Messias (Zc 3:4,8; 13:11). Lendo Esdras descobrimos que Josué, ou Jesua, e 4 289 sacerdotes estavam entre os exilados que retornaram com Zorobabel da Babilônia e cuja difícil situação é mencionada por Malaquias. Em geral, os sacerdotes desprezaram o nome do Senhor. Sem escrúpulos, apresentaram ofertas com defeito, o que era proibido. A mesa do Senhor foi contaminada, e a rotina do serviço levítico passou a ser um enfado. Afastaram-se da lei e levaram o povo a desobedecer a ela (Ml 2:5,6,9: Ez 22:26).

Parecia então que o povo negligenciara as leis que regulavam a preservação do sacerdócio, uma vez que não tinha as vestes, os utensílios e o aparato necessário para o nobre serviço da casa de Deus. Portanto, em tais circunstâncias, existia grande exatidão na visão que Zacarias teve de Josué, o sumo sacerdote, e de seus companheiros. Não havia turbante sobre a cabeça de Josué, nem insígnia de seu elevado ofício, nem uma veste limpa e bem conservada a vesti-lo. Mas Josué e seus companheiros, é o que lemos, "são um sinal". Parabolicamente, representam todos os que são sacerdotes de Deus, chamados para oferecer "sacrifícios espirituais, aceitáveis a Deus por Jesus Cristo" (1Pe 2:5). Como sacerdotes, as nossas vestes estão limpas?

Outra pessoa nos é apresentada na visão. Embora empenhado em seus deveres sacerdotais, Josué sentiu-se como um criminoso diante do Anjo à medida que o grande adversário, Satanás, o acusava. Ele tentou essas acusações por trajar vestes imundas. O Senhor, porém, repreendeu o diabo, sendo o único qualificado para isso. "Quem intentará acusação contra os escolhidos de Deus?" Josué, que representava o povo na culpa, no perdão e na promessa, era um tição arrancado do fogo, e todos a quem Deus arranca do fogo jamais podem ser lançados de novo a ele por Satanás.

Diante de Josué foi posta uma pedra com "sete olhos" (Zc 3:9), os quais podem representar os "sete espíritos" (Ap 1:4), ou a providência

Parábola do castiçal de ouro

abrangente e, aqui, especial de Deus (Zc 4:10). Ellicott observa que "a expressão 'estarem os olhos sobre' é usada em Jeremias 39:12 no sentido de 'proteger' e 'cuidar de'". Cristo é a *pedra* (Sl 18:2; Is 28:16; 1Co 3:11; 1Pe 6:7) e, como Pedra Viva, não somente atrai o olhar de seu povo (Zc 4:10; 1Tm 3:16), mas lança de si toda a luz. Compare o "chifre pequeno" com "olhos de homem" (Dn 7:8). O final desse capítulo cintila a promessa do nascimento de Israel, algum dia, como nação. Quando o Messias, o "Renovo" vindouro, é visto na casa de Davi como o traspassado, experimentar-se-á a restauração plena (Zc 13:1-9).

Parábola do castiçal de ouro
(Zc 4:1-14)

Como essa visão segue de modo perfeito a anterior! No capítulo 3, temos uma parábola que expõe a necessidade e a razão da purificação e do perdão. Nesse capítulo, aprendemos que essa restauração não pode ocorrer a menos que haja também o constante suprimento do óleo do Espírito. Ao atentarmos para o castiçal visualizado por Zacarias, descobrimos que difere do castiçal do tabernáculo e do templo, uma vez que tem um "vaso", "canudos", "oliveiras", uma de cada lado, e "dois tubos de ouro".

Dando continuidade ao nosso estudo das visões do AT, é preciso ter em mente que, assim como as parábolas do NT, apresentavam verdades importantes de modo vago. Muitas vezes o significado total não pode ser percebido, mas sempre há uma pista, pela qual podemos discernir o verdadeiro significado da visão ou da parábola. Não raro o próprio Deus oferece a explicação. Devemos contentar-nos com o entendimento do todo, sem lutar para dominar cada detalhe. Como diz Simeon: "Como nas Parábolas, algumas vezes serão achados pormenores cujo sentido exato não é de fácil explicação: mas a atenção ao todo impedirá sempre que nos afastemos da verdadeira interpretação".

É o caso dessa visão, que parece de difícil interpretação e talvez, para o público de Zacarias, um tanto inexplicável. O objetivo, porém, dessa visão parabólica nos é resumido nas seguintes palavras: "Esta é a palavra do Senhor a Zorobabel: Não por força nem por poder, mas pelo meu Espírito, diz o Senhor dos Exércitos" (Zc 4:6). A declaração do principal propósito da visão —a saber, que tudo pertence a Deus— elucida e muito cada parte dela. Com este pensamento em mente, vejamos algumas dessas particularidades:

O ouro. Lemos sobre um castiçal (ou lâmpada) "todo de ouro", de "tubos de ouro" e "azeite dourado". Reconhecido como o metal mais precioso, o "ouro" tem o primeiro lugar entre os metais, sendo usado aqui para indicar o valor de Israel, para Deus e para o mundo como testemunha da verdade. Como nação, Deus queria que Israel fosse completamente puro na doutrina e na prática, precioso e indestrutível (Sl 45:13). Infelizmente, porém, Israel permitiu que seu ouro se tornasse escória! Deus designou Israel e a Igreja para funcionarem como portadores da luz de ouro; portanto, ao mesmo tempo preciosos e luminosos. São ambas a herança singular do Senhor; os membros deles, as jóias que ele adquiriu por um imensurável resgate, adequadamente simbolizadas pelo ouro maciço.

O castiçal. A idéia desse castiçal, suporte de lâmpada, ou candelabro, foi emprestada do tabernáculo (Êx 25:31; 27:21). O castiçal dourado era depositado no Lugar Santo do tabernáculo e do templo "perante o Senhor. [...] estatuto perpétuo a favor dos filhos de Israel pelas suas gerações". O santuário, *no qual* a luz brilhava diante do Senhor, devia ser o centro *de onde* a mesma luz tinha de irradiar diante dos homens. A missão da vela ou da lâmpada é brilhar para o benefício de todos. O castiçal de sete braços, ladeado por duas oliveiras, representa o fato de elas servirem de suporte de luz; tanto Israel quanto a igreja foram criados por Deus para brilhar em meio às trevas do mundo, alimentados por uma fonte externa.

O *óleo*. Por toda a Escritura, *o óleo* é um símbolo eloqüente da plenitude do Espírito Santo, o único responsável pelo alto brilho do caráter cristão. Nele há inesgotável suprimento de poder e de iluminação. A aplicação inequívoca do óleo nessa parábola é o fato de ilustrar a unção tão necessária para a cooperação com Deus em sua obra. O Espírito seria transmitido a Israel por meio do rei e do sacerdote, e assim brilharia em meio à escuridão.

As *sete lâmpadas* e os *sete canudos*. As sete lâmpadas e os sete canudos constituíam o castiçal-modelo do tabernáculo, estando unidos por uma só haste (Êx 25:32). Nos "castiçais" vistos por João (Ap 1:12), os sete ramos estão separados. "As igrejas gentílicas não reconhecerão a sua unidade até a igreja judaica unir todas as lâmpadas num só castiçal" (Rm 11:16-24). Sendo *sete* o número da perfeição, aqui significa perfeição de testemunhas unidas. João fala das "sete lâmpadas", assim como dos "sete espíritos de Deus" (Ap 4:5). Não existem sete espíritos santos, mas somente um, que se manifesta de sete maneiras (Is 11:1-3).

Os "sete canudos" eram recipientes de alimentação, cada um desde a tigela até cada lâmpada. Sete vezes sete, ou 49 ao todo. "Quanto maior o número dos canudos de alimentação do óleo, tanto mais brilha a luz da lâmpada." Esse aspecto da parábola mostra a natureza ilimitada do suprimento de óleo. Quão inesgotável é o suprimento do Espírito Santo, cuja graça é sempre suficiente.

Meu Espírito. O anjo revelou a parábola ao profeta e a interpretou assim que Zacarias perguntou "O que é isto, meu Senhor?". Então o profeta soube que tudo o que estava associado ao castiçal dourado era uma profecia parabólica. A Zorobabel, cuja missão era completar a restauração do templo, foi dito que isso não se daria por qualquer mérito ou força própria de Israel, mas somente pelo Espírito do Senhor dos Exércitos os "ossos mortos" de Israel viveriam e o povo seria colocado em sua terra. A futura restauração somente pode ser efetivada pelo poder divino (Os 1:7,11; Mq 4:11-13; Ez 37:11-14). A fonte infalível de óleo assegura o futuro da abundância espiritual do templo (Zc 4:11-14). A realidade do novo templo será o Espírito, e todos os obstáculos para edificá-lo serão retirados por ele, responsável por supervisionar esse templo (4:7-10).

"Grandes montes" é uma figura das dificuldades colossais deparadas pelas potências vizinhas que atacam a construção do templo (Mt 21:21); mas Zorobabel estava certo de fazer dos montes planície. Então o rei fez uma oração de triunfo: "Graça, graça a ela", que significa: "Possa a graça de Deus ou o seu favor repousar sobre a casa para sempre!". Zorobabel era desse modo exortado a não desprezar o dia das insignificâncias, mantendo os olhos fitos na grandeza daquele objetivo. Cada monte em seu caminho deveria render-se. Fausset acredita que, de modo contrário ao "monte destruidor", o Anticristo (Jr 51:25; Dn

Parábola do castiçal de ouro

2:34,35; Mt 21:44; Is 40:4; 49:11) deve dar lugar à "pedra [...] cortada, sem auxílio de mãos". Por causa do *Óleo*, a suficiente Fonte de Vida, os pequenos começos de Deus redundam em grandes resultados. A lei do reino espiritual tem um pequeno começo e um grande final. Israel começou com um homem, Abraão, mas tornou-se uma nação poderosa. Dos quase 120 reunidos no cenáculo, em Jerusalém (At 1.15), desenvolveu-se a incontável miríade que constitui a igreja do Deus Vivo.

Os *sete olhos do Senhor*. Que perfeição de visão é a dele, à qual nada está oculto! Os olhos do Senhor estavam sobre Zorobabel nessa tarefa. O cuidado providencial do Todo-Poderoso seria seu (Zc 3:9), e, como a sua providência se estende por toda a terra, foi capaz de fazer todas as coisas e todas as nações trabalharem juntas para o bem de seu povo escolhido, Israel (Rm 8:28). Em razão de os olhos de Deus estarem sobre Zorobabel e seu trabalho, ele poderia ter a certeza de que Deus o sustentaria com o seu favor.

As *duas oliveiras [...] ramos*. Dois aspectos importantes são agora casualmente introduzidos pela primeira vez —os ramos da oliveira, ou feixe de frutos em cada oliveira, e "os sete canudos de ouro". O que se quer dizer é que em "cada lado dos recipientes de ouro do alto do castiçal, ficava um cano virado para cima, no qual os dois cachos de olivas derramavam seu óleo espontaneamente, e do qual o óleo fluía para a tigela, indo dali, por meio dos 49 tubos, para as sete lâmpadas". O "ouro" representa o óleo puro e brilhante, a bebida dourada. "De si". Essa expressão implica que as ordenanças e os ministros são somente canais da graça, não a graça em si mesma. "O suprimento não vem de uma fonte morta de óleo, mas por meio de oliveiras alimentadas por Deus" (Sl 52:8; Rm 12:1). O poder dos homens por si mesmo nada pode fazer, nem retardar, nem avançar o trabalho de Deus. A verdadeira força motriz é o poderoso Espírito de Deus.

Em seu *comentário*, Lange afirma que essas árvores vivas, das quais o óleo era transportado por meio de tubos para alimentar a lâmpada, representam a majestade e o sacerdócio do Senhor Jesus Cristo. Por seu sacrifício, obteve a graça sem medida do Santo Espírito e, por sua entronização à destra de Deus, tem o poder de derramar a sua influência doadora de vida de forma abundante. O óleo da graça não pode faltar, porque o Senhor Jesus é o eterno Sacerdote e Rei. Outros autores, aplicando o símbolo do castiçal à Igreja, dizem que, assim como a oliveira produz o óleo, da mesma forma as dispensações de Deus na Bíblia são a única fonte da qual se extrai a verdade divina para os homens em perfeita pureza. Por conseqüência, as oliveiras são símbolos adequados das dispensações da lei e do evangelho. Assim como os "tubos", são as ordenanças da fé, pelas quais o contínuo suprimento de óleo é conferido à igreja, para que sua luz nunca seja extinguida. A aplicação clara das duas oliveiras e dos ramos está associada a Josué, o sumo sacerdote, destacado especialmente no capítulo 3; e o rei Zorobabel, em destaque neste capítulo.

Os *dois ungidos*. Na margem temos esta interessante interpretação — "dois filhos de óleo" (Is 5:1). Josué, a autoridade religiosa, e Zorobabel, a civil, deveriam primeiro ser ungidos com graça, para depois se tornarem instrumentos para o fornecimento aos outros (1Jo 2:20,27). A imagem é transportada para a visão das duas testemunhas (Ap 11). Josué e Zorobabel "permanecem, pelo Senhor de toda a terra", como instrumentos apontados de Deus, por meio dos quais o Senhor faz o Espírito fluir ao seu povo. Na parábola anterior, Josué, a *autoridade espiritual* da nação, foi purificado e aceito por Deus para o seu serviço. Aqui, Zorobabel, a *autoridade* civil, recebe a segurança da assistência divina para o seu trabalho. No último versículo deste capítulo, o sacerdote e o príncipe ungidos são mencionados juntamente, para mostrar que, pela união de seus esforços, a prosperidade da nação está por vir, uma previsão daquele que, como Sacerdote e Rei ungido de Deus, virá a fim de completar o propósito de Deus para Israel, para a igreja e para o mundo.

Parábola do rolo volante
(Zc 5:1-4)

Embora haja alguma razão em considerar interligadas as três palavras desse capítulo, achamos ser proveitoso examiná-las individualmente. Mais uma vez, Zacarias se beneficia com o ministério do anjo-intérprete. A forma do rolo volante no ar assemelha-se à visão que Ezequiel teve (Ez 2:9,10). Ao compararmos as visões deste capítulo com as do anterior, notamos uma mudança de ênfase. Aquelas, há pouco analisadas, foram calculadas para inspirar alegria, confiança e esperança. Mas, de um dia de sol, mudamos para a tempestade. A doce segurança do perdão e da ajuda divina, nos capítulos 3 e 4, dão lugar ao juízo, acirrado e amedrontador, sem nenhum raio de luz para iluminar a escuridão. Da *bondade* de Deus passamos à sua *severidade*; de sua paciência, à sua indignação, ira e tristeza (Rm 2:4-9).

O gigantesco rolo que Zacarias viu *em pleno vôo* implica talvez a rapidez da execução do juízo retratado. As dimensões do rolo são impressionantes —20 côvados de comprimento por 10 de largura— correspondentes às mesmas medidas do Santo Lugar do tabernáculo erguido no deserto e também às do pórtico do templo de Salomão. Assim como as dimensões do rolo, ou pergaminho, são parabólicas, "devemos considerá-las um sinal da medida do santuário, idêntica à do pecado, i.e., o pecador não deve dizer 'Não sou pior que o meu próximo', mas deve medir a sua conduta pelo padrão da santidade divina" (Lv 11:44; Mt 5:48).

Inscritas em cada lado do pergaminho, flutuantes no céu, estavam as maldições solenes da lei —contra o ladrão por roubar (o segundo mandamento) e contra a falsa testemunha por perjúrio (o primeiro mandamento). Ao passar por todo o mundo, ou pela terra de Israel, o rolo volante eliminaria os pecados pela destruição dos pecadores e de seus bens. Tendo tomado conhecimento de que Deus estava preparado para se tornar um muro de fogo em torno de seu povo e glória no meio deles, agora são levados a perceber que solene era ter por perto um Ser augusto e santo, tão resolvido a eliminar os que transgrediram a lei, quanto a defender o seu povo contra os inimigos.

A maldição de Deus contra o pecado está diante de nós, e este é o seu propósito: extirpar a fraudulência e o perjúrio (Ml 3:5-8; Mt 13:10). O efeito dessa maldição é apresentada de forma parabólica e vívida. O rolo, em seu movimento, pairava sobre certas casas e então instalava-se sobre algumas delas. Não fazia diferença se as casas estavam adornadas e ocupadas, de acordo com o respeitável conceito do povo; o rolo volante, dirigido em seus

Parábola da mulher e do efa

movimentos por Deus, não cometia nenhum erro. O fato de pairar sobre determinada casa era sinal de que o seu proprietário era um ladrão ou mentiroso, devendo a residência ser destruída. Em seguida o anjo-intérprete refere-se ao tratamento divino para com a casa destacada: "Ela permanecerá no meio de sua casa, e a consumirá juntamente com a sua madeira e com as suas pedras". O momento em que a maldição, marcada no rolo, indicava uma casa, toda a sua estrutura começava a ruir. Similar destruição alcançou a casa do leproso: "Há uma praga espalhada pela casa; é uma lepra preocupante, é imundícia". A declaração categórica "Eu a trarei, diz o Senhor dos Exércitos" significa aproximá-la na direção da sua santa presença — na casa do tesouro, onde estão armazenados todos os acontecimentos preordenados: "Não está isto guardado comigo, e selado nos meus tesouros? A mim pertencem a vingança e a recompensa [...] e as coisas que lhes hão de suceder se apressam a chegar" (Dt 32:34,35).

Em sua *Exposition of the whole Bible* [*Exposição completa da Bíblia*], o dr. G. Campbell Morgan apresenta um excelente resumo da primeira parábola de Zacarias 5: "A visão do rolo volante representa o princípio da lei como deverá ser administrada por Israel quando cumprir o verdadeiro ideal. Isso deve ser considerado uma seqüência, seguindo a execução da lei. Israel, limpo e ungido pelo Espírito Santo, torna-se novamente um padrão moral de influência entre os povos. A lei é uma maldição sobre o mal em atos e em palavras; não meramente decretada, mas em execução. Desse modo, enquanto Israel deve permanecer como sacerdote, mediando, e como portador de luz, iluminando, deve também confirmar e aplicar o princípio da lei no mundo".

Parábola da mulher e do efa
(Zc 5:5-11)

Essa visão está intimamente ligada à anterior. Depois da aplicação da lei, temos uma referência aos resultados desse cumprimento. O rolo volante e o efa voador podem ser interpretados como *a mesma* visão. A primeira prepara o caminho para a segunda. Emergindo do invisível para o visível, o anjo-intérprete responde à pergunta do profeta "O que é isto?". Os olhos de Zacarias viram "o efa" e puderam facilmente identificá-lo. O que ele gostaria de saber era o significado da parábola, o que lhe mostrou o intérprete angelical.

Temos aqui mais um símbolo vívido da descoberta e da eliminação do pecado. Os considerados culpados de roubo e de perjúrio também fizeram o *efa* representar uma falsificação de medida, e o instrumento de fraude se tornaria o método de suas punições. O *efa*, símbolo do comércio, era um cesto de medidas ligeiramente mais leve do que um alqueire, e representava quase 29 litros. "Estas são as suas semelhanças." Os judeus, conhecidos na época como negociantes, constantemente lidando com todas as medidas de peso, foram levados a ver a si mesmos num quadro pintado pelo efa e pela mulher. "Assim como num efa os grãos separados são todos reunidos; do mesmo modo os pecadores, sobre todo o comprimento e largura da terra, serão reunidos num monte de confusão" (Mt 13:30).

As seguintes características, a saber a mulher sentada no meio do efa e presa por uma pesada tampa de chumbo, desenvolvem o ensino da parábola e promovem o clímax. Primeiro, duas classes de pecadores são mencionadas: ladrões e perjuros. Depois são amontoados em uma massa indistinta. Agora são descritos como *uma* mulher. Que conveniente colocarmos a pesada tampa de chumbo no efa cheio de perversidade! Bem, podemos ter êxito em esconder os pecados daqueles que estão mais próximos de nós; mas nada é secreto diante de Deus. "E a lançou dentro do efa." O princípio da perversidade, ao achar sua última vantagem baseada no comércio, deve ser eliminado.

Mais adiante são introduzidos pormenores que dão maior clareza à parábola. Zacarias vê duas mulheres que agitam o ar com as suas asas, pois são semelhantes às cegonhas: o pecado é personificado por uma *mulher*, e os agentes empregados para punir e eliminar a transgressão condizem com a imagem —*mulheres*. *Duas* mulheres foram necessárias porque uma não seria capaz de carregar uma carga tão pesada. Assim havia "duas ungidas" que permaneciam ao lado do Senhor como suas ministras (Zc 4:14). Então temos duas mulheres com asas, prontas para executar os propósitos divinos. Aqui deve haver alguma insinuação profética do Renovo que vem, o qual será capaz de eliminar os pecados dos homens em um dia (Zc 3:8,9). Esse Renovo, trazido ao mundo por uma mulher sem a intervenção do homem, providencia por sua morte expiatória um remédio perfeito para o pecado.

Essas *duas mulheres* são vistas de modos diferentes. Alguns escritores vêem nelas representações dos assírios e caldeus, instrumentos de Deus para eliminação, os quais levaram a idolatria de Israel e de Judá respectivamente. Outros vêem nessas duas mulheres que levaram o efa para a terra de Sinear o duplo aspecto do colossal sistema que caracteriza o mistério babilônico na "grande tribulação", a saber, a sua religião e seu poder civil (Ap 17:3-5).

Asas denota velocidade. A *cegonha* é uma ave migratória com asas longas e largas e não teria dificuldade de percorrer a distância entre Jerusalém e a Babilônia. O *vento* ajuda a rápida movimentação das asas. Então as mulheres e o efa são levados para longe, tanto quanto as duas, com asas como de cegonhas, conseguem levá-los. Dessa maneira Deus elimina o pecado de Israel (Is 2:18; 4:4). "Levantaram o efa entre a terra e o céu" implica a execução do juízo aberto diante dos olhos de todos. A perversidade parece estar arraigada, mas, uma vez que Deus se levantar, não demorará para ser eliminada. Como diz F. B. Meyer: "Anime-se com essa visão! Levante os olhos e veja as asas como as da cegonha, sustentando-os com uma brisa favorável enquanto eles correm para realizar o mandamento de Deus. Se pelo menos você quiser, o Senhor certamente o libertará".

O efa nasceu numa casa na terra de Sinear —local em que a humanidade organizou a primeira rebelião contra Deus (Gn 12:2). Essa também foi a terra do cativeiro judaico. Babilônia, a capital dos reinos do mundo oprimidos por Deus, representa de modo geral o símbolo maior da falta de fé. "Sentada no meio do efa". A perversidade deve ser fixada em seu lugar próprio. Lançada fora de Judá, a perversidade habitará para sempre com os apóstatas anticristos, dos quais a Babilônia é o tipo, que colhem o fruto merecido por seus pecados. Habershon acredita que a visão do efa corresponde em muitos aspectos à *Parábola da fermento* e "representa o fim da cristandade apóstata, e a parábola de Mateus 13, o começo da cristandade corrupta. O fermento de Mateus aponta para a 'perversidade' de Zacarias, pois o mal permeia o reino dos céus em seu aspecto terreno, possibilitando o aparente triunfo do reino falsificado de Satanás, e a ele conduzindo". O espírito de qualquer lei, quando acha seu próprio terreno de vantagem, "é restrito em suas operações e compelido a ocupar sua própria casa, em sua própria terra, sobre suas próprias bases". Mas no final não haverá mais pecado.

Parábola dos quatro carros de guerra
(Zc 6:1-8)

Na realidade, essa visão amplia a verdade incorporada na visão anterior dos *Chifres e dos ferreiros* (Zc 1:18-21), oferecendo uma parábola de proteção e de libertação. Aqui temos "a revelação final do método da ordem restauradora. No dia da restauração as forças administradoras da justiça serão espirituais". Quando tomamos a visão como apareceu a Zacarias, primeiro de tudo temos uma repetição do número:

Quatro. Como já mostramos, esse é o número da terra, referindo-se aos quatro cantos do horizonte. O número também pode significar o juízo universal sobre os quatro reinos do mundo de Daniel.

Carros. Mensageiros do juízo de Deus que patrulham a terra e executam os decretos divinos contra os inimigos de Israel. Ao receber as ordens do Senhor do céu e da terra, cumprem a sua missão. Os carros estavam associados com a guerra e também com o juízo. Jamieson diz que "simbolizam as várias dispensações da providência para com as nações gentílicas, que num sentido ou noutro entraram em contato com a Judéia: especialmente na punição da Babilônia [...] Os carros são as várias mudanças forjadas das nações, que, com um rápido anúncio, nos revelam o que antes não sabíamos".

Dois montes. Os quatro carros vieram dos dois montes de bronze. Por "dois montes" podemos entender o monte das Oliveiras e o monte Sião, entre os quais encontra-se o vale de Josafá, onde o *Senhor julga* (significado de Josafá) as nações (Zc 2:10; Jl 3:2). Os "dois" também devem corresponder às "duas oliveiras" (Zc 4:3), ou aos "dois chifres" empregados para executar o propósito de Deus e punir as nações (Dn 8:3,4). O fato de serem feitos de *bronze* dá-nos mais uma evidência do juízo. O bronze era o metal entre os antigos que significava dureza e solidez, sendo figura da imobilidade e da irresistível firmeza do povo de Deus (Jr 1:18), além de representar a imóvel firmeza da habitação do Senhor, onde fundou o seu reino. Na seqüencia, temos os quatro cavalos, cujas cores servem para identificar a comissão de seus cavaleiros, levados às diferentes nações que na época tinham devastado o povo de Deus.

Cavalos vermelhos. Por "vermelho" entendemos "fortes" (Zc 1:8; 6:7). O carro, com esses cavalos, ia e vinha pela terra, numa missão geral de patrulha e de defesa. Esses fortes cavalos completam a tarefa —em parte já executada pelos outros três carros que silenciaram a Caldéia, a Pérsia e a Grécia—, a saber, punir definitivamente o último grande inimigo de Israel, a forma final que toma o quarto reino do mundo, Roma, que deve continuar até o segundo advento de Cristo. Assim, esses cavalos com seus carros "andam pela terra" e trabalham contra as idas e vindas de Satanás sobre a terra (Jó 1:7; 2Ts 2:8,9; 1Tm 4:1), junto com o desenrolar do quarto e último terrível reino do mundo. Sua "velocidade" é necessária para contracenar com a sua incansável atividade; sua cor vermelha implica a grande carnificina final (Ez 39; Ap 19:17-21).

Cavalos pretos. O "preto" está associado à derrota, ao desespero, ao lamento, à fome e à morte (Ap 6:5,6). Pareceria como se ambos os cavalos (pretos e brancos) fossem para o país do Norte, onde havia dois poderes por vencer —o remanescente da antiga Assíria, da Caldéia e da Pérsia. Com eles estava a maior crueldade e culpa com respeito à Judéia. Esses "cavalos pretos" foram para o "país do norte" ou Caldéia (Zc 1:15; 2:6). Acima de tudo, representam a terrível desolação com a qual Dario visitou as nações, no quinto ano de seu reinado (dois anos depois dessa profecia) por causa das rebeliões.

Cavalos brancos. Simbolizam as vitórias jubilosas e sucessivas de um povo conquistador, diante do qual a Caldéia foi derrubada ao pó. Uma profecia cumpriu-se com o surgimento mundial do terceiro grande e vasto Império Grego, sob Alexandre, o Grande.

Cavalos baios. Esses cavalos malhados representam uma mistura de experiências, em parte infortúnio e em parte prosperidade, que ocorreriam com o Egito, na fronteira meridional da terra Santa. O Egito foi por muito tempo inimigo do povo de Deus. As quatro dispensações *misturadas*, ainda que de caráter diferente do das nações gentílicas, prenunciavam igualmente o bem a Israel.

Quatro ventos. Os "quatro carros" foram interpretados como "os quatro ventos do céu" pelo anjo-intérprete. "Vento" é símbolo da obra do Espírito de Deus (Sl 104:4; Jr 49:36; Dn 7:21; Jo 3:8). As Escrituras informam que espíritos celestiais "permanecem diante do Senhor" para receber o seu comando nos céus e prosseguir com carros velozes para executá-los nos quatro cantos da terra (1Rs 22:19; 2Rs 6:17; Jó 2:1; Sl 68:17; 104:4). Todas as revoluções do mundo, diz Calvino, originam-se do Espírito de Deus, e são, por assim dizer, seus mensageiros ou espíritos.

Fizeram repousar o meu espírito. Ellicott diz que "espírito" é usado no sentido de "ira" (Jz 8:3). "A sua ira se abrandou" (Ez 5:12,13; 16:42; 24:13). A ira de Deus acalmou (Ec 10:4). Somente a Babilônia dos quatro grandes reinos do mundo tinha sido punida nos dias de Zacarias; portanto, só nesse caso Deus agora diz que a sua ira está satisfeita; os outros tinham ainda de expiar os pecados; o quarto ainda precisa fazer isso.

A parábola como um todo é confortante para os nossos corações, pois nos ensina claramente que, quando o pecado é eliminado, Deus constitui a si mesmo como nosso gracioso Protetor. Uma vez que estejamos retos na presença dele, as línguas que se levantarem em juízo contra nós são condenadas. Nenhuma arma contra nós pode prosperar. Seguros dentro dos recintos protegidos do Deus todo-poderoso, podemos "habitar seguramente no deserto, e dormir na floresta".

Parábola das coroas
(Zc 6:9-15)

Nessa visão Zacarias é especialmente encarregado de observar uma cerimônia parabólica impressionante. Da Babilônia, onde ainda permanecia a melhor parte da nação judaica, três judeus —Helém (Zc 6:14), Tobias e Jedaías— foram para Jerusalém a fim de levar um presente de ouro e de prata. Essa delegação foi recebida e recepcionada por Josias, ou Hem, o filho de Sofonias. Zacarias tinha ordens de levar o ouro e a prata a uma comissão de trabalhadores habilidosos, a fim de transformar o material em coroas. Então se deu a

Parábola das coroas

cerimônia, em que a coroa foi depositada na formosa mitra já sobre a cabeça do sumo sacerdote.

Em geral, o sumo sacerdote não usava coroa (2Sm 12:30). O sacerdócio levítico não permitia que uma mesma pessoa vestisse uma coroa de rei e uma mitra de sumo sacerdote ao mesmo tempo (Sl 110:4; Hb 5:10). As duas funções de rei e sacerdote, a sacerdotal e a real, sempre foram cuidadosamente mantidas separadas uma da outra. Quando Uzias como *rei* tentou tomar o ministério de sacerdote, queimando incenso sobre o altar, foi ferido com lepra. No caso aqui, porém, a coroa foi depositada sobre a mitra, ato simbólico que ilustra a combinação de duas funções num mesmo indivíduo. O profeta divinamente comissionado torna claro que o verdadeiro sacerdócio e a autêntica realeza devem ser conferidos ao Messias, em cuja cabeça repousarão muitas coroas, uma sobre a outra (Ap 19:12).

A expressão "no mesmo dia" é sugestiva. Tão logo os presentes de ouro e de prata foram recebidos, transformaram-se em uma linda coroa. Não se perdeu tempo. Na coroa dupla, feita com os presentes, depositada na cabeça de Josué, temos tipificada a união dos exilados de Israel com o futuro Messias, que será então reconhecido como o verdadeiro Rei e Sacerdote. Zacarias fala dele como um *homem*: "Aqui está o homem". Pilatos inconscientemente também se referiu a Jesus desse modo (Jo 19:5). Mas o sentido aqui é: "Eis em Josué uma notável sombra que aponta para o Messias". Por não ser da linhagem real de Davi, Josué não poderia ser coroado rei. Desse modo, não foi pelos próprios méritos que foi coroado, mas somente em seu caráter *representativo*.

Antes que passemos a examinar a Cristo como Sacerdote e Rei, deixe-nos pensar sobre ele como o *Renovo* —designação predileta daquele que era da linhagem real de Davi (Zc 3:3; Is 4:2; Jr 23:5; 33:15; Lc 1:78). Ele era de origem muito humilde; foi como raiz de uma terra seca (Is 53:2). Por trinta anos foi desconhecido, exceto pela reputação de filho do carpinteiro. Alguns comentaristas dizem que saiu de sua habitação, com o significado de que era um lugar especial, não meramente Belém ou Nazaré, mas pelo seu próprio poder, sem a ajuda de homens, em sua miraculosa concepção, porque muitos o vêem somente como um renovo e rejeitam-no. "A idéia de um Renovo é que a glória de Cristo está crescendo ainda e não foi totalmente manifesta como árvore adulta. No milênio, ele será como uma árvore antiga, com multidões sentadas sob sua sombra, em grande deleite, achando o seu fruto doce ao paladar."

Halley diz: "O 'Ramo' devia ser da família de Zorobabel (Davi), da linhagem real. Mas o sumo sacerdote Josué é coroado, e assim representa o 'Ramo', ao sentar-se no trono de Davi (6:12-13), união simbólica das duas funções de Rei e Sacerdote na vinda do Messias". Duas expressões mostram a autoridade real e a expiação sacerdotal de Cristo: "... e assentar-se-á, e dominará no seu trono. E ele será sacerdote no seu trono".

Sacerdote

Atualmente, ele é o nosso Sumo Sacerdote, a fim de interceder a nosso favor (Hb 9:11; 10:21 etc.). Como sacerdote misericordioso e fiel, designado para as coisas pertinentes a Deus, ofereceu-se como sacrifício por nossos pecados, vivendo sempre para interceder com o seu sangue precioso e eficaz a nosso favor.

Rei

Ainda que Sumo Sacerdote, Cristo tem sido sempre um Rei por direito. Nasceu Rei (Mt 2:2). Veio como "o Rei eterno". Mas a sua manifestação como Rei dos reis será no futuro (Ap 15:3; 17:14; 19:16). Enquanto estava na terra, manifestou-se como "Rei dos judeus". Hoje, então, nos céus, é nosso Rei-Sacerdote, de quem Melquisedeque é um tipo —"rei de Salém, e sacerdote do Deus Altíssimo". Pensamos suficientemente sobre Cristo, nesse duplo aspecto? Ele é o nosso Príncipe bem como o nosso Salvador? Como Sumo Sacerdote, Jesus intercede pelos méritos de seu precioso sangue; como Rei, exerce a nosso favor o seu poder de ressurreição e glória. Como Sacerdote, limpa da consciência a culpa; como Rei, manda sensações de sua vida vitoriosa para nossos espíritos. Como Sumo Sacerdote, traz-nos para perto de Deus; como Rei, põe seus inimigos debaixo de seus pés. Assenta-se como Sumo Sacerdote e Rei em seu trono. Por causa de sua intrínseca dignidade, completou o seu trabalho de mediador. Quando retornar à terra, como legítimo Senhor e Rei, então as bênçãos sobejarão.

Entre as duas funções de Sumo Sacerdote e Rei existe um "conselho de paz". O que está exatamente implícito na expressão do profeta: "entre os dois"? Campbell Morgan diz que "a paz resultante viria da união das funções reais e sacerdotais em uma pessoa". Não existe conflito algum entre o sacerdócio e a realeza. "Josué e Zorobabel", comenta Jamieson, "as autoridades civil e religiosa cooperando no templo, tipificam a *paz*, ou a harmoniosa união *entre* as funções reais e sacerdotais. A majestade real não diminuirá a dignidade sacerdotal, nem a dignidade sacerdotal diminuirá a majestade real."

Em sua função sacerdotal, Cristo expia; em sua função real, confere os benefícios de sua expiação. Não importa quão meritória tenha sido a morte de Cristo como sacrifício; tal acontecimento não teria proveito a nosso favor, se ele não tivesse ressurgido novamente da morte e subido às alturas. Nunca devemos perder de vista a verdade fundamental de que os homens só podem ser salvos aceitando pela fé a morte e a ressurreição de Cristo (Rm 10:9,10).

Por duas vezes, afirma-se que esse Rei-Sacerdote está para construir o templo de Deus. As coroas que Josué usou durante a cerimônia de coroação foram guardadas por memorial no templo do Senhor, memorial de três doadores que tinham formado a delegação e a coroação de Josué, a fim de fazer lembrar tudo sobre o Messias, o Rei-Sacerdote antitípico que fora prometido. Para o pequeno grupo de exilados que retornaram com os corações tristes e pasmados pela situação de seu templo, espalhado em ruínas, a profecia de Zacarias sobre a reconstrução do deve ter soado um grande estímulo.

A necessidade de "obediência" deve ser realçada. A reconstrução seria realizada se os judeus com diligência fizessem sua parte, a qual lamentavelmente deixaram de realizar. Além disso, a desobediência e a descrença não punham de lado o gracioso propósito de Deus, que era a vinda do Messias. A mensagem diante de nós é que a sua glória como Rei-Sacerdote de Israel não se manifestará aos judeus, até que se voltem para ele com uma penitente obediência. Enquanto isso, como nação, os judeus são abandonados como "ramos" até que sejam "enxertados" novamente ao Renovo, a sua própria Oliveira (Mt 23:39; Rm 11:16-24). No presente, o templo espiritual está sendo levantado pelo Espírito do Mestre Construtor, responsável pela "construção de Deus", composta de judeus e gentios regenerados (Zc 9:16,17).

Parábola da graça e da união
(Zc 11:1-17)

Esse capítulo altamente simbólico diz respeito a algumas terríveis visitações vindas do Norte para afligir e despojar o povo judeu. Por causa da mistura de metáforas, os comentaristas não concordam em que os "pastores" mencionados sejam autoridades pagãs ou do próprio país. Se o capítulo é lido em correspondência com o capítulo 13, ele apresenta notáveis prefigurações do ministério de Cristo entre o seu rebanho para o povo escolhido, bem como entre as outras ovelhas das quais falou (Jo 10:16). Os primeiros três versículos referem-se a uma terrível tempestade que derruba até os majestosos cedros do Líbano. Fala-se duas vezes da ruína de Israel com a expressão "ovelhas destinadas à matança".

Quais são os três falsos pastores a que o profeta alude? São apresentados como a Caldéia, a Pérsia e a Grécia, cujos impérios, cada um por sua vez, exploraram os judeus. Segundo outras interpretações, esses três pastores seriam eliminados em um mês —por ser um período simbólico (Ez 4:4-6; Dn 9:24-27). Os três reis seriam: Antíoco Epifânio, Antíoco Eupátor e Demétrio I. Pusey, em seu comentário sobre Zacarias, mostra que os três pastores impiedosos foram "os sacerdotes, os juízes e os advogados" que, ao conduzirem o Salvador à cruz, foram todos depostos ou cortados no mês de nisã, em 33 d.C.

Nessa segunda seção da profecia (Zc 11:4-14), Zacarias, num ato parabólico, refere-se a um juízo divino que alcança os mercenários que não se importavam com as ovelhas. Ezequiel, como já vimos, maravilhosamente retrata os dois tipos de pastores: os que pensam somente em si mesmos, e não nas ovelhas, e os que fazem do bem-estar de suas ovelhas o primeiro cuidado (Ez 34). Que retrato da história de Israel vividamente pintado! Citam-se sete vezes as condições das ovelhas sob os pastores infiéis. Elas ficaram enfermas, doentes, feridas, afugentadas, perdidas, dispersas e errantes (Ez 34:4-6). Mas tanto Ezequiel quanto Zacarias profetizaram sobre o tempo em que Israel, mais uma vez, seria "a ovelha de seu pasto". Quando Cristo esteve na terra, viu a multidão como "ovelhas sem pastores", mas, quando retornar como Messias, buscará e alimentará as suas ovelhas dispersas, dando-lhes descanso (Ez 34:11-16). "O cumprimento total dessa profecia (Zc 11), tendo em vista a sua aplicação universal, deve situar-se no final dos tempos. Na visão, o passado e o futuro, os últimos dias, andam lado a lado."

Atuando como representante de Deus, Zacarias disse: "Eu apascentarei as ovelhas destinadas à matança, as pobres ovelhas do rebanho" (11:7). Então o profeta encenou uma ação parabólica que retrata desse modo o tratamento de Deus para com seu povo. Eles seriam alimentados de modo estranho, com duas varas: uma chamada *Graça* e a outra, *União*, ambas sendo quebradas, como símbolo do rompimento da aliança divina. Essas duas varas expunham o modo meigo e sábio da autoridade do pastor —um bastão para rechaçar as feras e livrar as vítimas: o cajado, com o qual ele resgatava qualquer ovelha retida em algum arbusto ou buraco. Para Davi, a vara e o cajado representavam a perpétua atitude de Deus a favor de suas ovelhas (Sl 23).

Graça. A primeira vara significa "graça" e sugere a abundante misericórdia de Deus (Sl 90:17). Como nação, os judeus experimentaram uma especial *excelência* sobre os outros povos (Dt 4:7). Foram alvo da manifestação especial de Deus (Sl 147:19,20). Para eles, a glória do templo era "a beleza da sua santidade" (Sl 29:2; 90:17; 2Cr 20:21).

A quebra da primeira vara sugere que, pelos pecados do povo, os favores lhe seriam retirados. O corte de separação da vara de *graça* implicava pôr de lado as excelências externas e os favores dos judeus como povo de Deus. Ao longo dos séculos essa solene profecia foi cumprida na dispersão, na perseguição e no martírio de milhões de judeus.

União. O nome da segunda vara na verdade se traduziria por *faixas*. Essas eram usadas pelas *companhias* confederadas. O povo do Oriente, ao fazer a confederação, ou união, muitas vezes atava uma faixa ou uma tira como símbolo do vínculo, desatando-a quando se dissolvesse a união. Assim usada por Zacarias, a *união* significava o vínculo de irmandade entre Judá e Israel. O divino pastor procurou juntar ambas as seções da nação numa *união* (por laços) de uma fé e leis comuns, mas resistiram ao seu esforço (Zc 11:14).

Deus quebrou a vara a fim de realçar desse modo uma justa paga aos que tinham feito uma aliança com ele. A nação foi dividida em várias partes, em manifestação de uma terrível conduta após a rejeição de Cristo. A ruína do povo privilegiado foi acelerada na guerra contra Roma. O profeta predisse essa vitória romana em decorrência do abandono ao verdadeiro Pastor. A união abençoada e fraternal, de que Israel a princípio desfrutara pelo favor de Deus, ainda se mantém. Mas virá o dia em que todo Israel será como um. Ainda que no presente estejam dispersos, os judeus são as suas ovelhas que aguardam ajuntamento (Is 40:9-11).

O pastor divinamente ordenado e o pastor-ídolo estão em contraste de caráter. O primeiro veio como o Bom Pastor, mas um falso profeta o vendeu por trinta peças de prata. O *ídolo*, ou pastor inútil, deve referir-se a alguns governantes entre os próprios judeus que depois os espoliavam e os destruíam (Dn 9:27; 11:30-38). Fausset vê nesses pastores inúteis as idólatras e blasfemas reivindicações do Anticristo que, na grande tribulação, procurará destruir o rebanho (2Ts 2:4,8; Dn 11:36; Ap 13:5,6). Mas a espada de Deus está para descer sobre o seu "braço", i.e., sobre o instrumento de tirania para com as ovelhas (2Ts 2:8).

Ao deixarmos as parábolas de Zacarias, deve-se dispensar atenção às três denominações significativas que faz o profeta: o Bom Pastor que se tornou o Grande Pastor e retornará como o Principal Pastor. Ele é apresentado como *Pastor, Homem, Companheiro*.

Como *Pastor*, Jesus foi espancado na casa de seus amigos e depois ferido por Deus (Zc 13:6,7). Seus *amigos* foram seus próprios parentes que não o receberam e buscaram a sua morte. Quando a espada, símbolo do poder judicial —cujo principal exercício é tirar a vida do condenado (Sl 17:3; Rm 13:4)— levantou-se contra ele, o golpe foi um ato de Deus. Ele permitiu que aquele a quem chamou "meu pastor" fosse judicialmente ferido por nossos pecados (Is 42:1; 53:4; 59:16).

Como *Homem*, "um homem poderoso", um homem especial em seu nobre ideal, somos apresentados à sua condição humana sem pecado. Cristo foi feito como um de nós em todos os aspectos, porém sem pecado. Nós o louvamos e adoramos como Homem, Cristo Jesus!

Como *Companheiro*, temos mais um vislumbre dele. Era o companheiro de Deus, ou seu igual, aquele com quem a primeira pessoa da Trindade tinha uma amizade inviolável desde a eternidade. Ainda por meio da graça, o divino Homem, o Pastor ferido é *meu* Companheiro. Não fez ele a sua morada conosco e não deseja ele próprio estar totalmente associado com o Pai em todos os seus caminhos?

O livro de Zacarias, então, é precioso para os cristãos por fervilhar com lampejos messiânicos e mencionar literalmente muitos pormenores da vida e da obra de Cristo. Entre esses vislumbres, temos:

- a morte expiatória para apagar o pecado (3:8,9; 13:1);
- o trabalho como construtor da casa de Deus (6:12);
- o reino universal como Rei e Sacerdote (6:13; 9:10);
- a entrada triunfal em Jerusalém (9:9; Mt 21:5; Jo 12:15);
- a traição por Judas (11:12; Mt 27:9,10);
- a inequívoca divindade (12:8);
- as mãos perfuradas (12:10; 13:6; Jo 19:37);
- a morte como o Bom Pastor (13:7; Mt 26:31; Mc 14:27).

Parábola do advento de Cristo
(Ml 3:1-3,17; 4:2)

Assim como examinamos as profecias de Zacarias a respeito do nosso Senhor, devemos também analisar as de Malaquias, outro profeta da restauração e o último mencionado na nobre lista dos profetas inspirados do AT (1Pe 1:11). A Bíblia nada diz sobre a história particular de Malaquias. Por sua profecia, concluímos que sua missão foi a de um reformador, buscando a restauração de Israel. "Devemos considerá-lo assistente de Neemias em sua segunda reforma." Quanto ao seu pequeno livro, ele é feito de repreensões contínuas, desde o começo até o fim.

Assim que o examinamos, parece ter um único discurso, mas Ellicott expressa: "É provável que seja sistematicamente arranjado em um epítome de diversos discursos orais do profeta". *No geral,* existem seis seções, todas mais ou menos interligadas umas às outras: repreensão

1. pela flagrante ingratidão de Israel (1:1-5);
2. dos sacerdotes e um decreto contra eles (1:6—2:9);
3. do povo pelo casamento e pelo divórcio (2:10-16);
4. aos céticos e profecia referente ao Messias (2:17—3:5);
5. ao povo por reter dízimos e ofertas (3:6-12);
6. aos formalistas e céticos. Referências a Cristo, a Moisés e a Elias (3:13—4:6).

Quanto ao estilo de Malaquias, faltam as imagens poéticas presentes em alguns dos profetas. Não faltam, todavia, elementos parabólicos ou simbólicos. "No momento de retirar o olhar da presente escuridão para se voltar para o passado glorioso ou para profetizar os acontecimentos de um futuro ainda mais glorioso, ele sobe a um elevado grau de expressão poética" (Ml 2:5,6; 3:1-5; 4:1-6). As repreensões severas de Malaquias se fazem em termos artísticos, porém mordazes, e ao mesmo tempo até certo ponto forçado. N_gelsbach, em seu estudo *Malachi* [*Malaquias*], faz esta linda descrição do profeta: "Ele é como o entardecer que encerra um longo dia; mas é ao mesmo tempo o crepúsculo do manhã, que sustenta em seu ventre um dia glorioso".

Assim que terminou a reforma e a missão profética de Malaquias, houve um silêncio de uns quatrocentos anos, até que a voz de outro profeta fosse ouvida, qual seja, a de João Batista, que veio no espírito e no poder de Elias, como arauto, para preparar o caminho do Mensageiro da Aliança.

Em nosso último estudo das parábolas do AT, vejamos as referências parabólicas a Cristo, apresentadas por Malaquias:

1. *Mensageiro da aliança* (3:1).

Dois mensageiros são mencionados nesse versículo: um humano, e outro celestial. Aqui Malaquias mostra como gostava de fazer uso de uma palavra que trouxesse consigo uma referência oculta ao seu próprio nome, que significa *angelical* ou *meu mensageiro*. O profeta chama ao sacerdote o anjo ou mensageiro do Senhor (Ml 2:7). O mensageiro enviado do Senhor é o mesmo sobre o qual Isaías profetizou, dizendo que prepararia o caminho do Senhor no deserto (Is 40:3). "Com base na natureza de sua missão, confirma-se ser esse mensageiro idêntico ao 'Elias' de 4:3. Essas palavras tinham primeiramente os seus perfeitos cumprimentos em João Batista" (Mt 17:12).

O mensageiro da aliança é uma pessoa augusta. Ele é o Senhor que aparece de súbito em seu templo; aquele enviado pelo Senhor dos Exércitos, o próprio Deus. Na plenitude dos tempos, Cristo veio como o *Mensageiro* da Aliança que o seu povo tinha corrompido (Ml 2:8), o antigo pacto feito com Abraão e Isaque (Is 63:9; Gl 4:16-17), e fez a nova aliança que abrange a todos (Jr 31:31; Ap 6:16,17). Como Mensageiro, a missão de Cristo compreende os seus dois adventos. Como Filho de Deus, manifestou-se na carne e veio ao seu templo (Lc 2:35), mas não foi reconhecido como Mensageiro enviado dos céus pelos sustentadores da antiga aliança (Mt 21:12; 28:13).

Como Cristo foi fiel como *Mensageiro!* De fato foi o mensageiro do Senhor ao apresentar a mensagem de Deus! (Ag 1:13). Nunca lisonjeou os preconceitos da nação teocrática, mas sujeitou os seus ouvintes ao impiedoso teste das suas profundas mensagens (Mt 3:10-12). E, como os líderes religiosos foram atormentados pelas suas palavras, não descansaram até o verem crucificado. Assim ele morreu, não pelo que *fez*, mas pelo que *disse*. Suas *palavras*, não as suas *obras*, o mandaram para a amarga cruz. Será que, como arautos, somos tão fiéis como Jesus foi em sua declaração das palavras dadas por Deus (Jo 17)?

2. *Fundidor e purificador de prata* (3:2,3).

Com essa figura, somos lembrados do mistério purificador e santificador do Senhor. Por "filhos de Levi" entendemos os sacerdotes, os filhos e sucessores de Arão (Êx 6:16-20). O juízo deve começar pela casa do Senhor (Jr 25:29; Ez 9:6; 1Pe 4:7). "O processo de refino e de separação do piedoso em relação ao profano começa durante a permanência de Cristo na terra, indo desde então e continuando até a separação final (Mt 3:12; 25:31-46). Descreve-se o processo de fundição, pelo qual a terça parte dos judeus é refinada como quando se tira a escória da prata, enquanto os outros dois terços perecem" (Is 1:25; Zc 13:8,9).

A terceira atitude do Fundidor é cheia de ensinamentos parabólicos. Primeiramente, observamos que ele se senta: "Assentar-se-á".

Graças à preciosa utilidade de seu trabalho, o ourives não tem pressa na purificação da prata. *Senta-se* diante do cadinho com os olhos fitos no metal fundido. Toma cuidado para que o fogo não esteja muito quente. Quanto tempo permanece sentado? Permanece nessa posição até que a sua imagem seja refletida na brilhante massa. Então, e somente então, sabe que a prata está pronta para ser moldada.

Parábola do advento de Cristo

"Como fundidor". Esse processo é diferente do de purificar, ainda que um esteja ligado ao outro. Através da ação do fogo, a escória é separada da prata, que em sua condição original como minério na terra foi impregnada de escória. Mas, no cadinho, o processo de separação continua, e o intenso calor muda a prata dura em fluído, forçando a escória a vir à tona.

"Como purificador". O ourives tem a função de *fundidor*, quando se senta e vê no cadinho o fogo e o metal. Ele usa uma escumadeira de sopa para constantemente coar a superfície do metal líquido, assim que a escória aparece. Quando *toda* a escória estiver separada e eliminada, então, na superfície da prata pura, ele pode ver a sua face.

Não é nessa dupla forma que o Senhor trabalha —não só com os filhos de Levi, os quais, ainda que ministros de Deus, precisavam ser expurgados de suas depravações, mas também conosco? Com paciente amor e inflexível justiça ele purifica os seus. Incansavelmente, procura revelar e eliminar os nossos pecados. Alguns dos maiores santos foram excessivamente provados. Nós procuramos fugir da fornalha da provação, mas nosso Fundidor celestial sabe como temperar o fogo. E, independentemente de quanto faça para a nossa santificação, não seremos totalmente livres da escória da iniquidade, até que nos despertemos para ser como ele. Então sua face será refletida na prata, porque seremos como ele é e; como suas jóias, resplandeceremos com um brilho que não nos pertence. Naquele dia seremos o seu tesouro particular, seu bem especial (Ml 3:17; Êx 19:5; Dt 7:6; 14:3; 26:18; Sl 135:4; Tt 2:14; 1Pe 2:9; Ec 2:8).

3. *Sol da Justiça, trazendo salvação debaixo de suas asas* (Ml 4:2). Todos os que temem ao Senhor pensam em seu nome, falam sobre ele entre si (5:16) e são qualificados para ver a Jesus e toda a sua radiante glória. O *Sol* é a fonte da luz, da vida e do calor da terra. A lua simplesmente reflete os raios emprestados do astro-rei. O Senhor Jesus é o *Sol*, a fonte de todo o suprimento. A sua Igreja verdadeira é a *lua* que reflete sua luz (Ap 12:1). Cristo como *Sol* alegra os justos (2Sm 23:4; Sl 84:11; Lc 1:78; Jo 1:9; 8:12; Ef 5:14). O pleno esplendor meridiano do nosso Sol será manifestado em sua vinda (2Pe 1:9).

Mas a locução adjetiva "da Justiça" não deve ser negligenciada. Com o advento do reino de justiça, todos os injustos serão queimados e murcharão. Então os justos pela sua justiça "resplandecerão como o sol no reino do Pai" (Mt 13:43). Por isso temos este lindo toque: "trazendo salvação debaixo de suas asas" —as asas como figura dos *raios*. As *asas* em si representam a rapidez com a qual ele aparecerá para o alívio de seu povo (Ml 3:1). A salvação para toda a humanidade ferida será o brilho nos raios desse Sol quando ele aparecer (Sl 103:3; Is 50:10; 57:19). Então a maldição sobre a terra será retirada (Ml 4:6). Você gostaria que o NT terminasse com um final diferente daquele do AT? (Ap 22:20,21).

Agora que chegamos ao fim de nosso estudo do AT, o leitor deve ter aproveitado bem o que foi oferecido. Pode-se sentir que muito mais poderia ter sido citado sobre o simbolismo do AT, que, assim como a linguagem figurada do NT, apresenta provas extraordinárias da maravilhosa unidade das Escrituras. As leis levíticas, as instituições e os cerimoniais, tais como as festas, estão cheios de importância simbólica. As personagens do AT, como José, têm um significado parabólico, assim como os episódios relativos às experiências de Israel no deserto. Como já mostramos, uma leitura atenta dos capítulos de Habershon, "Old Testament symbolism" [Simbolismo do AT] servirá de guia aos que procuram um pleno entendimento de tão fascinante estudo. Como o autor desconhece qualquer obra que trate dos ensinos parabólicos das Escrituras como um todo, ele acredita que essa seção sobre o AT, singular em sua concepção, se mostrará de grande valia para todos os estudantes da Sagrada Escritura.

SEGUNDA PARTE

AS PARÁBOLAS DO NOVO TESTAMENTO

INTRODUÇÃO

Em contraposição à falta de material de consulta sobre as parábolas do AT como um todo, o NT oferece uma gama de preciosas riquezas espirituais. Por exemplo, ao lado de apenas *uma* obra solitária que trata com maior ou menor profundidade das parábolas do AT, tinha diante de mim, para pesquisa, umas cinqüenta obras sobre as parábolas do NT. Sem dúvida esse campo mais vasto de exposição se explica pelas parábolas, protoparábolas, símiles e figuras de linguagem que sobejam em todo o NT.

Entretanto, a maioria dos livros que tratam das parábolas do NT concentra-se nas proferidas pelo Senhor Jesus, as quais são apresentadas em número de 25 a 70. Muitos escritores crêem que as parábolas, no sentido estrito do termo segundo o entendimento da teologia, cheguem a 30, número que Trench considera um belo e cômodo resumo. Desse modo, a maioria dos comentaristas segue Trench em seus tratamentos individuais desse número. Mas, como veremos, 30 não é uma lista completa das parábolas transmitidas por Jesus Cristo. O seu ministério verbal foi quase totalmente formado de ensino parabólico. Ele tinha excepcional aptidão para a linguagem figurada. Muitos dos seus ditos saíram nesse molde. "... e nada lhes fala sem parábolas".

Além disso, a maioria dos trabalhos publicados sobre as parábolas do NT concentra-se sobre as dos quatro Evangelhos, nada havendo sobre as ocorrências simbólicas das epístolas e do livro de Apocalipse, os quais fazem uma valiosa contribuição para o alcance geral do ensino parabólico na Bíblia. Tanto Paulo quanto João, sem dúvida inspirados pelo gênio de Cristo em seu uso das parábolas, símiles e metáforas, expressaram verdades de forma similar, como esperamos provar. Prontamente concordamos com William Arnot, segundo quem "Como o povo de Deus nos tempos antigos habitava sozinho, não sendo considerado entre as nações, os ensinos parabólicos do Senhor permanecem distintos, não podendo com propriedade ser associados a outras formas de ensino metafórico. Lógica, bem como espiritualmente, é verdade, 'Jamais alguém falou como este homem'".

As parábolas e o seu potencial na pregação

O capítulo conclusivo de *Guide to the parables of Jesus* [*Guia das parábolas de Jesus*], de Hillyer H. Straton, intitulado "Preaching and teaching parables" ["Pregando e ensinando parábolas"], é de valor prático para todos os que ministram a Palavra de Deus. Diz o dr. Straton: "As parábolas foram sempre uma rica fonte para a pregação, mas não mais do que quando as vemos em seu meio social, a agir assim como Jesus realizou: fazer a parábola falar da situação diante dele [...] Os homens não esqueciam o que Jesus dizia, porque ele foi bastante sábio para apresentar suas palavras de uma forma que fosse mais fácil e mais seguro lembrar —a narração. O pregador de hoje faz bem em segui-lo. Os evangelistas que mais eficazmente moveram multidões a se decidir pela fé cristã, em todas as áreas da vida, quase sem exceção são os que iluminam suas mensagens com o que chamamos hoje ilustrações eficazes. No tempo de Jesus, o principal método de ilustração era a parábola".

Os drs. William M. Taylor e Charles E. Jefferson, que ganharam reputação como pastores do Broadway Tabernacle, de Nova Iorque, criaram o hábito de todo domingo pregar um sermão expositivo e outro tópico. Ambos pregaram sobre as parábolas, e seus sermões se encontram nos livros *The parables of our Saviour* [Parábolas de nosso Salvador], de autoria do primeiro pregador, e *The parables of Jesus* [As parábolas de Jesus], do segundo pastor. Nenhum pregador sábio negligenciará os mesmos aspectos do material bíblico. Verá, assim que estudar os métodos de pregação do Mestre, que essas parábolas refletiam as atitudes de Jesus em relação à vida, e o mundo em que hoje os homens vivem, sofrem e são tentados era também o seu. Então os homens foram sórdidos em suas ambições, ignorantes acerca da fé, oprimidos pelos costumes sociais, sendo pecadores sob a ira divina, mas tocaram o coração do Pregador. Ele nunca agrupou os homens *em massa*. Cada infeliz atraía individualmente a solidariedade e a ajuda de Jesus. Suas parábolas revelavam o seu amor pelo indivíduo, pelo pobre, pelo ignorante e pelo pecador, todos os quais, no entanto, eram passíveis de salvação.

Um notável exemplo de como o pregador pode aplicar as parábolas de Jesus à vida e ao viver de hoje acha-se no pequeno estudo do dr. William Ward Ayer, que todo pastor deveria possuir, *Christ's parables today* [As parábolas de Cristo hoje].

Esse autor faz adaptações das parábolas às necessidades e às situações do dia-a-dia. As parábolas de Cristo são a resposta para muitos dos nossos problemas existenciais hoje.

O pessimismo de Cristo a respeito da era presente
Parábolas do semeador, do trigo e do joio, do grão de mostarda e do fermento.
O otimismo de Cristo a respeito da era presente
Parábolas do tesouro escondido, da pérola de grande valor e da dracma.
a igreja deve preocupar-se com os problemas da sociedade
Parábola do bom samaritano.
O manuseio da riqueza que Deus investe
Parábola dos talentos.
Ricos associados a loucos
Parábola do rico insensato.
Salário e horas trabalhadas
Parábola dos trabalhadores na vinha.
Permanecendo em Cristo
Parábola da casa edificada sobre a rocha.
Você é o irmão do pródigo?
Parábola do filho pródigo.
Quem ama mais a Deus?
Parábola do credor e dos dois devedores.
De que modo a oração prevalece
Parábolas do amigo no meio da noite e do juiz iníquo.

O dr. George a. Buttrick, em *The parables of Jesus* [As parábolas de Jesus], ecoa uma aplicação similar: "Em qualquer tempo as parábolas provam seu padrão de atualidade. São mais recentes que as notícias dos jornais; pois os jornais seguem a moda, e, porque a moda se tornou moda, começa a morrer. As parábolas exaram verdades eternas por que se julgam todas as modas, as disposições mutantes de uma sociedade

Introdução

indiferente. São tão recentes como a respiração deste instante, tão vívidas em seu forte sabor como o 'agora' das experiências imediatas". O pregador, portanto, deve manusear as parábolas por serem "espírito e vida".

Assim que o pregador fizer uso das parábolas, descobrirá quanto são aptas para transmitir o ensino doutrinário. Como diz Arnot: "a parábola é uma das muitas formas em que a analogia entre o *material* e o *moral* pode ser aplicada, como tem ocorrido, de forma prática". Arnot chega a citar um autor estrangeiro: "a parábola não é somente algo intermediário entre história e doutrina, é tanto história quanto doutrina —ao mesmo tempo, doutrina histórica e história doutrinária. Eis o porquê de seu encanto imutável e sempre renovado. Sim, a parábola é a própria linguagem da natureza no coração do homem; daí a sua universal inteligibilidade, seu, por assim dizer, aroma suave permanente, seu bálsamo curador, seu poderoso poder de conquistar aquele que vem novamente para ouvir. Em suma, as parábolas se tornam a voz do povo e, por conseqüência, também a voz de Deus".

As parábolas devem ser estudadas em relação à plena exposição da verdade divina, que Cristo ensinou aos seus apóstolos e os inspirou a ensinar. As ilustrações pictóricas e a mais inequívoca declaração doutrinária da Bíblia devem andar juntas para que haja elucidação e apoio entre ambas. Um exemplo do uso das parábolas desse modo se encontra no muito proveitoso tratado de F. B. Drydale, *Holiness in the parables* [Santidade nas parábolas], no qual ele mostra que as parábolas estão impregnadas da *santidade espiritual*. Sobre essa santidade, o espiritualíssimo escritor diz que ela:

- exala na profecia;
- troveja na lei;
- murmura na narrativa;
- sussurra nas promessas;
- suplica nas orações;
- brilha na poesia;
- ressoa nas canções;
- fala nos tipos;
- cintila nas imagens;
- expressa-se na linguagem;
- arde no Espírito;
- desafia nas parábolas.

As parábolas sobre a oração dão ao pregador outro tema sobre o qual discorrer. Tomemos por exemplo o ensino geral sobre esse assunto no livro de Lucas, que é o *evangelho* da *oração* e da *adoração*, sendo, portanto, adequado por estar repleto de exemplos de orações que permeiam narrativas e parábolas. Existem três parábolas contrastantes sobre a oração:

A parábola-oração dirigida contra os que confiaram em si mesmos e desprezaram os outros (Lc 18:1-9). Aqui, o Senhor ensina que a humildade é o verdadeiro espírito que nos deveria animar a nos aproximar dele. Que contraste ele apresentou entre o fariseu orgulhoso e altivo e o penitente cobrador de impostos! "Ambos foram para o mesmo lugar, na mesma hora, para os mesmos fins; ambos adotaram a costumeira atitude judaica de se pôr de pé; ambos dirigiram-se a Deus e falaram de si mesmos, mas aí terminam todas as semelhanças." Wm. C. Procter diz: "Havia profunda oposição no *como orar* de um e de outro, e uma oposição ainda mais acentuada entre o *que orar* de um e de outro. Então o resultado das suas orações também foi muito diferente".

A parábola-oração do amigo avarento em contraposição ao amigo benévolo (Lc 11:5-10). Deus é o amigo que ama em todo tempo, sendo mais chegado que um irmão (Pv

17:17; 18:24). O amigo avarento despertou do sono e foi bastante rude; mas fez todo o possível para evitar ser importunado com nova solicitação de pão. Que diferença o Senhor, que nos manda pedir, buscar e bater e, em resposta, "a todos dá liberalmente, e não censura" (Tg 1:5). Ele até se deleita nas freqüentes e ferventes orações de seu povo.

A parábola-oração de um juiz iníquo (Lc 18:1-8) que tinha sido nomeado para o propósito especial de ouvir a causa dos pobres e dos oprimidos, reparar as suas injustiças e atender aos seus pedidos (Dt 16:18-20; 2Cr 19:5-7; Sl 82:2-4). Mas Jesus retrata um juiz que profanou a sua posição, pois representava alguém sem temor a Deus nem respeito pelos homens. Esse juiz indigno fechou os ouvidos à necessidade da viúva. A infeliz mulher era muito pobre para suborná-lo e muito fraca para obrigá-lo; mas por último a sua insistência prevaleceu, e o juiz concedeu o seu pedido: "hei de fazer-lhe justiça, para que enfim não volte, e me importune muito". Quão diferente "o Juiz de toda a terra" (Gn 18:25)!

Não existe perigo de ele perverter a justiça ou deixar de dar aos pobres e necessitados o seu cuidado especial (Jó 8:3; 34:10,12; Sl 10:14,18; 68:5). Ele nunca se cansa de ouvir as nossas orações. Infelizmente, muitas vezes o cansamos com os nossos pecados!

Abaixo vemos como Habershon distribui exemplos de oração nas parábolas:

oração insistente por outros — do amigo;
oração que não era oração — do fariseu;
oração de justificação — do cobrador de impostos;
oração errada — do pródigo;
oração formulada, mas nunca pronunciada — do pródigo;
nenhuma oração — do irmão mais velho;
orações feitas tarde demais — do rico e Lázaro, dos falsos mestres e das virgens imprudentes.

Desse modo diversas parábolas ilustram diferentes verdades sobre a oração. Algumas são proferidas para ensinar aos homens a orar e quando orar; outras dão exemplo de oração —orações corretas e incorretas, orações fervorosas e inúteis.

Os pregadores também acharão um enorme grupo de parábolas que ilustram o *serviço cristão*, com lições diversificadas e abrangentes. Por exemplo, o *serviço* deve ser prestado *em todos os lugares*: o *semeador* deve semear em todas as partes do campo. Os *mensageiros* enviados com o convite do *rei* devem visitar cidades e campos, chamando os convidados que se encontram nas estradas e nas margens, nas ruas e nas vielas da cidade. O *serviço* também é necessário para *toda sorte de pessoas*. Viajantes, pedintes, coxos e cegos devem ser convidados para a festa. O *mordomo* deve cuidar das necessidades de toda a casa. A *luz* deve brilhar para todos verem. O *serviço* deve ser feito *a todo tempo*. O *servo fiel* deve trabalhar dia e noite e assim estar pronto para o retorno do Mestre. Deve haver trabalho no último momento assim como na manhã do dia. O *serviço* está geralmente associado a *todos os tipos de presentes:* o homem com um talento deve dobrá-lo assim como os que possuem mais talentos. O Mestre deixou cada um com uma tarefa. O *serviço* deve ser feito para *o Mestre certo:* o *agricultor* deve fazer bem o trabalho da *vinha*. Os *maus trabalhadores* guardaram o fruto da vide para si mesmos, ou negligenciaram as videiras.

Dessa maneira, a imensa diversidade de serviço é representada

Introdução

pelas muitas parábolas e pelos símiles. Trabalhamos para o mesmo Mestre, mas o trabalho é variado em caráter assim como revela esta lista:

- o *servo* espalha as sementes do Mestre;
- o *mensageiro* leva a sua mensagem;
- o *mordomo* cuida de sua propriedade e família;
- o *porteiro* guarda o seu portão;
- o *agricultor* cuida de sua videira;
- o *negociante* investe o seu dinheiro;
- o *ceifeiro* ajunta a sua colheita;
- o *trabalhador do campo* ara o seu campo;
- o *fazendeiro* alimenta o seu rebanho;
- o *servo doméstico* serve em sua casa;
- o *servo bem preparado* serve no campo, na fazenda, na cidade, na vinha e no palácio.

Todos os serviços inspirados pelo Mestre serão recompensados de acordo com a sua soberana graça (Lc 12:37; 17:7-10).

Outros assuntos, ensinados nas parábolas, aguardando o tratamento do pregador, são a *Palavra de Deus*. O propósito da *Parábola dos dois construtores* é não só ouvir a Bíblia, mas também pô-la em prática. A semente do semeador é a Palavra de Deus. Muitas parábolas tratam de uma atitude errada em relação à Bíblia. Muito pode ser adquirido para o ministério evangelístico dos resultados de ouvir e praticar, de ouvir e entender, do ouvir e aceitar, de ouvir e guardar: bem como juízo por rejeitar a Palavra de Deus, desobedecê-la, negligenciá-la e dar-lhe pouca importância.

Depois a *alegria* é outro tema que deve ser tratado. As parábolas revelam o segredo da verdadeira alegria. Temos a alegria do Senhor como os que procuram e encontram (Mt 13; Lc 15). Existe alegria pelos ramos frutíferos (Jo 15); a alegria experimentada pelo semeador e o ceifeiro são semelhantes (Jo 4:36-38); alegria pela voz do Noivo; alegria do Senhor; alegria dos anjos.

Além disso, uma leitura mais atenta das parábolas revelará que três delas estão relacionadas ao *dinheiro*, ou aos *bens sob custódia*, ou às *propriedades*. A *Parábola dos talentos* mostra que, apesar de as distribuições serem desiguais, se o uso for igual, a recompensa será igual (Mt 25:14). A *Parábola das minas* prova que, onde ou enquanto a distribuição for igual, e se o progresso for desigual, a medida da recompensa se dá de forma correspondente (Lc 19:12-27). A *Parábola do denário* traz a lição de que, quando não houve oportunidade, se usada quando oferecida, a recompensa será de acordo com a fidelidade do uso (Mt 20:1-16). Juntas, essas "três parábolas apresentam o método de Deus distribuir responsabilidade e recompensa pelo serviço; mas, em cada caso, o ensino é um tanto diferente, ao todo completando a verdade".

Pregar sobre as parábolas também inclui lições sobre:

Coerência entre ensino e prática desde as parábolas menos importantes do *Remendo novo em roupa velha, Vinho novo em odre velho, Vinho novo e velho, Líderes cegos guiando cegos* e *Homem forte guardando o seu palácio.*

Necessidade de um coração puro exemplificado pelas parábolas da *Casa vazia e os sete demônios*, das *Coisas que profanam* e do *Fermento dos fariseus.*

Dever de vigiar, ilustrado pelas parábolas da *Figueira*, do *Verão* e do *Vigia ordenado à vigilância*. Das trinta parábolas de Jesus (número considerado por Trench, Arnot e outros), aproximadamente a metade se ocupa do *juízo* e apresenta várias fases do Juízo Final; a outra metade exibe alguns aspectos do *amor* e da *graça*.

Uma vez que pode ajudar aos que proclamam os oráculos sagrados ter uma lista sugestiva de temas abordados pelo Mestre em forma figurada, fornecemos aqui uma tabela interessante:

PRECEITO	PARÁBOLA	PASSAGENS
Evangelho enviado por Deus para salvar	o homem semeador	Mt 13:3
Vindicação da misericórdia de Deus	da ovelha e da dracma perdidas	Lc 15:1
Cristo, Sofredor	de Jonas; do pão partido	Mt 12:39; Lc 22:19
Cristo é a vida e o sustento da igreja	da mulher em trabalho de parto	Jo 16:21; 12:24
	do grão de trigo na terra; da pedra; da videira	Mt 16:18; Jo 15:1
Cristo como Salvador	do templo; da água; do pão	Jo 2:19; 4:14; 6:35
	da porta; do pastor; da luz	Jo 10:7,13
	do médico; da serpente de bronze	Mt 9; Jo 3
	da ressurreição e a vida	Jo 11:25
Cristo nos céus	do vinho novo; das mansões preparadas	Mt 26; Jo 14
A igreja, uma bênção	da luz do mundo; do sal	Mt 5
A igreja imperfeita	do joio	Mt 13
A igreja transferida	do mordomo infiel	Mt 21
A igreja será universal	da semente de mostarda	Mt 13
Satanás despojado	do homem forte	Mt 12
Homem, um Pecador	dos enfermos	Mt 9
Evangelho rejeitado pela impenitência, pela descrença, pela transigência e pela fé superficial	dos dois filhos	Mt 21
	dos dois senhores	Mt 6
	da semente em terra ruim	Mt 13
	do que lança a mão no arado	Lc 9
Convicções perdidas	do espírito imundo	Mt 12
Convites rejeitados	da grande ceia	Lc 14
Hipocrisia, ostentação	do ressoar da trombeta	Mt 6
Hipocrisia, reprovação	do cisco e da trave; do mosquito e do camelo; do copo e do prato	Mt 7; 23
Hipocrisia, falta de	dos sepulcros caiados, da lápide coberta escrúpulo, falsas e más intenções	Mt 23
Falsos mestres	dos lobos disfarçados de ovelha; dos guias cegos	Mt 7; 15
Receber o evangelho	da semente em terra boa	Mt 13
Receber grandes e difíceis mudanças	do novo nascimento; da porta estreita mudanças	Jo 3; Lc 13
Receber exercitada prudência	do ajuntar tesouros; dos edificadores	Mt 6; 7
Receber exercitada prudência	do mordomo prevenido	Lc 12
Receber exercitada prudência	do rei indo para combater; do mordomo infiel	Lc 14; 16
Valorizar a salvação de Deus	do tesouro escondido; da pérola de grande valor	Mt 13
Voltando para a casa	do filho perdido	Lc 15
Relacionamento do crente com Cristo	da família de Cristo	Mt 12
Serviço leve de Cristo	do jugo	Mt 11
Consagração progressiva	do fermento; da árvore que cresce	Mt 13; Mc 4

Parábolas como retratos falados

Ramos de consagração: humildade	dos trabalhadores contratados	Lc 17
Ramos de consagração:	do convidado humilde; do fariseu e do cobrador de impostos humildade	Lc 14; 18
Amor, abnegação	dos dois devedores; das mãos ofensivas	Lc 7; Mt 6
Perdão, simplicidade	do servo implacável; dos olhos bons	Mt 18; 6
Bondade	do bom samaritano; do anfitrião benevolente	Lc 10; 14
Confiança na providência	dos pássaros e dos lírios	Mt 6
Oração insistente	do amigo importuno; da viúva importuna	Lc 11; 18
Prudência e bom senso	das pérolas; do tecido novo e do vinho novo	Mt 7; 9
Prudência e bom senso	dos filhos das núpcias	Mt 7; 9
Confessores e mártires	das ovelhas entre lobos; do rei	Mt 9; 22
Necessidade de ministros verdadeiros	dos escribas instruídos; da colheita	Mt 10; 13
Princípios de conduta	da árvore reconhecida	Lc 6
As ações revelam o caráter	da árvore boa e da má	Mt 7
Sinais dos tempos	da árvore; do relâmpago	Mt 24
Mundo injusto	das crianças no mercado	Mt 11
Morte, o fim das provas	do rico e Lázaro; do rico insensato	Lc 16; 12
Juízo, inevitabilidade do	do machado na raiz; do dilúvio	Mt 3; 24
Juízo, inevitabilidade do	do servo devasso	Mt 24
Juízo, dia da discriminação	da rede; das ovelhas e dos bodes	Mt 13; 25
Juízo, dia da discriminação	da pá; das vestes de núpcias	Mt 3; 22
Juízo, dia da discriminação	das dez virgens	Mt 25
Juízo, o terrível acerto	da figueira estéril	Lc 13
Juízo, o terrível acerto	do talento enterrado	Mt 25
Retribuição ou recompensa por mérito	do homem nobre ausente	Lc 19

Parábolas como retratos falados

Um notável traço das parábolas é o fato de retratarem o caráter e a obra de Cristo. A maioria delas o apresenta em um ou outro de seus vários relacionamentos. Os capítulos de Habershon sobre "The Lord's portrait of Himself in the parables" ["O auto-retrato do Senhor nas parábolas"] é a mais valiosa colaboração a esse assunto. Essa dotada mestra mostra quantos atributos divinos são ilustrados nas parábolas:

- *graça* e *misericórdia* na *Parábola dos devedores*;
- *paciência* na *Parábola da ovelha perdida* e na da *Semente em crescimento*;
- *compaixão* na *Parábola do bom samaritano* e na do *Credor e dois devedores*;
- *poder* e *majestade* na *Parábolas dos talentos* e na dos *Dois reis*;
- *grandeza* e *liberalidade* na *Parábola da grande ceia*;
- *amor* na *Parábola do tesouro escondido*, na da *Pérola de grande valor* e na do *Filho pródigo*;
- *cuidado* na *Parábola da videira verdadeira* e na do *Bom Pastor*;
- *zelo* na *Parábola da ovelha perdida*;
- *longanimidade* na *Parábola do rei* e na da *Figueira*;
- *força* na *Parábola do homem forte*;
- *fidelidade* na *Parábola do bom pastor*.

A lista seguinte, que mostra os vários relacionamentos descritos pelo Senhor entre ele e seu Pai igualmente sugere um modo pelo qual as parábolas naturalmente se agrupam, e como uma pode representar diferentes verdades:

Parábolas como retratos falados

RETRATAÇÕES	PARÁBOLAS	PASSAGENS
Rei	do rei e seus servos	Mt 18:23-35
Rei	das bodas	Mt 22:1-14
Rei	dos dois reis	Lc 14:31,32
Nobre	das minas	Lc 19:12-27
Noivo	das bodas	Mt 22:1-14
Noivo	das dez virgens	Mt 25:1-13
Noivo	do retorno do noivo	Lc 12:35-48
Noivo	do noivo presente	Mt 9:15; Mc 2:19,20; Lc 5:34,35
Credor	dos dois devedores	Lc 7:40-50
Credor	do rei e seus servos	Mt 18:23-35
Juiz	do mordomo infiel	Lc 16:1-13
Juiz	do adversário	Mt 5:25,26; Lc 12:58,59
Juiz	do juiz iníquo	Lc 18:1-8
Senhor	dos talentos	Mt 25:14-30
Senhor	das minas	Lc 19:12-27
Senhor	do senhor ausente	Lc 12:35-48
Senhor	do rei e seus servos	Mt 18:23-35
Senhor	das bodas	Mt 22:1-14
Senhor	do homem em viagem	Mc 13:32-37
Senhor	do mordomo infiel	Lc 16:1-13
Senhor	dos trabalhadores na lavoura	Lc 17:7-10
Anfitrião	das bodas	Mt 22:1-14
Anfitrião	da grande ceia	Lc 14:16-24
Semeador	do semeador	Mt 13:3-23; Mc 4:1-20; Lc 8:5-15
Semeador	do joio	Mt 13:24-30; 36-43
Semeador	do grão de mostarda	Mt 13:31,32
Semeador	da semente em crescimento	Mc 4:26-29
Proprietário de uma vinha	dos trabalhadores	Mt 20:1-16
Proprietário de uma vinha	do pai e seus filhos	Mt 21:28-31
Proprietário de uma vinha	dos lavradores maus	Mt 21:33-46; Mc 12:1-12; Lc 20:9-19
Proprietário de uma vinha	da figueira	Lc 13:6-9
Pai de família	da figueira	Lc 13:6-9
Pai de família	da videira verdadeira	Jo 15:1-8
Plantador de árvores	das plantas	Mt 15:13
Pastor	da ovelha perdida	Lc 15:3-7; Mt 18:11-14
Pastor	da ovelha caída numa cova	Mt 12:11,12
Pastor	do bom pastor	Jo 10:1-30
Pai	do filho pródigo	Lc 15:11-32
Pai	do pai e seus filhos	Mt 21:28-31
Samaritano	do bom samaritano	Lc 10.30-37
Descobridor de tesouros	do tesouro escondido	Mt 13:44
Mercador	da pérola de grande valor	Mt 13:45,46
Médico	do médico	Mt 9:12,13; Mc 2:17; Lc 5:31,32
Conquistador	do homem forte	Mt 12:25-29; Mc 3:27; Lc 11:17-22
Construtor	"sobre esta pedra"	Mt 16:18
Pedra	"sobre esta pedra"	Mt 16:18
Rocha	da casa edificada sobre a rocha	Mt 7:24-29; Lc 6:46-49
Pedra angular	dos lavradores maus	Mt 21:42-44; Mc 12:10,11; Lc 20:17,18
Tempestade	da tempestade	Mt 16:1-4; Lc 12:54-56
Grão de trigo	do grão de trigo	Jo 12:24

Depois, as parábolas retratam santos e pecadores. As figuras de linguagem são empregadas em relação aos homens na mesma variedade de formas, às vezes associadas aos santos, outras vezes, aos pecadores; às vezes a amigos, outras, a inimigos. A lista seguinte não é completa, no entanto servirá de guia para o uso da linguagem figurada da Bíblia.

Parábolas como retratos falados

RETRATAÇÕES	PARÁBOLAS	PASSAGENS
Como devedores	dos dois devedores	Lc 7:40-50
Como devedores	do rei e seu servos	Mt 18:23-25
Como devedores	do adversário	Mt 5:25,26; Lc 12:58,59
Como filhos	dos dois filhos	Mt 21:28-31
Como filhos	do filho pródigo	Lc 15:11-32
Como convidados	das bodas	Mt 22:2-14
Como convidados	da grande ceia	Lc 14:16-24
Como viajantes	do bom samaritano	Lc 10:30-37
Como viajantes	dos guias cegos guiando cegos	Mt 15:14
Como viajantes	da porta estreita	Mt 7:13,14; Lc 13:24
Como virgens	das dez virgens	Mt 25:1-13
Como guardiães de uma vinha	dos lavradores maus	Mt 21:33-46; Mc 12:1-12; Lc 20:9-16
Como servos	dos talentos	Mt 25:14-30
Como servos	das minas	Lc 19:12-27
Como servos	do senhor ausente	Lc 12:35-48
Como servos	do senhor ausente	Mc 13:34-37
Como servos	das bodas	Mt 22:1-14
Como servos	dos trabalhadores na vinha	Mt 20:1-16
Como servos	dos trabalhadores na lavoura	Lc 17:7-10
Como servos	do mordomo fiel	Lc 12:42
Como servos	do mordomo infiel	Lc 16:1-13
Como pai de família	do pai de família	Mt 13:52
Como rico	do rico e seus celeiros	Lc 12:16-21
Como rico e pedinte	do rico e Lázaro	Lc 16:19-31
Como rei	dos dois reis	Lc 14:31,32
Como adoradores	do fariseu e do cobrador de impostos	Lc 18:9-14
Como edificadores	da pedra angular	Mt 22:42-44; Mc 12:10,11; Lc 20; 17,18
Como construtores	das casas edificadas na rocha e na areia	Mt 7:24-29; Lc 6:46-49
Como edificadores	da torre	Lc 14:28-30
Como habitação	do homem forte	Mt 12:29; Mc 3:27; Lc 11:21,22
Como habitação	do espírito imundo	Mt 12:43-45; Lc 11:24-26
Como solo bom e mau	do semeador	Mt 13:3-23; Mc 4:3-20; Lc 8:5-15
Como boa semente	da semente em crescimento	Mc 4:26-29
Como trigo	do grão de trigo	Jo 12:24
Como trigo e joio	do joio	Mt 13:24-30,36-43
Como trigo e palha	(de João Batista)	Mt 3:12; Lc 3:17
Como plantas	...	Mt 15:13
Como árvores	...	Mt 7:16-20; Lc 4:43,44; Mt 12:33
Como ramos	da videira verdadeira	Jo 15:1-8
Como figueira	da figueira	Lc 13:6-9
Como ovelha	do bom pastor	Jo 10:1-30
Como ovelha	da ovelha perdida	Lc 15:4-7; Mt 18:12,13
Como ovelha	da ovelha caída numa cova	Mt 11:11,12
Como ovelha	da ovelha e dos bodes	Mt 25:31-46
Como peixe	da rede	Mt 13:47-50
Como dracma	da dracma perdida	Lc 15:8-10
Como tesouro	do tesouro escondido	Mt 13:44
Como pérola	da pérola de grande valor	Mt 13:45,46
Como luz	da cidade situada num monte	Mt 5:14
Como luz	da candeia	Mt 4:15; Mc 4:21; Lc 8:16
Como sal	...	Mt 5:13

Talvez o modo mais prático de tratar das parábolas seja lê-las para o nosso próprio coração. Ainda que muitas delas sejam cheias de ensino profético e são, como já vimos, perfis do Salvador, dos santos e dos pecadores, é mais vantajoso encarar a parábola como espelho do que falta ou sobra em nossa vida. Aplicadas para o desenvolvimento do caráter e do serviço cristão individuais, as parábolas se tornam o mais valioso meio para a revelação e o incentivo. Nesse repositório de verdade, podemos aprender muito para a nossa inspiração e edificação. G. H. Hubbard, em seu tratado *The parables* [*As parábolas*], diz: "O valor da parábola não depende da nova e diferente verdade que possamos extrair dela, mas da nossa aplicação progressiva e prática dessa verdade simples à nossa vida diária". Por exemplo, ao ler a *Parábola da candeia*, alguém pode ver ali um auto-retrato, algo do que Cristo deseja para essa pessoa, a saber, uma luz que brilha, não em lugares ocultos, mas em todo o mundo escuro. Essa parábola leva o leitor a fazer uma pergunta ao próprio coração: "Será que ilumino como cristão?".

As parábolas de acordo com um esboço

Entre os comentaristas das parábolas, há uma infinita variedade de classificações. O dr. Salmond, em *Parables of our Lord* [*Parábolas de nosso Senhor*], diz: "É uma questão de grande interesse sabermos se existe alguma relação de princípio, propósito ou tema nas parábolas do nosso Senhor que possibilite dividi-las em grupos. Muitas tentativas têm sido feitas para classificá-las de acordo com a semelhança dos temas ou do propósito".

Um estudioso suíço divide as parábolas de Jesus assim:

referentes ao reino de Deus em sua existência preparatória dentro da economia do AT;

referentes à sua concretização pela Igreja ou pela nova dispensação, em sua fundação e consumação;

referentes à vida dos membros da igreja.

Um esboço semelhante divide as parábolas nestas três classes:

1. as que tratam do reino do Messias em sua origem e desenvolvimento, proferidas por volta da metade de seu ministério;
2. as que tratam do reino do Messias em sua consumação, proferidas por volta do fim de seu ministério;
3. parábolas intermediárias registradas por Lucas (13—19) que tratam principalmente do indivíduo.

O esboço das parábolas segundo Siegfried Goebel é o seguinte:

1. a primeira série de parábolas em Cafarnaum;
2. as últimas parábolas de acordo com Lucas;
3. as parábolas do último período.

Bauer dispõe as parábolas em três divisões:

1. dogmáticas;
2. morais;
3. históricas.

Ainda outro esboço agrupa as parábolas da seguinte forma:

1. Parábolas *teocráticas* ou *didáticas* (as proferidas por Jesus na qualidade de *Rabi* ou *Mestre* aos discípulos), com o propósito de instruir e de treinar.

Entre elas estão as de Mateus 13, além de algumas outras.
2. Parábolas *evangélicas* ou *da graça* (as proferidas por Jesus em caráter *evangelístico*), que visam a alcançar os pobres. Entre elas estão sobretudo as registradas por Lucas.
3. Parábolas *proféticas* ou *de juízo* (as transmitidas por Jesus como *profeta*), que proclamam as grandes verdades de governo e do juízo moral de Deus. Entre elas estão parábolas como a dos *Lavradores maus* (Mt 21:33-41) e a da *Figueira estéril* (Lc 13:6-9).

Arnot fala das intransponíveis dificuldades de qualquer tentativa rígida de classificação das parábolas. Cumpre citar o sábio comentário de Butterick sobre qualquer esboço que se queira impor: "É sobretudo o gosto individual que determina a classificação das parábolas. Qualquer divisão será passível de ataque, pois a parábola tem tantos aspectos de verdade, que extrapolará qualquer linha classificatória por meio da qual tentemos limitá-la".

O esboço cronológico, se o mesmo pudesse ser levantado, seria o melhor, mas se desconhece a ordem cronológica em que as parábolas foram transmitidas. Mateus e Marcos, por exemplo, organizam as parábolas cada um para atender ao seus objetivos. Exemplo disso são as *Parábolas do reino*, Mateus 13, e as três parábolas de Lucas 15, com os termos "perdido e achado" por tema.

Como muitas das parábolas registradas se iniciam com a expressão "O reino de Deus é como" (fórmula introdutória que nos facilita a aplicação dessas parábolas), é certo que Jesus fez uso dessas parábolas para ilustrar o que Marcos chama de "os mistérios do reino de Deus" (Mc 4:11). Cada uma dessas parábolas continha alguma característica, ou apresentava algum aspecto do seu reino, que não era deste mundo, sendo, portanto, profundamente abomináveis para os judeus carnais dos dias de Cristo.

A maioria dos comentaristas associa as parábolas ao reino do Rei proclamado. Outros as dispõem em dois grupos:

1. parábolas que tratam da natureza e do desenvolvimento do reino de Deus;
2. parábolas que tratam da conduta correta dos membros do reino de Deus.

Para a maior parte, é preferível o esboço que segue três divisões:

1. as que apresentam o reino dos céus como força divina;
2. as que apresentam a Igreja como organização fundada pelas forças divinas da Palavra de Deus;
3. as que apresentam os membros do reino em sua disposição, caminhada e destino.

O esboço das parábolas mais completo e satisfatório que encontramos foi o elaborado por George A. Buttrick em seu iluminado tratado, publicado pela Harper and Brothers, *The parables of Jesus* [*As parábolas de Jesus*]. A respeito de sua classificação, o dr. Buttrick diz: "A combinação sugerida neste livro é uma tentativa, sem dúvida alguma vulnerável, de organizar as parábolas numa seqüência relativamente natural [...] De que a tentativa é muito falível, ninguém tem mais consciência que o próprio autor, que já muito se contentaria se a sua obra pudesse ser apenas uma daquelas pedras ocultas que constituem a fundação de uma ponte". O dr. Hillyer H. Straton, que em sua obra *A guide to the parables of Jesus* [*Guia para as parábolas de Jesus*] reconhece a sua dívida para com a obra do dr. Butterick, propõe um esboço em muito semelhante ao desse citado mestre, o qual passo a citar abaixo:

I. Parábolas do início do ministério

As boas novas do reino de Deus

I. O conflito do novo e do velho

  a. Parábola dos filhos das núpcias
  b. Parábola do remendo novo e da roupa velha
  c. Parábola do vinho novo e dos odres velhos
  d. Parábola dos tesouros: novo e velho

II. Semelhanças do reino (i)

  a. Parábola do crescimento espontâneo
  b. Parábola do grão de mostarda
  c. Parábola do fermento

III. Semelhanças do reino (ii)

  a. Parábola do tesouro escondido
  b. Parábola da pérola de grande valor
  c. Parábola da rede

IV. A responsabilidade de ouvir

  a. Parábola dos solos

V. Seriedade de não só ouvir, mas praticar

  a. Parábola das crianças brincando
  b. Parábola dos edificadores sábio e néscio

VI. O reino e a desconcertante presença do mal

  a. Parábola do joio

II. Parábolas do final do ministério

Os filhos do reino de Deus

A. *As condições do discipulado*

VII. As condições do discípulo

  a. Parábola da casa vazia
  b. Parábola da torre inacabada
  c. Parábola da guerra precipitada do rei

B. *As marcas do discipulado*

VIII. Humildade

  a. Parábola dos principais assentos
  b. Parábola do fariseu e do cobrador de impostos

IX. Perdoados e perdoadores

  a. Parábola do credor e dos dois devedores
  b. Parábola do servo impiedoso

X. Privilégio e obrigação

  a. Parábola da figueira estéril
  b. Parábola do servo devedor

XI. Resolução de problemas e previdência

  a. Parábola do mordomo infiel

XII. Vida —e "muitos bens"

  a. Parábola do rico insensato

XIII. As fontes da comiseração

a. Parábola do rico e Lázaro

XIV. O PRÓXIMO TRATADO COMO PRÓXIMO
   a. Parábola do bom samaritano

C. O amor de Deus

XV. AVALIAÇÕES E RECOMPENSAS DE DEUS
   a. Parábola dos trabalhadores e das horas

XVI. O DEUS QUE RESPONDE ÀS ORAÇÕES
   a. Parábola do amigo importuno
   b. Parábola da viúva importuna

XVII. O DEUS DOS PERDIDOS (1)
   a. Parábola da ovelha perdida
   b. Parábola da moeda perdida

XVIII. O DEUS DOS PERDIDOS (2)
   a. Parábola do filho pródigo
   b. Parábola do irmão mais velho

III. Parábolas da Semana da Paixão

O REINO DE DEUS COMO JUÍZO

XIX. O TESTE DAS AÇÕES
   a. Parábola dos dois filhos

XX. AS OFERTAS REJEITADAS DE DEUS
   a. Parábola dos cruéis trabalhadores da vinha
   b. Parábola da pedra angular rejeitada

XXI. PREPARAR A LUZ DO REINO
   a. Parábola da grande festa
   b. Parábola do banquete das bodas do filho do rei
   c. Parábola das vestes de núpcias.

XXII. PREPARAÇÃO E EMERGÊNCIA
   a. Parábola das noivas sábias e das imprudentes

XXIII. OPORTUNIDADE, FIDELIDADE E RECOMPENSA
   a. Parábola dos talentos
   b. Parábola das minas

XXIV. O JUÍZO DO REINO
   a. Parábola do juízo final

AS PARÁBOLAS DE JOÃO BATISTA

Nunca será possível ressaltar suficientemente a grande importância da vinda e do ministério de João Batista. O dr. Campbell Morgan, em *The crises of the Christ* [*As crises do Cristo*], observa: "A importância da personalidade de João foi demonstrada na maneira em que Lucas o apresenta. Um imperador romano, um governador romano, três tetrarcas e dois sumos sacerdotes são todos usados para marcar a hora em que a Palavra veio a João" (Lc 3:1). A significante expressão *a João* mostra que o advento do precursor de Cristo marcava o começo de um novo período. Com sua chegada, a antiga dispensação, caracterizada pela lei e pelos profetas, dava lugar à era presente, notável pela proclamação das boas novas. Devemos sobretudo a João Batista praticamente todos os artigos da fé cristã mais importantes. As verdades que proclamou são o alicerce e as colunas sobre os quais mais tarde se edificou o que há de mais importante na doutrina cristã. Foi João quem primeiro apontou para a preexistência de Jesus na declaração: "... porque foi *primeiro* do que eu" (Jo 1:15; 3:28-31). Além disso, foi ele quem primeiro se referiu a Cristo como "o Cordeiro de Deus" (Jo 1:29,36), a fim de declarar a sua obra de expiação. Assim João testificou a divindade de Cristo na inigualável expressão "Filho de Deus" (Jo 1:34; 3:28-31). João precedeu os apóstolos e até mesmo Cristo na proclamação das maiores doutrinas da fé, a saber, a divindade, a expiação, o reino, o pecado, o arrependimento, o batismo e a confissão de fé. Todas essas e outras verdades encontram prenúncio na revelação concedida a ele.

O tema abrangente de João e de Cristo foi o duplo aspecto do reino profetizado que os profetas de outrora dirigiram à mente do homem: "... o Deus do céu levantará um reino..." (Dn 2:44). Tudo o que os profetas podiam fazer era profetizar esse acontecimento. Foi privilégio de João anunciar "... está próximo o reino dos céus" (Mt 3:2). Os dois aspectos e períodos desse reino, apresentados de muitas formas parabólicas, são: seu traço externo nas questões humanas e seu aspecto interno, como regime espiritual, no coração dos homens —aquele aguardando a concretização deste. Desde os dias de João, temos esse duplo aspecto diante de nós em todo o restante do NT. Portanto, é de duvidar que qualquer outra personagem bíblica tenha exercido influência tão singular sobre o pensamento da cristandade quanto João Batista. Por ter sido João o primeiro na era nova ou de transição, e o mais importante, seu ministério precisa ser estudado.

Que Cristo afixou o selo divino sobre o seu precursor fica evidente pelo modo em que se referiu a João:

> ... não há maior profeta que João Batista (Lc 7:28)

> Ele foi muito mais do que um profeta

> João era a lâmpada que ardia e iluminava... (Jo 5:35)

De nenhum outro indivíduo temos narrativa tão interessante. Por exemplo:

> Deus em sua sabedoria ordenou que a sua concepção fosse sobrenatural (Lc 1:18);

> Havia profecias específicas a respeito de sua vida e de seu ministério (Lc 1:15-17,76-79);

> O seu pai, pelo Espírito, foi autorizado a descrever as suas atividades (Lc 1:76-79);

> Instruções severas foram dadas sobre como criá-lo (Lc 1:80);

> Seu nome foi divinamente escolhido (Lc 1:63);

> São dados detalhes de sua comida diária e sua roupa (Mt 3:4; Mc 1:6);

> Seu período de ministério foi curto, possivelmente só seis meses;

> Os governantes judeus o temiam e respeitavam suas palavras (Jo 22 e 23);

> A sua fama causou medo em Herodes (Mt 14:2);

Depois de martirizado, sua influência se manteve (Mt 16:13,14).

A epopéia do batismo no Jordão transformou maravilhosamente tanto o homem como o seu ministério. Depois do encontro com Jesus face a face, João sentiu-se indigno de levar as sandálias de Cristo (Mt 3:11). A cena no Jordão, quando Jesus recebeu a bênção dos céus, deixou uma marca indelével na mente de João, e o encontro seguinte com Cristo influenciou a ele e à sua mensagem (Jo 1:26,27,30). Para essa mensagem, João Batista reivindicou divina autoridade: "Aquele que me enviou [...] *disse*-me". Deus apareceu a muitas celebridades do AT, de Abraão em diante. Mas de que forma se identificou a João, não se sabe. Sabemos que ele estava consciente de uma incumbência direta e pessoal como mensageiro e precursor divinamente nomeado de Cristo.

Por ora nos ocuparemos da insólita roupagem parabólica das afirmações de João. Por quatrocentos anos os céus se tinham silenciado; de repente João aparece e, ultrapassando todas os profetas anteriores no que diz respeito à esplêndida majestade de sua mensagem, liga-se a Isaías e a Malaquias como cumpridor de suas profecias. Suas ordens foram categóricas, como fica evidenciado na imagem que ele usou para anunciá-las. Os quadros duplos e impressionantes que João empregou são dignos de reflexão e de entendimento.

Parábola dos vales e dos montes
(Lc 3:4-6; Is 40:3)

João se pôs impetuosamente contra a visão exclusivista dos judeus; ainda que fossem um povo privilegiado, a salvação não era somente para eles. "E *toda* a humanidade", disse João, "verá a salvação de Deus" (Lc 3:6). Para os gentios, assim como para os judeus, devia ser concedido o arrependimento para a vida (At 11:18). Desse modo, nessa pitoresca proclamação, João visualizou um mundo sob o controle do Rei, não uma nação favorecida. O Cordeiro de Deus, que estava para morrer, levaria, pela sua morte, o pecado do *mundo*. Sabendo tudo sobre o terrível perigo da nação que ele representava, e a necessidade do mundo como um todo, o chamado de João ao arrependimento era impetuoso e insistente. Todos os obstáculos deveriam ser retirados. Nada deveria impedir a jornada do Rei, nem bloquear a marcha de Deus. Examinemos, então, a instrução parabólica a respeito de endireitar as veredas (Mt 3:3):

Todo vale se encherá. É muito significativo que o primeiro grande obstáculo a que João se refere é o vale vazio, não o monte. Esses vales vazios dificultam a chegada do rei até nós. Qual é a mensagem por trás do uso da linguagem metafórica de João? Qual deve ser o significado lógico de vales, montes, outeiros, coisas tortuosas e caminhos escabrosos? Tratando-se de passagens simbólicas e parabólicas, não devemos esquecer que as parábolas nem sempre podem ser consideradas na sua totalidade. Em algumas parábolas, existem disparidades. Por exemplo: quando a vinda de Cristo é comparada a um *ladrão*, não quer dizer que virá como um ladrão ímpio e desonesto para furtar e roubar. Deve-se ter o cuidado de não forçar os detalhes menos importantes da parábola para além da analogia da fé.

O enchimento dos vales pode mostrar que Deus está desejoso de abençoar o pecador pobre e frustrado que, como os vales, encontra-se com o espírito abatido. O chamado de João ao arrependimento quer dizer que, pela livre graça de Deus, os pecadores poderão ser tirados do monturo para ficar entre os príncipes. A humanidade acha-se debaixo de uma maldição, numa vil condição. Mortos no pecado, os pecadores estão caídos e não podem levantar-se. Mas Deus é capaz de erguer o caído. Em certo sentido, o *desespero* pode ser um vale profundo; mas o desespero em relação a qualquer suficiência de nós mesmos, a qualquer valor, poder e força própria é um santo desespero. Esse vale de humildade e de auto-humilhação nunca deve ser cheio. A auto-exaltação é abominável a Deus. "... para que ninguém se glorie perante ele" (1Co 1:29). Os vales são cheios, ou exaltados, quando, como diz o experiente Benjamin Keach, os pecadores são levantados:

- De um estado de ira para um estado de graça;
- de um estado de morte para um estado de vida;
- de um estado de condenação para um estado de justificação;
- da temível maldição de Deus, ou maldição da lei, para toda sorte de bênçãos espirituais nas regiões celestiais em Cristo Jesus;
- de filhos de Satanás, ou filhos da ira, para se tornarem filhos de Deus;
- do poder de Satanás para o reino do Filho do seu amor;
- de detestáveis à ira de Deus no inferno para a herança da vida e da glória eterna nos céus.

As perguntas práticas são: "Existe algum vale na sua vida e na minha que não tenha sido enchido? Quantas almas Deus têm *perdido* por causa destes vales vazios?".

... se abaixará todo monte e outeiro. Nessa outra figura, João vai ainda mais fundo. Que obstáculos eram esses interditando deliberadamente o caminho de Deus? Esses montes e outeiros tinham aplicação inequívoca aos fariseus dos dias de João. Em seu orgulho e arrogância, eles e os intérpretes da lei "rejeitaram o conselho de Deus quanto a si mesmos" (Lc 7:30). O orgulho sempre foi o grande obstáculo no caminho de Deus para o coração dos homens. Parece inacreditável que o homem *possa* obstruir os esforços divinos. "Estrita e severa vigilância deve ser empregada contra toda forma de orgulho, de arrogância, de bairrismo, de soberba, de altivez e de superioridade."

A soberba dos fariseus se expressa na confissão de um deles: "Ó Deus, graças te dou porque não sou como os demais homens...". Jactavam-se da própria justiça, apesar de rejeitarem a justiça divina (Rm 10:3). Pensando-se justos, desprezavam os outros (Lc 18:9). Assim, sentiam-se como montes no que diz respeito aos seus privilégios legais como povo da aliança de Deus (Jo 8:33). Também se gabavam de só eles deterem o segredo do conhecimento e, portanto, serem os *únicos* professores e senhores de Israel. Mas tinham uma confiança carnal (Rm 2:17-21), e o altivo pensamento que nutriam precisava ser abatido (Is 2:11-14). O dinâmico ministério de João tirou os poderosos de seus assentos. A humilhação é o único caminho para a exaltação (1Co 1:26,27; Mt 11:35; Fp 2:9).

Existem outras aplicações, porém, que podemos fazer dos montes e outeiros. Os judeus precisavam aprender que deveriam ser postos no mesmo nível dos gentios, sendo co-herdeiros da mesma graça. Cristo, por sua morte, não desfez a aliança da lei e os privilégios dela decorrentes, possibilitando a todos os que cressem que fossem feitos *um* nele?

Desse modo os nossos pecados e as nossas iniqüidades devem parecer montes que alcançam os céus e merecem a ira e a vingança divina.

Parábola dos vales e dos montes

Mas, graças a Deus, esse monte pode ser aplanado e atirado para dentro do mar (Mq 7:19). Que monte de culpa o nosso! Já foi, no entanto, aplanado na hora do nosso arrependimento, fé e justificação (1Pe 2:24).

Os monarcas orgulhosos podem parecer montes: "Quem és tu, ó grande monte? Diante de Zorobabel serás uma campina" (Zc 4:7). Deus sabe como privar o mais soberbo monarca de todo o seu poder e reino, visto que é por causa dele que os reis governam e, portanto, devem viver e agir com humildade. Que fim vergonhoso e humilhante tiveram ditadores tirânicos e orgulhosos como Adolph Hitler e Benito Mussolini!

Montes também pode ser aplicado a Satanás e às suas hostes da maldade, os quais, antes exaltados nas alturas, tentaram ser como Deus. Eles foram, porém, depostos e exercem o seu diabólico reinado sobre a humanidade. Essas potestades satânicas ainda regem os filhos da desobediência. Cristo, porém, por sua morte e ressurreição, aplanou esses montes e outeiros amaldiçoados, o que significa que os privou de todos os seus poderes, governo e autoridade. Para esse fim foi Cristo manifesto (1Jo 3:8). Foi ele quem espoliou esses principados e potestades, e triunfou sobre eles (Cl 2:15). Satanás está debaixo de seus pés: "... para que pela morte aniquilasse o que tinha o império da morte..." (Hb 2:14,15).

Outros montes e outeiros que devem ser nivelados são as imaginações arrogantes e os pensamentos altivos que se inflam contra o conhecimento de Deus (2Co 10). A riqueza e a sabedoria deixam os homens carnais orgulhosos e soberbos, e, uma vez elevados a um altivo pináculo, desprezam os menos afortunados. A humildade e a humilhação de espírito encontram a aprovação de Deus.

"O rico, porém, glorie-se na sua insignificância" (Tg 1:9,10). Se o mais humilde tiver mais graça, for mais parecido com Cristo, será mais elevado do que aquele que é rico no mundo, mas não galgou os degraus da humildade. "Quando se abaterem, dirás: Haja exaltação! E Deus salvará o humilde (Jó 22:29).

O que é tortuoso se endireitará. A hierarquia religiosa que João Batista encontrou era tortuosa em vários aspectos. Suas estradas não estavam bem endireitadas; portanto, Deus não podia chegar até eles. Eram tortuosos na interpretação da lei, cuja regra estrita era: "O homem que fizer estas coisas viverá por elas" (Rm 10:5). Mas os escribas e fariseus não tinham uma justiça que se equiparasse à lei de Deus. Como diz Benjamin Keach: "Eram tortuosos, algumas vezes curtos numa mão e largos na outra. Pois em muitos casos não faziam o que a lei exigia; e em outros faziam o que a lei proibia ou não exigia; no entanto, pensavam que as suas opiniões e a vida que levavam eram mais retas que a dos outros, quando na verdade eram eles os mais tortuosos". Cristo veio para que seus princípios, práticas e opiniões tortuosos fossem endireitados; e aqueles que criam eram consertados por ele, na fé e na prática.

O que é tortuoso também se aplica àquelas formas de adoração que Cristo nunca instituiu nem determinou. Todas as falsas ordenanças em desacordo com a regra do NT para a adoração bem como a ministração dessas ordenanças são tortuosidades e devem submeter-se às normas divinas.

Assim, existe tortuosidade na vida e no viver. A vontade e a Palavra de Deus formam a única regra de vida. Pecar significa errar o alvo, desviando-se do prumo divino, transgredindo a lei de Deus; e assim os caminhos pecaminosos são caminhos tortuosos. Quando Paulo declarou que a mente carnal não está "sujeita à lei de Deus, nem em verdade o pode ser" (Rm 8:7), queria dizer que, como pecadores, nascemos tortuosos e tornamo-nos mais tortuosos pela prática. Somente Cristo, pelo poder do seu Espírito, pode fazer cada parte da nossa vida harmonizar-se com a vontade divina.

... e os caminhos escabrosos se aplanarão. Pode parecer um remoto lamento dos *montes* aos *caminhos escabrosos*, mas todos eles aparecem na visão de João e são claramente concebidos por ele como obstáculos que retardam a marcha do Rei (em sua pressa por alcançar a alma dos homens). Rochas, pedras brutas, tudo compartilha de um caráter de impedimento e deve ser retirado, para que o Rei prossiga o seu caminho. Deus já havia mandado as pedras de tropeço serem retiradas do caminho (Is 57:14). Queria que o caminho ficasse sem impedimentos, plano e fácil, mas os fariseus tinham posto muitos obstáculos no caminho do homem em direção a Deus e vice-versa. Porventura não existe uma mensagem pertinente para o nosso coração, quando somos chamados a aplainar os lugares escabrosos? Talvez não haja nada de errado na vida —nenhum vale para ser cheio, nenhum monte para ser aplainado, nenhuma tortuosidade para ser tratada. Estamos salvos e bem estabelecidos na vida cristã, mas pode ser que tenhamos uma disposição escabrosa, um acidentamento que impede e dificulta a aproximação. Sem nos darmos conta, as nossas palavras ferem e ofendem. Existe uma austeridade de modos, algo proibido e não atraente em nós, que impede o Rei de alcançar os outros. Falta suavidade na vida. Existem lombadas nas estradas. Que o Senhor, como restaurador de caminhos, possa tirar de nós todos esses rudes traços de obstrução, tão danosos ao testemunho eficaz!

O principal propósito no nivelamento dos montes, na terraplenagem dos vales, no conserto das tortuosidades e na suavização das estradas escabrosas é que toda a humanidade possa ver a salvação de Deus e testemunhar a revelação de sua glória —a glória do seu amor, justiça, santidade, verdade, graça e poder. Cristo veio ao mundo para manifestar os gloriosos atributos da bendita Trindade.

Parábola do machado e das árvores
(Mt 3:10)

Os que ouviram João falar a respeito do pecado de forma incomparável devem ter lembrado a linguagem severa de Elias e de outros profetas do AT. Aqui a linguagem parabólica de João Batista é vívida e alarmante, pois "O machado já está posto à *raiz* das árvores" mostra que as árvores já estavam tremendo mesmo nos galhos mais estendidos. Já que as árvores são consideradas infrutíferas, o juízo começa a cair e haveria de durar até ser concluído. Um antigo comentarista diz a respeito de João Batista: "Seu ministério ardia como um forno, e não deixou para os fariseus nem a raiz da aliança de Abraão, nem os ramos de suas boas obras; ele os arrancou da aliança de Abraão e, por arrancá-los da raiz, deixou-lhes sem nenhuma terra a que pudessem se agarrar".

A *raiz* de que fala João é a parte em que a árvore e os ramos se fixam e crescem, servindo de parábola de Abraão e da aliança que Deus firmou com ele. Foi essa raiz ou fundação que os líderes judaicos reivindicaram, quando João lhes resistiu: "Somos descendentes de Abraão" (Jo

Parábola da pá e da joeira

8:33). Por *árvore* entendemos a descendência do tronco de Abraão segundo a carne. Infelizmente, porém, o povo judeu tornou-se "árvore má" (Mt 7:17) e corrupta, devendo, portanto, ser derrubada. No *machado* que toca as árvores temos simbolizados os instrumentos que Deus usou para tratar com aqueles que, a despeito de seus direitos e privilégios de Abraão, eram árvores infrutíferas (Sl 17:14). A Palavra de Deus, mais afiada que espada de dois gumes, era o machado que ele usou para derrubar a árvore má e sem frutos. "... com as palavras da minha boca os matei..." (Os 6:5). A sua verdade é tanto cheiro de vida para a vida quanto cheiro de morte para a morte (2Co 2:16). Mas nesse fato descansamos e nos regozijamos, pois o machado está nas mãos de um Deus justo. Nestes dias de tanta corrupção e infrutividade, o desejo de Deus é fazer de nós seus martelos e suas armas de guerra (Jr 51:20,24). Cristo, a pedra cortada do monte, é o machado de Deus para destruir os poderes que se opõem ao estabelecimento do seu reino e se põem no seu caminho.

Parábola da raça de víboras
(Mt 3:7; Lc 3:7)

Essa condenação não é de leitura lá muito agradável. Que figura de linguagem para usar em referência a homens, e ainda mais a homens religiosos —VÍBORAS! Quando, porém, João usa a expressão "raça de víboras", está bem ciente do caráter imutável daqueles que tentaram frustrar o estabelecimento do reino de Deus. A hipocrisia era a sua raiz cancerosa, e a única esperança de erradicação era uma operação cirúrgica, pois não seriam avisados para fugirem da ira vindoura. Apesar de se alegarem descendência de um consagrado progenitor, João os denomina raça de víboras. Como diz G. H. Lang: "Herdaram um espírito perverso inteiramente inútil, absolutamente perigoso, capaz somente de causar dor e morte. Eram os verdadeiros descendentes dos antepassados apresentados por Isaías (59:1-8)". Como esse termo —*víboras*— deve ter sido doloroso para aqueles escribas e fariseus assim que viram o batismo de João! Como *víboras*, estavam mais ligados àquela antiga serpente, o diabo, que a Abraão.

Parábola da pá e da joeira
(Mt 3:12)

Esse ditado parabólico não deixou dúvida entre os que o ouviram quanto ao que estava por acontecer. A mente oriental facilmente captaria esse quadro da colheita, com ceifeiros joeirando o trigo ajuntado. Com a pá, o ceifeiro lança contra o vento firme e impetuoso tudo o que se achava na meda diante dele, quer trigo, quer palha. O trigo, por ser mais pesado, cai de volta no mesmo lugar ou perto dele, mas a palha, mais leve, voeja pelo chão. Concluído o processo da separação, o trigo é retirado para o celeiro, e a palha inútil, incendiada. Para apreendermos todo o significado do expressivo símile em questão, examinemos cada parte da parábola:

Na mão ele tem a pá... —a mesma mão divina que empunhava o machado. Para o ceifeiro, essa pá era o instrumento que usava para limpar o trigo ou expurgar dele a palha e as sementes ruins. Lançava-se a esse processo de joeira ajoelhado, atirando o trigo e a palha para cima e sacudindo-os de um lado para o outro, ação que separaria um do outro. A pá que Cristo usa para limpar a sua eira é a sua palavra de separação: "Vós já estais limpos por causa da palavra que vos tenho falado" (Jo

15:3). Outra pá é a divina providência que limpa, com freqüência, o trigo da palha. O Espírito Santo é ainda outra pá que expurga para fora a palha da corrupção (1Co 6:11). Não raro, a perseguição é outra pá que purifica o coração do povo de Deus (Mt 13:20,21).

... *e limpará a sua eira*... Por "sua eira" João quer dizer o povo judeu —uma grande pilha, uma enorme eira. Nela, pouca coisa além de palha poderia ser achada, uma vez que o povo de Deus se tornara geração profana e impiedosa. De fato, um pouco de trigo podia ser encontrado na eira —almas sinceras e consagradas como os pais de João, ou Simeão e Ana, que esperavam a vinda de Cristo. A antiga eira, a velha nação judaica, não mais existia. Na nova eira da Igreja do Deus vivo, se encontraria o trigo formado de judeus e gentios regenerados.

... *recolhendo o trigo no seu celeiro*... O trigo é um grão excelente, o melhor grão, e isso simboliza o que Satanás tentou peneirar em Pedro. Os crentes verdadeiros são comparados ao trigo, por serem os tesouros excelentes de Deus (Sl 16:3). Às vezes seu trigo espiritual acha difícil livrar-se da palha que lhe acompanha. "... quando quero fazer o bem, o mal está comigo..." (Rm 7:21-24). A joeira do trigo é necessária para a sua purificação. Com muita freqüência resistimos à joeira nas mãos do Senhor quando ele procura retirar a corrupção interior. Quando o trigo está totalmente limpo, o ceifeiro o leva para o seu "celeiro", ou para um lugar em que o trigo empilhado esteja a salvo e seguro, podendo ser cuidado de perto. O Senhor tem um duplo celeiro para o seu trigo da mais alta qualidade. Existe a sua Igreja, escolhida e preparada para receber o seu povo redimido. Providenciados para o seu trigo espiritual, a palha e o joio são muitas vezes encontrados no meio dele. Depois, o céu deve ser visto como o seu outro celeiro, que guardará apenas o trigo puro. "E não entrará nela coisa alguma impura..." (Ap 21:27).

... *queimando a palha com fogo que nunca se apagará*. Os líderes religiosos, mas não espirituais a quem a mensagem de João se dirigia eram a palha. Mais tarde, Jesus chamou-os "hipócritas" e inúteis como a palha. "Que tem a palha em comum com o trigo? diz o Senhor" (Jr 23:28). A palha é leve e facilmente carregada pelo vento de um lado para o outro. Do mesmo modo, os escribas e fariseus apresentavam uma religiosidade aparente, mas, como a palha, faltava-lhes peso e substância. A palha é a casca do trigo, e os religiosos professos dos dias de João tinham somente a casca ou a concha da verdade. Foram jogados para cima com a parte externa da religião, não com a sua realidade interior.

... *queimando [...] com fogo que nunca se apagará* é uma figura de linguagem amedrontadora. Esse brilho violento de luz revela a condenação daquele que se recusa a abandonar a sua impenitência. Simboliza a justa ira de Deus, muitas vezes comparada ao fogo na Bíblia. A madeira, o feno e a palha são combustíveis tão adequados para o fogo que não podemos depositar neles nenhuma confiança (Na 1:10). A ira divina é como o fogo —intolerável. Quão terrível é a condição daqueles sobre quem cai a ira e a vingança de Deus! Um mundo impiedoso necessita da lembrança de que o ceifeiro divino virá e, com a pá nas mãos, expurgará da terra a palha inútil, ajuntando o trigo em seu celeiro milenar. "... venha o teu reino..."

Parábola do Cordeiro e seu fardo
(Jo 1:29-36)

No tema central de seu testemunho, qual seja, a pessoalidade do Senhor Jesus Cristo, João usa três termos expressivos em referência a ele: o Cordeiro de Deus, o Filho de Deus e o Noivo; e, dentre todas as apresentações de Cristo a um mundo arruinado e perdido, essas três nunca foram superadas. Revelam o pensamento do Pai a respeito da obra abrangente de seu Filho, e vieram diretamente de Deus para João Batista: "Este é aquele de quem eu falei"; "Eu vi e testifico que este é o Filho de Deus" (Jo 1:33,34). Não se podem negar as três verdades presentes nessas três designações: sua obra expiatória como Cordeiro de Deus, sua divindade como Filho de Deus e o seu advento para os seus como Noivo.

Por duas vezes João fala de Jesus como *Cordeiro de Deus*, designação tão imensurável em sua profundidade quanto clara como cristal em sua simplicidade. Além das 27 referências à figura do Cordeiro no livro do Apocalipse, raras vezes aparece em outros lugares das Escrituras (At 8:32; Is 53:7; 1Pe 1:19). O dr. G. Campbell Morgan lembra-nos que "Na primeira vez que a palavra 'Cordeiro' é encontrada na Bíblia, ela vem associada ao sacrifício de Isaque [...] De séculos distantes, ouve-se o triste clamor do moço ao ser conduzido para o sacrifício sobre o altar: '... mas onde está o cordeiro para o holocausto?'. A primeira vez que a palavra ocorre no NT é no momento em que o último mensageiro da grande nação surgida dos lombos de Abraão por meio de Isaque anuncia às multidões dos filhos de Abraão: 'Eis o Cordeiro de Deus'. Não se trata de mera coincidência. Antes, comprova cabalmente a unidade do livro. O AT pergunta: '... onde está o cordeiro?'. O NT responde: 'Eis aqui o Cordeiro'".

Na plenitude dos tempos Cristo veio como Cordeiro de Deus, o Cordeiro sacrificial para ser levado ao matadouro. Não admira que João nos mande ver aquele que veio como dádiva de Deus para um mundo cheio de pecado, numa manifestação do amor de seu coração. Ele era o Cordeiro sem mancha nem defeito; e esse Inocente, mais inocente que qualquer criança, mais amável que qualquer cavalheiro, compelido pelo amor, mais indefeso que qualquer um. Que mais podemos fazer senão unir-nos ao apóstolo João no seu refrão que diz: Digno é o Cordeiro, que foi morto" (Ap 4:11; 5:2,9,12)?

Digno é o Cordeiro que foi morto, clamam,
de ser assim exaltado;
Digno é o Cordeiro, nossos lábios repetem,
Porque foi morto por nós.

João Batista, na tentativa de explicar o inexplicável, não só revela *quem* carregou os pecados, mas *como* foram carregados. O trágico termo "pecado" abrange de forma total e adequada o problema de todos as pessoas em todos os tempos. Não os *pecados*, os frutos, mas o *pecado*, a raiz, que indica um estado errôneo da mente e da alma —o pecado em sua totalidade, compreendendo os pecados de todo gênero, número e grau, sem excluir nem sequer um. Desse modo o símbolo de João mostra que Deus considera "o pecado" acima de tudo uma "carga ou fardo". Cristo *carregou* os nossos em seu corpo, no madeiro. Dessa forma o método divino de retirar a insuportável carga é referido na mensagem de João Batista que "o transformou de último profeta em primeiro e mais importante evangelista da cristandade". A carga foi levantada, carregada, suportada e retirada. O original traduzido por *tira* significa "erguer, levantar, levar, retirar", e é usado nesse sentido 25 vezes no NT. Essa, então, foi a concepção de João acerca da obra expiatória daquele cujo caminho ele preparou, a saber, tirar a iniqüidade dos pecadores. Por que viver "sobrecarregados" (Mt 11:28), se Cristo já carregou o fardo?

Parábola do noivo e seu amigo
(Jo 3:29,30)

Embora fosse verdade que, para João, a obra redentora de Cristo era prioritária, ele já tinha por divina revelação uma maravilhosa percepção do caráter do Messias. Sabia que Jesus era o *Cristo*, ainda que, na prisão, parecesse escandalizado com ele. O desespero deve ter apertado o coração de João quando perguntou: "... devemos esperar *outro*?". Quão consoladora é a mensagem do Filho de Deus: "... bem-aventurado é aquele que não se escandalizar por minha causa" (Mt 11:6). João não fez nenhum milagre, mas tomar conhecimento do miraculoso ministério de Jesus deve ter-lhe assegurado a divindade de Cristo.

Aqui ele fala dele como o *Noivo* e de si mesmo como o "amigo" que se alegra ao lhe ouvir a voz. Não temos aí o vislumbre daquele de quem João disse "É necessário que ele cresça...", uma antevisão dos ensinos de Paulo e de João? Antes do nascimento histórico da Igreja, João referiu-se a todos os que aceitaram a Cristo como "noiva". Mas quem são os "amigos" do Noivo? Não são a vasta multidão de crentes *anteriores* à morte do Cordeiro, em que se inclui o próprio João, o qual o aceitou como enviado de Deus? Não disse Jesus: "... o menor no reino dos céus é maior do que ele"? (Mt 11:11). A *grandeza* aqui é posicional, não moral. João anunciou o reino mas este não veio naquele momento. João foi martirizado; o reino foi rejeitado e o Rei, crucificado. Certamente João Batista, junto com todos os santos anteriores a ele, estarão nos céus, mas não como parte da Noiva que passou a existir em conseqüência da morte do Cordeiro.

Cabia ao "amigo" encontrar a noiva e trazê-la ao noivo, assim como o servo de Abraão buscou Rebeca e a trouxe para Isaque. Mais tarde, Paulo aplica a si mesmo a mesma figura como servo de Deus. Não foi ele quem levou os coríntios a se apaixonarem por Cristo e depois apresentarem-se a ele como *virgem pura*? (2Co 11:2,3) Lang diz: "Quanto ao serviço, João e Paulo são os 'amigos do Noivo', para trazer a Noiva a Cristo. Quanto à posição, serão parte daqueles posteriormente apresentados como a Noiva celestial" (Ap 19: 7,8; 21:9).

AS PARÁBOLAS DO SENHOR JESUS CRISTO

Jesus entra em nosso caminho, nos *quatro evangelhos*, como o Mestre das parábolas, porque ele é o Mestre da Vida. Como se expressa maravilhosamente Butterick: "As parábolas são mensagens características de Jesus (Mc 4:34). São as suas mais notáveis mensagens; seus quadros ainda são uma forte gravura que relembram quando o rústico se torna obscuro. São a sua mensagem mais persuasiva; um ensino proseador não poderia quebrar nossa inflexível vontade; mas a vista do pai vindo para dar as boas-vindas a seus filhos desobedientes deixa-nos totalmente indefesos".

As Parábolas do Senhor Jesus Cristo

As parábolas de Jesus são singulares e incomparáveis. *The Aesops's fables* [As fábulas de Esopo] e *Os contos da Cantuária*, de Chaucer, tornam-se pálidos em insignificância ao lado das incomparáveis narrativas daquele que é o "incomparável contador de parábolas". Se, como Hillyer Straton afirma, "uma das coisas mais interessantes sobre as formas parabólicas de literatura é a sua raridade, as boas parábolas são poucas e muito distantes", nosso Senhor certamente não tinha nenhuma falta nesse sentido. Nada poderia, ou pode, competir com ele, cuja percepção era tão instantânea, cuja imaginação era tão rica e cujo discernimento, tão verdadeiro. "Da perspectiva de suas realidades para a vida, as parábolas de Jesus são insuperáveis." Ele tinha a habilidade de empregar todas as formas e variedades de figura de linguagem, da sua forma mais simples até a mais complexa elaboração.

Com respeito às parábolas e aos símiles, pouco ou muito expandidos ou explicados, enquanto umas 30 parábolas são citadas como reais, ocorrem mais de 100 figuras de linguagem. Sem dúvida nosso Senhor usou muito mais, e é impossível saber quantas parábolas proferiu. Todas as do seu discurso são altamente figuradas e constituem as maravilhosas e impressivas exibições da verdade. Como já mostramos, todos os seus milagres contêm um significado parabólico escondido, de modo que as parábolas têm significado mais profundo que o literal. Seus ensinos parabólicos são em geral introduzidos primeiramente pela fórmula: "Propôs-lhes outra parábola, dizendo...". Às vezes, a imagem de uma parábola é relacionada com um ditado parabólico, não tanto anunciado.

Em nossa pesquisa das parábolas do AT, vimos que muitas tinham significado claro; mas em outras isso não ocorreu. Por exemplo, na *Parábola da cordeira*, Davi não vê a explicação até que ele mesmo condenasse o culpado. Acabe e os cativos que escaparam é outro exemplo. Esses símbolos do AT tinham a intenção de chamar a atenção para uma pretendida lição, por retratar de modo objetivo a maldade desmascarada. Como algumas parábolas necessitavam de comentarista, Jesus atuou desse modo e explicou o significado de algumas delas, em particular, para os seus discípulos, porque receberam o conhecimento dos "mistérios do reino" (Mt 13:11). Outras de suas parábolas, contudo, foram tão mencionadas que foram entendidas até mesmo pelos seus inimigos, pois, sem dúvida, era a sua intenção.

Butterick afirma que o dom de Jesus de apresentar parábolas ainda é muito respeitado atualmente: "Os dias de sua vida fluíram dos portões dourados para dentro da cidade de sua alma, para ali ser transformado por uma divina alquimia em incomparáveis parábolas [...] Se pudéssemos apenas ter ouvido as narrativas que fez no crepúsculo da Síria para as criancinhas, na casa de Maria!". Pelo estudo de suas parábolas, fica evidenciado que aqueles 30 anos escondidos em Nazaré o puseram em contato com todo tipo de pessoas. Estava intimamente associado com a vida humana, assim também com a ordem política de seu tempo. Desse modo, quando começou seu ministério público, o heterogêneo grupo de personagens que tinha encontrado e o vívido cenário que conhecia tão bem foram "transformados em narrativas inesquecíveis — cada parábola com linhas tão definidas como uma gravura a água-forte".

Quanto à forma em que as parábolas de Cristo devem ser estudadas, tentativas foram feitas para colocá-las em ordem cronológica. Essa é uma tarefa difícil, sobretudo dada a incerteza a respeito de quando muitas delas foram proferidas. Assim, convém repetir, foram agrupadas, como já mostramos, em torno de vários temas. Aqui o estudante pode comparar a ordem sistemática das parábolas com a lista dada por Butterick e Straton. Muitas das parábolas do reino têm sido classificadas de acordo com as lições morais que enfocaram. Pierson agrupa as parábolas deste modo:

Cinco: expõem especificamente o caráter divino e seus atributos;
Oito: registram a história do reino em sua era presente;
Nove: falam da responsabilidade da mordomia;
Nove: mencionam a importância da obediência como hábito do coração;
Seis: registram a beleza do perdão e do amor desinteressado;
Quatro: tratam da necessidade permanente de vigilância;
Três: relatam a importância de a conduta condizer com o ensino;
Três: tratam da humildade e da insistência na oração;
Uma: fala da humildade em todas as relações com Deus.

Por acharmos mais proveitoso para o pregador e o leitor examinar todas as parábolas e ilustrações parabólicas de Jesus registradas nos *quatro evangelhos* na seqüência em que ocorrem, agora já temos um trajeto desde Mateus até João. Existem os comentaristas que dividem as parábolas em dois grupos —as geralmente consideradas parábolas, como, por exemplo, a do *Semeador*, e as ilustrações e as figuras de linguagem de valor parabólico. Estas são o que poderíamos chamar parábolas menores, parábolas de segundo grau, não tão plenas e importantes como as geralmente incluídas na primeira lista. Como veremos, juntamos parábolas e protoparábolas, ordenando-as como aparecem no registro sagrado.

Parábola do peixe e dos pescadores
(Mt 4:18-22; Mc 1:16-20; Lc 5:2-11)

Quando uma parábola ocorre em mais de um evangelho, é essencial comparar os registros correspondentes. Essa parábola, como se dá com quase todas, ensina que no mundo espiritual existem complementos para tudo o que é legítimo e natural no mundo material. Apesar do fato de que o nosso Senhor gastou grande parte do ministério nas adjacências do mar da Galiléia e muitos de seus apóstolos foram pescadores, parece singular que tenha feito tão pouco uso de parábolas sobre a pesca. Assim, Jesus entrou para a sua breve, mas maravilhosa tarefa. Compreendeu a necessidade dos que seriam capazes de absorver a sua mensagem e continuar o seu ministério depois de sua ascensão, como acompanhá-lo em suas jornadas enquanto esteve entre os homens. Para o seu primeiro grupo de seguidores e de associados, não foi a qualquer escola de rabinos ou centro de aprendizado, mas chamou homens humildes para deixarem as redes e segui-lo. "Eu os farei pescadores de homens." Dessa maneira foram levantados de um baixo grau de pescaria para um alto, assim como Davi, que alimentava ovelhas e foi chamado para um grau mais elevado de pastoreio (Sl 78:70-72).

A resposta dos quatro pescadores ao chamado de Cristo foi imediata, pois deixaram redes, barcos e parentes para acompanhá-lo. Agora lançavam a rede do evangelho no mar do mundo e traziam as almas para as praias da salvação. Podemos

Parábola do peixe e dos pescadores

imaginar como Pedro, "o grande pescador" que se tornou porta-voz do grupo dos apóstolos, entrou para o significante uso parabólico do Mestre sobre os pescadores e os peixes. Os peixes do mar da Galiléia eram pegos vivos, mas rapidamente morriam, quando tirados do seu *habitat*. Agora, aqueles a quem Jesus chamava foram designados para pegar os homens que estavam *mortos* —morte em transgressões e pecados— os quais, uma vez nas redes do evangelho, começariam a viver espiritualmente.

Os pescadores experimentados estabeleciam três regras para o sucesso da pesca, as quais deveriam ser observadas por todos os que pescam as almas dos homens:

Primeira: *Mantenha-se fora de vista*;
Segunda: *Mantenha-se ainda mais fora de vista*;
Terceira: *Mantenha-se ainda mais longe fora de vista*.

Os ganhadores de almas devem aprender que não podem promover a Cristo e a si próprios ao mesmo tempo. Se um pescador lança a sua sombra sobre a água, onde o cardume está, jamais poderá pegar os peixes. Da mesma maneira, a sua sombra é desastrosa na arte de ganhar almas. Quando o dr. J. H. Jowett estava para falar para um grande agrupamento, um fervoroso irmão orou: "Agradecemos-te, ó Senhor, teu querido servo e pelo trabalho que ele está fazendo. Agradecemos-te que o tenhas mandado a falar conosco. Agora, Senhor, oculta-o, oculta-o".

Assim, para o pescador, a isca é um elemento importante e, pela prática, ele aprende que ela é usada para atrair diferentes tipos de peixe. Os pescadores de homens devem, semelhantemente, ser capazes de pôr a isca no anzol. Uma visão curiosa, expressada pelos pais da Igreja, era que a cruz era o anzol e Cristo, a isca pela qual o Todo-Poderoso capturava o mal. Tal figura de linguagem pode parecer grotesca, mas, com toda a reverência, podemos dizer que Cristo, como a Bíblia o revela, é sempre o tipo certo de isca para pegar os homens. John Bunyan em linguagem parabólica disse: "A graça e a glória são a isca do evangelho; leite e mel foram a isca que retirou seiscentos mil (sem contar as crianças, as mulheres e os velhos) do Egito". Não importa quantas dificuldades os pecadores apresentem, quando estão sendo tratados pelo ganhador de almas, que é eficiente na Palavra de Deus, e saberá que a Escritura, a isca, é usada para resolver qualquer problema.

Assim como esse chamado de Pedro, André, Tiago e João às vezes é confundido com outros dois relatos no mar, uma palavra é necessária para diferenciá-los. O *chamado* relatado em João 1:35-42 não é a mesmo de Mateus 4:18-22, pelas seguintes razões:

1. Aquele foi dado quando Jesus ainda estava na Judéia —este, depois de seu retorno à Galiléia;
2. Naquele, André solicita uma entrevista com Cristo —neste, Cristo chama André;
3. Naquele, André é chamado com um discípulo cujo nome não foi mencionado, que era claramente João (Jo 1:4). André vai e busca a Pedro, seu irmão, a Cristo, que então o chama —neste, André e Pedro são chamados juntos;
4. Naquele, João é chamado junto com André, pelo seu próprio pedido, de uma entrevista com Jesus; nenhuma menção é feita de Tiago, cujo chamado, se é que aconteceu ali, não foi semelhantemente feito por seu irmão —neste, João é chamado junto com Tiago, o seu irmão.

Mais adiante temos um *chamado* em Lucas 5:1-11, que também é diferente do de Mateus 4:18-22. No anterior, um milagre foi realizado; no posterior, não existe nenhum milagre, salvo o da graça, revelado em tomar homens falíveis, pela inefabilidade de Cristo, para os tornar os seus cooperadores. Naquele, todos os quatro são chamados juntamente; neste, os quatro são chamados à parte, em pares. Naquele, as redes foram usadas para uma miraculosa pesca; neste, dois lançam suas redes, enquanto os outros consertam os seus instrumentos de pesca. Naquele, temos um estágio avançado do ministério terreno de nosso Senhor, e algum entusiasmo popular. Neste, não deve ter havido nenhuma aparição pública na Galiléia; portanto, a falta das multidões estendidas diante dele. Enquanto caminha sozinho pelas praias do lago, Jesus aborda os dois pares de pescadores e chama-os para se transformar em ganhadores de alma: "Sigam-me, e eu os farei...". Não há cristão que se tenha feito a si mesmo cristão ou cooperador no serviço de Cristo, pois todos são *feitos* por Cristo.

Parábola do sal e de seu sabor
(Mt 5:13; Mc 9:50; Lc 14:34,35)

Essa parábola será estudada em conjunto com a próxima, sobre a *luz*, com a qual forma um paralelo, pois ambas tratam do testemunho e da influência cristã. O *sal* impede a corrupção e a *luz* dissipa as trevas. Existe distinção, mas as figuras convergem para um pensamento: "Sal da terra [...] luz do mundo". "Ambas são necessárias para uma revelação do estado moral e espiritual do mundo." Nosso Senhor tinha feito declarações das suas maravilhosas bem-aventuranças; agora passa a ilustrar que influências os súditos do seu reino devem exercer.

Sal —que é isso? O dr. G. Campbell Morgan, ao tratar desse assunto, disse: "O sal não é antis-séptico, mas asséptico. *Antisséptico* é algo contrário ao veneno, capaz de curar. *Asséptico* é algo destituído de veneno. O sal nunca cura a corrupção. Previne a corrupção. Se a carne está contaminada e corrompida, o sal não a descontaminará nem purificará; mas o sal ao redor impedirá que se espalhe a corrupção que, de outro modo, tornaria a carne contaminada". O significado da parábola é evidente. O Senhor espera, ele próprio, funcionar como influência moral e espiritual, a fim de prevenir que as forças corrompidas do pecado se espalhem. Se vivermos perto dele, fonte da santidade incontaminada, teremos o mérito dessa oportunidade. Somente ele pode tratar da corrupção, mas, como o seu *sal*, precisamos conhecer tudo o que é antagônico à sua santa natureza e vontade.

Ainda que o sal seja benéfico, pode perder o sabor ou capacidade de "temperar", como foi dito por Scotch. Uma vez que se esgota esse poder de salgar, o sal não "serve para nada", assim disse Jesus, que muitas vezes mencionou o *sal* em suas figuras de linguagem. Os naturalistas dizem que, se o sal que perdeu o *sabor* for atirado sobre os campos, provoca improdutividade. Os santos podem perder o *sabor*. Podem tornar-se sem sabor na vida e cair da graça e da consagração. E, uma vez perdido o sabor, a sua influência se perde sobre um mundo sem sabor. Os cristãos que se associam com a corrupção ao redor inflamam mais ainda a corrupção da humanidade. Que possamos ter graça, para que a nossa vida corresponda ao que dizem os nossos lábios, sempre com a graça temperada com o sal! (Cl 4:6). Ló deveria ter sido o sal de Sodoma, mas

Parábola da luz e da cidade

de algum modo o seu "sal" perdeu a salinidade, a propriedade de preservar. Assim como para a esposa de Ló, que perdeu o sabor, ou por olhar para atrás, ao contemplar Sodoma em seu coração, transformou-se em estátua de sal, num aviso contra a identificação com o mundo.

Parábola da luz e da cidade
(Mt 5:14-16)

Nesse trecho, nosso Senhor emprega duas figuras de linguagem, como continua a ilustrar, a fim de que a sua influência fosse exercida no mundo. "Uma lâmpada [...] num pedestal"; "Uma cidade situada num monte". A cidade, construída numa posição de destaque, é vista por muitos olhos sobre uma grande área e representa a iluminação a longo alcance. Aqui temos incorporado o nosso relacionamento e responsabilidade. Como "cidade de Deus" (Ap 21:1-3), a igreja deve estar unida em amor, em amizade e em serviço, a fim de alcançar os que estão nas trevas e nas regiões distantes.

Então temos a figura da lâmpada que brilha e ilumina todos os que estão dentro da casa e do mundo. Todos os queridos, obedientes súditos do Rei, estão para radiar uma revelação espiritual a todos ao redor. Uma luz mostra o caminho a ser pisado; e a vida e exemplo cristão são para mostrar o caminho de volta a Deus. Não existe contradição entre o *sal* e a *luz*. Ambos os símbolos referem-se a uma qualidade moral de coisas. O mundo é corrupto, e sua iniqüidade necessita dos santos como sal. O mundo também é cego e escuro, e sua ignorância requer os santos como luz.

A *luz* é de natureza tríplice: natural, artificial e espiritual. A luz do Sol é natural; a de uma lâmpada é artificial; a do mundo e daqueles que crêem é espiritual. "A luz do glorioso evangelho" (2Co 4:4,6; Sl 119:105). A palavra que Cristo usa em referência a si mesmo não é "luz", mas *astros* (Fp 2:15). Quão maravilhoso é para o Mestre dar-nos o título bem definido que tomou para si mesmo: "Eu sou a luz do mundo" (Jo 1:4,9; 3:19; 8:12; 9:5; 12:35,36). Não é uma luz emprestada, refletida. Como o eterno Filho, dele é a luz eterna, não criada. Não somente concede a luz aos gentios (Ml 4:2); ele *é* luz. A Lua é uma luminária, mas não tem luz em si mesma. O que recebe vem do Sol, que a reflete no mundo. Como luminárias, não temos luz própria. "O que tens não recebeste?" Como seus discípulos, só podemos brilhar com a sua luz, em virtude de sermos seus. E, tendo o Espírito de luz que habita em nós e com a mesma mente de Cristo, atuamos como luzes que ardem em nossos dias (Jo 5: 35).

Uma lâmpada ou vela é um corpo escuro e não pode dar luz se não for acesa. Do mesmo modo não podemos dar luz se não tivermos recebido a divina graça e iluminação do Espírito de Deus. Uma vez que fomos iluminados, brilhamos e não escondemos a nossa luz sob um alqueire ou cama. Se o alqueire representa negócio, comércio, o trabalho e a cama, descanso e sossego, então devemos ter cuidado, com temor, de que os nossos negócios ou o nosso lazer não ocupem muito do nosso pensamento e tempo e diminuam a luz de nosso testemunho. Alexander Maclaren uma vez disse: "Nenhum homem acende uma lâmpada e a coloca sob o alqueire. Se ele fizesse isso, o que aconteceria? Ou o alqueire colocaria a luz para fora, ou a luz colocaria fogo no alqueire!". Certamente, isso está no coração de nosso Senhor para nos ensinar.

Uma vez mais, ao comparar as figuras do *sal* e da *luz*, a fim de expressar como fazem a dupla função de cristãos, sua santificação e iluminação influenciam os outros e existe uma distinção a ser notada. "O sal opera *internamente* na massa com a qual ele entra em contato; a luz do sol opera *externamente*, para irradiar tudo o que alcança", diz Fausset. "Daí os cristãos serem denominados 'sal da *terra*' —alusão à massa da humanidade, com que devem misturar-se— e 'luz do *mundo*' —referência à vasta e variada superfície que sente a sua frutífera e alegre luz." Desse modo, o Senhor termina com a exortação de deixarmos a nossa luz brilhar, uma luz refletida nas boas obras e resultante na glória de Deus. Podemos dizer que nossa vida é como "luz" que ajuda a glorificar o Pai pelo seu poder redentor e transformador. E, por nossa santificação e nosso coração iluminado, impressionaremos os que estão ao nosso redor, aqui e no exterior, com a realidade de sua graça e poder redentor e transformador?

Parábola da traça e dos ladrões
(Mt 6:19-20)

Na verdade, aqui, outra parábola dupla, existem três ilustrações: a traça, a ferrugem e os ladrões, cada um com características próprias. Não foi Jesus quem misturou as metáforas. As três se unem numa só lição, i.e., a declaração da inutilidade de uma vida centralizada na terra. A mesma verdade se torna mais impressiva nessa tríplice parábola. Não devemos guardar os nossos tesouros na terra, mas sim prover um "tesouro nos céus que não é destruído ou roubado" (Lc 12:21).

A primeira ilustração da "traça" é associada com uma forma de riqueza do Oriente. As vestes caras de rico material geralmente eram bordadas com ouro e prata e sujeitas a ser consumidas pelos insetos. Tiago refere-se à traça que comia as vestes (5:2; Jó 13:28; 27:16; Is 50:9; 51:8).

A segunda figura de linguagem é a "ferrugem", que, como a traça, pode tornar as coisas sem valor. A referência aqui não está confinada à corrosão dos preciosos metais de que os orientais se orgulhavam; mas a deterioração come e corrói todos os tesouros perecíveis da terra. Lang afirma que a traça e a ferrugem ilustram as fases externa e interna da destruição; mas tanto um como o outro, uma vez que se estabelecem sobre um objeto, aos poucos devastam do exterior para o interior.

O terceiro símile, os "ladrões", é outro exemplo do uso que Jesus faz de uma linguagem finamente sarcástica para advertir os que não são ricos para com Deus e são orgulhosos de suas acumulações terrenas. Para o oriental, que mantinha o tesouro enterrado e estava sempre ciente da possibilidade dos ladrões o cavarem, a figura de linguagem poderia ser rapidamente entendida. As traças e a ferrugem atacam o perecível, mas os ladrões procuram os tesouros que não perecem. Juntos, então, esses três velozes e silenciosos ladrões de riquezas, descrevem a tolice de acumular bens terrenos para o próprio bem. Jesus exorta-nos para ajuntarmos tesouros nos céus, onde nem a traça nem a ferrugem podem destruir, nem os ladrões arrombar e roubar.

O inexpugnável tesouro que guardamos é equivalente às "boas obras" das quais fala nosso Senhor (Lc 12:33). E o caráter formado pelos que nos seguem para o mundo invisível não é objeto do processo de deterioração (Ap 14:13). Se somos "ricos em boas obras" (Tg 2:5), e participantes das "imensuráveis riquezas" (Ef 3:8,16), então onde estiver o nosso tesouro, ali estará o nosso coração. Martinho Lutero disse: "O que o homem ama, este é o seu Deus". O Mestre continua a dizer que não podemos servir a Deus e a Mamom (riquezas). Ellicott comenta assim: "Os homens podem tentar persuadir a si mesmos de que terão um tesouro na terra e outro nos céus, mas, a longo prazo, um ou outro reivindicará o direito de ser o tesouro e reclamará a aliança não mais dividida com a terra".

Uma palavra de explicação é necessária sobre a proposta de nosso Senhor: "Não ajunteis tesouros na terra". Ajuntar não é em si mesmo um pecado. Paulo, porventura, não gostava do empreendimento honesto e da esperteza nos negócios? (2Co 12:14). Se os tesouros vêm a nosso encontro, são para ser usados e aproveitados; mas para o bem dos outros. Os tesouros na terra, se empregados para a glória de Deus, tornam-se tesouros nos céus.

Ao mostrar isso, nosso Senhor condenou o mundanismo. Richard Glover, em seu *Commentary on Mathew* [Comentário sobre Mateus], tem este resumo impressionante dos ensinos do Mestre sobre essa questão: "O tesouro visível tem grandes e óbvias atrações. A riqueza judaica estava principalmente nas vestimentas em ouro e jóias; a nossa riqueza em terra, casas e bens. O Salvador apela para que não fixem o coração nas riquezas visíveis da terra, cuja perecibilidade vivamente demonstra; para os que assim estão à mercê das coisas *tão insignificantes como a* 'traça'; *tão sutis como a* 'ferrugem'; *tão numerosos quanto os* 'ladrões', *prontos para* 'arrombar e roubar'. *Aquele que constrói muito baixo é quem constrói abaixo dos céus*. A deterioração nunca pode ser uma porção, no que diz respeito às almas. Se nenhum outro destruidor vem contra nós; *a velhice é um tipo de traça* que prejudica, e *a doença é um tipo de ferrugem* que diminui o nosso aproveitamento nos tesouros terrenos, e a *morte é o ladrão* que arromba e rouba tudo o que temos aqui na terra. Aspiremos a coisas do alto, até mesmo *os tesouros nos céus* —as posses da alma imortal.

Parábola dos olhos bons e maus
(Mt 6:22-24)

Para evitar que busquemos insistentemente as coisas terrenas, o nosso Senhor segue com outra ilustração parabólica cheia de profunda sabedoria prática. Como Criador e Senhor de nosso corpo, ele sabe tudo sobre o intrínseco mecanismo dos seus membros e aqui usa os "olhos" como figura de linguagem, para um grande efeito, impondo a necessidade da simplicidade como moto de vida. Paulo era homem com olhar simples, homem de um propósito sem paixão: "Uma coisa eu faço". O ensino dessa parábola é que a simplicidade de objetivo, quando se olha direto para um objetivo, é como o oposto de ter dois objetivos em vista (Pv 4:25-27). Se nossa mente está dividida, então somos instáveis em todos os nossos caminhos (Tg 1:8). Dessa maneira, nosso Senhor termina a seção com a afirmação categórica: "Não podemos servir a Deus e a mamom".

Ao tratar da importância da capacidade precisa de percepção, para nos capacitar a discernir o verdadeiro valor das coisas, Jesus disse que os olhos são a *lâmpada*, não a *luz*, do corpo. Compreendemos suficientemente o valor e a maravilha dos nossos olhos físicos? Sem eles o mundo é escuro como se não existisse o Sol. Olhos cegos ou fracos deixam cada órgão confuso e desorientado. Além disso, se não existisse luz, os olhos não teriam utilidade: "A luz não está nos olhos, mas os olhos são o meio de interpretar e aplicar a luz. Os olhos são o que regula os movimentos do corpo". Embora seja maravilhoso saber que os que não enxergam têm outros sentidos aguçados, os que não possuem o sentido da visão são os primeiros a admitir que, na ordem natural, os olhos são a lâmpada pela qual brilha a luz.

Em sua ilustração dos olhos *bons* e *maus*, Jesus estabelece o contrário para cada um, para significar, respectivamente, uma visão *boa* e clara e uma *imperfeita* ou um olho cego. Com uma maravilhosa precisão científica, usa duas palavras distintas para se referir à condição do olho, grande faculdade cuja claridade determina o bem-estar de cada uma das demais faculdades. A palavra traduzida por "bom" é *aplous*, que significa "sem dobras", um olho sem complicações em si mesmo. O dr. Campbell Morgan cita a definição de um oftalmologista sobre o que se conhece por *astigmatismo:* "Astigmatismo é um defeito estrutural dos olhos, de modo que os raios de luz não convergem para um ponto da retina".

Existe um "defeito" dentro dos olhos, pois alguma coisa está fora do lugar ou complicada, e, portanto, o olho não está "sadio ou puro". Assim Jesus aplicou desse modo um defeito ótico para a nossa visão espiritual. Se o olho da alma for bem dirigido, nada fora do lugar, então todas as coisas são vistas na perspectiva correta. Se olhamos com bons olhos e caminhamos na luz, vemos os objetos claramente; então o simples e persistente desejo de servir e agradar a Deus em todas as coisas fará com que todo o nosso caráter consista em brilhar.

Por outro lado Jesus usa a palavra mau, ou *poneros*, que significa "má influência, destempero". O olho *mau* é ruim e implica "não meramente um desvio, mas a existência de um *estrabismo*". Tal olho vê as coisas duplicadas; espiritualmente, exerce má influência sobre o que o possui e sobre as demais pessoas. Jesus disse que o olho mal resulta em todo o corpo ser "cheio de escuridão". Por não existir a unificação da vida no centro, todas as coisas ficam fora de foco. Se o interior do olho é defeituoso, tudo é escuro, e "quão grande é esta escuridão". No coração, então, a ilustração de Cristo dos olhos *bons* ou *maus* é a verdade de que como "um olho corrompido, ou um olho que não olha direito e está cheio de objetos, não vê nada, tendo uma mente e um coração divididos entre os céus e a terra, tudo é escuro", por ser distorcido e de propósitos duplos ou objetivos prejudiciais de nossa atitude para com Deus e a vida. O nosso Senhor continua a aplicar essa solene verdade sobre a impossibilidade de servir a dois senhores: Deus e mamom.

Parábola dos pássaros e dos lírios
(Mt 6:25-34)

Que Cristo era um amante da natureza se confirma em suas ilustrações tomadas do mundo que ele criou e usou tão eficazmente em seu ensino ético. O começo desse trecho, portanto, liga isso à seção anterior e imprime sobre nós duas grandes lições:

1. o serviço de mamom sempre nos envolve em ansiedade;
2. toda ansiedade em si mesma é um serviço de mamom.

Todo medo e cuidado desgastante é uma evidência da falta de fé na soberania e suficiência de Deus. Por causa de seu cuidado e provisão, toda ansiedade é supérflua. O que dissemos sobre o aspecto certo e errado de "armazenar tesouros" é aplicável aqui, onde Jesus fala de não se ter pensamento sobre as nossas necessidades materiais. Assim como existe uma legítima salvação para um

Parábola dos pássaros e dos lírios

"dia de chuva", aqui o nosso Senhor não proíbe o interesse próprio nas necessidade da vida, mas uma exagerada ansiedade e solicitude, ou fardo de cuidado, a respeito dele. *Pensar* ou prevenir-se quanto às coisas temporais, é exigido pela Bíblia e pelo senso comum.

A nossa *vida* é mais do que o *comer,* diz Jesus. Não implica isso que, como Deus tem nos dado a grande dádiva da vida, não podemos confiar nele, para nos dar uma pequena dádiva, a fim de manter esta vida? Certamente ele, que nos deu a vida, é capaz de mantê-la enquanto anima o corpo! Então, o corpo é mais do que roupas ou vestidos. Sem dúvida alguma, a questão apontada tinha um apelo definido para "um povo que considerava as suas vestimentas nada menos do que o seu dinheiro como parte de seu capital, e geralmente gastava o labor de muitas semanas ou meses" (v. 20 e Tiago 5:2).

As aves do céu. Todos os pássaros domésticos da Galiléia bem conhecidos por Jesus, como a rola, o pombo e os pardais, foram mencionados como dignos do cuidado divino. A exclamação *Olhai* implica a necessidade de observar bem, e considerar, para a aquisição da sabedoria no paralelo da parábola (Lc 12:24). Martinho Lutero, em sua homilia sobre o *pardal,* ponderou que ele comeria um alqueire de milho em 12 meses. Não dotado pelo Pai celestial com a capacidade de pensar, planejar, armazenar em estoque tal quantidade de milho, os passarinhos pereceriam, se não fosse a divina provisão. Não eram capazes de pensar no dia seguinte; por isso, Deus os alimentava sem trabalho ou preocupação.

Como somos mais valiosos que muitos pardais, somos mais dignos do cuidado de Deus. Redimidos pelo sangue de seu amado Filho, podemos confiar em sua sabedoria e amor para ordenar todas as coisas, tanto as mais altas como as menores, de suas criaturas. Somos mais nobres e queridos para Deus do que as suas criaturas mais simples, que são desprovidas de razão humana e incapazes de semear, ceifar e estocar. E, como ele miraculosamente alimentou e sustentou os israelitas por quase 40 anos durante sua jornada no deserto, o Senhor é capaz de providenciar-nos tudo o que é necessário.

"Os lírios do campo" refere-se ao lírio *huleh* da Palestina, famoso pela cor, de escarlate brilhante a profundo e fino violeta, constituindo uma das mais magníficas flores. Talvez, como nosso Senhor falou, os pássaros tinham ninhos nas árvores, e em volta deles nos campos existiam os lírios que ultrapassavam toda a grandeza artificial humana. Se essas flores cresciam no agreste, em grande beleza e profusão, eram mais esplendorosamente vestidas do que qualquer monarca, sem ansiedade de sua parte. Por que não devemos confiar no processo universal da Providência, para distribuir a todos os que crêem as coisas exatamente solicitadas?

Portanto, nessa forma parabólica, Jesus censura a preocupação como desastre para nós mesmos e desonra para Deus. Como Pai celestial, sabe das coisas de que necessitamos, até mesmo antes de lhe pedirmos. Somos culpados de sermos "homens de pouca fé" (Mt 8:26; 14:31;16:8), se deixamos de acreditar no seu amoroso cuidado e provisão. A ansiedade é desnecessária, pois a nossa necessidade é conhecida por ele. A admirável máxima de valor prático "Basta a cada dia o seu mal" mostra que cada dia traz os próprios cuidados; e prelibá-los com ansiedade somente multiplica-os. Com um fino toque de sátira, Jesus disse que a preocupação não leva a lugar algum, nem nos traz coisa nenhuma.

A preocupação não pode adicionar um milímetro à nossa estatura. Enquanto o prolongamento da vida depende dos alimentos necessários e do vestir, o comprimento dos nossos dias está nas mãos do Todo-Poderoso, que é o nosso beneficente e infalível Provedor. Que a graça possa ser nossa para confiarmos naquele que alimenta até os pardais e veste a vida transitória da erva do campo com tanta beleza, para cuidar de nosso ser imortal! A falta de fé em sua habilidade de empreender por nós, choca-o com um insondável mistério (Mc 6:6). Não entristeçamos o seu terno coração com uma descrença irracional.

Parábola do cisco e da trave
(Mt 7:1-5)

Richard Glover relembra que do "tema mais especial sobre a verdadeira vida interior, o Salvador passa nessa seção (7:1-12) a correções, incentivos e advertências de que precisamos". Podemos classificar as lições desse trecho e dizer que ele aponta para:

- a culpa;
- o privilégio negligenciado;
- o dever esquecido.

A dupla parábola que temos aqui está curiosamente aliada à que vem em seguida, sobre os cães e porcos, mas vamos examinar cada par separadamente. As quatro figuras de linguagem estão unidas entre si, uma vez que tratam de um só tema que o Senhor ilustra, ou seja, os princípios que nos devem reger quando formos exercer algum julgamento. Ambas as "duplas", igualmente, podem ser exercidas e podem acontecer em nossa vida. Quando nosso Senhor disse "Não julgueis, para que não sejais julgados", protestava contra aquele tipo de julgamento que condena. É necessário que haja um senso de seleção, e quando Cristo usa o exemplo do cisco e da trave, ordena isso, e o uso que fez daqueles exemplos mostra que podemos exercer julgamento de forma errada; e o exemplo dos cães e porcos mostra como o julgamento, mesmo sendo terrível ao ser aplicado, tem de ser exercido. Se for para julgarmos, não deve ser segundo a aparência, mas um julgamento justo, baseado no exercício de perceber as diferenças e fazer a classificação. É assim que o Juiz de toda a terra julga. Qual é o verdadeiro significado das imagens notáveis do exemplo do *cisco* e da *trave*?

1. *Cisco*. Temos aqui uma pequena lasca, um pequenino pedaço da trave, um minúsculo objeto. Ellicott comenta que o substantivo grego traduzido aqui significa um "talo" ou "renovo" e não uma partícula de poeira voando pelo ar, que nos vêm à mente quando pensamos na palavra "cisco". Uma ilustração como essa era familiar aos judeus e encontra-se nos provérbios e sátiras de todos os professores da nação sobre estar pronto, quando se trata de ver as faltas dos outros; e estar cego aos seus próprios defeitos. As falhas pessoais merecem a atenção perspicaz e cuidadosa que nunca lhes damos. Robert Burns apresentou uma verdade preciosa nestes versos:

> Oh! que Poder nos foi dado,
> De ver-nos como os outros nos vêem!

2. *Trave*. Esse termo significa um pedaço grande de madeira, como se fosse uma parte de um tronco de árvore que dificilmente caberia dentro da cabeça de alguém, muito menos no olho. Se um cisco, por ser tão pequeno, a ponto de não ser visto, faz

a pessoa sofrer, uma trave no olho torna-se algo quase grotesco, por causa de seu tamanho. O que é a *trave*? O dr. Campbell Morgan diz que "não é um pecado vulgar. A pessoa culpada de um grande pecado nunca critica quem tenha cometido uma pequena transgressão". O homem pode ver um cisco no olho do irmão, algo errado na vida dele que não deveria estar ali. Porém, não deve ser cego a ponto de não enxergar a trave que está em seu olho, uma falha ainda maior do que aquela que ele observa na vida do irmão.

Nosso Senhor nos adverte seriamente do grande defeito de sermos *acusadores*, o que é muitas vezes encarado mais como deficiência do que pecado. O pecado do espírito é pior do que o da carne. "Não há outro pecado tão explosivo, tão destrutivo, tão condenado, quanto o espírito que exerce um julgamento com atitude de recriminação sobre outra pessoa [...] A recriminação presta atenção ao cisco e critica o irmão. Essa recriminação é uma trave que cega o homem." Se nos aproximamos de um irmão que tem um cisco no olho com amor e não no espírito de condenação e censura, Deus vai-nos julgar da mesma maneira. Podemos concluir o seguinte com base no ensino do Senhor:

1. Os que encontram defeitos nos outros sempre têm as mesmas falhas que reprovam. "Você sempre pode conhecer as fraquezas de alguém por aquilo que essa pessoa detesta [...] A vespa reclama das picadas das outras pessoas [...] O seu defeito pode ter uma aparência diferente da falta de quem o ofende, mas essencialmente *você possui os defeitos pelos quais tem antipatia*."

2. Os que encontram defeitos nos outros podem ter as falhas que reprovam em maior escala do que o seu próximo. Essa forma de encontrar defeitos normalmente é evidenciada por hipocrisia, ao afirmarmos que somos livres dos defeitos que, de modo geral ou específico, apontamos nos outros. Os que pensam assim devem tomar as devidas providências para curar as suas falhas, em vez de tentar sarar as dos outros.

3. Jamais julguemos, a não ser que seja nosso dever fazê-lo; e, se o fizermos, devemos condenar a ofensa, não o ofendido; pois devemos limitar o nosso julgamento ao lado terreno da falha cometida, não interferirmos no relacionamento da pessoa com Deus, que enxerga o coração e sabe tudo sobre a ignorância e as enfermidades que podem reduzir o peso da culpa dos pecados das pessoas. Se tivermos de corrigir alguém, que não seja com reprovação áspera, mas pelo exemplo de humildade, amor e oração. "O céu é o mundo do amor", diz Glover, "e o amor se harmoniza com ele, sendo dele a essência. A aspereza destituída de amor é mais apropriada para a herança da perdição. Cultive o caráter que se sentiria em casa, se estivesse no céu".

Parábola dos cães e dos porcos
(Mt 7:6)

Essa pequena ilustração parabólica diz respeito ao extremo oposto da verdade que acabamos de examinar. Devemo-nos precaver contra a loucura que seria desprezarmos o mal evidente e o tratarmos da mesma maneira que o bem. A verdade não deve ser imposta aos rebeldes que a rejeitam, e as coisas santas não devem ser dadas aos que buscam os defeitos dos outros, aos que vivem à procura dos ciscos nos olhos de alguém e aos que têm a língua cheia de malignidade. Depois de proferir a sua ilustração parabólica anterior, Jesus até certo ponto, penetrante e repentino, insiste sobre a necessidade de sabermos classificar as coisas. "Se não deve haver trave que nos impeça de remover o cisco, por outro lado não pode existir cegueira que nos proíba de enxergar a corrupção para a qual já não há esperança; e para a qual já não adianta ajuda alguma."

CÃES. Aqui nosso Senhor se refere a cães selvagens e rosnadores, que se voltam e mordem a mão daqueles que os alimentam. Os cães do Oriente são mais selvagens e vivem mais em matilhas do que os nossos cães domesticados, alimentam-se de carniça e lixo e são mais sanguinários do que os do Ocidente. Era a esses que Jesus tinha em mente quando os usou em referência aos que, de forma selvagem, odeiam a verdade. Ellicott faz uma observação da primeira parte do versículo: "A carne que foi oferecida como sacrifício, 'as coisas sagradas' de Levítico 22:6, 7,10,16, das quais nenhuma pessoa impura ou estranha, e nenhum animal impuro, podia comer. Dar aquela carne santa a cachorros seria para o israelita devoto a maior de todas as profanações. Nosso Senhor nos ensina que há um pequeno risco de profanação, ao lidarmos com o tesouro, ainda mais santo, da verdade divina".

O uso que Cristo faz desse símile dos cães selvagens nos faz lembrar que há testemunhos que instintivamente nos recusamos a dar, quando estamos diante de pessoas que desprezam completamente tais comportamentos. Somos proibidos de expressar a aprovação pela prostituição das coisas sagradas. Pedro, que ouviu essa parábola quando foi transmitida, terminou uma de suas cartas falando de algumas pessoas que, como cães, voltam ao seu próprio vômito, e como porcas revolvem-se na lama.

PORCOS. Na lei mosaica os *porcos* são considerados imundos e impróprios para consumo humano. Portanto, "cães" e "porcos" simbolizam formas distintas do mal. A primeira representa ferocidade (Fp 3:2; Ap 22:15), e a segunda, impureza (Sl 80:13). Como as "pérolas" eram consideradas as mais preciosas de todas as jóias (Mt 13:45; 1Tm 2:9), passaram a simbolizar a preciosidade da verdade. É fácil imaginarmos o desapontamento e conseqüente ira dos porcos ao descobrir que o que pensavam ser comida eram apenas pérolas. Como essa imagem é cabível para os impuros, selvagens e incapazes de apreciar as jóias inestimáveis da fé cristã! São esses, diz Cristo, a quem não temos o direito de entregar o tesouro das nossas pérolas. São esses que, após ouvirem a Palavra, se tornam piores do que eram antes. A dupla parábola, a essa altura, proíbe a oferta das ordenanças sagradas aos não-regenerados. A Igreja (a organização humana, não o organismo divino) tem a grande responsabilidade de proteger os seus tesouros mais preciosos. "No passado ela entregou seus valores sagrados aos cães, e atirou suas pérolas aos porcos, quando admitiu dentro de suas fronteiras as nações pagãs para que a governassem. Ela faz isso hoje toda vez que compromete as coisas santas de sua fé."

Aqui cabe uma palavra de advertência em relação a rotularmos a *todos* como cães e porcos e nos omitirmos do esforço de ajudá-los espiritualmente. Não nos devemos esquecer do ensino anterior sobre o julgar com severidade excessiva. Ellicott diz: "Pensamos nos cães e porcos, não como representantes dos homens e das mulheres em si mesmos, mas nas paixões desse tipo, ou seja, o que os torne assim tão animalescos. Precisamos lidar cautelosa e sabiamente com eles, à medida que se identifiquem com essas paixões [...] Podemos acrescentar que precisamos nos precaver contra essa índole animalesca em nós mesmos, não menos daquilo que fazemos com respeito às outras pessoas. Pode acontecer de profanarmos as mais santas verdades, por lidarmos com elas em espírito de irreverência ou paixão, ou até zombarmos delas, mesmo que tenhamos sinceridade de coração".

Parábola das pedras e das serpentes
(Mt 7:7-12)

Pode parecer que a mudança dos símiles anteriores a esses que agora vamos examinar seja brusca, mas a seqüência dos pensamentos é sugestiva. Onde poderemos encontrar a sabedoria e a coragem necessárias para praticar o discernimento e a seleção que nos são ordenados e ensinados pelos exemplos dos olhos malignos dos cães e dos porcos? Orando ao Pai. As ilustrações usadas estão cheias de contrastes: o pão e a pedra; o peixe e a cobra. O seu aparecimento a essa altura, no manifesto do Rei, indica que, no seu código de leis, a oração é uma necessidade, se for para julgarmos, agirmos e vivermos corretamente.

Jesus usou três termos simples, porém grandiosos, ao apresentar a garantia explícita e universal de que podemos ir a Deus com fé e pedir claramente pelas coisas que estejam em harmonia com a sua vontade: pedir, buscar e bater. Por que Jesus usou essas palavras? Será que simplesmente repetia o conteúdo da oração, de formas diferentes, para prevenir contra a possibilidade de erro e nos incentivar a obedecer ao seu mandamento? Estaria ele, pelo uso que faz desses três vocábulos, prescrevendo a necessidade crescente de orarmos, e indicando graus diferentes de intensidade? Richard Glover apresenta razão mais profunda para as formas diferentes desse mandamento sobre a oração: "Se uma criança quer conseguir algo do pai ou da mãe, qual é o seu procedimento? Se a mãe está por perto e à vista, simplesmente *pede*. Se não está por perto nem à vista, ela a *procura*; e, ao achá-la, então pede. Se, ao encontrar a mãe, esta estiver fora de alcance, fechada no quarto para não ser perturbada, a criança *bate* até conseguir a sua atenção e consentir no pedido. Todos aqueles que costumam apresentar seus pedidos perante o trono da graça conhecem um pouco de cada um desses passos".

Nosso Senhor nos assegura por três vezes que, se pedirmos, receberemos, se buscarmos, acharemos e, se batermos, a porta se abrirá. Fausset diz: "*Pedimos* aquilo que *desejamos*; *procuramos* aquilo que nos *falta*; *batemos* em busca daquilo que está fora de nosso alcance. Quando pedimos *pão*, não recebemos *pedra*, que é redonda e lisa como um pão grande e redondo, ou um bolo, bem comuns na época, sendo assim escarnecidos. Quando pedimos *peixe*, não recebemos cobra, que é uma criatura em forma de peixe, mas com uma picada mortal. Devemos pedir coisas boas de acordo com a vontade divina". Se os pais terrenos dão boas coisas aos filhos, que reagem positivamente ao seu pedido, nosso Pai celestial e amoroso, que está no céu, não nos conferirá os dons do Espírito, que são superiores? Deus sempre nos dá o melhor. Nunca oferece pedras ou cobras, mesmo que nós, em nossa ignorância, as peçamos.

Há algumas palavras importantes no ensino de Jesus acerca da oração: "Pois aquele que pede, recebe"; o que significa que *todo* aquele que busca, alcança. Ninguém que esteja perante o trono da graça sai dali sem que seus pedidos tenham sido atendidos. Talvez a sua oração não seja respondida no momento, ou da maneira ou forma que espera. Tanto o *não* como o *sim* são respostas possíveis. Paulo orou três vezes para que o seu espinho fosse retirado, e a resposta à sua oração foi a concessão da graça para suportar a sua provação. O autor agora indica ao leitor a sua obra *All the prayers of the Bible* [*Todas as orações da Bíblia*], se desejar um tratamento completo a respeito das orações respondidas e não atendidas.

Um resumo do ensino de Cristo (7:1-12) sobre o julgar, achar culpa, procurar cisco nos olhos dos outros, distribuir as coisas santas e insistir na oração, temos na *Regra de Ouro*: "Portanto, tudo o que vós quereis que os homens vos façam, fazei-o vós também a eles, pois esta é a lei e os profetas".

Parábola das duas portas e dos dois caminhos
(Mt 7:13,14)

Nosso Senhor faz agora uma aplicação de seu ensino ético e ilustra os dois caminhos opostos da peregrinação dessa vida, ao usar as figuras de portas e estradas. Com o ensinamento figurado desse capítulo, chegamos à conclusão do Sermão do Monte, e o que ele produz sobre todos os que o ouvem. A reação ao seu ensino pode ser vista nas duas categorias opostas a que Cristo se refere da seguinte forma: os muitos que recusam o seu ensino ético e, conseqüentemente, se inclinam a seguir a trilha da comodidade e de favorecerem a si próprios; e os poucos que aceitam a verdade em busca da segurança eterna, acima de tudo, sem se importar com o preço.

A verdade solene que nos é apresentada é a de que há somente dois caminhos para a humanidade escolher: o dos justos e o dos ímpios (Sl 1). O mundo pode pensar que há três tipos de pessoas: *boas, más* e *neutras*; mas a Bíblia reconhece apenas dois: pecadores e salvos. Só podemos ser *brancos, negros* ou *amarelos*. Não existe o *cinza*. Não há o que discutir, nem o que negociar. Ou estamos "em Cristo" ou "sem Cristo", e somos viajantes que vamos para o céu ou o inferno. É verdade bendita da Escritura que "o Senhor conhece os que são seus".

Duas portas. Cristo conhecia bem as portas da cidade de Jerusalém, cidade localizada numa colina, e usou aquela imagem com grande efeito. Havia uma porta *larga*. A entrada para o céu é chamada *porta estreita* (Dt 30:15; 1Rs 18:21; 2Pe 2:2,15). *Larga* alude ao "modo de viver, descuidado e pecaminoso, do ímpio, o qual nota que é mais fácil ser vingativo e avarento e preferir aproveitar-se dos outros para enriquecer a si mesmo que andar de acordo com a regra de ouro". Esse é o caminho que conduz ao inferno. O nome dessa porta larga é: *egoísmo* —os desejos próprios, pensamentos de orgulho, nossa justiça, os queridos pecados que escolhemos, nosso planejamento de vida e a nossa vontade. É fácil entrar por essa porta porque é *larga*.

A outra porta é chamada *estreita*, larga o suficiente para que passe apenas uma pessoa de cada vez. Essa descrição da entrada e da porta mostra a dificuldade do primeiro passo correto em direção a Deus. A pessoa tem de vencer todas as suas inclinações naturais. Os pecadores arrependidos devem *esforçar-se* para entrar por essa porta estreita (Lc 13:24). Se o nome inscrito sobre a porta larga é *egoísmo*, o que está registrado sobre a porta estreita é *Cristo*:

Cristo, em quem confiamos, que se humilhou e foi crucificado;

Parábola das duas portas e dos dois caminhos

Cristo, a quem buscamos, com arrependimento e dor piedosa;
Cristo, a quem seguimos, sem se importar com o risco e o martírio —não há honra nem amigo, exceto Cristo.

A porta *estreita* exige obediência rigorosa à regra de ouro já declarada pelo nosso Senhor (7:12).

Dois caminhos. A natureza dos *caminhos* corresponde à das *portas*. Entrar pela porta é uma questão de consciência, liberdade e escolha; e, depois disso, a vida, daí em diante, passa a ser moldada por tal escolha. Como é sério o pensamento de que não é o destino que determina para onde iremos na eternidade e sim uma escolha pessoal! A porta *larga* leva a um caminho *largo*. Nesse caminhar há bastante espaço para o pecador e seus pecados. Esse caminho mostra-se atraente para a maioria das pessoas, porque pode ser trilhado com facilidade e naturalidade, e porque nele há muitos outros viajantes. Mas esse caminho, que tem aparência florida, sempre tem a tendência de conduzir para o abismo. A comodidade e o conforto do mundo estão no caminho *largo*.

A porta estreita leva ao caminho *estreito*. A porta e o caminho estreitos não oferecem espaço suficiente para passarmos por eles todo esse nosso volume de imoralidade. Muitas coisas devem ser deixadas do lado de fora da porta estreita. No entanto, apesar do fato de que devemos andar de acordo com o caminho estreito da lei de Deus, esse caminho conduz a uma amplitude de vida gloriosa. À medida que caminhamos ao longo desse caminho, ele dilata-se, alarga-se, expande-se e adquire mais largura, paisagens e glória. Outro aspecto dessa parte da ilustração parabólica é que Cristo, ele próprio, é o *caminho* sobre o qual devemos viajar (Jo 14:6), como a *porta* pela qual entramos (Jo 10:7). A santidade e a vida eterna podem ser obtidas *por* ele e *nele*.

Dois tipos de companhia. Há uma expressiva diferença entre os números em cada caminho. "Muitos" passam pela porta larga e ingressam no largo caminho. Uma vida que permite a escolha do que se prefere, de acordo com a própria vontade de cada um, e que não exige entrega nem sacrifício, atrai mais seguidores do que o caminho estreito do abandono total de si mesmo em favor das exigências de Cristo. A tragédia disso é que há milhões e milhões de pessoas que servem ao diabo, não ao Salvador, que morreu por elas. O viajante do caminho largo sempre terá companhia que combine consigo mesmo. No caminho estreito, pelo contrário, há "poucos" peregrinos. "São poucos os que os encontram", i.e., a porta e o caminho. Uma vida separada dos pecados, e que se chega a Deus, não é popular. Ellicott cita uma alegoria conhecida como *A tábua de Cebes*, discípulo de Sócrates: "Não vês tu certa porta pequena e, diante da porta, um caminho onde há pouca gente e por onde caminham poucos, muito poucos? Esse é o caminho que leva à verdadeira disciplina". Ellicott diz que o contraste entre os *muitos* e os *poucos* se estende por todo o ensino de Jesus: "Ele vem para 'salvar o mundo' e, no entanto, aqueles que escolhe do mundo não são mais do que um 'pequeno rebanho'. Bem, se há poucos peregrinos na estrada que leva da *cidade da destruição* à *cidade celestial*, ao mesmo tempo, esses que andam por esse caminho impopular têm a melhor das companhias —a de Cristo, que disse: 'E certamente estou convosco todos os dias, até à consumação dos séculos'. Pelo fato de tê-lo como companheiro de viagem, somos abençoados de forma tripla".

Embora essa porta única seja estreita, é larga o suficiente para todos os que escolhem entrar por ela. No entanto, poucos acham a porta que possui os pilares intitulados Arrependimento e Fé. A maioria das pessoas pode reclamar de quanto o caminho do arrependimento e do serviço é estreito, mas, se a porta de entrada fosse mais larga que a de saída, ela só permitiria ilusão e impediria a salvação. Por isso as larguras da porta e do caminho foram fixadas de acordo com as necessidades. O que a maioria dos pecadores precisa aprender é que sem arrependimento e regeneração a felicidade, aqui e no futuro, é impossível. E além disso esperam em vão, se pensam que a porta estreita vai-se tornar mais larga.

> O caminho que conduz à morte é largo
> E milhares caminham lado a lado;
> Mas a sabedoria mostra um trilho estreito
> Com apenas um ou outro viajante.

Dois destinos. Nosso Senhor deixa claro que, ao mesmo tempo que somos todos viajantes rumo à eternidade, há apenas dois finais de estrada, dois momentos em que todos deverão terminar a viagem. Provavelmente a declaração mais séria que o mundo jamais tenha ouvido, desde a sua criação, a qual, no entanto, a vasta maioria permite que passe despercebida, é esta: "O caminho que leva à destruição é espaçoso". *Destruição!* O que significa essa terrível palavra? Com certeza não representa aniquilamento ou deixar de existir, pois salvos ou perdidos vamos viver para sempre. Na realidade, significa desperdício, ou perda de tudo o que é preciso para a existência. Para o pecador que escolhe a porta larga e o caminho largo e que morre nos seus pecados, existe a perda total da paz e de toda a perspectiva de esperança. Uma vez que esteja no fim do caminho largo e numa eternidade perdida, o seu estado é irreparável. Campbell Morgan diz que a palavra *destruição* literalmente significa "limitação apertada, confinamento, prisão; até que tudo seja destruído por meio da pressão esmagadora". Não faz diferença como o pecador imagina que vá terminar a sua caminhada, pois a palavra de advertência de Cristo para ele é: *destruição.*

Para aqueles, porém, que aceitam o caminho estreito e desprezado, um fim abençoado os aguarda —*vida*; vida em toda a sua gloriosa plenitude; uma vida sem pecado ou dor; vida no Paraíso da vida; vida na presença de Deus e de Cristo por toda a eternidade. Embora poucos encontrem esse caminho da vida, e poucos sejam achados *nele*, a esperança é que o leitor esteja entre os que escolheram o caminho estreito, consciente, deliberado e, inequivocamente, cujo fim é a vida para sempre.

Parábola das ovelhas e dos lobos
(Mt 7:15)

Há um elo vital entre essa dupla figura e a que acabamos de examinar. Como o caminho estreito pode ser encontrado? Quem são os guias autorizados? Não são os professores divinamente inspirados? Aqui nosso Senhor faz uma advertência dos guias falsos (At 5:39), que são traidores em relação ao que lhes foi confiado. Esses falsos profetas são como lobos disfarçados de ovelhas, a fim de obter permissão para entrar no rebanho (Jo 10:12; At 20:29). Provavelmente haja aqui alusão às "roupas toscas" e às "peles de ovelhas e de cabras", vestidas por falsos profetas (Hb 11:37).

Um profeta pode ensinar uma doutrina perfeitamente correta;

mas, se a sua vida for contrária ao que ensina, será um lobo voraz cuja influência é destrutiva. Não devemos ser enganados pela aparência externa. Por outro lado, o profeta ou professor pode levantar-se como comentarista autorizado da mente de Deus e, no entanto, ser um guia falso (2Pe 2:1,2; 1Jo 4:1). Pode ter aparência externa suave, gentil e aceitável (como muitos pregadores de hoje), e persuadir-nos de que nem a porta nem o caminho são estreitos e de que esse ensino seja restritivo e fanático. É isso que os falsos profetas do passado tentaram fazer (Ez 13:1-10,22). É a esses que Paulo se refere como inclinados a devorar os rebanhos para satisfazer os próprios objetivos (2Co 11:2,3,13-15).

Nem sempre é fácil identificar o falso profeta, vestido com roupa de ovelha. Ele pode ter uma capacidade maravilhosa de percepção interna, como Balaão; e pode fazer maravilhas como Simão, o mago; ou, como Satanás, aparecer como "anjo de luz". Mas o Mestre nos fornece um teste: "Pelos seus frutos, os conhecereis". Aqui ele faz uma combinação entre as suas figuras de linguagem. Se são profetas *falsos*, são árvores corruptas e não podem produzir bons frutos. Qual é a influência de um pastor ou professor sobre você? Se for no sentido de aumentar o seu amor pelo Salvador, aprofundar o seu arrependimento e gratidão, elevar as suas aspirações espirituais, intensificar o seu desejo por Deus, então o seu guia espiritual é digno de confiança —siga-o enquanto ele procurar seguir o Guia celestial.

Parábola dos espinheiros e dos abrolhos
(Mt 7:16-20)

O fruto *maligno* não pode nascer de uma árvore *boa*. "O teste da influência prática, de qualquer que seja a doutrina sobre a vida, pode ser aplicado por todas as pessoas; e é a mais segura descoberta da verdade que qualquer um pode utilizar." Se uma árvore é corrupta, ou seja, podre ou deteriorada por dentro, não pode produzir bom fruto. A mente que pensa erradamente conduz a uma vida errada. A falsidade do ensino ou do mestre mais cedo ou mais tarde se revelará na vida dele, e, assim, ele se tornará um mestre cuja orientação não podemos seguir. "Seus frutos" refere-se ao efeito prático de sua doutrina. Não se pode colher uvas de espinheiros, e os figos não surgem de abrolhos. Cada árvore produz o *próprio* fruto. Para o nosso coração, o ensino é evidente: colhemos o que semeamos (Gl 6:7).

Se formos obedientes à vontade do Pai, teremos o poder de distinguir, à medida que precisarmos descobrir, a verdade do erro; a doutrina humana da divina. A obediência é o teste final para tudo. "Faze e conhecerás." Como o Pai é o Agricultor, pode fazer com que o espinho se torne figueira e um espinhal se transforme em roseira. Árvores de má natureza podem ser transformadas pelo poder e pela misericórdia divina em boas árvores, a plantação do Senhor. Os abrolhos podem florescer como rosas apropriadas para o coração do Rei dos reis. Mas, se as árvores más persistirem em dar maus frutos, serão cortadas e lançadas no fogo.

Parábola das duas casas
(Mt 7:21-28)

Nessa parte do discurso do Senhor, ele fala de sua própria divindade —"Senhor, Senhor" (Mt 7:21; Jo 13:13)— e, como divino, exige a nossa obediência irrestrita. Dizer que ele é o Senhor e não reconhecê-lo de fato como tal, dentro de si, impedirá que Cristo o reconheça tanto agora como em sua vinda. Isso sabemos com certeza que ele realmente *conhece* os que são seus (2Tm 2:19). Ao terminar o seu discurso, Jesus disse: "Portanto todo aquele que ouve essas minhas palavras, e as pratica, será semelhante ao homem prudente". Então prossegue e refere-se ao que esse homem obediente, astuto e prudente faz. Constrói a sua casa, toda a sua vida, sobre as rochas do verdadeiro discipulado, uma submissão genuína a Cristo. O homem desobediente constrói de maneira diferente.

Rocha por fundamento. Cristo, ele próprio, é a Rocha sobre a qual construímos. "Sobre esta pedra", i.e., sobre a sua divindade que Pedro confessara, "edificarei a minha igreja" (Mt 16:18; Dt 32; Sl 18:2,46; 1Co 3:10,11; Sl 46:1,2). Esse salmo tem sido chamado a *Canção da casa sobre a rocha*, que não temia quando vinham as tormentas. Por toda a parábola que estamos analisando, Cristo ensina a importância do *fazer* tanto quanto do *ouvir*. Em sua descrição dos dois construtores, deixou claro que foram julgados, não pelo cuidado que tiveram ao construir suas casas, mas pelo fundamento sobre o qual elas estavam. Ele ilustrou de forma notável a importância do fundamento ao edificarmos a vida. Se desejarmos construir mansões mais imponentes para a alma, os fundamentos devem ser cuidadosamente escolhidos.

A interpretação da parábola, sem dúvida, sugerida pela arquitetura que estava ao redor deles, está relacionada com "o material em geral de uma vida cristã externa", uma vida que se apóia e está arraigada em tudo o que o Senhor é: em si mesmo. É somente pela nossa união com Cristo, a Rocha, que podemos conseguir a firmeza da parede, sem a qual até mesmo os nossos objetivos mais firmes serão como areia movediça. Temos segurança eterna, se formos edificados sobre aquela fundação a respeito da qual Deus disse: "Vede, assentei em Sião uma pedra, uma pedra já provada, pedra preciosa de esquina, que está bem firme e fundada" (Is 28:16). Lucas refere-se ao construtor sábio, dizendo que ele "cavou, e abriu bem fundo, e lançou os alicerces sobre a rocha" (Lc 6:48). O caro Benjamin Keach diz o seguinte sobre o cavar fundo: "A alma do crente cava fundo, penetrando na natureza de Deus, para descobrir qual o tipo de justiça em que achará alívio e se harmonizará com a justiça e a infinita santidade de Deus".

Areia por fundamento. Cristo sabia que os estrangeiros, os quais vinham à Galiléia para construir, eram atraídos para um solo de areia, já pronto para ser usado, não para a rocha dura e enrugada do local. Mas, quando vinha o tempo das chuvas fortes, só restava ao construtor um monte de ruínas. O que uma fundação arenosa representa? Denota um fundamento frouxo, o ato de professar a religião de forma vazia, mera religião externa. Ellicott comenta que a "areia" explica "os sentimentos inconstantes e incertos de alguns homens (os 'insensatos' da parábola), o único solo sobre o qual agem —amam ser louvados, são fiéis aos costumes e assim por diante". A segunda casa, embora muito impressionante, não tem fundação e, portanto, está condenada à destruição. Que grande diferença nosso Senhor retrata aqui! Como estão em perigo os homens cujas decisões não se baseiam na ajuda de Deus, encontrada pela oração; cujas alegrias não são baseadas na confiança do amor de Deus; cuja confiança não é baseada na presença revelada de Deus; cujas virtudes não têm raízes; cuja bonda-

Parábola das duas casas

de não tem motivação; cuja esperança não tem fundamento! A casa de tal homem está simplesmente com as suas partes ligadas umas às outras, e pode cair a qualquer momento. Os fariseus do tempo de Cristo construíram suas esperanças em bênçãos e privilégios externos: "Temos Abraão por pai" (Lc 3:8; Jo 8:33). Mas o coração deles estava distante da Rocha de sua salvação, e Cristo teve de dizer-lhes que o diabo é que era o pai deles, não Abraão.

Edificadores. Nosso Senhor usa edificadores "prudentes" e "insensatos" para se referir a duas classes de pessoas, por meio da imagem natural da construção de uma casa. Podemos entender pelo quadro nítido que ele desenhou ambas as casas: atraentes e sólidas; mas Jesus revela a firmeza delas. O material usado e o processo de construção estavam corretos quando foram erguidas, e ambas pareciam no prumo certo, firmes e fortes.

A vida não é mais que "construir o caráter, os hábitos, as lembranças, as expectativas, tanto de fortalezas como de fraquezas; ao construirmos a casa da vida, adicionamos uma coisa sobre a outra, como se fosse pedra sobre pedra. Nosso desejo é que a construamos de forma segura". Há boas pessoas, que não são do Senhor, que constroem bem e acham que suas casas estão edificadas bem e sabiamente sobre o dinheiro, os amigos, a saúde, o sucesso nos negócios —todas essas coisas são louváveis em si mesmas, mas são desastrosas, se não forem alicerçadas sobre a Rocha. Mas há outros que constroem de maneira diferente, "aumentando diariamente o seu poder em servir, o seu conhecimento de Deus, as suas vitórias sobre os seus defeitos, as suas alegrias e esperanças, até que suas vidas se tornem um palácio digno para Deus habitar".

Elementos do teste. As chuvas torrenciais, as inundações e os furacões do Oriente causam muitos danos às casas de aparência fortes, destruindo as não solidamente construídas —essa foi uma ilustração que nosso Senhor usou com muita propriedade. "Desceu a chuva" Jesus compara aos momentos de prova apavorantes, às forças concentradas de uma chuva torrencial que ameaça o telhado da casa. Como dá medo a chuva que cai, seguida de uma ventania! "Transbordaram os rios", e essas torrentes tempestuosas podem corroer as paredes por baixo. "Sopraram os ventos", e esses ventos impetuosos como de furacão ameaçam os lados da casa.

Essas forças naturais aliadas fazem lembrar que o sol de verão nem sempre brilha. Não faz diferença se somos "prudentes" ou "insensatos", todos temos tensões, aflições, decepções, perdas, tentações, temores e pensamos sobre a morte e a vida no além. Ellicott diz: "O *vento*, a *chuva* e as *inundações* não dão folga para a interpretação individual, a não ser que se use um detalhismo exagerado. Esses elementos representam coletivamente as violências da perseguição, do sofrimento e das tentações, sob as quais tudo, exceto a vida que repousa sobre a verdadeira fundação, cederá".

Um toque dramático é acrescentado ao desastre que sobreveio à casa construída sobre a fundação de areia —"E foi grande a sua queda". Com essas palavras lamentáveis, Cristo adverte a que evitemos destino semelhante. Como deve ter sido impressionante essa imagem de terrível ruína para os que o ouviam, pois estavam acostumados à ferocidade das tempestades do Oriente, e como repentina e absolutamente varriam tudo à sua frente que não estivesse firme! Não é de admirar que, quando Jesus terminou o discurso parabólico, as pessoas estavam maravilhadas com a singularidade e autoridade de suas palavras. "A consciência de ser a autoridade divina como legislador, comentarista e juiz brilhava por sua mensagem, de tal forma que o ensino dos escribas ficou reduzido a nada mais que salivação debaixo de tanta luz." Os escribas eram meramente varejistas daquilo que outros haviam dito. Quando falamos do que sabemos, porque já experimentamos algo em nosso coração, então também, como o Mestre, falamos com autoridade.

Os construtores insensatos deveriam prestar atenção à advertência de Jesus, e construir novamente, agora sobre uma fundação sólida, i.e., nele (1Co 3:11). Antes que uma perda final e irreparável lhes sobrevenha, serão sábios para reconhecer a sua absoluta impotência uma vez separados da graça, construindo sobre a única fundação segura, do arrependimento e da fé, em tudo o que Deus provê para a sua redenção.

Parábola das raposas e das aves
(Mt 8:18-22)

O escriba ou rabi a quem fomos apresentados foi um dos poucos de sua ordem que veio a crer e seguir a Cristo. Estava desejoso de juntar-se aos apóstolos-pescadores como discípulo de Cristo. Sem dúvida aquela pregação fisgara o seu coração, que, num instante de entusiasmo e impulso, declarou sua prontidão em seguir a Jesus, aonde quer que fosse. Mas Cristo testou a realidade da decisão do escriba: se estava disposto aos sacrifícios que seguir a Jesus acarretam. Observando o crescimento da popularidade de Cristo, talvez tenha sentido que seria bom "também entrar no barco". No entanto, foi avisado do real significado de uma consagração total. Procurando desfazer qualquer ilusão que o escriba pudesse ter, Jesus referiu-se à sua própria falta de moradia em Cafarnaum.

Para ele não havia lugar certo onde morar. As raposas não ficavam sem as suas covas; e as aves do céu, sem os seus ninhos; mas Cristo dependia constantemente da hospitalidade alheia e de um travesseiro emprestado para repousar a cabeça. Havia ocasiões em que mesmo essa hospitalidade faltava, e Jesus dormia ao relento, sob o céu da Palestina. Todos os homens iam cada um para sua casa, mas Cristo dirigia-se ao monte das Oliveiras. Não havia alguém suficientemente prestativo que lhe oferecesse cama. Precisava retirar-se ao sagrado monte, no qual, com as trevas da noite a envolvê-lo, passava horas a sós em comunhão com o Pai. Isso fazia parte de sua humilhação a nosso favor. Ajudaria o escriba a calcular o custo do verdadeiro discipulado, e pesar a real natureza e intensidade da união com Cristo. Mostraria se estava ou não disposto à solidão espiritual e ao completo empobrecimento que a lealdade envolvia.

O segundo candidato a discípulo já é um pouco mais difícil de entender. Se o escriba foi apresentado como seguidor temerário ou precipitado, esse segundo homem aparece como discípulo negligente e confuso. Como, à primeira vista, o motivo da protelação parecia muito razoável, podemos estranhar a resposta aparentemente rígida de Cristo. Há muitas interpretações para o pedido daquele homem e a resposta de Jesus. Assim como Richard Glover, julgamos inconcebível que ele tenha deixado o corpo morto do pai para ouvir a pregação de Cristo, negligenciando todos os preparativos devidos a um funeral. Não poderia, como seria natural esperar, exonerar-se de encargos como esses para ouvir a pregação de Cristo em tais circunstâncias.

A única acepção, então, "que parece coerente com as condições desse caso é a que supõe que o pai daquele homem já era idoso, mas não estava morto nem moribundo. E o homem demonstra piedade filial, que o constrange a ficar com o pai, para confortá-lo em sua velhice e, após sua morte, cumprir os últimos deveres do serviço filial. Se o pai já tivesse morrido, teria sido naquele dia, e o sepultamento seria dentro de poucas horas [...] ele é, então, igual a muitos que serão missionários, 'mas têm mãe idosa', ou farão uma grande obra, mas agora não. O coração fica mais com a espera e a desculpa do que com a decisão".

Mas o mesmo Cristo, que refreou o precipitado escriba, estimula aqui o indeciso discípulo: *Segue-me!* Os desanimados podem sepultar os mortos. Seus discípulos, pela autoridade divina, podem dar vida às almas mortas. "Há mais amor nas palavras *rígidas* de Cristo do que nas agradáveis palavras do mundo. Espera-se que esses dois homens tenham sido libertos de suas perigosas fraquezas pela fiel palavra de Cristo."

Parábola do médico e do noivo
(Mt 9:10-15)

Há uma relação vital entre a pergunta dos fariseus —"Por que o vosso mestre come com os cobradores de impostos e pecadores?"— e a dos discípulos de João —"Por que nós e os fariseus jejuamos, mas os teus discípulos não jejuam?". Há uma convivência com pecadores que os confirma em seus pecados —e deve ser evitada. Há também a convivência com pecadores que os tira dos seus pecados —é esse o convívio aludido aqui que deve ser apreciado. Um íntimo caminhar com Deus resultaria em andar com os pecadores, a fim de ganhá-los para Deus.

O fracasso da multiplicação das regras farisaicas era que quanto mais aumentavam, mais crescia o número dos que as negligenciavam, e aumentava a separação entre eles e os seus mais íntimos irmãos. Uma regra rigorosa não era apenas a de deixar de comer com eles, mas nem mesmo comprar daqueles que desprezavam as tradições. Mas Jesus quebrou todas essas normas comendo com os desprezados coletores de impostos e pecadores. A grande festa de Mateus, da qual Jesus participava, sem dúvida era uma recepção de despedida dos velhos amigos e vizinhos, antes que ele assumisse o seu chamado como discípulo de Cristo. Como os publicanos eram tratados com desprezo e considerados pecadores, jamais os fariseus pensariam entrar na casa desses transgressores. Chocados, os fariseus perguntaram aos discípulos: "Por que come o vosso mestre com cobradores de impostos e pecadores?". Jesus respondeu com uma jóia do gênero: "Não necessitam de médico os sãos, mas, sim, os doentes". Lucas, por ser médico, dá um toque mais profissional à resposta do Mestre: "... os que estão com saúde..." (Lc 5:31).

Essa não foi a primeira vez que Jesus se referiu à sua obra redentora como o grande médico (Lc 4:23). Aqui repreende os polêmicos fariseus, lembrando-lhes que as exigências por "misericórdia" eram mais elevadas que as das leis cerimoniais. Sarcasticamente, disse aos fariseus que não viera chamar os "justos" (como se achavam), mas os pecadores ao arrependimento. Os fariseus julgavam-se sãos; por isso, a missão de Cristo não era para eles. Como médico, seu lugar era junto aos necessitados. Porventura milhares de almas oprimidas e aflitas por causa do pecado não acharam consolo nas inigualáveis palavras de Cristo? Os "justos", como aqueles miseráveis fariseus, satisfeitos com sua religiosidade, foram "embora vazios".

Mas Jesus não foi censurado apenas pelos separatistas fariseus. Os discípulos de João também estavam perturbados com a associação dele com os pecadores. (João Batista, o austero apóstolo do deserto, evitava comer e beber em festas.) Os seus seguidores, talvez influenciados pelos fariseus, perguntaram a Jesus: "Por que nós e os fariseus jejuamos, mas os teus discípulos não jejuam?". Assim, o Mestre foi questionado por contrariar a maneira convencional de agir.

Ellicott observa que os seguidores de João Batista continuaram, durante o ministério de Cristo, a formar um corpo separado (Mt 11:2; 14:12). Obedeciam às regras ditadas por João, mais ou menos nos padrões dos fariseus. Mas não eram tão hipócritas quanto os fariseus; e não obtiveram, portanto, de Jesus as características respostas ásperas que ele dava aos fariseus.

A ilustração da *Parábola do noivo* torna-se mais significativa quando relacionada ao testemunho de João Batista sobre Jesus como "noivo" (Jo 3:29). Ele disse ao povo que a chegada do Noivo seria a complementação de sua alegria. Não há repreensões aos discípulos de João, como aos fariseus, mas somente uma amorosa explicação. O teor das palavras de Jesus faz supor que ele considerava a recepção na casa de Mateus uma *festa nupcial* em sentido espiritual, visto que celebrava a "união" de Mateus com Jesus. E não era mesmo o transformado coletor de impostos outro "casado com Cristo"? (Rm 7:3,4). A consumação dessas bodas dar-se-á quando se ouvir o grito: "Aí vem o noivo" (Mt 25:6; Ap 19:17). A presença de Cristo na festa e suas parábolas ilustrativas a esse respeito demonstram a ausência total das práticas ascéticas que os fariseus julgavam a essência da religião. O seu primeiro milagre contribuiu para a alegria da festa, no casamento em Caná (Jo 2). Ele usa aqui a figura de um casamento oriental, com cerimônias, regozijo e festividade, durante sete dias, para ilustrar a sua rejeição ao rigor farisaico do seu tempo. O insulto a seu respeito era que ele comia e bebia com pecadores (Lc 15:1).

Por filhos do aposento da Noiva devemos entender os convidados da festa. Mas os discípulos de Cristo eram ao mesmo tempo *individualmente* convidados para a festa e *coletivamente* formavam a *ecclesia* que se iniciava, ou a sua Noiva, a quem ele virá para tomar por esposa (Mt 22:2; Ef 5:25-27; Ap 19:7; 21:2). Ao aplicar a ilustração do Noivo a si, Cristo disse que a razão pela qual os seus discípulos não jejuavam era que ele estava com eles. Com Jesus no meio deles, de que outro modo estariam, senão muito felizes?

Jesus, porém, lembrou aos seus que seria tomado deles, ou tirado e erguido, quando se referiu à morte, ressurreição e ascensão iminentes. Durante todo o tempo que os discípulos tinham a presença física do Mestre, todo medo e dúvida foram afugentados. Mas, depois do Calvário, ficaram tristes, como prova o episódio no caminho de Emaús (Lc 24:21). Deixado sozinho, nesse mundo hostil, aquele primeiro grupo considerou o *jejum* natural e conveniente. Contudo, que triunfo teriam! Mais tarde Jesus falou-lhes: "Vós agora, na verdade tendes tristeza, mas outra vez vos verei, e o vosso coração se alegrará, e a vossa alegria ninguém poderá tirar". É verdade que não temos a presença corpórea do nosso Noivo celestial conosco, para completar a nossa alegria, mas nem por isso está ausente, e isso não quer dizer que não venceu a morte. Não temos, afinal, a sua promessa real: "Não te deixarei, nem te desampararei" (Hb 13:5)? Não são necessárias práticas ascéticas para demonstrarmos a nossa lealdade a ele. Unidos a Cristo e amando-o, devemos procurar viver para ele, aguardando aquele bendito momento em que veremos o seu rosto como o nosso Noivo, e sentaremos com ele em suas bodas.

Parábola do vestido velho e dos odres velhos
(Mt 9:16,17)

Falando com as mesmas pessoas, referindo-se aos mesmos religiosos, com cuja política não simpatizava, Jesus usou as figuras do vestido e dos odres remendados para realçar seu ensino sobre a natureza do reino. "Aos contrários à alegria dos seus discípulos, Jesus respondeu que a verdadeira alegria era inevitável enquanto estivesse com eles; e que todo o sistema que ele estava criando não era algo saturado de coisas velhas, mas totalmente novo." Ellicott acredita que há íntima relação entre essa parábola ilustrativa e a anterior: "A festa nupcial sugere a idéia das vestes nupciais e do vinho, que pertenciam ao seu regozijo. Podemos ainda ir um passo além e acreditar que mesmo os vestidos dos que se sentaram para comer na casa de Mateus, originários das classes humildes e menos favorecidas, tornam a ilustração mais palpável e vívida. Como poderiam aquelas vestes desgastadas ser adequadas aos convidados do casamento? Seria suficiente costurar pedaços de tecido novo onde o velho vestido estava rasgado? Não é assim, ele responde; não é assim, ele responde de novo, quando implicitamente representa o rei que deu a festa e forneceu a roupa adequada" (Mt 22:2).

Os *odres* de que Jesus falou eram de pele ou couro de animais, feitos em diversos moldes e utilizados como garrafas. Ninguém pensaria em pôr vinho novo num odre velho que já perdeu a elasticidade. "Esse vinho certamente se fermentaria e arrebentaria qualquer odre, quer novo, quer velho. O vinho não fermentado deve ser posto em odres novos. Quando se completa a fermentação, o vinho pode ser colocado em qualquer odre, novo ou velho, sem danificar o odre ou o conteúdo." Ressecados pelo tempo e propensos a rupturas, os odres velhos não suportariam a pressão da fermentação do vinho. Desse modo, exigia odres novos.

Não é difícil buscar a interpretação dessa parte da parábola. Cristo praticamente anula a antiga lei levítica e oferece o decreto da nova liberdade. Forçar os seus novos ensinos sobre fórmulas antigas traria decomposição e ruína. Tomar as suas verdades e procurar colocá-las em qualquer outro formato diferente dos seus, seria como estragá-las como um vinho não fermentado. A nova energia e dons do Espírito, dados no dia de Pentecostes, são comparados ao vinho novo (At 2:13). Os antigos fariseus, contudo, persistiam, pois achavam que o velho vinho da lei era melhor (Lc 5:39).

O mesmo princípio se aplica ao costurar tecido novo em vestidos velhos e desgastados. Remendar é algo comum, como toda mãe sabe. Mas aqui não se aplica ao modo normal de consertar uma vestimenta. A velha roupa da nossa vida, pecadora e egoísta, não pode ser remendada. Cristo exclui qualquer obra reparadora. Precisa haver regeneração, ou a produção de uma nova roupa ou criatura. Por "pano novo" devemos entender um pedaço de tecido não encolhido, que não passou por inúmeras lavagens. Refere-se a uma roupa nova, limpa e não amarrotada. Esse pedaço de pano não serve de remendo ao vestido usado, pois, no primeiro esforço, rasgaria o tecido ao redor e resultaria em ruptura ainda pior.

Cristo não ensina que a vida jamais pode ser uma mistura, resultante do seguir a dois princípios opostos? Não ilustrou a singeleza de princípios e motivos que Paulo enfatizou mais tarde quando disse: "Para mim o viver é Cristo"? Devemos ser simples e singelos em todos os nossos motivos. Não podemos servir a dois senhores (ter duas cordas em nosso arco; confiar [para a salvação] em Jesus e em nossas próprias obras; misturar lei e graça; seguir ao mundo e a Cristo ao mesmo tempo). Se o "vinho novo" representa o aspecto interno da vida cristã, então o "pano novo" ilustra a sua vida externa e as conversações. A fé se evidencia pelo comportamento. O vestido velho é a vida comum dos pecadores —o vestido novo é a vida de santidade, usada pelo novo homem em Cristo. Nessa narrativa, o *jejum*, que os fariseus tanto praticavam, era um vestido velho, para o qual seria inútil um pedaço de pano novo. Todo o sistema que Jesus veio criar não era algo impregnado numa velha ordem, mas algo novo. Ele não poderia, então, colocar numa fórmula desgastada as novas verdades que veio ensinar. Não é uma bênção saber que seu ministério transformador continuará até que passem as coisas velhas, e que tudo se faça novo?

Parábola das ovelhas e da seara
(Mt 9:36-38)

Que contraditórias figuras de linguagem estão juntas aqui: um rebanho de ovelhas dispersas, sem pastor, abatidas e agonizantes; e uma colheita abundante! Combinadas, contudo, essas figuras ilustram a missão do Mestre e a tarefa dos que o seguem. Em que constitui a abundante seara de que Jesus falou? Não era a multidão de almas perdidas, mencionadas por Isaías como ovelhas que se desviavam cada uma para o seu próprio caminho? (Is 53:6). As ilustrações parabólicas combinadas por Jesus são os indicativos de como concebia sua missão e do seu desejo de ter colaboradores que o auxiliassem como Pastor compassivo e Senhor da Seara.

A introdução a essa seção é cheia de ilustrações. Como pregador itinerante, Jesus falou em vilas e cidades. Pregadores que almejam apenas grandes multidões prostituem o seu dom. O Mestre se sentia em casa quando pregava e curava onde quer que fosse, tanto na sinagoga quanto entre o povo. No meio das multidões, Cristo movia-se de compaixão. Ele veio como o Bom Pastor, e o povo ao seu redor era como ovelhas sem direção. "Os olhos com que um homem olha a multidão dirão o que ele é." Alguns olham o povo com desprezo, outros com maliciosa especulação quanto a como tirar proveito da simplicidade daqueles que formam a multidão.

Quando os olhos compassivos de Jesus olhavam a multidão, ele a via como ovelhas, cansadas, fatigadas, errantes, abandonadas e desprezadas. Moveu-se a compaixão do Redentor, diz Fausset, "por sua lamentável condição, fatigante e humilhada pelo cansaço físico, de uma vasta massa desorganizada, sendo porém um quadro desanimador de sua calamidade como vítimas da orientação farisaica; suas almas desprezadas, contudo, foram atraídas a segui-lo".

O meigo Pastor compadeceu-se dela, pelo seu cansaço físico e, mais ainda, pela sua agitação e seu desprezo espiritual, considerando-a uma grande seara que espera ser recolhida ao celeiro de Deus. "Então disse ele aos seus discípulos." Não era o suficiente para Jesus ser movido de compaixão. Almejava a simpatia e a oração de seus discípulos. Cristo desejava que sentissem e orassem como ele, por serem os seus colaboradores diretos. "A seara é realmente grande", disse Jesus, para mostrar que não era apenas uma multidão a alcançar, mas que no meio dela havia muitas *almas maduras*, prontas para a salvação, que precisavam apenas de um pequeno trabalho do verdadeiro ceifeiro para colhê-las. A expressão relativa à grandeza da seara é "a primeira ocorrência no registro dos três primeiros evangelhos, da figura, que foi posteriormente ampliada em duas parábolas, a do *Semeador* e a do *Joio*, e reaparece nas visões do Apocalipse" (Ap 14:14-19).

Mas como os olhos de Jesus repousaram imediatamente no campo dos judeus e viu-os aumentar pelo vasto campo do mundo, repleto de almas a ser colhidas por ele (Mt 13:38), suspirou e disse: "mas os ceifeiros são poucos". Os que são divinamente chamados e qualificados a colher os perdidos nunca foram tão necessários quanto hoje. Nos dias de Cristo, os escribas e fariseus, supostos pastores de almas, eram numerados às centenas; mas eram poucos os ganhadores de almas. Qual era o número dos que teriam aumentado a paixão pelas almas? Somente pela *oração*. "Orai", não organizai, não educai, mas *orai*, pois somente Deus pode tornar os trabalhadores do evangelho prontos e desejosos de ser comissionados, assim como quer dizer a expressão "enviar". Ele é "o Senhor da Seara", aquele que fornece a semente para semear, os semeadores e a colheita. Estamos entre os que se afastam com constrangimento do amor e da necessidade e conquistam o amor, pela comodidade e pelo dinheiro, pelo medo do fracasso e pela oposição de outros, abençoados por Deus como ceifeiros?

Parábola das ovelhas e dos lobos
(Mt 10:1-28)

Essa seção relaciona-se à comissão apostólica e a como os apóstolos deviam viver e agir. Receberiam sofrimento e antagonismo. Os sofrimentos do Mestre seriam também os seus, mas, tementes a Deus, não teriam razão para recear o que os homens lhes pudessem fazer. Ao enviar os primeiros discípulos em sua missão, Jesus não apenas deu-lhes garantia de proteção e provisão, mas lembrou-lhes de suas responsabilidades como delegados e testemunhas. Empregou uma figura tríplice para se referir às suas atitudes: ovelhas entre lobos; prudentes como as serpentes; simples como as pombas —estranha descrição de missionários e ministros!

Eu vos envio. O *eu* aqui é enfático, pois implica que Cristo levanta-se como "a fonte do ministério evangélico, sendo ele também o grande encarregado disso". Como ele enviou os seus discípulos?

Como ovelhas no meio de lobos. Ele havia acabado de se referir às multidões perdidas como "ovelha" sem pastor, e agora fala dos seus como "ovelhas" que se acharão entre aqueles com quem a sua sorte seria lançada como testemunhas no meio de um bando de lobos destruidores. Os lobos dificilmente se convertem. Contudo, entre esses que os esperavam, para apanhar e dilacerar os enviados de Jesus, seriam como ovelhas indefesas desejosas de morrer por Cristo, para que o perdido pudesse salvar-se. Para Jesus, os "lobos" eram aqueles que despojavam as que estavam debilitadas ou feridas e as tosquiavam, como faziam os fariseus. Esses "lobos" são os mesmos a que ele se referiu como inimigos e matadores de suas testemunhas que amam o seu nome. Mas, com esses conflitos, sofrimentos e mortes profetizados, estava também a promessa da vitória e da soberania. Perseguidores podem cercar o seu rebanho como lobos famintos e raivosos. Jesus seria a sua defesa. Estar exposto, pronto a ser feito presa (Jo 10:12), como ovelhas para os lobos, era muito assustador; mas que as ovelhas sejam *enviadas* para o meio de lobos deve haver soado realmente estranho.

Não é de admirar que essa seção de declarações comece com a exclamação:"Vede!". "Portanto sede prudentes como as serpentes e simples como as pombas." Que maravilhosa combinação! Como seriam semelhantes às ovelhas no meio de lobos, era imperativo que os seus representantes manifestassem certas características. Deveriam ter a sabedoria, e não a capacidade venenosa da serpente; e a simplicidade, não a debilidade da pomba. Fausset diz: "Sozinha, a sabedoria da serpente seria mera esperteza e a simplicidade da pomba pouco mais que fraqueza; mas, combinadas, a sabedoria da serpente os salvaria da exposição desnecessária ao perigo; a simplicidade da pomba os livraria dos pecaminosos expedientes para escapar do perigo. Na era apostólica do cristianismo, quão harmoniosamente foram evidenciadas essas duas qualidades! Apesar da fanática sede de martírios, para a qual nasceu uma era posterior, havia uma valente combinação de zelo irresoluto com calma discrição, diante dos quais nada poderia resistir".

Os que melhor servem a Deus são "inofensivos somente quando são prudentes, e prudentes quando são inofensivos. Qualquer homem no serviço do Mestre, que careça de sabedoria, não é simples. Qualquer homem que não é sábio não é inofensivo". Então, num mundo hostil, como ovelhas diante de lobos ávidos por destruí-las, os seus trabalhadores, se chamados para pastorear as ovelhas e lutar com lobos, precisam apanhar os homens com "dolo" (2Co 12:16) e, contudo, não ser supremamente astutos, mas absolutamente sinceros. O Espírito Santo, que veio sobre Jesus "como uma pomba", é o único que pode conciliar as contraditórias qualidades sugeridas por "serpentes" e "pombas".

Não importa qual experiência sobrevenha aos arautos do Rei, a graça da resistência estará com eles. Aliás, muitos se entregaram à boa luta da fé! Cristo chamou os seus discípulos a uma vida de serviço e sofrimento. A tragédia é que através dos séculos os cristãos geralmente preferem vida fácil e confortável.

Parábola dos pardais e dos cabelos
(Mt 10:29-31)

Ao referir-se ao cuidado providencial de Deus por suas testemunhas neste mundo de pecado e de ódio, parece que mais uma vez se misturaram as metáforas: *pardais* e *cabelos* da cabeça. Mas ambas provam que, se o perigo prevaleceu, ou o mal foi supremo, então o testemunho dos enviados seria sem esperança e vão. Mas eles trabalham com esperança porque Deus é Mestre sobre todos e é muito capaz de proteger e prover.

> ... dois passarinhos [...] mais valeis vós que muitos pardais...

Os pardais sírios, semelhantes aos que estamos acostumados a ver, eram tão baratos que dois deles poderiam ser vendidos por um "asse", uma das menores moedas romanas. Lucas fala de "cinco pardais por dois asses" (12:6), para significar que o comprador, ao pagar o valor de dois asses, ganhava um grátis —tão pequeno era o seu valor. Contudo, os olhos de Deus estavam sobre esse prolífero pássaro. Jesus disse que, quando um pardal cai e morre, falece sobre o peito de Deus. Essa primorosa figura não ensina o terno cuidado de Deus para com os seus mensageiros quando saem como ovelhas no meio de lobos? Para Jesus, os discípulos são tão valiosos quanto muitos pardais. "Uma linguagem tão simples transmitiria tanto peso como essa? Mas aqui está muito do encanto e poder dos ensinamentos do Senhor."

Quão animador e encorajador é saber que o mesmo interesse amoroso, estendido às menores criaturas de Deus, também protege o seu povo querido. Sem o seu consentimento, nenhum pardal cai, quer atingido por uma pedra, quer atacado por aves predadoras. Da mesma maneira, os apóstolos compreenderam que o Deus onipotente cuidaria deles e os sustentaria em tudo. E como provaram isso!

Os cabelos da vossa cabeça estão todos contados.

Ninguém, senão alguns calvos, sabe o número dos seus próprios cabelos. Somos informados que numa cabeça normal há de seiscentos a setecentos fios por centímetro quadrado do couro cabeludo, e calcula-se que há normalmente cerca de 30 a 50 mil numa cabeça. Essa impressionante figura de linguagem não transmite a idéia de que mesmo os incidentes da vida, que parecem muito corriqueiros, juntos contribuem para o bem dos que amam a Deus? Em nenhum momento da vida o cristão é desamparado por seu Pai celestial. Como Deus conhece e conta precisamente quantos cabelos há na cabeça (1Sm 14:45; Lc 21:18; At 27:34), assim Jesus cuida de nós melhor que nós mesmos. Os comissionados por Cristo foram levados a lembrar que em cada circunstância da vida e do trabalho, Deus estaria presente, pronto a socorrer e a livrar.

Parábola da espada e dos inimigos
(Mt 10:32-38)

Diante da destemida proposta de Cristo, é o grande dever de todos a quem chamou para segui-lo e servi-lo reconhecer que essa confissão é tão necessária quanto também provoca distúrbios. Descobrimos aqui uma das rigorosas e aparentemente contraditórias afirmações do Senhor. O seu nascimento não foi anunciado com o objetivo de trazer "paz na terra"? Ele não disse "paz em mim", e não é ele a nossa paz? Não é ele apresentado como "Príncipe da Paz"? Sim, tudo isso é verdade. Mas é igualmente verdade que ele não pode conceber a sua paz celestial até que tenha interrompido nossa débil e às vezes falsa paz mundana.

Esse aparente paradoxo pretendia preparar os discípulos para a discórdia e divisão que seu testemunho fiel acarretaria. Não foi revelado à mãe de nosso Senhor que "uma espada trespassará também a tua própria alma" (Lc 2:35)? Aqui Jesus ilustrou o efeito de sua obra e testemunho, e também o que os seus discípulos produziriam. A figura da espada significa que sua causa seria dividida, até ao colapso da família, mas, em meio a todas essas separações, os seus deveriam ser leais a ele. Por serem os seus fiéis, contrários a todos os impulsos da alma humana, inevitavelmente surgiriam divisões. Viria "oposição mortal entre princípios eternamente hostis, que penetram até o íntimo, destroem e despedaçam os vínculos amorosos". Somente ele pode formar verdadeiras famílias, e ainda desembainhar uma espada e dividi-las.

Quando Jesus falou dos inimigos de uma família, pensava nos próprios irmãos segundo a carne, que ainda não criam nele? Sabemos que a traição de Judas contra Jesus era uma extensão da lamentação do salmista (Sl 41:9; 55:12-14; Mq 7:6; Jo 13:18). Muitas vezes numa casa surge a necessidade da escolha entre Cristo e as relações familiares. Esse é um severo teste que um judeu e um católico romano sempre têm de encarar, quando se decidem por Cristo. Essa obediência ao chamado, mais elevado e sobrenatural, não importando o preço a ser pago, constitui a cruz a que Jesus se referiu. Os discípulos sabiam o que significava o seu Mestre tomar a sua cruz, e vieram a experimentar e suportar a ignomínia, o sofrimento e a morte em nome do seu Amado. Nossa cruz não é a aflição diária ou irritações que nos sobrevenham, mas a prontidão para ir até mesmo à crucificação. A essência dessa máxima paradoxal de nosso Senhor —perder a vida para achá-la— foi resumida nestes versos:

> Viver para si mesmo é morrer;
> Morrer para si mesmo é viver.

Todos os que têm "uma sentença de morte em si mesmos", ou aceitam a Cristo a qualquer custo, estão convictos de que a recompensa pelo seu discipulado é grande. Há recompensa pela dignidade de ser um embaixador, a promessa e expectativa da gloriosa recompensa, quando Jesus aparecer para julgar todas as obras dos homens, de toda espécie.

Parábola do caniço e dos que trajam ricamente
(Mt 11:1-15)

Já tratamos do ensino de João Batista a respeito de Jesus, mas aqui temos o testemunho de Cristo a respeito daquele que, mesmo sendo o maior dos profetas, achava misteriosos os caminhos da Providência. Ao ouvir sobre as obras miraculosas de Cristo, estando na prisão, João ficou perplexo com o aparente descaso de Jesus por ele, que sofria por amor à justiça. Ele esperava que Cristo usasse o *crivo* do juízo, o *machado* da retribuição e o *fogo* consumidor, mas as obras de que ouvira eram de misericórdia e não de juízo. Como homem sábio, porém, João levou as suas dúvidas acerca de Jesus ao próprio Cristo, não demorando em evidenciar suas dúvidas e dificuldades. As maravilhas que João ouviu dissiparam as suas trevas e deram-lhe luz ao anoitecer. Assim, pôde morrer triunfante como um mártir por amor à justiça.

Cristo não fala sobre si mesmo, mas simples e naturalmente, de modo simbólico, sobre a grandeza de João; e fez sucessivamente três perguntas sobre o seu predecessor, às quais também respondeu:

Um caniço agitado pelo vento? Que idéia fazia o povo sobre João quando, com voz solitária, clamava no deserto? Viam alguém que cambaleava, oscilante em seu caminho, por qualquer sopro dos sentimentos populares? Não, algo completamente diferente. Os juncos que existiam às margens do Jordão eram símbolo de fragilidade. Mesmo crescendo uns seis metros de altura, esses varais ou caniços eram finos e fracos e, por serem instáveis, eram facilmente agitados e balançados pelos ventos que varriam o vale. Pode ter havido os que, ao contrastar a fé da pregação de João com a grande dúvida de seu questionamento a Cristo —"És tu aquele que havia de vir, ou devemos esperar outro?"— sentissem que ele era como um caniço agitado pelo vento. Mas Jesus, em seu modo gracioso, não respondeu às dúvidas e aos questionamentos de João. Ele o conhecia mais como sólido carvalho que um frágil caniço.

Um homem ricamente vestido? Se João fosse um protegido da corte de Herodes, jamais seria acorrentado na prisão do rei. O dr. Campbell Morgan diz que as "roupas finas eram emblema de fraqueza. Quando escreveu aos coríntios, Paulo usou essa mesma palavra, traduzida aqui por 'roupas finas' ou 'ricas vestes', usadas pelos *efeminados*, e sem dúvida é isso o que significa. Jesus usou duas palavras gregas nas quais as letras são exatamente as mesmas, mas dispostas de modo diferente. Caniço —*kalamos*. Homem ricamente vestido —*malakos*. Foram ver um *kalamos* ou um *malakos*; um caniço agitado por qualquer brisa ou um homem inseguro, vestido com roupas finas?".

Jesus mostrou que os que usam roupas finas seriam achados nos palácios dos reis, não numa prisão, onde João estava. Assim, ironicamente, Cristo provou que o seu arauto não era um homem que tinha-se prostituído por prazeres pessoais. Não era um efeminado que vivia nas cortes dos reis, para satisfação de sua luxúria. João não estava em busca de popularidade. Assim, com grande dignidade, Jesus defendeu João da possibilidade de qualquer mal-entendido. "Reunimos aqui então duas características que desqualificam qualquer homem para o serviço profético. Quais são? A fraqueza de seguir a qualquer vento que sopre e o desejo expresso de vestir-se com roupas finas."

Um profeta? Prosseguindo em defesa de João, Jesus declarou-o o maior dos profetas e dos homens. No momento em que o precursor de Cristo estava desesperançoso quanto à sua vida imprestável, Jesus coroava o seu nome com elevada honra. Como Cristo é afável e gracioso! Quando as pessoas saíram para ver João no deserto, não ficaram desapontadas, pois viram e ouviram um profeta. Por que não pensar dignamente a seu respeito agora? Mesmo em seus sofrimentos, João ainda era o mensageiro divinamente comissionado pelo Senhor que surgiu para ser o arauto de Cristo. Jesus conferiu a João a mais elevada honra. Chamou-o *meu mensageiro* e *Elias*, no sentido de que ele veio "no poder e espírito de Elias" e lavrou, como o profeta, um grande despertamento espiritual em Israel (Lc 1:17). João preparou o caminho para Cristo nos corações humanos, mais do que fizera qualquer outro mensageiro. Então nosso Senhor nos diz que os que têm ouvidos para ouvir ouçam tudo o que dissera sobre João e aprendam esta lição:

Mesmo o maior dos santos pode ter profunda tristeza ou grande abatimento.

> Se Cristo não nos livrar *das* adversidades, nos susterá *nelas*. Ninguém consegue apreciar o valor de uma testemunha fiel como o Senhor. Temos poder e muita força no evangelho, se o usarmos. A mensagem que proclamamos é tão grande quanto a de João, pois vivemos ao lado do Calvário e da ressurreição.

Parábola da geração e dos meninos
(Mt 11:16,17)

Da defesa do caráter de João, Cristo passa a referir-se à característica da época em que viveram tanto ele quanto seu precursor. O Senhor da natureza, que podia achar sermões em lírios e aves, agora encontra um tema nas crianças e em suas brincadeiras. "A criança insolente que não brinca com nada e censura as que brincam é a figura pela qual Cristo representa as pessoas que o cercavam." Sua ilustração familiar retratava adequadamente a irracionalidade de sua época, que era, portanto, incapaz de apreciar e receber a sua mensagem.

Voltando ao uso que Cristo fez da recreação comum de uma cidade oriental, aquele era o modo em que as crianças brincavam nos casamentos e funerais. Quantas vezes ele presenciou as representações infantis nas festas de casamento e nas pompas do funeral! As crianças tocavam suas flautas e esperavam que os outros dançassem; batiam no peito em lamentação e esperavam que os outros chorassem. Ficavam irritadas se as outras crianças não as acompanhassem nas imitações juvenis das cenas alegres ou tristes da vida. Era nesse sentido que Jesus comparou aquela geração maligna e melindrosa em que João e ele viviam.

Uma interpretação da ilustração é que os antagonistas judeus eram ruidosos em suas lamentações contra João Batista, pois ele não partilhava dos seus interesses de autossatisfação; e também tinham amargura contra Jesus, porque ele viveria de acordo com as regras de seu ministério. Outra explicação é que o nosso Senhor e João convidavam outros a chorar e a lamentar, respectivamente, mas foram repelidos por seus intratáveis colegas. A irracionalidade do povo foi parafraseada assim por Campbell Morgan: "Vocês não vão chorar com o lamento de João e não dançarão à minha música. João veio com a mensagem severa, dura, ascética e profundamente necessária, chamando os homens ao arrependimento, e vocês dizem que ele tem demônio, e não querem ouvir. Mas eu vim como qualquer humano, e os homens dizem que sou glutão, bebedor de vinho e amigo de cobradores de impostos e pecadores". Era uma geração que não chorava o pranto de João, nem dançava quando Jesus tocava. Ou, ao contrário, João não dançaria a sua música, e Jesus não choraria o seu pranto. A áspera e severa repreensão de João era denunciada como manifestações de um endemoninhado; a afetiva e jubilosa mensagem de Jesus foi rejeitada, porque lhe faltava o tom ascético (Pv 27:7). Não é de admirar que Jesus termine essa conversa dizendo: "A sabedoria é justificada por suas ações". A sabedoria conhece "a necessidade do verdadeiro motivo de chorar, e da real inspiração para dançar, e justifica-se em seus métodos como são apresentados aos homens". Há uma grande cooperação dos filhos da sabedoria em aceitar os dois lados da verdade, em obediência ao chamado para o arrependimento e para a fé no Salvador.

Parábola da ovelha e da cova
(Mt 12:10-13)

Nesse capítulo, temos novamente a discussão sobre o *sábado*, em que os fariseus constantemente se envolviam com Jesus. Mas ele tinha insinuado que a letra de qualquer lei sobre ações externas pode ser às vezes propriamente quebrada se for mantido o espírito da lei, e que a obediência às leis superiores realçava as inferiores. Aqui vemos outra vez Jesus entrando na sinagoga no sábado, onde os fariseus o aguardavam para convencê-lo de que havia desrespeitado o dia sagrado, e que a penalidade por aquela ofensa era a morte. A presença do homem da mão ressequida ajudou os fariseus, pois sabiam muito bem que Jesus não poderia olhar uma doença sem repreendê-la. Desejando uma análise completa do milagre que ele operou e de suas complicações, recomenda-se ao leitor o livro deste escritor *All the miracles of the Bible* [*Todos os milagres da Bíblia*].

Respondendo às perguntas feitas pelos fariseus, ele replicou com duas questões, destinadas a explicitar a desonestidade do tradicionalismo deles. Constantemente, Jesus lançava-se contra a escravidão do tradicionalismo, pois sobrepujava a lei de Deus. Os fariseus haviam amontoado tradição sobre tradição, e escravizado o povo com cargas insuportáveis. A primeira pergunta era direta e pessoal: "Qual de vós será o homem que, tendo uma ovelha e, no sábado ela cair numa cova, não vai apanhá-la e tirá-la de lá?".

A maioria dos fariseus, se visse uma ovelha caída numa cova, não pararia para resgatá-la, mas, se a ovelha fosse *deles*, seria resgatada. É esse o centro da ilustração do nosso Senhor. "Qual de *vocês*, vendo uma de suas ovelhas caída na cova, não a resgataria num sábado?" Como essa questão expõe a incoerência e a hipocrisia deles! Que perguntas simples, mas irrefutáveis Jesus fez! Cada fariseu, convencido pela pergunta, sabia que, instintivamente, sem consultar a lei, desenredaria da cova a ovelha, pois esse seria um ato legítimo, mesmo para os mais rígidos escribas. Alguns achavam que a ovelha não deveria ser resgatada da cova enquanto fosse sábado, mas que nesse meio-tempo era legal alimentá-la.

Os fariseus conheciam a máxima do AT que "o justo olha pela vida dos seus animais" (Pv 12:10). Por isso, a apelação de Cristo era irresistível, pois sabiam que instintivamente resgatariam uma ovelha do sofrimento ou da morte, mesmo no sábado. Assim, com muita habilidade, Jesus preparou o terreno para a sua segunda pergunta: "Quanto mais vale um homem do que uma ovelha?". Os críticos de Cristo ficaram calados pela impressionante alternativa: "É lícito nos sábados [...] salvar vida ou destruí-la?" (Mc 3:4; Lc 6:8,9). Se os fariseus podiam resgatar as *suas* propriedades, como de fato faziam, um homem, propriedade de Deus, que vale mais do que muitas ovelhas, tinha, portanto, mais direito ao resgate, sobretudo quando estivesse severamente aflgido, como aquele a quem Jesus curou. Aquele doente não era como todos os homens, imortal, feito por Deus e, assim, mais valioso que uma ovelha?

Curando o doente, Jesus proclamou que a misericórdia é melhor que a guarda do sábado. Richard Glover diz: "Não devemos combater os escrúpulos religiosos de ninguém, quando a verdade ou o dever não o exigir; mas, quando for preciso, devemos fazê-lo". Desafiando os críticos fariseus, Jesus curou o sofredor e, por isso, expôs-se a perigo, pois os seus inimigos tomaram conselho sobre qual seria o próximo passo. Quanto ao homem que foi curado, ele foi um, em meio à grande multidão, que achou o livramento e a bênção no santuário de Deus.

Parábola da árvore e dos frutos
(Mt 12:33-35)

Ao retornar ao símbolo que já usara em seu manifesto ético, Jesus procura ilustrar a desonestidade de seus inimigos e reforçar as suas declarações contra a falta de entendimento deles. Como poderia uma mente honesta atribuir bondade a uma fonte ruim? Como poderia a sua vitória sobre Satanás ser fruto da cumplicidade com o diabo? Cristo queria um julgamento honesto. Aceite-se o fato de que a *árvore* e os *frutos* são *bons* ou que ambos são *maus*, mas não se espere que a árvore seja má e seus frutos bons. A desonestidade dos fariseus, porém, era o *tesouro* do mal em seus corações. Como poderiam considerar o bem igual ao mal, ou o mal igual ao bem?

Ao revelar a venenosa malignidade do coração de seus inimigos, Jesus proferiu uma solene admoestação sobre as palavras deles que se transformaram em grandes delitos e trariam condenação às suas almas. *Frívola*, como usada por Cristo, implica que as palavras podem ser tanto nocivas como inúteis. As palavras dos fariseus não eram gracejos inocentes. Demonstravam seus corações réprobos que os condenarão no dia do Juízo. Ao aplicar a verdade aos fariseus, Jesus perguntou: "Como podeis vós, sendo maus, falar coisas boas?". Jesus queria que aplicassem a sua ilustração da árvore e seus frutos a ele e a sua obra. "Ele apelava para que esses homens o testassem e descobrissem o segredo de sua habilidade pelas coisas que viam, as coisas que foram feitas pelos frutos produzidos." Chamar o bem de mal e atribuir obras divinas a Satanás constituem o pecado imperdoável, a blasfêmia contra o Espírito Santo, o inspirador das obras e das palavras de Jesus.

Parábola de Jonas e da rainha
(Mt 12:38-42)

Imediatamente após a realização de um grande milagre, alguns dos fariseus buscavam um sinal do céu. Espiritualmente cegos, não conseguiram ver, pois o que pediam estava diante deles. Não precisavam de *Luz*, mas de *visão*, pois Cristo mesmo era o grande sinal. No entanto, cegos à verdade, não captaram o significado das obras de Jesus nem de seu caráter. Tendo atribuído o poder miraculoso de Cristo ao diabo, agora pedem a Jesus um sinal do céu (Lc 11:16), onde pensavam que Satanás não chegaria com suas práticas enganadoras. Mas Cristo respondeu que apenas os maus e adúlteros buscavam sinais.

Enquanto estivessem cegos à divindade e à condição messiânica de Cristo, não poderiam ter um sinal que os levasse a crer, mas teriam uma prova que os levaria ao espanto —a ressurreição de Jesus, depois que fosse morto por eles. Esse seria o maior sinal para convencê-los. Para ilustrar a sua morte e ressurreição, Jesus usou o histórico acontecimento de Jonas, testemunho que os fariseus já tinham em sua literatura e agora Jesus aplica a si mesmo. Três dias e três noites no ventre do grande peixe foi sinal para Nínive —e essa prova misteriosa de um homem que volta da morte produziu arrependimento nos habitantes daquela grande cidade, suspendendo sua condenação por cem anos. A morte, o sepultamento e a ressurreição de Jesus seriam igualmente um sinal que confirmaria as suas declarações como Filho de Deus e também a divindade de sua missão. Anteriormente, pediram a ele um sinal, e ele disse: "Destruí este templo [seu corpo], e em três dias o levantarei de novo".

As principais falhas da geração má e adúltera foram denunciadas por Jesus, o qual igualmente demonstrou que ela seria condenada pelos ninivitas que se arrependeram com a pregação de Jonas; mas aquela geração não se convertia mediante o apelo daquele que era maior do que o profeta de Israel. Então Jesus citou a rainha do sul da Arábia que investiu muito para ver e ouvir

Parábola da casa desocupada e dos oito espíritos 191

Salomão. Ali estavam aqueles fariseus, cegos ao fato de que alguém maior do que o filho de Davi estava no meio deles. Ouviram-no falar como nenhum homem; todavia, ouviram somente para captar algumas expressões, com as quais o matariam. A rainha de Sabá louvou Salomão por sua sabedoria e deu-lhe ricos presentes. Aqueles que vieram ao Salvador, contudo, não viram nele beleza alguma para o desejar, e o desprezaram, rejeitaram, desdenharam, ultrajaram e mataram.

Parábola da casa desocupada e dos oito espíritos
(Mt 12:43-45)

Por "esta geração má" devemos entender Israel como um todo, idêntico a um homem de quem saíra um espírito mal, sem que a bondade "tomasse o seu lugar". "O mal espírito da idolatria foi expulso após o cativeiro babilônico; mas a verdadeira fé em Deus e o seu amor não preencheram o seu vazio. E a casa permaneceu, desde os dias de Esdras, *desocupada, varrida e adornada*, com o conceito de superioridade perante todas as outras nações. O diabo expulso retornaria com maior força e invadiria com sucesso a sua última moradia, e o povo afundaria em pecado, ainda maior do que a sua idolatria."

Tanto João Batista como Jesus exerceram o ministério de limpeza, purificação e libertação espiritual. Mas Israel ainda estava como uma casa desocupada, varrida e adornada pelo ensinamento divino, sem nenhuma utilidade, pois não fora ocupada pelo bem. Um mestre do mal fora desalojado; porém, em virtude de a casa ainda estar sem novo morador, havia a possibilidade do retorno do demônio com mais sete companheiros, os quais tornariam o último estado da casa pior do que o primeiro.

A lição é evidente para a nossa geração. Ninguém será salvo com a casa vazia. Não praticar o mal é uma condição que não se manterá, a menos que comecemos a praticar o bem. Um homem pode tentar limpar a vida e expelir os maus hábitos, mas *reforma* sem regeneração é inútil. Precisamos varrer a sociedade, adorná-la e melhorar o perfil dos homens; mas, se não admitirem novo Mestre em sua vida, a reforma apenas preparará o caminho para uma desolação ainda pior. Ser bom e fazer coisas boas somente trará resultado quando isso for inspirado por Jesus, que é a fonte de toda a bondade.

O esquema parabólico de Mateus 13

Antes de tratar individualmente das parábolas que formam esse grande texto, é de vital importância examinarmos o capítulo como um todo, visto que contém a explicação de Cristo sobre o uso do método parabólico de instrução. "Cronologicamente, no ministério de Jesus, o registro desse capítulo marca um estágio em sua missão, quando nosso Senhor voltou-se totalmente ao método parabólico, o qual utilizou junto às multidões e empregou aos seus discípulos."

Ao examinarmos as oito parábolas do capítulo, acharemos nelas "a própria visão do Rei sobre o seu reino, como a sua história, numa era que ele mesmo iniciara. Essas parábolas, quadros e histórias revelam a sua visão do reino, não em seu sentido eterno e permanente, mas na sua história, na era que ele iniciara com a sua vinda ao mundo". Como muito já foi escrito sobre o grupo das *sete* parábolas desse capítulo, é necessário salientar que ele contém *oito* parábolas, todas expedidas na mesma ocasião, ainda que não expressem o mesmo discurso. Aqui está o modo pelo qual alguns comentaristas tentam agrupar as primeiras sete parábolas e negligenciam a oitava, mais importante, por ser o auge adequado aos ensinamentos do capítulo.

Fausset fala dessas parábolas como "sete ao todo, e isso não é pouco notável, pois é o *número sagrado*. As *quatro* primeiras foram dirigidas à multidão mista, enquanto as outras *três* se voltavam aos *doze* em particular —essas divisões, *quatro* e *três*, sendo elas mesmas notáveis na aritmética da Escritura. Outra coisa notável na estrutura dessas parábolas é que, enquanto a primeira das *sete* —a do Semeador— constitui introdução ao conjunto, as outras seis formam três pares —a segunda e a sétima, a terceira e a quarta, a quinta e a sexta, uma como correspondente à outra, cada par expressando as mesmas verdades gerais, mas com certa diversidade de aspectos. Tudo isso dificilmente seria casual". Assim, a oitava parábola não tem lugar no esquema de Fausset.

Semelhantemente a esse agrupamento incompleto das parábolas desse capítulo, é lidar com o número *sete* como um dos números perfeitos das Escrituras. Esse número denota *o que é completo* (Sl 12:6; Ap 1:4). Quatro das parábolas falavam à multidão e apresentavam não apenas o aspecto do reino para o mundo exterior —o número quatro, quando usado tipicamente, é o símbolo da terra (Ez 37:9; Dn 7:2, 3; Mt 24:31; etc.). Também mostra a operação do "mistério da iniqüidade", e até que ponto o iníquo, em sua oposição aos fiéis de Deus, tem de fato permissão de ir nessa dispensação. As três parábolas restantes —o número *três* quando visto simbolicamente significa não apenas coisas celestiais (Gn 18:2, 9,13; Is 6:3; 1Co 13:13 etc.), mas a plenitude do testemunho (Dt 19:15; 2Co 13:1)— foram dirigidas aos próprios discípulos, em casa, após Jesus ter dispensado as multidões. Essas *três* mostram o aspecto *interno* do seu eu.

Outros escritores, considerando apenas sete parábolas do nosso Senhor em Mateus 13, tentam usá-las de forma paralela com as sete beatitudes do Sermão do Monte. Embora essa comparação possa ser proveitosa e poucas coincidências sejam tão claras, essa linha de observação deveria ser cuidadosamente subordinada à lição primordial que cada parábola contém.

Arnot, que não se refere à oitava parábola em seu livro sobre as trinta parábolas do nosso Senhor, agrupa as sete em sua disposição lógica, a fim de representar o reino de Deus em diferentes aspectos. O *primeiro* par expressa as *relações* do reino com as várias classes de criaturas inteligentes com as quais, como adversários ou súditos, entra em contato. O *segundo* par expressa o *progresso* do reino, de um pequeno começo ao glorioso fim. O *terceiro* par expressa a *preciosidade* do reino, em comparação com todos os outros objetos de desejo. A *última* ensina que o bem e o mal, os quais se misturam na terra, serão completa e finalmente separados no grande dia. Aqui está o esboço de Arnot:

I – Relações
1. *Semeador* — relação do reino com as diferentes *classes de homens*;
2. *Joio* — relação do reino com *o iníquo*.

II – Avanço
1. *Grão de mostarda* — avanço do reino sob o conceito do *crescimento vivo*;
2. *Fermento* — crescimento do reino sob o conceito de *uma contagiosa* difusão.

III – PRECIOSIDADE
- 1. *Tesouro escondido* — preciosidade do reino sob o conceito da *descoberta daquilo que está escondido*;
- 2. *Pérola de grande valor* — preciosidade do reino sob o conceito do *encerramento do que foi oferecido*.

IV – SEPARAÇÃO
- *Rede* — separação entre o bem e o mal no grande dia.

Arthur W. Pink, em sua pequena exposição *The prophetic parables of Matthew thirteen* [Parábolas proféticas de Mateus treze], trata apenas das sete primeiras, e despreza por completo a oitava parábola: do *Escriba e do pai de família*. Trench, em sua obra-padrão *Notes on the parables* [Anotações sobre as parábolas], omite igualmente qualquer tratamento a essa oitava parábola. Ele fala da "inter-relação entre as parábolas registradas no décimo terceiro capítulo de Mateus".

Há, ainda, aqueles autores que criativamente relacionam as primeiras sete parábolas de Mateus 13 às cartas às sete igrejas da Ásia (Ap 2 e 3). Mesmo que haja um paralelo entre esses dois "setes", o pregador prudente cuidará para não detalhar tão minuciosamente. Habershon faz um exame completo dos paralelos entre as sete parábolas e as sete igrejas:

Éfeso — destacada pela paciência —semeador frutificando com paciência;
Esmirna — "se dizem judeus, e não o são" —*Parábola do joio*;
Pérgamo — "trono de Satanás" — *Parábola do grão de mostarda*;
Tiatira — Jezabel —*Parábola da mulher e do fermento*;
Sardes — registrada como viva, mas está morta —*Tesouro escondido no campo*;
Filadélfia — "Eu te tenho amado" —*Pérola de grande valor*;
Laodicéia — vomitar —*Parábola dos bons ajuntados e dos maus rejeitados*.

O renomado escritor Lange vê na série das sete parábolas o desenvolvimento histórico subseqüente da Noiva de Cristo. Resumidamente, este é o conteúdo: "... traçamos na *Parábola do semeador* um quadro da era apostólica; na *Parábola do joio*, um retrato da antiga Igreja Católica brotando no meio de heresias; na *Parábola da mostarda* freqüentada pelas aves do céu como se fosse uma árvore para fazer nela seus ninhos, uma representação da igreja exterior, conforme estabelecida sob Constantino, o Grande; na do *Fermento misturado em três medidas de farinha*, uma figura da influência dominante e transformadora do cristianismo da igreja medieval, entre os bárbaros da Europa; na do *Tesouro no campo*, um quadro do período da Reforma; na da *Pérola*, uma imagem do contraste entre o cristianismo e a aquisição da cultura moderna e do secularismo; na da *Rede*, uma figura do juízo final".

Não conseguimos entender por que tantos comentaristas não vêem nesse capítulo oito parábolas, sendo "a primeira a do *Semeador* e a oitava a do *Pai de família*, ambas funcionando como chaves: uma abre e outra fecha a série; uma antecipa e a outra reflete, prevê e revê". Enquanto as sete primeiras parábolas são comparadas às "sete notas da escala, a oitava, todavia, é exigida para formar a 'oitava' repetindo a primeira nota em outra tecla; assim, após as sete parábolas há uma oitava que completa o conjunto". Depois da primeira série de quatro parábolas, lemos: "Tudo isto disse Jesus por parábolas à multidão" (Mt 13:34). Ao final da oitava parábola temos: "Quando Jesus acabou de proferir estas parábolas [todas as oito], retirou-se dali" (13:53).

Quando Jesus concluiu as primeiras sete parábolas, disse aos discípulos: "Entendeis estas coisas?". Ao que responderam: "Sim". A compreensão deles tornou possível a Jesus proferir mais uma parábola, a fim de revelar a responsabilidade dos discípulos como escribas instruídos no reino dos céus, para tirar do seu tesouro "coisas novas e velhas". As quatro primeiras parábolas foram transmitidas à multidão que se amontoou na praia, sendo o púlpito um barco utilizado pelo Mestre. As quatro últimas parábolas foram entregues aos discípulos em casa.

Sem nenhuma preparação da parte dos ouvintes quanto ao assunto a ser tratado, Jesus iniciou o seu discurso e o continuou em forma de parábolas, uma seguida da outra, mas não conectadas entre si. As parábolas estavam unidas meramente por "Outra parábola lhes propôs", ou "falou-lhes", ou "o reino dos céus é semelhante a". A maior das oito parábolas é a primeira, a saber, a do *Semeador*, que traz a sua interpretação. Poucos minutos bastariam para narrar essa parábola. Jesus ensina, com a simplicidade e a brevidade de suas parábolas, que a brevidade é a alma da graça e a simplicidade é o corpo da ilustração. Seu método está em vivo e singular contraste com o complicado e enfadonho estilo de alguns pregadores e comentaristas, como, por exemplo, a extremamente complicada e prolixa exposição de Benjamin Keach em *The parables* [As parábolas] e em *The metaphors* [As metáforas].

Quando estudamos as trinta ou mais parábolas completas de nosso Senhor, conforme reconhecidas, descobrimos quão próximo da vida ele viveu. Fazendeiros devem ter ficado emocionados ao ouvirem as suas descrições da vida no campo. A vida familiar ofereceu outra fonte favorita das figuras de linguagem. Comerciantes ouviram o mundo comercial, ilustrado e transladado em termos e valores espirituais. As obrigações cívicas e a vida social foram também retratadas vivamente. O mundo da natureza, os pássaros e as flores, supriram-no como analogias das realidades espirituais. A maioria das parábolas de Cristo era insinuada, como em breve descobriremos, pela ocasião adequada, e assim "preservavam a naturalidade e a vitalidade que atraem admiração, mas desencoraja a limitação".

Embora tenhamos dissertado sobre muitas ilustrações das parábolas de Cristo nos primeiros doze capítulos de Mateus, o termo *parábola* ocorre pela primeira vez no NT, na declaração "E falou-lhes de muitas coisas por meio de parábolas" (Mt 13:3). Pela pergunta dos discípulos "Por que lhes falas por meio de parábolas?" (Mt 13:10), concluímos que as parábolas eram uma nova maneira de ensino. Daí em diante o termo *parábola* implica a forma completa de narrativa que adota fatos naturais e possíveis em si mesmos. O destaque que os três evangelhos dispensam à *Parábola do semeador* mostra quão profunda impressão ela causou na mente dos ouvintes, e justifica plenamente a escolha pelo Mestre desse método de ensino".

Parábola do semeador e da semente
(Mt 13:3-23)

Como essa parábola aparece também com pequenas variações em Marcos (4:3-9,14-29) e em Lucas (8:4-15), é necessário, como já dissemos, comparar e contrastar as referênci-

Parábola do semeador e da semente

as paralelas à cada narrativa. Desse modo teremos um quadro completo do que o Senhor disse sobre o *reino do céu*, que não implica o estado glorificado da vida futura, mas "a existência atual de uma comunidade espiritual, da qual Cristo é a Cabeça, composta por todos cujos corações e vida estão sujeitos a ele como Soberano". O *Sermão do Monte* trata desse mesmo tema, e as *parábolas* que estão diante de nós devem ser reputadas como um apêndice que ilustra aquele sermão inigualável. No *Sermão*, Jesus falou abstrata e impessoalmente. Nas *parábolas*, ele ilustrou com figuras familiares, e fez referência especial aos seus diferentes efeitos produzidos nos homens de disposições diferentes. No *Sermão*, Cristo foi principalmente retrospectivo; em suas *parábolas*, ele foi quase inteiramente prospectivo, ao revelar o modo de progresso do seu reino e a natureza da sua consumação. É por isso que o *sermão* e as *parábolas* devem ser estudados conjuntamente.

Ao abordarmos um estudo particular das parábolas de nosso Senhor, a decisão do dr. C. G. Lang deve ser apreciada, pois ele preparou o seu livro *The parables of Jesus* [As parábolas de Jesus], que trata de dezesseis dessas narrativas: "Seria mera presunção tentar escrever algo sobre as parábolas, sem o auxílio da erudição e discernimento do arcebispo Trench; mas acho melhor não consultar outro comentário".

Na *Parábola do semeador*, que Jesus deu como o tipo de todas as outras parábolas que proferiu, e sobre a qual ele pôs os motivos que o levaram a escolher esse método, para atingir o coração e a consciência de seus ouvintes, é fácil imaginar o cenário dessa declaração. Dean Stanley, em *Sinai and Palestine* [*Sinai e Palestina*], nos dá uma bela descrição da "Planície de Genesaré", detalhando o cenário dessa primeira parábola. Jesus estava em um barco nas águas azuis do lago e, diante dele, na margem de areia amarela e brilhante, uma multidão de ávidos ouvintes. Ao levantar os olhos, ele viu um semeador na escarpa de uma montanha atrás da praia, que espalhava suas sementes. Os pássaros voavam ao seu redor e o seguiam. Instintivamente, com expresso e vívido realismo, ele pensou em sua presente situação. Ali estava ele a semear a semente da Palavra, e seus discípulos deveriam segui-lo, na pregação e ensino do evangelho; e assim nasceu a *Parábola do semeador*.

Os três elementos que constituem essa parábola são: o semeador, a semente e o solo. Hillyer H. Straton fala da "regra três" nos contos populares: "Na história infantil há três tigelas de mingau, três cadeiras e três ursos. O mesmo acontece nas parábolas. Três tipos de reação, na *Parábola dos talentos*; três viajantes, no caminho para Jericó; três tipos de solo e três proporções de crescimento". O dr. Straton também mostra que "a regra dois" opera em algumas parábolas: os dois filhos, os dois devedores, o fariseu e o cobrador de impostos, etc.

Parábola do semeador. Goebel é contra esse título para essa parábola, e prefere chamá-la *Os Diversos Solos*. "A idéia não é a de certo semeador em particular, que fez assim e assim, diferente de outros, e que agia assim e assim [...] Conseqüentemente, a pessoa do semeador é irrelevante. A narrativa fala simplesmente do destino da semente plantada, dos diferentes tipos de solo onde caiu e dos efeitos correspondentes que produziu [...] a parábola deve ser nomeada com base na semeadura, que é o sujeito, e não sobre uma suposta pessoa em particular". Mas certamente o semeador não é incidental à parábola, pois sem ele não haveria semeadura, nem fruto. A quem, então, Jesus ilustrava quando disse: "O semeador saiu a semear"? *O Semeador* é uma denotação genérica; e não um indivíduo específico, mas uma classe ou companhia. A linguagem subentende qualquer semeador. Não podemos desconsiderar, contudo, que o nosso Senhor direciona a atenção ao *Semeador* com as palavras: "Escutai vós, pois, a parábola do *semeador*" (Mt 13:18). Certamente ele sabia como escolher os títulos mais apropriados, não apenas para essa, mas para todas as suas inigualáveis parábolas.

Jesus usou uma dupla exclamação para a introdução do semeador: "ouvi" e "escutai" (Mc 4:3). "Escutai" designava-se a captar a atenção e era um chamado a ponderar cuidadosamente sobre o que viria a seguir. "Ouvi" significava que o Senhor transmitiria algo de valor incomum. Os discípulos e aqueles a quem Jesus proferia essa parábola foram convidados a olhar e aprender. Verdades profundamente sugestivas e instrutivas seriam reveladas. Antes de tentarmos identificar o semeador, faz-se necessária uma palavra sobre o seu anonimato. A parábola revela quase nada a seu respeito, além do simples fato de que ele realmente plantou a semente. Como já mencionamos, a ênfase na parábola é sobre a semente e os vários tipos de solo, os obstáculos e as condições para a frutificação. A personalidade do semeador e o método empregado são de somenos importância. *O Semeador* é adaptável, e possibilita diferentes interpretações.

Deus compara-se a um semeador: "Semearei a casa de Israel e a casa de Judá com a semente de homens e com a semente de animais" (Jr 31:27). Que persistente e abundante ele é! Tanto no reino natural como no espiritual, Deus opera majestosamente só; e como semeador, é infatigável em sua tarefa. Ele sabe muito bem que, apesar de muitas sementes caírem à beira do caminho, ao final, haverá uma grande colheita, quando "os reinos do mundo vierem a ser de nosso Senhor, e do seu Cristo".

Cristo é também um semeador. O Mestre compara-se e proclama-se *O Semeador*. Ele não veio "do depósito da infinita beneficência, sabedoria e vida, para semear nessa terra sementes vivas da verdade, santidade e gozo —sementes da lei que produzirão convicção, e sementes do evangelho que produzirão gratidão compreensiva, gozo e amor?" Ele não surgiu como o grande Mestre, o Apóstolo divino do evangelho? Na parábola seguinte, Jesus fala de si mesmo como "o Filho do homem [...] que semeia a boa semente". Outros antes dele agiram como semeadores, ao semearem junto a todas as águas; mas Jesus sabia mais do que todos, como incrustar parábolas como pérolas na linha de seus discursos; e as verdades salvadoras que ele espalhou têm enriquecido o mundo. Em *O Semeador*, Jesus apresenta um verdadeiro emblema e imagem de si mesmo (Mt 13:37). Esse título é muito apropriado a ele. Butterick diz numa nota de rodapé: "Se a parábola é autobiográfica, a referência imediata pode ser a Jesus". Wellhausen vai mais longe ao dizer que, nessa parábola, "Jesus não está ensinando, mas refletindo em alta voz sobre os resultados dos seus ensinamentos".

O Espírito Santo é um semeador. É ele quem inspira os semeadores, e rega a semente plantada. "O Espírito, como o vento, sopra onde quer, e cada fôlego do Espírito divino é uma Palavra de Deus", diz C. G. Lang. "Ele se expressa em linguagem multiforme, imprevisível e impregnante como ele mesmo. Semeando para o Espírito, sabemos o que é ter o nosso espírito tocado e estimulado, para espalhar a semente. Desde que Cristo, o Semeador divino, ascendeu ao céu, pelo seu Espírito, ele continua seu ministério por meio de seus filhos redimidos".

Todo cristão deve ser um semeador. Ao comissionar os seus, Cristo falou dos corações dos homens como um campo, e seu evangelho como a semente a ser espalhada por toda parte. "Ide, e fazei discípulos de todas as nações" (Mt 28:19,20; Mc 16:20). O que ele começou a ensinar, seus apóstolos deram continuidade (At 1:1). Sabedor que, como semeador, era um representante de Cristo, Paulo pôde dizer: "Cristo fala em mim" (2Co 13:3). O apóstolo considerava todo o seu ministério uma semeadura de coisas espirituais (1Co 9:11). Desde o tempo de sua extraordinária conversão, Paulo sabia que era um vaso escolhido para semear a preciosa semente do evangelho nos corações humanos, onde fosse oportuno, entre judeus e gentios (At 9:15).

É também privilégio e obrigação de todos que são de Cristo agir como semeadores. Aliás, em comparação com a vastidão do campo, os semeadores são poucos! Nosso Pai celestial, o Agricultor, exorta-nos a orar, para que ele envie mais semeadores ao seu campo. *Todos,* não apenas pregadores e professores, podem ser semeadores. Como diz Arthur Pink: "Uma pequena criança pode deixar cair uma semente, tão efetivamente quanto um homem; o vento pode carregá-la e realizar tanto, como se um anjo a tivesse plantado". A cada um e para todos os seus filhos redimidos, o Senhor promete: "Aquele que leva a preciosa semente, andando e chorando, voltará com cânticos de alegria, trazendo consigo os seus molhos".

O maior serviço que qualquer cristão pode realizar, é semear a boa semente da Palavra, pela da vida, pelos lábios e pela literatura. Palavras e ações são sementes que caem no solo dos corações. Shakespeare escreveu sobre um homem de atenciosa sabedoria:

Suas palavras plausíveis
ele as espalhou não aos ouvidos,
   mas enxertou-as
Para lá cresceram e frutificaram.

Enquanto todos os ministros da Palavra, chamados pelo Espírito, e qualificados pela graça e pelos talentos, têm a solene responsabilidade como semeadores, também todos os autores cristãos, professores da Escola Dominical, pregadores leigos e todos os que levam as boas novas, compartilham essa responsabilidade. Cada um de nós precisa compreender que vida ou morte, céu ou inferno podem depender da nossa semeadura pessoal da boa semente do evangelho.

O semeador, não importa quem possa ser, deve ser *prudente*, orando por ocasiões e campos para semear; *diligente*, trabalhando como quem precisa prestar contas da semeadura; *perseverante*, semeando a tempo e fora de tempo; *consagrado*, cordial, inteira e sinceramente entregue à maior de todas as tarefas. Todo aquele que leva a palavra divina para a frutificação dos homens, precisa atender às sábias palavras de Alexander Maclaren: "Produtividade é a aspiração do semeador, e o teste da recepção da semente. Se não houver fruto, declaradamente não houve entendimento real da palavra. Isso é uma pedra de toque, que produzirá surpreendentes resultados e detectará o falso cristianismo, se for honestamente aplicada". Mas os semeadores, especialmente os pregadores da Palavra, precisam aprender dessa parábola que muito do seu trabalho é duro e às vezes infrutífero da perspectiva humana. Pode parecer que muito do seu trabalho é em vão. "Alguns ouvintes nunca se apegarão efetivamente à verdade", escreveu o dr. C. H. Dodd, e "outros serão desencorajados pelas dificuldades e seduzidos pela prosperidade. Contudo, o pregador pode estar certo de que, no final, seu trabalho terá resultados" (Sl 126:6).

Além disso, tudo o que o semeador precisa fazer é *semear*. Está acima do seu poder fazer a semente brotar. Se todos os que testemunham de Cristo fossem responsáveis pelos efeitos do evangelho sobre o coração dos homens, seu compromisso seria sem dúvida triste e pesaroso. A palavra usada por Marcos para o crescimento secreto da semente, "de si mesmo" (Mc 4:26-29), é *automathos*, de onde temos "automático". O único objetivo e obrigação do semeador é *semear*, deixando o Espírito Santo fazer com que o solo fértil abra milhares de bocas, absorvendo a semente e frutificando. A palavra *semeador*, na explicação da parábola, denota a perfeita identidade e incorporação entre a semente e aquele que a recebe. Somos responsáveis pela semente, mas não por aqueles que a recebem.

Semente. A semente a ser semeada, é apresentada de duas maneiras, a saber: "a palavra do reino" (Mt 13:19) e "a palavra de Deus" (Mt 5:19; Lc 8:11). *Todas* as sementes devem ser semeadas. O conselho de Deus deve ser integralmente apresentado. Para Paulo, "pregando o reino" era equivalente a "testemunhando da graça de Deus" (At 20:24,25) e "ensinando as coisas pertencentes ao Senhor Jesus Cristo" (At 28:31). Preeminentemente, o pleno evangelho é a *semente*, i.e., "a mais vital forma de matéria, que transforma a sua própria natureza, terra, seiva e luz do sol, e transforma essas coisas mortas em belezas vivas". Quanto à natureza da semente que semeamos, é apresentada como "viva" e "incorruptível" (1Pe 1:22-25); poderosa e salvadora de almas (Rm 1:16; 10:17); celestial e divina (Is 55:10, 11); imutável e eterna (Is 40:8); enxertada e apta para salvar (Tg 1:17,18,21).

Como "a Palavra de Deus" é a semente, e Cristo veio como "o Verbo de Deus" (Jo 1:1), ele mesmo é a Semente. A palavra escrita testifica a seu respeito, que veio como a Palavra Viva (Jo 5:39). A Bíblia é a "Palavra" porque está cheia de Cristo, que veio como a Palavra. Os que recebem a semente da Palavra adquirem "vida", não por acreditarem que a Bíblia seja a verdade revelada, mas por meio do seu nome (Jo 20:30,31). A semente que semeamos, então, não é apenas *a respeito* de Cristo —é Cristo. Arnot expressa isto: "A semente do reino é o próprio Rei. Não é incoerente que Cristo seja a Semente, quando, em primeira instância, era também o *Semeador*. Mais precisamente, ele pregou o Salvador, e também era o Salvador sobre O qual pregava. O incidente na sinagoga em Nazaré (Lc 4:16-22) é um notável e distinto exemplo de Cristo, como, ao mesmo tempo, o Semeador e a Semente [...] O Salvador pregou sobre o Salvador, ele mesmo o Semeador e a Semente".

Solos. Os diferentes solos a que a parábola chama atenção, são os traços que se destacam. A atenção é focalizada não no semeador ou na sua semente, mas no solo e sua reação à semente plantada. Aqui está a importância dessa parábola, importância essa que não podemos exagerar. Jesus falou a respeito dela: "Não percebeis esta parábola? Como, pois, entendereis todas as parábolas?" (Mc

Parábola do semeador e da semente

4:13). A semente plantada nos *quatro* solos foi a mesma; mas que enorme diferença de resultados. Isso é a *chave* da parábola, e é assim "porque trata compreensivelmente da verdade fundamental, qual seja a proclamação do evangelho aos pecadores. Outras parábolas tratam de verdades subseqüentes, e não seriam entendidas sem essa. Deixe-nos chamá-la, então, a *Parábola dos solos*, e entender que esses solos são diferentes disposições do coração e suas reações ao evangelho. Qual deles você representa?"

1. *Ouvinte à beira do caminho*, ou o ouvinte com a mente *fechada*. Esse tipo recebe a semente pelo ouvido, mas não a deixa frutificar. A semente está na *superfície* e não *sob* o solo. Temos aqui representados os de superfície dura, destituídos de percepção espiritual. Tais podem ser religiosos e assíduos à igreja, mas a verdade recebida nunca satisfaz a alma, com um temor profundo. A verdade foi "pisada" pela "roda dos negócios e dos prazeres". Não toma posse, porque o coração é como uma rodovia cuja superfície é dura, e nada pode marcá-la. A semente não pode penetrar e germinar; então é comida pelas "aves", agentes do "maligno". A verdade não tomou *posse*, pois a dura crosta da negligência impediu a sua recepção. Quando a Palavra é entendida e recebida pela fé, fica fora do alcance de Satanás.

2. *Ouvinte do terreno pedregoso*, ou o ouvinte com a mente *emocional*. Nesse caso, a semente é recebida, mas não cria raízes. A semente foi lançada *ao* solo, está *no* solo, mas não está *sob* o solo. Temos aqui uma pessoa facilmente excitada e entusiasmada, bem conhecida daqueles que pregam o evangelho. Sua adesão à verdade é apenas superficial; e sua fé, muito frágil. Tais pessoas não sabem o que é nascer de novo pela semente incorruptível. "Não têm raiz em si mesmas". As impressões são transitórias, e quando surgem tentações e perseguições, logo se desviam. Faltam-lhes a profundidade na fé e no caráter. É significativo que um caráter superficial esteja conectado ao coração endurecido. Se a primeira classe representa os que *não se apossaram*, essa classe representa os que se apossaram superficialmente. Wm. M. Taylor diz em *Parables of our Savior* [*As parábolas do nosso Salvador*]: "Emoções incontidas são sinal de pouca profundidade, e nunca permanecem; mas o coração indulgente, dispõe-se à reflexão moral, e onde isso acontece, o sentimento é permanente". O lugar *pedregoso* era onde havia apenas uma fina camada de terra, e abaixo dessa camada era pedra dura e impenetrável. Há muitos desses corações *pedregosos* nas igrejas. Que bênção seriam eles se fossem profundos!

3. *Ouvinte do terreno espinhoso*, ou o ouvinte com a mente *inconstante*. Nesse caso a semente lançou raízes mas não produziu frutos. A semente *caiu ao solo*, está *no* solo e *sob* o solo, mas não *germina*. É *sufocada* e *tipifica* a pessoa preocupada. A semente se apossa, mas essa posse é disputada por um tríplice antagonismo. São permitidas forças contrárias à natureza da semente.

Os cuidados desse mundo sufocam. Uma atenção ansiosa e inquietante aos negócios dessa vida presente sufoca a semente. Uma lista de interesses legítimos passa a dominar a vida, em que a religião é apenas mais um departamento de uma vida profundamente dividida. Cristãos professos muito preocupados permitem que impressões espirituais tornem-se em nada, graças à sua submissão às influências dispersivas.

Preocupações pequenas e insignificantes enchem o coração de solicitudes inúteis e ansiedades mesquinhas. Essas pessoas, como Marta, "distraída em muitos serviços", não encontram o gozo e privilégio de sentar aos pés do Mestre.

A sedução das riquezas. Nesse caso, são as riquezas acumuladas como fruto de cuidados mundanos e ansiedade. Cristo não diz que cristãos prósperos não produzem frutos, mas que não produzem com perfeição (Lc 8:14). "Quão dificilmente entrarão no reino dos céus os que *confiam* nas riquezas". F. W. Robertson comentou: "Cristo não disse que o coração dividido não tenha religião, mas que é uma religião raquítica, atrofiada e fraca".

As demais ambições. Essa expressão pode ser traduzida por "prazeres desta vida". Prazeres inocentes em si mesmos, os quais a prosperidade mundana proporciona a quem a ela se entregar, e sufocam a semente. Gasta-se muito tempo com os prazeres, e só poucas horas para as coisas espirituais. No começo da fé cristã houve crescimento e a *promessa* de fruto, mas outras preocupações impediram que os frutos amadurecessem. Que o bom Senhor nos livre de sermos absorvidos pelas coisas terrenas e mundanas, o que causará a negligência das grandes realidades da alma e da eternidade. O jovem rico queria a sua grande riqueza e *também* a vida eterna. Mas deveria ser Cristo *ou* suas posses, e não os dois. Ninguém pode servir a *dois* senhores.

4. *O Ouvinte da Boa terra*, ou o ouvinte de mente firme e compreensiva. Por ter raízes profundas, houve muito fruto. A semente estava *no* solo, *sob* o solo, *dentro* do solo e *acima* do solo. A semente apossou-se por completo. Penetrou em toda a alma e encheu a mente, o coração, a consciência e a vontade. Quando a Palavra é recebida, entendida e obedecida, produz fé segura em Cristo, e serviço que glorifica a Deus e beneficia aos outros. Esse último solo é o reverso dos outros três. Por isso, a semente lança raízes, não perde facilmente a umidade, e então a seiva e a energia dão vida à planta que, subseqüentemente, cresce. William Ward Ayer diz que "os ouvintes da boa terra representam o lado otimista desta parábola pessimista".

A semente produz fruto, na proporção em que é permitida possuir o "coração honesto e bom" (Lc 8:15). Se a semente produz fruto com "paciência", ou continua "perseverando até o fim", em contraste com as que "sufocaram" a Palavra, então a semente semeada cumpriu sua missão. Como interpretaremos os diferentes níveis de produtividade mencionados por Jesus? Fausset expressa a diferença assim: *"Trinta por um* designa o nível menor de frutificação; *sessenta por um*, o nível *intermediário* de frutificação; *a cem por um*, *o mais elevado* nível. A *'cem por um'* não é uma idéia sem precedentes (Gn 26:12), mas um resultado esporádico na agricultura natural. Assim o mais alto nível de produtividade espiritual é muito raro". Lisco observa: "Assim como os níveis dos ouvintes sem frutos eram três, também é tríplice a abundância de frutos. Àqueles que tinham, foi-lhes dado". Cummings comenta: "É bem conhecido que 30% das sementes plantadas em qualquer país não germinam. E, de acordo com essa parábola, 75% dos ouvintes receberam a semente em vão". A pergunta prática é: "Qual tem sido a sua ou a minha produtividade na vida? A trinta por um, uma produção moderada; a sessenta por um, mais animadora ao Semeador que a primeira; ou a cem por um, um retorno no-

Parábola do trigo e do joio

tável, maravilhoso e que glorifica a Deus, e isso é de fato a plenitude da bênção do evangelho de Cristo?".

Não podemos perder de vista o caráter fundamental e universal da exortação do Mestre: "Quem tem ouvidos para ouvir, ouça". Ao lermos a parábola, devemos nos esforçar não apenas para produzir frutos, mas para sermos abundantes nisso, para a glória de Deus. Devemos atender às características indispensáveis, do ouvir proveitoso e dos benditos resultados de receber entender a Palavra e obedecer-lhe. Com essa parábola aprendemos:

A grandeza do privilégio dos que semeiam a semente e dos que a recebem;
A responsabilidade individual de desenvolver esses privilégios;
O terrível juízo sobre os que ouvem em vão (Hb 3:4);
Os resultados finais dos que semeiam.

Para concluir a nossa meditação na *Parábola do semeador*, afirmamos que é necessário mais uma palavra sobre a explicação do nosso Senhor a respeito dessa parábola (Mt 13:10-17). Suas verdades mais profundas são transmitidas em parábolas que "descortinam a verdade na justa proporção do entendimento dos homens, escondendo-a dos que poderiam deturpá-la, revelando-a aos que lhe obedecerão". Uma parábola revela a verdade aos que a aceitam e a valorizam —escondendo-a dos que se ressentem e a insultam. Goebel diz: "A parábola pretende supostamente duas coisas: *descobrir* e *revelar* a verdade a quem é receptivo". Assim, as parábolas servem ao duplo e oposto propósito de *revelar* e *esconder*. "Os mistérios do reino" são "revelados aos que conhecem e se agradam deles, mas nunca em nível mais baixo do que o já conhecido, e são uma nova e atraente luz; mas para os que são insensíveis às coisas do Espírito, servem apenas como narrativas para o entretenimento temporário". Como os discípulos, também seremos abençoados de forma tripla, se nossos ouvidos e olhos, voluntária e alegremente, se abrirem para receber a Luz divina.

Parábola do trigo e do joio
(Mt 13:24-30; 36-43)

Essa parábola apresenta as mesmas verdades que a anterior, com pequenas variações. Temos aqui o caráter misto do reino e a separação final e absoluta dos homens em dois grupos. Mais uma vez, nessa primorosa parábola adicional, o próprio Pregador, com simplicidade característica, e clareza encantadora, expõe o significado de seus ensinamentos. Na *Parábola do semeador*, "a semente é a palavra de Deus" (Lc 8:11). Mas os que a receberam em seus corações e experimentaram-na como a Palavra transformadora, são agora "filhos do reino", como expressou-se Tiago: "Segundo a sua vontade, ele nos gerou pela palavra da sua verdade" (Tg 1:18).

Essa parábola apresenta o problema do mal. A mistura do mal com o bem é uma condição que nos confronta em todas as escalas sociais, em todas as formas de governo, no lar e na igreja. Não importa como legislamos ou separamos, as sementes da corrupção parecem alojadas e crescem como joio pernicioso em campos férteis. O verdadeiro e o falso estão sempre conosco. O bem e o mal estão indistintamente enlaçados em nossa sociedade humana. Como Reinhold Neibuhr diz: "Os elementos criativos e destrutivos da ansiedade estão de tal maneira mesclados, que a purificação imparcial do avanço moral do pecado não é tão fácil como imaginam os moralistas".

Na *Parábola dos solos* havia *um* semeador, *uma* espécie de semente e *seis* resultados. Na *Parábola do trigo e do joio* há *dois* semeadores, *duas* espécies de semente e *duas* colheitas: a do bem e a do mal. Na primeira parábola há *quatro* tipos de solo. "O campo" não está dividido em quatro partes desiguais; todavia cada um dos quatro tipos de solo, da parábola anterior, pode ser achado por todo o campo. A boa terra não está separada por si mesma no campo, mas está "entremeada com outros solos por todo o campo". Essa é uma importante característica a observar na interpretação dessa parábola.

Campo. O que devemos entender pelo *campo* ter produzido tanto trigo quanto joio? Alguns comentaristas crêem que, pela referência ao "trigo", nosso Senhor disse que o campo representa a Igreja ou a cristandade. O dr. E. H. Kirk diz: "Esta parábola é uma declaração profética de que a igreja de Cristo na terra seria um corpo imperfeito. A igreja visível ou a igreja como corpo organizado na terra tem duas espécies de imperfeições: os defeitos pessoais dos regenerados e a filiação de pessoas não regeneradas. Essas imperfeições têm, em todas as épocas, despertado um zelo sincero; mas também causaram zelo impuro e entenebrecido pela obra purificadora. O propósito dessa parábola é esclarecer e modificar a primeira e despir a última dos seus argumentos plausíveis". Fausset igualmente afirma que o joio foi semeado com o trigo, ou "depositado dentro do território da igreja visível". Arthur Pink também identifica o campo como o mundo religioso.

Jesus falou claramente que "o campo é o *mundo*" —"seu campo" (13:24,38). Aqui ele reivindica o direito de propriedade. Não negamos o fato lamentável que no reino do cristianismo professo existam o joio e o trigo, *todos* dentro da verdadeira igreja, a igreja do Deus vivo. Os autênticos cristãos formam a boa semente, o trigo, mas na cristandade pode-se ver uma mistura de "filhos de Deus" com os "filhos do diabo". Note as expressões *seu campo* e *teu campo,* as quais declaram que o Mestre é o Proprietário, Senhor e Agricultor desse mundo. "Do Senhor é a terra e a sua plenitude". Esse campo, então, é a esfera da habitação humana, no mundo que Deus ama (Jo 3:16), e no qual o inimigo apanha a boa semente, e também semeia o joio.

Dois semeadores. Os ouvintes dessa parábola são os mesmos da anterior, a saber, a multidão reunida na praia e os discípulos no barco. A esses, Jesus descreveu os dois semeadores, tão diferentes em caráter e propósito. Primeiro, havia o "homem" revelado como "pai de família" (Mt 13:24, 27) e como "o Filho do homem" (Mt 13:37). Na parábola anterior "o semeador" representa todos os proclamadores do evangelho, inclusive o próprio Jesus. Aqui, "o semeador" é apenas Jesus. Como Criador, ele fez o homem íntegro, quando o criou à sua semelhança, i.e., plantou dentro dele santos princípios e aspirações. O outro semeador é chamado "seu inimigo", "um inimigo", "o maligno", "o diabo" (Mt 13:25,28,38,39). Não demorou muito, até que Satanás semeasse o joio no trigo de Deus ou seja, em Adão e Eva. A palavra que Jesus usou para designar o seu inimigo foi *diabolos,* o caluniador, o mentiroso, aquele que é contra toda a verdade. Note a ênfase aqui: *"seu inimigo",* ou seja, inimigo de Cristo. Jesus sempre foi o alvo da maldade do diabo (Mt 4:1-11). A Trindade do bem e do mal são opostas uma a outra: o *Pai* e o *mun-*

Parábola do trigo e do joio

do (1Jo 2:15,16); o *espírito* e a *carne* (Gl 5:17); *Cristo* e *Satanás* (Gn 3:15). Seu inimigo semeou no campo que não era *dele*. A despeito da maldade prevalecer no Universo, esse ainda é o mundo de Cristo, e quando ele retornar como "Príncipe dos reis da terra", esse será um lugar puro para viver.

A astúcia do inimigo pode ser vista por ele ter semeado o seu joio entre o trigo, enquanto os servos dormiam. Não podemos tomar isso como falta de vigilância pelo campo semeado. Sem dúvida, era noite, a hora normal de dormir para os trabalhadores do campo e para os vigias. Discernimos melhor a natureza covarde do diabo, que escolheu a escuridão para as suas obras diabólicas. Satanás semeia secretamente, e os enganados pelo diabo amam as trevas porque suas obras são más. Assim, os servos que dormiram não são apenas adorno ou cores na parábola.

Dois produtos. O filho do homem semeia *trigo* em seu campo, e "seu inimigo" semeia joio "no meio do trigo". Esse ser diabólico não pensaria em semear os maus entre os maus. Ele semeia o maligno entre o bom, e os dois juntos constituem a cristandade. O que podemos entender pelos produtos figurados da parábola? Tomemos primeiramente:

Joio. As ações do diabo eram motivadas pela completa malícia, pois o joio, como erva daninha, nunca teve valor comercial. Mais, precisamente, o "joio" é uma semente dificilmente distinguível da semente do trigo (e a diferença não pode ser detectada até que tenha brotado). "Joio" não é aquilo que entendemos pelo termo, mas algumas espécies nocivas de plantas, alimento, como o milho selvagem. Joio! Um inimigo tão vigilante e inquieto como Satanás tem tanto para semear! O joio da sabedoria carnal, do orgulho de ignorar o pecado. E porque, como nos informa Thomson em *Land and the book* [*A terra e o livro*], "um exame preciso geralmente será incapaz de detectar a diferença entre joio e trigo, quando ambos ainda não desabrocharam". Seu método é *oposição pela imitação* como afirma o dr. Scroggie. Os maus são semeados entre os bons, e a diferença nem sempre é visível. Muitos que não são do Senhor contudo assemelham-se aos que são: vão à igreja, oram, lêem a Bíblia como cristãos, mas são, na verdade, sem Cristo.

Richard Glover, em seu *Commentary on Matthew* [*Comentário de Mateus*], informa-nos que o joio semeado no meio do trigo era "uma forma de vingança, felizmente rara, contra a qual foram feitas as leis em Roma, que são às vezes praticadas em todo lugar. O agravo causado era o envenenamento de uma parte do trigo, que exigia muito trabalho para livrar-se dele, e a indolente presença, durante anos, de algumas sementes perniciosas. Quão perversos tornam-se os homens, quando dão lugar à vingança! Dean Alford teve um campo onde foi semeada mostarda selvagem por um inimigo que o detestava". O diabo, então, é vingativo e malicioso.

Mas em sua interpretação da parábola, Jesus diz que o "joio" são "os filhos do maligno" (13:38); não plantas, mas *pessoas*. Que diferença de natureza sugerem as expressões *filhos do reino* e *filhos do maligno*! Estes não tiveram origem no maligno, mas muitos moldaram seu caráter à vontade dele, e são, por isso, chamados seus filhos (Jo 8:44). São esses os que Satanás semeou entre "os filhos do reino".

Trigo. "A boa semente", "o trigo", "os filhos do reino" são termos equivalentes. Na parábola anterior, "a semente era a palavra do reino, mas aqui "a boa semente" é o produto daquela palavra recebida, entendida e obedecida, ou seja, os que por meio dela se tornaram "filhos do reino". O Filho do homem, como o Semeador e Pai de família, semeia apenas boas sementes: vidas transformadas pela palavra, que incorporam a palavra da verdade. Esse é o propósito do Redentor ao semear seus redimidos nesse mundo de pecado e miséria, para que produzam fruto para a glória eterna e prazer por suas almas transformadas. É por isso que ele o semeou onde você vive e trabalha. Como alguém comprado por um preço e nascido do seu Espírito, uma nova criação nele e herdeira da vida eterna, Jesus espera que você frutifique no lugar do campo desse mundo onde ele o plantou.

Duas perguntas. Os servos do Pai de família ou Proprietário do campo fizeram-lhe duas perguntas gerais: "Senhor, não semeaste tu no teu campo, boa semente —como então, está cheio de joio? [...] Queres que vamos arrancá-lo?" A primeira pergunta está dividida em duas partes, onde a primeira reconhece que o campo era do Pai de família, e ele mesmo havia semeado, e semeara apenas *boas* sementes.

A terra é do Senhor. Também ele originou e primeiro disseminou o evangelho, nada além do evangelho. Mas a segunda parte da primeira pergunta nos conduz ao mais profundo de todos os mistérios, a saber, a origem do mal e a sua permanência no mundo. O problema dessa parábola é tão antigo quanto a raça humana. Por que permitiu-se à serpente entrar no Paraíso? Por que permitiu-se que Judas fosse um dos doze? Por que a igreja primitiva quase foi arruinada pelos falsos cristãos? Por que Deus permite que o pecado e a tristeza afetem o seu mundo hoje? Jesus disse: "Um inimigo fez isto". Mas por que o inimigo está tão ativo, após quase dois milênios de cristianismo, e semeia mais joio do que nunca no campo de Deus? Esse é um dos mistérios a ser revelado. Atualmente, como "cristãos, deveríamos estar mais preocupados com a vitória sobre o mal, do que com uma completa explicação sobre ele".

A segunda pergunta: "Queres que vamos arrancá-lo?" (o joio) faz supor que os servos queriam livrar o campo da erva daninha de uma vez. A resposta do Pai de família está dividida em duas partes. Antes de tudo, ele se refere ao crescimento do trigo e do joio. Antes de amadurecer, o joio e o trigo são muito parecidos; e tentar destruir o joio, podia significar também a destruição do trigo. A separação entre um e outro estaria além da sabedoria dos servos. A segunda parte da resposta trata da colheita final. "Deixai crescer ambos juntos até a ceifa". Não é para sempre que a boa semente e o joio estão misturados. Virá o tempo da separação, quando anjos, e não homens, vão amarrar o trigo e queimar o joio.

Duas colheitas. Ao se referir à época da colheita, Jesus disse que os ceifeiros seriam capazes de distinguir entre o trigo e o joio, e a separação seria desse modo: "Colhei primeiro o joio, atai-o em molhos para o queimar [...] Colhei o trigo e recolhei-o no meu celeiro". Essa colheita e destruição do joio dar-se-ão no "fim do mundo". Vamos tratar antes de tudo da destruição do joio, que será atado em molhos. Como a amarração do joio em molhos se sucede *no* campo, é interessante observar como esse processo de atar o joio em molhos é espantosamente rápido. Nunca houve dias como os nossos, de misturas e combinações. Vemos isso no mundo *comercial*, no qual os interesses particulares foram elimina-

Parábola do trigo e do joio

dos, companhias de crédito, sindicatos, associações e corporações dominam a indústria e o comércio. No mundo *social*, nunca tivemos tantos clubes, associações, fraternidades e organizações. No mundo *político*, temos a Organização das Nações Unidas (ONU), as Comunidades e os Mercados Comuns. O comunismo está forjando um bloco multinacionalista e declarando que países ateístas querem viver em coexistência pacífica com nações que professam o cristianismo. No mundo *religioso*, o atar em fardos é evidente. Protestantes, católicos romanos e judeus confraternizam-se, e o *ecumenismo* é o seu proeminente evangelho. Que maravilhoso se saísse a ordem divina: "Ajuntai o joio em molhos".

Depois de colhidas e atadas, as ervas serão destruídas pelo fogo. A época dessa colheita está designada: "Pois determinou um dia em que, com justiça, há de julgar o mundo" (At 17:31). O curso da história humana, então, encaminha-se para o juízo. "O tempo da tribulação moral e do juízo aproxima-se com toda precisão do mecanismo moral, e ninguém escapará a esse último grande julgamento". Quanto ao *tempo* em que os ceifeiros obedecerão à convocação do Pai de família, para lidar com o joio, Jesus disse que seria no "fim do mundo", ou *século* —o fim da era dos gentios, quando Cristo retorna à terra como Rei, e expulsa de seu reino tudo o que causa tropeço (Ap 16:14-16). O juízo final de todos os ímpios terá lugar no dia do Trono Branco, para testemunhar a ratificação do juízo de Deus sobre Satanás, os anjos maus e todos os que morreram sem Cristo.

"Queimados no fogo" é a expressão mais solene. Como o "joio" simboliza todas as almas perdidas, não podemos elucidar o seu futuro depois desse destino declarado. Jesus declarou a futura destruição do joio. A "fornalha de fogo" e "pranto e ranger de dentes" dizem respeito aos horrores do inferno e da morada do iníquo, o Lago de Fogo. Essa linguagem vigorosa é de pavorosa contemplação. Fausset diz que *"atirados* ou *lançados* designam indignação, aborrecimento e desprezo (Sl 9:17; Dn 12:2); 'a fornalha de fogo' denota a ferocidade do tormento; o 'pranto' significa a angústia que o sofrimento causará, enquanto 'ranger de dentes' é um modo gráfico de expressar o desprezo de seu irremediável destino (Mt 8:12)". O castigo do iníquo será terrível (Ap 20:11). O que Jesus falou sobre molhos no fogo não era apenas roupagem de parábola, mas uma solene revelação e declaração do destino final de todos os ímpios (Hb 2:1-4).

Mas que colheita diferente aguarda o trigo que será recolhido no celeiro divino? Não haverá joio *naquele* celeiro, exatamente como não existirá trigo na fornalha de fogo. A pergunta é: "Quando será recolhido o trigo do Filho do homem?". Quando Jesus voltar nos ares, então será recolhido todo o seu trigo do campo desse mundo. Que recolhimento dos resgatados será esse! (1Ts 4:15-17). O *celeiro* onde nos recolherá não será porventura a Casa de seu Pai? (Jo 14:1-3). Seus escolhidos, recolhidos dos "quatro ventos" (Mt 24:30,31), estarão com Jesus para sempre. Que glorioso destino espera os justos, os quais resplandecerão como o Sol eternamente! Serão exaltados e bem-aventurados para todo o sempre (Mt 13:43; 25:34)! Foram chamados em Cristo para a eterna glória de Deus (1Pe 5:10; 2Pe 1:1-11). Uma encantadora esperança é a porção de todos os que foram salvos pela graça (Dn 12:1-3; At 14:22; 2Tm 2:12).

Há outro ponto a destacar na conclusão dessa meditação, a respeito da *Parábola do trigo e do joio*, a saber: vivemos ainda na época da graça, quando *joio* pode vir a ser trigo, ou pecadores podem ser transformados em santos. A parábola não exclui essa mudança antes que "o fim dos tempos" tenha chegado. Por essas palavras de Jesus, aprendemos que, pelo seu poder, o inimigo pode ser derrotado, e seus escravos feitos em servos de Deus. Os filhos do diabo podem ainda tornar-se filhos do reino, e ser salvos, portanto, do terrível Juízo Final. Membros impostores da igreja podem ser transformados em crentes genuínos e úteis. Então, não há uma aplicação pessoal a pensar? Jesus falou a Pedro que ele era *trigo* e que, como tal, seria peneirado por Satanás e, nesse peneirar, a palha ou joio desapareceriam (Lc 22:31). Temos razões para examinar o campo do nosso coração para descobrir se o inimigo semeou lá algum joio? Quanto mais o Senhor tem do nosso coração, menos terá o diabo.

Parábola da mostarda e das aves
(Mt 13:31,32)

Podemos chamar essa e a próxima, a *Parábola do fermento*, *Parábolas sanduíches*, pois ambas estão entre a narração e a explicação da parábola anterior, do "Trigo e do Joio" (Mt 13:13-18). Ambas, *O Grão de Mostarda* e *O Fermento*, bem como as seis parábolas seguintes, foram deixadas sem interpretação por Jesus, "como para treinar os discípulos na arte de interpretá-las, eles mesmos". Mas, aliás, como veremos, a *Parábola da mostarda*, como as outras, têm sofrido muitas interpretações erradas por parte dos comentaristas. Não se pode esquecer o fato de que todas as parábolas de Mateus 13 referem-se à *nossa* época e que, por elas, nosso Senhor *não* estava ensinando o sucesso final e completo de seu reino nessa dispensação, que vai do seu primeiro advento à sua segunda vinda à terra.

Além do mais, nessas parábolas proféticas, o nosso Senhor não estava ilustrando a *verdadeira natureza* do seu reino. Ele observou a época e olhou para a sua consumação, referindo-se à mistura que prevaleceria até a sua volta como o Rei dos reis, quando prevalecerá a uniformidade. Em nenhuma dessas parábolas Jesus "revela a *natureza íntima* do reino, exceto no começo, quando ele mostrou que os princípios do reino acham-se na Palavra de Deus, como personificados na vida de homens e mulheres cristãos. Aquela, é claro, inclui todas as coisas, mas não há referência detalhada a isso na interpretação. Não se acha detalhada aqui a ética do reino. Essa acha-se no Sermão do Monte". Entendemos que essa é a chave que nos abre o significado completo dessas inigualáveis parábolas.

Há ainda outros fatores importantes que temos em mente quando consideramos essas parábolas "que dizem respeito aos processos do reino durante *nossa* época do procedimento divino":

1. Na previsão profética de nosso Senhor, relativa ao curso dos acontecimentos, em todo o reino da fé cristã até ao tempo de sua volta, ele nos dá *dois* aspectos do mesmo sujeito, ou seja, o aspecto *exterior*, mostrado às pessoas; e o aspecto *interior*, revelado aos seus discípulos.

2. O ensinamento das parábolas de nosso Senhor é progressivo. Ele planta apenas boas sementes —sementes malignas, semeadas entre as boas, são plantadas pelo inimigo; a visão do crescimento externo —a visão da influência interna; o aspecto individual do sujeito —o aspecto coletivo do sujeito; resultados opostos, no fim dos tempos. A atenção a esses

Parábola da mostarda e das aves

fatos proporciona clareza e correção na interpretação.

3. A distinção entre *Interpretação* e *Aplicação* deve ser estabelecida. É muito comum as duas serem confundidas. Na *Parábola da mostarda*, houve muitas interpretações e aplicações. Como descobriremos, há muitos comentaristas que sustentam que essa breve parábola profetiza o maravilhoso crescimento da igreja cristã, de acordo com a vontade divina. Outros comentaristas, contudo, afirmam que a parábola é uma revelação da extensão anormal e fora do natural da igreja nominal, contrária ao propósito divino. As duas interpretações não podem ser corretas.

4. Cada uma dessas parábolas do reino deve ser interpretada dentro de seus limites impostos, ou seja, nesse tempo presente. O seu ensinamento profético vê-se no cumprimento histórico. Muitas vezes, na tentativa de entender essas parábolas, há uma interpretação errada da história.

5. Com a *Verdade*, nosso Senhor é coerente e uniforme em seus ensinamentos. Ele nunca faz uma parábola contradizer o ensino de outra. Ele nunca usou uma figura de linguagem em dois sentidos diferentes. Em todas as suas parábolas há perfeita harmonia de concepção e ensino. Assim, ao compararmos o que ele disse em outros discursos, sobre coisas que se tornam cada vez piores, como a época que se aproxima da consumação, com a idéia comum de que o evangelho será pregado até que o mundo se torne cristão, vemos esse pensamento como um engano.

6. Um perigo a evitar é o da popularidade da interpretação. Advertido da confiança no consenso geral das opiniões de comentaristas, Campbell Morgan diz: "A aceitação e a interpretação popular das Escrituras levam à crucificação de Jesus [...] Qualquer que seja a interpretação, não é, então, necessariamente a correta. Pode até ser correta, mas a popularidade não está livre de correção". Com essa observação em mente, o estudante de literatura sobre as parábolas verá que a maioria dos comentaristas segue a mesma linha na interpretação da *Parábola da mostarda*, ou seja, nela nosso Senhor predisse o grande, completo e final sucesso de seu reino, nessa dispensação. Mas seus ensinamentos coerentes desmentem semelhante sucesso. Aqui está uma sinopse da nossa pesquisa da interpretação popular mas equivocada dessa parábola.

A idéia do crescimento do reino, de um começo muito pequeno à universalidade final, expressa-se das seguintes maneiras:

Arnot refere-se à parábola como "o progresso do reino sob a idéia do crescimento vivo".

Lange escreve: "o grão de mostarda —tão pequeno e desprezado pela aparência externa dele, que tomou a forma de servo, ou mais ainda, na de seus discípulos —cresceu rapidamente; e a menor de todas as sementes cresceu e tornou-se um enorme arbusto, muito semelhante a uma árvore. Mas, em conseqüência do seu real crescimento, as aves do céu confundiram a casca com uma árvore, e procuraram aninhar-se em seus ramos".

Alford diz: "Precisamos tomar muito cuidado, quando imaginamos as *formas externas da igreja* neste reino [...] a parábola revela o poder autoprogressivo, inerente ao reino do céus, como uma semente que contém em si mesma o princípio da expansão —que penetra em *toda a massa humana*, gradualmente, pela influência do Espírito de Deus".

Leslie D. Weatherhead, que, pelo tratamento modernista da Bíblia, adquiriu notoriedade, é também contrário à interpretação de que essa parábola retrata o crescimento degenerado da organização religiosa na esfera da profissão cristã. Em seu livro *In quest of the kingdom* [À procura do reino], ele resume o que os outros escritores dizem sobre as *Parábolas da mostarda*: "Notem que uma grande árvore cresceu de tão pequenina semente. Um desprezado Rabi, num desprezado canto do Império Romano, vindo da desprezada Nazaré, plantou a semente, ele mesmo, e confiou-a a doze homens destreinados, não universitários, de humilde nascimento e pouca influência —e o resultado é a igreja universal". Bem, podem ser escritos atraentes e apelativos, mas não são *verdadeiros*. Se o cristianismo tivesse permanecido humilde e despretensioso, sua ministração nunca seria encarada como uma *profissão,* com muitas aves imundas aninhando-se nos galhos mais altos da grande árvore de mostarda.

Fairbairn, em *Imperial Bible encyclopedia* [Enciclopédia bíblica imperial], expressa desse modo a mesma interpretação geral dessa parábola: "Uma pequena semente, um grande resultado; um obscuro começo e um surpreendente progresso; 'a menor de todas as sementes' e 'a maior de todas as hortaliças' —são os contrastes declarados nessa parábola; a semelhança disso com o reino de Deus é a lição declarada do Senhor". Onde Fairbairn e muitos outros falham é na distinção entre os aspectos interiores e exteriores do reino ou entre sua concepção divina e o desenvolvimento humano.

Como nosso entendimento da parábola gira em torno desses três elementos centrais, a saber: a *Semente*, a *Grande Árvore* e as *Aves do céu*, vamos examiná-los detalhadamente:

Grão de mostarda. O que conhecemos como *mostarda* não cresce a ponto de ser chamada árvore. Mesmo havendo muitas espécies de semente de mostarda, botânicos acreditam que a espécie mencionada na parábola seja a *cardá*, termo árabe para "mostarda". Em razão do diminuto tamanho do grão, a semente simboliza pequenos começos, e denota pesos ou medidas muito pequenos. É equivalente a uma partícula, "de tão pequena" que é. Por serem picantes, muito ardidas, e mostram suas melhores virtudes apenas quando esmagadas, suas sementes tornam-se atraentes ao sabor das aves que se alimentam de ervas ou as utilizam como abrigo. Na parábola, a pequena semente não é tanto a Palavra quanto na *Parábola do semeador,* como uma autêntica sociedade cristã, a igreja que aparece como primícias do evangelho. Não é fornecida a identidade do semeador (masculino), como em *O Semeador;* também é anônima a mistura (feminina) na própria *Parábola do fermento*. Mas, sem dúvida, quem semeou o grão de mostarda foi "o Filho do homem", como no caso do *Semeador,* pois foi ele quem teve a mais insignificante entrada no mundo e fundou a sua igreja (que ele chamou um "pequeno rebanho" —pequeno em aparência e impróprio para tornar-se um espetáculo por seu vigor).

Enquanto Mateus diz que essa semente foi semeada num "campo", Marcos afirma que foi na terra (Mc 4:30-32); e Lucas, em "sua horta" (Lc 13:18,19). Relativamente a essas diferenças de detalhes, G. H. Lang diz que ilustram o fato de que "detalhes não devem ser usados para produzir significados específicos e diferentes; e também as diferenças podem não ser contradições, pois qualquer solo é terra, e a horta pode ser um pedaço do campo". O "campo", em nossa parábo-

Parábola da mostarda e das aves

la, é "o campo do mundo", na parábola anterior. A semente, então, semeada no dia de Pentecostes, era pequena e insignificante —"cerca de cento e vinte" (At 1:15-26).

Grande árvore. Mateus refere-se ao rápido crescimento da semente, que se torna "a maior das hortaliças", como uma árvore; Lucas diz "cresceu e se fez árvore". *Hortaliças,* mesmo que pensemos que possam crescer como uma árvore, são espécies inteiramente diferentes das *árvores.* O crescimento das árvores é lento; mas o da hortaliça, como a semente da mostarda, é anormal; desenvolve-se sem a força de uma árvore, e vive apenas o suficiente para produzir flores e sementes. Assim, uma *hortaliça que se* torna *árvore* sugere uma expansão inteiramente alheia à sua verdadeira natureza e constituição. Como podem essas coisas referir-se à igreja de Jesus Cristo? Em alguns meses, a *cardal* pode crescer como um arbusto, com cerca de três a seis metros de altura, com vasta folhagem e galhos em forma de leque.

Em virtude de o grão de mostarda crescer como uma "árvore", como que sugerindo altivez, expansão e proeminência, muitos comentaristas erram, pois utilizam esse detalhe botânico para anunciar a rápida propagação do evangelho e a expansão do cristianismo pelo mundo. A igreja organizada erroneamente mudou a ênfase de *semente semeada* para a *árvore que cresce.* Em vez de espalhar as sementes com toda humildade, a igreja ficou mais preocupada com a elaboração de grandes denominações, instituições e ordens. O grande sistema eclesiástico, incluindo o grande conglomerado político-religioso católico romano, que representa o cristianismo, não aparece no NT. O Fundador da Igreja nunca pensou em usar o grão de mostarda, quando lançou raízes mais profundas na terra, em referência à sua Noiva, cuja esperança, chamado e cidadania estão no céu. Ele não disse que os seus não são desse mundo, como ele também não é daqui?

O campo é onde a semente é semeada na esfera do *mundo;* onde a carne e o diabo estão unidos em oposição a tudo que concerne a Cristo e a sua igreja. Um mundo ímpio, embora seja lugar para lançar sementes da piedade, não oferece solo adequado para a expansão do cristianismo. Há contínua harmonia entre as parábolas de Mateus 13. Assim, em *O Semeador,* a semente não lançou raízes e floresceu em toda a extensão do campo, mas apenas em sua quarta parte. Na *Parábola do trigo e do joio*, temos a continuidade e as conseqüências da atividade satânica, as quais positivamente impedem a expectativa de um mundo conquistado para Cristo, na era presente. Então, a *Parábola da mostarda* não pode ensinar o que é contrário às parábolas anteriores, a saber: todo campo que contém *apenas* boas sementes, onde cresce apenas o *trigo.* A universalidade final do evangelho antes da volta de Cristo é contrária ao seu ensinamento.

Antes de resumir as diferenças entre cristianismo e cristandade (o insignificante "arbusto que se sobrepujou", para denotar anormalidade), vamos analisar brevemente:

Aves do céu. Quando comparamos Escritura com Escritura, encontramos os pássaros, ou aves do céu, que simbolizam Satanás e seu poderio. Os pássaros foram usados numa parábola anterior, nesse sentido, e devem ter nessa parábola o mesmo significado. Mateus identifica "as aves do céu" como "o maligno". Marcos fala sobre elas como símbolos da atividade satânica. Lucas relaciona as "aves do céu" com o diabo. Os pássaros desciam sobre as carcaças dos corpos do sacrifício, e Abraão os enxotava (Gn 15:11; Dt 28:26). Perto do final do tempo dos gentios, Babilônia se tornará "morada de demônios, e guarida de todo espírito imundo, e esconderijo de toda ave imunda e detestável". Acreditamos que o nosso Senhor pensou nesse significado simbólico quando, ao se referir à amplitude da "grande árvore", disse que as aves do céu fariam ninhos em seus ramos.

Muitos comentaristas, entretanto, por entenderem que a *Parábola da mostarda* ensina o triunfo rápido e final do evangelho, usam a figura das "aves do céu" no bom sentido. Assim, Ellicott diz que as aves "não são emblemas do mal, mas referem-se aos sistemas de pensamentos, instituições ou equivalentes de outras raças que encontram refúgio sob a proteção da árvore". Outros erroneamente acreditam que "as aves" tipificam os novos convertidos que se integram à igreja. Trench, a despeito do seu admirável tratado em *The parables* [*As parábolas*], parece ter esquecido do aspecto profético de muitas delas. Quanto às aves, esse renomado comentarista diz: "São uma profecia do refúgio e defesa que serão para todos os homens na igreja". Stier tem uma interpretação semelhante quanto às "aves" e pergunta: "O que, então, são as aves senão, em primeiro lugar, os muitos homens e nações que são trazidos para o abrigo de sua estrutura (igreja) protetora?"

Se as interpretações acima significam pessoas não convertidas e nações, certamente tais aves poderiam corromper a árvore e, se simbolizam homens e nações convertidos, poderiam ser a expansão da árvore em si mesma. Uma árvore não cresce porque os pássaros fazem ninhos em seus ramos, e Jesus nunca poderia ter expressado essa idéia tão confusa, do crescimento da igreja, pela adição de algo contrário à sua natureza. Afirmamos, porém, que "as aves do céu" não representam homens e nações, mas o maligno. Satanás, o príncipe da potestade do ar, que observa a misteriosa disseminação do reino, desde o seu pequeno começo até a sua grandeza, e que sempre buscou abrigar-se nele, o que conseguiu rapidamente, por meio dos falsos irmãos que se tornaram parte da igreja desatenta.

Nessa parábola, nosso Senhor expõe o fato que, apesar do rápido crescimento e vasta expansão de sua causa durante a sua ausência, ela seria contaminada pela presença e ciladas do príncipe das trevas. Os que rejeitam essa interpretação sustentam que representa o que se alojou no reino dos céus, que consideram equivalente à igreja que Jesus veio estabelecer. Mas a história mostra que o crescimento externo da igreja abrigou o mal, e que hoje admite muitos cultos e organizações contrárias à sua verdadeira natureza. Outro fato incontestável é que, como Deus permitiu que Satanás tentasse a Jó ao extremo, e peneirasse a Pedro como trigo, em sua providência, ele admite que o joio cresça com o trigo e que aves malignas façam ninhos nos ramos da árvore.

Chegamos agora ao ponto de vital importância no esforço de interpretar corretamente a parábola de nosso Senhor, nesse estágio de seu ministério, a saber, a distinção entre cristianismo (a verdadeira igreja) e a cristandade. Muitas vezes, perdemos de vista a diferença entre a igreja como *organismo* e como uma *organização*. Uma pessoa pode estar no *organismo* mas não na *organização* ou *vice-versa*.

Nabucodonosor é uma chave para a parábola da "árvore grande", uma figura de seu poderoso império (Dn

Parábola da mostarda e das aves

4:10-12,20-22). Samuel comparou a soberba Assíria com um gigantesco cedro, que simbolizava a grandeza terrena e a proeminência mundana dessa nação, pois abrigava os povos circunvizinhos. O cristianismo começou com Cristo, e é Cristo, e com poucos seguidores leais que ele denominou "pequeno rebanho". Após a sua ascensão, a igreja espalhou-se por muitos lugares, e logo experimentou, em toda sua força, o antagonismo satânico. É sabido que todos os apóstolos, exceto João, foram martirizados. Satanás agiu com feroz perseguição e, mudando suas táticas, trabalhou interiormente na igreja. Verdade e erro foram misturados. As aves satânicas apanham a semente.

A *Parábola da mostarda* corresponde à época destacada pela carta à igreja em Pérgamo (Ap 2), quando a cristandade, primeiramente plantada em mansidão e humildade, assumiu a aparência das grandezas mundanas, e passou de alvo da poderosa perseguição do Império Romano a objeto de sua proteção, no reinado de Constantino, o Grande. Agora a árvore, com a sua elevada altura e longos ramos, tornou-se o emblema da dignidade e grandeza mundanas. Governadores dos gentios começaram a exercer autoridade nos assuntos da igreja (Mt 20:25-28). Ela então abandonou sua simplicidade em Cristo (2Co 11:2, 3). Tornou-se grande na terra, e assim é contrária ao seu caráter original e propósito e diferente daquele que é o Cabeça, manso e humilde de coração.

A igreja passou de *organismo* para *organização*, e desenvolveu uma paixão por proeminência, poder e posições. Homens, como governadores mundanos, buscam supremacia no meio dos cristãos. Assim, o Imperador Constantino, após derrotar o perverso Licínio, 328 d.C., "pôs o cristianismo sob o trono de César" e os príncipes assumiram o título e a função de "sumos sacerdotes". O dr. Campbell Morgan dá-nos o seguinte e excelente resumo do crescimento anormal da igreja em conseqüência da adesão de Constantino ao cristianismo: "Foi o dia mais tenebroso em toda história da igreja. Sua adesão ao cristianismo foi uma astuta e hábil manobra política que introduziu com isso muito paganismo e o elevou à posição de poder mundial; e, naquele momento, toda a igreja ficou sob a praga, da qual nunca se livrara completamente. Esse é todo o pecado e o erro do papado: a dominação em nome de Cristo, o desejo de governar sobre reis, imperadores e governadores, para ditar-lhes as regras; uma grande árvore espalha os seus ramos. Esse espírito permanece com toda força ainda hoje, e procura realizar a vontade de Deus por elevada organização, revestida de poder. Isso não é uma coisa boa. É um crescimento anormal".

Esse crescimento rápido, porém frágil, indigno de confiança e degenerado do cristianismo professo não estava no ensinamento do Fundador do cristianismo. A regeneração batismal, uma terrível heresia na qual Constantino acreditava firmemente, tornou-se a doutrina fundamental da igreja. Maria, a mãe de nosso Senhor, tornou-se a rainha do céu em lugar da deusa babilônica que tinha esse título (Jr 44:17-19). O uso do incenso, água benta, velas, magníficas vestimentas e a adoração a santos foram introduzidos e tornaram-se como "as aves do céu [...] aninhando-se nos ramos" da "árvore" religiosa. Satanás conseguiu moradia segura na professa igreja de Cristo de tal modo que ele está em condição de produzir a sua primeira grande dissimulação da verdade de Deus, avisada profeticamente pelo nosso Senhor na *Parábola do fermento*, a saber, o Catolicismo que, não obstante a sua aparência de *verdadeira* igreja de Cristo, pertence à *falsa* igreja.

Muito se poderia escrever sobre o desenvolvimento da falsidade na cristandade: o surgimento através dos séculos de falsos cultos e sistemas religiosos, todos apropriando-se do título de *cristãos*, como "Ciência Cristã", que não é nem cristã e nem ciência. Temos então a união entre a igreja e o Estado; a proposta da reunificação dos chamados ramos da igreja cristã em uma igreja Universal. A regeneração é absolutamente essencial para a inclusão na Igreja, que é o Corpo do Senhor, mas hoje a filiação está indiscriminada e existe um grande número de freqüentadores de cultos que não têm a experiência do novo nascimento e a fé nos princípios essenciais. O cristianismo está sobrecarregado, porque tantas "aves do céu" fazem seus ninhos nos ramos dessa frondosa árvore.

Ao relatar a entronização de Michael Ramsey, filho de um não conformista, arcebispo da Cantuária, em junho de 1961, o bispo de Southwark, que se referiu à suntuosa cena na Catedral da Cantuária, destacou: "Centenas de pessoas com cartolas e fraques. Mas não vi alguém da classe trabalhadora. Às vezes fico imaginando o que o Carpinteiro de Nazaré pensa a respeito de sua igreja. E ainda, se ele seria admitido nessa entronização; provavelmente, não". Ao referir-se ao período do fim dessa dispensação, Jesus mesmo disse-nos o que ele pensava a respeito, em linguagem nada cerimoniosa: "Vomitar-te-ei da minha boca" (Ap 3:16).

Como quem distingue entre cristianismo e cristandade; entre a verdadeira igreja, invisível; e a falsa, visível; temos a garantia do Mestre de que, se a nossa fé for como "um grão de mostarda", vamos prevalecer e remover montanhas. Nossa tarefa não é cristianizar a sociedade e promover o desenvolvimentos de uma grande árvore que brote da menor de todas as sementes. Que a graça mantenha fora de nossa vida tudo o que seja contrário ao propósito e espírito do Mestre. Soberba, orgulho, superioridade, amor à proeminência e posição são opostos a ele que se humilhou a si mesmo. As aves do céu não devem fazer ninhos na árvore da nossa vida cristã.

Parábola do fermento e da farinha
(Mt 13:33-35)

Nessa pequena parábola, também narrada por Lucas (13:20,21), colocada como um sanduíche entre as outras, Cristo continua a desenvolver o seu ensinamento resultante da parábola anterior, a do *Semeador e dos solos*, que se une com a *Parábola da mostarda*, em que nosso Senhor prevê a aparição do cristianismo meramente professo, em sua forma exterior e mundana. Aqui, na *Parábola do fermento*, ele mostra antecipadamente a corrupção doutrinária da igreja. Muitos comentaristas, entretanto, em seus esforços de *explicar* a parábola, têm conseguido *confundir* o seu verdadeiro significado, pois afirmam que ensina de que forma o evangelho, vagarosa mas firmemente, permeará toda a sociedade, até que todo o mundo se torne convertido por [e para] Cristo.

Nas quatro parábolas colocadas em forma de dois pares, a verdade que todos ensinam é coerente e progressiva:

Na parábola do *Semeador*, temos a rejeição da *Palavra* de Deus; a do *Joio e do trigo*, temos a oposição ao *Serviço* Divino;

Parábola do fermento e da farinha

na da *Mostarda*, temos o aborto dos *Desígnios de Deus;*
na do *Fermento e da farinha*, temos a corrupção da *Agência Divina.*

Para compreender o que o nosso Senhor pretendia dizer, quando proferiu essa última parábola, é essencial examinarmos as três partes que a compõem: a mulher, o fermento e a farinha. Aqui encontramos novamente a "regra três". Uma utilização dessas figuras de linguagem feita independentemente das Escrituras tem resultado em erros de interpretação. Descobriremos que a interpretação popular dessa parábola pode ser considerada totalmente errada, como mostraremos a seguir.

Fermento. Começaremos com esse polêmico produto, visto que *fermento*, quando utilizado de forma figurada, como acontece nessa parábola, obviamente significa algo ruim. Afirmar que um símile pode significar tanto algo bom como ruim, é violar a sua utilização simbólica, dada pelo Espírito Santo na Bíblia. Além do mais, pelo fato de que o *fermento* é invariavelmente usado para representar algo que é ruim, corrupto e insatisfatório, como pode significar esse outra coisa? Seu formato é "tão rígido quanto a matemática", e deve, então, o seu significado estar sempre em completa harmonia com a sua utilização, em qualquer outro lugar das Escrituras.

Certos intérpretes, na tentativa de adequar essa parábola, que eles enxergam como símbolo da cristianização do mundo, têm feito essa ser muito discutida. Resumidamente, as escolas de interpretações divergentes são:

O *fermento* nessa parábola é um tipo do poder conquistador do evangelho. Muitos param na primeira frase dita pelo nosso Senhor: "O reino dos céus é semelhante ao fermento", e afirmam que essa figura tipifica algo bom; portanto, representa a vitória completa da influência de Cristo nesse mundo pervertido. Apesar de essa ser a mais popular e mais aceita interpretação, não é necessariamente a correta. Na verdade, como veremos, esse pensamento contradiz o uso simbólico completo do *fermento* nas Escrituras. Além disso, essa visão desfaz o ensino das outras parábolas do nosso Senhor, e também a sua descrição do processo dessa dispensação, nas quais ele fala da mistura do que é bom com o que é mau e da santidade com a corrupção.

Os que lidam com essa parábola dessa forma violam ainda um princípio muito importante. Jesus não diz que "o reino dos céus se assemelha ao fermento", mas que "se assemelha ao fermento que uma mulher toma e introduz em três medidas de farinha, até que tudo seja levedado". Não é apenas o *fermento* que ilustra o reino dos céus, mas a parábola *como um todo.* Outras parábolas falam de misturas, mas se essa sobre o fermento for tomada como boa, e o *todo* torna-se então *levedado*, ou seja, torna-se bom, então não há misturas de forma alguma, o que seria contrário ao ensino das outras parábolas. O fermento foi escondido na farinha, como um tipo de mal, que representa a forma por meio da qual as sutis forças de Satanás militam contra a verdade. O *fermento* sempre é utilizado como um símbolo do que desagrega, do que rompe, do que se corrompe, como a utilização bíblica seguinte é usada para provar isso.

O fermento que veio para se tornar muito importante na feitura dos pães em Israel —suas leis e rituais e em seu ensino religioso, possivelmente consistia de "um pedaço de massa fermentada, retirada de uma massa feita anteriormente". Essa porção de massa, que havia sido preservada, era dissolvida em água em um local próprio para amassar pães, antes de lhe ser adicionada a farinha, ou de ser escondida nela e serem amassadas juntamente. O pão feito dessa forma era conhecido como "levedado", para distinguir do "não levedado" ou "asmos".

A primeira vez que o *fermento* aparece de forma negativa na Bíblia é em Gênesis 19:3, onde diz que Ló "assou um pão não levedado" para os anjos e que "eles o comeram", o que nos mostra de forma muito clara que o *fermento*, uma mercadoria comum, era um alimento apropriado para a pervertida e condenada Sodoma. Por que o justo Ló não colocou pão *levedado* perante os anjos? Porque ele sabia que "nada comum ou impuro" devia chegar aos lábios de seus hóspedes. Alimento para os anjos não pode ter aparência maligna. Temos sido tão cuidadosos quanto deveríamos ser, quanto ao nosso *alimento espiritual* provido pelos púlpitos?

A próxima referência a *fermento* é feita em conexão com o Egito, onde os israelitas, na véspera de sua partida da terra da servidão, receberam a ordem divina: "Sete dias comereis pães asmos. No primeiro dia tirareis o fermento de suas casas, pois qualquer que comer o pão levedado, desde o primeiro dia até o sétimo, será eliminado de Israel" (Êx 12:15). Por que, se o *fermento* é uma tipificação do que é bom, foi dito aos israelitas, de forma tão enfática, que deveriam eliminá-lo de suas casas durante a Páscoa? É tão importante observar que a origem desse símbolo de maldade nas Escrituras, ligado à Sodoma e ao Egito, volte à cena novamente nos últimos dias, durante o ápice da maldade do Anticristo (Ap 11:8).

O *fermento* é usado como um símbolo para o pecado, em sua essência dentro da lei mosaica dada logo depois: "Não oferecerás o sangue do meu sacrifício com pão levedado" (Êx 34:25).

A razão pela qual o fermento foi excluído de quaisquer sacrifícios feitos no fogo ao Senhor, era porque esses tipificavam a oferta sacrificial *sem pecado* do próprio Cristo.

"Pois de nenhum fermento, nem de mel algum, fareis oferta queimada ao Senhor" (Lv 2:11; 6:14-18; Êx 12:8,15,19,20).

Uma razão natural para essa proibição é encontrada no fato de que a fermentação implica um processo de corrupção. O *mel* era excluído do sacrifício porque esse era um símbolo do homem em busca da glória pessoal (Pv 25:27). Cristo podia afirmar: "Eu não busco a minha própria glória" (Jo 6:38; 7:18; 8:50). Dessa forma, o que era azedo ou doce foi proibido na oferta de alimentos.

Pães feitos de farinha, sem fermento, eram os únicos aceitos no altar do Senhor. (Lv 10:12). Já foi dito que a ordem acerca do "pão levedado" (Lv 7:13) é uma exceção à regra do fermento, como simbolismo do mal. Mas não é bem assim. Cada ato de louvor humano necessariamente possui, até certo ponto, um pecado misturado a ele. Se a iniquidade está no coração, o Senhor não nos ouvirá. Os dois pães apresentados ao Senhor na Festa das Semanas eram assados "com fermento". Esse acontecimento anunciava previamente o Pentecostes (At 2), onde os primeiros frutos dessa dispensação da Graça são vistos. Os *dois pães* são uma figura profética dos judeus e dos gentios salvos, nos quais uma boa quantidade da velha natureza permanecia, como pode ser visto no caso de Ananias e Safira. O pão típico, que representava Cristo, tinha de ser sem fermento; mas quando o pão tipificava o seu povo, precisava ser levedado.

Parábola do fermento e da farinha

A referência feita por Amós sobre a *oferta da consideração*, "um sacrifício de louvor com fermento" (Am 4:5) é na verdade uma mensagem irônica, e significa exatamente o oposto do que foi dito, como nos é revelado pelo versículo anterior. O contexto nos faz supor uma gritante infração da lei. O uso ou não do fermento pelos israelitas é resumido nessa profunda e penetrante passagem: " [...]a iniqüidade das coisas santas, que os filhos de Israel santificarem em todas as ofertas de suas coisas santas" (Êx 28:38).

Para os judeus, então, o fermento era um símbolo do mal. As palavras *fermento* ou *levedado* e *sem fermento* ou *asmo* ocorrem 71 vezes no AT e 17 no Novo, com esse termo sempre denotando o que é mau. A única exceção seria esse solitário texto, nessa parábola de nosso Senhor. Conhecedor de seu significado normal no AT, ele usou esses termos tanto nessa passagem como em todas as outras, com a mesma significação, como veremos.

Lightfoot comenta que os escritos judaicos regularmente utilizavam o *fermento* como símbolo para o mal. Um rabino disse: "Não confie em um prosélito até passarem-se 24 gerações, pois ele ainda guarda o seu fermento".

O Talmude o usa para significar "funestas afeições e a desobediência do coração". Plutarco, o historiador grego, expressou a antiga concepção do fermento quando disse que: "O fermento é ele mesmo gerado pela corrupção, e também corrompe a massa à qual foi adicionado". O uso figurado do fermento, no NT, reflete e confirma a antiga função dele de "corrupto e corruptor". Por exemplo, como disse Cristo, o fermento é um tipo da má, corrupta e desequilibrada doutrina: "Cuidado com o fermento dos fariseus, que é a hipocrisia" (Lc 12:1). Aqui ele advertiu os seus discípulos da falsa doutrina dos fariseus, como nos é mostrado também na passagem paralela de Marcos, que ainda adiciona "o fermento de Herodes", o qual simbolizava essa vida mundana (Mc 8:14,15). "O fermento dos fariseus e dos saduceus" era a infidelidade, e Jesus censurou os seus por não a detectarem (Mt 16:6,12; 22:23,29; Atos 23:8). Como Cristo poderia deliberadamente confundir os seus discípulos, quando usou o *fermento* como uma figura do que é bom, nessa parábola que estudamos, pois ele sempre a usava como uma figura do mal?

O fermento dos *fariseus* era a formalidade hipócrita, ou a religiosidade, uma cegueira religiosa; e ainda temos isso no legalismo de nossas igrejas.

O fermento dos *saduceus* era o ceticismo ou racionalismo, uma negação do sobrenatural, tão comum hoje entre os evolucionistas.

O fermento de *Herodes* era uma degradação sensual, resultado dos dois primeiros fermentos. Apartar-se de Deus e de sua Palavra resulta em secularismo e em tolerância às cobiças mundanas e calamidades desse século. O fermento de Herodes consistia em poder e grandeza, baseados na possessão de coisas materiais. Não é esse o pecado das nações e dos homens hoje?

Quando estudamos os ensinamentos de Paulo, descobrimos que ele faz uso do fermento como um símbolo para o pecado em desenvolvimento: "Um pouco de fermento leveda toda a massa. Lançai fora o fermento velho, para que sejais uma massa nova, assim como sois sem fermento [...] e fermento da maldade e da malícia ... os asmos da sinceridade e da verdade" (1Co 5:6-8). A referência de Paulo ao sacrifício sem pecado de Cristo e sua afirmação de que os crentes, dessa forma, eram *sem fermento*, fecha a questão acerca do significado usual para fermento e que a sua interpretação popular está errada. Em "um pouco de fermento leveda toda a massa", Paulo se referia à necessidade da exclusão de um homem que havia cometido incesto, porque seu pecado poderia se espalhar, se fosse mantido sem julgamento. Não há necessidade de lançar fora o que é bom.

A última passagem na qual o *fermento* é mencionado encontra-se em Gálatas 5:7-9, onde o apóstolo está preocupado com a propagação de uma falsa doutrina. Na passagem anterior, o *fermento* é associado com o mau proceder, com o poder corrupto de um mau exemplo. Aqui o símile é usado em referência aos efeitos prejudiciais de uma falsa doutrina, os quais são resumidos pelo apóstolo em duas áreas, em sua advertência das "impurezas da carne e do espírito" (2Co 7:1).

O *fermento* que os legalistas tentavam espalhar entre os crentes da Galácia vinha dos fariseus, os quais diziam que antigas leis, como a circuncisão, ainda eram necessárias à salvação.

É interessante observar os três significados do *fermento* para Paulo:

1. É chamado "persuasivo", algo que exerce uma poderosa e emotiva influência;
2. Ele atrapalha o homem na "obediência à verdade";
3. É expressamente chamado "não pertencente" àquele que nos chamou.

Pink observa que "é digno de nota que a palavra *fermento* apareça exatamente *treze* vezes no NT, um número sempre associado com o mal e a obra de Satanás. Dessa forma, como podemos observar, esse tipo de fermentação (na verdade, um início de putrefação) é, através de todas as Escrituras, de forma uniforme, uma figura da corrupção —do mal". Apesar desses fatos evidentes, muitos estudiosos antigos e modernos persistem em usar o *fermento* nessa parábola como um símbolo para as benéficas influências do evangelho no mundo.

Martinho Lutero, em sua *Exposition* [*Exposição*], trata dessa forma o *fermento* da parábola: "Nosso Senhor deseja nos confortar com essa similitude, e deu-a a nós para que entendamos que o evangelho, como uma porção de um novo fermento, uma vez misturado à raça humana, que é a nossa, jamais cessará a sua atividade até o fim dos tempos; mas antes fará o seu trabalho dentro da massa, a favor daqueles que estão para ser salvos, apesar das portas do inferno. Da mesma forma que esse fermento, uma vez misturado à massa, nunca se separa dela, visto ter mudado a sua natureza, também é impossível para os cristãos serem arrancados de Cristo. Pois Jesus, como uma porção de fermento, está de tal forma incorporado neles, para que formem um só corpo, uma massa [...] o fermento também é a Palavra que renova o homem". Estudiosos, através dos tempos, têm seguido esse falso raciocínio dos reformistas.

Já Stration acha que temos uma excelente ilustração acerca da originalidade de Jesus, em seu uso do fermento: "No pensamento dos ouvintes, o fermento sempre foi visto como o poder contaminador do mal; mas aqui Jesus o aplica para o poder transformador de Deus, e concede um uso inteiramente novo para o fermento, com toda a certeza". Mas o Senhor, como um profundo estudante do AT, que com certeza o era, porventura se oporia contra o antigo e inspirado significado do fermento?

Parábola do fermento e da farinha

A. B. Bruce, que nos proporcionou um rico estudo em seu *Parabolic teaching of Christ* [Ensino parabólico de Cristo], traz juntos os três símbolos: "vocês são o sal"; "vocês são a luz"; "vocês são o fermento do mundo". Mas Jesus disse que o fermento tinha de ser *escondido* na farinha. Então, na aplicação de Bruce, os cristãos devem se esconder no mundo e não confessar abertamente o Mestre. Butterick diz que o fermento, usado normalmente, mesmo por Jesus "como um símbolo da influência do mal, não deve nos distanciar da interpretação que é explícita nessa parábola —o reino de Deus é uma influência que tem poder para se espalhar e influenciar; esse conquista a vida dos seres humanos, da mesma forma que o fermento subjuga a massa". Todos podemos ver que após 2 mil anos de cristianismo, há uma tremenda massa a ser dominada. Lang fala do fermento como "o poder transformador em toda a massa humana, e no todo, feito de indivíduos".

O estimado Alexander Maclaren concorda com a interpretação popular do *fermento:* "O fermento, obviamente, é tomado como um símbolo do mal ou de corrupção [...] mas a fermentação age, tanto enobrecendo quanto corrompendo, e nosso Senhor valida o outro uso possível dessa metáfora. A parábola mostra os efeitos do evangelho, o qual, quando ministrado para a sociedade humana, em que a vontade de Deus é suprema, transforma um pedaço de massa pesada em um pão leve e nutritivo". Mas esse comentarista deixou de perceber que a farinha levedada não poderia representar a propagação do mal *e* a do bem ao mesmo tempo. Esse fato nos faz pensar que, se o fermento é bom, o mundo hoje é menos levedado do que jamais foi. Não disse o próprio Senhor: "Quando, porém, vier o Filho do homem, achará fé na terra?" (Lc 18:8).

A terrível verdade é que o mundo está vivendo em densas trevas. Falando de forma geral, o evangelho hoje não é nem acreditado e nem desejado. O paganismo tem crescido imensamente durante a última década. Podemos ver em nossos dias que o mundo está se corrompendo, e a Igreja junto com ele. Se a *farinha* é o mundo e o *fermento* é o evangelho, o desígnio geral divino tem falhado em seu objetivo. As declarações solenes de Jesus, para nos relembrar acerca do curso dessa dispensação, como o fizeram os apóstolos, não podem ser verdadeiras se o mundo está melhorando pela difusão das qualidades do evangelho (Lc 17:26-30; Mt 24:1-14; 1Ts 5:3; 2Ts 2:1-12; 2Tm 2:1-5; 2Pe 3:3,4; Jd 18; Ap 3:16; 17:1-6).

Mulher. Quem, ou o que, devemos relacionar com a figura da mulher dessa parábola? É uma figura *secundária* ou é *essencial* à mensagem? a maioria dos comentaristas parece negligenciar a sua presença e participação. Talvez eles imaginem que a sua inclusão seria natural, visto que a colheita no campo era um trabalho masculino; logo a preparação do pão em casa seria uma tarefa feminina. Mas há muito mais significados além do seu simples ato de preparação do pão, quando Jesus, em sua declaração, trocou a área agrícola pela doméstica. Muitas vezes ele tinha observado Maria, sua mãe, amassar e assar o pão, e agora ele usa essa ilustração doméstica com um efeito magnífico. Não há necessidade de alguma explanação acerca da participação de Cristo nela. Aqueles que O ouviram compreenderam a partir "da perspectiva hebraica, e com o conhecimento dos escritos judaicos e dos simbolismos das figuras de linguagem utilizados"; e também como conhecedores do processo de fazer os pães, sem dúvida, entenderam o significado da parábola.

A Bíblia usa a figura da *mulher*, simbolicamente, de três formas diferentes:

1. *Como reino.*
"Assenta-te silenciosa, e entra nas trevas, ó filha dos caldeus; nunca mais serás chamada senhora de reinos" (Is 47:5);
2. *Como cidade.*
"a formosa e delicada, a filha de Sião, eu deixarei desolada" (Jr 6:2; Is 3:26; 51:17,18; Ez 24:6,7);
3. *Como igreja.*
VERDADEIRA — "Mas a Jerusalém que é de cima é livre, a qual é mãe de todos nós" (Gl 4:26; Sl 45:10,13; Is 54:1, 6; Ap 12:1, 6, 17);

FALSA — "Vem: mostrar-te-ei a condenação da grande prostituta que está assentada sobre muitas águas (Ap 17:1; Zc 5:7).

Muitos estudiosos da Bíblia identificam a mulher dessa parábola como a apóstata igreja de Roma, que representa uma *cidade*, um *reino* e uma *igreja*. Campbell Morgan comenta: "a mulher sempre representa a autoridade e a administração da hospitalidade em um lar. Falamos da Igreja como uma mãe. O grande sistema romano sempre fala da mãe igreja". Newberry diz que as parábolas da *Mulher*, do *Fermento* e da *Farinha* correspondem, em ordem cronológica, com a carta endereçada à quarta igreja, em Tiatira (Ap 2:18), e seu tipo histórico é encontrado nos relatos do reino de Acabe e de sua mulher Jezabel: "Não houve ninguém como Acabe, que se vendeu para fazer o que era mau aos olhos do Senhor, porque Jezabel, sua mulher, o instigava" (1Rs 21:25). Quando Jesus se dirigiu à igreja em Tiatira, ele condenou severamente esse relacionamento: "Mas tenho contra ti que toleras a Jezabel, mulher que se diz profetiza; com o seu ensino, ela engana os meus servos, seduzindo-os a se prostituírem e a comerem das coisas sacrificadas aos ídolos" (Ap 2:20). Newberry diz que "o sistema papal é representado pela mulher Jezabel, por meio do seu dogma: 'Ouça a igreja', que tem corrompido a doutrina cristã e, dessa forma, levedado a igreja onde quer que sua doutrina prevaleça. Assim, o sistema papal corresponde à mulher que coloca fermento na farinha". Roma não quer que Deus fale diretamente aos homens, por meio de sua Palavra, pois a posse particular e a leitura da Bíblia são desestimuladas. Os católicos romanos são instruídos que as Escrituras devem ser recebidas somente sob a autoridade de Roma e explicadas por ela.

O nosso Senhor declarou que a mulher Jezabel, como profetisa, ensinava e seduzia os seus servos. Paulo escreveu: "Não permito que a mulher ensine, nem que exerça autoridade sobre o marido, mas que esteja em silêncio" (1Tm 2:12). "Assim como a igreja está sujeita a Cristo, assim também as mulheres o sejam em tudo a seus maridos" (Ef 5:24).

Na parábola, a "mulher" escondeu o fermento na farinha. O Senhor, entretanto, não entregou o seu evangelho nas mãos de *mulheres*, as quais não estavam entre os 12, nem entre os 70 que ele comissionou e enviou. Certamente mulheres regeneradas têm seu espaço de atuação na propagação de sua causa. Scofield tem uma observação que diz: "Uma mulher em seu mau senso ético sempre simboliza algo fora de seu lugar, religiosamente falando" (Ap 2:20; 17:1-6). É digno de nota observar que as mulheres têm muita ligação com a fundação de falsos cultos religiosos, como a ciência cristã, a teosofia, o espiritismo, a Igreja da Unificação, os adventistas do sétimo dia etc.

Parábola do fermento e da farinha

Além do mais, não tem sido a igreja moderna feminilizada? Se pelas mulheres, ou por uma mulher que simboliza a igreja apóstata, almas têm sido corrompidas da simplicidade que há em Cristo, o sistema da verdade revelado como um todo tem sido enfraquecido pela apostasia ensinada por elas.

A ação particular da mulher é facilmente notada: *escondeu* o fermento na farinha. Essa é uma característica que não pode ser deixada para trás. Se o *fermento* na parábola representa algo *bom*, por que *escondê-lo*? a mulher *pegou* o fermento —não o *recebeu*. É dessa forma que os servos de Cristo devem pregar o seu evangelho? Devem sussurrar em segredo e agir furtivamente? O Mestre não estimula os seus a pregar nos telhados (Mt 11:27)? *Esconder* nunca é relacionado à pregação da Palavra, na Bíblia, mas muito pelo contrário (Sl 40:9,10). O próprio Jesus falava *abertamente* ao mundo (Jo 18:18,19-21), e os seus seguidores devem fazer o mesmo (Mc 16:15). Os mensageiros divinos são exortados a levantar suas vozes como uma trombeta e falar ousadamente (Is 58:1; At 19:8; 2Co 5:20).

Segredos ocultos e disseminação de falsas doutrinas caminham juntos. Falsas doutrinas foram introduzidas despercebidamente na igreja Primitiva por falsos irmãos (Gl 2:4). Falsos mestres trouxeram suas malditas heresias *secretamente* (1Pe 2:11,12). Judas fala daqueles que se introduzem dissimuladamente para corromper os santos (Jd 4,5). Mulheres tolas são levadas à perdição (1Tm 5). Dessa forma, a mulher dessa parábola age de forma desonesta e enganadora. Seu objetivo de furtivamente introduzir um elemento corrupto e estranho à farinha, é o que gera a sua deterioração; e isso é o que a apóstata Roma faz de forma tão sutil e secreta para alcançar os seus propósitos.

Três medidas de farinha. Muitas interpretações imaginativas têm sido dadas acerca da quantidade da farinha. Os "pós-milenaristas" dizem que "as três medidas de farinha" representam a raça humana entre as quais o evangelho é pregado. Assim como "o mundo todo jaz no maligno" (1Jo 5:19), isso faz da "farinha" uma figura do que é mau, pecaminoso e depravado. Outros dizem que a "farinha" fala dos eleitos de Deus em seu estado natural, mas a analogia das Escrituras é contrária a tal ponto de vista. Um comentarista acredita que a mulher teria colocado uma porção de fermento em cada medida de farinha, até que todas as *três* tivessem levedado, e que elas corresponderiam à fé, à esperança e ao amor (1Co 13:13); cada uma das quais foi corrompida por Roma. Trench, geralmente conservador em suas análises, segue Jerônimo em sua sugestão de que simbolicamente "as três medidas de farinha" significam as três partes do mundo antigo, ou corpo, alma e espírito —os três elementos da vida humana; ou a raça que descendeu dos três filhos de Noé.

Mas quando Jesus empregou a expressão: "três medidas de farinha", ele não utilizou apenas uma mera linguagem ocasional e figurada, mas um texto que tinha um significado definitivo e valioso para a mente hebraica. Na interpretação das Escrituras, "a lei da primeira menção" é de suma importância. A primeira alusão às "três medidas de farinha" é feita por Abraão, quando esse preparou uma refeição para o Senhor (Gn 18:6). Essa era uma refeição de companheirismo e hospitalidade, preparada para um visitante sobrenatural, e uma refeição da qual participavam tanto o anfitrião como o convidado. A menor quantidade que pode ser oferecida em uma oferta de cereais, de acordo com a lei, era um ômer, a décima parte de uma efa (Êx 16:36). Três décimos constituíam a oferta mais comum, e essa passagem é mencionada sete vezes (Nm 15:9; 28:12,20,28; 29:3,9,14).

A "medida", na parábola, era a terça parte de uma efa; portanto, três medidas eram iguais a uma efa —a mesma quantidade oferecida por Gideão e Ana (Jz 6:18,19; 1Sm 1:24); e a mesma quantidade ordenada para uma oferta de cereais no livro de Ezequiel (45:24; 46:5,7,11). Entretanto, há um relacionamento distinto entre as "três medidas de farinha" e a fonte de cereais (ou carne) que recebe uma ordem específica: "Nenhuma oferta de cereais, que fizerdes ao Senhor, se fará com fermento" (Lv 2:11). Dessa forma, quando a mulher *escondeu* o *fermento* na *farinha*, fez algo que Deus proibiu. Misturou um elemento estranho à farinha.

Uma oferta de cereais tipifica "a hospitalidade de uma alma para com Deus, e a hospitalidade de Deus para com uma alma". Cristo é o alimento de seu povo, que é partilhado na comunhão com Deus. Jesus é o pão da vida, e a sua doutrina é o bem mais valioso da Noiva de Cristo. A manutenção de tal doutrina pura é a sua maior responsabilidade. Infelizmente, a igreja a tem adulterado com fermento!

A *farinha* pode ainda ser enxergada como a própria Igreja. Cristo, como a grão de trigo, que cai no solo e morre, produz uma colheita por si mesmo. A farinha vem do trigo e Paulo fala da verdadeira igreja como "um só pão" (1Co 10:17). Ordinariamente, quando o fermento é misturado à farinha, ele a faz crescer. Não é o que o evangelho faz quando entra em um coração humano. Um efeito oposto é produzido, pois o pecador culpado se rebaixa, humilde. Colocada de forma simples, a *Parábola do fermento* representa a degeneração em sua força, uma ruptura do companheirismo divinamente ordenado, a influência corrupta da apostasia.

Com essa parábola, Jesus conclui o seu discurso à multidão. Como não o receberam como Rei, Cristo se dirigia aos mesmos em parábolas, nas quais "falou de coisas que traziam à mente a sua rejeição e um aspecto do reino desconhecido das revelações do AT, que tinha em vista, tanto o reino em poder, ou de um restante que recebe, entre sofrimentos, como a palavra do que tinha sido rejeitado".

Parábola do tesouro e do campo
(Mt 13:44)

O nosso Senhor não mais se encontrava com a multidão na beira do mar, local muito conveniente para uma pregação, onde ele se dispôs ao povo, depois do testemunho que aparece no final do capítulo 12, para onde havia se dirigido ao deixar sua residência. Agora ele voltava à casa, junto com os seus discípulos e "despede a multidão" (o mundo *externo*, "o qual jaz no maligno"), e percebe que eram incapazes de receber o aspecto *interno* de sua mensagem. Dentro da casa, os discípulos se aproximavam dele para uma *profunda* exposição de todas as coisas (Mt 13:10, 17; 1Jo 5:19).

Nas quatro parábolas apresentadas, Jesus, após falar aos "homens de visão", agora se dirige aos "homens de fé". Aos homens de visão dentre a multidão, ele fala de aspectos diferentes, patentes e evidentes no curso dos tempos. Agora ele se volta para assegurar aos homens de fé, aos seus discípulos que O receberam como o Cristo; e os instrui nas verdades divinas, nos métodos e

Parábola do tesouro e do campo

propósitos concernentes ao curso e à consumação dos tempos. Ele estava próximo de deixar os seus; por isso revelara as características do seu reino aos olhos de um homem espiritual, e o que esse deve entender como o verdadeiro pensamento de Deus acerca do reino. Os segredos mais profundos de Deus não poderiam ser compreendidos pela visão. Como Campbell Morgan bem expressa: "Estes constituíam os segredos de Deus, mas eles eram revelados a homens de fé que, conhecedores de todas essas coisas, recebiam força e encorajamento e seriam então equipados para toda obra. Esse é o caráter das quatro parábolas das quais estamos tratando".

Para a compreensão do propósito de Deus, duas parábolas foram dadas em forma de um par: a do *Tesouro escondido* e da *Pérola de grande valor*. Essas parábolas foram construídas juntas e possuem apenas um texto, e ensinam a mesma lição geral, a saber, a incomparável dignidade e o triunfo final do reino de Deus. Butterick fala o seguinte sobre essas duas breves parábolas: "As narrativas do tesouro e da pérola são parábolas gêmeas com uma semelhança tão clara, que ninguém pode negar os seus laços sangüíneos. Mas, da mesma forma que acontece com crianças gêmeas, cada uma tem as suas peculiaridades. Suas semelhanças e diferenças podem ser mais bem demonstradas, se forem estudadas juntas. Ambas ressaltam o valor do reino para o indivíduo".

Trench tem uma observação semelhante a respeito das duas parábolas: "Uma é o complemento da outra: de forma que em uma ou em outra, como os que encontram tanto a da *Pérola de grande valor* quanto a do *Tesouro escondido*, todas podem ser consideradas os que se tornam co-participantes dos ricos tesouros do evangelho de Cristo".

Ao comparar e contrastar a do *Tesouro escondido* com a da *Pérola de grande valor*, Habershon diz que tem no primeiro a *visão de Deus* e depois a *visão da fé*, que deve ser reconhecida por todo o Universo: "O tesouro escondido, possivelmente, sugere uma olhada para o passado, e mostra como essa preciosidade foi descoberta por ele, ainda quando o tesouro estava escondido no campo. O valor incomparável da pérola, quando essa fosse exibida, seria reconhecida por todos, e parece olhar para a frente, para o tempo quando Jesus virá a ser admirado por todos aqueles que crêem, e quando a jóia que ele conquistou no oceano desse mundo será o espanto do Universo".

Indo um pouco além, devemos observar a distinção existente entre essas duas parábolas: *O Tesouro*, no pensamento coletivo, precisa ser constituído de *unidades*, de peças preciosas, como moedas e jóias de vários tipos. Na da *Pérola de grande valor*, entretanto, há apenas *um* objeto. Esse uso do simbolismo duplo foi explicado por José, muito tempo antes dos dias de Cristo (Gn 41:23). Esses dois retratos colocados juntos, então, parecem representar diferentes aspectos de uma mesma verdade. Mas ambas as parábolas terminam em um mesmo ponto: a finalização do propósito. Juntas, enfatizam duas verdades: o fato de que tanto o *Tesouro escondido* como a *Pérola de grande valor* não têm preço, e a alegria é do comprador.

Essas parábolas estudadas têm ainda outro propósito. Se tivéssemos apenas as parábolas anteriores, como a *do Semeador; do Trigo e do Joio; da Semente de Mostarda;* e *do Fermento*, com suas visões sombrias e pessimistas, seríamos tentados a perguntar: "O propósito divino acabará em fracasso? Triunfará o inimigo?" Mas *dentro* da casa, todos os temores que os discípulos pudessem ter quanto à vitória final foram aniquilados. "Quando tentei compreender isso, fiquei sobremodo perturbado, até que entrei no santuário de Deus; então entendi o fim deles" (Sl 73:16,17).

Quando olhamos ao nosso redor, para a condição terrível em que se encontra esse mundo; quando olhamos para a divisão e o empobrecimento espiritual da igreja, podemos nos sentir desanimados. Muitos perguntam: "O cristianismo fracassou?" Mas para os que crêem no sempre vitorioso Senhor, podemos dividir com ele o seu otimismo, baseado na obra misteriosa e escondida de Deus, mesmo em uma era desencorajadora e dominada pelo diabo. Os moinhos de Deus parecem moer devagar, mas, com certeza, trabalham muito bem.

Após narrar as suas parábolas, Jesus pergunta aos homens de fé: "Vocês entenderam todas estas coisas?". Eles responderam: "Sim, Senhor". Ele satisfatoriamente liquidou qualquer dúvida que pudessem ter, ao utilizar-se dos recursos e figuras abaixo:

Na parábola do *Tesouro*, ele acalmou a desconfiança de que a pequena terra seja como um pródigo fracassado, em meio à um universo benevolente. Hendrik von Loon escreveu acerca deste mundo: "Nosso planeta é de quinta grandeza que gira ao redor de uma estrela de décima grandeza, em um canto esquecido do Universo". Mas Jesus nos assegura que o mundo é o objeto de sua aliança, o qual ele comprou com a manifestação de sua glória.

A *Pérola de grande valor* nos revela a vitória final de Deus diante do fracasso humano. Como veremos, quando examinarmos essa parábola detalhadamente, aquele que comprou a Pérola revela "a gloriosa transformação do ódio assassino de uma humanidade pecaminosa em redenção, por meio do amor de Deus".

Em resumo, o Senhor deu aos seus a certeza de que a justiça será executada. Hoje em dia, muita semente que foi plantada parece desperdiçada, pois enquanto o joio domina o campo do trigo, a semente de mostarda está pervertida e o fermento corrompe a farinha; mas o momento se aproxima em que o Senhor fará uma inapelável separação entre o bem e o mal. O seu intento final para um mundo corrupto e pecaminoso é a purificação universal.

Quando voltamos à primeira parábola, a do *Tesouro*, descobrimos nela duas figuras que já foram usadas em parábolas anteriores, e que trazem significado.

Campo. Jesus disse que "o reino dos céus assemelha-se a um tesouro escondido em um campo". Anteriormente ele tinha declarado que "o campo é o mundo". Por "mundo", entendemos o globo terrestre no qual vivemos e habitamos. O "tesouro, seja lá o que for, está escondido *neste* campo. A interpretação de Trench difere desta: "Para mim", diz ele, "o campo representa a igreja visível, em distinção da espiritual, com a qual o tesouro combina".

Homem. Em parábolas anteriores, o "homem" que semeia no campo é identificado pelo nosso Senhor como ele mesmo: "O Filho do homem". Que ele é o "homem" que esconde e protege o *tesouro,* é evidente, porque na parábola ele nos dá uma representação do mundo e do seu relacionamento com ele.

Quando nos aproximamos para interpretar a parábola como um todo, quão confuso nos tornamos em razão das diferentes exposições dadas. Um bom número de escritores tem nos feito acreditar que "Cristo é

Parábola do tesouro e do campo

o tesouro escondido no campo; ele está escondido no campo das Sagradas Escrituras, onde é subentendido por meio de tipos e parábolas". Enquanto concordamos com a última parte dessa declaração, rejeitamos a primeira, por ser completamente contra as Escrituras. Como pode ele ser o comprador do campo, o dono do tesouro e o próprio tesouro?

Ainda há os que vêem no "tesouro escondido no campo" uma figura de Israel, particularmente das chamadas dez tribos perdidas. Desde os primeiros tempos, a Israel redimida é chamada de "o tesouro peculiar" de Deus, "um povo especial separado para ele mesmo", e um "diadema real" (Êx 19:5; Dt 7:6; 14:2; Sl 135:4; Is 62:1-4; Jr 31:1-3). Aqueles que sustentam ser Israel o tesouro, afirmam que foi por causa dele que Deus comprou o mundo, como um teatro no qual ele demonstra às nações a grandeza do seu amor imutável pelo seu povo antigo e oculto. Afirma que Deus tem dois corpos compostos de pessoas eleitas, por meio das quais ele pretende revelar as riquezas de sua graça e glória, nas duas esferas do seu império —o mundo e os céus. Um desses é *Israel*, apresentado na *Parábola do tesouro escondido;* o outro é a *igreja*, como demonstrado na *Parábola da pérola de grande valor*. Apesar de crermos que os judeus são um dos tesouros de Deus, não estamos satisfeitos com a idéia de que o "tesouro" seja unicamente o povo judeu.

É difícil conciliar a idéia de que a verdadeira igreja seja o tesouro escondido que Cristo encontrou (e que deu tudo de si para adquirir) com o fato de que a igreja de Cristo foi eleita por Deus antes da fundação do mundo, e que Cristo está relacionado com tal escolha (Ef 1:4). Já existente no conselho, conjunto do Pai e do Filho, como poderia ele ignorar a sua existência? (Jó 17:6) Newberry diz que "esta parábola corresponde cronologicamente com a carta endereçada à igreja de Sardes (Ap 3:2-6), na qual essa igreja é um símbolo do período da Reforma, e que seu tipo histórico é encontrado na história de Jeú (2Rs 9:10), cujo momento era o da reforma externa. Na *Parábola do trigo e do joio,* "a boa semente são os filhos do reino", misturados a ordinários professores, de forma que era difícil distingui-los. Aqui, os mesmos filhos do reino são vistos como um tesouro escondido no mundo; entre a massa da humanidade".

G. H. Lang vê nesse "tesouro" o aspecto atual do reino de Deus e dos céus, que é o nível de existência onde a autoridade de Deus é plena, e a santidade e a felicidade celestiais são desfrutadas. Lang segue em frente e cita a experiência espiritual de Abraão, Moisés, dos apóstolos, Paulo e Martinho Lutero que, quando se tornaram recipientes de uma revelação da verdade e da glória do reino de Deus, dispuseram-se a sacrificar todas as outras coisas para apreciar, mais plenamente, a riqueza espiritual que descobriram —o preço a ser pago pelo tesouro escondido de Deus.

Qualquer coisa que seja o "tesouro", ele, e não o campo, pertencia ao homem. Então, com o objetivo de tomar posse do tesouro escondido, ele comprou o campo. Se crermos como Darby, que o tesouro representa o povo de Deus, "a igreja é vista, não em sua moralidade ou em determinado senso divino de beleza, mas como o objeto dos desejos e do sacrifício do Senhor"; ou como Morgan declara: "O tesouro é o reino de Deus escondido no mundo, e o governo de Deus, seus princípios, sua ordem e sua beleza que a tudo suplanta". Cremos que Cristo não apenas vendeu tudo o que tinha pela nossa salvação, mas também comprou o mundo. Dessa forma, temos nele uma dupla ação. Ele criou o mundo e depois o redimiu —e que alto preço ele pagou!

Cristo redimiu o mundo no qual vivem os homens, e também os comprou ao mesmo tempo, "não com prata ou ouro", com moedas comerciais, mas com "o seu precioso sangue, o do Cordeiro sem mancha". O mistério da divindade é a dor. Por isso, tanto a Igreja como o mundo são propriedades de Jesus. O mundo foi comprado, não tanto por consideração a algum valor, mas por causa do tesouro que esse continha. Não nos ensina Paulo que, pelo sangue da cruz, a paz torna-se possessão das almas redimidas, e que pelo madeiro todas as coisas, sejam na terra ou nos céus, foram reconciliadas com Deus? (Cl 1:20)

Quando Davi subiu, debaixo da ordem divina, à eira de Araúna para erigir um altar ao Senhor, a fim de que a espada do anjo que executava o juízo pudesse ser novamente embainhada, ele comprou não apenas a eira, o local do altar, que valia 50 ciclos de prata —o preço da redenção de 100 homens, mas também adquiriu o "local", o campo em redor, por outros 600 ciclos de ouro, onde o templo futuramente seria erigido para o louvor do Senhor (1Cr 21:25). Toda a criação, redimida por um valor incalculável, aguarda o tempo da perfeita manifestação do seu propósito final. No tempo presente, o mundo vive no pecado, está manchado de sangue inocente e também pervertido; mas esse ainda é o seu mundo, e será cheio de sua glória no momento quando toda a carne reunida compreender isso. Esse acontecimento aproxima-se, quando o tabernáculo de Deus estará com os homens, e seu mundo redimido será o centro de seu glorioso Universo.

Parábola do comerciante e da pérola
(Mt 13:45,46)

Ao mesmo tempo em que essa encantadora parábola é de muitas formas similar à anterior, há no entanto uma acentuada diferença que deve ser observada. Na parábola anterior o homem descobriu o tesouro no campo por acaso. Ele não estava empenhado em procurá-lo, e nem sequer cogitava alguma descoberta. Ocupado com outros afazeres, ele simplesmente tropeçou no tesouro de maneira inesperada. Mas na *Parábola da pérola de grande valor* a situação é diferente. O comerciante estava séria e deliberadamente em busca de pedras preciosas. Essa era a sua profissão. Para garantir a aquisição das mais lindas pérolas, ele estava disposto a viajar para bem longe, e preparado para assegurar tal aquisição sem se importar com o custo. Assim, por um lado temos um homem que parece não ter um objetivo em mente, enquanto que do outro vemos um comerciante determinado e de grandeza de objetivos; um homem que, por estar apto a dar o devido valor a uma pérola de qualidade quando a visse, empenhava-se apenas em encontrar as de verdadeiro valor. A aplicação pessoal dessa diferença é bem evidente. Aqueles que são sinceros em sua busca da verdade ficam com a melhor parte.

Como acontece com outras parábolas, a *Pérola de grande valor* também tem sofrido muito nas mãos de comentaristas bem intencionados. A interpretação mais comum e popular dessa parábola é a que considera ser a *Pérola de grande valor* o próprio Cristo. Embora isso não signifique que todo o popular seja insignificante, ou seja falso tudo o que é tradicional, consideramos que essa interpretação, aceita pela maioria, é ao mesmo tempo errada e falsa. Essa interpretação tem sido expressa num hino que de outra forma seria belo, porém a letra não traduz a verdade sobre o ensino da parábola:

> Encontrei a mais valiosa de todas as pérolas.
> Meu coração verdadeiramente canta de alegria;
> E certamente devo cantar, pois tenho a Cristo —
> Ó! Tal é o Cristo que tenho!

Mas tal interpretação está sujeita a sérias objeções, por duas razões:

1. Desarmoniza completamente a parábola com o ensinamento do contexto. O *semeador*, o *homem* e o *comerciante* são todos uma só pessoa —o próprio Mestre.
2. Apresenta o pecador como se estivesse inteiramente em sacrifício para obter a Cristo. Contudo, a parábola não é a imagem de um pecador em busca de Cristo, mas de Cristo em busca de sua igreja.

Paulo declara que "não há ninguém que busque a Deus" (Rm 3:11). É Cristo quem procura o pecador: "Pois o Filho do homem veio buscar e salvar o que se havia perdido" (Lc 19:10). É o Pastor quem busca a ovelha, e não a ovelha ao Pastor. Além disso, Cristo não pode ser comprado. Ele é o dom indescritível de Deus: "O dom gratuito de Deus é a vida eterna" (Rm 6:23); e um *dom* não pode ser comprado, vendido ou barganhado. A Escritura refere-se aos pecadores:"Não tendo eles com que pagar" (Lc 7:42). Também, possuidor de nada além do "trapo da imundícia" (Is 64:6), o pecador nada tem que possa vender, para poder comprar a Cristo. Portanto, essa interpretação dessa parábola inverte de cabeça para baixo a verdade de Deus, porque ele declara que a salvação é sem dinheiro e sem preço (Is 55:1). *Comprar* a Cristo, ou *adquiri-lo*, constitui-se em violação do ensino claro da Escritura. O pecador não é o agente *ativo* que escolhe a Cristo (Jo 15:16).

G. H. Lang rejeita o que consideramos ser a correta interpretação dessa parábola, i.e.: Cristo é o Comerciante, a pérola é a igreja e o Calvário foi o preço pago pela aquisição dessa pedra preciosa. Lang rejeita essa interpretação, pois a considera um engano e coloca-a na mesma linha de outras interpretações, que, em suas palavras, devem ser excluídas "pelo fato de que a parábola não diz que o reino do céu é como uma *pérola*, considerando-se a igreja semelhante a uma pérola; diz, isso sim, que o reino dos céus é como um comerciante". Ele, então, que na *Parábola do fermento* tenta mostrar que os salvos, ao morrerem, não vão diretamente para o céu de glória, mas para o "seio de Abraão", encara "a pérola de grande valor" como as profundas verdades de Deus que devemos buscar e pelas quais pagaremos com tudo o que temos. Lang busca apoio para essa sua teoria citando Tersteegen:

> Fui em busca da verdade e encontrei apenas a dúvida;
> Fui muito além:
> Agora saúdo a verdade que pude encontrar
> Dentro do coração de Deus.

A. B. Bruce mantinha esse mesmo entendimento, e escreveu sobre a *Pérola* como a verdade do reino que deve ser buscada a qualquer custo: "Esta é a lei que rege o verdadeiro cidadão do reino [...] Ao obedecer-lhe, o cristão se expõe ao ridículo. Quão tolo é o homem que desiste de tudo, para poder obter uma simples pérola, e conservá-la somente para si mesmo. É o comportamento de alguém possuído de uma obsessão insana, alguém loucamente transtornado pela busca de um ideal inútil. Sim, é verdade, e no entanto essa insanidade é característica daqueles que estão em busca de Deus. É a insanidade do sábio. Contra essa vulnerável interpretação permanece o fato de que a busca da pérola, por aquele comerciante, não era um *hobby* maluco, mas um negócio sério e sadio.

Dessa forma, crendo que a descrição dada à pérola, ao seu preço e ao seu comprador, nos oferece uma imagem apropriada e de impacto sobre a Igreja, propomo-nos agora a expor a parábola dentro dessa linha de interpretação. Reconhecemos que há uma grande confusão no que se refere à diferença entre o reino e a igreja; por isso sustentamos que o reino dos céus em mistério é equivalente à presente dispensação cristã, que ainda não goza de sua plenitude, e com a presença constante, até o fim dos tempos, do trigo ao lado do joio.

"Como Cristo amou a igreja, e a si mesmo se entregou por ela" (Ef 5:25-27), e para sempre ele anseia por ela. Essa mesma igreja é *uma* só pérola, um só corpo, embora composto de muitos membros; uma só habitação de Deus, pelo Espírito, embora edificado com muitas pedras; um, apenas, e comprado pelo sangue completamente redentor de Cristo; um, apenas, como a obra artesanal do Espírito Eterno, cujo ministério é moldar a igreja para ser um só corpo. Essa é a igreja que Jesus disse que edificaria, e é composta de judeus e gentios desde o Pentecostes até o retorno de Cristo, como o Noivo para a sua Noiva —A igreja do Deus vivo.

1. *Comerciante*. Como as duas imagens, óbvias e notórias, da parábola são a pérola e o seu comprador, olhemos primeiro para a pessoa que Jesus chamou de o *comerciante*. O sentido primário do termo usado aqui era o de alguém que embarca num navio como passageiro. É dessa forma que ele é usado em Apocalipse 18:3,11,15,23. Posteriormente veio a significar um negociante *por atacado*, em contraste com um comerciante *a varejo* (que viajava e importava bens para si próprio), uma descrição que de *forma alguma* poderia ser aplicada ao pecador, que alguns comentaristas dizem, ser simbolizado pelo comerciante. A personagem apresentada por Jesus era um perito, e conhecia tudo sobre pérolas. Tinha discernimento e conhecimento do seu real valor, e não seria enganado com produtos falsos. Após analisar o seu valor, pagou o preço e jamais se arrependeu da aquisição.

Nosso Senhor, tão conhecido pelo seu uso de linguagem figurada, nunca usou uma comparação, metáfora, ou parábola sem que houvesse uma completa compreensão de todas as figuras de linguagem envolvidas. É mais do que provável que, enquanto criança, ele comumente observasse comerciantes que, com suas caravanas, passavam por sua cidade natal e exibiam suas pedras preciosas. A presença desses homens despertava grande interesse, pelo fato de viajarem para lugares longínquos. O comerciante da parábola estava *em busca de* pérolas de valor. A palavra para *em busca de* implica "partir de um lugar e dirigir-se a outro". O verbo grego, segundo os eruditos, significa, literalmente, ir embora, partir de algum lugar, e implica uma verdadeira *partida* de um lugar e numa verdadeira *chegada* a outro, um significado que alude claramente a Jesus, que deixou o céu pela terra, para que, por meio de seu sangue, pudesse comprar a pedra preciosa, a sua Igreja. Cremos, então, quando olhamos para a parábola

Parábola do comerciante e da pérola

pela ótica do padrão celestial, que ela, ao ser comprada, nos apresenta uma imagem belíssima da igreja de Deus. O "homem" que semeia a boa semente e o "comerciante" são uma e a mesma pessoa: o Senhor Jesus Cristo.

No que diz respeito ao "comerciante" da parábola, somos informados que, desejoso de possuir pérolas de grande valor, ele as procurava. Ao encontrar uma pedra preciosa caríssima, ele vendeu tudo o que tinha para adquiri-la. Seríamos porventura capazes de perceber e compreender quanto Cristo nos desejou, e que, mesmo quando éramos seus inimigos, ele morreu para poder nos resgatar? Ele nos desejou (Sl 45:11). Na parábola anterior, o tesouro foi *encontrado*; nessa, o comerciante estava *em busca* da pérola. E, como profundo conhecedor de pedras preciosas, considerou essa de "grande valor". Não é de admirar que C. H. Spurgeon tenha entendido que "tal linguagem jamais poderia estar se referindo aos pobres pecadores dessa terra, pois é apropriada somente ao próprio Cristo de Deus". Contudo esse renomado pregador estava equivocado, pois os redimidos pelo seu precioso sangue são preciosos à sua vista, e ele se delicia com os filhos dos homens que são regenerados.

Em busca da valiosa pérola, ao encontrá-la, o comerciante "vendeu tudo o que tinha" para possuí-la. Ele estava disposto a qualquer sacrifício para ter na palma de sua mão aquela pérola brilhante como sua propriedade exclusiva e particular. Jamais saberemos quanto custou a Jesus trazer a Igreja à vida. Nenhum dos resgatados jamais saberá tudo o que estava envolvido no preço que ele pagou, para possuir o povo redimido como a sua "pérola". Embora sendo rico, ele no entanto tornou-se pobre, para nos comprar. Esse comerciante celestial não possuía dinheiro ou bens para trocar pela pérola. Ele ofereceu o que de mais precioso alguém pode conceder —sua vida. "Comprou-a com o seu próprio sangue". O alto valor dessa "pérola única" consiste não tanto no seu valor intrínseco, mas no preço pago para adquiri-la. Não importa se acharmos que as "pérolas valiosas" representam os crentes em Cristo, *individualmente;* e "aquela pérola, em particular", a igreja, *coletivamente.* O que com certeza sabemos é que a sua Igreja é "um só corpo", e somos "todos um em Cristo Jesus" (Jo 17:21; 1Co 13:12). O preço pago para que a Igreja gloriosa se estabelecesse foi a morte de cruz.

Antes de encerrar essa parte sobre o *comerciante,* poderíamos questionar: Por que ele procurava pérolas valiosas, e comprou uma de valor extremamente alto? A sua busca e todo o sacrifício envolvido eram para garantir que a pérola meramente fosse dele? Um comentarista nos diz: "Naquela época o valor das pérolas consistia no fato de que eram usadas específica e particularmente para o adorno dos reis. O homem que as procurava tinha em mente prover aquela beleza, aquele símbolo de glória, para outrem. O comerciante estava em busca de pérolas, não para si mesmo, ou apenas possuí-las, mas para dá-las a outrem". Mas com o nosso Comerciante celestial a coisa é diferente. Ele nos comprou para que pudesse possuir-nos eternamente. Como sua Igreja, somos a sua possessão exclusiva, e um dia, quando glorificados, ele nos apresentará a si mesmo, uma pérola tal, na qual não haverá mancha ou imperfeição. O próprio termo "pérola" é derivado de um vocábulo sânscrito que significa *puro.*

2. *Pérola.* Ao fazer uso dessa expressiva ilustração parabólica, Jesus conhecia tudo sobre a história

de uma "pérola" —de onde provinha, como era formada e o seu real valor. Os judeus não tinham as pérolas como preciosas, e jamais são mencionadas no AT. Investigações recentes têm desenterrado aparatos de realeza, nos quais foram encontrados pérolas autênticas. No entanto, as pérolas são muitas vezes mencionadas no NT e, durante a época de nosso Senhor, eram consideradas ornamentos de altíssimo valor. Todos conhecemos a história da dissoluta Cleópatra que, durante um jantar com Antônio, tirou da orelha uma pérola em forma de brinco, que junto com a outra valeriam hoje 120 mil dólares e, dissolvendo-as em vinagre, bebeu aquela mistura preciosa em honra do príncipe romano, igualmente licencioso. Assim os pobres discípulos devem ter demonstrado uma expressão de surpresa, quando Jesus lhes falou sobre si mesmo, como o Comerciante em busca das "pérolas preciosas". Há muitos aspectos de uma "pérola" que podemos aplicar a Cristo e à sua Igreja.

Um dos fatores de uma autêntica pérola é que é produto de um organismo vivo, e sua formação é bem diferente de qualquer outra pedra preciosa, sejam safiras, diamantes, rubis ou esmeraldas. A pérola é produzida a partir de um ferimento sofrido por um organismo vivo, como uma ostra. O momento em que acontece a produção da pérola advém da presença de alguma substância externa, como um grão de areia, ou um ovo, seja ele de *molusco* ou de algum outro tipo de parasita intruso. Matéria calcária é pulverizada em camadas finas sobre o objeto estranho até que, finalmente, ele adquire o brilho da pérola. Assim, nesse processo de fabricação, o organismo vivo circunda o objeto, desavisado e atormentado, com a sua madrepérola e uma membrana até que, gradualmente, a pérola seja formada. Algo belo é produzido a partir de muito sofrimento. Aquela partícula rejeitada torna-se uma pérola de grande valor. Quão significativo é o fato de a igreja provir do lado ferido de Cristo! Maior do que o mistério e a maravilha da criação de uma pérola dentro da casca de uma ostra, é a dedicação daquele que, por meio do extenuante esforço e da dor que nossos pecados lhe causaram, lançou sobre nós o seu manto de proteção e transformou a vergonha e o sofrimento naquilo que ele mesmo desejava. Tal e qual o pequeno grão de areia, que finalmente é revestido de uma beleza não própria de si mesmo, assim somos nós, recobertos com o esplendor daquele que sofreu por nós.

Habershon apresenta o seguinte contraste entre o grão de mostarda e a pérola: "Ambos crescem a partir de algo pequeno. O arbusto vem da pequena semente de mostarda, e a pérola daquela partícula que é o grão de areia que se aloja dentro da casca da ostra. Mas o resultado é tão diferente! A pérola nunca chega a ter um grande tamanho, mas o seu valor pode chegar a ser inestimável e essas duas parábolas juntas nos ensinam que o *tamanho* nada significa, pois esse não é, portanto, o critério correto de avaliação".

Outra semelhança entre uma pérola e a igreja vem do fato de que a primeira é formada lenta e gradualmente. Em sua produção está envolvido todo um processo enfadonho de espera, enquanto a pérola é formada secretamente e a passos firmes. É exatamente assim também com a formação da igreja, fator esse que se tornou *possível* pela morte de Cristo, e que o Espírito Santo, por mais de dezenove séculos, tem *efetivado*. "Justamente como a ostra, que cobre o ferimento e reveste aquilo que a feriu com aquela belíssima película, vez após vez, e repete constantemente o processo, assim também Deus, de cada geração humana sobre a terra, chama uns poucos e os acrescenta à Igreja que ele próprio edifica. Quando Cristo voltar, a sua Igreja estará preparada como a sua pérola.

Outra notória comparação, é que a pérola é primeiramente mergulhada numa massa de carne viva, porém corruptível, e depois é separada e limpa-se de sua crosta as impurezas, para que possa ser vista tanto em sua pureza como em sua beleza, como jóia preciosa para o diadema de um rei. Não acontece assim com a Igreja? A Noiva triunfante no céu foi salva para não mais pecar. Porém a igreja militante na terra está ainda recoberta por uma massa de carne corruptível e, aparentemente, é como se, mesmo professando ser a Igreja, estivesse profundamente mergulhada em coisas mundanas. O Senhor, todavia, pelo seu Espírito, encarrega-se da purificação dos seus e, por fim, apresentará a Igreja toda a si próprio: "igreja gloriosa, sem mácula, nem ruga, nem coisa semelhante" (Ef 5:26,27). Então ele será adorado por todos os que crêem nele (2Ts 1:10).

Há ainda outra comparação que podemos observar, a qual se refere à origem obscura da bela pérola. Originalmente, o seu lar era o mais profundo dos oceanos, por entre lodo e matéria putrefata. Na Escritura, o mar é um símbolo bem conhecido que representa os povos pagãos, nações e línguas, dos quais a Igreja é tomada. A ostra de onde a pérola é tomada não tem aparência agradável. Somos originários, por natureza, da imundícia, do lodo e da ruína desse mundo decaído (Ef 2:11,12). Jamais esqueçamos o abismo de onde fomos tirados! O *tesouro* estava enterrado na terra; a pérola estava mergulhada no fundo do mar. O milagre da graça, entretanto, é a verdade de que Jesus desceu às profundezas para libertar a pérola de tudo o que a envolvia, e fazer dela uma preciosidade, para que ocupe o seu lugar no diadema que ele como Rei ostenta. Assim como o mergulhador desce ao fundo do mar, e enfrenta grandes riscos para que possa deslocar a rude casca da ostra do leito rochoso em que se encontra, e a traz à luz, da mesma forma Jesus desceu e sacrificou a sua vida, para que pudesse nos elevar das profundezas do pecado à luz da vida. Não devíamos bendizê-lo por conduzir-nos para fora das muitas águas? (Sl 18:4-6,15,16; Rm 7:9)

Não se pode esquecer, todavia, que a formação da pérola é um processo secreto. Ninguém mais, além dos olhos de Deus, observa a ostra transformar aquele ato de invasão numa pérola de beleza inigualável e de grande valor. Não é assim com relação à Igreja, que Cristo a molda também na atualidade? Ele elabora a sua pérola, que agora é desconhecida e oculta. Certamente podemos ver a igreja organizada e visível. Contemplamos, sim, os templos construídos de madeira, pedra e cimento, sejam eles enfeitados ou não; mas homem algum é capaz de ver a Igreja do Deus vivo. Por trás da vã preocupação que temos com nosso próprio bem-estar, lá está a Igreja, que é o seu corpo, crescendo, para ser templo santo no Senhor. Nossa vida está *oculta* com Cristo em Deus (Cl 3:3).

Finalmente, *a* Igreja, um objeto de valor e beleza, na atualidade oculta dos olhos dos homens, tem a perspectiva de um futuro honroso e de exaltação. Da mesma forma que as pérolas adornam as coroas dos monarcas, também Cristo, nos anos vindouros, revelará aos que são seus e estão neles e "mostrar nos séculos vindouros as abundantes riquezas de sua graça" (Ef 2:7). O mundo talvez não nos dê valor, mas dignidade, honra e glória nos pertencerão, quando ele manifestar a sua Igreja glorificada a um universo maravilhado. Muitas serão as suas "belas pérolas", santos do Antigo e do NT; mas em Cristo todos são um (Gl 3:28), e para sempre serão a sua pérola única de grande valor. A sua Igreja, por todas as épocas, manifestará a sua graça infinita:

> Ele encontrou a mais preciosa das pérolas;
> Meu coração canta, de fato, de alegria;
> E certamente devo cantar, pois sou dele,
> E para sempre ele é meu.

Parábola dos peixes bons e ruins
(Mt 13:47-50)

Essa parábola solene forma um par com a que lhe é similar: a do *Trigo e do joio*. Ambas mostram o *bom* e o *mau*, no princípio, lado a lado e, em seguida, separados; ambas foram explicadas por Jesus nessas palavras: "Assim será na consumação do século"; ambas dizem respeito ao trabalho dos anjos que separam os ímpios dos justos; ambas registram a condenação do ímpio e o "fogo", onde haverá "pranto e ranger de dentes". Cada uma dessas parábolas contém esse fato central que as distingue das outras a tal ponto que poderíamos ser levados a esperar que Mateus as colocasse juntas, como ele fez com a da *Mostarda* e a do *Fermento*; a do *Tesouro escondido* e a da *Pérola de grande valor*. Contudo, há diferenças que devem ser observadas entre a do *Trigo e do joio* e a da *Rede*. Na primeira, a cena acontece na terra; na segunda, a cena é o mar; mas em ambos os casos o mundo está envolvido. Ao serem consideradas um conjunto, essas duas parábolas ensinam duas importantíssimas verdades, pois mostram que na Igreja conhecida o bem e o mal convivem juntos; e também que o tempo da separação já foi estabelecido. Assim os bons podem regozijar-se, pois têm em vista o seu futuro brilhante e eterno. Os maus devem gemer, porque, se morrerem nos seus pecados, estarão condenados eternamente.

Provavelmente a *Parábola da rede* foi transmitida por último, nessa série de sete parábolas, por focalizar a atenção no final da dispensação da graça, na consumação de todas as coisas e no julgamento. A ênfase nessa parábola não está no usar e no puxar a rede, mas na "consumação do século". Após relatar a parábola, em termos tão familiares aos seus discípulos, Jesus disse que o reino dos céus será assim, quando, em sua consumação, no momento em que a rede for recolhida, a separação acontecerá. Como as outras três parábolas anteriores, essa sétima foi entregue a homens de fé que o Senhor introduziu nos assuntos internos e ocultos do seu reino. Claro que não seriam olhos humanos que os veriam, mas da perspectiva do conselho divino. Podemos analisar a parábola dessa forma: a rede, o mar, os pescadores, os peixes e os anjos:

1. *Rede*. O termo que Jesus usou para *rede*, singularmente apropriado para a parábola proferida no mar da Galiléia, denota uma rede grande, larga, pesada como chumbo, feita para varrer o fundo do mar e trazer à tona peixes de todos os tipos e em grande quantidade em suas malhas. O simbolismo da rede é evidente e facilmente compreendido por todos. Representa a proclamação e a apresentação do evangelho da graça redentora, para colocá-la sob a responsabilidade dos homens. A capacidade da rede de fazer uma varredura larga e coletar muitos peixes

Parábola dos peixes bons e ruins

ilustra o alto alcance e a efetividade da ação do evangelho, pelo qual os homens são conduzidos a professar o cristianismo e a participar da irmandade da igreja visível de Cristo. Para referências sobre a *rede* veja Jó 19:6; Salmos 66:11; Eclesiastes 9:12. Cumming diz o seguinte: "As ordenanças, a pregação do evangelho, suas ministrações e os seus meios de graça constituem e são facilmente reconhecidos como a rede em toda a sua abrangência [...] não há quem esteja em lugar tão profundo que ela não o busque; nem tão acima que ela não o alcance; nem tão mau que seja lançado fora; nem tão bom que não seja apanhado. Ela apanha a todos, bons e maus".

Dessa forma esse tipo de rede aponta para a varredura do reino de Deus levada a efeito nesse momento. Traz à luz a providência de Deus e passa através de toda essa dispensação, enquanto existir esse momento da eternidade que chamamos de tempo, até que aconteça a separação eterna dos ímpios dentre os justos. Essa presente dispensação da graça, iniciada no Pentecostes, e que terminará com o segundo advento de Cristo, é muitas vezes apresentada como "o reino dos céus" (Mt 11:12). A rede do evangelho é arremessada ao mar aberto, sem distinção de condição, clima, casta ou credo. Durante esta dispensação, "Deus não faz acepção de pessoas" (At 10:34,35).

2. *Mar.* O *mar* nessa parábola representa toda a massa caída da humanidade. "Mas os ímpios são como o mar agitado que não se pode aquietar, cujas águas lançam de si lama e lodo" (Is 57:20,21; Dn 7:3; Ap 13:1). Os homens vivem em um abismo tão negro de pecado, erro e cegueira! Contudo, ainda podem ser resgatados pelo Espírito de Deus, à medida que aceitarem os termos do evangelho. Arthur Pink afirma que o *mar* são as nações gentílicas, porque, nessa presente dispensação, a misericórdia de Deus é dirigida aos gentios. Mas o mundo que Deus ama, inclui todas as almas, sejam judeus ou gentios, porque o mar do mundo é composto de ambos. Não há dúvida que a maioria dos peixes apanhados pela rede seja os *gentios*. Em termos de comparação, são poucos os judeus salvos. *O Trigo* e *O Bom Peixe* são compostos de ambos, gentios e judeus regenerados. Em Cristo não há judeu nem gentio. Ambos são um.

Somos informados que a *rede*, quando jogada *dentro do mar*, não trazia *todos* os peixes, mas *juntava* apenas *alguns* de *cada espécie*, para trazê-los à tona. A parábola nos ensina com isso que, embora tão glorioso evangelho seja pregado, ele não faz com que todos que o ouvem sejam trazidos para a Igreja de Cristo. Há sim um *ajuntar* e congregar de *alguns* "de *toda* tribo, e língua, e povo e nação" (Ap 5:9). A palavra *ajuntar* é aplicada na Bíblia para ambos: *bons* e *maus*. Sobre os *bons* é dito: "Recolherá os cordeirinhos" (Is 40:11); "Com grande compaixão te recolherei" (Is 54:7); "Reunir em um só corpo os filhos de Deus" (Jo 11:51,52); "Congregai os meus santos" (Sl 50:5). Sobre os *maus* é dito: "Não colhas a minha alma com a dos pecadores" (Sl 26:9); "São apanhados [...] se queimam" (Jo 15:6); "Ajuntai-vos, e vinde, todos os povos em redor [...] suscitem-se as nações [...] Me assentarei para julgar" (Jl 3:1-16).

3. *Pescadores*. Os discípulos compreenderam plenamente a implicação dessa parábola transmitida por Jesus. Quando ele os encontrou, muitos deles lançavam ou consertavam as suas redes, porque "eram pescadores". Depois, ao chamá-los para o ministério, não lhes havia dito Jesus: "Fá-los-ei pescadores de ho-

mens"? Quando arremessassem ao mar a rede do evangelho, eles apanhariam homens vivos. Não é esse o dever de todo aquele que experimentou o poder salvador de Deus? Tirados para fora do mar do pecado, têm o privilégio de tentar resgatar outros. Todos os que foram *perdoados* deveriam ser pescadores. Os ganhadores de almas são os pescadores de Deus. "Os pescadores estarão junto dele; desde En-Gedi até En-Eglaim haverá lugar para se estender as redes" (Ez 47:10); "De agora em diante serás pescador de homens" (Lc 5:10).

Na parábola anterior Jesus está diante de nós como o comerciante em busca de belas pérolas. Ele é o principal trabalhador que reúne em torno de si os santos durante essa dispensação; mas a parábola à nossa frente nos ensina a verdade que, em sua graça paternal, ele não opera sozinho. Ao mesmo tempo que é completamente verdade que Cristo por si só pode salvar as almas, contudo ele nunca o faz *sozinho*. Ele usa os santos para salvar outros. É por essa razão que na *Parábola da rede* o pronome é mudado. Até aqui tinha sido "ele", "O Filho do Homem" e "O Comerciante"; porém agora não é mais *ele*, mas *eles*. "*Eles* encaminharam-se até à praia". Essa é a primeira vez que temos o pronome *eles* nas parábolas. Não somos privilegiados em trabalharmos junto com Cristo? No milagre da água transformada em vinho, ele disse aos *serventes*: "Enchei de água essas talhas"; "tirai agora, e levai". Ao alimentar os famintos, Jesus não deu o pão à multidão *diretamente* de suas mãos. Ele o concedeu primeiramente aos seus discípulos, e então disse: "Dai-lhes de comer". Da mesma forma, os seus servos consagrados são os *pescadores* que ele usa para apanhar peixes. Que nunca O desapontemos!

É impossível que não notemos que a posição reservada aos pescadores é discreta. Jesus não os menciona pelo nome, mas simplesmente refere-se aos mesmos como *eles*. Os participantes na obra de lançar a rede ao mar são mantidos incógnitos. Que censura para o culto ao pregador de hoje em dia! (1Co 3:4). "Nem o que planta é *alguma coisa*, nem o que rega". O instrumento nada é. Ele, Jesus, é tudo. O seu tesouro está em vasos terrenos para que toda a glória possa ser dele. João Batista exemplificou esse conceito quando disse sobre Jesus: "É necessário que ele cresça e eu diminua".

Outra característica desses pescadores é esta: embora soubessem que a rede juntaria peixes "de todo tipo", eles separavam os bons dos ruins. Não havia dúvida com relação à sua habilidade o fato de que a rede traria uma mistura de tipos diferentes de peixes. Estando aquela carga toda em segurança, lemos que eles "se assentavam" na praia, o que mostra que a tarefa de seleção e separação dos peixes bons dentre os ruins exigia tempo, cuidado e deliberação. Em seguida eles jogavam fora todos os que não prestavam, enquanto que os peixes bons eram guardados em vasilhas. Certamente a aplicação de tudo isso é evidente. Ao mesmo tempo que pregamos o evangelho a toda criatura, é propósito de Deus que busquemos bons peixes. Em conseqüência de um esforço evangelístico, podem surgir crenças diversas e, no entanto, o ganhador de almas, guiado pelo Espírito, estará habilitado a detectar quais serão os bons peixes e encaminhá-los para os utensílios próprios, que podem estar aqui e representam a comunhão entre os irmãos em Cristo. Enquanto a seleção é necessária, como na edificação de um centro de adoração, ministério e comunhão cristã, o julgamento não é exercido sobre os *maus*. Somos responsáveis apenas pela *separação*, não pelo julgamento que acontecerá no futuro e será efetuado por Deus.

4. *Peixe.* A parábola diz que os peixes eram de "todo tipo", "bons" e "ruins". Habacuque talvez teve essa sensação de mistura, quando considerou os imundos e oprimidos mais justos do que ele próprio: "O inimigo a todos levanta com o anzol [...] por isso ele se alegra e se regozija. Portanto sacrifica à sua rede, e queima incenso à sua varredoura, porque com elas se enriqueceu a sua porção, e é copiosa a sua comida" (Hb 1:15,16). Os pescadores, é claro, não poderiam avaliar o tipo de carga contida na rede, ao puxá-la, até que essa estivesse sobre a praia, e os peixes fossem selecionados.

Bons e *ruins* na rede nos leva de volta ao trigo e ao joio que crescem juntos e são misturados um ao outro. Enquanto essas parábolas simbolizam a igreja visível, a mistura de salvos e perdidos dentro do cristianismo professo faz com que aqueles que buscam encontrar uma Igreja visível e perfeita sejam levados a um grande desapontamento. Havia um *Cão* na arca, um *Judas* entre os apóstolos; *Esaú* e *Jacó* ainda lutam dentro do ventre da igreja visível de Cristo. Nem todos os que estão de Israel são de fato israelitas. Muitos dizem ser cristãos; porém não o são realmente. Pertencer a uma igreja visível não inclui alguém, necessariamente, no rol dos membros da Igreja verdadeira. As pessoas podem ser religiosas, contudo não regeneradas; batizadas, contudo jamais foram lavadas no sangue de Cristo; professarem a fé Cristã, contudo não possuí-la (Mt 7:21). A despeito de afiliações e desejos religiosos, se o coração estiver destituído da graça de Deus, a alma estará perdida. Há apenas dois tipos de peixe: o *bom* e o *ruim*. Se não somos *trigo* de Deus, somos com certeza *joio* de Satanás.

Por peixes *bons* devemos entender os que eram sadios e podiam ser comercializados; espiritualmente representam os que pertencem ao Senhor e, por sua vez, são bons e praticam o bem. Por peixes *ruins* podemos visualizar os mortos e putrefatos; podres, não serviam como alimento. Malcheirosos e sem valor, foram atirados fora. A expressão por tantas vezes usada na Escritura, "lançado fora", denota um estado de condenação. "Lançado fora da presença de Deus" expressa uma intensidade tal de sofrimento, dor e separação, que nada mais pode ser comparado a isso. Quanto à qualidade do *bom* peixe um poeta antigo escreveu:

Pescador de homens mortais,
aqueles que são os salvos
Sempre o peixe santo
Do bravio oceano,
Do mar de pecado deste mundo,
Pela doçura de tua vida, Tu os
  atraíste e arrebataste.

5. *Anjos.* Através de toda essa dispensação da graça, o Espírito Santo opera ativamente na formação da verdadeira Igreja, a Noiva de Cristo, e os que lhe pertencem, como pescadores, ocupam-se da rede do evangelho. Mas, no encerramento dessa dispensação, que terá o seu término no retorno de Cristo para receber os que são seus, ele tomará para si todos os peixes *bons*, ou *trigo*, e deixará para trás todos os peixes *ruins* e o *joio*. E quando Cristo aparecer na terra como seu justo Senhor e Rei, um ministério angelical entrará em vigor e a ação acontecerá de forma totalmente inversa. Em vez do bom ser tomado e o mau deixado, o imundo será removido e o justo deixado, para que usufrua do prazer do reino milenar do Senhor.

A declaração da execução de um julgamento completo, final e eterno está registrada em forma solene: o Filho do homem "limpará a sua eira [...] queimando a palha com o fogo que nunca se apagará" (Mt 3:12). Quando a separação entre o precioso e o vil for levada a efeito e o inútil for atirado dentro da fornalha de fogo, onde haverá choro e ranger de dentes, quão aterrorizante será a porção dos imundos!

Crisóstomo classificou a *Parábola da rede* como "parábola terrível". Gregório, o Grande, disse sobre ela que o mais correto seria "tremer na sua presença que explicá-la". Se essa terrível ótica estivesse pelo menos evidente aos nossos olhos, como estava para o nosso Senhor, certamente nos sentiríamos imperativamente compelidos a advertir o imundo a escapar da ira vindoura. É de lamentar que não nos impressionemos o suficiente com o fato do surgimento da completa separação entre os salvos e os perdidos. Sabemos com certeza que a meticulosidade a ser usada nesse ato será exata. Os anjos não cometerão enganos ao distinguir entre os bons e os maus: "Mandará o Filho do homem os seus anjos, e eles colherão do seu reino tudo o que causa pecado e todos os que cometem iniqüidade [...] Então os justos resplandecerão como o Sol, no reino de seu Pai" (Mt 13:41,43; Dn 12:3).

Esse julgamento tão seletivo, a que muitas parábolas se referem vivamente e sempre esteve na mente de Cristo, é repetido sete vezes, com ênfase extrema, repetição essa para significar que tal proposição é "determinada por Deus, e ele se apressa a fazê-la" (Gn 41:32):

Na *Parábola do joio*, a separação é entre o trigo e o joio;
Na *Parábola da rede*, a separação é entre peixes bons e ruins;
Na *Parábola das bodas*, a separação é dos convidados que tinham as vestes nupciais;
Na *Parábola do servo*, a separação é entre servos bons e maus;
Na *Parábola das dez virgens*, a separação é entre virgens sábias e tolas;
Na *Parábola dos talentos*, a separação é entre os servos dedicados e os negligentes;
Na *Parábola das ovelhas e dos bodes*, a separação é entre os dois tipos de animais.

Devemos ter e manter em mente que a separação final entre os *bons* e os *ruins* não aconteceu na praia. O joio é deixado confinado no campo e os peixes ruins são lançados fora da rede e deixados na praia. A separação, agora, é necessária, mas não observada como deveria. A execução da separação final e do julgamento é outra história. Os pescadores não têm nenhuma relação com isso. No final dos tempos os anjos surgirão e separarão os imundos dentre os justos; não os bons dentre os maus, como os pescadores fizeram. Os anjos, na *Parábola do trigo e do joio* e na *Parábola da rede*, estão ocupados apenas com os imundos.

Não estamos tratando suficientemente da revelação bíblica sobre o ministério angelical. Tal tratamento pode ser encontrado na obra desse autor *O Mistério e o Ministério dos Anjos*. Essa é a dispensação do Espírito, o período em que ele está ativo como agente divino e, no entanto, "há anjos que pairam ao redor" e, no final dessa dispensação, novamente intervirão na vida dos homens, tal como fizeram no passado. No presente, os anjos ministram aos herdeiros da salvação, mas o dia chegará quando eles cumprirão a rígida tarefa de separar os imundos dos justos, e lançá-los-ão dentro da fornalha de fogo. Assim expressou Butterick: "O espectro de sua doutrina é composto de cores escuras e claras". Portanto, esse assunto está claro. Os anjos serão os agentes da separação final. Agora, como pescadores, espalhamos a rede; os anjos farão a seleção. Juntamos todos, e os convidamos para que venham, bons e maus; os anjos, de acordo com a palavra de Cristo, separarão os maus dos justos e o joio do trigo.

Por fim, o Senhor, ele somente, decreta a condenação. Nossa função no presente, como pescadores, não é a de julgar, mas de declarar. É nossa tarefa proclamar a Cristo e sua salvação e atrair a todos, indistintamente, para a sua cruz. Ao mesmo tempo cumpre a nós advertir os pecadores sobre o Trono Branco que determinará qual será a porção e a condição eterna dos perdidos. Então nenhuma rede será lançada na praia, no dia do Juízo Final. Agora é o dia da graça, quando o perdido pode ser salvo, mas o último júri será o tempo em que a condenação, já emitida, será ratificada. Que o Senhor nos habilite a espalhar a rede da salvação e a convidar a todos os homens que se arrependam e creiam, a fim de que Cristo seja o Juiz de toda a terra e com justiça faça separação entre bons e maus, no tempo que já está estabelecido!

Parábola do escriba e do pai de família
(Mt 13:51,52)

Esta oitava e última parábola contida nesse grandioso capítulo parece como um órfão indesejável para muitos dos que têm escrito sobre as parábolas de nosso Senhor. Comentaristas como Trench, Goebel, Marcus Dods, Arnot, Cummings, Taylor, C. Dodd, Guthrie, Scofield e outros nomes não menos conhecidos absolutamente não mencionam essa parábola de suma importância e que constitui clímax das anteriores. Evidentemente é encarada como não pertencente àquelas parábolas que desvendam e explicam a natureza do reino dos céus. No entanto certamente pertence a tais parábolas, pois nela é que se tem o caráter conclusivo. Jesus dirige-se aos seus para explicar como eles devem se conduzir, como mestres, naquele reino celestial. É portanto uma parábola explícita em seu objetivo, e não uma mera analogia.

As fronteiras daquele dia parabólico dos ensinamentos de nosso Senhor são evidentes. A respeito daquela data em que ele transmitiu as oito parábolas está escrito: "E falou-lhes de muitas coisas por meio de parábolas". Ao completar a oitava delas lemos: "Quando Jesus acabou de proferir estas parábolas (dentre as quais encontra-se a que estamos analisando), retirou-se dali". Mas antes de partir, ele entregou aos seus discípulos essa parábola final, tão sugestiva no sentido de ser aplicada a eles e a nós, e concernente à responsabilidade tanto deles quanto nossa.

Essa breve parábola deve ser estudada à luz da pergunta e da resposta que a envolvem. Jesus perguntou a seus discípulos em particular: "Entendestes todas estas parábolas?". Responderam: "Sim, Senhor". Se entenderam plenamente todas as implicações de seus ensinamentos, nas sete parábolas anteriores, isso é de duvidar. Eventos posteriores provaram que eles não tinham guardado na mente o supremo significado de tudo o que ele havia lhes ensinado. No entanto, ao levar em conta apenas a sua própria avaliação e resposta, ele imediatamente inicia essa parábola com um significativo "por isso". Após receber as suas instruções e compreender a sua mensagem, agora, como discípulos do reino dos céus, deveriam aflorar de tal tesouro riquezas celestiais para o enriquecimento espiritual de outros. Depois de serem orientados por ele, deviam agora partir para ensinar a outros.

Quando lemos Atos dos Apóstolos e as epístolas torna-se evidente que os apóstolos tinham retido, pelo menos, a mensagem predominante das parábolas do Senhor. Pedro sabia que o seu ministério não era o de converter o mundo, mas o de instar os homens a se salvarem de uma "geração perversa" (At 2:40). Tiago cria que a obra de Deus através dos apóstolos era a de separar "um povo para o seu nome", ou separar o trigo do joio. Judas relembrava as palavras do Senhor Jesus, ao reafirmar que nos últimos dias (na consumação do século de que ele falou) haveria escarnecedores que andariam segundo as suas ímpias concupiscências (Jd 17,18). Podemos dizer que compreendemos "*todas* estas parábolas", i.e., as que, como um todo, têm o seu relacionamento umas com as outras?

Algumas comparações interessantes têm sido feitas entre a primeira parábola: a do *Semeador*; e a oitava: a do *Pai de família*. Habershon diz: "A oitava parábola no capítulo 13 de Mateus é como a oitava na harmonia musical. É o complemento da primeira nota da escala e, quando a escutamos, tendo em mente esse fato, podemos ouvi-la repetir aquela primeira nota". Quando fazemos comparações e contrastes, podemos ver a *Parábola do pai de família* retornar à do *Semeador*. Ambas tratam de como o específico depositário trata a Palavra de Deus. Se a semeadura tivesse falhado completamente, as outras parábolas jamais seriam proferidas. Note esses itens à medida que você estuda a primeira e a oitava parábola:

Na *primeira*, a Palavra de Deus é *recebida* dentro do coração, e esse permite que ela produza frutos em diferentes níveis. Na oitava, a Palavra de Deus é *compartilhada* com outros. Aqui o coração não é como *solo*, mas como *tesouro*, do qual são tiradas as riquezas em benefício de outras pessoas. A *primeira* fala de algo *colocado*; a oitava, de algo *retirado*.

A *primeira* fala sobre *fruto* para Deus; a oitava fala de *bens* para os homens. Quando se fala de pai de família pensa-se logo em uso de suprimentos para a casa. Assim, as duas juntas sugerem o ato de *mantermos* e também de *darmos* o que temos. Na *Parábola do semeador*, o frutificar é apresentado como entender, receber e manter a Palavra. Na do *Pai de Família*, aprendemos que a melhor maneira de cumprirmos a Palavra é transmiti-la a outros.

A *primeira* representa o *evangelista* que, como semeador, semeia no campo do mundo. A oitava apresenta o trabalho do *pregador* que, como escriba instruído, alimenta a casa da fé. Essa é a verdadeira ordem do ministério. Não podemos ensinar o que não compreendemos. Assim diz Habershon: "Nem a *primeira* nem a *oitava* parábola desse capítulo começam com as palavras: 'O reino dos céus é como', pois ambas estão ligadas ao reino. A *Parábola do semeador* é a chave para entendermos os mistérios do reino; e a do *Pai de família* mostra como fazer uso desses mistérios, uma vez que sejam compreendidos".

1. *Escriba*. O termo grego que nosso Senhor usou para "escriba", *gramma*, é a raiz do vocábulo *gramática* em português. Originalmente os "escribas" eram homens letrados, professores da lei e, portanto, qualificados para ensinarem nas sinagogas (Mc 1:22). Da mesma forma que Esdras, eles originalmente provinham dos sacerdotes e dos levitas. No tempo do NT, tornaram-se um tipo de partido e, em vez de ensinar, desenvolver e aplicar a lei, envolveram-na com as suas próprias tradições e preceitos que passaram a ensinar. A lei fora designada para aju-

Parábola do escriba e do pai de família

dar a vida do povo, espiritual e moralmente, mas tornou-se instrumento de bloqueio ao verdadeiro acesso a Deus (Lc 11:52). Por conseguinte, Cristo os denunciou severamente, não apenas por distorcerem a sua responsabilidade, mas por desejarem honra para si próprios, a qual exigem de seus alunos e do povo em geral.

Esdras é o notável exemplo do bom "escriba". De um púlpito feito de madeira, leu a lei corretamente e com boa dicção, e interpretou-a em seguida, mediante a explicação e exposição do que lia. Assim os escribas, que passaram a existir durante o período em que renascia a leitura dos cinco primeiros livros da Bíblia, eram vistos como intérpretes oficiais e morais da lei. Mas, como já dissemos, no tempo de nosso Senhor, os escribas haviam bloqueado a lei e conduziam o povo, não a ela diretamente, mas primeiro através de suas tradições, fabricadas por eles mesmos. Jesus colocou o seu selo sobre a interpretação direta da lei. Porém, como os que eram considerados mestres falharam, ele transferiu a seus discípulos a responsabilidade de ensinar a verdade divina.

Jesus chamou de *escribas* os que ele convocara para O seguirem, e os comissionou como representantes que iriam e interpretariam o mistério e a mensagem do reino do céus ao povo ignorante. "Ao fazê-lo, ele transferiu o cumprimento de uma função dos que haviam falhado a homens que os sucedessem. Portanto, para que haja o cumprimento dessa responsabilidade, é necessário um entendimento do ensinamento do Rei com relação ao reino, na dispensação em que vivemos". Embora aqueles primeiros discípulos não tivessem sido doutrinados em escolas rabínicas, eles passaram três anos no colégio de Cristo. Assim como Maria, eles estudaram na *Universidade dos Pés* (Lc 10:39). Por isso, estavam bem qualificados, pelo revestimento do Espírito, a interpretar os ensinos de seu Senhor (At 1:1; Gl 6:6; 2Tm 2:2).

Cristo era, e ainda é, o Supremo Escriba. Transmitiu aos seus discípulos a verdade que recebeu de seu Pai (Jo 17:14). Tirou "coisas novas e velhas" do tesouro divino. Sabedor de que os escribas eram "uma necessidade perpétua do povo de Deus, e um dom perpétuo para eles", Cristo investiu no ensino aos seus discípulos e, antes de sua ascensão, os comissionou para que fossem ao mundo e manifestassem a sua doutrina, que se tornara parte de suas próprias vidas. Na dispensação da graça, todo o povo de Deus deve aprender do Espírito e buscar nele percepção espiritual e crescimento no conhecimento de Deus (Cl 1:9; 2Pe 3:18; 1Jo 2:20). Em sua bondade, o Senhor levanta os que ele abençoa com dons especiais, os quais estão "aptos para ensinar" e "trabalham no mundo e no ensino" (1Co 16:15,16; Ef 3:2-5;4:11-13; 1Tm 3:2;5:17). A maior de todas as necessidades da Igreja, hoje em dia, é ter escribas ensinados e enviados pelo céu.

Paulo entendeu a comparação do Senhor sobre o *escriba* e escreveu sobre "os ministros de Cristo". Ele disse que a sua função era a de "despenseiros dos mistérios de Deus" (1Co 4:1). Um "despenseiro" é equivalente ao "escriba" instruído nos mistérios do reino. Aprendemos por outras parábolas que o despenseiro fiel é aquele que usa corretamente, e com o melhor proveito possível, os bens de seu senhor. Que possamos ser, como o apóstolo Paulo, julgados fiéis pelo próprio Mestre!

2. *Discípulo.* Nessa parábola o nosso Senhor usa três termos para aludir aos que compartilhariam com outros as verdades que tinham

aprendido dos seus lábios: *escribas, discípulos* e *pais de família*. *Discípulo* significa "aquele que aprende" ou o que segue o ensino de outrem e não é apenas um aluno, mas um adepto e imitador de seu mestre (Jo 8:31; 15:8). Os que inicialmente eram adeptos tornaram-se "discípulos do reino dos céus", ao compartilhar com outros o conhecimento divino que receberam de Cristo. Ao declararem a outros a verdade que haviam compreendido e vivenciado, eles os tornariam discípulos também (Mt 28:19,20). Para Cristo, os termos *escriba* e *discípulo* eram sinônimos. Ao serem feitos *discípulos* do reino, os apóstolos exerceram aquela autoridade espiritual e moral que os verdadeiros escribas representavam pela sua função. Campbell Morgan diz: "À medida que interpretam corretamente o reino, e nele representam Jesus, os seus discípulos são reconhecidamente os governadores dessa dispensação. Eles têm acesso à casa do tesouro eterno, e nela há coisas novas e velhas".

3. *Pai de família*. Essa outra descrição de um professor da Palavra tem mais de um significado. Para nós, um pai de família significa alguém que possui e ocupa uma casa. Mas, como foi usado pelo nosso Senhor, o termo *pai de família* tinha o sentido daquele que era como o "déspota da casa", "o senhor de sua casa", o "cabeça". Nos nossos dias, quando é comum vermos reinar um despotismo maligno, chegamos a nos restringir de usar a palavra *déspota;* no entanto, esse é um termo que representa uma grande autoridade. "É a figura de um pastor, pai ou rei, com todas essas características fundidas em uma só pessoa: aquela que governa como cabeça [...] Jesus proferiu a expressão *pai de família* umas dez ou doze vezes e, quase que invariavelmente, ele a usou para referir-se a si mesmo. É a palavra que denota autoridade. Os discípulos tornar-se-iam escribas e intérpretes da lei investidos de autoridade".

O pai de família, portanto, era o cabeça de sua casa, com autoridade efetiva e reconhecida, que controlava os bens da família e "provia a alimentação própria, quando necessário, a fim de adequá-la, para não conceder coisas novas quando deveria dar velhas, e não liberar apenas as novas ou somente as velhas". Para todos os de sua casa ele supria o que era justo, e na hora certa. Os que são chamados para alimentar o rebanho de Deus precisam agir exatamente como um chefe de família, numa casa repleta de bens, que está apto e pronto a suprir as necessidades, tanto as suas como as dos outros.

4. *Tesouro*. Ao expor essa parábola, Martinho Lutero disse que "o tesouro ou o rico suprimento de conhecimento nada mais é do que o conhecimento da lei e do evangelho, pois nesses, de forma resumida, está contida a sabedoria de Deus em sua plenitude" (Mt 5:17; At 26:22). Como foi usada por nosso Senhor ao falar com seus discípulos, a palavra "tesouro" denotava aquilo que se tinha tomado deles através do conhecimento e da vivência. No NT há duas palavras diferentes que são empregadas para "tesouro". Uma significa estocar e preservar. A outra mostra aquilo que é despendido. A primeira sugere economizar, a segunda gastar de maneira extravagante. Como pais de família, possuímos vastos tesouros nas Escrituras. O que faremos com eles? Não devemos apenas ocultá-los dentro do nosso coração, mas precisamos espalhá-los com liberalidade. Fomos feitos depositários da verdade, e ela tem de ser generosamente repartida com os outros. E o paradoxo é que, à medida que compartilhamos, mantemos; e à medida que liberamos, retemos.

Havia um homem considerado louco por alguns.
Quanto mais ele dava, mais possuía.

Na parábola, o tesouro é o coração daquele que é verdadeiro escriba, discípulo e pai de família. O próprio Jesus disse: "O homem bom, do bom tesouro do seu coração, tira o bem [...] Pois da abundância do coração fala a boca" (Lc 6:45). C. H. Spurgeon disse: "O que está no poço dos seus pensamentos virá para fora no balde de suas palavras".

O Senhor então estabelece claramente que o que deve ser tirado do tesouro são as "coisas novas e velhas". Podemos entender com isso que ele se referia a tudo o que ensinara nas sete parábolas anteriores, nas quais os mistérios do reino continham profecias com significado antigo, e agora adicionado de novo significado. Ele mostrou aos discípulos como lançar nova luz sobre as Escrituras Antigas e, como escribas instruídos, esse também é o nosso dever. Sob a orientação do seu Mestre celestial, os alunos foram ensinados a atribuir novos significados a antigas verdades. Aquela verdade eterna e imutável de amor e justiça, tão antiga quanto a eternidade, foi agora anunciada de forma mais atual e agradável. O *novo* evangelho, que Jesus tornou possível pela sua morte e ressurreição, veio como cumprimento da promessa feita pelo *antigo*.

Deve ser observado que Jesus não ordenou que os seus escribas instruídos tirassem do tesouro coisas novas e velhas. Não há duas categorias de coisas, pois ambas são uma só em essência. A *lei* é antiga e o *evangelho* é novo; contudo esse veio como desdobramento daquela. As verdades antigas são eternas, mas a sua aplicação deverá variar de acordo com as fases dos tempos, que estão em constante mutação. "O novo que contradiz o antigo sempre será falso; e o antigo que não tem em si o novo está morto e é inútil". A raiz é antiga; o fruto é novo. O reinado de Deus é tão eterno quanto o próprio Deus, mas está sempre se manifestando e sendo aplicado de novas formas.

As parábolas anteriores contêm "coisas novas e velhas". Por exemplo, a doutrina sobre o reino, ensinada pelos profetas antigos, era bem conhecida; mas foi novidade que Jesus tivesse de dar ao reino a imagem que ele lhe concedeu. Agora o reino abrange o mundo todo, e o povo de Deus provém, não de Abraão, mas da Palavra. Os governantes judaicos orgulhavam-se de sua origem racial, mas Jesus ensinou que os filhos do seu reino são nascidos de sua Palavra. Se a velha árvore não produzir novas folhas, morre. Butterick faz a seguinte observação: "Somente o escriba cheio do espírito do reino, que é amor e paz e justiça, pode dar a interpretação da transição, do antigo para o novo, e do novo para o antigo, e vestir os dogmas eternos com vestimentas novas e apropriadas". Alfred Tennyson, em *The passing of Arthur* [A morte de Arthur], deixou-nos as seguintes linhas:

O antigo sistema muda, cedendo lugar ao novo,
E Deus completa-se de várias maneiras,
Para que não haja qualquer boa tradição que venha a corromper o mundo.

John Robinson, puritano do século XVII, estava convencido de que "o Senhor ainda tinha mais luz e verdade para fazer irromper de sua santa Palavra". A revelação divina é *antiga;* porém retê-la e vivenciá-la é algo *novo*. Princípios divinos são *antigos;* mas praticá-los é algo *novo*. É isso que torna a Bíblia tão fascinante aos discípulos do reino. Suas verdades são tão antigas e no entanto são sempre novas, recentes, que reluzem com nova glória e pulsam com nova vida. "As coisas antigas tornaram-se novas" para todos os que são novas criaturas em Cristo Jesus. Será que compreendemos "estas coisas" não apenas como as suas magníficas parábolas, mas também outros aspectos da verdade divina? Se a resposta for sim, então a responsabilidade solene de compartilhar o tesouro espiritual com outros é nossa. "Dai, e ser-vos-á dado".

Preciosas figuras parabólicas
(Mt 15—18)

Antes de olharmos para a próxima parábola, que se evidencia à nossa frente, há as latentes (parábolas pequenas) que podemos agrupar a partir dos três capítulos acima, e examiná-las rapidamente. Todas as parábolas e ilustrações parabólicas devem ser encaradas à luz do seu contexto imediato.

Parábola sobre a pureza. A hostilidade contra Jesus tornou-se mais intensa, quando ele terminou o segundo período de seu ministério público. Os líderes religiosos, ressentidos pelo seu ensino repleto de autoridade, e pelo resultado daquele ensinamento manifestado nas vidas de seus discípulos, tentaram confundi-lo em suas afirmações. Jesus lutou sem misericórdia para libertar a antiga lei de Deus das inúmeras tradições que haviam se formado ao redor dela, mas os tradicionalistas combateram duramente a favor do ensino deles, que havia escravizado tanta gente. A multiplicidade de tradições era a prova de como os fariseus e os escribas haviam falhado miseravelmente como intérpretes da lei. Uma dessas tradições inúteis era com relação ao comer sem lavar as mãos. Daí a pergunta: "Por que os teus discípulos transgridem as tradições dos anciãos quando comem pão?" A forma como a pergunta foi feita mostra quanto eles estavam alarmados, não por alguma desobediência à lei de Deus, mas às tradições que eles próprios haviam fabricado. Os anciãos não estavam tão interessados com qualquer lei referente à limpeza e sim com rituais externos. Havia uma tradição tola de que um demônio conhecido como *Shibta* sentava-se sobre as mãos dos homens enquanto dormiam. Por isso, o ritual de lavá-las era necessário, pois as mãos que foram visitadas por demônios contaminariam a comida. A condenação proferida por Jesus surgiu como uma flecha afiada: "Assim invalidastes, pela vossa tradição, o mandamento de Deus [...] hipócritas". Ao lançar essa bem merecida repreensão aos seus críticos e inimigos, Jesus virou-se para a multidão e proferiu uma breve parábola, caracterizada por grande simplicidade, e que o mais simples dos que o ouviam poderia compreender.

Com que autoridade Jesus convocava: "Ouvi e entendei"! Ele então ensinou ao povo que o organismo físico se relaciona com o alimento físico, e não com a limpeza ou a sujeira no aspecto moral. "O que contamina o homem não é o que entra pela boca, mas o que sai da boca; isso sim é o que contamina o homem". Depois de Jesus haver dado mais duas ilustrações parabólicas, Pedro, falando por si e pelos outros, pediu entendimento para compreender a parábola. Então em Mateus 15:16-20 o Senhor dá uma explicação e exposição, cujo resumo é que o comer sem lavar as mãos não torna o corpo impuro; porém aquele entendimento falso e aquela imaginação maligna tornavam impuros, não somente o corpo como mais ainda a alma. Richard Glover observa que "o Salvador atribui mais importância às palavras do que nós (Mt 12:37), e que todos os males conhecidos normalmente usam a boca:

> Os *pensamentos* fixam-se na mente quando são proferidos;
> *Assassinatos* são concebidos através dos lábios;
> *Adultérios* e fornicação empregam as influências sedutoras dos elogios;
> *O ladrão* mente para esconder a sua culpa;
> *Falso testemunho* e *blasfêmias* são na sua maioria os pecados da boca.

A comida que comemos vai para o ventre, não para o coração, e não importa se lavamos ou não as mãos; e tudo o que ela contém de impróprio para o bem-estar do corpo é jogado fora. A comida pode contaminar o corpo com doenças, mas não pode afetar a alma. O coração é que tem o poder poluidor do pecado. O que não foi regenerado é a fonte de pensamentos malignos. Aqueles que buscam ter um coração limpo não serão negligentes no que se refere a terem também um corpo limpo. Essa limpeza é um dos subprodutos de viver segundo a vontade de Deus.

Parábola da planta arrancada
(Mt 15:12,13)

É provável que os discípulos tenham sentido que o Mestre havia exagerado ao retrucar aos fariseus a respeito do ritualismo vazio e perigoso deles. "Sabes que os fariseus, ouvindo essas palavras, se escandalizarám?" E a intenção de Jesus realmente foi que eles se escandalizassem. Os fariseus se ofendiam e ainda se magoavam com a doutrina verdadeira. No entanto os discípulos não deveriam se preocupar muito com o fato da verdade ser popular ou não. Por "toda planta" devemos entender, não os fariseus mas as doutrinas que eles mesmos haviam concebido. Jesus ensina aqui, de forma parabólica: "Todo erro que obscurece a verdade de Deus e fere a alma do homem, será desarraigado". Podemos ter a sensação de que erros e males estejam arraigados de maneira muito firme e resistente, mas Deus opera à sua própria maneira e no seu próprio tempo, para desarraigar toda planta maligna.

Parábola dos condutores cegos
(Mt 15:14)

Você não está impressionado com a grande variedade de ilustrações de nosso Senhor? São muito apropriadas e causam grande impacto! Aqui, por exemplo, ele usa a capacidade do corpo de rejeitar o que é demais, árvores desarraigadas, e um provérbio, para acentuar a sua mensagem. Tendo os críticos e tradicionais fariseus em mente, ele disse: "Deixai-os", i.e., não lhes dêem atenção, porque a sua doutrina é cega e obscurece o coração e, em seguida, termina em desastre.

A forma como o Mestre usou essa figura da aflição e fatalidade humanas deve ter impressionado os discípulos. "Condutores de cegos" era uma expressão comumente usada em referência ao ideal do chamamento de um Rabi. Paulo se refere àqueles líderes de Israel como "guia dos cegos, luz dos que estão em trevas" (Rm 2:19). Jesus porém os denunciou publicamente, ao mostrar que, apesar de serem considerados líderes, exerciam a sua função no sentido oposto; até mesmo a sua cegueira espiritual era agravada pelo fato de que eles próprios tinham optado por tal condição. "Fecharam seus olhos" (Mt 13:15). Pior ainda, inconscientes de sua cegueira, vangloriavam-se, quando diziam que viam: "Nós vemos" (Jo 9:41). Muitas vezes citamos o ditado: "O pior cego é aquele que não quer ver".

Quanto ao cego que dirige outro cego, e ambos caem na cova, nosso Senhor usou um provérbio bem conhecido que expressava o sentido de uma profecia: "Disse-lhes uma parábola (profecia): Pode o cego guiar o cego? Não cairão ambos na cova?" (Lc 6:39). A *cova*, aplicada aqui aos fariseus cegos pelo seu próprio preconceito, era uma comparação expressiva com a tragédia que sobreveio a eles e àqueles a quem haviam enganado, antes e durante a terrível destruição de Jerusalém. "O que aqueles mestres e outros como eles construíram para si mesmos, foi um sectarismo amargo, ilusões selvagens, esperanças infundadas, zelo desvairado e rejeição da verdade, como único meio possível de salvação, e não houve como escapar das conseqüências de seus atos".

Como sucedeu com Israel antigamente, acontece também com a igreja de hoje. Pregadores cegos, por causa do modernismo, conduzem os que foram cegos pelo deus desse mundo. Na esfera material nada há tão patético quanto alguém, completamente cego, que tenta conduzir outro cego. Mas, na esfera religiosa, torna-se trágico quando os que dizem conhecer a verdade são na realidade cegos aos fatos inerentes a ela e, ao vangloriar-se de sua suposta sabedoria, influenciam, por meio de sua mensagem pervertida, os que têm mentes mergulhadas nas trevas.

Parábola dos cachorrinhos
(Mt 15:21-28)

Quanto ao *milagre* que Jesus realizou para a mulher cananéia, veja a obra desse autor, *Todos os Milagres da Bíblia*. Vamos nos concentrar apenas no destaque parabólico que o nosso Senhor deu aos "cachorrinhos". Ao contrastar com as instruções que ele tinha dado aos seus discípulos, de não irem "pelo caminho dos gentios", ele agora os conduz em direção aos pagãos de Tiro. Até esse momento, eles ainda não haviam sido comissionados a irem por todo o mundo e pregarem o evangelho, com exceção dessas jornadas de Jesus para além da terra Santa, como um ato de misericórdia. Talvez a sua intenção, ao entrar numa casa, tenha sido a de conseguir certa privacidade e um pouco de descanso (Mc 7:24); mas isso não foi possível pois "não pôde ocultar-se". Como ocultar a fragrância de uma rosa? A mulher gentia, que implorava pela ajuda de Cristo em benefício de sua filha possuída de demônio, é apresentada como "cananéia", "siro-fenícia" e "grega". Como tal, tinha sido idólatra, pois os fenícios adoravam *Achetorete*, a rainha do céu. Mas, como os seus pedidos ao seu deus pagão não foram atendidos, se volta para o Cristo celestial, para obter a libertação da filha.

Parecia no entanto que ela batia em vão na porta dos céus, pois Jesus disse aos seus discípulos que dissessem à mulher, embora estivesse tão ansiosa, que ele havia sido enviado às ovelhas perdidas de Israel e não aos gentios conhecidos como "cachorros"; e também que o pão destinado aos filhos (Israel) não deveria ser lançado aos cachorros (gentios). Mas essa resposta do Mestre não a desanimou, nem destruiu a esperança dentro dela. Ela compreendia que junto com seu povo eram cachorros e não faziam parte da nação de Israel; portanto, não podiam reivindicar. Contudo, os cachorros ficam com as migalhas; e o que ela pedia não empobreceria os filhos; mas, por outro lado, a enriqueceria. Ela queria misericórdia para a sua filha aflita; porém a que provinha dos filhos, e não de outros.

É interessante observar o termo usado aqui para "cachorros". Esse vocábulo era incomum e foi empregado somente nessa passagem. Ele está em sua forma diminutiva e significa "cachorrinhos", *"filhotes"*. No campo ficavam os cachorros em sua forma mais selvagem; mas dentro de casa estavam os pequenos cachorros domésticos, queridos das crianças, que esperavam em volta da mesa pelas migalhas. Tudo o que aquela mulher desesperada queria, era um fragmento de misericórdia para a sua "cachorrinha", sua querida filhinha. Sua fé e persistência finalmente prevaleceram. Ela recebeu a migalha e, mais ainda, o testemunho do Senhor sobre a grandeza de sua fé.

Parábola da previsão do tempo
(Mt 16:1-4)

A *televisão* nos tem ajudado a compreender a complexidade da previsão do tempo, mas há mais de 1.900 anos atrás Jesus sabia tudo sobre essa arte, e empregou seu conhecimento para ilustrar e iluminar a resposta aos fariseus e saduceus, quando eles O tentaram e pediram-lhe sinais dos céus para comprovar sua reivindicação de ser Deus. Evidentemente o sinal de que eram testemunhas, quando Jesus alimentou a multidão, fora comum demais para eles. Ao pleitearem um sinal do céu material como confirmação de um testemunho celestial, tornaram-se cegos para o fato de que no Cristo perante eles estava o maior de todos os sinais do céu espiritual.

Jesus reprovou os seus tentadores por causa de sua ignorância e falta de conhecimento de Deus, e disse-lhes que deveriam ser aptos a discernir os sinais dos tempos com a mesma facilidade com que conseguiam discernir as estações climáticas. Eles deveriam ter percebido que os sinais de Deus sempre são simples de serem distinguidos e que a grande quantidade de pecados os quais cometiam era um sinal de sua iminente condenação. Jesus cita as seguintes expressões: "Chegada a tarde, dizeis: 'Haverá bom tempo' [...] e, de manhã: 'Hoje haverá tempestade'". Há um pensamento antigo o qual diz que uma manhã avermelhada significa uma advertência aos pastores e, por outro lado, uma noite avermelhada significa descanso. Jesus aplica a sua ilustração com grande ênfase àqueles que eram peritos em observar superficialmente o céu material e contudo eram inaptos para discernir os sinais dos tempos. Eram precisos em sua previsão do tempo, mas cegos ao significado da enorme quantidade de fatos que ocorriam ao seu redor. Eles queriam um sinal e Jesus atendeu ao seu pedido, ao conceder-lhes o sinal de Jonas, cuja permanência por três dias e três noites dentro do grande peixe tipificava a sua morte e ressurreição que estavam próximas de acontecer, como o maior de todos os sinais de sua autoridade como o Filho de Deus.

Parábola do fermento
(Mt 16:6-12)

Já fizemos menção à figura do *fermento*. Aqui notamos que o farisaísmo e o saducianismo cometiam o mesmo erro de serem extremamente terrenos. Os dois juntos constituíam *um* fermento, não dois. O critério de comportamento dos fariseus e saduceus era baseado numa concepção materialista e naturalista da vida, e não na escala de valores de Jesus. *Fermento* representa aquilo que destrói, rompe, fermenta. Por sua ação silenciosa, nociva e persistente, o fermento é usado aqui como um símbolo do ensino e da influência de doutrinas ritualísticas e fundamentadas apenas no intelecto. Falsas doutrinas constituem o fermento que destrói para sempre. Os dois tipos de engano representados pelos fariseus e saduceus tinham como fonte uma culpa grave —descrença (no coração) em Deus.

Parábola da pedra e das chaves
(Mt 16:15-19)

As pessoas que não faziam parte dos *doze* tinham uma visão diferente sobre Cristo. Ele inquiriu os seus sobre o que eles pensavam dele, e Pedro, o porta-voz dos apóstolos disse: "Tu és o Cristo, o Filho do Deus vivo". Essa confissão foi maravilhosa, vinda de um judeu cuja crença tinha sido sempre a *unidade de Deus* e, por isso, fez vibrar o coração de Jesus que lhe proferiu, então, uma notável bênção. Deus concedera a Pedro uma revelação especial, que foi interiormente vislumbrar o seu Senhor como o verdadeiro Messias: "Tu és o Cristo"; e também a sua divindade: "O Filho do Deus vivo".

Pedro fizera uma confissão a respeito de Cristo e, em conseqüência, Jesus fez uma confissão sobre seu discípulo: "Tu és Pedro, e sobre esta pedra edificarei a minha igreja". O nome *Pedro* significa uma pequena rocha, um pedaço de pedra, *Petros*; mas o vocábulo que Jesus usou para "rocha" foi *Petra*, que significa a rocha em sua essência. Os católicos romanos ensinam, erroneamente, que a igreja está edificada sobre Pedro, considerado o primeiro papa. Mas o que Jesus disse era que ele edificaria a sua igreja, não sobre um discípulo, falível e impulsivo, mas sobre o que Pedro confessara, i.e., a divindade de Cristo. Jesus é o único fundamento da igreja (1Co 3:10). A *Rocha* é expressão usada apenas figuradamente no AT, quando se referia a Deus: "A rocha deles não é como a nossa *Rocha*".

Rapidamente, Jesus muda a figura de linguagem de *rocha* para *portas*; do assunto da fundação, para o assunto do inimigo. "As portas do inferno não prevalecerão contra ela." A porta, em cada cidade, era o local onde os seus governadores exerciam o julgamento e ouviam os conselhos. As portas também tinham a função de proteger a cidade do ataque inimigo. O termo *portas*, como foi usado pelo nosso Senhor, teve o sentido de "poderes do inferno". A sua igreja verdadeira é invencível contra qualquer ataque inimigo. O *comunismo* buscou destruí-la, mas ela é invulnerável por estar construída sobre "a Rocha". Como filhos de Deus, se nos sentirmos desanimados, podemos banir qualquer temor que possamos ter de que os poderes do inferno prevalecerão contra nós. Ninguém nem nada podem destruir aqueles cujas vidas estão ocultas com Cristo, em Deus.

Ao mudar para outra figura Jesus prometeu a Pedro a posse das *chaves* do seu reino. *Chaves* eram símbolos de autoridade (Ap 1:18) e mostravam que aquele discípulo e todos os que, como ele, pertencessem a Cristo, exerceriam autoridade espiritual. Os escribas de antigamente consideravam as *chaves* emblema de sua função de intérpretes da lei moral. Pedro usou as *chaves* pela primeira vez quando no dia de Pentecostes pregou à multidão que ali se ajuntara e abriu o reino para aproximadamente 3 mil pessoas que creram. Em Antioquia, Pedro foi o primeiro a abrir a porta da igreja aos gentios. Todos os que foram salvos pela graça e têm grande interesse na salvação dos perdidos, são os que possuem as chaves para abrir as portas a todos os que desejam pertencer ao reino de Deus. Quanto ao poder de *ligar* e *desligar,* que os católicos romanos falsamente monopolizam, na verdade a promessa é para todo o que crê e pede a Deus. "*Ligar* parece mostrar que a consciência reconhece o pecado pelas palavras de repreensão, pelos chamados ao arrependimento e pelas advertências. *Desligar* significa confortar a consciência, ao assegurar-lhe ter recebido o perdão". A igreja de Cristo está no mundo para lhe impor leis, no sentido dos padrões morais —"*ligar*: declarar aquilo que é obrigatório; *desligar*: declarar aquilo que é voluntário".

Parábola do grão de mostarda
(Mt 17:19-21)

É muito importante captarmos bem a lição principal que Jesus ensina em todas as parábolas e figuras parabólicas que ele usou. Esse esforço nos livra de deslocarmos uma parábola de seu contexto e de interpretarmos equivocadamente a sua intenção original. Dizemos que "um texto fora de seu contexto torna-se um pretexto". O mesmo se dá com a parábola fora de contexto. No nosso estudo sobre a *Parábola da mostarda* pudemos ver que a expressão que Jesus usou era um provérbio conhecido e que se referia a coisas muito pequenas. A pergunta é: Por que ele o usou aqui, e o que quis ilustrar através de seu uso? O cenário da narrativa onde ele se encontra é quando os seus discípulos não conseguem ajudar o menino endemoninhado. Por que eles erraram? Para Jesus a resposta era breve e explícita: "Por causa da vossa pequena fé". Então, para esclarecer a sua resposta, ele lhes disse: "Se tiverdes fé como um grão de mostarda, nada vos será impossível". Uma semente, por menor que seja, contém o princípio de vida, e assim também a fé dessa natureza quando posta em prática. Quando Jesus retrucou aos seus discípulos e disse: "Por causa da vossa pequena fé", ele não se referia a quantidade. Da mesma forma a oração dos discípulos quando lhe pediram que aumentasse a sua fé. A idéia implícita aqui é a de uma mudança na *qualidade*; não na *quantidade*. A qualidade da fé, não importa quão pequena seja, é vida, e essa fé viva, que age em harmonia com a vontade de Deus, pode realizar feitos poderosos. Nem montanhas podem resistir perante a fé.

Parábola da pedra de moinho e das ovelhas perdidas
(Mt 18:1-14)

As ilustrações da pedra de moinho, a de amputar um membro do corpo, a de arrancar fora um olho e a das ovelhas extraviadas ocorrem na narrativa sobre a resposta de nosso Senhor à pergunta dos discípulos sobre quem era o maior no reino. Esse capítulo poderia muito bem ser chamado *O Texto da Criança,* porque Jesus tomou um menino e o colocou no meio dos discípulos e ensinou-lhes sobre a humildade que precisavam possuir. Ao almejar grandeza, eles deveriam ser lembrados de que a ambição pode ser sinônimo de impaciência e pode muito bem esmagar outras pessoas debaixo de seus pés, para subirem a escada e chegarem ao topo. O tipo errado de ambição pode afogar os homens na perdição e fazê-los afundar outros, assim como procederam. Richard Glover coloca de maneira contundente: "A *mão* da selvajaria ambiciosa deveria ser *amputada*; o *olho* da cobiça ambiciosa deveria ser *extirpado*; o *pé* da obstinação insensata deveria ser *cortado*".

A linguagem extremamente descritiva de nosso Senhor prescreve um tratamento bem apropriado para todas as ambições carnais: devem morrer à mingua; precisam ser sacrificadas. A menos que sejamos simples e desprovidos de todo orgulho, como uma pequena criança, não serviremos para ser usados pelo Mestre. Ao empregar a ilustração das ovelhas perdidas, Jesus mostrou o valor de uma criança, a figura que nos demonstra o conceito de grandeza do seu reino. E crianças, por serem *filhos*, não devem ser negligenciadas ou desprezadas, pois não é da vontade do Pai que alguma delas pereça. Pelos padrões divinos, o valor das crianças é sugerido pelo fato de que o Pai, o Filho e os anjos estão em comunhão com elas. Seus *anjos* sempre contemplam a face do Pai, e têm acesso a ele a favor das crianças que estão sob os seus cuidados; o *Filho*, que é o Bom Pastor, está sempre em busca dos pequeninos; o *Pai* não quer que alguma delas pereça. Aqueles que semelhantes às crianças no coração possuem a saúde espiritual, característica das crianças, deveriam notar bem essas verdades à medida que procuram ganhar os jovens para Cristo.

Parábola do perdão e do servo sem misericórdia
(Mt 18:21-35)

O valor dessa parábola de Cristo é reconhecido por muitos, e nela ele registra a ilustração do perdão, não o de Deus concedido ao homem (embora isso esteja nas entrelinhas), mas o do homem em direção ao próprio ser humano. Contendas entre irmãos é algo grave e pode facilmente transformar-se em "ofensa" que leva a pessoa a tropeçar e a impede de progredir no caminho da santidade. Ao tratar do assunto, nosso Senhor é explícito quanto ao tratamento que os ferimentos, os que ferem e os feridos deveriam receber. Ao *elogiar* o coração que sente como o de uma criança, ele prossegue *elogiando* o coração que perdoa e *condenando* o lado oposto.

Cristo ensinou que quanto mais formos inocentes naquilo em que admitimos ter errado, mais poder teremos para curar tal desvio e mais seremos responsáveis em fazê-lo. Tanto o que *comete* o erro, como o que o *sofre*, ambos deveriam acabar com a contenda. Em primeiro lugar, Jesus diz que devemos agir *em particular*. "Entre ti e ele só". Se, antes disso, outros forem relacionados com o fato, torna-se mais difícil para os dois envolvidos chegarem a um consenso. Se a dissensão não for curada, os amigos de ambas as partes devem ser consultados; e se os esforços desses falharem a igreja local à qual pertencem, o injuriado e o que o injuriou, deve ser consultada. Porém se o transgressor não reagir positivamente à disciplina da igreja, deve ser tratado como "gentio e cobrador de impostos", o que vale dizer que aquela pessoa se excluiu do círculo da comunhão cristã. Todavia somos advertidos a não permitir que tal separação se transforme em animosidade (1Co 5:11; 2Co 2:7).

Essa *Parábola do servo sem misericórdia*, que pode ser comparada com a do *Credor e dois devedores*, tendo em vista que acontece o mesmo simbolismo, tanto no tema central como nos detalhes (Lc 7:41-43), veio como resposta do Senhor à pergunta de Pedro com relação a quantas vezes devemos perdoar a um irmão. Esse apóstolo sabia que, no passado, o perdão estava baseado em três pontos: "Por três transgressões de Israel não retirarei o castigo" (Am 2:6); porém, agora como discípulo de Jesus, sentia que devia ser mais generoso. Assim pula de *três* para *sete*. Mas o que ele ainda aprenderia era que o perdão "não é uma questão de matemática celestial, mas de conduta", e que a compaixão divina, que é para ser imitada, não tem limites. O que Jesus tinha em mente, ao dizer "setenta vezes sete"? Seria o que Deus disse anteriormente: "Se Caim há de ser vingado sete vezes, com certeza Lameque o será setenta e sete vezes" (Gn 4:24)? Será que a nossa dispensação de revelação é tão obscura que mereça tal evangelho de perdão?

A verdade ensinada pela parábola, então, é que o perdão deve ser uma atitude constante, como o é com Deus. "Tu podes ser temido, porque contigo há perdão". Quando Deus perdoa, ele esquece: "Não mais me lembrarei dos seus pecados e iniqüidades", e as parábolas de impacto de nosso Senhor ilustram bem essa característica divina. Da mesma forma que em suas parábolas anteriores temos retratos dele próprio, agora ele aparece pela primeira vez como Rei em seu ensino parabólico, representado por *certo rei;* e somos os seus servos com quem ele ajusta as contas. Perante ele, somos tão falidos! Na verdade somos somente os seus escravos profundamente endividados!

Para o "servo malvado", a sua dívida de "dez mil talentos" era uma soma enorme! Se considerarmos um "talento" determinado peso de prata, então, de acordo com a forma *romana* de calcular "dez mil talentos", esse valor seria atualmente muito superior a três milhões de dólares. "Essa pode ser considerada a estimativa *humana,* tal como poderia ser uma avaliação dos pecados feita por um homem refinado e culto". Se o "talento" estiver de acordo com o cálculo *judaico,* então os "dez mil talentos" representariam muito mais de dez milhões de dólares. "Essa pode ser considerada a estimativa *legal,* tal como a avaliação que o judeu debaixo da lei poderia fazer dos pecados contra o seu Deus". Mas se considerarmos que o "talento" significa certa quantidade de ouro, então os "dez mil talentos" significariam uma soma colossal de mais de 150 milhões de dólares! "Isso pode representar a estimativa divina. Ou o pecado na vista de Deus e o revelar dos pecados ocultos à luz de sua presença".

Mas o servo com esse exorbitante débito não tinha posses e, portanto, o seu senhor ordenou que todos os seus bens fossem vendidos, incluindo-se sua mulher e seus filhos. Tal forma de forçar alguém a pagar seus débitos coincidia com os costumes antigos (2Rs 4:1; Ne 5:8). Ao perceber a condição de profunda pobreza do seu devedor, o seu senhor foi tocado de compaixão de tal maneira que cancelou toda a dívida (Mt 18:25-27). Nosso Rei nos dá aqui uma maravilhosa visão da misericórdia e compaixão do coração divino. Somente a benignidade é capaz de solucionar o nosso problema, porque não temos com que pagar o nosso débito. Mesmo que tivéssemos muito dinheiro com que quiséssemos pagar nossos pecados, tal transação "seria inaceitável, tendo em vista que a salvação é 'sem dinheiro e sem preço'". É somente com base na obra consumada de Cristo, o Rei crucificado, que Deus pode solucionar o nosso estado de falência e abolir nosso débito. Ele "perdoou-lhe a dívida".

A parte seguinte da parábola revela a dureza de coração daquele que fora perdoado, e também o seu grande descaso quanto ao seu dever de imitar o exemplo nobre de seu senhor. Após ser perdoado, ele deveria também perdoar. Mas veja o que acontece em seguida. Um de seus conservos lhe devia apenas o equivalente a mais ou menos doze dólares, soma essa insignificante, se comparada à alta dívida que lhe fora graciosamente cancelada. O senhor havia tratado seu servo com grande compaixão, mas quando esse, por sua vez, quis extrair uma migalha de seu companheiro, não o fez com amor e compaixão, mas com dureza de coração: "Lançando mão dele, sufocava-o, dizendo: Paga-me o que me deves". Apesar de ter sido tão liberal e completamente perdoado, ele se esqueceu de que quando a graça é concedida, coloca o agraciado sob o dever de manifestar a mesma graça para com outros (Ef 4:32). "Perdoando-vos uns aos outros, como Deus vos perdoou em Cristo".

O senhor, ao saber da atitude violenta e ingrata daquele seu servo que fora perdoado, ficou encolerizado e entregou-o aos verdugos (era costume o uso de tortura para conseguir pagamentos e confissões), até que saldasse a sua dívida, i.e., os "dez mil talentos" que ele originalmente devia (Mt 18:28-35). A compaixão do rei desvaneceu-se e o servo, duro de coração, perdeu tudo, por causa de sua cobiça, ira e falta de compaixão. Vemos assim que a parábola tem como objetivo ensinar ao cristão como perdoar. O Senhor perdoa tudo e com liberalidade. O padrão do perdão divino é "setenta vezes sete".

> O perdão permanece incansável;
> Seu coração é capaz somente de amar."

Perdoamos, como temos sido perdoados? Como ficaríamos arrasados se Deus nos tratasse, com relação ao nosso débito para com ele, da mesma maneira que tratamos os nossos devedores! Na oração que Jesus ensinou aos seus, ele diz: "Pois se perdoardes aos homens as suas ofensas, também vosso Pai celestial vos perdoará a vós. Porém se não perdoardes aos homens as suas ofensas, também vosso Pai celestial não vos perdoará as vossas" (Mt 6:14,15). Essas são palavras solenes que não devem ser desperdiçadas. Se aceitarmos a doutrina do perdão de pecados meramente no intelecto, e não mudarmos nossa conduta e caráter, e permanecermos em dureza de coração com relação aos outros, o Senhor nos entregará aos verdugos. Ele nos deixará, para que recebamos as agulhadas da nossa consciência, ou os ataques de Satanás, até que sejamos levados a agir de acordo com a sua vontade, e conforme o exemplo que ele nos deu. Temos de nos comportar em relação a outras pessoas como Deus procede em relação a nós. Se dizemos que somos dele, então devemos ter também a sua disposição de perdoar até os nossos inimigos. Somente assim, misericordiosos, poderemos alcançar a misericórdia (Mt 5:7). Que todos os nossos atos de perdão sejam com graça ilimitada!

Parábola do camelo e do homem rico
(Mt 19:16-26)

Foi a recusa do jovem rico, de desistir de suas posses que tanto amava e seguir a Cristo, que trouxe à tona essa arrebatadora figura de linguagem de um camelo que tenta abrir caminho através do buraco de uma agulha. Jesus procurava ensinar aos seus, por meio dessa imagem parabólica, que a riqueza pode afetar a personalidade, como se fosse um vírus. Deve-se ter em mente que Jesus *não* disse que os ricos não podem entrar no reino de Deus, e sim, que, para eles, isso se torna muito difícil, em razão do poder que as suas riquezas exercem sobre eles. E Cristo então usa essa ilustração que tem aparência de algo impossível (Mc 10:17-31; Lc 18:18-30).

Comenta-se que nosso Senhor usou uma expressão proverbial que denotava literalmente algo impossível; porém figuradamente muito difícil (uma dificuldade tão grande que poderia ser comparada a um camelo que tenta passar pelo buraco de uma agulha). Esse toque de humor deve ter feito os discípulos sorrir. Há uma explicação a qual diz que o "fundo da agulha" referia-se ao arco menor de um portão, ou porta, através do qual um camelo só poderia passar, se estivesse livre de qualquer carga. Porém é mais fácil aceitar que o Senhor criou essa ilustração, para provar quanto se torna difícil para o que é rico em bens materiais, porém, pobre na graça, entrar no seu reino. Os discípulos podem ter pensado que os ricos estão menos expostos a tentações; mas Jesus disse o contrário. Os homens deveriam temer mais a riqueza do que a pobreza. A riqueza pode levar ao orgulho, à preguiça e ao poder egoísta. O jovem possuía riquezas, mas não tinha tudo. Faltava-lhe o bem mais essencial de todos —a vida eterna. O rico de outra parábola foi para o inferno, não por ser rico, mas por negligenciar a salvação de sua alma.

Os discípulos ficaram grandemente admirados e perguntaram por meio de Pedro: "Nós deixamos tudo, e te seguimos! O que, então, haverá para nós?" Eles almejavam alguma recompensa, pois viviam voluntariamente na pobreza. Mas é errado e perigoso olharmos para o nosso sacrifício e questionarmos sobre o pagamento que nos é devido. "O amor não reivindica, nem demanda pagamento —especialmente quando ele deve infinitamente mais do que aquilo a que tem direito". A glória da vida não está em receber, mas em dar. E no entanto Jesus nos garante que todo o que renuncia ao que tem, por sua causa, será recompensado.

Parábola do pai de família e seus trabalhadores
(Mt 20:1-16)

Na verdade essa parábola está ligada diretamente aos últimos quatro versículos do capítulo anterior, e apresenta uma resposta à pergunta: "O que, então, haverá para nós?" (Mt 19:27). Refere-se também, no início e no final das duas narrativas, ao fato de que a posição que as pessoas detêm pode ser relativa (Mt 19:30; 20:16). "... muitos dos primeiros serão últimos, e muitos dos últimos, primeiros". Os discípulos não deveriam desprezar o jovem rico e os semelhantes a ele, pois, se todos se arrependessem, longe de serem os últimos, poderiam tornar-se os primeiros.

Novamente nos é apresentado o Pai de família, o rigoroso chefe da casa, que é o próprio Cristo. Antes do amanhecer, já está a caminho, e não há um momento do dia em que não trabalhe. "Um homem pode desperdiçar alguns minutos até que a hora undécima o surpreenda ainda desocupado pelas praças. O Pai de família, no entanto, nunca se vê desocupado e, onde quer que encontre pessoas desejosas de trabalhar com afinco na sua vinha, as contrata. A qualquer hora do dia dessa nossa vida, podemos começar a trabalhar para o Senhor, e ele por sua vez exige de nós o maior número de horas de trabalho que pudermos oferecer, recompensando-nos com um bom salário".

A parábola ensina que, se iniciarmos o trabalho na hora undécima, receberemos mais do que jamais imaginávamos. Ao iniciar com uma pequena desvantagem, boa parte do dia já se foi; contudo, ainda podemos ser igualados com os que começaram ao amanhecer. "A parábola por si só não revela como, mas menciona o fato de que muitas vezes os que se arrependem na última hora podem ser igualados aos que muito antes já haviam começado na bondade e no trabalho". O que importa não é o volume de trabalho, mas a sua qualidade. Todavia, o descontentamento parece a dificuldade principal da parábola. O aborrecimento dos que trabalharam por longo tempo, porém receberam a mesma quantia que os que começaram por último parece incompatível com o serviço feito de bom grado e inconcebível diante do bom salário que recebiam. O estado de espírito da pergunta "Nós deixamos tudo, e te seguimos! O que, então, haverá para nós?" é o que denigre o discipulado com o descontentamento. O Pai de família, por ser justo, sabe de que é digno cada trabalhador; portanto, o aborrecimento em relação ao salário pelo serviço prestado é injustificável. Todos os que se dispõem a trabalhar para ele devem ter a convicção de que esse trabalho jamais será em vão.

Quanto à recompensa pelos serviços prestados, há a manifestação de três grandes e maravilhosos princípios, segundo Newberry: *justiça, soberania* e *graça*.

Na condição de pai de família (Mt 20:1), ele promete: "... dar-vos-ei o que for justo". Na qualidade de trabalhadores, temos a garantia de uma remuneração integral e justa por nossos serviços, sejam eles breves, sejam de longa duração. Cada qual receberá a recompensa devida.

Na condição de Senhor da vinha (Mt 20:15), ele reclama para si o direito soberano de fazer o que deseja na administração de seus negócios. Não nos cabe questionar os trabalhadores que escolhe, nem a recompensa de cada um. Por ser o Senhor quem é, não pode agir injustamente. Em razão da nossa sabedoria finita, questionamos as suas ações. Todavia, no final de tudo, como Intérprete por excelência, ele esclarecerá qualquer suposta incongruência. Até que isso aconteça, descansemos em sua palavra: "... dar-vos-ei o que for justo".

Na condição de chefe da casa (Mt 20:11), ele reserva a si "o privilégio, o direito de exercer a sua bondade e graça, como quer que a sua generosidade seja encarada. A *soberania* não será exercida em prejuízo da *justiça* ou da *graça*; enquanto o esplendor da *graça* se manifesta no peso de glória, muito superior e eterno, a recompensa pelas aflições e pelo labor, leves e momentâneos, acontecerá para a honra da *justiça* e para a glória da *soberania* manifesta. Por isso, se os últimos serão os primeiros, e os primeiros, os últimos, e alguns são escolhidos para tarefas especiais, e outros para privilégios particulares, e todos estarão submissos à *justiça*, à *soberania* e à *graça divina*, as palavras de todos será: "Não a nós, Senhor, não a nós, mas ao teu nome dá glória, por causa do teu amor e da tua fidelidade" (Sl 115:1).

A vinha divina requer *trabalhadores*, não *descansadores*; portanto, que sejamos salvos da *ociosidade*, um dos pecados de Sodoma e precursor da ruína, tanto nesse mundo quanto na eternidade. Como trabalhadores, vamos sempre nos lembrar que a *motivação* gera a ação, e a nossa obra torna-se aceitável, não pela duração, mas pelo seu espírito.

Parábola da figueira e da fé
(Mt 21:18-22)

Embora na realidade tenhamos um *milagre* nessa narrativa, do qual já tratamos em *All the miracles of the Bible* [*Todos os milagres da Bíblia*], essa é também uma *parábola de juízo*. Vamos examiná-la agora nesse aspecto. Essa parábola e o restante do ensino parabólico de Jesus, em Mateus, foram produzidos nos dias que antecederam a cena do Calvário, assumindo agora o forte caráter de denúncia. Quando reúne

Parábola da figueira e da fé

ao seu redor os discípulos para lhes transmitir os últimos ensinamentos, seu tom é de autoridade plena e suprema, demonstrada, por exemplo, na purificação do templo.

Em Jerusalém, Jesus encontrou violenta hostilidade e planos para matá-lo por parte daqueles a quem desejava salvar. Por isso deixou a cidade e foi para Betânia, onde encontrou terna amizade, gratidão e paz. Depois de passar a noite nesse ambiente de tranqüilidade, ele retorna a Jerusalém e, no caminho, amaldiçoa e destrói a figueira. O nosso Senhor deixou bem claro que esse ato parabólico foi o seu único milagre de juízo, e contra uma árvore infrutífera. A destruição dos porcos, na terra dos gadarenos, não teve o fim de condenar, mas libertar um homem atormentado por demônios. Ao secar a figueira, manifestou o seu poder não de abençoar, mas de amaldiçoar. Atrás, porém, da destruição da figueira, havia um significado parabólico.

Esse ato singular de Jesus tem gerado dificuldades entre alguns. Afirmam ter sido injusto, uma vez que não era "época de figos". Por que ele iria contar com frutos fora da época? Embora a estação dos figos fosse por volta de junho, era pleno mês de abril quando a figueira foi amaldiçoada. No entanto, havia um tipo de figo precoce, anterior à época da colheita, encontradiço em certas figueiras, como Isaías mostra muito bem (28:4). Esse fenômeno da natureza era conhecido de todos os que estavam com Jesus. Sempre que esses figos temporãos surgiam, as folhas vinham depois. Jesus, sabedor de que aquela figueira produzia figos antes da folhagem, nada viu senão folhas, quando não deveria haver nenhuma sequer. As folhas levam a crer que a árvore seja frutífera, mas, como naquela figueira não havia frutos, demonstrava ser o que na realidade não era. A figueira havia falhado em sua missão e, portanto, foi destruída.

Além disso, a atitude de Jesus não foi de ira. Às vezes dizemos que "um homem faminto é um homem irado". Porém Jesus, como homem, não estava irado, embora estivesse com fome. Ele manifestava justa indignação quando necessário, mas nesse milagre não há o menor traço de vingança. A sua condenação foi veloz pelo fato de a figueira ser culpada e ter falhado. Essa rapidez surpreendeu os discípulos, os quais aprenderam que, embora o seu Mestre fosse manso e humilde, também podia ser majestoso em sua ira.

O sentido dessa ação parabólica é fácil de perceber. A fome física de Cristo simbolizava uma fome ainda mais profunda que sentia. A nação de Israel é retratada como uma *figueira*, e ele veio para ela, sua nação, com a esperança de encontrar frutos. Em abundância pôde encontrar as folhas do formalismo religioso, mas não da santidade. Ele estava faminto por salvar o povo, mas esse, ao crucificá-lo, lhe disse que se salvasse a si mesmo. Assim, em sua "estranha obra" (Is 28:21), ele rejeitou a figueira, símbolo da nação. A maldição da figueira foi um prenúncio do juízo sobre a nação, e as duas parábolas seguintes vão tratar disso.

Os discípulos ficaram maravilhados com a demonstração de poder de Jesus e lhe perguntaram *como* se secara tão de imediato a figueira. Ele lhes deu então uma breve lição sobre o poder da fé, mostrando-lhes a associação entre o seu gesto destruidor e a oração feita com fé. A árvore estava agora seca, e ali permaneceu como símbolo da falsidade. Por que a nação que simbolizava tinha falhado? Porque lhe faltou fé em Deus, uma confiança que produzisse frutos. A despeito da aparência de vida, a nação de Israel estava espiritualmente morta. Os frutos eram alegados, mas não evidenciados. Mas todos os que têm fé, uma vez nascidos de Deus, podem cooperar com ele na manifestação do seu poder. Tal fé caçoa das impossibilidades e clama: "Tem de ser feito". Que sejamos poupados de decepcionar o Mestre! O fruto do Espírito pode ser nosso pela fé e pela obediência, e tal fruto sempre alegra o coração daquele cuja vida sempre agradou a Deus em todos os momentos.

Parábola dos dois filhos e da vinha
(Mt 21:28-32)

Essa parábola é muitas vezes agrupada com a seguinte, a do *Viticultor*, uma vez que o tema das duas é o mesmo. Ambas se baseiam no *cântico do vinhateiro*, já examinado em nosso estudo parabólico de Isaías (5:1-7). Todos os que ouviam a Jesus estavam familiarizados com esse antigo cântico; portanto, deveriam ouvir essas duas parábolas com profundo interesse. Nessa primeira, vemos Jesus condenar o *método* que os líderes religiosos usaram para rejeitar o seu testemunho; na segunda (Mt 21:33-46), ele os condena por suas *motivações*. O segredo das duas parábolas se encontra nessas palavras: "Os principais sacerdotes e os fariseus, ouvindo estas parábolas, entenderam que ele falava a seu respeito" (Mt 21:45). Seus inimigos sentiram o poder de sua verdade e contemplaram a sua misericórdia e, apesar de tudo isso, conspiraram contra ele para matá-lo.

Os líderes judeus tinham desafiado a autoridade de Cristo. A pergunta que ele formulou quanto à procedência do batismo e da missão de João —se do céu ou dos homens— deixava-os nas garras de um dilema. Hesitaram entre o prudente e o vantajoso, e não encontraram resposta à pergunta. Essas autoridades tinham falhado completamente no plano de Deus e, para levá-las a emitir um veredicto contra elas próprias, Jesus recorreu ao método simples de narrar histórias. Com grande habilidade, tocou nas falhas desses líderes religiosos, os quais condenavam a si próprios, fazendo-os perceber que falava a respeito deles. Essas duas parábolas, portanto, devem ser interpretadas com base no motivo que as gerou.

A oposição entre justos aos próprios olhos e pecadores aparece em outras parábolas; por exemplo, a *Parábola do fariseu e do cobrador de impostos*. Os que se afirmavam religiosos rejeitaram a Palavra de Deus, mas os desprezados a aceitaram. Os sacerdotes e os anciãos permaneceram inflexíveis diante da pregação severa de João Batista, mas grandes e famigerados pecadores se arrependeram ao ouvi-la. O filho que disse "Eu vou, Senhor...", mas não foi, era um retrato dos fariseus. Já o outro, o qual disse "Não irei...", mas depois se arrependeu e foi, representava os pecadores penitentes, como os cobradores de impostos e as meretrizes. Embora essa seja a interpretação inevitável da parábola, a aplicação é abrangente. Sempre que o evangelho for pregado no poder do Espírito, haverá pecadores que se arrependerão e se voltarão para o Salvador. Da mesma forma, haverá os correspondentes dos sacerdotes e dos anciãos judeus —religiosos, mas relutantes para se confessar também pecadores e perdidos aos olhos de Deus como os mais dissolutos desse mundo. Presos à sua justiça própria e falsa obediência, não vêem a necessidade de um Salvador.

Outras parábolas já apresentaram vários retratos de Jesus. Aqui somos apresentados a outra pessoa, pois o "homem" era o "pai" dos dois

Parábola dos dois filhos e da vinha

filhos. Seria esse um retrato de Deus como podemos ver também na *Parábola do filho pródigo*? Alguns comentaristas dizem que o Senhor, como *Pai*, é a figura principal da parábola, e os seus *filhos* podem ser divididos em: obedientes e desobedientes. Talvez, pensando na criação em geral, Deus seja o Pai de todos, exatamente como Jó se refere a ele como o Pai da "chuva". No entanto, *filho* pressupõe relacionamento por nascimento —o que só pode acontecer pela regeneração. Se não tivermos recebido o espírito de adoção, não temos o direito de chamar Deus de *Pai* (Gl 4:5).

Além disso, Deus não exige que o sirvam os que não lhe pertencem. Uma vez *salvos*, o servimos, e a *vinha* é a esfera da nossa atuação. Há uma vinha para cada "filho" cuidar e, se ele a negligenciar, ninguém mais cuidará dela. Para cada um, ele tem uma tarefa específica que deve ser desempenhada enquanto for "hoje". Analisemos agora as duas respostas e as duas ações presentes na parábola —inconfundíveis e opostas entre si:

Os dois filhos. Ambos os filhos, na parábola, ouviram a ordem do pai. Um recusou-se a obedecer, mas em seguida arrependeu-se; o outro prometeu obedecer, mas agiu em contrário. "Este foi tão desobediente quanto se tivesse recusado obedecer logo de início e, embora a sua promessa de fazer a vontade do pai tenha enganado os que o ouviam, fazendo-os pensar que era um filho cumpridor dos deveres, o pai não pôde satisfazer-se com uma conduta tão contrária à promessa que fizera." Ao receber a orientação do pai para ir trabalhar na vinha, o primeiro filho impulsivamente recusou-se a obedecer, mas logo arrependeu-se de sua recusa e obedeceu; o outro, no entanto, prometeu obediência, mas efetivamente não obedeceu.

O *primeiro* filho disse: "Não irei". Essa foi uma resposta ímpia, cuja fonte era um coração perverso. Ele recusou-se rudemente a obedecer ao pai, e de caso pensado. Esse filho desobediente representa os que não professam, nem praticam a verdadeira religião. Não temem a Deus — nem fingem. Não são hipócritas. Não são contraditórios. Sabem que são pecadores e o afirmam claramente.

O *segundo* disse: "Eu vou, senhor, mas não foi". Disse uma coisa e fez outra. Era contraditório. Havia um conflito entre o que dizia e o que fazia, entre o que prometia e o que cumpria. Na presença do pai ocultou a decisão de não obedecer. Suas palavras aduladoras eram mentirosas. O irmão dissera "não", mas em seguida arrependeu-se e foi. Nele, porém, não havia arrependimento. Professou-se obediente, mas não tinha intenção de obedecer, sendo pois hipócrita. Ele disse "Senhor, Senhor", mas não tinha o desejo de realizar a vontade do pai.

Ambos os filhos encontravam-se numa posição falsa e insegura. Eram opostos quanto ao caráter; eram diferentes nos pensamentos e nas palavras, mas as suas respostas diferentes apenas demonstravam diferentes pecados. O *primeiro* filho era ousado e culpado de rebelião desavergonhada; o *segundo* filho era covarde e falso. O primeiro nem prometeu, nem teve intenção de obedecer; o outro prometeu obediência, mas não tinha intenção de cumprir a palavra. Não há por que preferir um a outro. Tornam-se diferentes somente no derradeiro *ato*, pois o *primeiro*, após a recusa brutal, arrepende-se de seu pecado e sai para atender ao pai. O outro não hesitou em prometer, mas não manteve a palavra. O seu irmão mudou de mau para bom, mas esse não mudou de bom para mau. Sua atitude já era premeditada. Não tinha nenhuma intenção de mudar.

As duas classes. Esses *dois* filhos tinham por objetivo servir de exemplo a *dois* tipos diferentes de pessoas. O primeiro filho representava os cobradores de impostos, os pecadores e as meretrizes. Ao ouvirem a pregação de João Batista, esses dissolutos, que foram rebeldes e tinham resistido frontalmente ao Senhor, arrependeram-se, obedeceram e tornaram-se filhos de Deus. Antes disso, não se diziam obedientes. Viviam em franco pecado e não se surpreendiam quando os denunciavam dizendo que eram incorrigivelmente corruptos. Os "cobradores de impostos e as meretrizes" eram o símbolo dos ímpios na época. Essas pessoas eram pecadoras e sabiam disso. Porém, sob a pregação de João Batista, inspirada pelo Espírito Santo, ocorre o milagre. A mensagem sobre o pecado e sobre o arrependimento penetrou no coração deles, e se arrependeram dos pecados, encontrando o caminho para se achegarem a Deus e servi-lo na sua vinha.

O segundo filho representava os fariseus, saduceus e escribas, que trajavam as vestes e a insígnia da religião, mas estavam tão longe de Deus quanto os tidos por renegados e desprezados. Professavam ser do Senhor; no entanto, eram "desobedientes e rebeldes em todos os aspectos mais profundos da vida". Esses religiosos deveriam ser entre todos quem de fato professasse e detivesse a verdadeira vida de Deus, mas isso não tinham. Por fora eram corretos e justos, sempre com um obsequioso "Eu vou, senhor" na ponta da língua; porém, eram destituídos do desejo e da boa vontade de obedecer. Tipificavam os hebreus do passado que disseram: "Tudo o que o Senhor falou, isso faremos"; no entanto, a história demonstra que falharam. Israel era como o filho que disse ao pai "Eu vou, senhor", mas não foi.

Após transmitir sua narrativa simples e cheia de significado, Jesus pressionou os fariseus e os principais dos sacerdotes para que emitissem o seu veredicto. Esse, eles emitiram prontamente, e foi um veredicto que recaiu sobre eles próprios: "Qual dos dois fez a vontade do pai? Responderam-lhe: O primeiro". Jesus então faz a aplicação disso aos que não se haviam arrependido em decorrência de suas palavras e obras: "Em verdade vos digo que os cobradores de impostos e as meretrizes entram adiante de vós no reino de Deus". Há mais esperança para os conscientemente ímpios, do que para os que se consideram santos. Os que dizem "Rico sou, e estou enriquecido, e de nada tenho falta" não conseguem perceber quanto estão em falência e empobrecidos espiritualmente. Respeitados como religiosos, foram enganados por Satanás, crendo que a justiça deles prevaleceria. Porém, deixando de ver que Jesus padeceu para salvar os pecadores e, morrendo sem terem a Cristo como Salvador, perecerão eternamente, continuam a viver do lado de fora do reino.

Contudo, Jesus não deixou de abrir a porta para os fariseus que se consideravam justos. Há um evangelho para eles na declaração do Mestre. Ele não disse "Os cobradores de impostos e as meretrizes entram no reino *em lugar de vós*", mas "*adiante* de vós", na vossa frente. Isso leva a crer que alguns deles talvez entrassem no reino após os pecadores salvos, e com alguns de fato isso se deu. Saulo de Tarso, que se tornou o apóstolo Paulo, foi um deles. Associando essa sua parábola ao poderoso trabalho de João de trazer os pecadores a Deus, Jesus demonstrou ter mais autoridade para estabelecer aos homens mandamentos, cuja obediência resulta em vida eterna.

Parábola do viticultor e do herdeiro
(Mt 21:33-46)

Será que houve um toque de sátira no pedido de Jesus: "Ouvi outra parábola"? *Outra* parábola! Os líderes judaicos já não tinham ouvido o bastante para desmascará-los e enfurecê-los? Por que cutucar ainda mais a ferida? Sem dúvida alguma, esses conceituados ministros religiosos sentiam já ter ouvido o bastante por aquele dia. Seu prestígio fora prejudicado aos olhos da multidão, e podiam ver que Cristo havia virado a mesa contra eles. No entanto, lá estava Jesus esfregando sal na reputação deles, já dolorosamente ferida. Ele já tinha denunciado os fariseus ao povo como impostores e, agora, por meio de uma parábola ainda mais condenatória, os desmoraliza como assassinos.

Outra parábola, e que parábola! Notável em seu conteúdo e pela ocasião em que foi proferida. Os escribas e fariseus tinham tentado denunciar o Salvador e conseguiram, com isso, que Jesus os acusasse. Eles o tinham subestimado como Filho de Deus, possuidor de toda a autoridade. E agora, em mais uma parábola condenatória, Jesus mostra quem é, quem o enviou e a morte que haveria de sofrer nas mãos de seus inimigos. Sem misericórdia, põe a descoberto como Israel tinha sido infiel ao encargo sagrado que lhe fora confiado no passado, e também a condenação futura, por terem traído a confiança neles depositada. Essa parábola é encontrada nos três primeiros evangelhos (Mc 12:1-12; Lc 20:9-19), e Lucas acrescenta que foi dirigida à multidão presente, assim como aos principais sacerdotes e anciãos do povo.

Antes de mais nada, lembramos os privilégios conferidos a Israel por Deus, aqui comparado a um *viticultor*, um *pai*, um *dono da vinha*.

Jesus utilizou uma linguagem bem conhecida de seus ouvintes judeus, dando-lhes a descrição de uma vinha em todos os seus detalhes. Muitas vezes lemos sobre Israel investido de privilégios especiais, comparado a uma videira ou a um conjunto de videiras numa vinha (Sl 80:8-15; Is 5:1-7; Ez 15:2-5). A videira era a mais excelente de todas as plantas, exigindo cuidados extremos, mas recompensando-os ricamente. Essa vinha, que é Israel, foi cercada ao redor, achando-se na alta conta de seu Proprietário, que pode ser interpretado como a lei com todas as suas ordenanças. Por meio delas (Dt 7:8; Ef 2:14), a nação judaica foi separada dos demais povos, em virtude da missão especial que havia de desempenhar. O lagar construído, alusivo à retenção do sumo da uva quando jorrava em grande abundância, pode ilustrar aqui os verdadeiros frutos de consagração por meio da lei.

Quanto à *torre*, era necessário que fosse erigida, para que os guardas ali ficassem quando as uvas estivessem maduras; e o perigo de perdê-la era grande. A vinha toda podia ser vista da torre de vigia, símbolo do Proprietário divino, o Senhor da vinha, que protegia, preservava e vigiava o seu povo desde o passado. Em todos esses aspectos, temos a promessa feita pelo proprietário de que o fruto seria colhido de sua vinha.

No entanto, essa "vinha" foi arrendada a lavradores, e o proprietário "ausentou-se do país". Esses "lavradores" eram os chefes e príncipes de Israel (Jr 33:18; Ez 34:2; Ml 2:7; Mt 23:2,3), que foram postos em uma vinha rica de promessas divinas e de grandes exemplos, e onde se localizava o templo. Embora fossem representantes do Proprietário e a ele tivessem de se reportar, traíram de contínuo a confiança neles depositada. Tendo-os incumbido de prestar contas do que fariam, o Senhor "ausentou-se do país" e deixou-os aparentemente sós. Após o plantio inicial da vinha e após serem libertos do Egito, receberem a lei e tomarem posse de Canaã, os israelitas não receberam mais a manifestação extraordinária da presença de Deus (Dt 34:10-12). Tiveram de andar por fé e não por vista.

Ao se aproximar a época dos frutos, o dono da vinha enviou os seus servos para recolher o que lhe era devido, ou seja, o pagamento em espécie do aluguel. Esse retorno era imparcial e justo. Cremos que os "servos" formavam o nobre elenco de profetas, que, como embaixadores de Deus, tinham uma missão especial de relembrar a nação das suas obrigações, convocando o povo e os seus governantes à submissão que deles se exigia. Ao referir-se ao tratamento que os profetas haviam recebido, Jesus afirmou ter ele próprio enviado aqueles homens divinamente inspirados: "Portanto, *eu* vos envio profetas..." (Mt 23:34).

Mas os "lavradores" abusaram de seus privilégios. Os líderes judaicos tornaram-se teimosos, egoístas, inescrupulosos, voltando-se contra os profetas, cujo ministério, inspirado por Deus, perturbava a consciência deles e lhes roubava o respeito do povo. Isaías foi serrado em partes; Jeremias, apedrejado; Amós, assassinado com um bastão; João Batista, decapitado; Estêvão, morto por apedrejamento (v. 1Rs 18:13; 22:24; 2Rs 6:31; 22; Jr 20:1,2; Mt 23:29-37; At 7:5; Hb 11:36-38). A maneira como os "servos" do Proprietário foram tratados prova que os piores crimes são muitas vezes cometidos pelos que detêm altíssimos privilégios. "Não é possível que um profeta pereça fora de Jerusalém".

O "proprietário" foi longânimo ao lidar com a perversidade incorrigível dos "lavradores". Que paciência! Israel se mostrou tão teimoso, e, ainda assim, Deus lutou vez após vez, pacientemente, para trazê-lo para si. Por fim enviou seu Filho, seu herdeiro. O contraste entre os profetas do AT e Cristo é marcante: aqueles eram *servos* de Deus; esse era seu *Filho* e *herdeiro*. "Por último enviou-lhes seu filho". Enviar a Cristo foi a última tentativa da misericórdia divina para com o povo com o qual Deus tinha uma aliança. No relato de Marcos, a preexistência de Cristo como Filho é fortemente ressaltada: "*Restava-lhe* ainda um, o seu filho amado" (12:6). "Ele não se tornou o Filho do Proprietário por ter sido enviado; pelo contrário, foi enviado porque era o Filho".

Aí então surgiu a decisão de matar o herdeiro. "Vinde, matemo-lo, e apoderemo-nos da sua herança. [...] e o mataram". Depois da extrema tolerância por parte do Proprietário e do seu grande cuidado em receber o pagamento que aqueles homens lhe deviam, ele arriscou enviar o seu Filho, pois concluiu que o respeitariam e lhe concederiam a devida reverência. Mas completaram a medida de sua iniquidade, pois o mataram sumariamente. Mais tarde Pedro responsabilizou os líderes judaicos pelo assassinato de Cristo (At 2:23). Jesus foi muito valente e destemido, pois enfrentou os seus inimigos e predisse que o matariam e tentariam possuir a vinha (At 4:25,27). O termo "herança" denota o seu pleno direito ao senhorio, e os seus assassinos imaginaram que, estando ele morto, poderiam obrigar a lei divina a servi-los em seus próprios interesses e ambição, assim readquirindo a honra e a influência que haviam perdido quando Cristo os desmascarou. Montaram guarda no seu túmulo, para o caso de ressuscitar, como dissera que o faria, e exercer assim ainda maior autoridade.

Jesus então pergunta-lhes: "Portanto, quando vier o dono da vinha, o que fará àqueles lavradores?". Emitindo uma sentença justa contra si mesmos, os fariseus disseram: "Destruirá de maneira horrível a esses infames" —sentença essa executada quando os romanos destruíram Jerusalém, e os judeus foram destituídos dos privilégios de milhares de anos. Apanhados no laço da devassidão do coração, esses líderes viram-se como *infames*, que o dicionário define como "aquele que pratica atos vis, abjetos; torpe, baixo, abjeto; odioso, indigno; detestável". Certamente essa definição correspondia aos que crucificaram o Senhor da glória!

Deus nunca deixa a sua vinha nas mãos de infames; por isso, aquela sua "vinha" foi transferida para outros: "... arrendará a vinha a outros lavradores". Os fariseus autosentenciaram-se sem perceber o que faziam e agora são informados não apenas do seu destino, mas também de que os seus privilégios acabaram. O reino de Deus seria tomado deles e da nação que representavam para ser dado a outro povo, e o Senhor da colheita esperava que essa outra nação demonstrasse ser mais frutífera. O Senhor predizia a rejeição dos judeus, à qual Paulo se refere em Romanos 11:15-23. A profecia registra que a vinha será novamente confiada a Israel. Qual era essa outra "nação" para a qual foi transferida a autoridade sobre os interesses de Deus? A Igreja, a que Pedro se refere como "nação santa" e da qual João fala como "reino" (1Pe 2:9; Ap 1:6). Essa "nação" é composta de todos os regenerados, estabelecida sobre um princípio diferente e unida por laços diferentes. Entre os membros dessa nação cristã, a cidadania não é obtida por intermédio da carne, mas do Espírito Santo, e os judeus e gentios salvos são apenas um. Contudo, a Igreja, mesmo ocupando uma posição bem mais privilegiada do que Israel, precisa cuidar para não perder sua posição. A advertência é muito solene: "... removerei do seu lugar o teu candeeiro..." (Ap 2:5; 3:16).

Jesus falou da condenação dos que estavam para matá-lo quando disse que uma "pedra" os reduziria a pó. A grande "pedra angular", que, graças à sua grandiosidade e majestade, foi rejeitada pelos edificadores ímpios, era ele próprio. Com palavras duras e antigas profecias, ele declara que os julgará como Rei (Is 8:14,15). Seus inimigos e os que o rejeitaram seriam quebrados e reduzidos a pó, como Daniel predissera que as monarquias gentílicas seriam esmiuçadas (Dn 2:34,35). A condenação da nação é proferida com a temida sublimidade de uma expressão poética:

Nunca lestes nas Escrituras:

A pedra que os edificadores rejeitaram, essa se tornou a pedra angular; o Senhor fez isto, e é maravilhoso aos nossos olhos?

Portanto, eu vos digo que o reino de Deus vos será tirado, e será entregue a um povo que produza os seus frutos. Aquele que cair sobre essa pedra se despedaçará; mas aquele sobre quem ela cair, será reduzido a pó.

Israel caiu sobre a *pedra* e foi quebrado, e não está longe o tempo em que essa mesma *pedra* cairá sobre um cristianismo hipócrita e apóstata, quebrando a imagem em pedaços. Depois de ouvirem a sentença de sua condenação, os fariseus, ao perceberem que Jesus revelara a sua horrível culpa, o teriam apanhado ali mesmo e naquele instante o matariam, mas temeram a reação da multidão que o considerava profeta. Não era ele o profeta levantado pelo Senhor (Dt 18:15), conhecido, ao revelar a sua autoridade, não apenas como profeta, mas também como Filho e herdeiro de Deus? Campbell Morgan diz que essa parábola e as que lhe seguem revelam a autoridade de Jesus: "Essa autoridade é demonstrada pela seqüência do que ele cumpriu: a revelação da verdade, o fato de reconhecer os seus direitos divinos e de restaurar a ordem perdida. Esse era o propósito de sua presença no mundo".

Parábola das bodas e da veste nupcial
(Mt 22:1-14)

Há um elo essencial entre a parábola anterior e essa, como pode ser observado quando associamos Mateus 21:43 com 22:2. Ambas estabelecem aquela combinação de misericórdia e de justiça que constitui a glória de Deus. Na parábola anterior, Jesus "mostrou aos seus ouvintes como eram negligentes quando convocados a cumprir seu dever e o julgamento que lhes sobreviria, por abusarem de tal privilégio. Essa parábola ressalta a negligência deles, quando convocados a ter misericórdia, e a condenação sobre quem abusa desse privilégio é ainda maior". Richard Glover afirma ainda que "a grande lição dada aqui é tal, que só mesmo o Salvador se aventuraria a desvendar. Ninguém além dele jamais ousou apresentar a misericórdia divina como tão sublime, e ninguém além dele jamais apresentou a culpa humana como tão perversa".

Muitos comentaristas confundem essa parábola com outra semelhante, em Lucas 14:16-24. Ambas usam como ilustração uma festa, cujo convite alguns convidados recusam e outros aceitam; porém, a semelhança termina aí. As duas parábolas não são dois relatos diferentes das mesmas palavras de Jesus. As duas parábolas são muito diferentes e independentes uma da outra, no aspecto *externo* e *interno*, como prova com clareza o tratamento completo que Trench dá ao assunto. Foram narradas em ocasiões diferentes: a *Parábola da grande ceia*, de Lucas, foi transmitida durante uma refeição na casa de um fariseu; a *Parábola dos convidados para as bodas*, de Mateus, foi proferida no templo (Lc 14:1; Mt 21:13). Portanto, pertencem a períodos diferentes do ministério de Cristo.

A parábola registrada em Lucas foi entregue por Jesus antes da última viagem a Jerusalém. A que temos aqui relatada por Mateus foi proferida dentro do templo de Jerusalém, perante os principais sacerdotes e anciãos do povo (Mt 22:23). Na primeira, os fariseus ainda não tinham cortado relações com Jesus abertamente; mas, na segunda, a inimizade deles tinha chegado ao auge, e estavam fortemente inclinados a matá-lo. A festa registrada por Lucas era uma diversão simples, patrocinada por um anfitrião particular, cujo convite era recusado com desdém. A festa registrada por Mateus era dada por um rei para celebrar o casamento do filho. Em Lucas, os convidados eram descorteses; em Mateus, são rebeldes. Em Lucas, os convidados foram meramente impedidos de entrar na festa; em Mateus, são destruídos, tendo a cidade queimada. Trench diz: "Quanto maior for a respeitabilidade do que convida e a solenidade da ocasião, tanto maior é a culpa daquele que despreza o convite. E, quanto maior a ofensa, mais aterrorizante a condenação".

A afirmação de que ambas as parábolas são um mesmo pronunciamento de Jesus baseia-se na premissa de que ele nunca modificava a substância de uma lição que já dera em outro lugar qualquer. Todavia,

Parábola das bodas e da veste nupcial

Jesus muitas vezes repetia o mesmo teor em ocasiões diferentes. Como bem diz Arnot: "Esse 'Mestre enviado da parte de Deus' era acostumado, em lições posteriores, a caminhar sobre as pegadas já trilhadas, tanto quanto aquela trilha melhor servisse ao seu propósito, e a desviar-se para um novo caminho no momento em que uma diversificação nas circunstâncias solicitasse uma variação no tratamento do assunto. Esse é o método, tanto na natureza quanto na revelação —o método tanto de Deus quanto do homem".

Ao examinarmos as características das *Bodas do rei*, vemos, antes de mais nada, a realeza do pai, e o objetivo específico da comemoração era a festa de núpcias do filho. O pai é apresentado como "um rei" e, sem sombra de dúvida, foi assim que o Senhor se referiu ao seu Pai. Na parábola anterior, Deus era o *Viticultor*; aqui, é *Rei*. Naquela, Cristo era Filho e herdeiro; nessa, é o Filho do Rei (Sl 72:1). Dessa forma, a dignidade da sua linhagem, a realeza e a nobreza da sua pessoa estão aqui pressupostas. A Escritura diz claramente que ele é também *Rei*, assim como é *Filho* do Rei (Sl 72:1). Martinho Lutero faz o seguinte comentário: "O rei que promoveu a festa de casamento é o nosso Pai celestial; o noivo é o seu Filho, nosso Senhor Jesus Cristo; a noiva é a igreja Cristã, nós e todo o mundo, desde que o mundo creia". Alguns comentaristas afirmam que uma festa como essa, mencionada por Jesus, podia acontecer no início do reinado de um rei, que então se casava, por assim dizer, com o seu povo (1Rs 1:5,9; 1Cr 29:24). Cristo estava para se unir ao seu povo redimido. A sua morte e ressurreição iminentes proporcionariam à igreja o seu surgimento histórico e, em conseqüência desse nascimento, ambos seriam unidos para sempre. A *Noiva*, como *tal*, não aparece na parábola; tudo é encaminhado para a glória do Filho. Habershon acredita que todas as três pessoas da trindade são representadas pelo Rei, pelo Filho do Rei e pelo Servo do Rei que insiste junto aos convidados, para que participem da festa.

Por "casamento" não devemos entender "as bodas do Cordeiro" (Ap 19), embora a festa aqui resultará naquela vibrante união, quando Cristo apresentar a sua verdadeira Igreja a si mesmo. O que experimentamos e desfrutamos no presente é um "jantar"; a "ceia", porém, a última festa, será no futuro. Trench observa que a idéia de uma festa "une as duas imagens favoritas, sob as quais os profetas da antiga aliança estabeleceram as bênçãos da Nova e de toda comunhão íntima com Deus: a de uma festa e a de um casamento".

João Batista já havia feito referência a Cristo como o "Noivo" (Jo 3:29), designação essa que o próprio Jesus confirmou. Através de todo o AT a união entre Deus e Israel é tratada sob a figura do pacto matrimonial e, na parábola que temos aqui, há uma leve sugestão que é estabelecida sem restrições, por Paulo, quando ele fala da Igreja como a "Esposa" de Cristo; e por João, quando ele a chama de "A noiva, a esposa do Cordeiro". Mas aqui a idéia de um casamento quase não se pode distinguir; e a festa é relevante porque o principal propósito de Cristo era ilustrar os benefícios plenos do seu evangelho por meio da semelhança com um banquete, ou uma festa "excelente em qualidade, abundante em quantidade e variada em características, na qual uma multidão de convidados, ao desfrutá-la, teria grande amizade e felicidade". Em resumo, temos aqui uma descrição adequada do banquete espiritual posto perante os homens nas bênçãos do evangelho, "uma festa com animais gordos" (Is 25:6). A festa gloriosa que ele preparou como mesa de banquete inclui perdão de pecados, o favor de Deus, paz de consciência, as promessas extremamente grandes e preciosas, acesso ao Trono da Graça, o conforto do Espírito e a segurança bem fundamentada da vida eterna. Como é rico esse evangelho de misericórdia que está à disposição de todo pecador! Uma festa de alegrias inconcebíveis torna-se acessível a cada alma. Para todos os que querem ter para si tal abundância de riquezas, há a culminante festa: "A ceia das bodas do Cordeiro".

Na parábola, a tragédia diante dos nossos olhos é a estranha recusa dos convidados em estarem presentes às celebrações reais. O rei aparentemente enviou três convites, mas todos foram rejeitados. O termo *convidados*, usado repetidamente, é interessante e refere-se ao desejo divino de ter os homens como participantes do banquete da misericórdia divina. Todos os homens são "convidados". Israel fora "convidado" por meio de longos anúncios proféticos sobre a aproximação da salvação. Desde o Pentecostes, o Espírito Santo tem "convidado" os homens a virem para a festa do evangelho. Fereday acredita que nos dois primeiros convites, que foram absolutamente recusados, pode haver uma referência às duas missões distintas concedidas a Israel: uma antes e outra após a cruz do Calvário. Mas vamos distinguir entre os três convites enviados pelo rei e entregues pelos seus servos:

No *primeiro* convite (Mt 22:1-3) os convidados "não quiseram vir". O convite não foi repudiado ou rejeitado, mas devolvido. Foram honrados com a solicitação real, mas a trataram até certo ponto com indiferença. Dizem que no Oriente é costume entregar-se um convite preliminar para uma festa que, de certa forma, é indefinido quanto ao dia e hora, seguindo-se a ele outro convite com a definição de quando o banquete estará realmente pronto. Mas na parábola os que receberam esse primeiro convite decidiram omitir-se de ir à festa mesmo antes do segundo convite chegar.

O *segundo* convite era mais explícito e urgente (Mt 22:4-7). O jantar estava preparado e tudo estava pronto para a celebração do casamento. Porém o segundo grupo de servos não obteve mais sucesso do que o primeiro. Dessa vez a insistente bondade do rei foi recebida com a atitude de desdém e ridicularização. A indiferença tornou-se desprezo. "Porém eles, não fazendo caso, foram, um para o seu campo, outro para o seu negócio". Os seus interesses comerciais significavam mais para eles do que qualquer dever de estarem presentes a uma festa de casamento, como convidados do rei. Alguns dentre esses que desprezaram o convite opuseram-se indo além de uma simples expressão facial de desdém arrogante, e agiram como inimigos sanguinários: "O restante, apoderando-se dos servos, maltrataram e mataram". Que reação estranha diante de tão imensa misericórdia! Ao agirem assim eles pecaram contra o rei, seu filho, seus servos e contra eles mesmos.

Estes dois convites tipificam a tentativa do Senhor de ganhar a Israel, tentativa essa que tinha dois aspectos. Foi a sua própria missão, pois ele esteve entre os homens, não apenas como o Filho do Rei, mas também como o Servo, a fim de convidar os homens a virem ter com ele. Por muitas vezes ele os teria trazido à festa, mas eles não quiseram. Logo ele morreria, e tudo estaria preparado e pronto, e outro convite é enviado na era apostólica; porém os seus servos passaram por grande crueldade, quando Estêvão e Tiago

Parábola das bodas e da veste nupcial

foram assassinados. Qual então seria a reação do Rei, depreciado e insultado? "O rei ficou com muita raiva. Enviou o seu exército e destruiu aqueles homicidas e incendiou a sua cidade". A frívola recusa dos que foram convidados os levou ao pecado mais grave, o assassinato, e resultou em condenação inesperada. O aspecto profético dessa parábola foi cumprido na destruição de Jerusalém no ano 70 d.C., quando os exércitos de Tito pilharam e queimaram a cidade (Mt 23:34; Lc 21:20-24). Portanto essa é claramente uma parábola de *julgamento* que denota não apenas o ato de julgar, mas também de condenar e executar. Aqueles exércitos constituídos de soldados romanos eram os *"seus* exércitos" que executavam a sua sentença marcante sobre uma nação que rejeitara completamente o seu Filho e os seus servos. Aqueles exércitos eram "a vara da ira de Deus" que espalhava por toda a face da terra o povo que até então havia sido tratado com misericórdia.

O *terceiro* convite revela a misericórdia divina que procura satisfazer-se em outras pessoas (Mt 22:8-10), pois os que foram convidados "não eram dignos". A bondade do rei era uma chama que não se apagou pela ingratidão e malignidade dos que antes haviam sido convidados. A graça de Deus tinha sido rejeitada com a atitude de desprezo dos judeus; agora o convite se estende aos gentios, considerados indignos de participarem de qualquer privilégio da teocracia de Israel. Mesmo considerados "pagãos", os gentios reagiram positivamente ao grande apelo feito "a quem quer que seja" do evangelho. Os servos do rei deveriam ir pelos caminhos, ou "pelos caminhos e suas divisões", como afirma Campbell Morgan. O mundo romano era aclamado por suas estradas, todas conduzindo a Roma. Os servos do rei deveriam ultrapassar as meras fronteiras geográficas; e isso o livro de *Atos* mostra claramente que eles o fizeram.

A festa de casamento deveria se compor de convidados "tanto maus como bons". Os servos deveriam juntar tantos quantos se dispusessem a participar do banquete. Quem eram aqueles referidos como *maus* e *bons*? Em cada camada da sociedade encontram-se duas classes de pessoas que podem ser distinguidas pelo seu caráter moral, o que vale dizer, em linguagem comum, os bons e os maus, os justos e os depravados. Se os servos passassem nos caminhos por homens sem caráter, sem padrões morais, *maus*, mesmo sabendo disso, eles deveriam ser convidados para o casamento. Se deparassem com outros que fossem *bons*, da perspectiva dos padrões desse mundo, que fossem sinceros para com a luz que havia dentro deles, cuja bondade almejasse crescer ainda mais e atingir alturas ainda desconhecidas, esses também deveriam ser convidados. Uma vez dentro do reino, a conduta e a postura morais são essenciais; mas antes de entrarmos somos pecadores e necessitamos do arrependimento de nossos pecados; para aceitarmos o Salvador, não importa quem ou o que sejamos. Aos seus olhos "não há ninguém bom, nem sequer um". Todos temos cometido pecado e há apenas um caminho para sermos salvos. A bondade humana não pode nos recomendar ao favor de Deus e, tanto o pior quanto o melhor, somos bem-vindos apenas se for através do sangue de Cristo. Desde que sejamos convidados do Rei, todos somos admitidos a usufruir de todos os grandes privilégios do reino de Deus.

Chegamos ao momento dos maus e bons, uma vez convidados, vestirem a veste nupcial (Mt 22:11-14). Essa última parte da parábola tem sido tratada como uma narrativa em separado. Porém, na verdade, é uma parte integral da parábola —um episódio dela. Arnot diz que a *veste nupcial* é outra parábola, embora ligada a essa. A. B. Bruce acha que as duas narrativas foram originariamente unidas por Jesus uma à outra. A frase: "Mas quando o rei entrou para ver os convidados", porém, é decisiva contra a teoria desse parágrafo ser outra história distinta. Também não é "um complemento da narrativa da grande festa", como afirma Butterick. Todas as imagens do quadro da festa, com tudo que estava envolvido nela, são preservadas através de todos os primeiros 14 versículos do capítulo. Era de esperar que o rei visitasse a sala do banquete e desse as boas-vindas aos convidados que estivessem presentes e se regozijasse com eles.

Mas os convidados que compareceram não entraram para a grande sala imediatamente. Foi-lhes dada a oportunidade de se vestirem das roupas apropriadas para a ocasião, providas pelo rei. Os que foram trazidos dos caminhos deviam ser pobres e estar vestindo roupas simples. Trench nos fornece citações as quais mostram que era costume, em algumas partes do Oriente, prover os convidados dos reis com algum tipo simples de roupa longa, para garantir, assim, que todos os presentes ficassem com aparência uniforme. Campbell Morgan faz um comentário que lança grande luz sobre a pequena palavra *não*. O rei viu ali um homem que *não* vestia a veste nupcial. O rei então lhe disse: "Amigo, como entraste aqui sem veste nupcial?" Morgan diz: "A pequena palavra *não* aparece por duas vezes, mas não é o mesmo termo nessas duas ocasiões. A primeira palavra grega para 'não' é *ou*, e simplesmente assinala um fato —ele não vestia aquela roupa. Mas quando o rei lhe perguntou a razão, Jesus usou uma palavra um pouco diferente para 'não': o termo grego *me*, que sugere não meramente o fato de que ele estava sem a veste nupcial, mas que agira assim de propósito, premeditadamente, por sua própria vontade e intenção. Quando o homem entrou sem a veste nupcial e o rei falou com ele, o soberano disse-lhe: 'Não é apenas um fato que você não tenha uma veste nupcial; você na verdade não tem a intenção de ter uma. O seu "não" é o não de um desejo claramente definido. Você está determinado a *não* vesti-la. A sua presença, aqui dentro, é a demonstração suprema de sua rebelião contra a ordem da qual essa festa de casamento é o grande símbolo'. *Ele, porém, ficou calado* —ele nada tinha a dizer".

Vemos então que a vestimenta nupcial era algo evidente e distinto. Foi por isso que o rei distinguiu rapidamente o homem que estava sem a veste nupcial. Aquele tipo de indumentária não era um vestuário usado em condições normais, mas um sinal significativo de sua lealdade. Vir à festa sem ela era uma marca definitiva de deslealdade; e ele essencialmente concordava com os que orgulhosamente se recusaram a aceitar o convite do rei. Ao perceber o seu pecado, em recusar a ordem do rei, ficou mudo e em silêncio, enquanto sua condenação era proferida.

Essa condenação trazia em si um solene significado. O homem devia ser amarrado e retirado do ambiente de luz e alegria da festa, e atirado para as trevas do lado de fora. A expressão "pranto e ranger de dentes" tem um grande significado. O que Jesus quis dizer com essa terrível declaração? Butterick diz que "a insinceridade perde todo o seu disfarce quando o rei entra na sala. Para ela (insinceridade), não há lugar de descanso, exceto as trevas do lado de fora. Ela é lançada para fora das luzes e do quente aconchego da sala do banquete, onde Jesus se torna Noivo daqueles que o amam sinceramente. É lançada violentamente à rua que não tem iluminação". Não conhecemos tudo o que envolve a expressão "para fora, nas trevas"; ou as trevas do lado de fora. Não podemos ver através do véu e penetrar nas trevas e falar dos sofrimentos que acontecem lá. Nosso Senhor nos disse que são trevas *externas*, mas encobriu-as dos nossos olhos. As particularidades dos tormentos dos ímpios não são reveladas. A única forma de escaparmos delas é nos refugiarmos nele.

Qual é o significado simbólico da veste nupcial? Que relação tem com os nossos corações na dispensação da graça em que vivemos? Implica deixarmos de lado a vestimenta do pecado e da justiça própria e em nos vestirmos de coração penitente e da justiça divina. Um escritor do século passado disse: "A veste nupcial é, em essência, um hábito de santidade e justiça. Repito: felicidade espiritual interior que, pela presença de Deus e por uma conscientização sobre o céu, transparece em manifestações externas —essa é a veste nupcial que Cristo contempla e aprova nos salvos".

Há tantos que querem um lugar na igreja, sem contudo ter passado por uma regeneração e obediência; sem render a Cristo um verdadeiro reconhecimento e serviço! O pecado da *presunção* assume o título e as esperanças dos salvos. Todos os pecadores têm de concordar com os termos do Rei, se quiserem experimentar a sua graça. O homem sem a veste nupcial parece dizer: "Eu sou o meu próprio rei, e abrirei o meu próprio caminho para o céu". Mas o homem vestido da vestimenta que lhe foi dada tem uma confissão diferente a fazer: "Eu não pertenço a mim mesmo; fui comprado por preço; minha justiça própria é como trapos de imundícia, mas o Senhor é minha justiça". No entanto a veste de que tratamos, símbolo da justiça completamente perfeita de Cristo, tem ainda outro significado, pois Paulo nos exorta a "nos revestirmos do Senhor Jesus Cristo". Portanto a veste representa uma vida coberta pela pessoa de Cristo e, conseqüentemente, um caráter coerente com o evangelho que professamos.

Os homens que morrerem sem essa veste jamais poderão participar da "ceia das bodas do Cordeiro", preparada somente para os santos, os pecadores remidos. Para todos os que morrem sem Cristo como sua proteção há a condenação da "negridão das trevas para sempre". Que sentença terrível é decretada aqui! Ao concluir a sua parábola, Jesus disse: "Pois muitos são chamados, mas poucos escolhidos" (Mt 20:16; 22:14). "A escolha só pode se resumir a poucos", como expressou D. L. Moody. Os que são chamados e não aceitam a Cristo morrerão nos seus pecados. Mas os que são chamados e recebem a Jesus, tornam-se a sua escolha e fazem parte dos convidados, na alegria da festa que acontece na casa do Rei. Os escolhidos de Deus são aqueles que receberam o seu Filho como Salvador e foram justificados por ele. Esses são os benditos, eleitos "nele antes da fundação do mundo".

Figuras proféticas e parabólicas
(Mt 23:24)

Chegamos agora a uma fase muito importante do ministério de Cristo, elaborado com o objetivo principal de estimular a observância da lição sobre estar em constante vigilância, tendo em vista a sua segunda vinda. Ele falou abertamente, sem qualquer restrição, sobre a certeza do seu retorno e advertiu repetidamente aos seus que voltaria e apanharia o mundo de surpresa. Portanto os seus seguidores deveriam estar preparados para, a qualquer momento, ter esse encontro com ele. A proposta principal sobre o seu retorno, que ninguém absolutamente sabe quando acontecerá, é apresentada sob diferentes aspectos, mas sempre com a ênfase de que tal acontecimento está sempre às portas.

Mais adiante, temos uma tripla repetição sobre o arrebatamento da Igreja: "Porém, a respeito daquele dia e hora, ninguém sabe, nem os anjos do céu, nem o Filho, mas unicamente o Pai" (Mt 24:43,44; 25:13). No cenário desse fato há sempre o apelo para que desempenhemos conscientemente a nossa solene tarefa como representantes, e também para que não deixemos de estar preparados, tendo em vista que o momento de seu retorno é incerto. Nos discursos escatológicos à nossa frente, resta-nos apenas ficarmos impressionados com a solenidade da ocasião, i.e., foram as últimas horas de Cristo no templo, o qual estava para deixar, e onde jamais entraria novamente. Ele o tinha chamado "casa de Deus", "casa de oração", mas agora é "a casa *de vocês*". Não mais de Deus, mas *deles*. "Agora a *vossa* casa vos ficará deserta". Deus, em Cristo, ia abandoná-la completamente. Campbell Morgan expressa isso fortemente: "Ele deixou o templo para não mais voltar. A sua palavra havia excluído os judeus, não da salvação, ou da possibilidade de serem salvos, mas do ofício que mantinham, por designação divina, de serem o instrumento pelo qual o reino de Deus deveria ser proclamado e revelado entre os homens. Ele havia proferido a sua palavra de Rei, divina e final de excomunhão, quando disse à nação por intermédio dos seus líderes: 'O reino de Deus vos será tirado, e será entregue a um povo que produza os seus frutos'".

O discurso com as seis figuras parabólicas nesse capítulo foi ininterrupto e continha três partes distintas: *Primeira*, Jesus dirigia-se às multidões à sua volta e aos discípulos que estavam perto dele (Mt 23:1-12). S*egunda*, embora a multidão e os seus ainda estivessem ali, ele se dirigiu diretamente aos líderes e aos que detinham autoridade, a quem não poupou em sua mensagem condenatória (Mt 23:13-26). Quão aterrorizantes foram as suas palavras àquelas autoridades! *Terceira*, ele falou sobre sua dor de coração em relação à cidade de Jerusalém, representada pelos líderes. Ele se referiu à cidade construída ao redor do templo, como a mãe da nação (Mt 23:37-39).

Pode-se ver que Jesus por oito vezes proferiu um *ai de vós,* à medida que condenava os escribas e os fariseus. Ao iniciar o seu ministério público, ele enunciou sua grande escala de valores nas oito *bem-aventuranças* do Sermão do Monte e, agora, para os que rejeitaram o seu testemunho e cuja hostilidade para com ele havia atingido o seu ponto mais alto, ele profere os seus oito ais. Observe que as oito *bem-aventuranças* e os *oito ais* respondem uns aos outros, de maneira muito maravilhosa.

Chegamos agora às ilustrações proféticas e parabólicas que Jesus usou não somente para denunciar os seus inimigos, sedentos de seu sangue, mas também para desvendar os profundos sentimentos de seu coração dolorido e decepcionado. Embora essas ilustrações ou figuras de linguagem fossem breves em si mesmas, são "gráficos que não podem ser medidos, os quais iluminaram as coisas que ele dizia como relâmpagos brilhantes e penetrantes". Também revelam como o nosso Senhor estava familiarizado com a vida e o dom que tinha para fazer descrições, a partir dos mais simples objetos e incidentes na vida das pessoas.

Parábola dos animais de carga sobrecarregados
(Mt 23:1-4)

Ao desmascarar o tratamento frio e desafeiçoado que o povo judeu recebia por parte de seus líderes, Jesus comparou esses últimos a homens cruéis que sobrecarregavam os seus animais de carga com pesos além da capacidade de suas forças. A expressão do nosso Senhor "atam fardos pesados" mostra a imagem de um animal de carga tão sobrecarregado, que cede debaixo do peso. Por meio dessa expressiva figura de linguagem, Jesus disse àqueles líderes que eles eram culpados desse pecado. Eles mesmos carregavam pouca carga e não moveriam um dedo sequer, para ajudar os que conduziam o excesso de peso (Lc 11:46). "Nem ainda com um dos vossos dedos tocais essas cargas" refere-se não tanto ao fato daqueles rituais legalistas impostos serem enfadonhos, embora eles já fossem desgastantes o suficiente (At 15:10), mas sim à severidade insensível, por parte daqueles homens, de inconsistência desavergonhada com relação às grandes verdades que eles eram forçados a observar.

Os líderes sobrecarregavam o povo com tradições e regras severas e, por tal falta de consideração premeditada contra o povo, incorriam em abuso de autoridade. Sentados na "cadeira de Moisés", a cadeira da autoridade, usurparam tal autoridade e esmagavam a alma, por multiplicarem a sua lista de "faça" e "não faça", cujo resultado foi o povo desviar-se da lei e de Deus. Portanto por umas sete vezes Jesus chamou esses líderes sem coração de *hipócritas*, porque eram falsos intérpretes da lei.

Parábola dos condutores cegos
(Mt 23:16,24)

Já analisamos a força dessa ilustração e vimos como é extremamente absurdo e inútil um cego tentar guiar outro cego, bem como qual é o resultado de tal tentativa. Aqui ela é usada duplamente (Mt 23:16,24) e ganha mais ênfase: *condutores cegos*. Temos aqui um resultado fatal de seu ensino baseado no erro. Eles não apenas eram cegos como cegavam os outros. Esses supostos guias espirituais, que deveriam ter conhecido o caminho e guiado as outras pessoas por ele, eram cegos. O seu ensino era indistinto e falso, por ser destituído da visão espiritual de valores relevantes. Se os guias são cegos, como podem guiar?

Parábola do mosquito e do camelo
(Mt 23:24)

Você pode imaginar o povo rindo dessa idéia grotesca? Ao expor a inconsistência flagrante dos líderes religiosos, Jesus quis que a sua comparação fosse absurda. A palavra "coar" significa "coar para fora" um mosquito. Trench diz que era costume dos judeus mais criteriosos coarem o seu vinho, vinagre e outras bebidas por meio de linho ou gaze, para evitar que, sem querer, engolissem algum inseto impuro, e assim transgredissem a lei (Lv 11:20,23,41,42). O "camelo" era o maior animal conhecido pelos judeus; e o "mosquito", o menor dos insetos; ambos eram impuros de acordo com a lei. Os fariseus eram culpados de magnificarem as coisas não essenciais e negligenciarem os valores essenciais.

Parábola do copo e do prato
(Mt 23:25,26)

Lucas acrescenta: "Loucos! o que fez o exterior não fez também o interior?" (Lc 11:40), o que vale dizer: "A ele pertence toda a vida exterior e com direito ele exige que tudo lhe esteja sujeito. Portanto, o homem interior pertence menos a ele do que o resto?" Campbell Morgan assim chama a figura de linguagem que Jesus usa aqui: "graficamente de sabor repugnante", e diz que "certamente nada poderia ser mais desagradável, do que um copo sujo por dentro, quando o lado de fora estava limpo. Mas Jesus usou essa imagem de forma inteligente. *Era* repugnante". O que Lucas acrescenta tem valor imenso: "Antes dai esmola do que tiverdes, e tudo vos será limpo" (Lc 11:41). Os fariseus eram meticulosos quanto à limpeza externa, mas os seus corações eram habitação para toda forma de corrupção e malignidade. Tinham corpos limpos mas corações corruptos. A avareza era uma das faces mais notórias do caráter deles (Lc 16:14), e nosso Senhor os desafiou a serem exemplos do caráter oposto, e então "o seu *lado externo*, governado por esse padrão, seria belo aos olhos de Deus, e suas refeições seriam comidas com mãos limpas" (Ec 9:7). A consciência daqueles hipócritas não doía quando enchiam o seu prato, por meio de extorsão e fraude, ou por levarem o copo muitas vezes à boca e beberem em excesso. Assim, o Mestre os aconselha a fazerem a limpeza por dentro, com eqüidade e moderação, e então as condições do exterior não serão tão importantes.

Parábola dos sepulcros caiados
(Mt 23:27-32)

Que ilustração assustadora o nosso Senhor usou para denunciar uma hipocrisia tão específica quanto aos aspectos externos e, contudo, tão negligente quanto o interno! Lightfoot nos relembra que o processo de caiação dos sepulcros acontecia em determinado dia a cada ano, não como um ato de limpeza cerimonial, mas, como mostra a linguagem de Jesus, para embelezá-los. Tal beleza no entanto apenas ocultava corrupção, e então temos o contraste chocante —sepulcros com boa aparência, limpos por fora, mas cheios de ossos de mortos! As pessoas atraídas pela brancura dos cemitérios estavam expostas a adquirir germes de corpos em decomposição, por meio da respiração. Essa foi uma maneira poderosa de mostrar que os fariseus, apesar de toda a sua aparência externa de pureza, contudo, tinham os corações cheios de corrupção (Sl 5:9; Rm 8:13). Esses hipócritas se preocupavam em ter um visual externo limpo, o qual, como um véu, impedia que se enxergasse a corrupção interior. Ainda mais horror é acrescentado a essa ilustração pelo fato de que muitos dos sepulcros, que esses líderes fingiam honrar e respeitar, estavam cheios de ossos em decomposição dos profetas que eles mesmos haviam matado. "Sois filhos dos que mataram os profetas". E agora eles estavam para matar O maior de todos os profetas.

Parábola das víboras
(Mt 23:33)

Já analisamos o significado das "víboras" quando tratamos das parábolas de João Batista. Aqui nosso Senhor utiliza essa mesma imagem, no término de seu ministério, de forma contundente, como João a tinha usado no início de seu chamado ministerial. É como se Jesus dissesse indiretamente que a única diferença entre João e ele, quanto à condenação que ambos proferiram sobre os líderes corruptos, era que agora os mesmos estavam maduros para o castigo, pois ainda não tinham se arrependido. A imagem de uma ninhada de serpentes com seus olhos astutos, movimentos sutis e picadas venenosas, era terrível e contudo verdadeira. Jesus deu as suas razões por que se referiu assim aos fariseus. Seriam condenados por terem tratado de forma tão injusta os mensageiros enviados por Deus.

Parábola da galinha e os pintinhos
(Mt 23:37-39)

A expressão de compaixão de Cristo é tão indescritivelmente grandiosa, de ternura tão comovente e ao mesmo tempo simples! Os notórios pecados dos fariseus tinham provocado os "ais" do Salvador, mas não puderam destruir o seu amor. No final ele se compadeceu e lamentou o destino resultante dos pecados do povo. Era a expressão de um amor divino, grandemente relutante, em abandonar o povo. Bem que poderíamos perguntar: "Já houve alguma vez alguma imagem com tal graça e sublimidade?" Com o coração quebrantado por causa da rebelião persistente e obstinada do povo, Jesus fala do seu grande desejo de cobrir com a sua sombra e proteger as almas indefesas, semelhante a terna asa de uma galinha. "Ele teria *abrigado* Israel sob as suas grandes asas" (Dt 32:10-12; Rt 2:12; Sl 17:8; Is 31:5; Ml 4:2). Mas então veio o grande lamento do amor recusado: "E tu não quiseste!" Que terrível dom o livre-arbítrio se torna quando é usado para frustrar o desejo do Salvador! Aqui testemunhamos não apenas o mistério da libertação da autodestruição como o mistério do amor paciente de Cristo. A glória se apartou deles quando recusaram "as asas do shekinah". "Desde agora não me vereis mais".

Dessa forma uma nação tão divinamente privilegiada selou o seu próprio destino. Contudo, no meio da terrível escuridão da desolação, brilhou uma luz que falava de um tempo de restauração para um povo abandonado e espalhado: "Bendito aquele que vem em nome do Senhor". Ao denunciar a hipocrisia como somente ele podia fazer, observamos em tudo a sua paixão pela justiça e, à medida que ele desvendava o seu coração, descobrimos a sua compaixão pelos arruinados. "A sua paixão pela justiça nunca destrói a sua compaixão; mas a sua compaixão também nunca destrói a sua paixão pela justiça".

Parábola do relâmpago
(Mt 24:27)

Ao examinarmos as referências parabólicas nesse capítulo, é importante que tenhamos em mente um entendimento de onde ocorreram. Após as suas parábolas de condenação e denúncia contra os líderes judaicos, Jesus está agora com os seus seguidores. Assentado no monte das Oliveiras, ele responde às três perguntas feitas pelos discípulos:

Dizei-nos quando acontecerão estas coisas...
Que sinal haverá da tua vinda...
O fim dos tempos.

A primeira pergunta referia-se à destruição do templo que Jesus acabara de profetizar. Isso aconteceu por volta do ano 70 d.C. quando Tito pilhou a cidade. A segunda e a terceira perguntas são aquelas em torno das quais temos agora reunidas as parábolas e o teor parabólico.

Quanto à segunda pergunta, o único aspecto da segunda vinda de Cristo que os discípulos compreendiam naquele momento era o seu retorno à terra. *O arrebatamento* era uma verdade que assimilaram mais tarde. Eles ainda visualizavam um reino físico que seria estabelecido após conquistarem o poder romano, quando o Messias reinaria em Jerusalém. A terceira pergunta foi com relação a se poderia esperar o fim dos tempos, e nos dá uma chave para o desdobramento do ensino de Cristo daqui para frente. Nesse capítulo e no seguinte temos a consumação do tempo dos gentios à nossa frente, unida, como deve ser, à necessidade de estarmos preparados contra tal acontecimento. E então o notável discurso de Cristo no monte das Oliveiras passou a movimentar-se completamente dentro da esfera profética.

A primeira ilustração é a do relâmpago que sai do Oriente e é visto até mesmo no Ocidente. Os relâmpagos são vistos por todos, em razão de serem evidentes em si mesmos. Também são repentinos, inesperados e terríveis em aparência. Jesus disse que o seu retorno à terra será semelhante à manifestação desse fenômeno da natureza. Quando ele surgir para consumar essa dispensação, a sua vinda será repentina, evidente por si mesma e universal. "Todo o olho o verá". Todavia o seu retorno para a sua Igreja, como mostra Paulo, será da mesma forma repentino, mas não será discernido universalmente. Ele aparecerá para aqueles que o procuram e amam a sua vinda.

Parábola do cadáver e dos abutres
(Mt 24:28)

Aqui nosso Senhor se refere ao caráter inescapável do juízo, do qual nenhum pecador poderá evadir-se. Como abutres, ou aves de rapina, como o termo denota, descem sobre uma carcaça, assim o merecido castigo virá sobre o pecado. Essa figura de linguagem está associada com a anterior mas com uma aplicação de juízo. Como o faiscar do relâmpago, o Filho do homem aparecerá, e o que a sua vinda acarretará? Ora, completa condenação para os ímpios, os que não têm Deus. Aves de rapina rápidas e que se alimentam de carne podre detectam instintivamente a presença de um cadáver humano ou de animal e descem sobre ele para aniquilá-lo completamente. Muitos serão envolvidos no último processo do julgamento divino, representado pelas aves de rapina, e isso é evidenciado pelo fato de que quando Cristo voltar, haverá pouca fé na terra. "No final das contas, o mundo é visto como morto".

Parábola da figueira
(Mt 24:29-36)

Os discípulos pediram um "sinal" do retorno de Cristo à terra. Aqui ele lhes dá uma prova —*ele mesmo*. "No céu, o sinal do Filho do homem" (Mt 24:30). A terrível linguagem que ele usou está relacionada com os julgamentos nacionais profetizados (Is 13:9-13; 34:8-10; Ez 32:7,8; Sl 18:7-15 etc.), que são precursores "daquele dia", quando a condenação apresentada terá o seu mais terrível cumprimento. Portentos temíveis, vistos no passado, corresponderão aos que serão vividos quando Cristo voltar à terra como o seu governante universal.

A folha da figueira, ao mostrar que o verão está próximo, provê outro sinal em forma de parábola. A variedade de ilustrações, que o nosso Senhor utiliza, revela a sua habilidade em fazer uso de itens do conhecimento e interesse comuns ao povo, e empregá-los como recurso de didática. Aqui, ele emprega a "figueira", cujo significado já examinamos anteriormente, para assegurar aos seus que "está próximo o verão". Essa ilustração simples, tirada da natureza, assegurou aos seus discípulos judeus que, após o "inverno do desprazer", que sua Nação tinha experimentado, haveria um verão de bênção nacional. Israel ainda se tornará a sua glória. No entanto, Lucas acrescenta quatro palavras à parábola: "Para *todas* as árvores". Atualmente com o renascimento de Israel, há também, paralelamente, uma manifestação de nacionalismo por todo o mundo. Povos que desde há muito não eram identificados como nações, agora reivindicam e recebem independência nacional. Mas com o retorno de Cristo à terra, todas as nações gentias, uma vez purificadas, participarão dos benefícios de seu reino. Quando todos os reinos do mundo se tornarem o seu reino mundial, *todas* as árvores florescerão.

Parábola do ladrão
(Mt 24:35-44)

A referência que Cristo fez à arca sugere que, ao mesmo tempo em que o seu julgamento análogo teve como propósito ser um símbolo da misericórdia, contudo, resultou numa calamidade que surpreendeu as multidões descuidadas. Os justos na época (eram apenas oito) viviam misturados aos ímpios, mas o julgamento os separou. Assim será com os que forem tomados e os deixados para trás, quando Jesus retornar. Na ilustração que ele usa do "ladrão", Jesus enfatiza *preparação*, não *antecipação*. Não *procuramos* ladrões; mas, por todas as precauções que tomamos, estamos preparados contra a sua vinda. Por ter em mente o seu próprio povo, ele os insta à vigilância, à atenção e ao estado de alerta. Nessa ilustração de contraste, Jesus fala de si mesmo como um "ladrão". Os marginais, porém, invadem as casas para roubar. Eles almejam o saque. Não é assim que devemos ver Cristo. Se o pai de família soubesse que um ladrão se aproximava, ele o teria impedido de entrar em sua casa. Sabemos que Cristo retornará, mas não nos foi revelado quando. Devemos "orar para que sempre possamos colocar sobre as coisas de Deus as medidas como ele as põe, do seu próprio ponto de vista, no qual havia uma absoluta ausência de datas, e nem uma hora sequer foi estabelecida. Processos e acontecimentos são marcados, a consumação é revelada; mas não há datas, desde o início até o fim". Ele pode vir a qualquer tempo e por isso há a necessidade de vigilância constante.

Parábola do servo fiel e do prudente
(Mt 24:45-51)

Nesse parágrafo o Mestre tem uma exortação para todos os seus servos. Os fariseus tinham falhado como servos e agora os verdadeiros guias espirituais estão aqui apresentados. Devem ser *fiéis*, pois vivem e trabalham na ausência do Mestre exatamente da mesma forma como o fariam se estivessem sob o seu olhar. Também devem ser *prudentes*, aptos a lidar com os seus conservos, de forma a encorajar o tímido e a reprovar o ousado. Devem ser *governantes*, dentro e fora de seus lares. Governar corretamente significa unir e inspirar os outros, a fim de liderá-los numa linha correta de ação. Se forem completamente submissos ao seu governante celestial, então conduzirão outros a se submeterem a ele, e alimentá-los com a verdade e o seu próprio exemplo e simpatia por eles. Para aqueles que assim servirem o Mestre, haverá um respeito ainda maior e honra imortal, quando ele vier.

Ao acrescentar essa advertência contra a infidelidade, Cristo liga a fé ao comportamento. Se cremos em sua vinda, devemos nos portar de acordo com o que acreditamos. Não podemos viver como desejamos, se verdadeiramente cremos que ele pode vir a qualquer momento. Essa esperança deve governar a nossa vida no lar e impedir-nos de viver uma vida sem moderação e sem disciplina. Se nos conscientizarmos da volta do Mestre, e deixarmos que essa conscientização impere em todos os aspectos da nossa vida, então viveremos. Quando o servirmos de maneira a honrá-lo, teremos verdadeira comunhão uns com os outros, santidade de vida e estaremos vigilantes. Para aqueles servos *maus* que escarnecem da verdade de sua vinda e arrogantemente destratam os outros, e se associam com os glutões, há uma condenação repentina e veloz. Para eles não há prêmio —somente lhes cabe a porção junto com os hipócritas. O choro e ranger de dentes expressam a plenitude de sua vergonha. Que a graça nos seja concedida para que possamos viver de tal maneira que não sejamos envergonhados perante ele em sua vinda!

Parábola das dez virgens
(Mt 25:1-13)

Ainda lidamos com o discurso ininterrupto que Jesus dirigiu aos seus discípulos. Como mestre em narrativas, Jesus ilustra adequadamente grandes verdades que tinham também caráter de profecia. Nessa parábola, ele declara solenemente a incerteza do momento de sua volta e a necessidade de estarmos preparados para tal acontecimento. É por isso que a palavra *então*, usada para abrir esse trecho, é importante de duas maneiras: primeiro, é um elo que une o capítulo anterior a esse; segundo, não houve interrupção no discurso do nosso Senhor. A palavra *então* também fornece a chave para a interpretação. Quando é que o reino do céu será semelhante a dez virgens? Ora, quando ele vier, no fim dos tempos. A parábola anterior sobre o pai de família e os servos, essa sobre as *Dez virgens,* e a próxima sobre *Os Talentos* pertencem todas ao mesmo período. Todas as três falam sobre um Senhor ausente, mas em cada caso ele volta para agir corretamente para com aqueles a quem foram confiadas certas responsabilidades durante a sua ausência. Na primeira parábola temos a nossa responsabilidade como *comunidade*. Na segunda, a responsabilidade de nossa vida *individual*. Na terceira, nossa responsabilidade sobre os assuntos relativos ao *império*, ou seja, cuidando de seus negócios durante a sua ausência.

A ênfase na parábola que apresentamos é mais na *vida* do que no nosso *trabalho*, pois ela toda nos conduz ao comando final —*Vigiai!* Não há um sentido de comparação em "então o reino dos céus será *semelhante a*". Indica "se tornará como", para fazer crer que, quando a hora da vinda de Cristo estiver próxima, "as coisas tomarão um rumo na esfera do reino dos céus, correspondendo aos fatos que ocorrem na narrativa que se segue sobre as dez virgens". O que devemos entender então com as palavras "o reino dos céus"? As expressões "reino de Deus" e "reino dos céus" correspondem ao que Daniel diz sobre "o Deus do céu levantará um reino" (Dn 2:44). O cristianismo é uma classe celestial de coisas. A explicação de Newberry é clara nesse assunto: "É o reino de Deus em contraste com o governo humano; e o reino dos céus contrastado com meros reinos terrenos. 'O Altíssimo tem domínio sobre o reino dos homens' (Dn 4:25). Esse é o reino de Deus. 'O céu reina' (Dn 4:26).

Parábola das dez virgens

Esse é 'o reino dos céus' —essa expressão é peculiar a Mateus e liga os santos das regiões celestiais com o poder de governar. 'Os santos do Altíssimo (alturas, ou lugares celestiais) tomarão o reino'".

Jesus ainda não tomou para si o trono, que é particularmente seu (Ap 3:21). Quando ele o fizer, os seus santos reinarão com ele. Enquanto isso, como as parábolas de Mateus revelam, o reino dos céus adquire um caráter peculiar. Aqui, em sua última fase, esse reino será semelhante a *dez virgens*. Ao analisar a parábola como um todo, o dr. Salmond diz que "nenhuma parábola sobrepuja esta em beleza, ou no clima de emoções que se torna trágico. E em nenhuma outra há um contraste tão grande entre as coisas simples e familiares que compõem a sua narrativa e a magnitude das verdades ilustradas". É um dos quadros mais amplos da galeria das parábolas, sublime em sua vasto esboço, incomparavelmente terno em seus detalhes e pleno de muitas lições preciosas que fluem ao mais leve toque. É uma parábola sobre a qual muitas controvérsias hostis foram levantadas. Há os que a aplicam totalmente à era atual, e outros que rejeitam essa interpretação e a aplicam ao tempo quando a Igreja verdadeira for arrebatada, e os judeus crentes que restarem esperarão a vinda do Messias. Talvez a parábola tenha uma aplicação dupla, ou seja, a necessidade de vigilância por parte dos salvos, enquanto esperam o seu Senhor que virá do céu e, por outro lado, uma referência a um período futuro na história de Israel, porque os judeus, assim como a Igreja, são vistos como semelhantes a uma "virgem" (Is 23:12; 37:22; Jr 14:17). Cosmo Lang diz: "Consideramos as virgens representantes da nossa natureza humana que aguardam a sua verdadeira consumação".

As pessoas referidas na parábola são o "Noivo", também chamado "Senhor", que não é ninguém mais além do que o próprio Cristo. Temos então "as dez virgens" que Goebel apresenta como "o coro repleto de virgens que receberá o noivo e fará parte do casamento". Temos também os que vendiam azeite para lâmpadas. A Noiva não é mencionada. Por quê? Vários comentaristas afirmam que a figura da Noiva representa a Igreja, a qual não é vista aqui, em sua plenitude, como a Noiva, porque o mistério da Igreja como tal ainda não era completamente conhecido (Ef 3:3-5). Os salvos são considerados aqui individual e coletivamente "virgens" que esperam o Noivo. Mas como a Bíblia ensina claramente que todos os nascidos de novo formam a Noiva, a Igreja, como eles podem ser ao mesmo tempo as *imprudentes* e a própria *Noiva*?

É verdade que Paulo observou a Igreja em Corinto com esse caráter de virgindade: "Tenho-vos preparado, para vos apresentar como uma virgem pura a um marido, a saber, a Cristo" (2Co 11:2). Mas há uma diferença entre uma só e *dez* virgens. Alguns escritores dizem que as cinco *prudentes* representam a Igreja verdadeira, enquanto que as cinco *insensatas* ilustram os que professam a Cristo, mas não o possuem. Outra explicação dada é que são necessárias muitas ilustrações para expressar em palavras todos os aspectos da segunda vinda de Cristo. Na *Parábola das bodas*, nenhuma noiva (ou damas de companhia) é mencionada. Além do Rei e de seu Filho, havia "convidados", e esses são os mesmos que as "virgens", nessa parábola, i.e., a Igreja. Trench e outros comentaristas interpretam a parábola toda como se referisse ao Noivo e sua Noiva em direção de sua casa. Nesse caso essa imagem novamente poderia significar o Noivo retornando para a sua Noiva. No meio de todos esses pontos de vista conflitantes, podemos apreciar o sentimento de Arnot: "É cruel submeter a parábola à tortura e compeli-la a fornecer significados que nunca recebeu de seu autor".

Levando em conta que deve haver alguma flexibilidade nos costumes orientais, qual era o costume que prevalecia na época quanto ao casamento? Enquanto que na parábola a noiva não é mencionada, o noivo e as virgens trazem consigo todo o ensinamento ali pretendido; no entanto a presença da noiva está implícita. O procedimento nos casamentos orientais requer que o noivo vá à casa da noiva e a traga consigo para a sua casa. Em vários pontos desse caminho, amigos da noiva e do noivo se juntam ao cortejo e "entram" para a festa do casamento. Moffat traduz o primeiro versículo da parábola: "Então o domínio dos céus será comparado a dez moças solteiras que tomaram as suas lâmpadas e foram para fora para se encontrarem com o noivo *e a noiva*". E Moffat então coloca no rodapé essa interessante observação sobre o versículo: "A expressão 'e a noiva' está adicionada nas versões latina, síria etc. Sua omissão talvez aconteceu pelo fato de a igreja posterior sentir que somente Jesus, como Noivo, devia ser mencionado". Pareceria portanto que a noiva não é mencionada na versão portuguesa, porque já estava com o Noivo. O salmista fala das virgens como "companheiras" que seguem a noiva (Sl 45:14). G. H. Lang observa: "Virgens convidadas para uma festa de casamento eram uma analogia incompatível com a noiva, desde que cinco das virgens não entraram para a festa e, sem a noiva, uma festa de casamento jamais poderia acontecer. Será que alguém poderá sustentar que meia noiva o faria?"

Como as "virgens" dominam a parábola, vejamos de perto o que é dito sobre elas. Antes de mais nada: todas são apresentadas como "virgens" ou, na tradução de Moffat, "moças solteiras". A tradução *The new Bible* [A nova Bíblia] registra a palavra "garotas". Entende-se com isso mulheres jovens, castas e solteiras e Arnot diz: "A estrutura da parábola requeria virgens daquela maneira, para que a imagem pudesse ser fiel à natureza; como são aparentemente os costumes de todos os tempos e em todos os países, essa posição numa festa de casamento é conferida a mulheres jovens e solteiras". No simbolismo bíblico uma "virgem" representa um homem ou uma mulher imaculado(a) (2Co 11:2; Ap 11:2). Há os que dizem que as cinco virgens *insensatas* tipificavam os perdidos, aqueles cujo coração é destituído da graça divina, mas "virgem" não é uma figura de linguagem apropriada para um pecador não regenerado, nem para um cristão culpado de cometer adultério espiritual com o mundo (Tg 4:4). Lisco diz que "não incluiríamos nessas duas classes de virgens prudentes e insensatas àqueles que vituperaram e perseguiram o evangelho, pois esses não são dignos o suficiente para serem citados, nem mesmo entre as virgens insensatas".

Em seguida, havia *dez* virgens. Por que esse número em especial? Da mesma forma que *sete* entre os judeus era um número que denotava perfeição, *dez* era o número que tornava uma coisa *completa*. Uma companhia era considerada completa se *dez* pessoas estivessem presentes. Ao consolar a sua esposa estéril, Elcana disse: "Não te sou eu melhor do que dez filhos?" Havia uma antiga lei judaica segundo a qual em qualquer lugar em que houvesse dez judeus podia-se construir uma sinagoga. Quão maravilhosamente con-

Parábola das dez virgens

descendente é o Mestre ao dizer: "Pois onde estiverem *dois* ou *três* reunidos em meu nome, ali estou Eu no meio deles", não como na lei antiga, onde dez judeus reunidos formavam uma sinagoga, mas onde estiverem *dois* ou *três*. Portanto, *dez* é o numero da plenitude e, como usado aqui, vem a ter o significado como expressou Goebel: "... um coro composto de virgens [...] onde cada uma delas tem uma participação no dever e na esperança, à medida que são participantes desse coro completo. Todavia cada uma trouxe a sua *própria* lâmpada para receber o noivo".

Em seguida todas as *dez* tomaram suas lâmpadas e foram encontrar-se com o noivo que vinha, com ou para a sua noiva. Essas lâmpadas eram propriedade pessoal de cada virgem, e cada uma delas era responsável pela devida preparação de sua própria lamparina. Lâmpadas nesse caso eram simples vasilhas afixadas na ponta de um cabo que continham apenas uma pequena quantidade de azeite, com um pavio ou um retalho de pano de algum tipo. Essas lâmpadas eram necessárias nas ruas sem iluminação e escuras do Oriente. Todas as dez queriam compartilhar da grande alegria de boas-vindas ao casal de noivos. Para aquelas virgens, as suas lâmpadas significavam orientação, pois mostravam o caminho para a casa do noivo no meio das densas trevas da noite. Temos a lâmpada divina para nos guiar com exatidão, no meio das trevas morais e espirituais da noite de sábado e do mundo (Sl 119:105; 2Pe 1:19).

Outra característica é que foram divididas em dois grupos —cinco eram prudentes e cinco eram insensatas. As virgens eram todas iguais quanto a atenderem ao chamado de se encontrarem com os noivos, e irem à festa do casamento; todas vestiam o mesmo traje de virgem e todas levavam consigo o mesmo tipo de lâmpada. No entanto, eram profundamente diferentes umas das outras. Todas eram iguais quanto a conhecerem e estimarem o noivo e a noiva. Todas tinham lâmpadas que, naquele momento, estavam acesas e, como o casal de noivos demorou a chegar, todas, como acontece naturalmente, cochilaram e dormiram. Todas foram despertadas pelo grito: "Aí vem o noivo". Mas foi nesse momento que a diferença entre as virgens foi revelada.

Para um correto entendimento da parábola, é essencial que se determine claramente o que se quer dizer com a presença do azeite para as cinco virgens, que as tornou *prudentes;* e a ausência do azeite que tornou as outras cinco *insensatas*. Sendo idênticas nas coisas *externas*, as prudentes e as insensatas eram diferentes numa necessidade *interna*: a falta do azeite. As prudentes eram *prudentes* porque sabiam o que poderia acontecer e portanto prepararam tudo para as suas futuras necessidades. As insensatas eram *insensatas* porque agiram sem motivação interior. Não supriram os recursos necessários.

A maioria dos comentaristas acha que o "azeite" é o símbolo do Espírito Santo, e crêem que as prudentes, por tê-lo, representam os que são verdadeiramente regenerados. "Se alguém não tem o Espírito de Cristo, esse tal não é dele". A ausência do óleo revela falta de salvação, um cristianismo que professa tê-la sem a possuir. Todas as *dez* virgens tinham algum azeite, ou então não se registraria que suas lâmpadas estavam "se apagando". A sabedoria de cinco delas consistiu em prover-se, com antecedência, do suprimento de azeite necessário para encherem as suas lâmpadas. A distância entre as *prudentes* e as *insensatas* é muito grande. Há tantas pessoas as quais, assim como as virgens insensatas, percebem que precisam de uma lâmpada e adquirem uma e a acendem, e declaram que pertencem ao ambiente festivo de Cristo; porém não têm a fonte divina dentro de si mesmas, ou, como a *Parábola do semeador* expressa, essa mesma carência "não tem raiz".

Com a vinda do noivo *"todas aquelas virgens se levantaram e prepararam as suas lâmpadas"*; mas quando as insensatas descobriram que não tinham azeite, suplicaram às cinco moças prudentes que dividissem com elas o que tinham. Diferenças condenatórias são reveladas. Cinco lâmpadas brilharam intensamente porque receberam azeite; cinco se apagaram por falta de suprimento. O pedido por azeite foi rejeitado por meio de palavras que parecem egoístas: "Não seja o caso que nos falte a nós e a vós. Ide antes aos que o vendem, e comprai-o". O despreparo teve a mesma medida de insensatez. Se as prudentes tivessem dividido o que tinham com as insensatas, todas as dez virgens seriam deixadas nas trevas. Na esfera da graça, nenhum cristão verdadeiro pode dividir a sua salvação com outro. Cada um tem de ir ao supermercado de Deus e comprar, sem dinheiro e sem preço, o azeite de que precisa.

As insensatas se apressaram para comprar o azeite, mas não somos informados se chegaram a fazê-lo. O que está registrado é que, enquanto estavam ausentes, o casal de noivos chegou e as cinco virgens balançando as suas lâmpadas brilhantes entraram para o salão festivo com o resto do cortejo, "e fechou-se a porta". Que recado solene existe nessa declaração! Aquela porta fechada significava a *inclusão* das prudentes, mas a *exclusão* das insensatas. Por fim, ao voltar do vendedor de azeite, as cinco insensatas bateram na porta fechada e imploraram para entrar. Porém receberam a resposta soberana do noivo: "Não vos conheço". Ele repudiou a ligação delas com ele e com os que estavam do lado de dentro. Ao escrever sobre o azeite místico que produz luz, Campbell Morgan coloca da seguinte maneira a separação, quando a porta se fechou: "Então aqueles que tinham o azeite, entraram para a festa de casamento, uma imagem de como o cristianismo será peneirado no fim dos tempos; uma hora quando o que esse cristianismo declarava ser, e mesmo possuidor de seus símbolos e rituais, de nada vai valer se for destituído do azeite, da luz e do poder; uma hora quando, tendo havido essa mesma preparação, os mesmos símbolos, porém acrescidos do óleo que mantém a chama acesa, esses serão então a senha e o passaporte para a festa de casamento".

Não há luz! Já é tão tarde, e a
noite está tão negra e fria!
Ó! Deixe-nos entrar para que possamos encontrar a luz!
Ó, não! Tarde demais! Não podeis
entrar agora."

Não se deve ir em busca de tantos significados espirituais para o *azeite*, para o *sono*, para as *vasilhas* e para as *lâmpadas,* a ponto de interpretar, de forma confusa, a ampla advertência da parábola. O ponto central dessa narrativa é estar preparado para a vinda do Noivo. Assim o Senhor chega ao ápice da parábola quando adverte: "Portanto, vigiai, porque não sabeis o dia nem a hora em que o Filho do homem há de vir". Marcus Dods diz: "A parábola não foi dirigida aos que nunca se prepararam para a vinda de Cristo, mas para os que não se prepararam o suficiente. Lembra-nos que nem todos os que alguma vez possam ter demonstrado uma preparação semelhante para a presença de Cristo, no final, mostrarão o mesmo". Orígenes, um grande patriarca da Igreja primitiva, disse que o *azeite* eram as boas obras. Martinho Lutero declarou que o *azeite* é o símbolo do Espírito Santo. Alguns professores modernos acreditam que a parábola não ensina o *arrebatamento* da Igreja como um todo, quando o Noivo voltar, mas a sua *ruptura*. Somente aqueles cristãos completamente santificados e batizados no Espírito Santo serão tomados; os outros, menos santos, mesmo regenerados, serão deixados. No meio de interpretações conflitantes das parábolas, a nossa responsabilidade pessoal é "vigiar", pois o ato de vigiar implica um suprimento constante de azeite. No meio das densas trevas do mundo nossa lâmpada deve brilhar, e "quando o Espírito de Deus é dado, na vida submissa ao Espírito e dominada por esse Espírito, há sempre o azeite que produz a luz". A pergunta que cada coração deve responder é: "Estarei pronto quando o Noivo vier?"

Parábola dos talentos e das recompensas
(Mt 25:14-30)

Não houve interrupção entre o pronunciamento da parábola anterior e o dessa. Em continuação às suas últimas palavras aos seus, Jesus acrescentou essa *Parábola dos talentos* como um complemento à das *Dez virgens*. O texto original, nos versículos 13 e 14 que, na verdade, são um só versículo, deveria ser traduzido assim: "em que o Filho do Homem virá, pois ele é como um homem" etc. A diferença notada no texto em português foi opção dos tradutores. Essa parábola complementar prova que ele não era parcial nos seus ensinamentos. Quando ele enfatizava um aspecto específico numa parábola, ele protegia os seus ouvintes de concluírem além do que era necessário. Portanto Jesus era seletivo ao apresentar a verdade. Na *Parábola das dez virgens* ele revelou a necessidade de atenção ao caráter *interno*, mas aqui, na de *Os Talentos*, ele une essa necessidade, impondo fortemente a prática externa.

Os construtores de Neemias combinaram a vigilância com a ação: "E os edificadores cada um trazia a sua espada à cinta, e assim edificavam. Mas o que tocava a trombeta, estava junto de mim" (Ne 4:18). E essa é a combinação fornecida por essas duas parábolas. As *Dez virgens* nos ensinam a necessidade de *vigilância*; os *Talentos*, o dever do *trabalho*. Ao *olharmos* para o retorno de Cristo, devemos assim mesmo *trabalhar*. Paulo teve de escrever palavras fortes àqueles que pensavam que, pelo fato de Cristo estar às portas, deviam parar de trabalhar, causando assim grande desordem, pois estabeleceram uma situação de dependência da caridade dos outros para sua sobrevivência. Por enxergar o futuro, Jesus profetizou esse perigo e por isso os exortou não apenas a vigiarem, a fim de estarem sempre prontos para a sua volta, mas também a trabalharem diligentemente em direção a ela.

Em sua introdução a essa parábola, Trench diz: "Enquanto as virgens são apresentadas como que *esperando* pelo seu Senhor, temos aqui os servos *trabalhando* para ele; há a vida espiritual *interna* do fiel sendo mencionada, e aqui a sua ação *externa* [...] Portanto há uma boa razão para eles aparecerem na presente ordem, ou seja, primeiro as virgens e em seguida os talentos, pois a única condição para haver uma *ação externa*, produtiva para o reino de Deus, é que a vida de Deus seja diligentemente conservada *dentro* do coração".

Como essa *Parábola dos talentos* tem sido confundida com a das *Minas* que Lucas nos concede (19:12-36), pode ser bom nesse ponto do estudo analisarmos as duas. São semelhantes em alguns aspectos. Por exemplo, ambas dizem respeito a um rico que parte para um país distante e deixa uma quantia de dinheiro, a fim de que os seus servos invistam para ele. Em ambas há a sua promessa de que, quando voltar, ele agirá com os seus servos em função do uso que fizessem do dinheiro que lhes fora confiado —recompensa para o fiel, punição para o negligente. Mas parece que aqui termina a semelhança entre elas. Essas são as diferenças importantes entre elas, quando as caracterizamos diferentes uma da outra:

Na *Parábola dos talentos*, Jesus falou com os seus enquanto estava no monte das Oliveiras; em *As Minas,* ele fala com a multidão em Jericó.

Nos *Talentos*, está em foco a diferença de responsabilidade sobre os negócios. Diferimos uns dos outros na quantidade de dons recebidos. Em *As Minas,* todos somos igualmente responsáveis. Os servos foram diferentes uns dos outros quanto à diligência que demonstraram.

Nos *Talentos*, os servos receberam uma quantidade diferente de talentos, de acordo com a sua capacidade pessoal. Dois dos servos usaram os talentos da mesma forma e, portanto, a sua recompensa também foi igual. Em *As Minas,* foi-lhes dada a mesma quantia, mas os servos usaram o dinheiro de forma diferente e, portanto, a sua recompensa também foi diferente.

Ambas demonstram a suprema diferença entre o fiel e o infiel, a recompensa da diligência e a condenação da improdutividade; contudo, ambas consideram a responsabilidade de ambos os lados. Um supre o que o outro omite.

Primeiramente, observemos as linhas principais da parábola, notando suas implicações para os membros e cidadãos do reino celestial. Wm. M. Taylor diz que a parábola retrata com fidelidade a vida no Oriente, no tempo de nosso Senhor: "Quando um rico resolvia ficar fora de casa por algum tempo, ele procedia de duas maneiras quanto à administração de seus bens, durante a sua ausência. Transformava os seus escravos de confiança em seus representantes, ao confiar a eles o cultivo de sua terra e o seu dinheiro, para que o usassem no comércio; ou ele fazia uso do sistema que fora introduzido pelos fenícios, de troca e empréstimo de dinheiro, e que vigorava plenamente naquele tempo por todo o Império Romano. Nessa parábola, o Senhor adotou a primeira opção; e havia um contrato formal, ou no mínimo ficava subentendido que os servos seriam recompensados por sua fidelidade".

Não é difícil acompanharmos as linhas principais de interpretação. O senhor rico a quem os servos se referiram como "Senhor" é "o Filho do homem", o Senhor Jesus Cristo. A viagem a um país distante se refere à sua partida para o céu, após a sua ascensão. Os servos, ou cativos, ou escravos, eram em primeira instância os doze discípulos a quem Jesus dirigiu a parábola, e também num sentido mais amplo todos os nascidos de novo. Devemos entender que os talentos são os dons que Jesus recebeu para os seus servos e lhes entregou. O senhor estar ausente de casa sugere o fato de Cristo não mais estar visivelmente na terra, e a sua volta é equivalente ao retorno prometido do Mestre. As negociações empreendidas pelos servos durante a ausência de seu senhor revelam o uso fiel que o povo do Senhor deveria fazer dos dons espirituais e das oportunidades de servirem a ele. Os elogios que o senhor fez aos servos, ao retornar, são os galardões que se pode esperar do Julgamento de Cristo, quando as nossas obras, a seu serviço, serão recompensadas. A condenação do servo que falhou em sua responsabilidade é uma advertência contra o não uso, ou o uso indevido, dos dons do céu. Vamos agora observar a parábola em suas particularidades.

1. *Natureza e o número de talentos*. O que devemos entender por *talento*? Hoje em dia usamos a palavra num sentido diferente, e falamos de uma pessoa "talentosa", i.e., que tem uma habilidade notável quanto a isso ou aquilo. Mas aqui esse termo significa algo diferente. O vocábulo original *talantos* é substantivo que denota quantidade, não qualidade. "Talento", como usado por Jesus, não significa algo que temos mas que ele possui e empresta aos seus servos. Todos os talentos na parábola pertenciam ao senhor e foram repassados por ele aos seus servos, para serem comercializados. Monetariamente um *talento* representaria nos dias de hoje mais de mil dólares (uma grande soma para aqueles dias) e no caso do servo que recebeu cinco talentos era uma quantia considerável. Na *Parábola das minas*, a "mina" equivaleria aproximadamente a três libras esterlinas e meia (a moeda inglesa). Todos os três servos, mesmo o que recebeu apenas um talento, tinham ampla provisão de fundos para negociarem, com poder aquisitivo ainda mais favorável do que hoje em dia.

Qual é a importância espiritual desses talentos que Jesus disse que eram os *bens* do senhor? Que magnífico estoque de mercadorias temos em mãos para comercializarmos! A completa revelação do próprio Deus, como registrada na Bíblia; o glorioso evangelho, de amor e graça, redentor; os dons espirituais para a Igreja sobre os quais Paulo escreveu; a fé entregue aos santos; o dom e o favor do Espírito Santo, tudo isso está entre os "seus bens". É tudo inerente a ele, pertencem a *ele* e não são como coisas delegadas a alguém como no nosso mundo material. Portanto, o que usamos para negociar durante a ausência de nosso Senhor pertence a ele. Não é mercadoria nossa. Nossos "bens" custam muito pouco e não vale muito a pena investir neles. O que nos é oferecido para enriquecermos o mundo é a riqueza espiritual que foi adquirida pelo preço infinito do Calvário. Essa riqueza além de qualquer comparação é depositada em nossas mãos para fazermos investimentos. Os "bens", então, não são um questionamento sobre as nossas posses ou do que somos capazes, mas são as insondáveis riquezas de sua graça, providas quantitativamente para uma humanidade empobrecida.

No que se refere à distribuição dos talentos: a um, o senhor deu "cinco"; a outro, "dois"; e ao terceiro "um", isso nos ensina que os dons de Deus surtem muito mais efeito através de algumas pessoas do que de outras. A verdade de Deus como um todo tem o mesmo valor, e cada servo de Cristo possui a revelação completa; porém permanece o fato de que servos diferentes recebem do Senhor diferentes medidas de entendimento espiritual. Não recebemos dele mais do que podemos compreender e usar. O critério de qualificação no uso dos talentos é "a cada um segundo a sua capacidade". G. H. Lang diz que "Deus não tenta colocar um lago dentro de um balde. O homem que tem uma capacidade maior de conhecimento tem um privilégio maior quanto a servir, uma responsabilidade mais pesada em ser fiel, e com recompensa mais valiosa se for vencedor".

Os servos de Deus diferem entre si em capacidade; e é por isso que o Espírito reparte seus dons a cada um como lhe apraz (1Co 12:11). *Talento* e *habilidade* não significam a mesma coisa. O senhor na parábola sabia a capacidade de negociação dos servos escolhidos e distribuiu os seus talentos segundo esse critério. Os *talentos* são os dons espirituais do Mestre; a *habilidade* são as nossas aptidões naturais e nossa personalidade. Uma pessoa pode ter grandes habilidades naturais e no entanto nenhum dom espiritual. Contudo a habilidade natural, que é também um dos dons de Deus, é necessária para que se possa receber os dons sobrenaturais. Não há a intenção aqui de considerar o terceiro servo, dentro dessas considerações, só porque ele recebeu apenas um talento. Ele não tinha condições de administrar mais do que isso. Dentre os grandes dons, para o benefício e uso da Igreja, Paulo menciona *"socorros"*, simplesmente "socorros"; mas esse de forma alguma é inferior aos demais. Cada servo do Senhor recebe tudo o que precisa, e pode usar, a fim de desempenhar o seu trabalho para ele (Rm 12:4-9; 1Co 12:4-30).

A distribuição dos talentos, de forma desigual, nos ensina muitas verdades importantes. Poucos indivíduos têm o privilégio de empregar *cinco* talentos a serviço do Mestre. Eles são notórios como pregadores, comentaristas, evangelistas, mis-sionários. Por causa de seu profundo conhecimento das verdades espirituais e poder para torná-las conhecidas, eles têm grandes responsabilidades, e mais se espera deles do que de outros que receberam menos dons do Senhor. Um número maior de indivíduos tem *dois* talentos. Eles estão numa posição discreta de não muita evidência. Eles não são perspicazes. Suas capacidades são limitadas. Mas o servo com aquele *um* talento é a descrição da vasta maioria de nós. Estamos assim classificados no serviço do Senhor. Contudo, aqueles dentre nós que menos têm, estão obrigados a servir ao Senhor com o que possui, e se o servirem fielmente com o pouco que ele concedeu, serão honrados e recompensados.

A soberania do Senhor pode ser vista na distribuição de seus dons. Apolo não era tão dotado quanto Paulo, mas ambos eram igualmente responsáveis em usarem ao máximo o que tinham. Jamais devemos lamentar a pequenez dos dons dados a nós, "pois se há prontidão de vontade, será aceita segundo o que qualquer tem, e não segundo o que não tem". Se a nós não nos coube o *primeiro* lugar, devemos nos gloriar no *segundo* ou mesmo no *terceiro*. A verdadeira arte de viver é aceitarmos as limitações que nos foram atribuídas por Deus e não lutarmos contra elas ou murmurarmos sobre elas. Não deve haver ressentimento ou inveja por parte do servo com apenas *dois* talentos a respeito do que tem cinco; assim também o servo com *um* talento não deve ter inveja do seu conservo que tem *dois*. No serviço para Deus é melhor estar em último lugar com fidelidade do que no primeiro com deslealdade. Lembre-se que se espera mais do servo que tem cinco talentos do que do que tem dois ou do que possui três. O salmista escalou as alturas da filosofia cristã quando disse que muito em breve seria um porteiro na casa do Senhor.

Se tivermos apenas *um* talento, devemos usá-lo para ganhar mais *um*. Nossa limitação deve produzir em nós um incentivo a mais pela ação e persistência espirituais e morais. Em nossa longa caminhada o que Deus elogia e recompensa não é a capacidade intelectual, se somos brilhantes ou populares, mas a fideli-

Parábola dos talentos e das recompensas

dade e devoção a ele, sem reconhecimentos ou aplausos humanos. Se não podemos ser um Moisés, sejamos semelhantes a Arão ou a um levita inferior e leal. Se não podemos ser um Paulo, estejamos entre os santos desconhecidos que contribuíam com o que tinham para ajudá-lo. José contentava-se em estar no segundo carro atrás de Faraó. Se o primeiro lugar não lhe pertence aqui, e você for fiel a Cristo, por certo terá o primeiro lugar ao seu lado quando ele voltar para recompensar os que são dele.

2. *Uso e abuso dos talentos.* Quando o primeiro servo recebeu os cinco talentos; e o segundo, os seus dois; lemos que ambos saíram "imediatamente" e negociaram com eles. Como é forte esse termo "imediatamente"! Não houve demora. Eles não sabiam quanto tempo o seu senhor ficaria ausente; por isso tão logo ele partiu, começaram a negociar. "Tudo o que te vier à mão para fazer, fazei-o conforme as tuas forças". Eles negociaram, fizeram permutas, até que dobraram o que tinham. O que possuía cinco talentos conseguiu outros cinco —100%. O servo com *dois* talentos foi igualmente bem sucedido, pois o seu lucro também foi de 100%. Em ambos os casos o capital original foi duplicado. Se o homem com apenas *um* talento o tivesse negociado, o seu lucro teria sido o mesmo.

Temos a graça e o poder para duplicarmos o nosso capital espiritual? Ao receber a graça, temos crescido *na* graça? Nosso desejo de orar tem sido intensificado? A nossa esperança está mais firme e real? As aspirações do passado amadureceram? A nossa influência espiritual e os resultados do nosso trabalho têm se multiplicado? O verdadeiro motivo para servirmos e sermos frutíferos na obra é a nossa afeição pelo Mestre. Obras piedosas nada podem realizar se a nossa dedicação a ele não

for completa. O primeiro servo recebeu mais do que o segundo, mas ambos foram igualmente diligentes e fiéis na proporção do que lhes foi confiado. Somos espiritualmente prósperos ao negociarmos os bens do Mestre? Aproveitamos ao máximo os talentos espirituais que nos foram confiados e, em vez de estocá-los, negociamos com eles para alegria e honra daquele que é o doador de todo dom perfeito?

A tragédia nessa narrativa é que o homem com apenas um talento não o negociou nem o multiplicou. Em vez disso, cavou um buraco na terra, embrulhou-o num lenço e escondeu o talento de seu senhor. Note que não era o *seu* dinheiro, mas o de seu senhor. Talvez ele temesse perder o talento e então enterrou-o como medida de segurança. É muito patético quando os homens têm medo de perder o que não vão usar. Algumas pessoas têm medo de perder os seus dons espirituais e se recusam a utilizá-los. Nunca perdemos o que usamos. Enquanto esses dois conservos agiam, negociavam os seus talentos, o terceiro permanecia inativo. E não apenas isso, mas ele também foi desobediente por não seguir as instruções de seu senhor. Sua desobediência não foi ativa, mas passiva. Ele não agrediu efetivamente o talento de seu senhor; simplesmente deixou de transformá-lo em lucro. Em vez de animar-se a aumentar o que tinha recebido, saiu e o enterrou. As virgens insensatas sofreram porque foram negligentes em estar prontas; e, da mesma forma, esse servo sofreu porque nada fez com o seu talento. Esse servo representa muitos cristãos formais de hoje, os quais têm todos os privilégios externos do evangelho, mas nunca pensam em usar e aumentar as suas oportunidades de compartilhar esses privilégios com outras pessoas. Enterram cada talento que possuem. De nada adianta a misericórdia de Deus. É pequeno o seu desejo de crescimento nas coisas espirituais, o desejo pela Palavra de Deus e pelo testemunho que salva as almas. Escondem a sua luz, qualquer que seja, debaixo de um barril.

3. *Retorno e recompensa dos talentos*. A frase "muito tempo depois veio o senhor daqueles servos" não significa que Jesus teve a intenção de ensinar que a sua segunda vinda não deveria ser esperada por séculos. Jesus nunca estabeleceu uma data para a sua volta, pois ele pode vir a qualquer hora. Uma coisa sabemos: sempre há tempo suficiente antes que Cristo venha para que os que forem "servos diligentes dupliquem o capital que lhes foi confiado". Quando os servos compareceram à presença de seu senhor, houve um impressionante balancete. O primeiro e o segundo servos relataram orgulhosamente o seu sucesso nos negócios e devolveram ao seu mestre o dobro do que lhe pertencia. Ambos foram recompensados exatamente da mesma forma. Ambos foram louvados: "Bem está!" Ambos receberam a promessa: "Sobre o muito te colocarei". Ambos foram glorificados: "Entra no gozo do teu senhor". "O gozo do Senhor" é uma alegria completa: o gozo que ele sente pelo serviço fiel a ele prestado, o gozo que temos em sermos aprovados por ele, o gozo em vermos outras pessoas no céu, por causa de nossa fidelidade. Esses dois servos eram diferentes quanto aos talentos recebidos, mas idênticos quanto à obediência, diligência e fidelidade ao seu senhor; portanto receberam uma recompensa idêntica. O que vai conquistar a aprovação do Mestre, quando ele voltar para recompensar os seus, não será a *fama* mas a *fidelidade*.

Que condenação solene caiu sobre o servo que enterrou o seu talento! Da mesma maneira que os fiéis são recompensados de acordo com o valor intrínseco de suas obras, assim também há condenação pelo não uso daquilo que Cristo nos confia. Quando acontecer o Julgamento de Cristo, muitos serão elogiados; outros, porém, serão condenados. Para os que o tiverem honrado, há uma *coroa* (2Tm 4:8); um *trono* (Ap 3:21); um *reino* (Mt 25:34). Será que teremos uma recompensa plena, ou estaremos entre aqueles sobre quem se diz: "Salvo, todavia como pelo fogo"? Uma alma salva, mas uma vida perdida e uma recompensa perdida em conseqüência da omissão.

Como o verdadeiro caráter desse terceiro servo vem à tona, através de sua resposta e da condenação que o seu senhor lhe dirige pela sua falha? Em primeiro lugar, ele tinha uma falsa idéia de seu mestre, e usou esse seu equívoco como uma desculpa por ter falhado naquilo que lhe havia sido confiado. Ele se enganou sobre o seu mestre ao pensar que ele era um homem duro, que ceifava onde não semeara, e agora cita esse pensamento equivocado diante de seu senhor. Por que ele tinha receio de encarar o seu mestre, enquanto os outros dois servos estavam prontos e cheios de júbilo por verem-no retornar? Essa sua postura de *defesa* foi uma *ofensa*. Ele adicionou injustiça à sua indolência. O senhor disse que ele tinha provado ser um servo *mau* e *negligente* (note que ele ainda era um servo); *mau*, porque pensava que o seu senhor fosse duro e injusto; *negligente*, porque deixara de usar o talento.

O servo foi silenciado e condenado, e o senhor ordenou que o seu talento fosse tomado e dado ao que possuía dez. Assim ele perdeu o que tinha guardado tão cuidadosamente. Parece que a lição aqui é *use* ou *perca*. O que ganha continua aumentando o seu ganho —o que não ganha continua perdendo o que armazena. Saul perdeu a sua coroa para Davi. "Ao que não tiver, até o que tem lhe será tirado"; "A qualquer que tiver, será dado, e terá em abundância". Como negociante que não produz o devido lucro, o servo foi atirado nas trevas. A Bíblia não revela tudo o que está implicado na expressão "trevas do lado de fora", mas parece denotar "trevas do lado de fora de alguma região da luz". Campbell Morgan fala desse termo como "as trevas que estão do lado de fora do reino da responsabilidade". Esse servo não enterrou o seu talento porque só tinha *um*, mas porque era mau e negligente. Nós, que dizemos ser servos do Senhor, sejamos achados servindo a ele no limite máximo de nossa habilidade e capacidade, para que quando ele voltar possamos receber a sua recompensa!

Parábola das ovelhas e dos bodes
(Mt 25:31-46)

Vários comentaristas, por não considerarem essa passagem uma narrativa, deixam de registrá-la em sua relação de parábolas. Todavia achamos que deveria ser aceita por sua descrição dos mesmos acontecimentos e de sua linguagem figurada que a ligam à *Parábola do pastor*. Ao mesmo tempo que temos nela uma descrição de uma cena real, a linguagem usada é parabólica: "Como o pastor aparta dos bodes as ovelhas".

Entre os muitos julgamentos da Bíblia, há três que são geralmente confundidos uns com os outros e são distintos:

1. O Trono do Julgamento de Cristo, que acontecerá quando o Senhor voltar nos ares. Esse julgamento está relacionado com a igreja verdadeira —somente os salvos estarão presentes para a revisão e recompensa pelo serviço fiel prestado (Rm 14:10; 2Co 5:10).

2. O Julgamento das Nações Viventes (a parábola em estudo), que acontecerá quando Cristo retornar à terra e assumir o seu reino. Nessa sessão do tribunal todas as nações justas e injustas serão congregadas, quando serão anunciadas as recompensas e as rejeições.

3. O Julgamento do Grande Trono Branco que acontecerá no fim dos tempos, após o reino milenar de Cristo e a última rebelião de Satanás (Ap 20:11). Todas as almas perdidas serão convocadas a esse terrível julgamento, para ouvir a promulgação da sentença que lhes caberá.

Assim se verá que a Bíblia não conhece um julgamento genérico no qual todos os salvos e perdidos comparecerão, e quando o Juiz os separará, colocando uns à direita e outros à esquerda. Se participarmos do primeiro julgamento, não seremos julgados no segundo nem no terceiro. Se tivermos perdido o primeiro, deveremos comparecer ao segundo, se estivermos vivos quando Cristo voltar à terra; mas com toda certeza os que comparecerem ao terceiro ouvirão a sua condenação ser ratificada. Nosso julgamento vindouro depende de nosso relacionamento com Jesus Cristo. Se estivermos nele, jamais ouviremos a frase "Nunca vos conheci. Apartai-vos de mim, vós que praticais a iniqüidade!" (Mt 7:23). O julgamento de todas as nações, que vamos agora examinar, é quase incrível em sua consolação e cruel em seus terrores. O vocábulo *mas*, que está no texto original, distingue e contrasta a cena que vem a seguir com os que o precederam.

I. O Juiz. Nosso bendito Senhor será o augusto Juiz nesse grande julgamento internacional. Ele esteve assentado no trono de sua glória desde sua ascensão, "à destra da majestade nas alturas" (Hb 1:3), no aguardo, até que os seus inimigos fossem colocados como estrado de seus pés (Sl 110). Então ele descerá como o verdadeiro Salomão, em toda a sua glória, para julgar a terra e estabelecer o seu reinado milenar em justiça e paz. Pense sobre os títulos costumeiros e parabólicos que ele usa para designar a si mesmo. Em primeiro lugar, quando ele aparecer, será como:

Filho do Homem. Ele designou-se assim por umas 80 vezes, e esse título, que traz em si uma conotação familiar, tem também uma conotação racial, no sentido de ser ele homem, pois representa muito bem a raça humana (1Co 15:45-47). Era como "o Filho do homem" que esteve em pé diante de Pilatos, para ser condenado. Aqui, como o mesmo Filho do homem, que foi julgado e morto, ele surge para emitir julgamento sobre todos os homens viventes (esse não é um julgamento dos "vivos e mortos". Não há ressurreição alguma associada a esse julgamento). Esse título expressivo fala de sua humanidade, e de sua degradação, quando os homens o trataram como "verme, e não homem, opróbrio dos homens e desprezado do povo" (Sl 22:6). Mas o Filho do homem, que uma vez foi rejeitado, surgirá em poder e grande glória rodeado das milícias angelicais, para ministrar o justo julgamento sobre todos os homens.

Como "o Filho do homem", toda a autoridade de julgar lhe foi atribuída por seu Pai. "O Pai a ninguém julga, mas deu ao Filho todo o juízo". Deus lhe deu "autoridade para julgar, porque é *o Filho do homem*" (Jo 5:22-27). Nessa narrativa, o seu justo juízo (Jo 5:30) está relacionado aos que se encontrarem nos túmulos, os quais ouvirão a sua voz. Mas o julgamento na parábola que temos aqui é o das nações *viventes*. Notamos que o verbo no tempo futuro não é empregado aqui. Jesus não disse que o Pai *"dará"* mas que *"deu"*. Ao assumir a vestidura de ser humano, Jesus foi investido do poder para julgar, e os homens estarão conscientes de que serão julgados por Cristo, por tudo o que ele será em si mesmo, e graças às suas palavras, obras e tudo o que nele será visto. Em seu ministério terreno havia algo nele que tornou aqueles que estavam à sua volta conscientes de seus pecados. E então acontecia uma constante divisão entre os homens, por sua causa. Falamos do *último* julgamento; mas, para o *primeiro*, nos voltamos para a sua vida entre os homens, e descobrimos que o seu *último* julgamento não é nada mais do que a consumação do *primeiro*.

Cristo já havia dito definitivamente aos seus discípulos que, como "o Filho do homem", ele viria "na glória de seu Pai, com os seus anjos"; e, como "o Filho do homem", assentar-se-ia "no trono de sua glória" (Mt 16:27; 19:28). O Julgamento das Ovelhas e dos Bodes será a abertura do reino milenar. Esse será o dia "determinado" para ele, como o homem, julgar o mundo com justiça e eqüidade (At 17:31).

Pastor. Ao exercer o seu conhecimento e discernimento nessa função, Cristo separará as ovelhas dentre os bodes. Temos em Davi a ilustração de um pastor que reina e, contudo, pastoreia ao mesmo tempo. É como o "pastor supremo" que Jesus está para surgir, e será dessa maneira que ele ministrará nesse inquérito judicial. Enquanto esteve na terra, ele viu os homens como "ovelhas sem pastor"; mas quando retornar como Pastor, as suas ovelhas serão cuidadas eternamente. Porque num rebanho sírio há muitos pontos de semelhança entre as ovelhas e os bodes, são necessários os olhos bem treinados do pastor, para distinguir uns dos outros. O Pastor divino, cujos olhos estão "em todo lugar, contemplando os maus e os bons" (Pv 15:3), não cometerá erro algum quando vier para julgar os feitos das nações. Olhamos para a aparência externa e, com demasiada freqüência, confundimos a veste de piedade com o que a piedade realmente é, e a fé professa com a verdadeira lealdade; mas ele, que sempre olha para o coração, jamais será enganado.

Rei. Por duas vezes seguidas Jesus referiu a si mesmo como "Rei". As pessoas julgadas o chamam de "Senhor". Anteriormente, de forma velada e parabólica, Jesus falara de si mesmo como o verdadeiro "Rei", e essa foi a primeira e única vez que ele assumiu o título de forma direta. É maravilhoso o fato de que três dias antes de ser crucificado pelos homens como criminoso, ele fala de si mesmo como o "Rei" de todos os homens, o qual seria julgado, para decidir o destino eterno das nações. Ao dirigir-se aos herdeiros de seu reino, Jesus lhes assegurou que voltaria em toda a sua majestade real. Como Rei, Cristo tem de ter um trono; por isso ele fala do "trono de sua glória", i.e., o trono de sua autoridade judicial como Rei. Ele será visto em sua própria glória, que é a sua glória pessoal, moral e eterna. Então o governo estará sobre os seus ombros reais (Is 9:6). Como Rei, ele terá o direito e o poder para dizer às "ovelhas" que herdem o reino, que já está preparado para elas desde a eternidade.

De alguma forma é significativo que esse Juiz seja mencionado como o "Rei dos séculos" (Ap 15:3); e as autoridades competentes afirmam ser a expressão correta, e não o "Rei dos santos". Ele é apresentado como "Rei de Israel, Rei da terra, Rei dos reis, e aqui o 'Rei dos séculos'; mas nunca como o 'Rei dos santos', embora, no verdadeiro sentido, ele seja nosso Rei, tendo em vista que fomos transportados para o seu reino" (Cl 1). Na presente dispensação, os seus santos têm o poder de governar, mas a autoridade monárquica, que lhes foi conferida (1Co 4:8; 6:2,3; Ap 1:6), está determinada para o futuro. Reinaremos *com* ele (2Tm 2:12).

As nações estão para se submeter ao seu julgamento e revelarão quanto é verdadeiro o seu título de "Rei das nações" (Jr 10:7). Ao exercer o seu poder como tal, quebrará a intransigência dos povos, e todos serão forçados a se prostrar perante ele e a reconhecer a sua suprema soberania.

Desviemos agora a nossa atenção de seus múltiplos títulos e de seu trono, e pensemos em sua comitiva. As miríades de anjos que enchem o seu templo o acompanharão à terra —"todos os santos anjos com ele". *Todos* os anjos vão servi-lo, quando ele julgar *todas* as nações (Dt 33:2; Dn 7:9,10; Jd 14; Hb 1:6; 1Pe 3:22; Ap 19:11-16). Todo o céu estará presente, observando, enquanto toda a terra permanece em pé para ser julgada. Os anjos que estarão presentes, como testemunhas do julgamento justo do Senhor, também executarão os seus justos decretos. O escritor aos Hebreus fala dos "muitos milhares de anjos" (Hb 12:22,23).

Dá a impressão também que a Igreja, a Noiva comprada pelo sangue de Cristo, juntar-se-á aos anjos, embora não apareça nessa parábola. Como os redimidos glorificados compartilharão o seu reino com ele, podemos então concluir, com certeza, que estarão presentes com os anjos, para contemplarem o seu Redentor aplicar com justiça o julgamento das nações e assumir o seu poder para reinar como o Rei dos reis.

II. O JULGAMENTO. A cena desse julgamento é a terra, particularmente a região conhecida como a *Terra Santa*, porque, quando Cristo voltar, os seus pés estarão sobre o monte das Oliveiras (Zc 14:4); mas os que serão julgados não terão identidade nacional: "Perante ele serão reunidas todas as nações, i.e., todos os gentios". Quando o plural é usado na Bíblia, ele representa todos os povos ou nações gentílicas do mundo, em contraste com a nação judaica (Rm 15:11,12; Ef 2:11). Joel refere-se a esse grande ajuntamento das nações para serem julgadas —"Ali me assentarei para julgar todas as nações em redor" (Jl 3:1,2,11,12; Zc 14:2).

Dá a impressão que as nações dessa época não serão tão populosas como as de hoje e, quando o Rei, o Juiz de Deus, retornar para intervir e decidir soberanamente sobre os assuntos internacionais, estarão em condições desesperadoras. Os profetas referem-se às desolações e às mortes mundiais (Sl 46:6-9; Ezequiel 38; 39). João mostra como a vasta população mundial será reduzida a um número mínimo, em conseqüência das intervenções divinas (Ap 6:8; 8:9,11; 9:15,18). De Israel propriamente dito restará naquele tempo nada mais do que "um pequeno remanescente" (Is 1:9; Zc 13:8,9). As nações *ovelhas,* consideradas justas, entrarão para o milênio com o seu Rei. Esse ajuntamento de nações, então, será a multidão da terra que estará ao lado das miríades celestiais ao redor do Juiz: "Vi o Senhor assentado sobre o seu trono, e todo o exército do céu estava junto a ele, à sua mão direita e à sua esquerda" (1Rs 22:19).

É mais do que um o número dos comentaristas para quem todas as nações reunidas ao redor do Trono da Glória não significa necessariamente que a população do mundo todo estará concentrada num só ponto. "Pode-se entender que o Rei convocará todas as nações para que se reúnam, possivelmente fazendo essa convocação através de seus representantes [...] a fim de eliminar as fronteiras existentes". Nações, como tal, não visitam os doentes, os prisioneiros, mas, sim, os seus representantes. Tomemos como exemplo a Organização das Nações Unidas com sede em Nova Iorque. Isso não quer dizer que todos os povos, que constituem todas as nações do mundo, estejam em Nova Iorque. Apesar de suas dimensões enormes essa importante cidade jamais poderia conter os bilhões de almas que as nações representam. Os representantes de quase todas as nações do mundo estão concentrados na ONU, para tratarem de assuntos nacionais e internacionais. Um governante de um país pode exercer influência para o bem ou o mal sobre o seu povo. Junto com os seus conselheiros, ele conduz a vida de sua nação e é responsável pelo que ela se torna quanto ao caráter. Portanto, parece que o julgamento das nações viventes será como se fossem colocadas à parte e julgadas nas pessoas de seus governantes e representantes.

Vem agora a separação das nações, em dois grupos, pelo Pastor-Juiz. As nações *ovelhas* serão colocadas à sua direita, a posição de aprovação e honra; as nações *bodes* estarão localizadas à sua esquerda, a posição de vergonha e desonra. Nessa ocasião, como agora, há somente duas categorias e todos os homens pertencerão a uma delas. O julgamento é segundo o caráter, e a metáfora das *Ovelhas* e *Bodes* é a imagem dos dois tipos de caráter e das duas naturezas que diferem entre si.

Parábola das ovelhas e dos bodes

As *ovelhas* são consideradas emblema de ternura, simplicidade, inocência, paciência e utilidade. Os povos escolhidos, como nações *ovelhas,* serão os que foram benevolentes e capazes de uma bondade genuína que deles fluía de maneira natural e espontânea. Por serem essencialmente bondosas e exteriormente atuantes, em razão da sua fé interior, essas pessoas são então recompensadas pelo Rei.

Os *bodes* são, por natureza briguentos, sensuais e demasiadamente malcheirosos; portanto, considerados símbolo de homens desordeiros, profanos e impuros que são essencialmente egoístas, e o egoísmo flui deles de maneira natural. Representarão as nações entregues às suas próprias paixões e lascívia e que, conseqüentemente, não conseguem perceber as necessidades dos outros. Não há compaixão em seus corações; por isso, não sentem qualquer razão para atender às necessidades dos outros.

Nosso Senhor menciona outra categoria de pessoas, e a maneira que foram tratadas decide o respectivo futuro dos dois grupos acima. Essa outra categoria são:

Meus irmãos. Quem Jesus tinha em mente quando chamou essas pessoas irmãos? Será que se referia à nação judaica da qual ele fazia parte? Vários escritores afirmam que esses são os crentes remanescentes de Israel, os quais anunciarão o evangelho do reino como testemunho a todas as nações durante o último período terrível e crucial da grande tribulação (Mq 5:3; Mt 24:14). Esta será uma época de dura prova para o remanescente judeu e, por compartilhar de suas posses e cuidar daqueles que foram despojados pelo Anticristo, eles serão honrados com o nome de *irmãos* de Cristo. Mas certamente essa designação é mais abrangente que isso!

O Senhor já dissera que *todos* os que obedecessem à sua vontade e à sua palavra seriam os seus irmãos, fossem eles judeus ou gentios (Mt 12:46-49). Ele também disse: "Um só é o vosso Mestre, e vós todos sois irmãos" (Mt 23:8). Quando ele proferiu essa parábola, visava toda essa dispensação que culminará com o seu retorno à terra, e tinha em mente os seus (judeus e gentios regenerados), da perspectiva da responsabilidade deles como os seus irmãos espirituais que, por ele agir através deles, portar-se-iam conforme a vontade dele.

Qual será o critério do julgamento das nações? O que determinará a divisão entre elas, pois, de um lado, estarão as *ovelhas,* os *justos,* que entrarão para a vida milenar; e, do outro, os *bodes,* os ímpios, que serão julgados e mortos. Campbell Morgan acredita que a pergunta de Pilatos deve ser feita, de um ponto de vista nacional: "'Que farei então com Jesus?' Essa deve ser a pergunta às nações: O que estão fazendo com Jesus? O que estão fazendo com a sua mensagem? O que estão fazendo com os seus mensageiros? O que estão fazendo com todas as forças espirituais e poderes morais que ele liberou, e devem operar através de seu povo, nessa dispensação? Será com esse critério que o seu julgamento será emitido a favor ou contra elas".

O princípio que nosso Senhor destaca é que ele virá para "colher de seu reino tudo o que causa pecado, e todos os que cometem iniqüidade", e inaugurar a nova dispensação (milênio) em que os justos brilharão como o Sol no reino de seu Pai. Que sentença terrível é decretada para os que abandonaram a Cristo! O "fogo eterno" foi preparado para o diabo e os anjos que ele seduziu, porque foram os primeiros a transgredir. Porém, após o terceiro julgamento, os injustos compartilharão da mesma sentença; porque, junto com Satanás e suas hostes, representam um único caráter profano. Os que se apartaram de Cristo foram egoístas e opostos a ele durante a vida. Os justos não perceberam quanto agiram bem, e os ímpios não perceberam quanto atuaram mal. Os seus pecados contra os *irmãos* foram praticados contra o próprio Mestre (At 9:4), e entrarão em desespero, ao apartarem-se de Cristo para uma eternidade de agonia. É um sentimento profundo quando percebemos que as últimas palavras de seu ministério público antes da cruz foram: "E irão estes para o castigo eterno, mas os justos para a vida eterna" (Mt 25:46).

Ellicot diz que "a profundidade das palavras, no encerramento dessa grande profecia de julgamento, tende obviamente à conclusão de que o Senhor intencionava que os seus discípulos, e através deles, o seu povo em todas as épocas permanecessem atentos à divisão que estava envolvida, no próprio conceito de julgamento, como algo que não deveria ser mudado. Os homens deverão colher o que plantaram, e as conseqüências das más obras ou da omissão na prática das boas obras, deverão, em cada caso, produzir a sua recompensa, até onde podemos ver, sem qualquer prescrição de limite".

O que acontece, após as palavras de nosso Senhor no monte das Oliveiras, é comovente! "Tendo Jesus terminado de dizer todas essas coisas, disse aos discípulos: Sabeis que daqui a dois dias é a Páscoa; e o Filho do homem será entregue para ser crucificado" (Mt 26:1,2). Foi algo maravilhoso, como ele, calma e dignamente, desceu do "trono de sua glória" e encaminhouse ao Getsêmani e ao Calvário, para ali consumar a obra que o seu Pai lhe dera para realizar. Ele trocou a alegria que estava perante ele pela cruz que suportou heroicamente. Durante aqueles dias de angústia e vergonha ele deu as costas para a glória e majestade do reino que estava para se estabelecer, à qual aludira no monte das Oliveiras, e saiu para padecer uma morte terrível, para que fôssemos salvos. "Aleluia! Que grande Salvador!"

AS PARÁBOLAS DE JESUS (em Marcos)

Parábola da semente
(Mc 4:26-29)

Lembremo-nos de que não tratamos com as parábolas em grupo; mas, individualmente, como aparecem nos quatro evangelhos. O método que foi adotado é o de apanhar cada parábola e cada figura parabólica e permitir-lhes que nos contem a sua própria história, "como se fosse uma jóia preciosa que, fazendo parte de um diadema brilhante, irradia o seu brilho individual". Como já afirmamos, o valor do estudo das parábolas em grupo pode ser visto nas obras de Butterick, Kirk e Straton.

Alguns escritores afirmam que há apenas *quatro* parábolas em Marcos; porém se por "parábola" queremos dizer *comparação*, então parece que há um total de 18. Mesmo um provérbio muitas vezes constitui uma "parábola concentrada". Marcos usa o vocábulo "parábola" doze vezes (3:23; 4:2, 10,11,13,33,34; 7:17; 12:1,12; 13:28). Dez dessas parábolas aparecem também em Mateus e Lucas; cinco somente em Mateus e uma exclusivamente em Lucas. As parábolas da *Semente* e a do *Portei-*

Parábola da Semente

ro (Mc 13:34-37) são peculiares a Marcos.

Somente Marcos nos apresenta essa parábola, sendo-lhe exclusiva. Evidentemente passou despercebida a Mateus e a Lucas, em sua ansiedade em juntar tudo o que pudessem encontrar sobre os ensinamentos de nosso Senhor. É pelo fato de ser a única parábola que não está registrada em outro texto, que foram feitas tentativas para mostrar que precisa ser apenas a modificação de outra parábola qualquer, como por exemplo a do *Joio* ou do *Semeador*. Mas cremos que é distinta de todas as outras, pois traz em si "o selo incontestável de originalidade, tanto pelo seu conteúdo, como pela sua forma". Não há dúvida de que pode ser considerada um acréscimo à parábola do *Semeador*, e que foi elaborada para completar a história do crescimento da boa semente que caiu em boa terra. É uma das três parábolas que revelam os mistérios do reino de Deus, nos termos do trabalho de um semeador.

Campbell Morgan acredita que foi dada por Jesus no primeiro dia de sua dissertação parabólica, ao começar a falar aos seus discípulos em parábolas. "É possível que essa pequena parábola tenha sido proferida exatamente naquele mesmo dia. É até possível que tenha sido proferida no primeiro dia de sua dissertação parabólica, em meio a outras parábolas que estão intimamente relacionadas com ela, possivelmente após a do *Semeador* que saiu a semear, e antes da do *Trigo e do joio*, para mostrar as duas semeaduras em desenvolvimento, e apresentar a *Parábola da mostarda*, que está registrada também em Marcos.

Essa parábola de Marcos, como muitas outras, já recebeu diversas interpretações. Alguns escritores dizem que se encontra ali a analogia do crescimento, para mostrar o crescimento e progresso próprios do caráter cristão, ao qual Paulo se referiu, quando disse que, enquanto criança, ele agia como criança; mas quando se tornou adulto, colocou de lado as coisas infantis. Crescemos na graça desde a semente até o grão maduro na espiga. Pedro nos diz: "Crescei *na* graça" (2Pe 3:18) — e não *para dentro* da graça. Jamais podemos fazer isso da mesma forma que não podemos nadar *para dentro* do mar. Uma vez *dentro*, ou *no* mar, podemos nadar nele — e uma vez que estejamos *na* graça podemos crescer nela. Tal crescimento sugere o aumento de um espírito que se amolde à vontade de Deus e governe a nossa vida cada vez mais pelos princípios divinos.

Há outros, como Straton, que, por aceitarem a não comprovada teoria da evolução, vêem nessa parábola, que fala do crescimento gradual, uma aplicação ao desenvolvimento do mundo e também do homem. Dizem que a plena safra evoluiu a partir da *semente*, do protoplasma. Não é preciso dizer que não temos qualquer simpatia por tal interpretação ou aplicação dessa parábola de Marcos.

Há aqueles, como Ellicot, que consideram que a parábola simbolize três estágios no crescimento da Igreja de Cristo no mundo; as três fases representam a influência de novas verdades, nos pensamentos, atos e propósitos da alma de cada indivíduo. Essas são aplicações proveitosas à parábola; porém cremos que o seu conteúdo foi elaborado, principalmente, para ensinar a revelação progressiva do propósito divino. Ao iniciar a parábola, Jesus disse que o reino de Deus era comparado ao homem que semeou a sua semente e esperou pacientemente que brotasse e crescesse. Portanto, devemos buscar a sua interpretação nos fenômenos análogos do crescimento do reino, cujos interesses se desenrolam, embora o homem não o perceba.

O reino de Deus, em contraste com os reinos governados pelos homens, significa o seu domínio, o seu reinado, o seu triunfo sobre todas as atividades humanas. Mas para que a sua colheita possa chegar, é necessário que, primeiro, a semente seja semeada. Em virtude do aspecto escatológico da parábola, a sua interpretação profética se torna muito evidente, e nos dá a chave para os últimos e gloriosos propósitos de Deus. No entanto, muitos parecem não perceber essa interpretação. O nosso Senhor conduziu os seus discípulos aos três estágios do *reino de Deus:*

1. A *Erva*, ou o reino oculto, a época da Igreja durante a qual o Espírito Santo está ativo, para completar "o mistério oculto desde todos os séculos", i.e., a igreja do Deus vivo.

2. A *Espiga*, ou o reino manifestado, será vivenciado durante o reino milenar de Cristo, e era o tema principal dos profetas do AT: "Venha o teu reino".

3. O *Grão Cheio na Espiga* sugere o reino em toda a sua perfeita majestade, o novo céu e a nova terra quando Deus será tudo em todos. Essa será a "hora suprema do reino", "por todos os séculos": a "dispensação da plenitude dos tempos" sobre a qual Paulo escreveu (Ef 1:10).

Olhemos agora para a parábola e vamos nos empenhar em entender as partes que a formam. Em primeiro lugar, há:

Semeador. Quem é esse homem mencionado na parábola? Alguns dizem que é o próprio Cristo, o Filho do homem de outras parábolas. Mas o que é dito sobre o semeador aqui não pode ser aplicado a Cristo. Ele não dorme nem se levanta de noite e de dia como o homem na parábola. Ele nem cochila, nem dorme. Está sempre acordado e cuida dos seus negócios como das pessoas que lhe pertencem. Então é dito do homem que ele não sabia como a semente cresceu. E não se pode dizer sobre Cristo, o qual governa sobre a semeadura e o crescimento da semente, que ele não sabe como isso acontece. Como o "autor e consumador da nossa fé", ele é o *Alfa* e o *Ômega* do propósito divino, e age para que esse seja consumado.

O homem que lança a semente representa todos os que Deus usa no estabelecimento de seu reino dentro do coração dos homens e no mundo. No momento, Jesus usa todos os que foram redimidos por seu sangue, para levar a efeito sua obra redentora. Durante a grande tribulação, ele usará os judeus remanescentes para proclamar o evangelho de seu reino. Durante o milênio os santos servem ao Rei enquanto ele, pelo seu governo, estará no controle de todas as coisas.

Semente. Não há dúvida de que é a Palavra de Deus, cuja energia, secreta e invisível, pode tornar os homens "filhos do reino". Essa é a "semente incorruptível" a qual Pedro diz que leva os homens a um nascimento espiritual. A Bíblia era em primeiro lugar uma *erva*, no Pentateuco; uma *espiga*, no AT; e um *grão cheio na espiga*, no NT que revela completamente a mente de Deus ao seu povo. Todas as verdades da Palavra são usadas por Deus na formação e completa realização de seu reino.

Solo. Aqui o solo é o mesmo que na *Parábola do semeador*, ou seja, o coração humano. Por "reino" subentende-se *súditos* formados através

Parábola da semente

da obediência à palavra do Rei, a qual foi semeada nos corações deles. O solo não pode semear nem colher, mas pode receber e alimentar a semente, suprindo-a de todos os nutrientes que ele (o solo) possui, até que finalmente chegue a hora da colheita. O reino de Deus começa no coração que ele conquista.

Mistério do crescimento. É bem evidente a condição humana do semeador que, após semear o grão, dorme, levanta-se de noite e de dia, e não sabe como a semente brota e cresce. Após o simples ato de lançar a semente ao solo, ele continua e repetidamente dorme e levanta-se enquanto o grão germina. São dados dois períodos: "noite e dia": noite para dormir e dia para se levantar. Após semear a semente, o homem vive normalmente. Nada mais há que ele possa fazer além de esperar e observar. Vivendo a sua rotina costumeira de, alegremente dormir e levantar-se, sem fazer qualquer tentativa para apressar o crescimento da semente, ele deixa por conta da ação natural das forças ocultas do solo.

A expressão "não sabendo ele como" significa que a semente cresce sem que o semeador saiba como isso acontece. Porém ele descansa e continua nos seus outros afazeres, pois nada pode fazer para apressar a colheita. Ele não pode ser culpado de estar exageradamente ansioso; mas espera pacientemente para ver os sinais de crescimento, por menores que sejam. Ele sabe que, sem ser preciso interferir, e mesmo que ele não perceba, a semente prosseguirá e cumprirá todas as fases de seu crescimento. Os caminhos misteriosos de Deus podem estar além do nosso entendimento, mas podemos descansar no fato de que, embora, ele muitas vezes se coloque fora de nossa vista, os seus propósitos estão amadurecendo. De alguma forma os profundos mistérios do seu reino serão parcialmente conhecidos por aqueles que são amados por ele e lhe são obedientes. Então Jesus refere-se ao romper da semente dizendo: "A terra por si mesma frutifica".

A expressão "por si mesma" revela ação por si própria, e é um termo usado apenas aqui e em Atos 12:10, onde diz que a porta de ferro que dava para a cidade se lhes abriu *por si mesma*. O vocábulo no texto original é *automate*, do qual temos o termo *automático*. As coisas do reino de Deus prosseguem, a despeito dos demônios e dos homens. Assim como as forças da natureza prosseguem de forma automática, também Deus continua sua obra sem qualquer interrupção. "A terra frutifica espontaneamente" —automaticamente.

Ellicott diz: "Na agricultura espiritual, não convém, falando com relação às nações desse mundo, ou aos indivíduos, tirar as sementes da terra para ver se estão crescendo. O mais sensato a fazer é semeá-la e crer que o sol e a chuva a farão vingar" (Ec 11:6). Chegamos então à espontaneidade do crescimento e à forma como ele se processa gradualmente, quando as características são reveladas pelos três estágios:

Erva. Ao examinar a parábola como se referindo ao indivíduo, um comentarista afirma que os três estágios sucessivos do progresso da semente correspondem ao maravilhoso apelo de João às *crianças*, aos *jovens* e *pais*, não de acordo com a idade na carne, mas segundo a vida espiritual. Mas, como já dissemos, cremos que os três estágios estão relacionados às diferentes manifestações do reino de Deus. Quando a semente cai na boa terra, começa imediatamente a agir, em função do seu propósito de frutificar. Assim acontece também com a Palavra do reino que é enxertada.

Espiga. A planta toma forma, expõe seus galhos e folhas, e os frutos começam a ser delineados; mas ainda não estão maduros. Até o final do milênio, embora seja tão declaradamente o reino em ação visível, não será perfeito, e a prova disso será a revolta universal que acontecerá no seu *fim*.

Grão cheio na espiga. Finalmente chega a época final da maturação, e agora a única coisa a fazer é a colheita, quando o fruto estiver completamente maduro. Quando isso acontece, o semeador imediatamente usa a foice e faz a sua colheita. "Mete a foice" é a mesma expressão usada, quando Jesus mandou os apóstolos colherem uma safra de almas: "Eu vos enviei a ceifar" (Jo 4:38). O crescimento é o processo que acontece após o lançar da semente. Porém a safra final é determinada pelo momento certo da maturação, "não pelo calendário ou pelo relógio". Chega a época certa para entrar em ação, para a garantia da colheita.

O ensino de Cristo e de seus apóstolos torna evidente que há um propósito divino com relação às épocas. Aqui na parábola a "colheita" pode ser interpretada como a consumação de todas as coisas, quando Deus será "tudo em todos" (Ef 3:10, 11; 2Co 5:19; Mt 13:39, 40, 49; Ap 14:14-18). "A colheita é o fim da vida de cada homem, e a foice está nas mãos do anjo da morte". Deverá haver uma temível colheita de condenação para "o joio", ou seja, todos os que morrem fora de Cristo. Deverá haver uma colheita de recompensa para todos os que forem fiéis até a morte. Mas aqui "a colheita" está relacionada com a consumação do reino de Deus, a consumação supremamente gloriosa quando, após o diabo ser derrotado para sempre, e o pecado completamente destruído, e com o surgimento de um novo céu e de uma nova terra, Jesus então entregará todas as coisas ao Pai.

Se essas palavras forem lidas por alguém que esteja pronto para morar no céu, amadurecido na piedade, não tema, porque o Semeador cheio de graça, cuja mão amável segura a foice, sabe quando colher a sua semente preciosa. Que você, enquanto aguarda a hora de partir, possa ser abundante na esperança, à medida que contempla a alegria da colheita nos campos celestiais acima de nós.

Parábola da candeia e da luz
(Mc 4:21,22; Lc 8:16,17)

Na parte em que tratamos sobre as parábolas em Mateus, já demos atenção a uma figura de linguagem semelhante à que Marcos usa aqui, como Lucas o faz. No entanto, torna-se necessária uma palavra a mais, desde que Marcos omite todas as outras parábolas que se seguem a essa, da *Candeia* (Mt 5:15), e "a liga à do *Semeador*, que era um conceito conhecido naqueles dias e em que Mateus aparece num contexto diferente". Ellicott acredita que o tratamento que Marcos faz sobre a *Candeia* é diferente do que está em Mateus, e comenta: "Considerando-se que o nosso Senhor usava um método de ensino que consistia na repetição de provérbios, sob aspectos e em ocasiões diferentes, é provável que esse provérbio sobre a candeia tenha sido realmente proferido dentro de um contexto como o que vemos aqui. O conhecimento dos discípulos sobre o significado da parábola não lhes foi dado, para que o retivessem, mas para que o fizessem brilhar a outros também (Lc 8:16). Provavelmente devemos a essas palavras tão bem pronunciadas o registro dessa parábola em três dos quatro evangelhos". Jesus dá a razão por que ensinava por parábolas (Mc 4:10-12). A verdade está escondida nas parábolas, para que possa ser revelada (Mc 4:21-25). Esse princípio importante é enunciado na frase que vem em seguida: "Com a medida com que medirdes vos medirão a vós" (Mc 4:24).

Essa parábola vem em seguida à do *Semeador* e, relacionada a essa última, ensina a eles pelo menos duas grandes verdades:

1. A luz da verdade divina não é concedida para ficar obscurecida pelos interesses comerciais do crente, *a vasilha* (Mt 5:15); ou pelas suas responsabilidades caseiras, *a cama*; mas para ser manifestada perante todos.

2. O que de início parecia obscuro, na forma de ensino parabólico, gradualmente cederia lugar a uma iluminação total. "Agora vemos em espelho, de maneira obscura; então veremos face a face". Nosso Senhor prometeu aos seus o Espírito Santo que, antes de vir, receberia as orientações de Cristo e as revelaria para eles. Isso significava que ele desvendaria a importância espiritual e interior, não apenas de todas as parábolas, mas de *toda* a verdade que ele declarara, enquanto esteve no meio deles. Após a revelação ser completamente assimilada, não foi escondida, mas anunciada em todos os lugares.

Parábola do senhor da casa e do porteiro
(Mc 13:34-36)

Parece possível que essa seja uma forma abreviada da *Parábola dos talentos* (Mt 25:14-30). Ellicott entende que talvez tenhamos aqui um relato fragmentado e imperfeito, como se fossem anotações que, naquele tempo, foram elaboradas do conteúdo que aparece de forma mais desenvolvida na *Parábola dos talentos*. Todavia há mais de um aspecto que parece sugerir que essa pequena parábola, mesmo semelhante à dos *Talentos*, seja no entanto distinta daquela, e que Marcos a tenha observado e agora a relata, como fez com a *Parábola da semente*. O objetivo central para o qual essa parábola foi elaborada é, com certeza, semelhante ao da parábola dos *Talentos*, i.e., promover aquele sentido de vigilância no povo do Senhor, durante a sua ausência.

O *Homem* que parte para longe, é Cristo, o Filho do homem que, no momento de sua ascensão, deixou os seus; mas deu-lhes toda a autoridade para que testemunhassem por ele. O item acrescentado aqui é "e mandasse ao porteiro que vigiasse". Quem devemos entender que seja "o porteiro", figura e imagem única nas parábolas de nosso Senhor? Os "servos" imediatamente aceitamos que sejam *os doze* e, então, de maneira mais ampla, todos os seus discípulos. "O que *vos* digo" —aqueles primeiros discípulos com quem Jesus falava em particular— "digo a *todos*" —todos os que, desde aqueles primeiros discípulos, se tornaram servos do Senhor.

Mas quem especificamente era "o porteiro" que também recebeu a ordem de vigiar? Nosso Senhor usou essa mesma figura de linguagem em sua *Parábola do pastor e o seu aprisco* (Jo 10:3). Vários escritores acham que Pedro corresponde à descrição do "porteiro", em virtude da promessa que a ele fora feita de que teria as chaves do reino (Mt 16:19). Foi incumbência desse apóstolo abrir completamente a porta daquele reino, tanto para os judeus como para os gentios, e declarar a necessidade de estarem preparados para o retorno do Senhor. Num sentido mais amplo, essa é a tarefa solene e privilegiada de todos os ministros da Palavra, de agirem como porteiros e advertirem o povo de Deus sobre o momento crucial que se aproxima.

"O mestre, ou senhor da casa" é o próprio Senhor Jesus, que retornará tão repentinamente quanto foi a sua partida. Encontramos uma alusão às quatro vigílias da noite (adotadas pelos romanos), que começam às 21 horas, meia-noite, 3 horas (madrugada) e 6 horas (manhã) nas expressões *tarde*, *meia-noite*, *cantar do galo* e *pela manhã*. Podemos crer que cada um desses períodos teve o seu equivalente, e abrange muitos séculos da história humana. O retorno *inesperado* do senhor da casa é um tipo de eco das duas parábolas —a dos *Talentos* e a das *Dez virgens*. Nesses últimos dias da Dispensação da Graça é, mais do que nunca, imperativo *vigiarmos* e exercermos a função de verdadeiros *porteiros*. Quando olhamos para a confusão que reina no mundo, parece-nos que o dia não pode estar muito longe, em que aquele que prometeu voltar, virá, e não tardará. Podemos dizer que estamos prontos para saudá-lo?

AS PARÁBOLAS DE JESUS (em Lucas)

Parábola do credor e dois devedores
(Lc 7:41-43)

O evangelho de Lucas, como o de Mateus, é rico em material parabólico. Lucas, "o mais versátil de todos os escritores do NT", concede-nos uma lista de 35 parábolas, 19 das quais somente são encontradas nesse livro. As outras 16 encontram-se em um ou mais dos outros evangelhos. Por exemplo, a da *Noiva e do noivo* (Lc 5:34, 35; Mt 9; Mc 2). Teríamos perdido muita coisa se a série de parábolas que estão em Lucas não tivesse sido preservada! As parábolas que ele registrou são conhecidas como *parábolas intermediárias*, ou *parábolas do segundo período* do ministério de Jesus.

Veremos que essas parábolas, as quais são peculiares a Lucas, têm uma característica própria, no sentido de tratarem sobre o amor, a graça, o perdão e a concessão. Muitas das parábolas das quais tratamos mostram os efeitos da mensagem do reino de maneira geral e, por outro lado, as parábolas de Lucas parecem concentrar-se sobre os efeitos específicos da recepção de tal mensagem. O dr. Salmond, ao escrever sobre o prazer que *todos* os evangelistas tiveram em relatar as palavras e os feitos de Cristo, diz sobre Lucas: "O que mais se caracteriza nele, é que ele selecionou para sua narrativa os incidentes e discursos de Jesus como de um amigo de todos os pecadores, mesmo dos mais depravados, o amigo íntimo que cura todas as enfermidades da alma, até as mais profundas. Lucas é o único que mostra o Filho do homem como o médico, cuja alegria é receber para si mesmo os mais doentes e deprimidos, para que, ele mesmo, possa exercer a sua função de médico no meio deles. É nessas parábolas, peculiares ao terceiro evangelho, que encontramos as que mais merecem ser apresentadas como 'a verdadeira poesia e essência do evangelho do perdão e do amor divino' (Bruce). E a graça de sua forma combina com a graça do seu conteúdo. São feitas de simplicidade, ternura e beleza inimitáveis".

Esta primeira das parábolas de Lucas, i.e., os fatos que se passaram na casa de Simão, o fariseu, não deve

Parábola do credor e dois devedores

ser confundida com a outra cena semelhante que está registrada nos outros três evangelhos (Mt 26:7; Mc 14:3; Jo 12:3). A repetição do nome Simão nada significa, pois era um dos nomes mais comuns entre os judeus. O incidente que Lucas menciona ocorreu em Naim; enquanto o outro aconteceu em Betânia. A mulher que Lucas nos apresenta não poderia ser Maria, irmã de Lázaro, um membro daquela ilustre família abençoada de Betânia. O fariseu a chamou de "pecadora", uma mulher bem conhecida, uma prostituta. Da mesma forma Maria Madalena também tem sido confundida com essa mulher, e não há razão para fazer isso. Não temos o nome dessa depravada na parábola de Lucas. Jamieson diz que é uma grande injustiça para com Maria Madalena identificá-la com a personagem dissoluta dessa parábola, e também chamar todas as mulheres arrependidas de *Madalenas*. Na cena apresentada por Lucas, a objeção pelo fato de Jesus ter sido ungido veio por parte do anfitrião; e na outra, por parte dos convidados. Na primeira, a mulher não fora convidada e, na última, Maria era uma convidada. E apenas Lucas acrescenta a parábola à ocasião, que, embora fosse semelhante à outra, é definitivamente diferente dela.

A parábola a qual temos aqui que, em seu sentido mais elevado, é uma narrativa sobre a *graça*, e só pode ser comparada a outras três que Lucas também nos concede (cap. 15), é outra ilustração da "regra três" que vemos nas parábolas. Na verdade, Lucas nos dá uma série de três grupos, com cada um deles apresentando uma tríade. Por exemplo, temos o grupo constituído de três pessoas reais: O Salvador dos pecadores; Simão, o fariseu; e o pecador que o Salvador perdoou. E na própria parábola, que é única, temos três pessoas fictícias: O credor; o homem que devia 500 denários; e o homem que devia 50 denários. Esses dois grupos fundem-se um ao outro, porque:

> O Salvador é o credor que perdoa.
> Simão, o homem que dizia ser justo, era o que devia 50 denários; e
> A mulher pecadora era a que devia 500 denários.

E há também o grupo das três perguntas em torno das quais a parábola gira com precisão, ou seja:

> "Ora, qual deles o amará mais?"
> "Vês tu esta mulher?"
> "Quem é este que até perdoa pecados?"

Vamos primeiro observar Simão que, como fariseu, ficou bastante chocado com o que a mulher fizera nessa ocasião, e também com a atitude de Cristo para com ela. Ele se achava uma pessoa muito boa e também comportava-se com fina polidez. Note como ele se envolveu com um manto de justiça próprio: satisfeito com a sua própria bondade, dignidade e importância. Ele tinha convidado Jesus para comer em sua casa; porém, não com qualquer desejo de ouvi-lo ensinar, pois já estava satisfeito com o seu conhecimento sobre a lei. Também não tinha qualquer desejo em particular de honrá-lo, como se o estimasse profundamente. Ao censurá-lo, Jesus lembrou-lhe sua negligência com relação aos princípios mais corriqueiros da hospitalidade judaica.

Jesus havia entrado em sua casa, por ter sido convidado; no entanto, Simão não lhe providenciou a água para lavar os pés, como era o costume que existia desde os dias de Abraão: "Traga-se agora um pouco d'água, e lavai os pés" (Gn 18:4).

Simão não ofereceu óleo para ungir a cabeça, nem beijou Jesus como gesto de saudação, amizade e paz. Esse beijo era um sinal de reverência e sujeição, mesmo entre os demais povos antigos. Todas essas coisas faziam parte do procedimento normal de cortesia de um lar oriental; mas faltava essa cortesia a Simão. Não houve qualquer cordialidade no convite que havia feito a Jesus. Simplesmente lhe tinha pedido para que entrasse e se sentasse, a fim de participar de uma refeição.

Olhe agora para alguém que não havia sido convidado, uma "certa mulher da cidade, uma pecadora". Embora fosse uma pessoa de quem muitos se envergonhassem, Lucas, com bastante tato, usa a expressão "certa mulher [...] uma pecadora". Na época, havia o costume de alguém entrar numa casa sem ser convidado, apenas para olhar. Durante todo esse incidente, essa mulher não disse uma só palavra, mas os seus atos falaram mais alto do que a sua intenção de não falar. Ela soube que Jesus estava lá, e então veio arrependida e irrompeu por entre os convidados; e, com a comoção de um sentimento de contrição, gratidão e reverência, colocou-se por trás de Jesus, quando ele se reclinou sobre a mesa. Não viera para participar daquele banquete. Tinha uma fome mais profunda na alma, porque era transgressora, e reconhecia isso. Não é de admirar que tenha chorado; porém, as suas lágrimas foram de arrependimento, alegria, amor e gratidão.

Lavou os pés de Jesus com as suas lágrimas quentes e abundantes. A expressão "regou com lágrimas" significa realmente "molhar com um regador". Simão havia negado a água necessária para os pés santos, porém sujos, de Jesus; mas essa desconhecida mulher derramou uma enchente de lágrimas involuntárias sobre os pés de nosso Senhor. Talvez, por achar que os tinha sujado mais do que lavado, apressou-se a enxugá-los com a única toalha que tinha no momento, as longas tranças de seu próprio cabelo, "com o qual os escravos costumavam lavar os pés dos seus senhores". Quando Aníbal ameaçou Roma com o seu exército, as damas romanas correram aos templos e altares e lavaram o chão dos santuários sagrados com os seus cabelos.

Depois beijou aqueles pés limpos; e aqui o termo *beijar* é sugestivo. Significa "beijar ternamente, acariciar" ou "beijar repetidamente". Não *cessou* de beijar os pés de Jesus. Havia muito amor que brotava de seu coração, pois sentia que fora grandemente perdoada. Depois ungiu os pés de Jesus, não com o óleo de oliva comum, que Simão teria usado, se fosse suficientemente educado, mas com o ungüento perfumado mais caro e fino. Sentia que nada seria melhor para aquele que lhe tinha concedido o dom inestimável de ser purificada de seus pecados e perdoada. Ele havia invertido o curso de sua miserável vida de pecados. Por isso, com esses gestos elevados, porém extremamente puros, a sua alma foi completamente entregue a ele, que havia perdoado a sua culpa.

A terceira figura nesse grupo, e a mais predominante, é Jesus, o Filho de Deus, o Onisciente que podia ler os pensamentos íntimos, tanto de Simão como da pecadora arrependida. Ele veio para salvar a todos, e comeu com os "cobradores de impostos e pecadores". Ele convidou pecadores culpados para virem a ele e descansarem. Ele proferiu essa parábola para "corrigir o juízo severo de alguém equivocado, tanto com a graça do ato de uma pessoa arrependida, como com a graça da atitude condescendente do Salvador". O contato com um pecador não o contaminava mais do que o sol pode se contaminar, ao brilhar sobre um monte de lixo.

Simão, frio e equilibrado, moralista, com aparência de justo, e cheio de si mesmo, não precisava ter medo de uma mulher, como essa pecadora, se aproximar dele; porém, quando ele viu como ela tratou Jesus, ficou perplexo. Simão sabia tudo sobre quanto aquela mulher era desonrada, e quando Cristo aceitou as suas demonstrações de afeição e devoção, imaginou que tipo de profeta Jesus seria. Se ele fosse proveniente de Deus, saberia que tipo de mulher estava a seus pés e a teria evitado. Era assim que ele via aquele quadro. Porém, Jesus, *de fato, conhecia* a mulher. Ele viu o que Simão não conseguiu enxergar, ou seja, o desejo dela de ser liberta do passado, com todos os seus pecados e vergonha; e assim aceitou o gesto dela porque a conhecia. Quando Jesus apresentou a sua parábola, ele fez Simão sentir que todo o moralismo de que se vangloriava era tão grosseiro quanto um pano de saco quando comparado com o fino tecido de seda do arrependimento e devoção daquela mulher.

Após examinar o contexto em que a parábola foi proferida, vamos agora a ela propriamente dito, e ao ponto que Jesus desejava ilustrar. Nesse segundo grupo, temos mais uma pessoa: Certo credor, um homem que emprestava dinheiro a quem precisava. Aqui o Senhor usa uma figura de negócios para ilustrar a sua lição. Naquela época, havia os que emprestavam dinheiro como hoje. Como veremos, é evidente que esse credor tinha um bom coração. Jesus projetou a si mesmo dessa forma, mesmo sem dizer isso diretamente. Ele é o credor divino. Nada temos que não seja proveniente dele, e estamos todos profundamente endividados com ele. "Eu sou devedor" (Rm 1:14).

Um dos devedores devia 500 denários (aproximadamente 50 dólares); uma dívida, até certo ponto, modesta quando comparada às grandes somas mencionadas na *Parábola do credor incompassivo*. Jesus, ao descobrir a movimentação dentro da mente de Simão, por imaginar que a mulher é que seria a devedora dos 500 denários, aplica de maneira apropriada a figura de linguagem. Simão achava que era dez vezes mais pecadora que ele. Admitia ser pecador, mas não tão vil quanto a mulher.

O outro devedor devia apenas 50 denários (mais ou menos 6 dólares), uma soma tão pequena que quase não valia a pena ser mencionada como débito, pois era dez vezes menor que a outra. Nessa estimativa, Jesus aceitou a avaliação de Simão sobre o seu próprio nível de culpa de 50 denários. É claro que não há tal tipo de avaliação quando se trata de pecados. Qualquer que seja a transgressão, ou o número dela, constitui-se em rebelião contra Deus, sejam os pecados de um hipócrita como Simão, ou os da mulher imoral.

Jesus então introduz um comentário extremamente incomum, extraordinário, à sua parábola. O homem que emprestava dinheiro, sabedor que nenhum dos dois devedores tinha com que pagar, perdoou a ambos. Cancelar aquela obrigação de pagamento foi "um ato exclusivamente de boa vontade por parte do credor, que se baseou apenas na inadimplência dos devedores". Simão deve ter ficado atônito quando Jesus se referiu à generosidade do homem que emprestava dinheiro. Ambos eram devedores e inadimplentes, e os dois são identicamente perdoados. Jesus, então, sob o véu de uma parábola, fez com que seu anfitrião descortês se pronunciasse sobre o caso, o que nos leva ao terceiro grupo, ou seja, das três perguntas.

A primeira foi: "Ora, qual deles o amará mais?" Mesmo que, de certa forma relutante, o que mais poderia Simão responder além de: "Tenho para mim que é aquele a quem mais perdoou"? Dessa forma Jesus fez Simão "revelar o seu julgamento com relação ao gesto da mulher sobre a sua dúvida a respeito do próprio Cristo, e por ele ter tratado o seu convidado sem a honra merecida". A mulher tinha muitos pecados, e sabia disso. Cristo também o sabia; mas, aqui, proclamou, de forma completamente distinta, o perdão de todas as suas transgressões. Tinha muitos pecados, mas um grande amor foi manifestado no perdão completo que lhe foi concedido. "Mas aquele a quem pouco é perdoado, pouco ama", i.e., *este* pouco ama. A mulher não foi perdoada porque amava, mas amou porque foi perdoada. Ambos os devedores na parábola foram perdoados, e Cristo estava tão desejoso de perdoar a Simão, como havia feito com a mulher pecadora; mas não há evidência de que Simão tenha se arrependido de seus pecados e experimentado a alegria de ser perdoado.

A segunda foi: "Vês tu *esta* mulher?" A ênfase aqui está em duas palavras: *tu* e *esta*. Jesus conhecia os pensamentos na mente de Simão. "Ele sabia o que havia no homem". Ele conhece os pensamentos mais íntimos. "*Esta* mulher". Simão a via como se sabia que era —uma alma depravada e abandonada. Jesus, então, com "gentil educação, como se estivesse magoado com as desatenções de seu anfitrião; que, embora não fossem *invariavelmente* demonstradas para com os convidados, eram os sinais costumeiros de respeito e consideração previamente fabricados", expôs o tratamento frio, desafeiçoado e desrespeitoso de Simão. A observação que o nosso Senhor fez sobre a mulher, ao dizer que ela "muito amou. Mas aquele a quem pouco é perdoado, pouco ama", é a chave dessa parábola.

A terceira foi: "Quem é este que até perdoa pecados?" Podemos imaginar como os convidados de Simão ficaram alarmados quando ouviram aquele que se reclinava no mesmo sofá, e compartilhava da mesma hospitalidade, assumir a prerrogativa divina de perdoar pecados. "Quem pode perdoar pecados, senão só Deus?" Jesus não negou, nem anulou tal declaração; mas reforçou-a. Ou ele era, então, um enganador que blasfemava, ou era Deus manifestado na carne e, através dessa última alternativa, ele exerceu a prerrogativa de conceder uma dupla segurança de perdão. Ele anunciou qual havia sido aquele único segredo do perdão completo e gratuito que a mulher tinha recebido e dentro do qual estava a salvação: a sua fé, não as suas lágrimas e beijos, e por tê-lo ungido, no amor e compaixão de Cristo. Tornou-se assim mulher "de nobre nascimento, porque nasceu de novo". Veio então aquela despedida naquela "paz" que ela já sentia brotar de sua alma. As últimas palavras de Cristo a ela foram: "Vai-te em paz", ou "entre na paz". A paz agora lhe pertencia, e ela recebeu do Mestre a garantia plena de poder desfrutar daquela paz e ser plenamente participante da paz que vai além de todo o entendimento.

As lições que a parábola traz ao nosso coração são óbvias. Todos estamos falidos e somos devedores aos olhos do nosso Credor celestial. "Todos pecaram". Nem o melhor de nós e nem o pior têm com que pagar pelos seus débitos. Cristo, porém, pela sua boa vontade em tomar para si mesmo o nosso débito, pode agora perdoar a todos os que verdadeiramente se arrependem de seus pecados, e voltam-se para ele com fé. Se somos perdoados, então sentiremos amor e devoção por aquele que nos perdoou. Uma vez libertos do grande peso do débito de nossos pecados, a nossa gratidão deve se manifestar através de uma vida de santidade e em trazermos outros pecadores a ele, que é o único e suficiente Salvador.

Parábola do bom samaritano
(Lc 10:25-37)

H. T. Sell, em sua introdução sobre essa narrativa que pertence a todos os tempos, referiu-se a ela como "fábula, maravilhosa e verdadeira, em todas as épocas e climas. As circunstâncias nas quais foi estabelecida, os tipos humanos que apresentava, a situação a que aludia, tudo isso é encontrado na história de todos os tipos de homens e quaisquer que sejam as situações em que se encontrem. Ao deixar completamente à parte a sua importância moral, e considerá-la apenas narrativa, nunca se tornará sem sabor, antiquada, e nunca envelhecerá. Tudo isso, simplesmente, porque é composta dos elementos da verdade eterna e, de forma clássica, resume toda a administração da conduta humana".

Há escritores que dizem que o que temos nesse trecho não é exatamente uma parábola. A forma de representação por meio de figuras não é como nas parábolas que já analisamos, as quais usam de simbolismo, mas simplesmente expõem um exemplo concreto. O ponto de vista de Goebel, que Salmond menciona, é o seguinte: "Temos aqui a primeira parábola *representativa* que faz contraste com as *simbólicas*, porque ilustra o seu ponto, e não usa de símbolos, como a maioria das outras parábolas de Jesus, mas simplesmente utiliza exemplos". Cristo não usou símbolos, tomados da natureza ou dos costumes, mas a partir de acontecimentos reais. Cremos também que a narrativa fora adotada por Jesus, para manifestar uma verdade específica. Concordamos com Cosmo Lang, quando ele diz que é "uma das parábolas mais grandiosas e representativas do nosso Senhor. É tão simples que até uma criança pode captar o seu significado; no entanto é, na verdade, um tratado de ética prática mais profundo e mais poderoso em seus efeitos do que qualquer outro no mundo [...] Estamos tão familiarizados com essa parábola, que não enxergamos a grandiosidade da sua combinação de simplicidade e profundidade, e também a grandiosidade do apelo que tem sobre nós". Descobriremos que não há uma analogia espiritual para cada imagem na narrativa. O quadro todo é simplesmente um exemplo para ilustrar o agir da benevolência, em contraste com o egoísmo.

A conversa de nosso Senhor com o doutor da lei, diálogo esse que deu origem à parábola, não deve ser confundida com o contato que ele teve com outro doutor da lei (Mt 19:16; 22:35-40; Mc 12:28-34; Lc 18:18). Na ocasião, aparentemente paralela, em Marcos 12:28,34, o nosso Senhor juntou duas passagens famosas do AT quando deu a resposta à pergunta do escriba (Dt 6:4; Lv 19:18), e Straton diz que "Lucas começa a sua narrativa onde Marcos terminou". Mas o doutor da lei, nessa parábola, fez mais perguntas do que o seu companheiro escriba. "Por uma questão de lógica", diz Arnot, "essa parábola pode muito bem ser combinada com a do *Credor incompassivo*. Formam um par; essa última nos ensina a perdoar o que nos ofende, e a que analisamos agora nos ensina a ajudar o que foi ofendido".

A narrativa no grego começa com o vocábulo *idoú*. Quando esse termo é traduzido como "eis que" (expressão omitida em alguns traduções), nas Escrituras, devemos estar atentos; "ele mostra que devemos dar uma atenção especial ao que vem em seguida, como contendo verdades nem sempre aparentes na superfície; porém, que requerem uma investigação cuidadosa, e meditação com oração, verdades que devem ser descobertas como se busca um tesouro escondido". Esse vocábulo aqui no texto nos força a analisarmos, em primeiro lugar:

Propósito da parábola. Um "certo doutor da lei" testou o conhecimento e a autoridade de Jesus com duas perguntas. A profissão de um "doutor da lei" era ocupar-se com a lei mosaica. Ele tinha a função oficial de interpretar a lei e guiar o povo em como relacionar as suas vidas com ela. Quando um judeu tinha alguma dúvida que o incomodasse quanto ao seu comportamento, ele consultava um doutor da lei ou um escriba, para saber o que a *Tora* dizia sobre aquele assunto. Ao opor-se a Jesus, esse doutor da lei disse: "Mestre, que farei (*eu*) para herdar a vida eterna?" Ele queria que o nosso Senhor o instruísse em como obter a vida em sua plenitude —vida perfeita em todos os sentidos.

Jesus replicou de maneira muito hábil. Aplicou um termo técnico constantemente usado pelos escribas e doutores da lei que, ao consultarem-se entre si sobre algum assunto da lei, diziam: "Como lês tu?" Jesus disse: "O que está escrito na lei? Como lês?" Isso direcionou a conversa novamente para o escriba, e forçou-o a recorrer ao que ele já sabia sobre os mandamentos da lei. E ele então concedeu a única resposta correta e completa que poderia dar, i.e., que tinha de amar a Deus e também ao seu próximo. Jesus o elogiou pela sua resposta e disse: "Respondeste bem. Faze isso, e viverás". O doutor da lei, por desejar sinceramente mais instruções, perguntou: "E quem é o meu próximo?" Assim ele voltou à segunda parte de sua própria resposta. Ele não tinha dúvidas da existência de Deus e da necessidade de amá-lo com o coração, alma, forças e mente. O que o incomodava era a identidade do próximo a quem ele devia amar. Como doutor da lei, ele pertencia a uma categoria de mestres, os quais diziam que nenhum gentio seria um próximo deles. Como judeu, ele só considerava próximo aquele que pertencesse ao povo da aliança. Somos informados que esse doutor da lei fez essa segunda pergunta sobre o seu próximo, para justificar a si mesmo. *Justificar-se com quem?* Não com o povo à sua volta, mas com a sua própria consciência. Havia uma suspeita escondida no fundo de sua mente, de que rejeitar um gentio, simplesmente por ser *gentio,* não era correto e, então, como estrategista, ele procurou jogar a responsabilidade sobre Jesus, que lhe respondeu com essa bela e cativante narrativa, a qual chamamos de *Bom samaritano.* Após examinarmos o contexto ou propósito da parábola, vamos olhar agora para a imagem que está diante de nós.

Personagens da parábola. O nosso Senhor faz referência a um viajante que percorre uma estrada por onde passavam muitas pessoas, e onde aconteciam vários incidentes naqueles dias. Esse homem "descia" de Jerusalém para Jericó. Essa é uma descrição geográfica precisa, porque realmente a estrada descia, e ainda desce nesse sentido, e temos ali os dois locais: Jerusalém e Jericó.

Jerusalém, que significa "a visão da paz", era um local de paz, história, religião e privilégio. Essa era a cidade que Deus escolhera para ali colocar o seu nome, o centro de adoração e comunhão com ele próprio.

Jericó era a cidade da maldição (Js 6:26); no entanto, era uma bela localidade, graças à sua localização

Parábola do bom samaritano

e suas palmeiras. Mas essa cidade, que estivera debaixo da maldição durante séculos, tornara-se, naquele tempo, um abrigo sacerdotal, onde viviam sacerdotes quando não estudavam em Jerusalém, distante aproximadamente 24 quilômetros.

A estrada entre as duas cidades estava situada num vale rochoso e perigoso, e era freqüentada por ladrões e assaltantes; portanto não oferecia segurança aos viajantes. Sacerdotes e levitas, graças à sua vocação religiosa, nunca eram molestados pelos ladrões que, por causa de seus atos de violência, fizeram com que aquela região selvagem recebesse o nome de *Adumim* (Js 15:7; 18:7), ou *passagem de sangue*. Josefo nos conta que um pouco antes de Cristo haver narrado essa parábola, Herodes dispensara 40 mil trabalhadores do templo, e muitos deles se tornaram assaltantes de estrada, corruptos, e tinham a seu favor os lugares que ofereciam condições para se esconderem e as curvas fechadas da estrada, para os ajudarem em seus saques diabólicos.

Foi por essa estrada infestada de ladrões que "um homem" viajava e descia de Jerusalém para Jericó. Não sabemos quem ele era. Provavelmente um mercador judeu. Talvez tivesse acontecido um ato de violência como aquele, recentemente, e nosso Senhor, ao tomar conhecimento disso, o usou com grande resultado. É também provável que os ladrões observaram os passos do viajante e conheciam quais eram os seus negócios; e concluíram que ele provavelmente trazia dinheiro consigo. Então armaram uma emboscada contra ele e, após amarrá-lo, feriram-no e o deixaram quase morto. Roubaram-lhe tudo o que tinha e vestia, de forma completa e impiedosa. Mas esse foi apenas o menor dos danos que os ladrões lhe causaram. Eles o espancaram violentamente e o deixaram exausto e quase morto para que falecesse na solidão daquele local inóspito. Aqueles assaltantes jamais esperavam que outro viajante fosse passar exatamente naquele local da estrada, deserta e perigosa, a tempo de salvar aquela vítima quase assassinada.

É nesse ponto que o Mestre das parábolas acrescenta um toque fascinante: "Casualmente descia pelo mesmo caminho certo sacerdote". *Casualmente*. Será que o viajante abandonado e semimorto veria aquela situação como casualidade ou destino? Será que Deus tinha alguma relação com o desenrolar dos acontecimentos na vida dos homens, e sabia como lhe providenciar alívio? A palavra usada aqui para "casualmente" foi *coincidência*. Não foi por frívola casualidade que o sacerdote, o levita e o samaritano passaram por aquele mesmo local onde o homem estava deitado, gemendo. Eles trilhavam aquele caminho porque Deus assim preparara aquele momento, e assim cumpriu com exatidão o seu plano. O Senhor, como planejador Onisciente, sabe como fazer acontecer um encontro entre pessoas quando necessário. "Muitas boas oportunidades estão encobertas sob os acontecimentos que parecem acontecer apenas por acaso".

Na providência de Deus ou nos registros dos evangelhos, não existe *casualidade*. O sacerdote passou por aquele caminho exatamente para que algo coincidisse e harmonizasse-se com outro acontecimento. Ele jamais evitaria encontrar-se com o homem que precisava de ajuda. No entanto o sacerdote não viu aquela situação como uma feliz coincidência, algo planejado por Deus para que pudesse ajudar uma alma necessitada. Ele viu o viajante que fora abatido e estava agonizante, mas passou por ele sem nada fazer.

Sacerdote. Esse saudável e despreocupado sacerdote, um servo da lei obrigado a agir com misericórdia até para com um animal (Êx 23:4,5). Temos aqui um homem que dizia abertamente ser consagrado a Deus e, nesse exato momento, estava a caminho de casa, após ter cumprido o seu turno no serviço do templo. É claro que, após as suas orações e sacrifícios, ele será misericordioso para com o homem que dolorosamente precisava de misericórdia. Porém esse líder espiritual, que era um dos 12 mil sacerdotes os quais viviam em Jericó naquela ocasião, evidentemente tinha deixado Deus no templo e não tinha tempo nem compaixão pelo seu desafortunado companheiro judeu. Talvez ele estivesse demasiadamente apressado para chegar em casa, a fim de cuidar de seus outros interesses. Assim como o doutor da lei, para quem Jesus proferiu esta parábola, esse sacerdote conhecia a lei com o seu mandamento sobre o amar a Deus *e* ao próximo; mas, se havia um próximo, certamente era aquele homem abandonado, seminu e agonizante que estava ali aos seus pés. Porém, com dureza de coração, ele passa distante do ferido, pelo outro lado!

Levita. Em seguida, surge outro viajante e, com o seu caminhar, a esperança volta a brilhar dentro do homem quase morto. O levita era da mesma tribo do sacerdote, mas de um dos ramos inferiores. Era um servo do templo e, como ministro de adoração e intérprete da lei, deveria ter sentido grande vontade de ajudar aquela alma assustada que ele *viu;* contudo, deixou o homem sem assistência. Esses dois líderes espirituais deveriam ser os primeiros a traduzir sua fé em Deus, em preocupação e cuidado para com o corpo espancado do viajante.

Por que Jesus introduziu o sacerdote e o levita na parábola? Foi para reprovar uma religião falsa, sem coração, destituída de compaixão, formal e organizada, para revelar no bom samaritano o verdadeiro espírito da religião em sua essência. Jesus era fiel à religião dos judeus, mas escolheu o filho de Samaria, para fortalecer a sua repreensão ao sacerdote e ao levita que haviam falhado em sua sublime missão, da mesma forma que a Igreja se esquece de seu dever primário, quando a fortuna, o conforto, a descontração e o orgulho minam as forças de sua compaixão.

Bom samaritano. Os samaritanos não eram puros em termos raciais, mas uma mistura de judeu e gentio; por isso, eram odiados pelos que tinham o sangue integral do grupo étnico judaico. Os judeus não queriam comunhão com os samaritanos e os rejeitavam. Embora os dois grupos morassem próximos uns dos outros, não se consideravam e nem se tratavam como próximos no sentido moral da palavra. Assim o doutor da lei deve ter ficado bastante surpreso, quando Jesus apresentou o *samaritano* como a única pessoa que se dispôs a ajudar aquele *judeu* indefeso, na estrada solitária e perigosa. O homem que ajudou o pobre necessitado foi exatamente o que ele menos esperava que o faria.

Devemos compreender que, quando Jesus mostrou a falta de coração do sacerdote e do levita e, por outro lado, o comportamento correto do samaritano, ele não disse que todos os líderes religiosos eram cruéis e nem que todos os samaritanos tinham coração terno. Não há dúvida de que havia sacerdotes e levitas bondosos; por outro lado, havia muitos samaritanos maldosos. Alguns deles não permitiram que Jesus e os seus discípulos passassem a noite em

Parábola do bom samaritano

suas vilas, quando estavam cansados e precisavam de alívio (Lc 9:53). E foi o levita Barnabé, chamado *Filho da Consolação*, que vendeu tudo o qual tinha para ajudar os irmãos mais pobres (At 4:36).

A parábola de nosso Senhor foi endereçada a um judeu e elaborada dessa forma, como nos lembra Arnot, "para desferir um só golpe nos dois pilares, sobre os quais a vida vazia do judeu daqueles dias se apoiava". *Eles confiavam em si mesmos, consideravam-se justos e desprezavam os outros.* Jesus não fazia qualquer distinção de pessoas; portanto, não deixaria passar despercebida a bondade de um, nem apoiaria a crueldade do outro. Portanto, ele elaborou essa parábola para humilhar a confiança que o doutor da lei tinha em seu próprio senso de justiça, por ter nascido judeu e, ao mesmo tempo resgatar o samaritano da posição de mau, que estava aos olhos do doutor da lei, e exaltá-lo por sua compaixão. Da mesma forma que aquele samaritano ferido de lepra, que fora o único dos dez curados (os outros nove eram judeus), também esse da nossa parábola louvou ao Senhor pela sua cura. Aqui a narrativa nos apresenta um samaritano mais benevolente para com o necessitado do que as outras personagens, e as expressões de sua compaixão, cheia de atenção, foram mencionadas por Jesus. Ele nos dá aqui uma bela imagem, em alto relevo, da bondade do samaritano. "Ele veio até onde ele estava, teve compaixão, atou-lhe as feridas ao derramar azeite e vinho sobre elas, colocou-o sobre o seu próprio animal, levou-o até a uma hospedaria, e cuidou dele. De manhã, ao partir, tomou dois denários e os deu ao hospedeiro, e lhe disse: 'Cuida dele, e tudo o que de mais gastares com ele eu te pagarei quando voltar'.

A descrição de como Cristo interpretou parabolicamente a fraternidade dos homens, demonstrada na caridade com relação aos necessitados de ajuda, foi resumida; mas, ao mesmo tempo, abrangente. O sacerdote e o levita passaram pelo homem semimorto, mas o bom samaritano *foi* até ele e, ao ver o seu corpo espancado, machucado, teve compaixão e prestou-lhe socorro rápido e eficaz. O bom samaritano fora sábio com relação à sua viagem através de uma região hostil, e incluíra em sua bagagem ataduras, azeite e vinho. O *azeite* era bastante usado pelos antigos como remédio, no uso externo, para aliviar a dor de ferimentos abertos (Is 1:6). O *vinho* também era utilizado como medicamento, para ser aplicado externamente em ferimentos e machucados. Após limpar os cortes e estancar o sangue, o alívio que o homem realmente precisava, o bom samaritano continuou incansavelmente a prestar-lhe ajuda. Ele o levantou semimorto e colocou-o sobre o seu próprio animal. Não há referência às mulas do sacerdote ou do levita, uma vez que não havia razão de mencioná-las. O bom samaritano renunciou ao seu próprio animal e foi a pé, a fim de conduzir o ferido até uma hospedaria na estrada. Passou a noite ali, com o viajante que resgatara; pagou para que fosse cuidado; e prometeu voltar e reembolsar ao hospedeiro as demais despesas de comida e abrigo para o homem debilitado.

Seria de esperar que o trio da narrativa fossem o *sacerdote*, o *levita* e o *judeu*, ou israelita; porém a substituição por um samaritano foi um toque de mestre, e Jesus, após concluir a sua parábola, fez uma pergunta direta ao doutor da lei que interrogara: "E quem é o meu próximo?" Na verdade Cristo devolveu a pergunta ao doutor da lei, ao forçá-lo a decidir quem era o verdadeiro próximo do homem que caíra nas mãos dos ladrões. O que mais ele poderia dizer além de: "O que usou de misericórdia para com ele"? Jesus então fez a correta aplicação: "Vai, faze da mesma maneira" que, na verdade, significa: "Tu também da mesma maneira mostra misericórdia, e também tornar-te-ás, com esse procedimento, o próximo daquele a quem mostraste misericórdia". A continuação da parábola e o seu ensinamento em essência foram para mostrar que o mandamento divino de amarmos o nosso próximo como a nós mesmos é cumprido quando nos empenhamos constantemente em ajudar o necessitado, sem perguntar primeiro quem ele é, e qual é a posição dele em relação a nós. O samaritano provou ser verdadeiramente um próximo, porque esse sentimento revela-se através da misericórdia.

O princípio fundamental de conduta humana, de filosofia de vida, que essa parábola contém para nós é a mesma pergunta que o doutor da lei fez: "E quem é o meu próximo?" Como podemos distinguir quem é o nosso próximo? Cosmo Lang diz: "Tenha um espírito que vise sempre o interesse do próximo, e então cada pessoa será o seu próximo". Alguém que precisa de nós, é o nosso próximo, não importa o seu grupo étnico ou religioso. "O verdadeiro sentimento, de ser o próximo, não é uma questão de proximidade física, de local, mas de amor". A verdadeira pergunta não é tanto: "Quem é o meu próximo", mas "Eu sou um próximo, verdadeiramente?"

Achamos que os nossos próximos são os que moram do nosso lado. Mas, tanto nós como eles, podemos agir de maneira extremamente inversa ao verdadeiro sentimento de sermos próximos uns dos outros, e achamos mais fácil amar e ajudar os que estão distantes, do que os que estão perto de nós. E no entanto esses são os nossos próximos. No AT, no decorrer da Páscoa, havia a seguinte determinação: "Mas se a família for pequena para um cordeiro, então convidará ele o seu vizinho mais próximo, conforme o número das pessoas" (Êx 12:4). Habershon diz: "O nosso próximo é aquele com quem podemos dividir o Cordeiro. Temos próximos de ambos os lados: os que são salvos e os que não o são; aqueles a quem podemos oferecer ajuda no tempo da aflição e aqueles com quem podemos manter comunhão".

Mas o ensinamento da parábola de nosso Senhor é que "estar próximo fisicamente não faz de ninguém um próximo no sentimento", como Butterick. "O sacerdote e o levita estavam próximos quanto ao grupo étnico e ao seu trabalho, e o samaritano, quanto ao seu grupo étnico e ao seu trabalho, estava bem distante. As pessoas podem morar perto umas das outras, separadas apenas por uma estreita parede e, apesar disso, não serem próximas umas das outras. As pessoas podem morar sem separação entre si e ainda não serem próximas umas das outras. Somente os olhos e o espírito do samaritano conseguem a atitude correta de ser próximo". À medida que caminhamos nessa vida, e *casualmente* nos deparamos com os que, desesperada e urgentemente, precisam de ajuda (espiritual, física e material), esses são os nossos próximos, e esses são os que o próprio Bom Samaritano deseja que ajudemos.

Uma palavra final se faz necessária com relação às várias aplicações dessa parábola. Na parte introdutória, que chamamos de *Os erros e acertos da interpretação de parábolas*, mencionamos como Agostinho lidou com essa parábola de forma tão fantasiosa, maneira essa que foi, até certo ponto, ampliada por Keach. Mas, ao deixar de lado as alegóricas interpretações forçadas, existe uma *aplicação* legítima para a parábola. Porventura não considerou Deus a humanidade o seu próximo? Ao perceber um mundo de pecadores desprovidos de sua verdadeira natureza, destituídos de ideais divinos, feridos pelos pecados, e incapazes de se levantar, o Verbo se fez carne, habitou entre nós, e deu ao mundo um exemplo equivalente ao do misericordioso samaritano no que se refere ao *agir*. Por meio de sua morte e ressurreição, Cristo veste a nossa nudez, ata as nossas feridas e as cura com o bálsamo extraído de seu próprio coração partido. Ainda mais, ele nos coloca num lugar seguro, supre as nossas necessidades e prometeu voltar e levar-nos para si mesmo. Essa parábola é, dessa forma, radiante da beleza do evangelho de Cristo que, em sua vida e morte, cumpriu todas as características apresentadas por ela.

Parábola do amigo importuno
(Lc 11:1-10)

Nesse grandioso capítulo, que fala sobre oração, há três figuras parabólicas as quais, embora estejam separadas, são ligadas umas às outras pelo mesmo tema. A ilustração do *Pai e o Filho* (Mt 7:7-11.), que Mateus também registrou, trata do mesmo tema que a do *Amigo importuno*, ou seja, "Oração". E a *Parábola do valente* (Mt 12:29) relatada aqui mais detalhadamente, apresenta Jesus, o homem de oração e cheio do Espírito, como aquele que é o mais forte do que o poderoso diabo. Por meio de sua morte, Cristo derrotou o inimigo e lhe tomou os bens. Se desejamos ser vencedores, devemos também buscar, pela oração, ser continuamente cheios do Espírito Santo.

Na oração, como em todos os outros aspectos de seu ministério, Jesus ensinou aos seus discípulos, não somente através de mandamentos, mas por praticar o que ensinava. Quando ele orava, veio o ensinamento da *Oração Dominical*. Os seus discípulos O ouviram orar em certo lugar, e esperaram até que ele terminasse sua intercessão, e então lhe pediram: "Senhor, ensina-nos a orar". Ao concordar com o seu pedido, ele lhes deu aquele maravilhoso modelo de oração "que tanto é válida, logo de início, como a primeira lição para crianças principiantes, como para o exercício pleno dos poderes, de homens fortes". E, após ter ensinado aos seus discípulos a orar através de seu exemplo, e pelo próprio mandamento de orar, ele lhes deu uma parábola sobre a importunação e a perseverança na oração, que vamos agora considerar.

Na realidade há três amigos nessa parábola. Um deles tinha outro que precisava de pão e então ele foi a um vizinho para emprestá-lo. Cristo é o quarto amigo, o que estava sobre todos os outros, que nos ama sempre e "está mais unido a nós do que um irmão". Costumamos dizer que um amigo necessitado é realmente um amigo —e Cristo é esse amigo que nunca falha, e que está acima de todos os outros.

O poder dramático de muitas parábolas de nosso Senhor é visto nessa narrativa dos *Três Amigos*, cuja mensagem focaliza um conflito de interesses. "O treinamento dos doze progrediu através do cenário impressionante desse método de ensino parabólico."

1. *Amigo visitante*. Esse viajante seguia o seu caminho através da noite fria, para escapar do calor agressivo do dia, e dirigiu-se à casa de um amigo, onde ele sabia que lhe seriam oferecidos comida e abrigo. Após muitas horas de viagem, ele chegou, por volta da meia-noite, muito can-

sado e com os pés doentes; e o seu amigo, ao ouvi-lo bater à porta e reconhecer a sua voz, abriu-lhe a residência, recebeu aquele viajante cansado e ofereceu-lhe a costumeira hospitalidade oriental. "A lei da hospitalidade é sagrada para todo o verdadeiro judeu, e para ele é normal, por mais tarde que seja, ir à casa de um amigo".

2. *Amigo importuno*. Ao ver a hora avançada em que o viajante chegou, o seu amigo percebeu a problema. No fim do dia, após todos os de sua casa se alimentarem, não havia mais pão, e agora todos já descansavam. Na manhã seguinte eles assariam mais pão para o consumo de mais um dia. A falta de pão para um visitante era uma censura insuportável para um oriental. Por isso, apesar de ser tão tarde, o chefe da família foi à casa de seu amigo, que morava perto, para pedir-lhe emprestados três pães —que seriam suficientes para a refeição de seu hóspede. Aqueles que querem dar algum significado parabólico para cada detalhe de uma parábola vêem nos "três pães" uma descrição figurada de três dons espirituais específicos. Tudo o que essa cena pretende nos transmitir é o fato que esse amigo era hospitaleiro; portanto, à meia-noite ele foi bater à porta de seu vizinho, exatamente como o viajante batera na sua.

3. *Amigo com má vontade*. O vizinho que dormia, quando foi acordado por seu amigo que, por sua vez, fora despertado pelo viajante, não ficou muito contente por ser perturbado tão tarde da noite, e respondeu ao pedido por pão com uma recusa educada, porém definitiva. Sua esposa e filhos dormiam tranqüilamente, e movimentos estranhos poderiam acordá-los e alarmá-los. Era melhor alguém ficar sem comer até à manhã seguinte, do que uma família inteira ser perturbada à meia-noite! Mas aquele que suplicava à sua porta não aceitou um *não* como resposta. Ele fechou os ouvidos à recusa, e continuou a bater e pedir. O amigo, que acordou com os seus rogos, agora percebe que o método adotado para preservar a agradável quietude da noite era, na verdade, a melhor forma de conturbá-la, apesar de sua intenção de preservar a sua família, que dormia, de ser perturbada. O bater insistente na porta e os gritos acordariam não apenas a sua família, mas também a vizinhança. Por isso ele saiu da cama e deu ao seu amigo o pão que ele pedia. Note bem que ele não o fez por amizade, mas rendeu-se por causa do incômodo. A descrição que Butterick faz aqui é cativante: "Não havia como dormir com aquele tumulto! Por isso era melhor um arrastar de pés pela pequena casa, um mover desajeitado da tranca da porta e uma mão estendida pela fresta da porta entreaberta, com a seguinte expressão: 'Tome! Pegue o seu pão e suma!' Certamente os olhos de Jesus brilharam quando disse: 'Digo-vos que, ainda que não se levante a dar-lhe os pães, por ser seu amigo, levantar-se-á, todavia, por causa da sua importunação, e lhe dará tudo o que ele necessitar'".

Butterick prossegue e diz que a narrativa faz parte da vida e talvez tenha sido um incidente que Jesus lembrava de seus dias do passado, ao ouvir com os olhos bem abertos na escuridão, enquanto José, seu padrasto, tinha uma conversa rude com um vizinho que esmurrava a porta de sua casa para pedir algo.

A palavra *importunação* é interessante. Campbell Morgan diz que aqui é a única vez que ela aparece no NT, e origina-se do latim *importunas*, que significa perturbador ou impertinência. "No grego significa

Parábola do amigo importuno

'não ter vergonha'". Goebel usa a palavra *audácia* para "importunação" e diz: "A expressão foi intencionalmente forte e, pelo comportamento daquele que pedia os pães, aponta para o que garantiu o seu sucesso —a importunação que não teve vergonha; isso porque a importunação no final torna-se mais cansativa para aquele a quem se pede, do que o simples ato de levantar-se da cama. E uma vez de pé, ele deu sem restrição tudo o que o outro precisava, porque somente assim conseguiria livrar-se rapidamente de sua importunação". Arnot comenta que o termo traduzido como "importunação" significa ser livre da vergonha que não consegue pedir uma segunda vez.

Nos versículos que se seguem (Lc 11:11-13), Jesus expõe o propósito central de sua parábola. Deus é o chefe de família e tem mais desejo de dar do que possuímos de receber. Ele nunca dorme; portanto, jamais é perturbado quando vamos a ele. Tiago diz que ele é o Deus que dá liberalmente (Tg 1:5), e uma das coisas que ele tem grande prazer, é satisfazer as nossas necessidades. Porém precisamos orar com perseverança, porque "a oração bem-sucedida é a oração perseverante". Se a insistência e a repetição de um pedido venceram aquele homem egoísta, preguiçoso e rude, quanto mais a oração prevalecerá perante Deus, que cuida de nós com amor de Pai!

Agora, o que precisamos fazer é nos prevenirmos de ver na parábola mais do que Jesus quis mostrar com ela. O amigo que foi acordado teve de ser molestado para, então, emprestar o pão de que o outro precisava. Mas Deus não cochila nem dorme, e não precisamos forçá-lo a nos dar algo, pois ele nunca reluta para nos dar o que pedimos. Se achamos que ele não nos responde, precisamos ser incansáveis em nos dirigirmos ao trono da misericórdia. Os que no passado tornaram-se poderosos em oração, foram os que, como Jacó, lutaram e clamaram: "Não te deixarei ir, se não me abençoares" (Gn 32:26). Arnot faz este precioso comentário: "O esforço persistente daquele homem que cria (Jacó) foi doce para o anjo da aliança, e assim também é suave para o mesmo Senhor, hoje, diante da pressão daquele que suplica ansiosamente [...] O Senhor ama ser assim pressionado; portanto vamos fazer pressão sobre ele, porque sua própria palavra nos assegura que ele, o qual ouve as orações, nunca considera a insistência algo ruim". Butterick diz: "Os fortes de alma durante a história da humanidade provaram a Deus que as suas orações eram súplicas que expressavam os seus desejos conscientes e deliberados".

Essa intensidade na oração é revelada pela exortação do Senhor: *Pedi, Buscai, Batei,* quando os dois últimos imperativos repetem o significado do primeiro de forma figurada e dão expressão ao conteúdo da parábola. Goebel diz: "Nem todo o 'pedir' pode ser chamado de buscar; mas não é qualquer pedir, mas sim uma petição enérgica e persistente, expressa pelo *bater.* Que por sua vez não é qualquer tapinha, mas uma batida forte". Cristo nos exorta à oração perseverante e persistente, e faz isso através de parábola e de mandamento. Se o amigo que desejava pão para o seu visitante não foi desencorajado pela recusa do outro; porém continuou a pedir ainda com maior intensidade o que desejava, quanto mais nós, a quem Jesus chamou de seus "amigos", nos convém sermos incansáveis em apresentarmos as nossas petições a Deus, cujo amor paterno não precisa, como a precária amizade humana, ser constrangido e relutante, mas de boa vontade e alegremente deixa-se conduzir pelos nossos pedidos. Deus não responde às nossas repetidas orações para se ver livre de nós, mas porque nos ama.

Parábola do rico insensato
(Lc 12:13-21)

Essa próxima parábola, peculiar a Lucas, "quase surpreendente pela sua clareza, e suprema pela luz que lança sobre a vida", deve ter causado uma profunda impressão sobre os que a ouviram. Enquanto falava à multidão ao seu redor, incluindo-se os seus discípulos, Jesus foi interrompido por alguém que O ouvia e lhe fez um pedido impróprio: "Mestre, diga a meu irmão que reparta comigo a herança". Quando aconteciam disputas sobre propriedades e possessões, os adversários buscavam o conselho dos escribas, que eram os guardiões da lei nesses assuntos. Esse homem sabia que Jesus era um rabi enviado por Deus e, então, foi em busca de seu veredicto com relação à sua herança. Porém, Jesus rejeitou o seu apelo, porque estava além da esfera de sua missão. Cristo perguntou: "Homem, quem me pôs a mim por juiz ou repartidor entre vós?" Ele em seguida advertiu "aquele que lhe fazia o pedido contra o espírito de avareza que cria e mantém tais disputas". Jesus então continuou e usou a ilustração parabólica do rico insensato, para expor a loucura, que é a avareza, seja qual for a forma em que se apresente, e o engano de pensar que a vida de alguém consiste na abundância dos bens que possui. Ver a vida apenas resumida às *coisas,* é estar numa posição insensata e fatal, porque não são as possessões materiais que mantêm a *vida,* mesmo que sejam abundantes, mas as coisas espirituais e eternas. Esse é o cenário da parábola.

Vamos agora considerar essa parábola breve e eficaz. Jesus usou uma palavra dura para definir o erro daquele homem ao qual se referia, possivelmente a partir de sua própria observação e conhecimento pessoais. Ele o chamou de *louco* —uma palavra que significa: sem razão, sem sanidade mental, falta de percepção natural sobre a realidade das coisas naturais e espirituais. E, quanto a ele ser *louco,* isso está provado de várias maneiras. Ele era:

1. *Louco sem Deus*. Davi mostra a imagem de um *louco* como a de um homem que afirma: "Não há Deus" (Sl 14:1). O tempo verbal "há" foi adicionado para completar o sentido da passagem. A expressão original é *Não Deus,* ou *Deus Não,* como se o louco fosse alguém que disse: "Não quero nenhum Deus para mim!" Isso não significa o ateísmo em si mesmo, ou seja, negar a existência de Deus, mas o ateísmo prático: negar-se a estar debaixo do governo moral de Deus. É por isso que *louco* e *ímpio* são termos tratados às vezes como sinônimos. Uma vida vivida sem Deus é uma existência em que Deus está *ausente*. Pode ser uma vida cheia de "muitas coisas", mas se Deus for subtraído dela, com certeza será uma existência vazia.

Pode ser que o homem, a que Jesus se referiu aqui, não fosse má pessoa. Não há sinais de que ele tenha acumulado riquezas por meio de qualquer prática fraudulenta. Ele aparenta ser um homem diligente e que se precavia com sagacidade. A sua grande insensatez foi o seu desconhecimento da mão divina, que supria a sua prosperidade multiplicada. Ele estava cego para o fato de que o homem não pode viver *somente* de pão. Esqueceu de que *Deus* estava por trás dos frutos, do milho, e de tudo o que ele possuía, O Todo-Poderoso, o único que dá todo o bem e todos os dons perfeitos. Ele não conseguiu ver a si mesmo como

Parábola do rico insensato

administrador de tudo aquilo com que Deus o enriquecera. Não reconheceu, com atitude de gratidão, que Deus é quem concede a chuva e as estações frutíferas, e também não houve um gesto de gratidão de sua parte em voltar-se para Deus, que é a fonte de onde nascem todas as bênçãos. Ficamos admirados como o salmista colocou em imagens tão bem descritivas esse rico insensato e multidões semelhantes a ele: "Dos que confiam nos seus bens, e se gloriam na multidão das suas riquezas [...] O seu pensamento íntimo é que as suas casas serão perpétuas e as suas habitações de geração em geração; dão às suas terras os seus próprios nomes. Todavia, o homem, apesar das suas riquezas, não permanece; antes, é como os animais que perecem. Esse é o caminho daqueles que confiam em si mesmos, e dos seus seguidores que aprovam as suas palavras" (Sl 49:6,11-13).

2. *Rico insensato*. Jesus referiu-se a esse muito bem-sucedido fazendeiro, como um *rico*; mas, na verdade, ele era um *pobre* rico. Ele era como a igreja de Laodicéia: rica, multiplicada de bens, sem precisar de nada; no entanto, pobre e miserável. Ao ver os seus bens aumentarem, ele depositou o seu coração neles, em vez de colocá-lo no verdadeiro Deus, que lhe dera a habilidade de acumular riquezas. "Tudo vem de Ti, e somente devolvemos o que veio das tuas mãos" (1Cr 29:14). No seu grande desejo de produzir e acumular coisas deste mundo, esse rico não pensou na origem divina dessas coisas e em usá-las para propósitos divinos.

Paulo diz que o *amor* ao dinheiro, não o dinheiro em si mesmo, é que é a raiz de todo o mal (1Tm 6:10). Jesus nunca condenou o dinheiro em si. Em algumas de suas parábolas, ele tinha muito a falar com relação ao uso do dinheiro tanto no campo espiritual como no material. O rico louco e o outro rico, que é contrastado com Lázaro (Lc 16:19-31), não usaram a sua riqueza a favor dos outros. "A ilusão das riquezas" bloqueou qualquer anseio por Deus e pela sua Palavra. Em ambos os casos a colheita do campo destruiu a verdadeira vindima da vida. Um dos ricos armazenou as suas posses, enquanto o outro usou as suas riquezas para si mesmo. Contrastando com o mau uso das riquezas, vemos seu uso correto exemplificado pelo bom homem com o seu tesouro (Lc 6:45). As parábolas dos *Talentos* e das *Minas* revelam como Deus espera que os seus servos usem o que ele lhes deu, e faz com que renda juros para ele próprio, que é quem faz o empréstimo a eles.

Nessa parábola, Jesus expôs o pecado do rico louco —ele deixou de ser "rico para com Deus". Esse não foi um discurso violento contra as riquezas em si, mas uma advertência no sentido de que o desejo de adquiri-las não domine a vida e destrua toda possibilidade de pensar em Deus e de almejar a salvação. Mesmo uma pessoa que se diz cristã, quando tem muitas posses, estas podem constituir algo que a atrapalhe na corrida para o céu, do qual já foi dito: "É um lugar para onde apenas poucos reis e homens ricos vão". Mas não faz diferença se as nossas posses são muitas, ou escassas; não seremos ricos perante Deus até que sejamos ricos na graça, na fé e nas boas obras. A única moeda corrente que vale a pena termos é o ouro apurado pelo fogo, o qual o Senhor deseja nos vender. A riqueza eterna desse tipo está ao alcance de todos. Uma pessoa pode ser milionária e, contudo, ser, ao mesmo tempo, espiritualmente falida. Muitos príncipes e grande comerciantes são extremamente pobres aos olhos daquele que, mesmo possuidor de riquezas, tornou-se pobre por nós, para que, através de sua pobreza, pudéssemos nos tornar verdadeiramente ricos. Bendito seja Deus, pois, mesmo que sejamos pobres, podemos possuir tudo o que tem valor permanente.

3. *Louco egocêntrico*. Jesus foi bastante hábil ao pintar a imagem da presunção do rico louco! Examine o monólogo desse homem e você vai perceber as seguintes palavras: *Eu, Meu* e *Eu Quero*. Como se destacam os pronomes que se referem a possessão pessoal! Podemos ver esse presunçoso esfregando as mãos com alegria, ao observar a sua riqueza, que fora multiplicada e ainda aumentaria, dizer: *"Meus frutos, meus celeiros, meu milho, meus bens, minha alma"*. Deus, que lhe havia suprido tudo aquilo, não fazia parte dos seus pensamentos. "E que tens tu, que não tenhas recebido?" A vida daquele homem era conduzida por ele mesmo: "Eu também estava convencido de que..." (At 26:9). Claro, a sua terra tinha produzido com abundância. Mas quem havia provido o solo fértil, a chuva, o sol, e tudo o mais da natureza, que produziram as colheitas as quais fizeram com que seus celeiros ficassem superlotados?

Esse fazendeiro, que se fizera a si mesmo na vida, chegou a dizer que a sua alma lhe pertencia: *"Minha alma"*. Mas Deus já não havia dito: "Todas as almas são minhas" (Ez 18:4)? E porque suas palavras eram somente *meu, minha*, e não havia um reconhecimento de que *"Tua, Senhor, é a glória"*, Jesus o chamou de *louco* —a loucura dele foi a sua falha em reconhecer a Fonte que tudo supre. Essa sua falha ocasionou a perda de tudo.

4. *Louco ambicioso*. A *ambição* por si mesma é louvável. Paulo era bastante ambicioso. Por três vezes ele fala sobre a ambição do cristão, e diz que cada um de nós deve manifestá-la (Rm 15:20; 2Co 5:9). A ambição daquele rico era egoísta e baseada nos cinco sentidos. Ele estava determinado a construir celeiros maiores, não para que tivesse mais para dar, e com o que pudesse glorificar a Deus, mas para que as suas reservas aumentadas fossem somadas à sua própria indulgência e preguiça. G. H. Lang resume assim o seu verdadeiro objetivo:

A. "Segurança por muitos anos, uma confissão de que não confiava em Deus, no futuro;
B. Um amor por uma vida fácil, em desrespeito à vontade de Deus, a qual devia buscar para seu próprio bem (Gn 3:17-19);
C. O desejo de agradar às paixões da carne por comer, beber e rir à toa, tolamente."

5. *Louco condenado*. São palavras de grande seriedade: "Louco, esta noite te pedirão a tua alma". Ele havia dito a si mesmo: "Alma, tens em depósito muitos bens para *muitos anos*". Porém o Deus, que ele esquecera, inverteu rapidamente aquela vanglória cheia de orgulho e disse: *"Esta* noite (a noite daquele mesmo dia em que ele assim se vangloriara) te pedirão a tua alma". Em vez de celeiros, ele teve um funeral; em vez da antecipação de uma vida de luxo, veio sobre ele um chamado para prestar contas a Deus com relação às suas posses acumuladas. "... te pedirão a tua alma". Quem eram esses fortes executores do decreto divino? Os anjos da morte para quem não se pode dizer "não". O rico louco, em sua miopia, nunca pensou em sua mortalidade e no fato de que o seu fôlego estava apenas em suas narinas.

Parábola do rico insensato

Habershon nos lembra que em duas das parábolas de nosso Senhor, há imagens de homens ricos que tiveram de abandonar tudo —do *Homem rico e seus celeiros* (Lc 12:16-21) e do *Rico e Lázaro* (Lc 16:19-31). "Uma enfatiza a idéia do que deve ser deixado para trás, e a outra do que está à frente. A parábola do rico traz consigo a imagem de um passo além da anterior; mostra a condição do homem depois de Deus haver dito: 'Louco, esta noite te pedirão a tua alma'". Esses dois homens ricos foram para o inferno, não por serem ricos, mas porque tinham deixado Deus fora de suas vidas.

Jesus acrescentou a pergunta: "Então, o que tens preparado, para quem será?" O rico louco não poderia levar consigo, para a eternidade, um grão sequer dos seus celeiros lotados. Ele deixaria o mundo com as mãos vazias, exatamente como havia entrado nele. O comentário que é feito no AT sobre a loucura de um fazendeiro rico é notável: "Como a perdiz que choca ovos que não pôs, assim é aquele que ajunta riquezas, mas não retamente. Na metade de seus dias, elas o deixarão, e no seu fim ele se mostrará insensato" (Jr 17:11). Essa loucura acontece diariamente no mundo. Há homens que sacrificam os prazeres mais legítimos da vida e também os seus mais profundos interesses espirituais, para ganhar dinheiro e, de repente, morrem, e deixam para trás o seu lucro, conseguido com tanto esforço, para ser dissipado por filhos preguiçosos e amantes dos prazeres. Butterick nos lembra: "O fato de que as riquezas, que um homem acumula cuidadosamente, podem ser desperdiçadas dissolutamente pelos seus herdeiros, serve para enfatizar a loucura de viver em função delas" (Sl 39:6; 49:6; Ec 2:18-23; Jó 27:17-23).

Esse homem nada tinha a dizer a Deus, mas Deus tinha muito para falar a ele, e o condenou por cometer três erros. Em primeiro lugar, ele se enganou quanto ao propósito de sua *vida*, ao imaginar que consistia na abundância de suas posses materiais. Paulo disse: "Pois para mim o viver é *Cristo*". Mas, ao substituir a direção divina pela motivação humana, esse louco jamais conseguiu a felicidade de viver, nem manter-se vivo sobre a terra. Além disso, ele se enganou quanto ao uso correto dos *recursos deste mundo*. Preferiu obedecer à sua própria vontade, em lugar da obediência a Deus, quanto ao que deveria fazer com esses recursos; por isso acumulou seus bens, quando a coisa mais sábia e mais útil a fazer, era usá-los para o bem de outras pessoas. Como Ambrósio define a situação, ele se esqueceu de que os celeiros, os quais usava para o seu excesso de riqueza, eram "os abrigos dos necessitados, as casas das viúvas, as bocas dos órfãos e das crianças".

Talvez o erro mais destacado desse homem tenha sido a sua *negligência com relação ao futuro*. Ele preferiu riquezas que podia ver e manusear, aos tesouros ocultos e eternos armazenados no céu. Confiou demasiadamente que teria muitos anos pela frente, quando a noite do dia em que se vangloriou seria a última de sua existência. A cobiça é perigosa e deu-lhe o troco pelo uso egoísta que fez de suas posses. Ele perdeu os seus bens materiais e sua alma. Que fim desonroso! Não é de admirar que o Senhor, após proferir essa parábola, continuou a falar, utilizando contrastes, para ensinar uma maneira muito melhor de viver. Ele disse aos seus discípulos que considerassem os corvos, os lírios e os pardais de quem o seu Pai cuida, e que o seu único celeiro ou armazém está "nos céus" (Lc 12:33). Se Deus estiver em primeiro lugar, e não os nossos *bens*, então seja o que for que ele nos permita ter, e não faz diferença se for muito ou pouco, será usado como útil para ele.

Parábola do servo vigilante
(Lc 12:35-48)

Ao mesmo tempo que essa parábola em sua totalidade é encontrada somente em Lucas, outras estão inseridas na mesma esfera de ação (Mt 24 e 25). Jamieson diz que esse trecho apresenta "a semente do pensamento que foi mais tarde desenvolvido para vir a ser a *Parábola das dez virgens*". A expressão "o pai de família" é idêntica à que é encontrada em Mateus 24:43,44. Campbell diz que "Mateus registrou de forma breve essa parábola, à medida que nosso Senhor a transmitiu, na profecia do monte das Oliveiras". "Lucas a relata como o nosso Senhor a proferira num período anterior de seu ministério". A idéia que se destaca nessa parábola, como em outras, é a de estar preparado para a vinda de Cristo. Todos os que são membros da casa da fé, servos uns com os outros do Mestre, despenseiros dos mistérios da graça, deverão empenhar-se uns aos outros nas coisas do reino divino, e viver e trabalhar em conjunto para o Rei.

Parábola da figueira estéril
(Lc 13:6-9)

Essa parábola não deve ser confundida com o milagre parabólico da figueira que Jesus amaldiçoou (Mt 21:18-22; Mc 11:12-26). O único vínculo entre as duas é o fato de que não havia figos em ambas as árvores. Sabemos que Jesus constantemente usava a figueira como ilustração (Mt 24:32,33; Mc 13:28,29; Lc 21:29,30). O motivo dessa parábola, que somente Lucas registrou, foi o de ampliar e impor a declaração de nosso Senhor, a qual está nos versículos que a precedem. Alguns vieram a Jesus e lhe relataram a triste história, que Josefo amplia, de alguns galileus impetuosos que foram mortos por Pilatos, o qual misturou o seu sangue com os sacrifícios que foram oferecidos.

Jesus percebeu os sinais de um espírito de autocomplacência naqueles que falavam com ele, e que se comportavam com atitude farisaica. Se aqueles galileus foram ceifados por morte repentina, certamente o fato dos que se consideravam dignos do favor de Deus terem escapado, levava à conclusão que terem sido preservados da morte era um sinal de que Deus os aprovava de forma especial. Estavam cegos para compreender que uma calamidade em particular não mede e nem prova a culpa específica dos que a sofrem. Note como Jesus replicou a isso: "Pensais vós que esses galileus foram mais pecadores do que todos os galileus, por terem padecido tais coisas?" Se aqueles com quem ele falava imaginavam que tal julgamento rápido era evidência de pecados flagrantes, deveriam também perceber que estavam completamente enganados com relação à providência de Deus e à vida: "Não, vos digo! Antes, se não vos arrependerdes, todos de igual modo perecereis".

Quando Jesus disse àquelas pessoas que, a menos que se arrependessem, *de igual modo* pereceriam, quis dizer que morreriam da mesma maneira trágica, como os galileus. Trench faz esta colocação: "A ameaça é que eles literalmente perecerão da mesma forma. Certamente, a semelhança entre essas duas calamidades, aqui apresentadas, e a destruição definitiva que surpreendeu os rebeldes judeus, que se recusaram a obedecer à ordem do Senhor e se arrependerem, foi casual. Assim como a Torre de Siloé caiu e esmagou dezoito dos moradores de Jeru-

Parábola da figueira estéril

salém, também multidões de habitantes dessa cidade foram esmagadas debaixo das ruínas de seu templo e de sua cidade; e durante o último sítio e assalto a Jerusalém, também houve um número deles que foram atravessados pelos dardos romanos e, pior ainda, pelas armas de suas próprias facções fanáticas, nos pátios do templo, durante a própria preparação dos sacrifícios, de tal forma, que o seu sangue, como o daqueles galileus, foi literalmente misturado com o dos sacrifícios: sangue com sangue". Depois de fazer tal advertência, Jesus usou uma parábola para ampliar o alcance de seu chamado a um arrependimento nacional, a fim de acrescentar algo àquela advertência e torná-la ainda mais precisa e explícita.

Saiamos agora do contexto da parábola e vamos examinar a sua construção nítida e resumida. Nessa ilustração simples e humana, temos, em primeiro lugar:

Projeto do proprietário. Esse certo homem, a que Jesus aludiu, plantou uma figueira em sua vinha, e ela poderia ter tirado do solo desse homem tudo o que precisasse para produzir fruto. A figueira fora *plantada*. Não era uma planta estranha e proibida, semeada na vinha (Dt 22:9). Fora deliberadamente plantada onde não tinha direito, e crescera no canto onde o solo era mais favorável. O proprietário desejava aquela árvore em particular; fora adaptada conforme a sua própria natureza para produzir figos; e ele planejara a sua localização numa área protegida da vinha onde seria cuidada. Portanto a linguagem é exata. A figueira fora plantada dentro da vinha, numa posição extremamente favorável, num ato deliberado de seu dono, para que finalmente ele pudesse saborear de seu fruto.

A chave da parábola nos é fornecida por sua circunstância. O privilégio peculiar da *figueira* ilustrava a nação judaica (Is 5:1-7); e a *vinha*, que encerrava dentro de si aquele privilégio, simbolizava a nação separada de todas as outras, e honrada por Deus, de forma especial, com a luz de uma revelação sobrenatural através dos profetas e de todas as influências de uma graça sobrenatural. A. B. Bruce aponta para o fato de que uma videira é o emblema mais encantador para a vida da nação judaica que uma figueira, e Jesus empregou o símbolo da figueira com o propósito de rebaixar o orgulho de seus ouvintes. No entanto toda a estrutura da parábola sugere o privilégio especial de Israel, como o povo escolhido de Deus.

Decepção do proprietário. Havia um objetivo que dominava a mente daquele "certo homem", quando ele plantou a sua figueira na vinha, que era o de colher o fruto no seu devido tempo. Depois de todo o cuidado, tempo e dinheiro que ele havia empregado em sua plantação, tinha todo o direito de esperar que produzisse o seu fruto. Por três anos seguidos ele procurava os frutos ansiosamente, mas a sua expectativa, que era natural e razoável, deu lugar à decepção. Por "três anos", não devemos entender, como querem alguns escritores, que a figueira produziu fruto três anos após sua plantação, e sim que o seu dono veio no primeiro ano, no segundo e no terceiro, e todas as vezes ficou decepcionado. "Três anos" sem fruto é prova de esterilidade. Três anos infrutíferos em conseqüência de sua completa esterilidade; daí a ordem ao viticultor: "Corta-a!" O solo era muito valioso para que fosse desperdiçado com uma figueira infrutífera; portanto essa teria de perecer e ceder espaço a outra árvore.

Com todo o direito de esperar fruto, a justa esperança do proprietário não foi concretizada. Qual é a interpretação desses três anos de decepção e da ausência de frutos? Israel era a vinha divina pela qual Jesus se esforçou tanto durante os "três anos" de seu ministério terreno. Durante todos aqueles anos Cristo procurou, pela sua vida, por parábola, por milagre e por palavras, tornar Israel frutífera. Agora novamente surgiam sinais promissores; mas, ao final, aconteceu a sua total rejeição pela nação que ele cultivara. Mas quando Cristo retornar, a figueira florescerá, e ele não será decepcionado (Mt 24:32, 33). Alguns escritores interpretam os "três anos" como representando todo o curso da história de Israel. Agostinho considerava que eles representavam, respectivamente, a lei natural, a lei escrita e a graça. Outro teólogo insinuava que esses "três anos" representavam Moisés, os profetas e Cristo; ou então, a infância, o homem adulto e o idoso, referindo-se ao indivíduo. Uma coisa sabemos: Cristo veio na esperança de encontrar fruto produzido pelo seu próprio povo, e não o encontrou, porque eles haviam deixado de produzi-lo. Onde ele procurava santidade, encontrou corrupção; onde ansiava por ver reverência, encontrou desprezo. A figueira de Israel desejava satisfazer-se com todos os benefícios da luz, do sol e da chuva do privilégio divino, mas estava extremamente sem vontade de produzir fruto para o seu dono. Por isso veio a ordem: "Corta-a!"

Adiamento solicitado ao proprietário. Sabedor que o dono da vinha tinha toda razão para estar decepcionado com a contínua esterilidade da figueira, o viticultor, aquele que cuidava do vinhedo, pediu encarecidamente que a figueira fosse preservada. Num ato de intercessão ele implorou: "Senhor, deixa-a este ano, até que eu a escave e a esterque. Se der fruto, ficará! Se não, depois a mandarás cortar". *Deixa-a este ano* —Não sentimos "o pulsar de uma emoção intensa" nesse apelo? "Dê-me mais um ano", disse o viticultor, "para que eu detenha essa esterilidade contínua". Ele não pediu para que a árvore infrutífera continuasse a existir por tempo indefinido. Apenas solicitou por mais um ano em que adotaria as mais estritas medidas, para estimular aquela árvore estéril a se tornar frutífera. Se, com aquele tratamento, viesse a dar fruto, o viticultor saberia que o dono permitiria com satisfação que permanecesse em sua posição privilegiada; mas, se teimasse em ser improdutiva, então ele a abandonaria ao seu destino merecido. Portanto, foi solicitado um intervalo, um adiamento.

No apelo com forma de intercessão do viticultor, temos uma ilustração da relutância de Jesus em permitir que Israel se afastasse dele. Quando estava na cruz, ele orou pela nação infrutífera que O rejeitara: "Pai, perdoa-lhes, pois não sabem o que fazem". Em resposta a essa oração, Pedro e os demais apóstolos foram enviados para oferecerem outra oportunidade de arrependimento; Habershon faz esta colocação: "O livro de Atos relata a história de 'mais um ano', não um ano literal, mas o 'ano aceitável do Senhor', concedido à figueira em resposta à oração do viticultor". Mas tal período de graça, que fora ampliado, acabou, e não teve proveito algum; o que se seguiu foi que a nação judaica foi rejeitada.

No diálogo dessa pequena parábola, podemos ver Jesus no papel de intercessor. O dono da vinha queria destruir a figueira, mas o viticultor orou para que permanecesse viva por mais um ano. Não devemos forçar esse diálogo além da conta, para

Parábola da figueira estéril

fazê-lo representar Deus como o dono cheio de ira, e Jesus pedindo-lhe para que se arrependa de sua raiva. Tanto o Pai como o Filho iram-se com relação ao pecado, e ambos, da mesma forma, estão cheios de amor pelo pecador. Portanto, o que o Filho pensava a respeito de Israel era também o que o Pai imaginava. Cristo é um intercessor que se importa com o homem e governa junto com Deus. O seu primeiro apelo é: *poupe*. No entanto, apesar de tão longânimo, Cristo concorda com o dono da vinha quanto ao cortar e derrubar a árvore, se a oferta de mais uma porção da graça for rejeitada. O Filho jamais nega o direito do Pai de destruir. Ambos concordam em oferecer salvação ao pecador, e também em condená-lo, se ele finalmente recusar a oportunidade que lhe foi oferecida por preço de sangue.

Ordem de destruição dada pelo proprietário. A vinha e a figueira que estava plantada nela pertenciam ao proprietário; portanto, ele tinha o direito moral e absoluto de desejar os frutos e também o direito de punir com a destruição qualquer coisa que fosse estéril e inútil dentro da sua terra. É terrível a decisão que vem da parte do intercessor: "Corta-a". Se os homens desperdiçarem o dia da graça, até mesmo Jesus não pedirá por eles no dia seguinte, o do julgamento. "Já não resta mais sacrifício pelos pecados".

A ordem divina: *corta-a* foi executada no decreto de "destruição de Jerusalém e remoção dos judeus de seus privilégios como vinhedo, o que foi uma preparação, e assim aconteceu para dar lugar à chamado dos gentios". O golpe de justiça foi contido por algum tempo, pois o amor divino relutava em desferi-lo sobre os culpados. Talvez o povo tenha interpretado aquele intervalo como evidência de que o julgamento não viria sobre eles. "Visto que não se executa logo o juízo sobre a má obra, o coração dos filhos dos homens está inteiramente disposto à prática do mal" (Ec 8:11; 2Pe 3:3-10). Os que deliberada e definitivamente não se arrependem, são destruídos repentinamente, sem que haja cura (Pv 29:1). Para Israel, finalmente, o machado foi usado na raiz da árvore e essa foi abatida e lançada no fogo (a raiz, no entanto, permaneceu intacta).

Corta-a! Esse foi o fim da agricultura, da esperança e da decepção divinas. Essa sentença foi justa, pois Israel, a despeito de seus privilégios, era uma figueira infrutífera, uma árvore improdutiva e inútil. Apenas atrapalhava, pois ocupava o espaço no solo onde outra com certeza teria produzido fruto com abundância. Nessa parábola, há uma séria advertência para a Igreja, assim como para cada pessoa que se diz membro dela. Habershon diz: "A árvore estéril é uma advertência para um mundo infrutífero, para um pecador infrutífero, para uma igreja infrutífera, ou para um crente infrutífero". Esse é ainda o dia da graça e, por causa disso, os pecadores devem ser advertidos, apesar de; nesse momento, serem poupados da condenação. Também nesse ano a sentença ainda permanece sobre eles: *Corta-a!* À luz dessa parábola todos os que decididamente rejeitam as propostas da misericórdia divina serão cortados por atrapalharem, ocuparem inutilmente espaço no solo, e será terrível a condenação dos que estiverem sem Cristo!

Mas se ainda nos recusarmos a atender ao seu chamado
E abusarmos de todo o seu maravilhoso amor,
Breve ele tristemente voltar-nos-á as costas;
Nossa oração será amarga por rejeitar o perdão.

Tarde demais, tarde demais, será o lamento,
Após Jesus de Nazaré ter passado.

Parábola do convidado ambicioso
(Lc 14:1-11)

Esse notável capítulo contém a incomparável "conversa à Mesa" de Jesus, enquanto ele comia pão no sábado, e distingue-se por sua natureza parabólica. Em seu todo contém seis parábolas, cinco das quais são peculiares a Lucas:

Parábola do convidado ambicioso (14:1-11);
Parábola da festa (14:12-14);
Parábola da grande ceia (14:15-24; Mt 22:1-14);
Parábola da torre (14:25-30);
Parábola do rei em guerra (14:31-33);
Parábola do sal insípido (14:34-35; Mt 5:13; Mc 9:50).

Vários comentaristas, ao tratarem da *Parábola da grande ceia*, consideram as duas primeiras parábolas —a do *Convidado* e da *Festa* como integrantes dela. Mas, embora todas as três tenham sido proferidas na mesma oportunidade e na mesma casa, o nosso Senhor se referiu a três ocasiões diferentes, ou seja: um casamento, uma festa e uma grande ceia. É evidente que o seu discurso foi de uma só vez, e continha somente um tema principal; porém achamos que as figuras de linguagem que o Mestre usou habilmente apresentavam diferenças.

No sábado, talvez o último antes de Jesus morrer no Calvário, ele atendeu a um convite para ir à casa de um importante fariseu. Como Campbell Morgan afirma, a hospitalidade do sábado era uma marca de degeneração do povo hebreu, e é "muitas vezes uma marca de degeneração hoje na igreja Cristã (no domingo). Nosso Senhor foi àquela casa. Também podemos comparecer a reuniões como aquela, se realizarmos o que ele fez ali". Mas Jesus não foi convidado para comer pão porque a sua presença fosse sinceramente desejada. A hospitalidade lhe fora oferecida para que pudesse ser observado por olhos críticos e cínicos. "Eles o estavam observando". O pretexto por trás do convite era o que Jesus faria em benefício do homem hidrópico no sábado. Em seguida, os fariseus e seus companheiros desejavam ouvir em particular o que ele acrescentaria à conversa da mesa naquela tarde.

Para todos os efeitos e propósitos, o nosso Senhor estava em observação. Nem o anfitrião com características farisaicas nem os seus convidados o consideravam um deles. É completamente desagradável para alguém ser convidado a comparecer a uma reunião, especialmente preparada, para ser submetido a testes e ter os atos e palavras analisados e pesados. Porém o que aquelas pessoas cegas pelo preconceito esqueceram foi que aquele, o qual fora convidado a partilhar de sua hospitalidade, era o Senhor Onisciente e, como tal, estava em grande vantagem sobre eles. Eles não podiam ler os *seus* pensamentos, mas ele podia ler *os deles* e, nas parábolas desse capítulo, ele revelou os pensamentos que lhes iam na mente, e o significado sinistro dos seus atos. Naquela tarde memorável de sábado, ele dominou aquelas pessoas, e *elas* não o manipularam. Mesmo permitindo tornar-se a presa, ele não rebaixou os seus ideais, nem abandonou os seus princípios para que pudesse sentar-se e não ter problemas com as demais pessoas. Ele estava ali como convidado; porém provou ser completamente independente dos padrões convencionais, quando agiu

Parábola da festa

como crítico, vítima da falta de educação, tanto do anfitrião como dos seus convidados.

Após ter silenciado os seus "observadores" na pergunta sobre a cura no sábado, proferiu a parábola sobre um casamento e as formas certas e erradas de fazer os convites. A palavra "reparando" é interessante. As pessoas observavam Jesus, mas ele *reparou* ou observou como os convidados se esforçavam ansiosamente, para conseguir os melhores lugares na festa. Lutavam para conseguir um local em que fossem considerados os mais importantes e destacados, e havia uma rivalidade pelos principais lugares; tudo isso deixava em segundo plano o propósito apropriado e o prazer do convívio social. Em sua parábola, vista em conjunto com o que ele havia dito anteriormente, sobre os fariseus que amavam os primeiros assentos na sinagoga (11:43), nosso Senhor deixou claro que "esvaziar-se é o verdadeiro segredo de ser exaltado. Os que buscavam um destaque público foram excluídos; os que queriam os lugares principais foram dispensados; os que não os buscavam, teriam os lugares principais na vida social".

Ellicott observa que a repreensão de nosso Senhor dificilmente pode ser vista como "uma parábola, em nosso sentido moderno do termo, mas é assim considerada por ser algo mais do que um preceito, e por ser ilustrada por um diálogo dramático". No entanto, a Bíblia a chama "parábola", e ela deve ter-se mostrado bem eficaz, por ter revelado a diferença entre a *obtenção* de assentos e o seu *banimento*. Tem-se a impressão de que o costume era que os convidados procurassem lugares para si próprios; daí a luta pelos melhores lugares. Passando a falar sobre os convidados para a festa de casamento, Jesus expôs os falsos princípios sobre os quais agiam, quando disse:

"Pois poderá haver um convidado mais digno do que tu". Jesus era a pessoa mais honrada naquela reunião de sábado à tarde e, sem dúvida, tomara o lugar mais humilde da sala, para ilustrar assim, na prática, a lição de sua parábola: "Pois qualquer que a si mesmo se exaltar, será humilhado, e aquele que a si mesmo se humilhar será exaltado" (Fp 2:9; 1Pe 5:5). O nosso lugar de exaltação é estarmos humildes aos pés do nosso Redentor (Pv 25:6,7).

Parábola da festa
(Lc 14:12-14)

Aqui Jesus dirigiu-se especificamente ao anfitrião "que o tinha convidado". Esse parágrafo é uma continuação da conversa educada de nosso Senhor e, por outro lado, é outra ilustração parabólica que se evidencia de forma distinta. Por ser um elo de ligação na corrente que liga as lições umas às outras, não concordamos com Arnot quando diz que a parábola anterior e a outra pequena narrativa antes dela são desnecessárias para elucidar o significado da parábola mais importante da *Ceia*, que vem em seguida. Todas as três tratam do tema genérico da *hospitalidade*. Nessa *Parábola da festa*, que provavelmente foi um "almoço ou um jantar", (duas palavras usadas respectivamente referem-se à refeição do meio-dia e à da primeira parte da noite), Jesus deu ao seu anfitrião uma lição sobre quem ele deveria convidar para uma refeição, i.e., os pobres, que não tinham condições de retribuir o convite. A chave da parábola está nessas linhas: "Para que não suceda que também eles te tornem a convidar e sejas recompensado". É claro que, se o anfitrião convidasse apenas os seus amigos ricos, esperaria que lhe oferecessem a mesma hospitalidade; mas, quando as pessoas agem dessa forma, eliminam a essência da verdadeira hospitalidade.

Ao contemplar os convidados naquela tarde, Jesus rapidamente percebeu a hospitalidade ostensiva, calculista, a qual esperava uma retribuição do mesmo quilate. Se algum anfitrião desejasse ser abençoado e recompensado, não aqui, mas "na ressurreição dos justos" (a primeira vez que ocorre a palavra *ressurreição* no ensino de nosso Senhor), então as portas da hospitalidade deveriam ser alargadas para admitir os que, pela sua pobreza e deficiências físicas, precisavam da festa, mas que nada teriam para oferecer em troca exceto a sua sincera gratidão. Ao comentar sobre a bênção que o nosso Senhor proferiu sobre os que são assim benevolentes, Ellicott diz: "Neste momento, ao mesmo tempo em que repreendia o orgulho e a hipocrisia dos fariseus, nosso Senhor aceitou a doutrina fundamental do seu sistema (ressurreição); e assim abriu o precedente para a conduta de Paulo em Atos 23:6".

Parábola da grande ceia
(Lc 14:15-24)

Esta outra parábola, ministrada na ocasião da refeição na casa do fariseu, é chamada *grande* porque havia muitos convidados e também por causa da grandeza daquele que foi simbolizado pelo senhor que dava a ceia. A parábola em si mesma foi gerada a partir da exclamação de um dos convidados que ouvira as ilustrações anteriores de Cristo: "Bem-aventurado o que comer pão no reino de Deus". Os comentaristas estão divididos quanto ao que essa exclamação realmente quis dizer, e ao espírito em que foi proferida. Alguns acham que foi uma genuína exclamação de admiração. Um dos presentes, ao compreender as admoestações simples, porém penetrantes de Jesus, e ao perceber quanto são abençoados os que praticam uma hospitalidade sem pretensão de auto-exaltação e sem buscar os seus próprios interesses, expressou-se daquela forma. Ele viu a beleza de uma ordem social baseada nos princípios que Jesus enunciou.

Todavia, outros escritores consideram que o que disse isso deixou transparecer uma idéia superficial, o seu pensamento farisaico, de que o reino era um privilégio somente à medida que ele próprio pudesse garanti-lo para si mesmo, pelos seus próprios méritos. Era uma ignorância farisaica das condições morais para herdar o reino e, em resposta, Cristo desmascarou a loucura da atitude farisaica com relação ao reino de Deus, através da narrativa penetrante do grande banquete. Wm. M. Taylor considera essa exclamação eloqüente "uma farsa com aparência de santidade, absoluta hipocrisia. O homem falava de algo que nada sabia". Mas, se a explosão de santidade daquele homem fosse sincera, ou considerada arrogante, o fato é que criou a oportunidade para a incomparável parábola profética de Cristo, que tem uma forte semelhança com a *Parábola da festa do casamento real* (Mt 22:2); mas a de Lucas é claramente distinta e peculiar.

As duas parábolas usam o simbolismo de uma *festa, à qual* os homens são convidados e da qual se esquivam rudemente; mas as diferenças entre elas são evidentes. Por exemplo:

A *Parábola da festa do casamento real* foi proferida no início do ministério de nosso Senhor; a da *Grande ceia* foi transmitida no final de seu ministério, durante a semana da Páscoa. Aquela *primeira* foi dirigida à multidão no templo; essa *última,* aos convidados numa casa particular. A *primeira* mostra os mensageiros tratados com violência; a *última*

Parábola da grande ceia

os mostra recebendo desculpas. Na *primeira*, os convidados são destruídos e a sua cidade é queimada; na *última*, os que desprezaram o convite são meramente excluídos. Na *primeira*, o antagonismo a Cristo foi moderado; na *última*, foi mais expressivo e assassino. E o episódio do convidado sem a veste nupcial não aparece na *Parábola da grande ceia*.

Provisão da ceia. Os homens de posição e influência no Oriente enviavam dois convites para uma festa que já fora planejada; o primeiro era um convite preliminar, a fim de comunicar aos convidados que fizessem os preparativos necessários para atenderem à festa; esse convite foi aceito com satisfação; o segundo veio mais tarde e intimou a presença dos convidados na festa que agora já estava preparada e todos os convivas deveriam deixar o que faziam, a fim de atender à graça do que os convidava. Nessa parábola, o segundo convite foi recusado com várias desculpas.

O nosso Senhor falou de uma festa numa escala de grande magnificência, preparada por alguém rico, com o objetivo de reunir pessoas num convívio social, amigável e agradável. Era um banquete farto, que fora preparado para ser desfrutado com muitas pessoas. Era uma *festa*, não um *funeral*. O objetivo era que tanto o anfitrião como os convidados se alegrassem juntos. Deus também proveu para a humanidade, numa escala maior, "uma festa com comida farta", na qual todas as necessidades pessoais, sociais e espirituais do homem podem ser satisfeitas. Deus, o nosso anfitrião, como um presente do seu amor e graça, proveu a festa do seu reino para todos os que aceitam o seu convite.

Convidados para a ceia. Quais eram os *muitos* convidados pelo Senhor da casa para a ceia? Não há dúvida de que o chamado se refere, em primeiro lugar, ao povo judeu. O servo que saiu com o primeiro convite simboliza os que Deus comissionou para chamarem os judeus, a fim de se prepararem para a vinda do Messias. Os profetas do AT e João Batista rogaram às autoridades de Israel que se preparassem para a festa que em breve se realizaria; mas o convite foi ignorado. Então a oferta foi dirigida aos gentios, que reagiram melhor a ela, como o livro de *Atos* revela. Da mesma forma que a *Parábola da figueira*, essa da *Grande ceia* foi uma narrativa do grave julgamento sobre a nação escolhida por Deus. Nessa *primeira* parábola mencionada, o julgamento veio na imagem da destruição de Israel como nação, e profetizou uma condenação que somente um arrependimento genuíno poderia desviar. Na outra parábola, o julgamento tem a imagem da exclusão das bênçãos da graça messiânica, e nenhuma esperança é oferecida sobre alguma oportunidade no reino.

O dr. Salmond diz: "A Ceia é uma figura da rica graça que estava para alcançar os homens por meio de Cristo. Os judeus são os que Deus designara para serem os primeiros a participar dela. O primeiro chamado é a promessa da graça que estava para vir, que os judeus tinham sob o AT, em contraste com os gentios, que não estavam incluídos na teocracia; e essa condição de terem a promessa da graça, os judeus usavam apenas para dizer que eram privilegiados, a fim de demonstrar superioridade sobre os outros povos. O segundo chamado é o sinal que representa a realização daquela graça e o convite efetivo de Cristo para o reino que não é deste mundo; e isso eles deixaram de lado por causa da exigência de arrependimento, fé, desprendimento das coisas deste mundo e consagração. Portanto, o lugar no reino prometido de Deus, que eles rejeitam, é tirado deles e [...] dado a outros, até mesmo aos rejeitados dentre os gentios".

Pretextos apresentados para a rejeição do convite à ceia. Todos os que já haviam recebido o convite para a ceia rogaram que fossem desculpados. Podemos ler o texto original da seguinte maneira: "Eles foram unânimes com relação à desculpa que deram", em que as três desculpas são apenas uma em espírito e em essência. Todos os convidados "agiam num único espírito, movidos por um só impulso, sob a influência de uma mesma disposição". Eles não tinham a intenção de comparecer à ceia. Há um escritor para quem, na recusa, estava implícita uma hostilidade da parte dos que foram convidados em direção ao anfitrião. Eles não gostaram que o anfitrião os convidasse; por isso inventaram desculpas para recusarem o convite.

Examinemos as três desculpas que Jesus mencionou, as quais normalmente seriam consideradas situações legitimas. Todas as três desculpas constituem *pretextos*. Se cada um deles tivesse dado um pouco de atenção ao convite, cada um teria preparado as coisas de tal forma que lhe permitisse ir à festa. Mas a verdade é que eles não desejavam ir. Eles tipificavam os judeus de quem Jesus disse: "Contudo não *quereis* vir a mim para terdes vida". O auto-engano daqueles três era ainda mais sutil, porque os motivos apresentados como desculpas eram válidos, em si mesmos, se usados corretamente.

Desculpa n.º 1: "Comprei um campo, e preciso ir vê-lo". Como o homem a que Jesus se refere era um judeu, é difícil imaginá-lo comprando algo antes de vê-lo. Certamente ele seria a última pessoa do mundo a comprar "gato por lebre". Além disso, se ele comprara o campo sem vê-lo, como poderia enxergá-lo no *escuro*? Desde que ele fora convidado para uma *ceia*, que é uma refeição feita à noite, a melhor ocasião para olhar o campo seria à luz do dia. Não apenas isso, mas, após a compra do campo, ele poderia esperar até a manhã seguinte para examiná-lo. O campo não fugiria de onde estava. Mas é provável que aquele homem tivesse visto a terra *antes* de comprá-la, e que estivesse mais preocupado com o seu investimento do que com um convite para uma ceia. Portanto o que temos aqui é um exemplo daqueles cujas grandes posses exigem toda a sua atenção, a fim de roubar-lhes, assim, a riqueza espiritual. "Quão dificilmente entrarão no reino de Deus os que têm riquezas!"

Desculpa n.º 2. "Comprei cinco juntas de bois, e vou experimentá-los". Ele não denotou que realmente precisava fazer aquilo, mas o tom de suas palavras foi definitivo e final. Sem se desculpar, de forma alguma, por recusar o convite, esse homem declara sua intenção, "partindo do princípio de não haver qualquer dúvida quanto à sua validade e de que era a coisa mais certa a fazer". Não há mais explicações. Ele achava que os seus bois estavam em primeiro lugar, e convenceu-se de que o anfitrião que o convidara não tinha direito algum sobre o seu tempo. Ele representa os que estão tão envolvidos com suas ocupações que não concedem qualquer folga ou oportunidade para cuidar dos interesses da alma. Como é trágico quando os afazeres comerciais, agrícolas, financeiros, eclesiásticos ou industriais ocupam todo o nosso tempo, e nada deixa dele para Deus!

Desculpa n.º 3. "Casei-me, e por isso não posso ir". Essa desculpa foi

Parábola da grande ceia

vazia e isso é provado pelo fato de que ele não foi convidado a uma "despedida de solteiro". Se o anfitrião soubesse que o homem era recém-casado, teria incluído a sua esposa no convite. Se ele não fosse tão egoísta, teria ido à festa com a esposa e proporcionado a ela uma noite agradável, fora de casa. Mas não, ele usou de uma vil desculpa, expressa em linguagem breve, tosca e rude. Esse terceiro homem é a imagem daquelas preocupações e responsabilidades domésticas que tanto controlam o nosso tempo e pensamentos. Mas a união conjugal e os deveres familiares, se levados a efeito, correta e justamente, nunca nos separam de Deus e da comunhão com os seus santos. O relacionamento precioso da vida familiar torna-se ainda mais desejável e doce para nós, quando o Senhor é o Cabeça do lar.

Em cada um dos casos, houve uma má vontade secreta em participar da festa. Nenhuma daquelas pessoas teve qualquer desejo de aceitar o convite. Se quisessem ir, apesar de suas respectivas responsabilidades, teriam dito: "Sim, iremos", pois "onde há vontade, há sempre possibilidade". Mas as três desculpas são espécies de espinho que crescem e sufocam a Palavra. Podem ser diferentes, desde que existam verdadeiramente coisas que tomam nosso tempo no campo profissional, no comércio, ou nos afazeres de casa. Essa última desculpa é mais cega e rude do que as anteriores. Mas todas expressam o mesmo sentimento de estar mergulhado nos interesses deste mundo e de estar satisfeito com isso, e a mesma preferência a eles do que à graça que o anfitrião demonstrara. Hoje em dia, multidões são convidadas à festa do evangelho; mas reagem ao convite da mesma maneira que aqueles a quem Jesus se referiu há quase dois mil anos. As pessoas de hoje não conseguem perceber que o convite vem do Rei dos reis, para que estejam à sua mesa real, e que a rejeição a esse convite constitui-se na mais grave de todas as formas de desobediência.

Punição pela recusa em estar presente à ceia. O dono da casa naturalmente ficou irado quando recebeu a notícia da recusa dos convidados, e resolveu que outros, os quais teriam uma atitude de maior aceitação, deveriam tomar o lugar daqueles que o tinham tratado com tanto desrespeito. "Nenhum dos homens que foram convidados provará a minha ceia". Aqueles primeiros convidados representam a rejeição em geral de Israel. No entanto permaneceu "um remanescente, segundo a eleição da graça" (Rm 11:5), tratado de maneira diferente pelo Anfitrião. Embora ainda houvesse lugar para mais gente, após o segundo grupo de convidados se assentar, o dono da casa, em sua justa indignação, não convidou novamente o primeiro grupo, que tinha tratado o seu convite atencioso com tanta falta de educação. Eles foram excluídos e não houve outra razão para isso além de sua própria recusa em comparecer à Ceia.

O elemento que compõe essa indignação justa é mais fortemente enfatizado na parábola gêmea sobre a festa de casamento que o rei deu para o seu filho (Mt 22:6,7), "onde a mera apatia dos que foram convidados passa a ser uma afronta escarnecedora". Se, com a expressão "o dono da casa, indignado", nos lembrarmos do desprazer de Deus com relação àqueles que retribuem com insulto em vez de gratidão, então deveríamos ficar grandemente conscientes do que significa o pavor de cairmos nas mãos do Deus vivo. Pecadores que persistente e descaradamente rejeitam as propostas da misericórdia divina, tremerão tarde demais, quando virem que estão à disposição da ira de Deus. Depois que as portas do banquete do evangelho estiverem fechadas, os que rejeitaram a Cristo clamarão em vão para entrar.

Promessa de provisão para os convidados à ceia. Na primeira parábola desse capítulo, pensamos naqueles convidados que selecionam para si mesmos os lugares na festa; aqui temos ilustrada a escolha que Deus faz quanto ao tipo de convidados que deseja que estejam à sua mesa. No primeiro chamado, que foi rejeitado, o convite era simplesmente *vinde* (Lc 14:17). Agora se torna necessária uma ajuda, porque lemos *traze aqui* (Lc 14:21). Em seguida, para o terceiro grupo, é *força-os* a entrar (Lc 14:23).

O *primeiro chamado* representa a salvação oferecida aos judeus, mas eles rejeitaram o Salvador. O *segundo chamado* aos pobres, aleijados, mancos e cegos simboliza os pecadores e meretrizes gentílicos que ternamente acolheram o Filho de Deus e se esforçaram para entrar no seu reino. O *terceiro chamado* foi a uma classe ainda mais baixa: vagabundos e andarilhos cujo lar eram as estradas e valados, os quais representam os que vagam na periferia do mundo gentio, as "ovelhas negras" que precisam ser coagidas moralmente. E esse constrangimento é o mesmo amor de Cristo (2Co 5:14). Graças a Deus que há lugar para os piores dentre os homens! Ninguém é tão ruim que não possa assentar-se à mesa real. Mas, sendo bons ou maus, o único direito que temos, de entrar na festa, é o da graça. Os arrombadores de porta não podem entrar na sala do banquete de Deus. Como é diversificada a multidão de redimidos de todas as épocas! Milhões deles, espiritualmente empobrecidos e inválidos, aceitaram o convite real do "vinde a mim", e agora comem pão no reino de Deus. E no entanto é maravilhoso que embora miríades de almas necessitadas tenham entrado na casa do banquete, "ainda há lugar" para mais gente. Como seria bom se outras multidões pudessem ser vistas, com a intenção de aproveitarem a oportunidade que vem pela graça, assentadas ao lado do dono da casa! Quanto a nós, que estamos do lado de dentro, cabe-nos exercer toda a forma de persuasão e esforço santo, a fim de trazermos os rejeitados da sociedade para dentro da festa onde o que o Senhor provê é "suficiente para cada um, para todos e para sempre".

Parábola do construtor da torre
(Lc 14:25-30)

O cenário dessa breve, porém, notável parábola, é encontrado no ensinamento de nosso Senhor sobre o renunciar a si mesmo como condição indispensável para ser o seu discípulo. Todos os que participam de sua Ceia (Lc 14:24) devem considerar o custo de estar em comunhão plena com ele. A exigência de entregarmos o coração completamente está aqui numa forma mais forte do que estava num apelo semelhante que fora feito anteriormente (Mt 10:37-39), e aqui é dirigida não apenas aos seus discípulos, mas à grande multidão de seguidores ansiosos, porém indecisos. O momento dele carregar a sua própria cruz tornava-se a cada dia "mais nítido e terrível, à medida que se aproximava"; por isso, o seu apelo a todos os que desejavam segui-lo, a fim de dizerlhes que deveriam carregar a cruz *deles mesmos,* adquiria um significado mais profundo.

Na realidade as três parábolas e a exortação encontrada nos versículos 25-35 estão ligadas e formam um todo. H. T. Sell diz o seguin-

Parábola do construtor da torre

te: "Seguem em seqüência e ordem naturais, e são encaixadas umas às outras com rara arte e habilidade precisa". Através de todo esse texto, temos a mesma lição enfatizada, ou seja, a natureza e a influência do verdadeiro discipulado. É por isso que temos por três vezes a declaração com autoridade: "Não pode ser meu discípulo" (Lc 14:26,27,33). A exigência que Cristo faz é muito abrangente. Os que querem segui-lo, por onde quer que ele vá, devem estar preparados para *aborrecer*, ou amar menos, "pai, e mãe, e mulher, e filhos, e irmãos, e irmãs, e até mesmo a sua própria vida". A lealdade ao nosso Senhor precisa estar acima da que é baseada no amor terreno, por mais alta, refinada e nobre que seja. O amor a todas as coisas, e até a si próprio e à vida, tem de estar subordinado ao nosso amor por ele, que deve ocupar o primeiro lugar em nossas vidas.

Para reforçar a sua exigência, Cristo transmitiu duas parábolas bem contundentes sobre a *construção* e a *batalha*. Campbell Morgan compara, contrasta e desenvolve a idéia de que a construção de uma torre é um trabalho *construtivo;* no entanto, lutar numa batalha é um trabalho *destrutivo*. Quando separamos as duas parábolas uma da outra, entendermos o significado simbólico do construtor da torre. Se você for um pregador do evangelho, assegure-se de ler o sermão com toque de mestre que C. H. Spurgeon transmitiu sobre essa parábola, no qual ele trata até certo ponto desses três pontos principais:

1. A verdadeira religião custa caro;
2. A sabedoria sugere que, antes de entrarmos na religião, devemos avaliar o custo;
3. Não importa o custo, pois vale o preço.

Em sua introdução a esse sermão sobre *Counting the cost* [*Avaliando o custo*], esse famoso pregador do evangelho, ao discutir o processo de seleção do nosso Senhor, diz: "O Mestre era sábio demais para se sentir orgulhoso sobre o número de seus convertidos; ele se preocupava mais com a qualidade do que com a quantidade. Ele sentia grande alegria por um pecador que se arrependia; porém dez mil pecadores, os quais somente o faziam da boca para fora, não lhe dariam nenhum tipo de alegria. O seu coração ansiava pelo que era verdadeiro, e ele tinha aversão ao falso; ele pulsava pelo conteúdo real, e não se satisfazia com a sombra".

Em virtude do seu conhecimento dos assuntos locais, é bem possível que Cristo tenha transmitido a *Parábola da torre*, a partir de um fato recente. Provavelmente Pilatos tinha começado a construir um aqueduto, ou algum tipo de torre, mas não teve condições de terminar. Esse governante talvez não tenha avaliado o custo e também não pôde usar o dinheiro do tesouro do templo, e assim contemplou a diluição de seus recursos, e o projeto de construção foi abandonado. Essa insensatez tem acontecido muitas vezes com os que não tiveram a sabedoria de calcular tudo o que seria necessário para terminar um projeto. A história aponta para muitas torres inacabadas, monumentos surpreendentes à loucura de não fazer a necessária preparação com antecedência.

Não é difícil de achar a aplicação da parábola. Uma vida inacabada é um espetáculo mais trágico do que um alicerce de cimento exposto ao léu. Há muitos que são como o personagem do livro "O Peregrino", de John Bunyan, o qual voltou atrás e, como o construtor na parábola que não calculou o custo antes de iniciar os alicerces, foi depois ridicularizado por sua falha vergonhosa. Paulo repreendeu os gálatas, pois tinham começado no Espírito e terminado na carne. "Corríeis bem. Quem vos impediu de obedecer à verdade?" O resultado de falhar no cálculo adequado do custo de seguir a Cristo, é uma vida inacabada.

O que nada custa também não tem valor algum. O discipulado, para o qual Cristo nos chama, significa uma vida em que as exigências de Jesus devem ocupar o primeiro lugar. Se ele não for o Senhor de *tudo,* então ele não é Senhor de *nada.* Mas se calcularmos o custo de uma rendição total às suas exigências como Rei, contaremos também com a graça, o auxílio e o alívio que precisarmos, por completamente nos identificarmos com ele. No meio de todo esse alto preço da devoção à vontade e ao propósito divinos, Jesus nos deixou um exemplo para que sigamos os seus passos. Cristo nunca pede de nós algo que ele próprio não tenha feito. Ele tem todo o direito de pedir-nos que deixemos o nosso pai —ele deixou o seu e a sua casa, quando veio do céu à terra. A sua mãe terrena, Maria, estava em segundo lugar para ele. Jesus a reprovou quando fez a pergunta: "Não sabeis que me convém tratar dos negócios de meu Pai?" Ele conhecia tudo sobre a vergonha, o desprezo, a humilhação e a angústia que estão associadas a uma vida vivida na vontade de Deus.

Por que ele deixou a morada de seu Pai? Para construir a torre de sua Igreja, cujos planos foram traçados desde a eternidade. Mas, tanto o Pai como o Filho calcularam o custo da construção de tal torre, a qual as portas do inferno não puderam destruir. O preço gigantesco foi a humilhação voluntária e a morte redentora do Filho. Tal preço foi estabelecido antes de Jesus assumir sobre si mesmo a semelhança de nossa carne, porque, quando ele veio, foi como o Cordeiro morto antes da fundação do mundo. Portanto, sobre o caminho do verdadeiro discipulado, podemos ver as marcas de seu sangue, que nos chama para que O sigamos como ele seguiu o Pai. E, quanto a completar a obra, Jesus é nosso Exemplo. Ele sabia tudo sobre a tarefa para a qual foi enviado a realizar no mundo e, apesar dos demônios e dos homens, ele a cumpriu. Foi grande o seu triunfo quando ele pôde clamar com grande voz: "Está consumado!", e orar ao Pai: "Concluindo a obra que me deste para fazer" (Jo 17:4).

Parábola do rei indo para a guerra
(Lc 14:31-33)

Essa parábola dá seqüência ao tema da anterior, ou seja, sobre como calcular o custo. O lema de Von Moltke, o grande estrategista militar, era: "Primeiro pese, depois se arrisque", a política que tanto o construtor como o rei devem seguir. Para o homem que constrói a torre, o custo é computado em dinheiro; para o rei, o custo envolve os homens necessários para conquistar os seus inimigos. O primeiro representa deliberação e preparação adequada; o segundo exige fibra e poder de combate, para enfrentarmos um inimigo com o dobro da força que temos. O rei, a que Jesus se referiu, guerrearia com outro cujas oportunidades de vitória eram mínimas. Será que ele seria capaz de enfrentar os "vinte mil" que vinham contra os seus "dez mil"? O rei devia pensar muito bem, se cada soldado seu teria a capacidade de derrotar dois dos soldados inimigos. Se ele não tiver homens qualificados para vencer, logo um embaixador trará os termos de uma rendição pacífica.

Parábola dos bens perdidos

Como Rei, Jesus olhou para a multidão de candidatos a soldados e testou-os quanto à sua qualidade. Será que eles saberiam como se apoderar dos recursos, espirituais e poderosos, que os habilitariam a vencer as batalhas para ele? Como Filho de Deus, ele se dirige para batalhar contra Satanás e suas legiões; os que estavam ao seu redor teriam as qualificações suficientes para fazer parte de seu exército? Você nunca pergunta quantos aceitaram o seu desafio vibrante: "Quem tem ouvidos para ouvir, ouça"? Como soldados do Rei, jamais fiquemos amedrontados com os inimigos poderosos à nossa frente. O céu não está sempre ao lado dos grandes batalhões. Aquele que está *com* Deus sempre faz parte da maioria.

Mas não devemos perder de vista o fato de que o pensamento central nessa parábola não é o heroísmo implícito na proposta do rei de combater um poder superior. O assunto tratado no momento não é o resultado da batalha, se vitória ou derrota, mas a disposição e a deliberação de *calcular o custo*. Não se deve entrar numa aventura como esta com sangue quente, precipitadamente, com pressa, de qualquer jeito. Se acontecer isso, então o resultado será desastroso, e tudo estará perdido. Nós, soldados de Cristo, que marchamos para a guerra, estamos cientes do que tal batalha significa? Os nossos inimigos —o mundo, a carne, o diabo— são fortes demais para nós, mas não para o Rei sob cuja bandeira lutamos. Através dele somos mais que vencedores. "Combato", disse Paulo, "não como batendo no ar". A vida para qual Cristo nos chama não é um piquenique. O bom combate da fé deve ser disputado contra os principados e as potestades. Devemos suportar as adversidades como soldados valorosos de Jesus Cristo. Devemos aceitar tudo o que o verdadeiro discipulado requer de nós. O seu prêmio deve ser visto como o justo resultado de batalhar e do duro trabalho. E, quando o Rei voltar, ele nos dará a sua coroa da recompensa (Ap 2:10).

Parábola dos bens perdidos
(Lc 15)

Normalmente esse tão conhecido capítulo da Bíblia é quebrado em pedaços por escritores e pregadores, que tratam dele como possuidor de três parábolas preciosas e distintas: a da *Ovelha perdida* (1-7), a da *Dracma perdida* (8-10) e a do *Filho perdido* (11-32). Na realidade, porém, o capítulo todo é somente *uma* parábola com três figuras. Não há interrupção nos versículos. Uma ilustração flui para dentro da outra. Portanto, quando lemos: "Jesus lhes propôs esta parábola" (Lc 15:3), a forma singular, "*esta* parábola" significa que o capítulo inteiro constitui essa única narrativa. Há níveis que se sucedem na parábola, mas não há interrupção. As ilustrações que Jesus usou nela fundem-se e combinam umas com as outras.

F. W. Boreham, em sua pequena e bem agradável obra sobre a *Parábola do filho pródigo*, tem um capítulo esclarecedor que trata de "A Trilogia de Jesus", no qual ele diz que as três parábolas incomparáveis nesse capítulo não são desenhos separados, mas três painéis de um só quadro. O que temos aqui não é um total de três parábolas, mas uma só com três aspectos. Por meio dessa trina narrativa, Jesus estabeleceu o fato, supremo e sublime, que ele, o Filho do Homem, entrou no mundo para buscar e salvar o perdido. Normalmente as parábolas de Jesus eram simples esboços, cada qual com as suas características próprias. Aqui temos a sua notável tríade que apresenta um estudo fascinante sobre os valores.

Em seus grandes *sermões* evangelísticos sobre Lucas 15, Charles H. Spurgeon expressa um pensamento semelhante quanto à unidade desse capítulo, que é tão cheio de graça e verdade. Ele diz: "As três parábolas registradas neste capítulo não são repetições; as três declaram a mesma verdade central, mas cada uma delas revela um estágio diferente dessa verdade. As três parábolas são três lados de uma pirâmide da doutrina do evangelho; mas há uma inscrição diferente sobre cada um deles. Não apenas na semelhança, mas também no ensinamento contido nessa semelhança, existe diversidade, progresso, amplificação e discriminação. É só lermos atentamente e descobriremos que nessa tríade de parábolas temos de uma só vez a unidade da verdade essencial e as diferenças de descrição. Cada uma das parábolas é indispensável à outra e, quando combinadas, nos presenteiam com uma exposição muito mais completa de sua doutrina do que seria comunicada por qualquer uma delas em separado".

Antes de iniciarmos um estudo dessas três figuras separadamente, a fim de notarmos as características especiais de cada uma, lidaremos com elas coletivamente para entendermos a repetição da mesma doutrina, ensinada sob metáforas diferentes. O ponto de destaque em cada símile, que o nosso Senhor usou, foi ao mesmo tempo a preocupação por algo perdido e a alegria ao recuperá-lo. No coração dessa obra de arte em literatura parabólica, as ovelhas, a moeda e o filho estavam perdidos e todos eram dignos de serem salvos. Perder uma ovelha era algo sério; porém, mais sério ainda era perder dinheiro e, pior do que tudo, perder um filho. Uma ovelha é valiosa; o dinheiro é ainda muito mais valioso; mas o filho é o mais valioso de todos.

A *ovelha* estava perdida e sabia disso. Tinha uma vaga idéia de que estava sem as suas companheiras e os cuidados do pastor. Desviou-se das outras por causa da curiosidade. Ao observar um buraco na cerca, saiu e, sem rumo, afastou-se das outras, ou então comeu coisinhas aqui e acolá longe do pasto, vagou na direção oposta e se separou do pastor e das outras ovelhas. Tal ovelha representa aquele tolo e descuidado tipo de pessoa que anda sem rumo, e afasta-se totalmente de Deus. Felizmente, a ovelha foi alcançada pelo pastor que a procurava, e trazida de volta ao aprisco.

A *moeda* estava perdida, mas, por não ser uma criatura viva, não tinha consciência ou sensação de estar extraviada. Ainda mais, a sua condição de estar perdida não lhe causou nem desconforto nem ansiedade. A moeda de prata estava perdida, não por qualquer característica de inferioridade em sua composição ou seu processo de fabricação. Estava perdida, ou porque foi manuseada de forma inconveniente, ou porque foi derrubada sem querer. Temos simbolizados aqui os pecadores perdidos que são ignorantes sobre si mesmos e estão passivamente nas mãos daqueles com quem se associam. Esses são facilmente manipulados por personalidades mais fortes. A moeda permaneceu imóvel até ser achada no lugar onde fora derrubada.

O *filho* estava perdido deliberadamente, porque assim o quis, conscientemente; a perda de um ente querido é a maior de todas as tragédias. Esse filho pródigo era culpado de uma teimosia indesculpável. Quando deixou o seu pai e o seu lar, ele o fez com autodeterminação e ousadia. Mas tanto o pai como o filho pródigo aproximaram-se um do outro e novamente se encontraram.

O teórico Boreham faz uma observação, quando diz que a *matemá-*

Parábola dos bens perdidos

tica é fria, pois não traz arrependimento e nem pode explicar tudo.

A ovelha perdida representava 1% de perda —uma em cem;
A moeda de prata perdida significava uma perda de 10% — uma em dez;
O filho perdido era uma perda de 50% —um de dois.

Mas o pastor procurou a sua ovelha perdida como se fosse a única que possuísse. As outras noventa e nove foram deixadas para trás como se ele não se importasse com elas.

A mulher sentiu a perda de sua moeda como se não tivesse mais nenhuma. Não adiantava querer confortá-la e dizer-lhe que ainda tinha as outras nove moedas a salvo. Como era pobre, dependia muito de achar a moeda perdida e, portanto, a procurou diligentemente.

O pai estava com o coração partido pela perda de seu filho mais moço. Não seria suficiente dizer-lhe que ainda tinha outro filho, o qual não desejava, absolutamente, abandonar o lar. O coração daquele pai saiu a encontrar-se com o que estava perdido, apesar do fato de que ele havia agido deliberada e impiamente.

Em continuação, como Spurgeon, Habershon e outros escritores nos lembram, as três pessoas da Trindade estão ligadas umas às outras na recuperação dos perdidos. Na *primeira* figura temos Cristo, como o Bom Pastor, que entrega a sua vida para salvar as ovelhas perdidas. Na *segunda* figura, a mulher varre a casa à procura de sua moeda perdida. Essa é uma ilustração do Espírito Santo que opera através de sua Igreja (os salvos) para salvar os outros. A obra do Espírito segue naturalmente a tarefa do Pastor. Na *terceira* figura a sugestão é que Deus se faz representar pelo pai que procura o filho perdido. Aqui temos o Pai divino perante nós em todo o seu amor abundante, o qual busca e salva os perdidos.

Assim, todas as três figuras são necessárias e complementares. Spurgeon faz um comentário esclarecedor: "Temos ouvido isso algumas vezes —o filho pródigo recebido tão logo ele volta para casa, e não há menção de um salvador que o busca e o salva. É possível ensinar-se todas as verdades numa única parábola? A primeira parábola não fala do pastor que procura a ovelha perdida? Por que repetir o que já foi dito anteriormente? Não há sinal da operação de um poder superior sobre o coração do filho pródigo. Ele dissera de sua própria e livre vontade: 'Levantar-me-ei, e irei ter com meu pai'. Mas o trabalho do Espírito Santo fora claramente apresentado na segunda parábola, e não havia necessidade de ser apresentado novamente".

Quando olhamos para as três figuras expostas perante nós, concluímos que simbolizam toda a obra da salvação; mas cada uma, separadamente, propõe a obra, e refere-se a uma ou outra pessoa divina da Trindade:

O pastor, com muita dor e auto-sacrifício, procura as ovelhas despreocupadas e errantes;
A mulher busca a moeda de prata, insensível, mas perdida;
O pai, com o beijo de reconciliação, recebe o seu filho errante que volta para casa.

Assim, "os três esboços de vida são apenas um, e uma verdade é ensinada pelos três como um todo e, no entanto, cada um é distinto do outro e instrutivo por si mesmo. O que Deus ajuntou que nenhum homem o separe".

Um entendimento sobre a ocasião em que essa parábola incomparável, e de três camadas, foi proferida, vai nos habilitar a apreciarmos a sua mensagem central. Um experiente teólogo disse que a chave da parábola está pendurada na porta da frente, a fim de afirmar que a observação de desprezo: "Este recebe pecadores, e come com eles" (15:2) nos fornece a razão pela qual a parábola foi proferida. À medida que Jesus se aproximava do fim de seu ministério público, "cobradores de impostos e pecadores" eram atraídos a ele, e vice-versa. O tratamento justo e indignado que ele dispensou aos fariseus hipócritas deu aos rejeitados mais coragem de se aproximarem. Desde que eram sinceros em seus desejos de segui-lo, Jesus se identificava livremente com eles. Diferentemente dos fariseus, os transgressores sabiam que eram *pecadores* e precisavam ser salvos. Então, em resposta ao escárnio farisaico, sobre o receber pecadores, Jesus retratou em sua parábola o esforço da Trindade em procurá-los e salvá-los.

Pela parábola, os próprios fariseus foram apresentados condenados. Sendo supostamente intérpretes espirituais do AT, com todas as suas profecias sobre um Messias que viria ao mundo para salvar pecadores, os Fariseus acharam culpa na tarefa tão bendita que viram Jesus realizando. Na ilustração parabólica do irmão mais velho que a si mesmo se considerava justo e que tinha aquele coração frio, Jesus expôs a extrema falta de amor e compaixão do Fariseu com relação àqueles cujos pecados eram evidentes, e que, portanto, necessitavam ser tratados com graça terna e perdoadora.

O pastor e a ovelha perdida

A primeira parte da parábola de nosso Senhor não deve ser confundida com a *Parábola da ovelha perdida,* que já examinamos (Mt 18:12-14), embora as duas sigam a mesma linha. Em cada caso a associação é diferente, como o propósito. Em Mateus, Jesus se referiu ao cuidado que Deus tem para com os menores de todos, os pequeninos. Aqui em Lucas, ele magnifica a graça divina para com os perdidos e que o desejo da Trindade é o de recuperá-los. A compaixão do céu demonstrada pelo amor, que procura e recupera os perdidos, foi a última repreensão de Cristo à murmuração dos fariseus, e a maior de todas as provas de sua graça para com os rejeitados. Assim as três narrativas "foram dirigidas àqueles representantes, da excessiva religiosidade judaica oficial, que eram censuradores".

Não podemos concordar com C. H. Lang de que as três figuras desse capítulo não contenham características que sejam verdadeiras com relação ao pecador degenerado. "Portanto a figura é primariamente de alguém que se desviou e de sua restauração". Para apoiar sua teoria Lang cita Isaías 53:6: "*Todos* nós andávamos desgarrados como ovelhas"; Salmos 119:176; Romanos 3:10 etc. "Os pecadores não são a possessão do Senhor". Mas pelo fato de ele ter criado os pecadores, eles lhe pertencem. "*Todas* as almas são minhas". O escritor em questão tem o direito de fazer qualquer aplicação que considere correta, mas o fato permanece que a parábola foi proferida pelo nosso Senhor para revelar o coração divino com relação a "cobradores de impostos e pecadores" (Lc 15:1,2), e não com relação aos regenerados; embora, é claro, esses tenham se tornado recipientes da graça divina.

Hillyer H. Straton diz que poderíamos chamar as três narrativas desse capítulo de: "As Parábolas dos Quatro Verbos —*Perder, Procurar, Encontrar, Regozijar-se*". Esses quatro verbos certamente resumem para nós a ilustração do Pastor que se sacrifica. Os que ouviram Jesus usar essa figura de linguagem, ao referir-se a si próprio e à sua grande obra, estavam familiarizados com o seu uso no AT. Moisés e Davi eram profissionalmente pastores, e também tiveram essa função como líderes do rebanho de Deus. E havia as muitas referências proféticas a respeito dele que surgiria como o pastor ideal, o qual veria as multidões perdidas como ovelhas que não tinham pastor (Sl 23:1; Zc 11:16,17 etc.).

Quando o Senhor surgiu entre os homens, reivindicou para si o título de Bom Pastor. Aqui em Lucas ele *procura* as ovelhas perdidas; em João 10, ele *morre* por elas. As ovelhas perdidas em questão não são os que se desviaram e foram regenerados, como Lang afirma, mas pecadores degenerados, uma vez que o Bom Pastor deu a sua vida pelos *ímpios*. Ele veio para salvar os que estavam perdidos no pecado. Aqueles a quem Isaías se refere como ovelhas desgarradas (Is 53:6) eram os que tinham escondido os seus rostos do Senhor, que o haviam desprezado e rejeitado e por cujas iniqüidades o Pastor seria afligido e golpeado por Deus.

O que devemos entender com a referência às "noventa e nove" que foram deixadas para trás? Jesus provavelmente não teria em mente os fariseus que a si mesmos se consideravam justos, quando falou das "noventa e nove", pois, sobre essas, ele disse que eram *justas* e *não necessitavam de arrependimento* (Lc 15:7). Mas os fariseus estavam longe de serem *justos* e, por causa de seu ódio por Cristo, eles certamente precisavam se arrepender. Aqui, o nosso Senhor faz uma alusão a ele próprio quando desceu do céu, e deixou para trás a multidão de anjos que tinham mantido o seu primeiro estado e que incessantemente serviam a Deus perante o seu trono; portanto não tinham necessidade de arrependimento. Esse mundo, "um mundo de pecadores, perdido e arruinado pela queda", era a única ovelha que necessitava da encarnação e morte do Pastor.

Como a alegria da graça é um dos elementos centrais do capítulo, a pergunta pode ser feita: "Por que deveria haver *mais* alegria pelo pecador que se arrepende do que por legiões de anjos que não caíram?" A resposta é evidente. O Pastor nunca derramou o seu sangue pelos anjos. Como eles nunca pecaram, não tinham necessidade da obra sacrificial da cruz. Para a multidão de anjos, a vida e a morte de Jesus constituem um dos profundos mistérios da divindade sobre o qual eles meditam com reverência. Mas os pecadores arrependidos representam a recompensa do amor, do sacrifício e da compaixão do Pastor. Em sua recuperação ele vê o trabalho de sua alma e fica satisfeito. E porque ele fica satisfeito, os anjos se regozijam com ele à medida que os pecadores são salvos. Quanto aos "amigos e vizinhos" que se regozijam com o Pastor, esses podem simbolizar os "espíritos dos justos aperfeiçoados", assim como os salvos em qualquer assembléia do povo do Senhor, que se alegram com alegria ilimitada, quando pecadores se voltam para ele em arrependimento e fé. Que possamos conhecer o que significa compartilhar da preocupação do Pastor pelos perdidos! Se fielmente colaborarmos na recuperação deles, então, quando ele vier, como o Supremo Pastor, teremos a nossa recompensa.

A mulher e a moeda perdida
(Lc 15:8-10)

Nesses três próximos versículos, Jesus dirige uma segunda pergunta aos seus ouvintes, e o uso da simples conjunção *ou* conecta as duas seções ou figuras, quando a segunda é uma continuação da verdade central declarada na figura do pastor. O pastor que procura a sua ovelha simboliza a *ternura* divina; a mulher humilde que procura pela sua moeda de prata com tanta diligência e cuidado, é um quadro do *zelo* divino.

Depois de usar a ilustração de um *homem* que tinha perdido uma de suas ovelhas, Jesus agora se volta para uma *mulher* a qual procura algo que possui e está perdido. Pode fazer sentido a sugestão de que essa variação foi para interessar uma classe diferente de ouvintes, ou seja, as mulheres que ouviam atentamente a Jesus, e tinham pouca experiência em procurar as ovelhas perdidas. E, como ele lidava com a séria tarefa de resgatar os perdidos, vemos, através do uso da figura da mulher, o modo em que as suas "virtudes e graça femininas são necessárias para a libertação das almas que caíram —paciência, diligência e observação minuciosa— não menos do que consideramos ser as qualidades mais masculinas de coragem, empreendimento e resistência".

Além disso é muito mais natural para uma mulher procurar algo perdido numa casa, do que para um homem. Se era pobre, pois tinha de viver com economia, para fazer render ao máximo o seu orçamento doméstico, somente uma das dez moedas de prata seria uma perda considerável. Daí a sua preocupação em achar a moeda perdida.

Todavia há outra explicação para a mulher ter procurado a moeda tão intensamente. Campbell Morgan faz uma sugestão. Como a moeda de prata em questão representa, na atualidade, um quarto de dólar americano, não parece possível que fosse procurar tão diligentemente uma quantia tão pequena. A explicação que Morgan dá, de certa maneira impressionante, é esta: "As mulheres daquela época muitas vezes usavam acima das sobrancelhas uma tiara que era chamada *semedi*. Era feita de moedas que por si mesmas tinham muito pouco valor [...] Mas era uma moeda que tinha gravada a imagem da autoridade. A tiara significava noivado ou casamento. Sendo ou não monetariamente valiosa, estava acima de qualquer preço para a mulher que a usava. Isso é evidente pelo fato de que ela a procurou diligentemente, ao varrer a casa até encontrá-la". A moeda tinha valor sentimental e era um objeto elegante; por isso, a mulher a procurou com zelo e fez uma busca completa. Estava ansiosa para recuperar o que tornava perfeito o simbolismo que usava na testa.

Como as características especiais do pastor que procura a ovelha perdida tem um significado espiritual, assim também aqui com relação à mulher e sua moeda. A lição notável pode ser a mesma em cada uma dessas parábolas, mas não é apenas uma repetição, que poderia ser supérflua. Novas características são adicionadas em essência sob outra figura, com o nosso Senhor concedendo mais do que uma mera variação ornamental de imagens. Por exemplo, a ovelha se desgarrou do *aprisco,* e estava perdida no *deserto*; a moeda encontrava-se perdida em *casa,* e estava perdida, não por vontade própria, mas pela falta de cuidado ou desatenção de sua dona.

Perdida em casa! Isso implica a possibilidade da alma, preciosa aos olhos de Deus, estar perdida dentro de um lar cristão ou numa igreja. Será que há pessoas as quais estejam morando onde moramos, e freqüentando a igreja que freqüentamos, que não sejam salvas e continuam perdidas por causa da nossa indiferença? Não precisamos imitar a diligência da mulher na parábola e procurar mais intensamente a salvação dos perdidos que estão perto de onde moramos, congregamos e trabalhamos? Jesus ilustrava o seu próprio ministério de salvação entre os homens, e tentou fazer com que os fariseus sem coração vissem que, se uma mulher podia fazer todo o possível para achar uma moeda de pequeno valor, não estava ele justificado em fazer todo o possível, a fim de ganhar de volta para si mesmo os pecadores perdidos cujas almas valiam mais do que a prata? Ainda mais, se a mulher ficou tão entusiasmada por recuperar a moeda que ela mesma perdera, a ponto de chamar à sua casa as suas vizinhas e amigas para se regozijarem com ela, não tinha Jesus todo o direito de pedir-nos que nos regozijemos com ele, e com os anjos, pela restauração daqueles que se arrependem de seus pecados?

O pai e o filho perdido
(Lc 15:11-32)

Lucas faz uma transição descontraída da segunda para a terceira parábola com a expressão: "Jesus continuou". Mesmo independente das duas primeiras parábolas, essa terceira não interrompe a continuidade do que já foi dito. Todas as parábolas foram ditas para a mesma pessoa, na mesma ocasião e enfatizam a mesma mensagem: a dispensação da graça e da misericórdia. A ovelha está perdida, a prata desapareceu e o pródigo está perecendo. As primeiras duas parábolas estão em forma de pergunta; enquanto essa se apresenta em forma narrativa, quando o nosso Senhor usa um acontecimento comum de nossas vidas diárias. Jesus talvez tivesse em mente um pai e seus dois filhos que ele conhecia muito bem.

Essa terceira figura foi mencionada com muitas expressões de elogio como a "coroa de todas as parábolas" e como "o evangelho dentro do evangelho". George Murray disse sobre essa parábola, a qual permanece incomparável dentro de toda a literatura, que é "a narrativa mais divinamente terna e mais humanamente tocante, jamais contada na terra". Charles Dickens referiu-se a ela como "a melhor de todas as pequenas narrativas jamais escritas". Cosmo Lang escreveu a respeito dessa poderosa imagem espiritual: "Considerada mero fragmento da literatura humana; no entanto, é uma expressão incomparável da paciência e generosidade com as quais o amor humano tolera e triunfa sobre a obstinação e loucura humanas". Arnot diz dela: "Dentre as parábolas, essa do *Filho pródigo* é notável pela grandeza do seu todo e pela beleza primorosa de suas partes". A. R. Bond acredita que poderia ser chamada "Parábola do Pai Despojado — é inigualável na literatura pela sua ternura, graça e capacidade de despertar sentimentos. Jesus sabia como tocar as cordas do coração". Notemos que, ao iniciar o relato, a Bíblia não considera um *pródigo* esse filho que abandonou o lar paterno.

O duplo propósito dessa parábola, que "permanece única e eleva-se acima de todas as obras humanas, antigas ou modernas, em magnificência e beleza", é sinalizado nos primeiros dois versículos do capítulo, ou seja, o amor e a compaixão de Cristo pelos pecadores perdidos, e a sua repreensão aos fariseus pela sua atitude de censura aos pecadores. A parábola é aberta com uma referência a *dois* filhos, que não eram gêmeos, e também certamente não formavam uma dupla. João e Judas eram dois dos discípulos, mas não constituíam uma dupla como Davi e Jônatas formavam. O filho mais moço, o pródigo, sempre representará os que estão em desgraça; no entanto, o que se assemelha ao mais velho, sempre permanecerá como um padrão de decoro.

Quando olhamos de forma mais ampla, descobrimos que a parábola possui três níveis: a rejeição ao lar, a volta ao lar e a recepção na chegada ao lar. Certo escritor fez esta colocação —*em casa; longe de casa; de volta ao lar*. Vemos o filho pródigo com saudade de casa e inclinado a retornar. Os seus dois pedidos, imensamente diferentes um do outro, foram: *Dá-me* e *Faz-me*. Vejamos o primeiro pedido que ele fez com relação à sua porção dos bens do pai, e sabia que lhe pertencia por causa da lei (Dt 21:17). De acordo com essa determinação judaica sobre a herança, se houvesse apenas dois filhos, o mais velho receberia duas porções, e o mais moço um terço de todos os bens móveis. Um homem podia, enquanto vivesse, conceder tudo o que possuísse, se assim o quisesse. Se fosse para ele exercer o seu direito, como o que concede o dote, e diminuir a parte dos filhos mais novos, ou se fosse para que já ficassem com ela, isso podia ser feito somente se ele já estivesse próximo de morrer. Ninguém com saúde perfeita podia diminuir a porção legal do filho mais moço, a não ser pelo direito que tinha para conceder um dote. Na parábola, o filho mais moço possuía o direito legal à sua parte, embora não pudesse reclamá-la enquanto seu pai vivesse. Assim, como Edersheim expressa a situação: "O pedido devia ser visto como se ele estivesse pedindo um favor", o qual o pai lhe concedeu, e os dois filhos receberam as suas porções de direito.

Ao desejar uma falsa independência, o filho mais moço pegou a sua porção e partiu para uma terra distante. O cobrador de impostos e os pecadores *chegavam-se* a Jesus, mas o jovem rebelde deliberadamente partiu para uma terra distante e tornou-se um desperdiçador. A "terra longínqua", disse Agostinho de maneira resumida, "é o esquecimento de Deus". Representa aquele estado a que Paulo se referiu como "separados da vida de Deus". Tudo o que o jovem insatisfeito queria fazer, era encher o seu estômago e viver para satisfazer os seus desejos carnais e sensuais. Ele "desperdiçou os seus bens, vivendo dissolutamente". Mas, com a perda de tudo o que tinha, veio também a perda dos supostos amigos, porque "ninguém lhe dava nada". Ele gastara muito com eles, mas os tais o abandonaram quando ele se encontrava na mais terrível necessidade. Como essa condição é real na vida! Reduzido à pobreza, foi forçado a procurar trabalho e o achou no chiqueiro de porcos. Os judeus que ouviam a Jesus estremeceram com a expressão "apascentar porcos", porque para eles não existia humilhação maior do que essa. Por render-se aos seus apetites desenfreados, o pródigo foi levado a um estado tão humilhante que satisfaria a sua fome, comendo as cascas e vagens que alimentavam os porcos.

Como ficam humilhados os homens —e mulheres— quando se identificam com apetites animalescos e alimentam-se do lixo do mundo, como fazem os animais! Felizmente a narrativa muda, e ele, "caindo em si, foi para seu pai". Próximo de morrer de fome, o rapaz pensou em sua casa, com todo o seu conforto e sua despensa repleta. A condição de dificuldade extrema induziu-o a refletir. Vincent, em sua obra *Estudos da Palavra*, diz que "esta expressão notável —caindo em si— coloca o estado de rebelião contra Deus como uma espécie de loucura. É uma obra de arte maravilhosa representar o início do arrependimento como o retorno à condição de estar sadiamente consciente". A miséria mexeu com a razão, e um pecador está a meio

O pai e o filho perdido

caminho, na estrada da salvação, quando volta a cair em si.

A decisão do rapaz, iludido e empobrecido, de voltar para casa, nos leva ao seu próximo pedido: *"Faz-me"*. Após preparar o seu pedido, ele se levantou e foi até o pai, que estava preparado para o momento em que o seu menino pródigo voltasse, pois "quando ainda estava longe, viu-o seu pai", o que parece mostrar que ele viu o filho antes que este o contemplasse. Que toque precioso Jesus deu à narrativa, quando disse que o pai entusiasmado *correu* para encontrar-se com o seu menino faminto, esfarrapado e com os pés doloridos! O filho estava tão cansado que não podia correr, mas o seu pai já idoso esqueceu-se de sua idade e dignidade e correu para encontrar-se com o filho errante. *Compaixão*, aqui, significa que suas entranhas se comoveram; o coração do pai bateu rápido. Que vislumbre temos aqui do interior do coração de Deus! Em seu desejo ardente de dar as boas-vindas ao pecador arrependido que retorna a ele, adianta-se mais da metade do caminho para encontrar-se com ele.

O filho pródigo não teve condições de expressar todo o pedido que havia preparado, quando se encontrasse com seu pai. Os beijos de seu pai sufocaram os lábios do filho que estava de volta ao lar, e aquilo era tudo o que importava. O texto original dá a idéia de que o pai "o cobriu de beijos". Ele tinha muitas vezes olhado ao longo da estrada, na espera desse momento, e agora a sua explosão de compaixão e a manifestação ilimitada e transbordante do abraço paternal terno eram provas do seu amor que não se extinguira pelo filho perdido. Isso é muito sugestivo com relação ao procedimento de Deus quando dá as boas-vindas ao pecador arrependido. Uma vez envolvido em seus braços paternais os pecados não lhe são mais computados. Deus "despeja o passado dentro do esquecimento".

Depois da desilusão de ter perdido tudo e da humilhação por tudo aquilo que havia enfrentado naquele país distante, o filho pródigo sentiu que não era mais digno de ser chamado filho e assumiu a atitude de pedir ao seu pai que o fizesse ser como um dos seus servos contratados. Mas o seu pronunciamento de contrição não se completou. O pai não aceitou aquela parte do pedido, e tão logo seu filho chegou em casa ele o oficializou novamente em sua plena condição de filho. Seus trapos foram retirados dele, e foi-lhe dada "a melhor túnica", ou "a *primeira* túnica" —símbolo da veste de justiça que o pecador arrependido recebe de Deus. Essa melhor túnica significava que o filho havia sido oficialmente restabelecido à sua posição e aos seus direitos originais. Você se lembra dessas linhas de George Macdonald, em seu livro *Obras de Arte da Poesia Religiosa?*

> Meu Senhor, eu não tenho roupas para vir a Ti;
> Meus sapatos estão furados e partidos pelo caminhar na estrada;
> Estou rasgado e desgastado, ferido pelo aguilhão,
> E sujo por arrastar minha carga fatigante.
> E mais preciso de Ti. Verdadeiramente, como o filho pródigo,
> Eu cambaleio e compareço perante Ti, meu Senhor.

O anel, símbolo da união dos corações que pai e filho tinham experimentado, foi colocado no dedo; e as sandálias adornaram os seus pés quase nus. Só os membros da família usavam calçados —os escravos andavam descalços. Esses eram portanto os sinais de que ele estava restaurado em sua posição de filho. Em seguida, trouxeram o bezerro que fora engordado para alguma festa especial e alegre. Jesus conhecia os costumes rurais e usou esse conhecimento sobre o bezerro, em referência à alegria do pai pela recuperação de seu filho. Os comentaristas se referem ao significado espiritual desses detalhes de maneiras diferentes: a túnica —a justiça de Cristo; o anel —o símbolo de autoridade e que inspirava confiança; o calçado —o emblema de filiação; a festa —a ceia do Senhor. Sobre a festa Arnot diz: "Aponta para a alegria de um Deus perdoador por um homem perdoado, e a alegria de um homem perdoado por um Deus perdoador".

O anúncio das boas-vindas, tão cheio de sentimentos maravilhosos de compaixão, está repleto da importância moral da volta do filho. Ele retornou uma pessoa diferente daquela que era quando abandonou o lar. Imagine a alegria do pai em recebê-lo, sem dúvida, um filho que estava morto, mas que agora revivera; estava perdido para o pai, mas agora fora encontrado, tanto pelo Pai celestial como pelo terreno. Goebel diz: "Em todas as três parábolas, uma condição moral é *simbolizada* pelo estar perdido e uma conversão moral pelo ser achado; e isso é especialmente evidente na terceira parábola, onde o estar perdido é igual a partir da casa do pai para uma terra distante, partida esta que o filho fez por sua própria escolha, e o ser achado é igual ao retorno ao pai por resolução própria".

O pai pensou que o seu filho estivesse "morto" em virtude da sua alienação e vergonha de mandar notícias. Talvez a sua morte física seria mais fácil de suportar. Na esfera da graça, o arrependimento significa passar da morte do pecado para a vida de justiça. "Perdido" e "achado", termos comuns a todas essas três figuras, expressam também o pecador que abandona a terra distante (do pecado) para voltar à casa do Pai. Butterick diz que esse vocábulo *perdido* "rebate como uma bola de advertência e apelo [...] Jesus raramente chamava seus ouvintes de *pecadores*; ele os chamava de *perdidos*" (Mt 10:6; 15:24; 18:11; Jo 17:12). Multidões incontáveis ainda estão perdidas no pecado, mas o nosso Deus é o Deus dos perdidos, e anseia pelo seu retorno.

A alegria dos que estavam em casa, que simboliza os sinais externos de alegria no coração dos filhos de Deus quando os pecadores são salvos, despertou a curiosidade do irmão mais velho que voltava dos campos. Essa última imagem que Jesus acrescentou aqui foi dirigida contra os escribas e fariseus, os ritualistas de coração frio que criticavam a simpatia do Filho de Deus pelos pecadores. Os dois filhos mencionados no início da parábola (Lc 15:11) agora reaparecem com grande diferença de caráter. Na harmonia da comemoração cheia de júbilo, que acontecia na casa por causa de um ente querido que fora restaurado à virtude, ao lar e às bênçãos, surge o rugir da discórdia, causada pelo ranger de um orgulho e inveja diabólicos. Poderíamos até sentir que um final tão amargo não deveria ter integrado uma narrativa tão doce.

Esta narrativa do filho pródigo começa com o filho mais moço longe de casa, e o mais velho presente em casa (embora ele nunca estivesse "em casa"), mas termina com o mais novo em casa e o mais velho recusando-se a entrar em casa. Na verdade, o mais velho era tão "pródigo" quanto o seu irmão. O filho mais moço voltou de uma terra distante para o coração e o lar de um pai. O mais velho partiu para a terra distante do estar satisfeito consigo mesmo e do ressentimento malhumorado. A Bíblia diz que ele "não

O pai e o filho perdido

queria entrar"; não diz se no final ele se arrependeu de sua atitude mesquinha e entrou para completar o círculo de uma família feliz.

O desprezo que esse irmão mais velho sentiu é mostrado pelo fato de que ele não entrou em sua casa para perguntar ao seu pai sobre o que era toda aquela festa, mas abordou "um dos criados". Vemos claramente que a alegria da casa era estranha e sem dúvida repulsiva para o irmão mais velho, na forma como ele tratou o seu irmão. Por duas vezes o pai feliz disse "teu irmão". *Irmão*, esse amante de meretrizes, meu irmão —nunca! E de forma rude e desdenhosa, ele disse a seu pai: "Este *teu* filho". Desprezo, amargura e amargo sarcasmo estão contidos dentro do seu ato de trazer à lembrança os pecados de seu irmão, em suas cores mais carregadas e escuras. Ellicott diz: "A própria expressão 'este teu filho', demonstra uma malignidade concentrada".

O pai queria que o seu menino mais velho recebesse o irmão que retornara como um "irmão", exatamente como ele o recebera de volta como um "filho". Foi muito comovente o apelo final do pai, através do qual assegurou ao filho mais velho que (o filho) nunca compreendera as intenções de seu pai ou da família de seu pai, quando disse: "Filho, tu sempre estás comigo, e todas as minhas coisas são tuas", ou, mais literalmente, "tudo o que é meu é teu". Mas a Bíblia não diz se esse apelo ao amor fraternal foi bem-sucedido.

Não há dúvida de que Jesus intencionava que os fariseus, os quais sempre murmuravam a seu respeito, vissem nesse esboço que ele deu sobre o *irmão mais velho* uma lição de moral. Salmond comenta: "Se as parábolas anteriores lhes revelam como deveriam agir (os fariseus), essa mostra que eles (pai e pródigo) tinham agido da maneira correta". Em todo o acervo da literatura não é possível encontrar uma exibição de reprovação dura, mas ao mesmo tempo educada, de uma só vez tão simples e efetiva, como a imagem da atitude de orgulho, de autojustificação dos escribas e fariseus, representada na figura do irmão mais velho. Na definição de Arnot: "Todos os excessos do filho pródigo não lhe fecharão a entrada do céu, pois ele veio arrependido até seu pai; mas todas as virtudes do irmão mais velho não poderão fazê-lo entrar no céu, pois ele acalentou o orgulho em seu coração, e escarneceu de seu pai, por negligenciar o seu valor". Essa parábola ensina claramente que o Salvador chama pecadores, e não os que a si mesmos se consideram justos, ao arrependimento —embora esses precisem se arrepender tanto como aqueles, se não mais. Resumindo as lições importantes da *Parábola do filho pródigo* (que tem feito mais para ganhar os filhos pródigos e os desviados de Deus, do que qualquer outra parte da Bíblia), fazemos três perguntas:

Quem é o pai nessa narrativa? Não vemos no terno pai e perdoador o nosso Pai celestial cujo amor é mais vasto do que a mente humana possa medir? Não temos aqui a imagem mais bela e atraente de um Deus perdoador, jamais desenhada na terra? O evangelho que temos para pregar é a mensagem que fala de um Deus que ama e está ansioso para perdoar completamente e restaurar pecadores à comunhão Consigo mesmo —a trazer os filhos pródigos da posição humilhante em que se encontram e colocá-los entre os príncipes! Que evangelho!

Quem é o pródigo nessa narrativa? Todos os que rejeitam o amor de um pai e desperdiçam os bens que lhes foram dados por Deus, numa vida rebelde, são *pródigos*. Não é preciso que as pessoas se vistam com trapos para serem classificadas como pródigas. Podem ser muitas vezes encontradas entre as que têm condições financeiras para usarem seda e cetim, mas cujo coração e caminhos estão entregues à carnalidade vulgar. Como Butterick nos relembra: "A terra distante é distante em muitas direções; não é distante em quilômetros, mas em motivação. Até um ministro do evangelho pode ser um exilado da casa de seu Pai".

Os que a si mesmos se consideram justos estão tão perdidos aos olhos de Deus quanto os maiores dissolutos desse mundo. Nesse capítulo, a palavra *perdido,* em cada parábola, não está tão relacionada à condição daquele que está perdido, quanto à agonia do coração daquele que o perdeu. O pastor sofreu mais do que a ovelha desviada; a mulher sofreu mais do que a sua moeda, que não tinha vida nem sentimento; o pai tinha uma profundidade de agonia que nenhum de seus filhos podia compartilhar. É assim também com Deus, cujo coração que ama comove-se com profunda compaixão pelos que estão perdidos no pecado e não entendem a angústia de seu coração (de Deus).

Quem é o irmão mais velho nessa narrativa? Com certeza ele representava os fariseus, que se ressentiram do interesse de Cristo pelos pecadores; e os que, na Igreja primitiva, olharam com desconfiança a admissão dos gentios. Houve aqueles discípulos em Jerusalém que, imediatamente após a conversão de Paulo, "o temiam, não acreditando que fosse discípulo" (At 9:26). Em nosso próprio meio os irmãos mais velhos são os que, em sua presunção, acham que são suficientemente bons para entrarem na casa do Pai, e não têm necessidade de serem "achados" ou de "reviverem". Para eles as atividades, no sentido de salvar almas, são muito desagradáveis. É difícil perceberem que toda sua justiça própria não é nada mais do que os trapos de imundícia de um pródigo aos olhos de Deus.

Multidões de pecadores, salvos no céu e na terra, bendizem a Deus pela parábola incomparável do filho pródigo, resplandecente com todas as glórias da graça e do amor divinos. Que possa, com a sua mensagem de esperança e chamamento à fé, ser ainda usada para convidar e ganhar miríades, daqueles que vagam sem rumo, de volta ao coração e ao lar do Pai.

Parábola do mordomo infiel
(Lc 16:1-13)

Esta outra parábola, peculiar a Lucas, é ainda uma parte daquela memorável conversa de sábado à tarde na casa de um fariseu, que vem desde o capítulo 14 até 17:10. A simples palavra *kai* (gr., *também*), omitida em algumas traduções (16:1), revela que essa parábola foi dirigida particularmente aos discípulos de Cristo. A sua mensagem também teve o propósito de chegar aos ricos dentre os escribas e fariseus, como aos ricos dentre os cobradores de impostos e pecadores que decidiram tornar-se seus discípulos. Vemos pela reação dos fariseus, amantes do dinheiro, que a parábola afetou a sua consciência. "Os fariseus, que eram avarentos, ouviam todas essas coisas, e zombavam dele" (16:14). O termo *avarentos* usado aqui e por Paulo (2Tm 3:2), literalmente significa "amantes do dinheiro". Aqueles fariseus sentiram o peso da parábola de Cristo e mostraram sinais visíveis de escárnio, aos quais ele retrucou com uma repreensão eficaz. "Um pequeno grão de consciência os fez

Parábola do mordomo infiel

azedar". O amor ao dinheiro, e não o dinheiro em si mesmo, é a raiz de todos os tipos de males, e era a motivação que movia os fariseus. A parábola de Cristo expôs essa motivação.

Por ser incomum, essa parábola é submetida, mais do que todas as outras, a interpretações e explicações variadas e divergentes. O literalismo excessivo tem convertido a parábola num labirinto de sutilezas. Teorias fantásticas têm sido extraídas de cada expressão, deixando atrás de si um registro patético de desperdício da imaginação —patético, porque muitas dessas interpretações representam um abuso lamentável da justa reverência devida a todas as palavras de Cristo. Através dessa parábola, Jesus denunciou uma transação fraudulenta. Por ser a personificação da Verdade, Honestidade e Justiça ele não poderia usar um bandido, como o mordomo infiel, a fim de chamar a atenção para a moral da narrativa ou enfeitar uma fábula. Cristo não elogiou a trapaça, mas sim a *astúcia* daquele mordomo. Butterick diz que o nosso Senhor usou aquele homem como um "exemplo de recurso, não como um exemplo em matéria de corrupção [...] Ele preencheu a sua paisagem com um desfile variado de tipos, nem todos de bom caráter. Uma história terrena, mesmo possuindo como objetivo um significado celestial, tem de usar pessoas da terra, e essas não são modelos de perfeição".

O ponto central da parábola é que um rico, talvez um de quem Jesus já ouvira falar antes, era alguém muito astuto que prestava bastante atenção aos seus negócios e mantinha os seus empregados sob controle vigilante. Os infiéis eram imediatamente despedidos, e ele elogiava os que eram astutos no crime, sem repreendê-los severamente. O mordomo era alguém que cuidava de si mesmo, pois era sábio em sua geração. Os devedores concordaram com as suas espertas providências, pois contribuíam para os seus próprios bolsos. A explicação mais simples dessa parábola é que Jesus a usou em referência à astúcia do mundo, e ensinar uma lição de prudência espiritual. Quanto aos detalhes da fraude do mordomo, esses não têm importância intrínseca. Tudo o que Jesus realizou, foi dar a capacidade daquele homem de prever as coisas e a sua agilidade no agir —que foram ímpias em sua aplicação— como ilustração das qualidades que devem existir na vida dos verdadeiros discípulos.

A imagem de um *mordomo*, que Jesus já usara anteriormente (Lc 12:42), é utilizada em referência à função dos apóstolos e de todos os que são chamados para ministrar a Palavra de Deus. Todos esses são "despenseiros dos mistérios de Deus" e têm de ser achados fiéis (1Co 4:1,2). Os fariseus, como intérpretes oficiais da lei, eram supostamente os *mordomos*, e todos os verdadeiros discípulos devem se comportar como tais nessa função. Os bens do Mestre não devem ser desperdiçados. Talvez os fariseus não tivessem "desperdiçado os seus bens numa vida rebelde", mas aqui lhes é mostrado que havia outras formas, não com meretrizes, de desperdiçarem os "bens" que lhes foram confiados.

Quando desdobramos a parábola, vemos que o Senhor condena os fariseus pelo mau uso das responsabilidades que lhes foram dadas por Deus. Eles eram culpados do mesmo pecado do filho pródigo, à medida que deixavam de usar o que o Todo-Poderoso lhes havia confiado, para a sua glória e o bem dos homens. Como mordomos, não apenas dos mistérios, mas do dinheiro, dos privilégios e oportunidades que os bens materiais trazem, eles teriam de prestar contas a Deus no futuro. Na primeira parte da parábola (versículos 1-4), o nosso Senhor ensina que as riquezas e a influência podem ser usadas de tal maneira que, ao chegar as adversidades e alguém se empobrece, aqueles que foram socorridos por essa pessoa quando ela estava em dias de prosperidade, agirão como amigos, no momento de seu aperto. Deus requer que os seus mordomos e servos ajam com verdade e retidão em todos os seus afazeres. Somente assim poderão receber a recompensa quando forem prestar o último acerto de contas.

A negociação que o mordomo fez com os devedores de seu senhor revelou o seu verdadeiro caráter. Ele não tinha integridade e fidelidade quando exercia a sua função. Ao procurar redimir-se da vergonha de ter sido despedido, reduziu os débitos que deviam ao seu senhor, para que então ficassem gratos a ele. Esse mordomo prudente não se importava com os interesses de seu senhor, nem pelo que ele reclamava, com justiça, de seus devedores (versículos 5-8). Jamais esqueçamos que não foi Jesus quem elogiou o ato fraudulento do mordomo, mas o senhor mencionado na parábola. O Senhor Jesus não pode tolerar alguma prática contrária aos seus caminhos santos e justos. Hoje em dia os homens são culpados de reduzir o que Deus requer, com respeito à santidade e à verdade, porque fazem uma falsa avaliação das exigências divinas, e assim ensinam aos outros. Os homens podem nos louvar quando fazemos o bem para nós mesmos, mas aquilo que o mundo pode ter em alta estima, pode ser uma abominação aos olhos de Deus, pela falta do princípio de justiça.

Ao aplicar essa parábola aos seus discípulos, o Senhor lhes disse que aprendessem uma lição sobre a prudência e o prevenir-se de antemão, atitudes essas muitas vezes presentes nos homens bem-sucedidos do mundo. Porém, ao mesmo tempo, eles deveriam constantemente evitar agir baseados em princípios de conduta que fossem obscuros. "Granjeai amigos com as riquezas da injustiça, para que, quando essas vos faltarem, vos recebam eles nos tabernáculos eternos" (Lc 16:9). O que exatamente significa *riquezas* ou *mamom*? Na Versão Síria a palavra significa "dinheiro", ou "riquezas", e é usada para contrastar o culto de adoração ao dinheiro com o de adoração devida a Deus (Mt 6:24). Mamom, o símbolo da riqueza, era o que o rico na parábola possuía, mas "o mamom da injustiça (i.e., a ausência da bondade) não é nem moral nem imoral, mas amoral. Jesus não disse aos seus discípulos que fizessem amigos que tivessem riquezas materiais, mas que usassem dessas riquezas para fazerem amigos. Eles deveriam usar o dinheiro de tal forma, que não fosse somente para si próprios, mas para ganharem amigos pessoais. Daí, então, quando olhassem para além desse mundo, no qual os homens podem acumular riquezas, se eles as perdessem, aqueles amigos que tinham feito através das riquezas os receberiam nos tabernáculos eternos. Aqueles, cujas vidas foram enriquecidas pelo uso prudente das riquezas, saudariam os que as deram, quando estivessem do outro lado da vida. Muitos homens ricos não *deixariam* tanto para trás, se apenas tivessem feito mais amigos através de seu dinheiro.

A lição aqui, então, é clara. As riquezas, a influência, a posição, o conforto ou as oportunidades devem ser usadas aqui na terra de maneira que nunca sejam esquecidas na eternidade. Os mordomos de Deus, generosos, nunca perderão a sua recompensa. Terão amigos pela eternidade porque usaram prudentemente os seus recursos desse mundo no espírito do amor cristão. Basicamente devemos prestar contas ao nosso Senhor divino por todos os dons, sejam terrenos ou espirituais, que ele nos tenha confiado para que os administremos como mordomos. Campbell Morgan nos relata uma experiência que teve quando ficou uma vez na casa de um cristão rico. Uma manhã, durante as orações em família, aquele devotado membro da igreja orou eloqüente e ternamente pela salvação dos pagãos e pelos missionários. Quando terminaram as orações, o pai ficou bastante assustado quando um de seus filhos, um menino de dez anos, lhe disse:

"Pai, eu gosto de ouvi-lo orar pelos missionários". O pai, satisfeito, replicou: "Fico contente que você goste, meu filho". Então, deixando o seu pai um tanto constrangido, disse: "Sabe o que eu pensei enquanto o senhor orava? Se eu tivesse a sua conta no banco, eu responderia a metade das suas orações".

Nossa escolha fica entre duas motivações —amor pelas posses em si mesmas, que é amor a si mesmo e resulta no esquecimento dos outros, ou o uso delas como algo que nos foi confiado por Deus, para beneficiar outras pessoas, e para a glória do Doador de todos os excelentes dons. Muitos não conseguem desfrutar do seu *mamom*, porque o relacionamento que têm com ele é deteriorado pelos escrúpulos e repreensões de sua consciência. Essas pessoas também não conseguem desfrutar de Deus, porque a missão que ele deu é atrapalhada pela indulgência dos seus desejos ilícitos.

A última lição de nosso Senhor é a de que a manifestação do bom senso ou prudência constitui-se no teste da fé. Se o que temos, seja muito ou pouco, for usado por nós com fidelidade, como servos, e for também utilizado como um exercício de fidelidade, então aquilo que temos será suficiente para nos prover dos recursos de valor eterno. O critério para a recompensa na eternidade será a fidelidade (Ap 2:10). Nosso Senhor elogia a fidelidade, porque produz a prudência e também a conduz. Em todo o tempo os discípulos devem se comportar como responsáveis perante um Mestre divino, com relação tanto às coisas pequenas como as grandes; tanto nos negócios desse mundo como nos dons espirituais. E, na eternidade, os que forem beneficiados pelo seu ministério, ou seu dinheiro, ou ambos, serão a sua alegria e coroa de regozijo. "Os que forem sábios (astutos como o mordomo), resplandecerão como o fulgor do firmamento, e os que a muitos ensinam a justiça, refulgirão como as estrelas sempre e eternamente" (Dn 12:3). Dons e graças, usados na obra de Deus, trazem uma satisfação no presente e servem para construir um memorial na eternidade.

Parábola do rico e Lázaro
(Lc 16:19-31)

Esta parábola extremamente séria nasceu da zombaria dos fariseus com relação ao ensinamento da parábola que tinham ouvido dos lábios de Jesus (Lc 16:14). Aqueles líderes religiosos possuíam uma vida de luxo, e viviam no amor ao dinheiro e nos prazeres que a riqueza podia comprar. No entanto, zombaram do conselho sobre a melhor maneira de usar os bens materiais em benefício de outras pessoas, de tal forma que conquistassem recompensas eternas. O seu dinheiro lhes pertencia e eles não queriam algum conselho de Jesus sobre como usá-lo corretamente. Surgiu então essa parábola, a qual ensina sobre o terrível fim daqueles que vivem apenas para satisfazer os seus próprios desejos, pecaminosos e egoístas. Os "bens" (Lc 16:25) que lhes pertenciam seriam muito aproveitáveis no mundo, mas a confiança foi traída e o resultado de uma vida, da qual eles abusaram, levou-os ao inferno.

Inicialmente notamos, como diz Sell, que "esta parábola não desejava, como objetivo primário, enfatizar as terríveis conseqüências pelo abuso das riquezas e, pela atitude sem coração, do desprezo aos pobres, mas declarar que os homens não podem organizar e harmonizar, obedecendo aos seus próprios interesses, a reverência a Deus que professam ter e o amor que possuem em satisfazer os seus próprios prazeres; que os valores externos não são indicadores infalíveis quanto ao caráter; que os critérios de avaliação de Deus são justos e (talvez o mais importante de tudo); que os hábitos, cultivados por muito tempo, acabam fixando o caráter, para bem ou mal, no tempo e na eternidade".

Há alguns escritores que não consideram essa narrativa, peculiar a Lucas, uma *parábola*. Sustentam que não é chamada "parábola", pois apresenta nomes. Nunca são dados nomes em todas as outras parábolas de nosso Senhor. Ele não tinha o costume de inserir nomes em seu ensino parabólico. O rico e Lázaro eram personagens reais; possivelmente Cristo os conhecia, e a sua história, nesse mundo e no porvir, é solenemente localizada por Jesus com o objetivo do proveito moral dos homens em todos os lugares. Abraão, Moisés e o Hades são realidades, não figuras de linguagem. Mas se a narrativa era uma história real, por outro lado os fatos são apresentados em forma simbólica e os "símbolos são as sombras projetadas das realidades".

Antes de examinarmos a série de grandes contrastes e suas aplicações, devemos afirmar que o rico não foi para o inferno porque era rico, e nem Lázaro foi para o seio de Abraão porque era pobre. Há multidões de pessoas no céu que uma vez foram ricas, exatamente como há miríades de pessoas no inferno, que uma vez foram pobres. Nem abundância nem pobreza determinam a condição eterna de ninguém. Somente o nosso relacionamento com Jesus decide a nossa felicidade ou aflição eternas.

O contraste na vida. Que extremos na vida social o nosso Senhor apresenta nessa parábola! O "certo homem rico" é conhecido como *divas*, o termo em latim para "rico". A tradição lhe deu o nome de *Ninevis*, e o seu contraste com Lázaro é o ponto central da narrativa. Esse homem sem nome, até onde a Bíblia fala dele, era rico, pois pertencia a uma família abastada. Não há dúvida de que os seus cinco irmãos, tão ricos quanto ele, formavam todos um dos grupos de magnatas mais ricos das redondezas. Por causa de suas riquezas, o rico podia vestir-se do melhor que havia, e comer e beber com muita fartura todos os dias.

Embora o rico e sua família fossem ímpios, afastados de Deus, nada é dito sobre ele ser totalmente depravado. Ele não é apresentado como o culpado de algum pecado notório, ou um monstro da sociedade. Ele não é colocado diante de nós como um tirano ou um opressor dos pobres. Se fosse notoriamente egoísta ou sem caridade, jamais teria permitido a Lázaro que ficasse à sua porta, dia após dia, pedindo esmolas. Sem dúvida ele vivia uma vida luxuosa e cuidava de si mesmo, mas não é condenado por causa de sua riqueza. Ele foi para o inferno porque não percebeu que Deus o havia feito o seu procurador, com riquezas e influência que poderiam ser usadas para a glória do Todo-Poderoso e o benefício espiritual e material do seu próximo.

Parábola do rico e Lázaro

Portanto foi a sua perversidade e não a sua riqueza que lhe trouxe o sofrimento eterno. O seu egoísmo, não o seu apetite pelas coisas carnais (nenhum ato notório de malignidade, mas por deixar de ter Deus como o centro de toda a sua vida), foi que o fez ficar debaixo da condenação daquele a quem ele devia tudo o que possuía. Não há vícios ou crimes lançados em sua conta. O seu pecado foi que ele só vivia para o presente.

Falando agora de Lázaro, ele é notório por ser essa a única vez que Jesus dá um nome a uma personagem de sua parábola. Porém, uma parábola pode conter um nome próprio (Ez 23:4). Ele podia ser realmente um mendigo que Jesus, os discípulos e os fariseus conhecessem, mas o significado do seu nome sugere que o objetivo em mencioná-lo foi simbolizar a miséria externa de alguém que não tinha qualquer outro auxílio senão Deus. *Lázaro* significa "Deus tem ajudado", ou "Deus é aquele que ajuda". A palavra *mendigo* traz em si a idéia de pobreza, mais do que de mendigar. Em contraste com o rico, ele era pobre e nada possuía: o rico se vestia de púrpura e linho fino, e o mendigo com trapos; o rico vivia numa mansão imponente, e o mendigo fora colocado à porta daquele casarão, por amigos que se condoeram dele; o rico tinha um corpo sadio e bem alimentado, e o mendigo estava cheio de chagas; o rico vivia suntuosamente *todos* os dias, e o mendigo vivia das migalhas que caíam de sua mesa; o rico tinha médicos que cuidavam dele, e os cães lambiam as chagas de Lázaro.

Contudo o mérito de Lázaro não estava no triste fato de ser pobre, incapaz e doente. Um mendigo pode ser tão vil e sujo no coração quanto no corpo. Não, o pensamento precioso é que enquanto jazia à porta do rico, contemplando com olhos famintos as migalhas que lhe traziam, ele aprendeu a estar contente. Como filho de Abraão, ele achou em Deus o seu auxílio. Como um pensionista, dependendo da generosidade divina, ele sabia que o seu pão e a sua água estavam garantidos. No final, ele foi para o Paraíso, não porque era pobre e doente; mas porque, apesar de sua condição lamentável, ele havia servido a Deus, e encontrado constante auxílio nele. Resta-nos o mistério por que foi permitido que um homem bom como Lázaro ficasse tão privado de bens materiais e doente. Se Deus era o seu auxílio, por que ele não foi aliviado de sua miséria? E também por que foi permitido a uma pessoa tão egocêntrica e egoísta, como o rico, que possuísse tamanha riqueza? Essas perguntas não foram respondidas por Jesus, que na parábola procurou focalizar a atenção de seus ouvintes sobre a séria lição de que a vida a qual vivemos na terra determina nossa condição eterna.

O contraste na morte. Os dois homens que Jesus apresentou foram tão opostos na morte, quanto tinham sido na vida. Como a morte do mendigo vem primeiro na narrativa, pensemos primeiro nela. Tudo o que Jesus disse sobre ele foi: "Morreu o mendigo". Nada é dito sobre o seu funeral. Tão pobre, não tinha condições de deixar algo que pudesse pagar um sepultamento decente. Ele teve um funeral ou o seu cadáver doente e magro foi lançado rude e insensivelmente pelos funcionários públicos no campo do oleiro? Nas palavras do hino inglês eles:

> Sacudiram os seus ossos
> Sobre as pedras;
> Ele é apenas um pobre
> Que não pertence a ninguém.

Campbell Morgan diz que os mendigos do tipo de Lázaro não eram sepultados. "Quase que inevitavelmente as pessoas apanhavam o corpo desconhecido, sujo, e o carregavam apressadamente, no início do amanhecer até chegarem a Tofete, Geena, o monte de lixo e refugo que ardiam em fogo, onde o lançavam. Essa era uma realidade conhecida na época, e o próprio fato de que não somos informados sobre Lázaro ter sido sepultado, nos leva a crer que este foi o seu fim". Mas, embora o seu corpo tenha tido um fim desonroso, os anjos vieram e o levaram ao Paraíso. Aqueles guardiões angelicais dos justos escoltaram o espírito de Lázaro ao mundo da felicidade, pois sabiam o caminho para lá.

Mas com o rico foi diferente. Ele faleceu, como todos têm de morrer, sejam ricos ou pobres, mas "foi sepultado" e, sem dúvida alguma, teve um funeral imponente, com pranteadores alugados, e todo o esplendor de aflição que ele tinha condições de pagar. No entanto, embora o seu corpo fosse transportado para um túmulo ornamentado com todas as honras devidas, a sua alma estava solitária, quando partiu da terra. Não apareceu uma escolta de anjos para acompanhá-lo às regiões onde estão os abençoados. Ele foi diretamente para o inferno, a fim de ali suportar o tormento. Para ele, mesmo sendo judeu, não havia uma plenitude de felicidade angelical, um lugar de descanso no seio de Abraão. Todo o esplendor ostensivo do rico não lhe pôde comprar o cavaleiro do cavalo branco, nem assegurar-lhe a felicidade eterna, dalém túmulo. Em sua morte, o rico era mais paupérrimo do que Lázaro jamais fora. Ele foi para a eternidade, nu, despojado de tudo o que tinha possuído e com a terrível conscientização de que jamais possuiria uma herança eterna. Como seria diferente se Deus, e não o ouro, estivesse em primeiro lugar em sua vida!

O contraste na eternidade. Ao vir da eternidade, não havia alguém mais capaz do que o Filho Eterno para abrir o véu que separa o mundo material do invisível. Com conhecimento divino, ele podia falar com autoridade sobre a vida futura. O que então estava implícito em seu uso da figura de linguagem judaica, *Hades,* que é o termo grego para "inferno"? O vocábulo significava o lugar dos espíritos que partiram, o mundo não visto dos mortos, tanto bons quanto maus. Esse reino, único e grande, era dividido em duas esferas —o seio de Abraão, ou Paraíso para os justos; e o "inferno", a morada dos injustos. Quando Cristo ressuscitou, procedente do Paraíso e subiu às alturas, levou cativo o cativeiro, o que significa que esvaziou aquele lugar e levou consigo todos os prisioneiros, que viviam na esperança, para a casa do Pai. Agora, quando um crente morre —ausente do corpo, ele está presente com o Senhor!

A outra esfera, o Hades —inferno— permanece e é a morada temporária das almas perdidas. Todavia o inferno dará lugar ao Lago de Fogo que será o depositário final de todos os que morreram sem Cristo (Ap 20:14). Estar no "seio de Abraão" significa encontrar-se perto do santo patriarca, a fim de compartilhar o seu estado de bênçãos. Como um filho de Abraão, Lázaro agora desfruta de estar próximo dele como coherdeiro e companheiro. O rico o considerara um rejeitado de Deus, mas no mundo invisível ele é altamente honrado como amigo do pai da fé, a quem Deus chamou de seu "amigo".

O que não se pode negar quando lemos a descrição de nosso Senhor, da vida além, é que seja um estado de existência consciente com o uso contínuo de nossas faculdades. Para Lázaro, o Paraíso era um lugar e um estado de alegria extrema e de comunhão celestial. Para o rico, o inferno era o lugar e a condição de remorso, sofrimento e aflição. Evidentemente, no Hades, como existia na época em que Jesus proferiu esta parábola, as duas esferas divididas estavam próximas uma da outra, porque o rico podia ver Abraão ao longe e Lázaro perto dele, ao seu lado.

O contraste entre as duas almas que partiram foi dado por Jesus, quando disse que Lázaro "é consolado e o rico atormentado". A palavra para *confortar* é *parakaleo*, da qual temos paracleto, a designação usada para o Espírito Santo, o con-fortador divino. A palavra significa "chamar para perto", e Lázaro fora chamado para perto de Abraão e de Deus, em quem ele confiara. O rico, atormentado, suplicou a Abraão que mandasse Lázaro aliviar a sua angústia. Isso significa que além do espaço vazio, o qual divide os dois lugares, as vozes podiam ser ouvidas distintamente. Com perfeita inteligência espiritual, Abraão sabia tudo sobre a prosperidade do rico, como sobre a miséria de Lázaro, e disse ao primeiro que se lembrasse do passado. E aquela lembrança constituía o seu inferno e era a chama que o atormentava. O nosso Senhor então prosseguiu e disse que o seio de Abraão era um exemplo que denotava a impossibilidade das almas perdidas irem para o céu, ou dos salvos visitarem o inferno. O espaço vazio é intransponível.

Consciente de sua condenação o rico pediu que Lázaro fosse liberado por algum tempo, para atuar como evangelista junto aos seus cinco irmãos, que estavam a caminho do mesmo lugar de tormento. Ele não suportava a idéia de estarem juntos novamente, no inferno. Mas Lázaro, que uma vez fora mendigo, agora companheiro de Abraão, não seria bem-sucedido. Mais tarde outro Lázaro ressuscitou dentre os mortos. Que efeito a sua ressurreição teve sobre os fariseus ricos e contentes consigo mesmos? Tentaram matá-lo. Por fim Jesus morreu e reviveu, e com que resultado? Aquelas mesmas pessoas não mudaram a sua atitude com relação a Cristo, como ficou provado pelo seu esforço em matar todos os que o seguiam.

"Têm Moisés e os profetas", que os seus irmãos os ouçam. Nada espetacular ou milagroso pode causar qualquer efeito sobre as vidas humanas, se não crerem em Jesus e obedecerem à Palavra de Deus. Não temos qualquer luz, além da revelação divina. O rico pensava que algo sensacional poderia constituir-se num apelo à consciência dos seus cinco irmãos perdidos. Mas nada, além da revelação dada nas Escrituras do AT, poderia evitar que viessem a dividir com o seu irmão a mesma condenação. Se as parábolas de Lucas 15 falam da misericórdia e compaixão de Deus com relação ao arrependido, essa que acabamos de analisar apresenta, de forma muito clara, a justiça e a justa indignação com relação aos que morreram sem arrependimento (Rm 1:18). As grandes lições que ficaram para nós deveriam ser seriamente consideradas por todos:

O homem não pode servir a dois senhores. Se ele ganha o mundo e perde a sua alma, a sua perda será eterna.

A escolha feita na terra determina a vida futura; e essa escolha é definitiva. A sepultura não pode fazer qualquer milagre para mudar isso.

A personalidade continua no futuro —sentimentos, conhecimento, visão, raciocínio e memória. Essas faculdades nos auxiliarão na nossa felicidade, ou acrescentarão mais dor ao nosso tormento?

O céu e o inferno são reais, e o nosso destino eterno não depende de riqueza ou pobreza, mas do nosso relacionamento com Jesus Cristo, que veio como profetizado por Moisés e pelos homens de Deus como o Salvador do mundo.

Parábola da semente e dos servos inúteis
(Lc 17:1-10)

É de certa maneira surpreendente que alguns dos melhores comentários, tal como *The parables of our Lord* [*As parábolas de nosso Senhor*], de Goebel, omitam completamente qualquer referência a essa pequena parábola, mas tão importante. Kirk, G. H. Lang, Newberry, Keach, Sell e outros passam por cima dela. No entanto Trench tem um estudo de grande ajuda sobre ela. Talvez eles sintam que, em comparação com muitas outras parábolas, essa não deva ser colocada no rol das mais importantes. Mas, se teve o propósito de ser uma advertência aos discípulos, para que não ficassem presunçosos por possuírem o poder da fé (Lc 17:6), então certamente é uma parábola importante de ser estudada. Sem dúvida muitas das outras parábolas têm outros atrativos superiores, e essa é negligenciada por alguns escritores, porque as suas lições não são tão saborosas quanto as outras alegorias do Mestre, ou por causa de alguma dificuldade em sua interpretação. Godet e Bruce descartam esse trecho de Lucas como "recorte no fundo da pasta".

Embora a ilustração parabólica da "semente de mostarda" já fosse usada antes por Jesus, é repetida aqui num novo e distinto pronunciamento para os seus, o que nos leva à ligação entre a parábola e a conversa que a precedeu. Normalmente há algum acontecimento, pergunta ou circunstância que geram uma parábola. Aqui não há somente uma ligação entre a parábola e o ensinamento que fora dado antes, mas há também uma perfeita união. A lição dos versículos 1 a 6 passa para a parábola nos versículos 7 a 10. Jesus falara para os seus discípulos sobre as inevitáveis ofensas na forma de oposição, ímpia e maliciosa, do mundo contra o seu evangelho e os que o proclamavam, mas deixou clara a culpa dos responsáveis por tais ofensas (1-2). E então os admoestou para que cultivassem uma atitude de amor e perdão, pronta para perdoar, sem se importar quantas vezes fossem ofendidos.

Mas os apóstolos, conscientes das dificuldades que o coração humano tem de cumprir tal mandamento, pediram: "Aumenta-nos a fé". O sofrimento da guerra que teriam de manter e o desejo de um descanso e de uma recompensa no futuro, provavelmente tomaram conta da mente dos discípulos; por isso veio essa parábola sobre o dever de servirem ao Mestre, sem pensar em descanso ou recompensa. Fossem quais fossem as provas que eles teriam de enfrentar, os seus seguidores deveriam obedecê-lhe completamente e, como ele, vencerem pelo sofrimento.

No uso que nosso Senhor faz da ilustração parabólica do grão de mostarda, além do que temos aqui (veja nossa exposição de Mateus 13:31,32), ele enfatiza o tipo de fé que os seus discípulos precisariam para suportar as provas que viriam, e para obedecer às suas ordens. Queriam mais fé para que fosse nivelada na mesma altura que todas as exigências, mas Jesus viu que eles não precisavam de *quantidade*, mas de *qualidade*. Não um aumento de fé que traria alguma recompensa pelos resultados, quando exercida, mas uma fé que, como um grão de mostarda que tem em si o princípio de vida, a tornaria maior do que qualquer outro poder. Esse tipo de fé viva está convencido da existência de Deus, consciente de

Parábola da semente e dos servos inúteis

uma experiência de relacionamento com ele, e se preocupa em estar completamente submisso à sua vontade. Prosseguindo a partir do seu ensinamento com relação à qualidade da fé que capacita uma pessoa a fazer o que aparentemente é impossível, ele introduziu a sua parábola com a expressão: "Qual de vós?"

Se os seus discípulos recebessem mais fé, qual seria o resultado disso sobre eles? Será que ficariam orgulhosos por suas vitórias de fé, ou permitiriam que tais conquistas os fizessem mais do que nunca os escravos do Mestre? Quando ele os enviou para uma missão, eles voltaram com grande alegria e disseram, exultantes: "Até os demônios se nos submetem". Eles glorificaram o que tinham realizado, não aquele que tinha tornado aquilo possível. Portanto o Senhor os repreendeu e disse-lhes para se regozijarem não pela submissão dos demônios, mas sobre o fato de que eles eram "os cidadãos do céu de onde Satanás já tinha caído".

Portanto a parábola tem como objetivo prevenir contra o perigo sutil de nos sentirmos satisfeitos com o serviço que prestamos, e contra a esperança de que seremos recompensados por tê-lo feito. Nos quatro versículos que formam a parábola, Jesus gravou sobre os seus a·natureza árdua e incessante do serviço que lhes era requerido, e o espírito e o temperamento em que tal serviço seria executado.

Com respeito à representação parabólica que sucedeu a lição de nosso Senhor sobre a qualidade correta de fé, Calvino diz: "O resumo dessa parábola é que desde que Deus tem o direito absoluto de dizer que tudo pertence a ele, até nós mesmos, não importa com quanto zelo desempenhemos um nosso dever qualquer, não poderemos comprometê-lo conosco por dever-nos algo que merecemos, porque, uma vez que somos dele, ele jamais estará em débito conosco [...] Todos os que acham que merecem algo das mãos de Deus, como se ele estivesse ao seu dispor para lhes dar o que quiserem, são culpados de arrogância pecaminosa".

Para o servo trabalhador, a única maneira de alcançar ou obter uma fé maior é manifestar uma obediência firme e perseverante, embasada na humildade (Lc 17:9, 10). Uma poderosa fé pode ser gerada através da humildade e da obediência, as duas irmãs gêmeas desenvolvidas na parábola. Veremos agora os quatro versículos onde localizaremos a necessidade destas virtudes:

1. *Em todas as coisas, como servos, devemos estar sujeitos a Deus* (Lc 17:7). O termo para "servo" ou "servos" significa escravo. Por repetidas vezes em suas parábolas, o nosso Senhor usou o termo "servo" para se referir a escravo, e essa também era a designação preferida que Paulo dava a si mesmo quando escrevia, para dizer que era "o escravo do Senhor Jesus Cristo". Como servos, não pertencemos a nós mesmos. Pertencemos a ele, que nos comprou com o preço do seu sangue. Porque somos "a possessão adquirida por Deus", não temos qualquer título de posse sobre nada do que possuímos. Deus tem todo o direito sobre tudo o que um cristão é, tem, e pode fazer. Porque somos dele, devemos ficar totalmente à disposição do Mestre. O nosso tempo pertence totalmente a ele, e não há dias de folga ou feriados no seu serviço. Por sermos cristãos, devemos ser *cristãos* enquanto vivermos. Ele exige *tudo* de nós, *sempre*. "Deus tudo deu, possui tudo, e tem direito a tudo". Pertencemos a ele por direito da criação, pela redenção e porque entregamos nossas vidas a ele.

"Arar e alimentar o gado" são figuras parabólicas do trabalho espiritual para o qual Cristo chamou os que são seus (Jo 21:16; At 20:28; 1Pe 5:2). O fato de ter arado os campos ou alimentado o gado, não garante um refrigério e uma recompensa imediatos. Antes do servo sentar-se para comer, ele tem outra tarefa a cumprir, ou seja, preparar a refeição de seu senhor. O trabalho de um escravo nunca termina. Ele precisa estar sempre à disposição, se o seu Mestre o chamar. Mesmo cansado, ele sempre terá a obrigação de servir.

2. *Devemos empregar toda a nossa energia no seu serviço* (Lc 17:8). O senhor considerara com razão tudo o que o servo já havia realizado por obrigação, e agora exige ainda mais obediência dele e um trabalho adicional. As necessidades do senhor deviam ser satisfeitas em primeiro lugar; depois, no devido tempo, o servo podia comer. "Cinge-te, e serve-me, até que tenha comido e bebido, e depois comerás e beberás tu". Já dissemos que o comportamento altivo do senhor face ao seu escravo cansado e faminto, e a atitude aparentemente de falta de consideração com a qual ele recebeu todo o trabalho que já fora feito, tudo isso contradiz o nosso ensino em geral. Como um tipo assim de senhor pode ser uma representação de Deus? Taylor diz que essa parte da parábola, a qual relata "a grosseria e ingratidão do senhor, pertence ao que pode ser chamado 'o lado cego' da parábola. Ela pertence ao que pode ser chamado a cortina da parábola, e a essa parte não devemos dar importância".

As palavras, até certo ponto rudes, adquirem um novo significado quando comparadas com o lado celestial que Jesus apresentara anteriormente, tendo em vista que ali o Senhor se cingia e servia os seus discípulos (Lc 12:35-37). A parábola que analisamos revela o árduo trabalho do cristão na terra, em servir ao Senhor a comida e a bebida que consiste em ver a vontade do seu Pai ser realizada entre nós (Jo 4:32-34). No céu, os servos fiéis compartilharão de sua alegria (Ap 3:20). Que mesa festiva ele estenderá à nossa frente! No momento estamos ainda debaixo da nossa obrigação para com o Senhor, e devemos estar completamente à sua disposição, sem precipitação, mas também sem descanso. Quando chegarmos ao céu, o Senhor cuidará de nós com gratidão e afeição.

3. *Não temos direito a algum elogio ou recompensa especiais por obedecermos* (Lc 17:9). "O único limite para o dever do servo", diz Cosmo Lang, "é a vontade do seu senhor; não há uma situação em que ele possa achar que já fez o suficiente e tenha o direito de descansar; o servo está sempre em débito no que diz respeito ao seu trabalho; mas o Senhor nunca está em débito quanto a recompensá-lo". O homem que idolatra o seu dever, poderá se satisfazer quando o tiver completado, e esperar o louvor dos outros; mas os escravos não têm direito a agradecimentos. Será que o nosso Senhor desejava neutralizar o veneno sutil da justiça própria que pretendia se insinuar nos corações de seus discípulos? Eles lhe haviam perguntado: "O que, então, haverá para nós?" e haviam pedido por altas posições no seu reino vindouro (Mt 20:21).

As recompensas nos são prometidas, mas não trabalhamos para o Senhor, simplesmente para recebê-las. Como escravos, o servimos, porque pertencemos a ele e porque o amamos. Mas sendo aquele que tem todo o direito a que O sirvamos, ele não tem qualquer obrigação de nos agradecer pela nossa obediência. É preciso muita graça para cantar:

Não pediremos alguma recompensa,

Parábola do juiz iníquo

A não ser continuarmos te servindo.

4. É exigida de nós uma humildade sem fingimento (Lc 17:10). Nosso Senhor aplica agora a parábola aos seus discípulos. "Os apóstolos estavam presunçosos quanto à obediência que já tinham prestado, e esse sentimento era fortalecido pelo que eles tinham visto quanto à obstinação vergonhosa de outras pessoas (16:16); aqui o Senhor os desvia desse raciocínio". Mesmo que rendamos uma obediência perfeita ao Senhor, essa, que seria a fidelidade extrema, nada seria mais do que o cumprimento de nossa obrigação. Porque não existe excesso de mérito em um cristão, mesmo depois de ter feito o seu melhor, ele ainda permanece um servo inútil. Depois de desempenharmos perfeitamente o nosso dever, ainda continuaremos destituídos do mérito perante Deus, que lida conosco não na base do mérito, mas da graça. As estrofes dos versos seguintes são de Tennyson :

Pois o mérito sobrevive de homem para homem,
E não do homem para Ti, ó Senhor.

Não podemos edificar algo sobre o nosso valor ou trabalho. Quando os escravos fazem o máximo, porque são escravos, eles não têm mérito algum. O cristão mais devotado de todos é um servo inútil, porque não amou e nem confiou em Deus como deveria ter feito. Se esperamos agradecimentos por ter cumprido o nosso dever, isso mostra que o nosso coração não está no dever. Nosso Senhor espera que todos os seus servos cumpram o seu dever harmonizados com ele na mente e na vontade. Tendo em vista tudo o que ele realizou a nosso favor, e entesourou para nós, devíamos sentir, por mais árduo que seja o trabalho e por mais caros que sejam os sacrifícios.

Somos servos inúteis;
Mesmo sendo servo inútil,
Na alegria ou na tristeza permite-me seguir-Te.

Não há uma melhor maneira de concluirmos nossa meditação sobre essa parábola, do que citarmos o resumo que Wm. M. Taylor nos dá: "Embora a parábola, à primeira vista, pareça nos apresentar Deus sob uma ótica repulsiva, como um simples senhor de escravos, podemos ver, agora que chegamos ao seu fim, que só podemos concordar com as exigências da parábola depois que percebemos como (pelo seu amor) ele se preocupa conosco. Assim, do começo ao fim, essa alegoria tem como sua base invisível exatamente a graça que parece ignorar. Eu não posso dizer 'sou um servo inútil', enquanto não for um homem redimido; e quando chego a ser um homem redimido, não sou mais um mero servo, mas um filho que trabalha por amor, e não simplesmente por um senso de obrigação. A vocação cristã requer que façamos mais do que os não-cristãos; mas também nos dá, no amor de Cristo, uma motivação que não nos permite estarmos satisfeitos em fazermos apenas o que os outros fazem".

Parábola do juiz iníquo
(Lc 18:1-8)

Essa parábola forma um par com a *Parábola do amigo importuno* (Lc 11:5-13), e também ensina a necessidade de oração paciente, persistente e perseverante. Ambas se harmonizam em sua estrutura, embora tenham sido proferidas em circunstâncias diferentes. Em ambas existe um raciocínio baseado no contraste completo e infinito entre Deus e o homem, e a evidência de que o Senhor cede aos argumentos e persuasão dos santos. Portanto as duas parábolas são estreitamente semelhantes por fazerem a mesma comparação e o mesmo contraste entre o que esperamos da natureza humana, mesmo imperfeita, e o que podemos esperar de Deus. Ambas nos conduzem à mesma conclusão que Deus não falha para conosco, como os amigos fazem às vezes.

Sob o ponto de vista das dispensações, essa parábola está relacionada com os últimos dias (Lc 17) e o grande momento crucial do fim e as circunstâncias dolorosas que o remanescente piedoso de Israel enfrentará naquela época. Naqueles dias de apostasia anticristã, quando a cristandade e o Judaísmo estarão de mãos dadas na mais fundamental das iniqüidades, os que permanecerem fiéis a Deus, não terão outro recurso além da oração. Daí o apelo dessa parábola que fala sobre a oração. Certamente Deus tomará vingança contra os males cometidos aos remanescentes piedosos, e julgará os seus opressores; mas, enquanto eles esperam por libertação, a oração perseverante será o seu refúgio e o fonte de sua paciência.

Há algo mais que distingue essa parábola das outras, e essa característica que ela compartilha com a que vem em seguida, a do *Fariseu e do cobrador de impostos*, é, diferentemente das outras, o seu propósito declarado no início, e o princípio de interpretação no final. Por que Jesus proferiu essas notáveis parábolas, as duas únicas registradas em que o motivo pelo qual foram proferidas é estabelecido? Ambas estão relacionadas com a oração. A do *Juiz iníquo* revela a atitude de Deus em relação à oração do homem. No seu começo lemos: "Jesus contou-lhes uma parábola sobre o dever de orar sempre sem jamais esmorecer". A próxima parábola revela um homem que ora, e começa assim: "Jesus disse essa parábola a alguns que confiavam em si mesmos, crendo que eram justos, e desprezavam os outros" (Lc 18:9).

O propósito da *Parábola do juiz* era o de ensinar a perseverança na oração. Deus certamente responderá, mesmo que pareça, por algum tempo, que ele não nos ouve quando pedimos. Há duas características que devem ser notadas sobre o tipo de oração fervorosa que devemos fazer. Antes de mais nada devemos orar *sempre*, o que significa "continuamente". Precisamos estar "presentes na oração". Muitas orações são como garotos levados que batem na porta e depois correm. Eles se afastam muito antes das portas serem abertas. Porém não devemos apenas pedir, mas continuar pedindo, buscando e batendo até que a porta do céu se abra. Em nossa oração constante devemos ser específicos como aquela viúva, pois ela, dia após dia, se dirigia ao juiz com o mesmo pedido. Nossas orações são muitas vezes muito genéricas e sem meta.

E, quando orarmos, jamais devemos "esmorecer". Nunca sejamos desencorajados se a nossa oração não for respondida imediatamente. Se passarmos por alguns perigos e a ajuda der a impressão que foi protelada, nosso espírito não deve enfraquecer nem sucumbir. A oração que o Senhor nos exorta a praticar tem de ser respondida por ele. Pessoas com coração reto são muitas vezes provadas pela demora divina em responder às orações, e são tentadas a abandonar a disposição de orar. Para todos os que estejam nessas condições, essa parábola tem uma mensagem de encorajamento.

Na parábola do juiz duro de coração e insensível, ele é apresentado como um homem sem princípios.

Parábola do juiz iníquo

Ele não temia a Deus nem tinha consideração pelos homens. Uma viúva da mesma cidade fora tratada injustamente por um inimigo e veio a ele pedir justiça. Embora a sua causa fosse justa, ele não deu atenção ao seu caso. Mas ela persistiu, voltando sempre com o mesmo pedido, até que finalmente o juiz decidiu fazer-lhe justiça, não porque ele se importasse com a justiça, mas simplesmente para livrar-se daquela viúva que o importunava tanto. Não houve outro motivo que o fizesse agir a não ser esse. Grandes contrastes são apresentados aqui! Arrogância e impotência extremas —e, no entanto, a impotência venceu no final. Quando procuramos dividir a parábola temos:

A Viúva Importuna,
O Juiz Injusto,
O Juiz Divino e Justo.

Viúva importuna. As viúvas têm um lugar de destaque na Bíblia. Na época de nosso Senhor eram, até certo ponto, desprezadas, e constituíam presa fácil para qualquer homem que não tivesse princípios. Eram pobres e portanto não tinham alguém para protegê-las e resgatá-las. Sua única esperança era recorrerem aos que administravam a justiça para que interviessem a seu favor. Quase sempre despertavam pena e, por isso, a sua impotência em defender-se era reconhecida com misericórdia pela lei judaica. "A nenhuma viúva afligireis" (Êx 22:22-24; Dt 10:18; 24:17). A religião pura inclui o cuidado para com as viúvas em sua aflição (Tg 1:27).

Não nos foi revelado qual era a sua causa urgente. Ela fora injustiçada e buscava apenas justiça na questão com o seu adversário. O juiz era insensível e não tinha pena; no entanto, a viúva "ia ter com ele" —"vinha continuamente" (Lc 18:3), como devemos ir ao trono da graça se o nosso pedido inicial não for atendido. Insistia tanto que, finalmente, o juiz sem coração cedeu e resolveu atendê-la, "para que enfim não volte, e me importune muito". Os discípulos provavelmente riram, quando ouviram esse toque de humor. Bem, a sua persistência prevaleceu e, no final, conseguiu do relutante juiz a justiça de que precisava e merecia.

Juiz iníquo. A conduta desse juiz testifica "A desorganização e corrupção generalizadas da justiça que prevaleciam sob o governo da Galiléia e Peréia na época". Não há dúvida de que o caso que Jesus apresentou aqui tenha sido extremo. Porém havia representantes da lei cuja consciência estava morta. O que temos aqui era um homem que não tinha Deus. Ele não era religioso e nem mesmo humanitário. Nunca se preocupava com Deus ou com os homens. Cuidava apenas de si mesmo. Como judeu ele agia em contradição à lei, a qual decretava que se estabelecessem juízes nas cidades, em todas as tribos, e proibia rigorosamente juízos distorcidos, acepção de pessoas ou subornos (Dt 16:18,19). Esse juiz era descaradamente corrupto. Ele justificou a viúva somente porque o importunava e ele não queria ser molestado fisicamente.

A característica notável dessa parábola, a essa altura, é que o juiz viu a si mesmo da mesma maneira que Cristo se referiu a ele. Jesus disse sobre ele: "Certo juiz que não temia a Deus nem respeitava o homem". Levado a agir por causa da persistência da viúva, lemos que o juiz "disse consigo: Ainda que não temo a Deus, nem respeito os homens". Disse consigo! Esse juiz injusto não pensava em Deus nem na viúva —apenas em si mesmo, preocupado em não ser forçado a fazer o que quer que fosse. Esse homem tinha prostituído uma posição privilegiada.

Juiz divino e justo. Examinando como nosso Senhor aplicou essa sua parábola, torna-se surpreendente que ele tenha comparado os negócios de Deus não com os de um bom homem, mas com os de um homem mau e sem Deus, e essa característica apenas dá ainda mais poder à parábola. Há um contraste muito grande entre tudo o que o juiz era e o que Deus não é. Tudo o que Deus é, o juiz não era. Deus é exatamente o oposto em caráter a tudo o que o juiz era. Quando dividimos o ensinamento da parábola em partes menores, temos, primeiramente, a boa vontade de Deus em ouvir e responder aos pedidos dos que lhe pertencem. "Não fará Deus justiça aos seus escolhidos, que clamam a ele de dia e de noite, ainda que os faça esperar?" Por causa da soberania e onisciência de Deus, ele responde às orações segundo a sua própria vontade. Ele se restringe à "perfeição do seu próprio Ser e pela permissão humana". A expressão "fazer justiça", referindo-se ao juiz injusto, e aqui a Deus, significa a efetivação de sua vingança, não no sentido de *vingança*, mas de *justificação* ou *justiça*. Quando tratados injustamente, os seus eleitos podem estar certos de que ele os justificará.

"Clamam de dia e de noite" expressa a mesma idéia da ordem do Senhor sobre "o dever de orar sempre". Se o injusto juiz, por fim, reagiu ao lamento da viúva simplesmente para se ver livre dela, não responderá Deus, que é completamente justo, às orações dos que lhe pertencem, que trabalham debaixo da injustiça e opressão? Se um simples sentimento egoísta prevaleceu sobre o homem perverso, muito mais ainda os santos podem esperar de Deus.

Se a importunação e a perseverança da viúva finalmente prevaleceram, muito mais ainda essas virtudes prevalecerão com relação a Deus. Se estamos bem com Deus, saberemos que da mesma forma que ele nos elegeu, também nos fará justiça e nos responderá. Podemos esperar um tratamento melhor da parte de um Deus de amor, do que de um juiz sem coração.

"Ainda que os faça esperar". O juiz suportou por muito tempo a viúva e, às vezes, Deus parece também estar indiferente às nossas petições. George Müller orou por mais de cinqüenta anos pela salvação de um amigo, até que ele se converteu. Muitas vezes a interferência humana é o maior obstáculo para que as nossas orações sejam respondidas. Além disso, um dos propósitos da oração que Deus demora a atender, é a fortificação da nossa fé e da nossa paciência. Não sabemos o tempo e os caminhos de Deus. "Ele tudo fará" (Sl 37:5). Deus não tem que acordar no meio da noite; ele também não é egoísta; ele não se nega a ajudar de forma abundante. Quando aparentemente Deus segura a reposta aos pedidos de seus filhos, ele faz isso com sabedoria e amor.

"Quando, porém, vier o Filho do homem, achará fé na terra?" Aqui o Senhor retorna à mensagem profética do capítulo anterior. Quando ele voltar para destruir toda a injustiça do mundo, será que encontrará ainda alguma fé na terra? Com Certeza! Haverá muita fé depositada em objetos falsos. A fé entregue aos santos será um artigo raro. Nosso dever supremo, apesar de toda oposição e tribulações, é manter a fé —"tende fé em Deus" (Mc 11:22-24).

Nossa palavra final é que a viúva não prevaleceu por causa de sua eloqüência ou por sua elaborada petição. Suas palavras foram poucas, somente seis: "Faz-me justiça contra o meu adversário". Seu clamor foi curto e explícito. Ele nada disse sobre a sua condição como viúva, sua família ou sua opinião sobre o juiz iníquo. Tudo que ela queria era justiça contra o seu adversário. J. D. Drysdale disse: "As palavras usadas em orações são desajeitadas. Geralmente é usada uma abundância de palavras para expressar uma falta de desejos. As palavras proferidas em público não são melhores que uma miserável folha de figueira que cobre a nudez de uma alma adormecida. Vamos reservar as longas orações para os nossos lugares secretos, e as curtas para a congregação. Quem sabe fiquemos sob a mesma condenação do homem que se levantou para orar por si mesmo!"

Deus nos assegura que ouve e responde nossas orações e isso deve nos incentivar a pedir insistentemente. Os elos da corrente que nos ligam ao céu e traz o céu até a terra, são os elos das nossas orações:

Uma sensação de necessidade pessoal;
Um desejo de receber o que Deus vê que precisamos;
Uma fé inabalável que ele tem o que necessitamos;
Uma confiança que, apesar de demorar a nos conceder, ele deseja que não desistamos;
Uma crença firme que pedindo, crendo, receberemos.

Parábola do fariseu e do cobrador de impostos
(Lc 18:9-14)

Como mostramos em nossa introdução à parábola anterior, o propósito dessa foi o de desmascarar os que se julgavam justos e desprezavam os outros. Sobre o termo "alguns" entendemos tratar-se não apenas dos fariseus, contra quem a parábola era particularmente dirigida, mas também "aos discípulos em quem o temperamento dos fariseus tinha certo domínio". O verbo "desprezar", tal qual usado por nosso Senhor, diz respeito ao egoísmo religioso que os fariseus personificavam em uma das formas mais repulsivas. O termo literalmente significa "considerar nada", expressão que Paulo muitas vezes empregava (Rm 14:3; 1Co 16:11 etc.). Devemos guardar o que temos de melhor contra a depreciação dos outros, mas precisamos nos precaver de pensar sobre nós mesmos além do que convém. Calvino, quando escreveu sobre essa curta, porém muito procurada parábola, disse: "Cristo reprova e condena dois pecados: a confiança indevida em si mesmo e o orgulho em desprezar os outros —um derivando do outro; porque quem quer que engane a si mesmo através de uma falsa confiança, com certeza se considerará superior aos outros. Não é de admirar que tal pessoa despreze os seus semelhantes, uma vez que até mesmo para com o próprio Deus se dirige arrogantemente. Mas todo aquele que está inchado por tamanha autoconfiança, insolentemente guerreia com o próprio Deus, uma vez que o seu favor não pode ser obtido senão por meio de uma completa renúncia de nós mesmos, e uma dependência simples de sua misericórdia".

Antes de analisarmos o fariseu e o publicano separadamente, vamos compará-los e contrastá-los juntos, tal qual nosso Senhor os retrata nessa conhecida parábola que somente Lucas registra. Campbell Morgan informa que as parábolas as quais geralmente tocam mais profundamente o coração do homem são as que encontramos no evangelho de Lucas, a crônica do segundo homem de Deus e do último Adão. Por ser um escritor grego, Lucas retrata Jesus em toda a perfeição de sua natureza humana. Isso talvez explique o apelo que algumas de suas parábolas têm ao coração humano.

Os dois homens que subiram para orar no templo são diferentes em caráter, credo e na forma de autoexame. Ambos se apresentam diante do Santo Deus, mas com uma diferença radical de atitude. Aqui estão dois indivíduos amplamente apartados um do outro, tanto em seu modo de viver como na opinião que o público tinha deles. Os dois são representantes de duas classes —(o primeiro) os arrogantes mantenedores da lei e (o segundo) os desprezados transgressores da lei. As duas personagens são apresentadas em detalhe, sem confusão ou ambigüidade. Cada uma é retratada em suas próprias características, marcantes e distintas umas das outras. Ainda assim, suas características não são diversas. Pontos de semelhança e diferença podem ser identificados. Um não era bom e o outro era ruim —ambos eram semelhantes e, no início da parábola, igualmente pecadores. Enquanto a forma exterior de seu pecado era oposta, o caráter essencial de pecaminosidade era o mesmo. Arnot é quem nos lembra da forte semelhança entre os dois homens e os dois filhos que foram instados por seu pai a trabalhar em sua vinha (Mt 21:28-32), quando afirmou: "O fariseu disse e não fez; o publicano não disse e nem fez. O fariseu fingia uma justiça que não possuía; o cobrador de impostos não professava justiça e nem a possuía. Enquanto um mantinha a aparência de santidade, mas negava o seu poder, o outro negava a aparência e o poder da santidade [...] Um era hipócrita, o outro mundano [...] Ambos sobem ao mesmo tempo, para o mesmo lugar, a fim de orar e, ao fazê-lo, tomam a mesma atitude: permanecem de pé enquanto oram [...] Ambos olham para dentro de seu coração e vida, e do julgamento formado; ambos determinam a forma e o conteúdo de suas orações. Os dois se entregam à tarefa do autoexame e as orações que seguem são a sua conseqüência [...] Um encontrou em si mesmo apenas o bem, o outro achou em si somente o mal".

1. *Atitude e oração do fariseu*. Como são diferentes no espírito e no objeto da oração esses dois homens! No templo, um se gabava e estava cheio de auto-recomendação; o outro buscava misericórdia e era honesto em sua autocondenação. Que estudo sobre orgulho e humildade esses dois homens nos oferecem! A primeira coisa que notamos na oração do fariseu, feita na hora usual determinada pela tradição, no templo, é sua postura orgulhosa. Ele "apartou-se e assim orava". Ao notar o publicano, quando esse entrou no templo à mesma hora, o fariseu rapidamente assumiu uma posição distintamente separada. Ele não apenas permanecia de pé sozinho, mas orava para consigo mesmo. Uma oração como essa, encharcada de orgulho, jamais alcançaria os ouvidos de Deus.

O fariseu permanecia em pé sozinho, porque não era o tipo de homem de se misturar com a multidão de adoradores que não foram feitos para estarem em sua companhia. O publicano, porém, orava sozinho porque se considerava indigno de associar-se com as outras pessoas; o fariseu olhava ou falava consigo mesmo. O deus que adorava era o orgulho, como podemos perceber nas palavras de sua oração. Duas palavras são usadas para *ficar de pé*. Quando Jesus usou essa expressão, para distinguir a atitude do fariseu (que assumiu o seu lugar, ostensivamente), sugere uma posição de orgulho, de segurança própria e autosatisfação. Já com o cobrador de impostos, "ficar de pé" significa que ele assim o fazia com a cabeça abaixada e o semblante arrependido —A atitude cabisbaixa da contrição. Ao orar consigo mesmo, o fariseu usou trinta e quatro palavras para as sete do publicano, uma oração quase sete vezes maior. Era uma oração ilustre, graças aos seus cinco *eus*. Conseqüentemente, era uma oração de autocongratulação, cheia de "justiça própria, que é tão nociva como o pecado assim como a humildade penitente é uma graça essencial" e não subiu além do belo teto do templo em que foi feita.

O corpo da oração mostra como o fariseu apoiava-se em sua moralidade negativa para a justificação. Ele movia-se em um círculo, cujo centro e circunferência eram o próprio eu. Ignorante da justiça divina, ele estabeleceu sua própria justiça e só podia alegar o que não era, o que fazia, e como era melhor que os outros. Veja como ele desfila seus méritos diante da presença de Deus! Listando suas abstenções do mal e informando aos céus sobre as suas virtudes, ele prosseguia: "Ó Deus, graças te dou porque não sou como os demais homens".

Não havia algum sentimento humilde do que ele devia a Deus, nem agradecimento pelo que Deus tinha feito por ele, ou dado a ele; nenhuma palavra de louvor, por sua divina bondade. Suas ações de graça tinham a forma de autogratificação. Que espetáculo encontramos aqui! Um homem orando, e ainda assim sem nenhuma gratidão ou adoração a Deus. Ele nada pediu, nada confessou e nada recebeu. Uma tradição judaica informa que todo verdadeiro fariseu devia agradecer a Deus a cada dia de sua vida por três coisas:

1. ele não era gentio;
2. ele não era plebeu ou cidadão romano comum;
3. ele não tinha nascido mulher.

"Não sou como os demais homens". Essa jactância orgulhosa na verdade significa "o resto da humanidade". O fariseu não comparava suas próprias imperfeições com a perfeição infinita do Eterno, mas com as imperfeições que ele imaginava maiores de seus semelhantes. Ele olhava com orgulho, sem nenhuma piedade, para a maioria dos homens que eram pecadores e sabiam disso. Paulo, outrora fariseu de fariseus, confessou ser ele mesmo o principal dos pecadores. Em seu esforço para exibir a sua própria pureza ornamental, o fariseu enumerou três formas manifestas e articuladas do mal. Ele não era um:

"Roubador", um oficial que tinha direitos legais, mas que injustamente forçava o oprimido a dar mais do que devia;

"Injusto", como aqueles que deveriam agir com justiça no cotidiano da vida, mas não o faziam;

"Adúltero", o transgressor mais atrevido tanto das leis divinas como humanas —o pecado associado à vergonha mais do que qualquer outro. Não havia algo na parábola que sugerisse que o fariseu fosse culpado de qualquer um desses vícios. Como ele mesmo confessou, provavelmente estava livre desses pecados. Como se purificasse do pecado de uma só vez, o fariseu agradeceu a Deus em um tom de desdém por não ser:

"Nem ainda como este cobrador de impostos". O fariseu reconheceu o publicano e, conhecedor do caráter dele, sabia que era culpado de todos os três pecados e portanto jamais faria parte de sua classe. Mas o fariseu errou, ao pensar que não fazia parte do ofício de um pecador, e julgou e condenou o publicano, o que ele fez arrastando o cobrador de impostos para a sua oração de aparência, a fim de guarnecer o cenário preto no qual as cores brilhantes de suas próprias virtudes poderiam ser mais gloriosamente exibidas. Não dá quase para ver a zombaria em seu rosto, quando diz "nem ainda como esse cobrador de impostos"? Agostinho comenta: "Isso não é mais exultar, e sim insultar".

E, então, ele passa do negativismo para o positivismo: "Jejuo duas vezes na semana". A lei requeria apenas um jejum por ano, no grande dia da Expiação (Lv 16:29; Nm 29:7). Mas esse suposto devoto judeu jejuava toda segunda e terça durante as semanas entre a Páscoa e o Pentecostes; e novamente entre a Festa dos Tabernáculos e a Festa da Dedicação do templo.

"Dou dízimo de tudo o que possuo". A lei só requeria que os israelitas dizimassem os seus ganhos, o seu faturamento anual e não sobre suas posses (Gn 28:22; Dt 14:22; Lv 27:30). Esse fariseu dizimava *tudo* que surgia em seu caminho (Mt 23:23; Lc 11:42). Ao desfilar essas virtudes, ele buscava tornar Deus o seu devedor. Os próprios preceitos, que deveriam ter-lhe despertado um senso de pobreza e necessidade interior, apenas serviram para aumentar sua presunção e orgulho. Sua oração era dirigida a congratulá-lo, e não tinha qualquer reconhecimento de Deus, ou de sua necessidade para alcançar o perdão dos pecados.

Uma das terríveis possibilidades sugeridas pela atitude do fariseu, é que a religião de um homem pode tornar-se sua ruína. A própria severidade da vida pode resultar em perdição, simplesmente porque o homem religioso e orgulhoso de si mesmo, em sua religiosidade e moralidade, torna-se completamente cego ao fato de sua real pecaminosidade perante Deus (Rm 9:30; 10:4). Antes de Paulo encontrar-se com o Cristo glorificado, perseguia a justiça, no princípio das obras, em vez da aceitação da justiça divina pela fé (Fp 3:4-9). Uma vez que se tornou do Senhor, ele compreendeu que nada tinha em si mesmo para se gloriar: "Mas longe esteja de mim gloriar-me, a não ser na cruz" (Gl 6:14).

2. *Atitude e oração do publicano.* À medida que a narrativa passa do fariseu para o publicano, a atmosfera torna-se completamente diferente e mais saudável. O fariseu permanecia em pé, apartado da multidão de adoradores, sentindo que era mais santo do que qualquer um deles. O orgulho mantinha-o afastado dos outros. O cobrador de impostos, contudo, permaneceu afastado porque sentia-se indigno de unir-se ao resto dos adoradores no templo. A sua posição era tímida e humilde, sem nenhum outro pensamento a não ser o seu *eu* pecador. Dolorosamente consciente de sua culpa, ele permanecia envergonhado e sozinho.

O que era ser um *publicano*? Um judeu renegado que trabalhava como cobrador de impostos romanos, como Levi, que se tornou Mateus; e Zaqueu, que também aceitou a Jesus. Os dois eram ricos e possuíam influência política, mais pertenciam a uma classe odiada e corrupta que ajudava a aumentar a opressão sobre o povo. Os cobradores de impostos eram desprezados pelos judeus, os quais não permitiam que entrassem no templo ou nas sinagogas, ou dessem testemunho num tribunal de justiça. Esse publicano, agora na presença de Deus, sente profundamente a distância entre o templo sagrado e a sua própria vida. Trench cita o seguinte verso dos *Epigramas Divinos* de Crashaw:

Dois subiram para orar, ou, melhor dizendo:
Um subiu para gabar-se e o outro para orar;

Um permanece em pé e pisa nas
  alturas,
Onde o outro não se atreve a
  olhar.
Um mais perto do altar de Deus,
O outro do Deus do altar.

O fariseu lançou um olhar soberbo aos céus, mas o publicano nem sequer levantava os seus olhos. O seu olhar cabisbaixo contrastava com a expressão arrogante do fariseu. O publicano envergonhava-se de levantar a sua face a Deus (Ed 9:6). A sua manifestação era de profunda humildade e contrição, e "batia no peito", para demonstrar um remorso penetrante e um coração quebrantado por causa do pecado. Como era diferente a atitude estática e fria do fariseu, cuja oração era dirigida pelo orgulho! Em toda humildade e penitência o publicano orava: "Ó Deus, tenha misericórdia de mim, pecador". Apenas uma oração de sete palavras, que ainda assim alcançou o ouvido de Deus, pois enfatizava três pontos:

Eu sou um grande pecador;
Eu estou sujeito e mereço o castigo;
Eu imploro o perdão do pecado e a
  remissão do castigo merecido.

Literalmente leia-se "o pecador". O fariseu não se considerava um pecador, mas ele, o publicano, sim. Ele distinguia a sua culpa como excepcional e, como penitente, pensava ser o "principal dos pecadores" (1Tm 1:15). É verdadeiro o sentimento expresso por Butterick: "Cada pincelada na pintura do publicano aprofunda a impressão de humildade". Pode se ver isso na forma como ele clama por *misericórdia*. Ao assumir o lugar de um pecador, ele grita e clama pela misericórdia de Deus, o único que pode salvar os pecadores "segundo a sua misericórdia" (Tt 3:5).

Misericórdia, bom Senhor! Misericór-
  dia eu anseio:
Este é o resumo final.
Porque misericórdia, Senhor, é tudo
  que me convém.
Senhor, deixai vossa misericórdia vir.

O termo "tem misericórdia", contudo, está relacionado à expiação e, na verdade, significa "seja propício" (Rm 3:25; 1Jo 2:2). Através da graça, a misericórdia pode ser oferecida ao pecador, sem se abrir mão da justiça. Através da propiciação de Cristo, a misericórdia pode triunfar sobre a justiça (Tg 2:13). Os céus se curvam para um pecador consciente de sua necessidade e senso de inferioridade, e que implora a obra expiatória do Salvador. Ao lançar-se sobre a graça e misericórdia divinas, o publicano obteve o favor de Deus. Essa é uma lição que não podemos deixar de aprender: um dos fundamentos do caráter é o sentimento pessoal de pecado. O pecado significa separação de Deus, e confessar o nosso pecado, ser penitente, estar preocupado com a liberação dele, não é mórbido ou irreal, mas essencial, tanto para essa vida, como para a vindoura. Conta-se que Wm. E. Gladstone foi interrogado sobre qual seria a grande necessidade da vida moderna. Ele respondeu lenta e reflexivamente: "Ah, um sentimento de pecado; essa é a grande necessidade da vida moderna".

E os resultados foram diferentes. Disse Jesus: "Este desceu justificado para a sua casa, e não aquele". Os dois homens desceram para casa com um tipo diferente de justificação. O fariseu retornou envolto nas mesmas vestes da autojustificação que usou no templo. Ao justificar-se, ele não foi aceito, nem aprovado. Mas o cobrador de impostos voltou para casa divinamente justificado. Autocondenado, ele recebeu uma justiça que não vem das obras; portanto, voltou para casa com a alegria dos pecadores perdoados (Rm 3:24,25; 4:5,6; 5:9).

A parábola oportunamente conclui com as palavras que Jesus já havia usado antes (Lc 14:11). Mas que aqui ele repete: "Pois qualquer que a si mesmo se exaltar, será humilhado, e qualquer que a si mesmo se humilhar, será exaltado". A palavra final reside sobre a humildade, que não é um senso de inferioridade confuso. Jesus deu grande importância a essa virtude e a exigiu de seus discípulos. Humildade é a marca d'água da cédula impressa na casa da moeda cristã. Sem essa virtude, um cristão tanto pode ser falsificado como estar abaixo do padrão de qualidade. O traço inconfundível de Jesus ainda permanece: "Aquele que se humilha será exaltado". Soberba, Deus abomina; humildade, ele demanda e recompensa com verdadeira exaltação. Somos sábios quando aprendemos que qualquer caminho para cima tem sempre o seu início embaixo.

Parábola das minas
(Lc 19:11-27)

A parábola anterior teve muitas repercussões. Sem dúvida, a mensagem dita por Jesus sobre qual tratamento gracioso fora dado ao publicano penitente, foi calorosamente recebida entre esses, e trouxe esperança a essa comunidade desprezada. Entre esses estava Zaqueu, chefe dos publicanos, que seria um dos beneficiados dessa sublime narrativa. Quando Jesus estava a caminho de Jerusalém e passava por Jericó, Zaqueu, que morava ali, estava determinado a ver esse mestre tão compassivo para com a sua classe, e que havia curado um homem cego na entrada de Jericó.

A *Parábola das minas* foi transmitida durante a conversão de Zaqueu: "Ouvindo eles estas coisas, Jesus contou uma parábola". "Estas coisas" referiam-se às multidões animadas que seguiam o Filho de Deus, a ingenuidade do chefe dos publicanos para conseguir uma melhor visão do mestre que passava, Cristo oferecendo-se a ir casa de Zaqueu e conversão desse, e a declaração de Jesus sobre a natureza de sua missão, de que ele, como Filho do homem, veio buscar e salvar o perdido. Com esse cenário da parábola diante de nós, encontramos a razão que ele tinha para esta declaração: "Porque estava perto de Jerusalém, e pensavam que o reino de Deus havia de manifestar-se imediatamente".

Logo, o propósito da parábola foi corrigir a idéia confusa da imediata manifestação do reino de Deus. Os discípulos alimentavam esperanças quanto à visita do Mestre à cidade do Rei. Em sua crença, que Jesus redimiria Israel, uma antecipação ansiosa tomara conta de todos de que em Jerusalém ele desfraldaria o seu estandarte, a fim de liberar o povo escolhido da servidão estrangeira e oficializar o reino de Davi à sua glória passada. Para os discípulos, o reino não era espiritual, mas um espetacular domínio temporal. Como as pessoas desejavam aclamar Jesus o Rei dos judeus, talvez quando ele chegasse a Jerusalém, o seu reino com certeza apareceria imediatamente. Aliás, a necessidade moral da cruz não fora absorvida por suas mentes! Eles não entenderam a verdade de que, em conseqüência da morte e ressurreição de Cristo, a Igreja seria trazida à luz, e o seu reino não seria oficializado até o seu retorno à terra como o Rei dos reis.

Os empolgantes acontecimentos daqueles dias, as multidões e o milagre em Jericó estimularam a idéia do reinado de Cristo, mas a parábola foi transmitida para corrigir tal expectativa falsa. Nela, ele abordou

Parábola das minas

a sua breve partida da terra, o período de provação entre a sua ascensão e o seu retorno, a necessidade da fidelidade da parte de seus discípulos durante a sua ausência e a hostilidade dos que o rejeitaram. Temos aqui uma daquelas parábolas proféticas, no que diz respeito ao tratamento dado aos servos e os que o rejeitaram de igual modo em seu retorno. Godet, em seu volume sobre Lucas, expressou: "A idéia dominante dessa parábola é de um tempo de provação que deve acontecer entre a partida e o retorno do Senhor, para preparar o julgamento que deverá estabelecer a posição de cada homem no estado de coisas que se seguirá à sua vinda".

Semelhantemente à *Parábola dos talentos* (Mt 25:14,30), a que está diante de nós tem diferenças marcantes. Não aceitamos a idéia de que Mateus tinha a parábola em sua forma simples e Lucas fez um tipo de mistura incongruente para juntar a ela outra parábola, dita em outro tempo, e com outro propósito. A *Parábola das minas* é distinta da *Parábola dos talentos*, à medida que nos dá o testamento de Jesus, onde ele nos revela não apenas a natureza de seu reino vindouro, mas também a sua morte, ressurreição, ascensão e glória. Quando comparamos as características das duas parábolas, notamos as seguintes semelhanças e diferenças:

Ambas ensinam que o Senhor outorga privilégios a seus servos e exige fidelidade até seu retorno, a fim de recompensá-los em sua vinda.

Ambas lidam com privilégios, mas em diferentes aspectos. A *Parábola dos talentos* apresenta a distribuição de privilégios desiguais, com o ensino de que quando dons desiguais são usados com igual diligência, a recompensa será igual no dia em que for dada. A *Parábola das minas* revela o recebimento de privilégios iguais, e o fato de que os que são fiéis podem receber montantes desiguais pelo seu sucesso.

As duas parábolas igualmente exibem uma grande diferença entre os que são e os que não são fiéis. Enquanto a dos *Talentos* ensina que os cristãos diferem no montante dos dons recebidos, a das *Minas* ensina que diferimos uns dos outros na diligência demonstrada.

1. *Homem nobre*. Aqui, o nosso Senhor se autoclassifica homem de família nobre com direito ao reino: "Certo homem nobre partiu para uma terra remota, a fim de tomar para si um reino e voltar". O nosso estudo sobre as parábolas revela a maravilhosa variedade de ilustrações que Jesus usou para si e outros e muitas vezes lançava mão de coisas próximas, ou incidentes e pessoas, para ilustrar sua mensagem. Essa parábola do homem nobre que parte para receber um reino, e deixa seus negócios nas mãos de seus servos, e os cidadãos os quais não queriam que ele reinasse sobre eles, trazia à memória um incidente familiar ao povo daquela época. O cenário histórico talvez seja o de Arquelau, cujo palácio estava em Jericó. Ao viajar a Roma, ele deixou o dinheiro e os negócios de sua jurisdição com os seus servos para negociarem no tempo em que estivesse ausente. Enquanto ele esteve fora, uma delegação de cinqüenta judeus foi enviada a ele com um protesto contra o seu reino, e eles tiveram tanto sucesso que Arquelau jamais recebeu o cobiçado título de rei. No entanto, ao retornar a outra tetrarquia, pediu contas dos negócio e do uso de seu dinheiro no período de sua ausência.

Ao lançar mão desse incidente, Jesus o aplicou a si mesmo. Para corrigir o erro de que imediatamente estabeleceria seu reino, ele disse aos que estavam à sua volta que receberia um reino, e os seus servos teriam a responsabilidade de tomar conta de seus negócios, enquanto estivesse ausente e, em seu retorno, recompensaria todos os que fossem fiéis, e lidaria drasticamente com todos os que rejeitassem o seu governo. Ele era o mais nobre dos homens, nascido do melhor sangue da terra. Filho de Abraão, filho de Davi, o Eterno e Unigênito Filho de Deus (Mt 1:1, Jo 1:1).

Semelhante ao homem nobre, Jesus partiu a um país distante para receber um reino. Em sua ascensão, sentou-se à destra de Deus (Hb 1:3) e dali exerce o seu poder (Fp 2:9-11; Ef 1:17,20-22). Atualmente, o seu reino é invisível e consiste na execução do grande plano da redenção, a fim de transportar os que estão na escravidão do pecado para o seu reino de luz e liberdade (Cl 1:13). No país distante, todo poder lhe foi concedido no céu e na terra, e ele recebeu a investidura de um reino espiritual presente e o direito de governar como o Rei supremo no reino que está para vir (Dn 7:18,22,27; Hb 12:28).

2. *Servos*. Os homens ricos e nobres tinham um contingente de servos, dentre os quais havia os que, por causa de sua integridade e competência, tomavam conta dos negócios de seu senhor em sua ausência. Esses servos privilegiados podiam tornar-se nobres no exercício da função, mas não tinham os direitos de seu dono na posse absoluta daquela propriedade. A parábola fala de *dez* servos, tal qual na *Parábola das dez virgens*. Como *dez* é um dos números da perfeição, nas Escrituras, para sugerir a totalidade da ordem divina, a figura usada aqui pelo Senhor representa não apenas os discípulos de seu tempo, separados para o serviço durante seu ministério terreno, mas todos os salvos, os quais ele espera que o sirvam fielmente até que volte.

3. *Minas*. O homem nobre distribuiu dez minas a seus dez servos, ou seja, cada qual com uma unidade. A mina representa, na atualidade, mais de três vezes a *libra esterlina* (dinheiro inglês) ou aproximadamente nove dólares. Em *Os Talentos,* os montantes recebidos são muito maiores, como vimos quando analisamos essa parábola, na qual cada servo recebeu de acordo com a sua habilidade, e as quantidades não eram iguais. Aqui, cada servo recebeu o mesmo total. Todos os dez começaram em pé de igualdade.

O que as *minas* significam? Certamente não são algum dom natural ou recebido com os quais se pudesse negociar. Durante a ausência do Senhor, essas minas representam o evangelho com todos os seus privilégios, concedidos indistintamente a todos os que foram salvos pela graça. A mina é "A fé que de uma vez por todas foi entregue aos santos" (Jd 3). Esse é nosso depósito de confiança com o qual devemos negociar até que Cristo retorne. Devemos testemunhar dessa fé em um mundo hostil às reivindicações do nosso Rei. Ellicott nos fala sobre a *mina* que todo discípulo de Cristo tem em comum: "Representa o conhecimento da verdade e a integração no reino, e não os ofícios e posições que variam em grau".

Todos devem ocupar-se com essas "dez minas", até o retorno do homem nobre. Esse tempo verbal "ocupar-se", que ocorre somente aqui no NT, significa "fazer negócios com" ou "obter através de negociação" (Ez 27:9,16,21,22). O homem nobre era o dono do dinheiro, mas os servos tinham que negociar com ele. Entretanto, a finalidade contemplada pelo homem nobre não era tanto a

Parábola das minas

de "fazer dinheiro, mas a de formar o caráter", tal qual Bruce coloca: "O desenvolvimento de um temperamento sólido e a firmeza de vontade em seus servos só traria bons resultados, quando os obscuros negociantes tornassem-se governadores ilustres".

O que fazemos hoje com a *mina*? Usamos cabalmente todos os privilégios do evangelho? Somos negociantes de sucesso com as verdades eternas? Trench cita um dos grandes poetas religiosos do Oriente que nos deu essa imagem de vida, com todos os seus poderes e privilégios, como uma quantia em dinheiro a ser depositada por Deus:

> vosso Senhor vos deu, vossa prova de fidelidade,
> A totalidade da vida como um capital em mãos.
> Tendes esquecido da vossa mina que vos foi confiada?
> Permaneceis vós aturdidos com a algazarra do mercado?
> Em vez de sonhar, levantai-vos e comprai bem.
> Não trocai ouro por areia."

4. *Cidadãos*. Como já observamos, o nosso Senhor talvez tivesse em mente o fato ocorrido com Arquelau, a quem os judeus rejeitaram, e cujas queixas ao imperador resultaram na deposição e banimento daquele tetrarca. Essa característica da parábola deixou à mostra a animosidade dos governantes judaicos e sua determinação de matar Cristo. Mas há uma aplicação mais ampla. Todos os que voluntariamente rejeitam as suas reivindicações e recusam-se a aceitar a sua soberania, são seus inimigos. Os judeus, especialmente, eram concidadãos de Cristo, porque, tal qual eles, Jesus também era semente de Abraão (Rm 9:3; Jo 4:22). Ainda assim, eles o odiaram, tramaram a sua morte e continuaram o seu ódio por ele, quando perseguiram os seus servos que testificavam dele após sua ascensão. Aqueles governantes judaicos jamais reconheceriam um rei, senão César (Jo 19:21; At 17:7).

Durante a grande tribulação, multidões de judeus e gentios igualmente serão os cidadãos rebeldes que repelirão todas as operações divinas (2Ts 2;1-10; Ap 13:5-6; Sl 2:2). A manifestação final de rebelião às reivindicações de Cristo acontecerá após o seu reino milenar com terríveis resultados para os transgressores. Esse julgamento final será executado em todos os seus inimigos (Pv 20:8; Ap 20;11). Todos os adversários deverão ser punidos. Há muitos à nossa volta que não desejam que Jesus reine sobre eles. Tanto homens como governos não reconhecerão os direitos soberanos de Cristo. Mas ele é paciente em meio ao antagonismo às suas reivindicações; porém, quando retornar à terra para estabelecer o seu reino, todos os rebeldes serão tratados drasticamente.

5. *Senhor que retorna e recompensa*. Que transição agradável é passar dos rebeldes para os servos bons e fiéis! Aqui nosso Senhor enfatizou o fato do seu retorno. "Voltando ele, depois de ter tomado o reino". Todos os direitos reais foram concedidos a Cristo pelo Pai, e quando ele voltar à terra, após ter recebido o reino, estabelecê-lo-á entre os homens. "Teu é o reino". No comando de tal reino, o Rei confiará aos seus servos a assistência no governo e controle de todas as coisas. Foi-nos prometido que se sofrermos por Jesus agora, haveremos de reinar com ele.

O homem nobre intimou os seus servos para que comparecessem diante dele, a fim de prestar contas do que tivessem ganho, quando negociaram com as *minas* durante sua ausência. Há um pensamento sugestivo na expressão "para saber". O nosso homem nobre celestial, Onisciente como é, sabe de todas as coisas. A lição aqui é que a nossa conduta como *servos* e *cidadãos* deve ser conhecida diante dos outros quando ele vier para recompensar e punir.

O primeiro servo com toda humildade disse: "Senhor, a tua mina rendeu dez minas". A mina, o evangelho da Graça de Deus, tem dentro de si o poder de crescer. O servo, contudo, cumpriu sua responsabilidade e negociou bem. Aproveitando cada oportunidade, ele aumentou seu depósito dez vezes, e foi feito governador de dez cidades —fidelidade completa trouxe consigo responsabilidade completa. O segundo servo não fora tão diligente e ambicioso. Sua mina trouxe um retorno de cinco. O seu sucesso foi parcial, mas ainda assim sua responsabilidade aumentou —tornou-se governador de cinco cidades. Maiores responsabilidades foram proporcionadas de acordo com a fidelidade e capacidade de cada um. Será que estamos apercebidos da necessidade de nos prepararmos para maiores responsabilidades no reino vindouro? O Senhor a quem servimos nota tanto a quantidade como a qualidade do que é feito para ele (Lc 19:15; 1Co 3:13). Pérsida trabalhou *muito* no Senhor (Rm 16:12).

O terceiro servo não pôde reportar ganho algum. Ele escondeu a sua mina em um lenço. Indagado sobre por que não negociara com sua mina, ele confessou ter uma concepção completamente errada de seu senhor. Por sua própria boca, ele foi condenado e sua mina retirada e dada ao servo que obtivera mais sucesso. Por não ter aumentado seu depósito, ele perdeu quaisquer outras oportunidades de servir ao senhor. Straton diz que esse servo era culpado do "pecado de omissão". Aqui é onde boas pessoas geralmente erram gravemente, pois *não fazer também é pecado*. As nossas igrejas estão cheias de pessoas com essa culpa. Demonstram não ter desejo em servir o Salvador. Têm a mina para negociar, mas esta está escondida em um lenço.

Há um silêncio preocupante quanto aos outros sete servos, cada um dos quais recebeu uma mina para negociar. Apenas três se distinguem como representantes de classe (Lc 14:18-20). Do resto não se comenta. Se eles tiveram sucesso ou nada fizeram com o seu depósito disso não sabemos. Ambrósio disse: "Não há registro sobre os outros que, como devedores pródigos, tinham gasto o que haviam recebido". Que possamos ser encontrados fiéis e verdadeiros à confiança que o Mestre deixou-nos! Então, quando ele retornar, sua declaração "bem está servo bom!" será nossa!

Vós na hora de seu retorno vereis
Vosso monarca assentado com
   um livro aberto na mão.
O que vós tendes dele recebido ele
   pedirá
Contas severamente e exigirá o
   cálculo:
E uma imensa bênção, ou uma
   maldição vinda dele,
Vossa fé ou preguiça comandará.

AUSÊNCIA DE MATERIAL PARABÓLICO EM JOÃO

Após o abundante material parabólico dos três primeiros evangelhos, é um tanto surpreendente chegar a João e descobrir que não há parábolas como as encontramos nos sinóticos, onde o método parabólico de Cristo está adequadamente ilustrado. Da mesma forma como João nunca usou o vocábulo *milagre*, mas o termo *sinal*, para mostrar o valor do milagre, ele também nunca utilizou a palavra *parábola*. O termo traduzido por *parábola* em "Jesus lhes propôs esta *parábola*" (Jo 10:6) constitui um *provérbio*, e é a mesma palavra usada em dois outros lugares como *provérbio* (Jo 16:25, 29). Em todos os três, o termo não é *parabólico*, mas *paronímico*, que significa "um discurso à margem". A primeira palavra da qual temos "parábola" implica "colocar ao lado de" ou "desenhados juntos, a semelhança que é mostrada por uma ilustração posta ao lado". A segunda palavra da qual temos "provérbio" significa "fazer algo como alguma outra coisa". Aqui a idéia é de semelhança e tanto faz tratar-se de uma pintura, história ou ditado.

Embora a inteira omissão de todas as parábolas sinóticas em João seja evidente, ainda assim o quarto evangelho não é de modo algum desprovido de um rico simbolismo. "Todo o evangelho de ponta a ponta é tomado pela representação simbólica". Dean Farrar diz que "o arranjo do livro é totalmente construído com referência direta aos números sagrados, três e sete". Portanto, através de sete símbolos que presentemente discorreremos, Cristo mostra o que ele *é* para o seu povo crente. João registra mais das palavras reais de Jesus do que os outros três evangelistas e, dentre seus discursos, temos catorze parábolas germinais.

Enquanto o quarto evangelho, semelhante aos outros três, proclama a Cristo como o redentor prometido de uma raça perdida, João é diferente dos outros escritores sinóticos, no sentido de que ele dá proeminência à divindade do Salvador (Jo 1:1,3). Para compreender a perspectiva desse quarto evangelho, é essencial ter em mente que João se refere a apenas vinte dias dos três anos do ministério público do Senhor. Dos milagres que ele realizou, João selecionou apenas oito como suficientes para o seu propósito. Então os discursos de Cristo, alguns dos quais peculiares a João, são agrupados em torno dos oito grandes Eu Sou. A última e trágica semana de Cristo antes de sua morte ocupa dois quintos de todo evangelho.

Os primeiros três evangelhos são chamados de sinóticos, porque analisam a vida e as obras de Cristo de um ponto de vista comum. A categoria de João é distinta e, porque ele pressupunha tudo o que os outros três tinham escrito, decidiu registrar o que os outros três omitem. Esse fato explica a ausência de parábola. Mesmo assim, as preciosas alegorias, os símiles e símbolos que João nos dá, acrescentam um rico depósito de discursos figurados contidos na Bíblia. João viveu mais próximo do Senhor do que os outros apóstolos, e parecia entender o significado interior de suas mensagens mais do que os outros; por isso, supriu-nos com imagens sugestivas que Jesus usava em seus discursos.

Parábola do verbo
(Jo 1:1-14)

Sem qualquer introdução de si mesmo ou de seu evangelho, João, de modo singular, mergulha abruptamente direto na descrição do Senhor que tanto amava. Ele repete a expressiva figura de linguagem à medida que declara a divindade de Cristo, a saber, *O Verbo*. Que instrução parabólica encontramos nessa expressão! O que são verbos? Não são vestimentas para os nossos pensamentos? Pensamentos não podem existir sem verbos. Logo, os verbos falados são a manifestação de nossos pensamentos.

Cristo, diz João, veio como o *verbo*, e como o *verbo* que se tornou carne, para significar que veio como a revelação da mente de Deus. Por sua vida, obras e ensinamentos, Jesus revelou os pensamentos de Deus para nós. Além do mais, tal designação é símbolo de seu ministério eterno: "E o nome pelo qual se chama, é o verbo de Deus" (Ap 19:13). É maravilhoso saber que, como "o verbo", ele *criou* a carne e se *compadece* da carne —"o tecido transitório e frágil feito a partir do pó"; mas está além de nossa compreensão entender tudo o que está envolto no mistério de sua *encarnação*. Ele se tornou Deus, em forma humana, para que Deus se tornasse mais real para nós humanos. Ainda assim, o seu corpo mortal, e até mesmo as suas roupas, brilhavam a sua majestade e glória. Nada podia esconder a sua glória como o Unigênito do Pai.

Parábola da luz
(Jo 1:3,9)

Como o *verbo*, Jesus vestiu-se de nossa carne e tornou-se não apenas a nossa *vida,* mas também a nossa *luz.* Ele disse ser "A luz do mundo" e, como tal, iluminava a todo o homem que vem ao mundo. Mas João nos dá uma expressão ainda mais cheia de significado: "A *vida* era a *luz*", e a verdadeira vida é sempre luminosa. A vida que ele doa jamais deixa de iluminar. A sua vida é uma luz, e torna claro o caminho das almas perdidas na escuridão do pecado. Quando Cristo, como o verbo, encarnou, inundou o mundo com a luz dos céus. Ele veio como a *aurora* do alto.

A tragédia está em que tal luz divina brilhou no meio de corações cegos e obscurecidos, os quais não compreenderam o seu fulgor. Suas mentes insensíveis estavam em trevas (Rm 1:21). Ele veio como a luz, ao seu povo escolhido, mas eles não o receberam. Por causa de seus feitos malignos, preferiram as trevas do que a luz. João o precedeu como "uma luz que brilha e se consome" e seu testemunho referente à luz também foi rejeitado. Através de todos os apóstolos, a palavra de Deus falou e a verdadeira luz brilhou; mas eles sofreram a mesma rejeição sentida pelo Mestre. Ainda assim, para todos os que receberam a verdadeira luz existem privilégios e uma filiação.

Parábola da voz
(Jo 1:23,29,37)

Os líderes religiosos, cujo ritualismo sem coração foi desmascarado por João Batista, foram compelidos a agir contra a poderosa pregação de João sobre o arrependimento e o reino vindouro. Às suas perguntas sobre quem era, ele respondia com brevidade que não era o profeta sobre quem Moisés profetizara, nem o Messias que viria. Em verdadeira auto-abnegação, ele disse que era apenas uma voz que clamava no deserto: "Preparai o caminho para o rei". Com sublime humildade, característica de João, apesar de ser o maior dentre os nascidos de mulher, confessou que "não era a luz, mas foi enviado para dar testemunho dela; não era o sol, mas a estrela que anuncia a madrugada, e desvanece em sua luz crescente; não era o Noivo, mas o amigo do Noivo; não era o Pastor, mas o porteiro que abria a porta do redil" (Jo 3:27-30).

Aqui, ele fala de si mesmo como uma voz, não o Verbo de Deus; mas apenas uma voz divinamente usada para revelar o Verbo. Quantas vitórias ele obteve como uma voz, simplesmente uma voz humana! João Batista não desejava que a sua única e austera personalidade se colocasse no meio e tornasse a sua presença notável. Ele queria funcionar somente como uma voz cujos tons e declarações fossem dados por Deus e dissessem respeito à glória do Messias cujo caminho ele preparava.

Ainda que João Batista fosse apenas a voz do que clamava no deserto (Is 40:3), ainda assim era uma voz distinta e individual, não apenas um mero eco de outra voz. A sua voz tinha um claro sotaque todo seu, e os que o ouviam não podiam confundir. Outros profetas tinham precedido João, cujas vozes eram inconfundivelmente deles, mas João Batista não alcançava e reiterava o que os outros haviam trovejado antes dele. Sua voz era vibrante com a sua própria mensagem: penetrante, clara e definida, porque por trás dela estava a voz que possui a música e o som de muitas águas. Que a graça nos seja concedida para que estejamos contentes em ser simplesmente uma voz que profere verdades carregadas da autoridade divina.

> Tome minha voz [...] Tome meus lábios.
> Deixe-os ser repletos de mensagens vindas de Ti.

Parábola da pomba
(Jo 1:32)

Antes de Jesus dirigir-se ao deserto para ser tentado (onde por quarenta dias ele não teve outra companhia a não ser a das feras e daquele a que Pedro se refere como "leão que ruge"), ele foi ao Jordão para ser batizado por João. Inúmeras pessoas já haviam passado pelas mãos do Batista. Mas que momento único deve ter sido quando Jesus procurou pelo seu batismo, e João sentiu mais necessidade de ser batizado, como pecador, do que administrar o batismo de arrependimento àquele que era três vezes santo. Mas Jesus calou João, quando disse que veio para cumprir toda a justiça. Por seu batismo, ele se identificou com a raça pecadora que viera salvar.

Quando Jesus emergiu da água, foi concedido o sinal a muito tempo esperado —o Espírito Santo desceu sobre ele, vindo dos céus como uma pomba e junto com ele veio a bênção do Pai. Antes da batalha do deserto, veio essa maravilhosa bênção no Jordão. O símbolo da pomba falava da natureza e da missão daquele sobre quem havia repousado. Como pássaro do amor, a pomba é o símbolo da paz. Jesus porventura não veio como a personificação da paz? Paulo não escreveu "Ele é a nossa paz"? Por duas vezes lemos que o Espírito Santo, em forma de pomba, "repousou sobre ele". Isso não era um batismo transitório como o da água. A presença do Espírito Santo em sua vida não era um revestimento ocasional, mas uma unção permanente.

Depois, quando João viu um rebanho de ovelhas conduzidas ao matadouro, em razão da Páscoa que se aproximava, com sua voz deu testemunho da verdade simbólica de Jesus como o Cordeiro de Deus que morreria pelo pecado do mundo. Conhecedor como era das profecias de Isaías, sabia que aquele que havia batizado, e sobre quem a pomba repousava, era o Cordeiro que seria levado ao matadouro pela nossa iniqüidade.

Parábola dos anjos e da escada
(Jo 1:47-51)

A repetição da expressão: "Em verdade, em verdade", que apenas João emprega, é encontrada aqui pela primeira vez, e apresenta-nos ao ministério angelical exercido a favor de Cristo. Essa revelação, no final do capítulo em que os seus discípulos são chamados, foi dada a Natanael, um israelita em quem não havia dolo. Nesse capítulo, Jesus usou uma figura de linguagem expressiva, ao chamar Pedro: "Tu serás chamado Cefas (que quer dizer Pedro)" (Jo 1:42). Uma rocha é símbolo de força, de durabilidade e, após umas boas cinzeladas, o caráter (rocha) de Pedro apareceu. Que confiança Cristo teve no discípulo que haveria de negá-lo para dizer: "E também eu te digo que tu és Pedro" (Mt 16:18).

Jesus não apenas se dirigiu a Natanael, mas também a todos os discípulos quando falou dos anjos que subiriam e desceriam sobre ele. Jacó teve uma visão daquela escada, séculos antes de Cristo (Gn 28:12,13). Usada parabolicamente, a escada, que ia da terra ao céu, era "o verbo que se fez carne". Os céus estavam abertos em sua encarnação e, daquele momento em diante, mensageiros têm ido e vindo entre a humanidade e seu Deus. Essa escada desce às profundezas da desventura humana, e sobe ao trono de sua glória.

Este grande capítulo está repleto de nomes e títulos impressionantes para o nosso Senhor, os quais constituem um estudo em si mesmos: O Verbo; a Luz dos homens; O Filho Unigênito do Pai; O Cristo; O Cordeiro de Deus; O Mestre; O Filho de Deus; O Rei de Israel. Encontramos, então, a designação favorita de Cristo para si mesmo, o Filho do homem. Como uma exceção (Jo 12:34), era o título que sempre usava. Natanael disse: "Tu és o Filho de Deus", Mas ele próprio falou de si mesmo: "Eu sou o filho do homem". E ele era ambos. Ele tinha humanidade perfeita, divindade perfeita, e tanto a humanidade como a divindade perfeitamente unidos em sua pessoa.

A ordem do tráfego angelical é digna de nota: "Subindo e descendo sobre o filho do homem". Não é descendo do céu para a terra, mas subindo da terra para o céu, ou seja, subindo primeiro. Porventura, isso não significa que os anjos estão à nossa volta hoje, tal qual estiveram com Cristo? Como espíritos ministradores, os anjos foram enviados para servir aos que haveriam de herdar a salvação. Há um velho hino evangélico, intitulado "Anjos rondando à nossa volta," que, com certeza, constitui uma grande verdade. Eles sobem a Deus com os nossos louvores, penitências e orações, e então descem do céu para executar os desígnios divinos a favor dos redimidos. Jesus sabia que os anjos acampavam em volta dele, pois sabiam que ele era o Filho de Deus.

Parábola do templo
(Jo 2:13-22)

Dentre os dizeres parabólicos que Jesus usou para si mesmo, nenhum é tão significativo e sagrado quanto esse, no qual ele fala de seu corpo como um templo. Cristo usa-o para predizer a sua ressurreição dentre os mortos, tal qual ele fez quando tomou Jonas por sinal (Mt 12:38). O

Parábola do templo

duplo sentido em que ele empregou a palavra "templo" não foi entendido pelos governantes judaicos, os guardiões do templo. Entretanto, quando eles pediram um sinal de sua autoridade para purificar o santuário (material), a "casa de seu pai", ele lhes deu o sinal de sua futura ressurreição, um sinal que os discípulos só entenderam plenamente, quando Jesus ressuscitou dos mortos (Jo 2:22).

As místicas palavras: "Destruí este templo, e em três dias eu o reconstruirei" foram a sua resposta concernente à destruição que causariam ao seu triplo ofício de profeta, sacerdote e rei, o único a ter pleno direito da vida cívica e religiosa do país. Em pé no templo, com o coração compungido e queimando de santa indignação, Jesus limpou os recintos sagrados da poluição que ali se encontrava. Os judeus, pensando que Jesus referia-se à destruição do templo quando disse: "Destruí este templo", ridicularizaram-no e responderam que isso era algo totalmente impossível: fazer em três dias o que levara quarenta e seis anos para ser construído. Mas duas palavras são usadas para "templo". A primeira que os judeus usavam era *hieron*, para significar a totalidade do prédio: Átrio Exterior, Santo Lugar e Santo dos Santos. A palavra que Jesus usou, contudo, era *naos*, que significa o Santo dos Santos, o santuário interior, o centro sagrado de tudo relacionado ao templo.

Quando Jesus falou do templo de seu corpo, ele enfatizava a verdade solene de que "o verdadeiro santuário da divindade era o corpo do Verbo encarnado. O templo de madeira e pedra não era senão a representação da presença divina. Essa presença estava então verdadeiramente no meio deles". Assim como o templo, o lugar da habitação de Deus, o meio da divina revelação, e o centro onde Deus e o homem poderiam se encontrar através de um divino compromisso, da mesma forma Cristo, em, e através de si mesmo, tornar-se-ia verdadeiro e único ponto de encontro para adoração.

O duplo imperativo usado por Jesus fala de sua morte e ressurreição: "*Destruí* este templo, e em três dias eu o *reconstruirei*". Observe que ele não disse, como foi erradamente acusado em seu julgamento, "Eu destruirei este templo", mas *destruí*, ou seja, vocês o destruam! Cristo sabia que a hostilidade da hierarquia do templo terminaria em sua destruição. Então ele desafiou-os a fazer o pior: "Destruam o meu corpo". Essa mensagem de Cristo carregava consigo a autoridade divina: "e em três dias eu o reconstruirei". As duas grandes verdades centrais de sua morte e ressurreição constituem o sinal infalível de sua autoridade. Não somente para purificar um templo profanado, mas também para construir um templo, no mundo, baseado em sua morte e ressurreição. Santuários materiais podem ser facilmente destruídos, mas nenhum poder pode destruir o corpo místico do templo de sua Igreja que ele está construindo. "Vós sois edifício de Deus" (1Co 3:16,17).

Assim como Jesus falou do templo de seu corpo, Paulo também usou a mesma figura, carregada de significado espiritual para o corpo do crente (1Co 3:16,17). Em sua introdução ao impressionante estudo *O templo de seu Corpo*, F. B. Meyer escreve: "O que é o seu corpo? Uma hospedaria, apinhada de pessoas ocupadas! Uma livraria, cujas prateleiras são gradativamente cheias de conhecimento reunido! Uma chácara, dedicada a ganhar dinheiro, na qual o acúmulo de riquezas ou a manutenção da competência é tudo o que importa! Uma casa de diversões, usada para nenhum outro propósito mais alto do que a busca do prazer! Um antro onde paixões de baixo nível encontram deleite!" Absolutamente, não é uma dessas opções, mas, uma vez que o Senhor fez de nossos corpos o seu lugar de habitação, que eles sejam constantemente apresentados a ele como um sacrifício vivo. Assim como ele é o Salvador pessoal de nossas almas, possamos também, em todo tempo, reconhecê-lo como "o salvador do corpo".

Parábola da água e do vento
(Jo 3:1-13)

Graças ao aspecto milagroso do "novo nascimento", o leitor é direcionado ao tratamento completo dado pelo autor, em seu livro *All the miracles of the Bible* [*Todos os milagres da Bíblia*]. O que nos interessa nesse ponto é o significado da linguagem parabólica, usada para descrever a obra do Espírito Santo na regeneração de uma alma. O capítulo diante de nós é uma continuação e não uma narrativa separada. O primeiro versículo, que deveria introduzir o capítulo, é uma conexão entre a visita de Nicodemos ao que acontecera na Páscoa, quando muitos creram em seu nome, ao verem os milagres que Jesus fazia (Jo 2:23). Sem dúvida, Nicodemos era um desses porque quando esteve sozinho com Jesus, ele falou: "Pois ninguém poderia fazer esses sinais miraculosos que tu fazes, se Deus não fosse com ele" (Jo 3:2). E porque Cristo conhecia o que estava no homem (Jo 2:25), ele não tinha necessidade que alguém lhe contasse o que havia na mente do fariseu que o procurou naquela noite em busca de instrução espiritual.

As três figuras de linguagem que Jesus usou foram: nascimento, água e vento. Antes de tudo, o nascimento é apresentado de diversas maneiras que, em sua totalidade, revelam a sua exata natureza:

"Nascer novamente", "nascer do alto", "nascer de novo";
"Nascer da água e do Espírito", "nascer do vento";
"Nascer do Espírito".

Todo homem que chega ao mundo é nascido da carne —carne aqui é usada em seu sentido mais amplo e especial, como o reino animal (físico). Em uma impressionante repetição, Jesus disse a Nicodemos que ele precisava, a despeito do fato de que era profundamente religioso e amplamente estudado, nascer uma segunda vez, um símile; o que Nicodemos pensou referir-se a um segundo nascimento físico. Mas Jesus ensinava ao mestre de Israel que não havia entrada no reino animal, a não ser por meio de um nascimento natural; e da mesma forma não haveria entrada no reino espiritual, a não ser através de um nascimento espiritual.

Em conseqüência de um nascimento físico, somos introduzidos em uma família terrena e desenvolvemos relacionamentos humanos; da mesma forma, por meio do nascimento espiritual, somos introduzidos na família celestial, o reino de Deus com todos os seus santos relacionamentos. Pelo primeiro nascimento, entramos no mundo: uma personalidade nova e distinta. Através do segundo nascimento nos tornamos uma nova criação: a mesma personalidade, mas transformada pelo espírito. Mas, apesar de o nosso primeiro nascimento ser o portal para a vida, não nos foi perguntado se queríamos nascer ou de quem nasceríamos. Já no segundo nascimento é diferente, porque ele não pode acontecer à parte de nossa vontade: "Necessário vos é nascer de novo" e quando Cristo usa o impera-

Parábola da água e do vento

tivo, ele o faz propositadamente. O pecador deve nascer do alto, se ele deseja ir para o alto após a morte. Esse novo nascimento só pode acontecer se o pecador crente e arrependido assim o desejar.

Ao chegar à segunda figura de linguagem, o que exatamente Jesus queria dizer com o nascer da água? Um escritor ingenuamente ligou isso à bolsa de água que envolve o bebê dentro do útero, e que o assiste em seu nascimento. Muitos outros escritores afirmam que a água refere-se às águas batismais que Nicodemos conheceria em conexão ao ministério de João Batista. Esse na verdade proclamava que judeus e gentios deveriam arrepender-se e ser batizados, se quisessem tornar-se bebês recém-nascidos no reino. Para os tais, o batismo se tornaria um sinal exterior da graça interior, uma confissão pública na presença de testemunhas e uma lealdade aberta a um novo rei e a seu reino.

Outros expoentes vêem a figura da água como uma referência ao Espírito, cujo ministério variado o Senhor comparou a "rios de água viva". E há também os que entendem a água como um emblema da Palavra. Jesus disse: "Vós já estais limpos por causa da palavra que vos tenho falado" (Jo 15:3). Tanto Davi como Paulo falam do efeito purificador da Bíblia como água (Sl 119:9; Ef 5:26). Talvez a combinação de ambos esteja mais próxima do pensamento que Jesus tinha em mente. À medida que o Espírito opera por intermédio da Palavra, os pecadores nascem de novo: "De sorte que a fé vem pelo o ouvir, e o ouvir pela palavra de Deus" (Rm 10:17).

Quando chegamos à terceira figura que Jesus usou, a saber, o vento, temos uma forte ilustração das operações misteriosas do Espírito em sua obra de convicção e regeneração. Se a conversa entre Jesus e Nicodemos tivesse acontecido no terraço de uma casa, ou em um jardim, é provável que, à medida que conversavam, uma brisa suave soprava, e Jesus, em seu modo único e característico, aproveitou-se de tal fato para elucidar e imprimir o que desejava dizer. A palavra que Cristo usou para vento não foi a popular *"anemos"*, mas *"pneuma"*, que significa "fôlego" ou "brisa". "O vento sopra onde quer, e ouves a sua voz" — não o vento uivante, mas a brisa suave que sopra e pára, vem e vai, e ninguém sabe como.

O *vento* é incerto, variável e misterioso em sua operação —"sopra onde quer, e ouves a sua voz". Ele se move como deseja ou lhe agrada, e não é sujeito à nossa ordem ou comando. Da mesma forma acontece com a obra do Espírito. "Assim também, ninguém conhece as coisas de Deus, se não o Espírito de Deus" (1Co 2:11-16). Saulo de Tarso não tinha idéia, naquele dia que saía para prender e matar cristãos indefesos, que por volta do meio-dia, seria envolto por uma brisa vinda do céu. O Espírito distribui seus dons e opera onde, quando, em quem, na medida e do modo que lhe agrada. Ele distribui a cada um de acordo com a sua vontade (1Co 12:11).

Além do mais, apesar de o vento ser invisível, podemos traçar seu curso pelas mudanças que produz e, muitas vezes, nos impressionamos com seu efeitos. "Ouves a sua voz". Quando o vento suave sopra na primavera, produz um reavivamento na criação. E não acontece da mesma forma quando o vento celestial sopra sobre as almas dos homens, a fim de despertá-los da morte espiritual para a vida eterna? "Não sabes de onde vem" —sua origem; "nem para onde vai" —seu destino. Ele reúne sua força para depois usá-la. Semelhantemente, acontece com a obra do Espírito que, como o gerador de vida, é eterno em sua origem e operação. Como seremos abençoados se nossas velas estiverem postas de modo a captar essa brisa celestial! Seria como Nicodemos que chegou a um entendimento absoluto da linguagem parabólica de nosso Senhor e, através da água ou de sua palavra e pelo vento do Espírito, se tornou um filho de Deus. Ele veio a ser discípulo e amigo de Jesus, pois o defendeu quando foi falsamente acusado (Jo 7:50,51) e, junto com José de Arimatéia, pegou o corpo morto de Cristo e o enterrou como uma rica oferta de amor (Jo 19:38-40).

Uma vez que Cristo nasceu de mulher, para dar ao homem a oportunidade do "segundo nascimento", torna-se de suma importância a pergunta: Você já experimentou esse segundo nascimento? O seu primeiro nascimento não importa se foi em circunstâncias pobres ou ricas. "Necessário vos é nascer de novo". Receber Jesus como salvador é o equivalente ao nascimento Espiritual. "Mas a todos os que o receberam, deu-lhes o poder de serem feitos filhos de Deus" (Jo 1:12,13).

Parábola da serpente na estaca
(Jo 3:14-17)

O advérbio "assim" prova que o retrato da história judaica, o qual Jesus apresentava, ainda era parte de sua conversa com Nicodemos, que fez duas perguntas ao Mestre:

Como pode um homem nascer, sendo velho?" (3:4);
Como pode ser isso?" (3:9).

A primeira pergunta foi feita em absoluta sinceridade. Nicodemos, ao entender a fraseologia do nascer de novo, erroneamente considerou a mudança de personalidade, pois partiu da perspectiva física. Mas Jesus respondeu a essa pergunta, quando disse que as leis que governam a carne e o Espírito não são as mesmas. "O que é nascido da carne, é carne"; mas a entrada no domínio do Espírito jamais acontece pela carne. Há um toque patético na pergunta: "Como pode um homem nascer, sendo velho?" Implícito no fato de que, quando perguntou isso, Nicodemos era um homem idoso, profundamente mergulhado em caminhos religiosos tradicionais. Podemos então entender o problema que ele enfrentava, quanto ao mudar completamente sua perspectiva e adentrar em uma esfera mais alta de vida e de personalidade. A tragédia é que pouquíssimas pessoas idosas tornam-se recém-nascidas. E graças a Deus porque algumas o fazem.

A segunda pergunta está relacionada com a forma pela qual o Espírito Santo realiza um novo nascimento. Jesus então, respondendo ao famoso mestre de Israel, lembrou-o que, como renomado instrutor das Escrituras do AT, já deveria saber dessa verdade espiritual que lhe era apresentada naquele momento. Jesus então citou um acontecimento histórico que Nicodemos conhecia bem até demais e, ao aplicá-lo, revelou que a redenção é a base da regeneração. "Como pode ser isso?" Como um homem pode nascer de novo? Como ele pode tornar-se uma nova criação, somente por meio da fé? Nicodemos perguntou sobre segredos celestiais, e Jesus, utilizando as ilustrações da água e do vento tiradas da esfera dos fenômenos naturais, chega agora aos domínios da história que Nicodemos sabia de cor. Por que a serpente foi levantada em uma haste? (Nm 21:8,9) Por causa da murmuração dos israelitas contra Deus e seus métodos. A despeito de toda a bondade de Deus para com eles, tornaram-se um povo de dura cerviz.

Por causa da maldade do povo, Deus enviou serpentes venenosas para destruí-los. O Senhor milagrosamente fez crescer o número de serpentes das quais o deserto estava infestado e, possuidoras de natureza maligna, sua mordida resultava em uma inflamação fatal que levava à morte. Moisés, porém, intercedeu pelos murmuradores afligidos, e Deus indicou-lhes um remédio fácil, cuja administração curou-lhes as feridas e pôs fim à calamidade. O Senhor ordenou que uma serpente de bronze, réplica das que os atacavam, mas sem o seu veneno mortal, fosse levantada em uma haste, no meio do acampamento, e tudo o que o povo deveria fazer para escapar da morte era olhar para ela. E todos os que assim faziam, permaneciam vivos.

Para mostrar a Nicodemos como "A atividade celestial cria oportunidades para a atividade terrena, e que, quando ambas se cruzam, surge um caminho de vida", Jesus fez uso de palavras muito comuns nas Escrituras —*assim* e *da mesma forma*. "*Assim* como Moisés levantou a serpente no deserto, *da mesma forma* importa que o Filho do Homem seja levantado, para que todo aquele que nele crê não pereça, mas tenha a vida eterna". Nicodemos foi confrontado com a verdade de que a cruz é o único caminho pelo qual as coisas velhas passam e uma nova vida torna-se realidade. Assim como a misericórdia de Deus providenciou um caminho de cura para os israelitas, de modo que seus corpos não precisassem morrer, da mesma forma a sua graça providenciou a cruz, pela qual todos os que estão mortos no pecado possam ter vida eterna e experimentem a cura de suas almas. Agora tudo o que pecador tem a fazer para tornar-se um filho de Deus é olhar pela fé para aquele que foi crucificado: "Olhai para mim, e sereis salvos, vós, todos os confins da terra; pois eu sou Deus e não há outro" (Is 45:22).

Parábola da água viva
(Jo 4:14; 4:1-42)

Como foi variado e oportuno o ministério terreno de nosso Senhor! Não importava onde ele estivesse, ou com quem conversasse, sua técnica de abordagem era perfeita. Após sua viagem de nove meses de sucesso na Judéia, sucesso esse que despertou o ódio dos fariseus, Jesus deixa essa província e vai para o interior da Palestina. Seu ministério transferiu-se para a Galiléia, "onde a autoridade do Sinédrio era menos rigorosa, e as pessoas eram mais liberais por causa da maior quantidade de gentios ali residentes". Havia duas estradas de Jerusalém para a Galiléia —A que circundava o vale do Jordão e que os judeus ortodoxos sempre trilhavam, para não entrar em contato com os desprezíveis samaritanos; e a mais direta, que ia através de Samaria para a Galiléia. Jesus escolheu a "última opção, por razões vindas de um conselho feito desde a eternidade". Ele sabia o que havia na mulher, assim como no homem (Jo 2:25), e em Sicar estava uma samaritana carregada de pecado e vergonha que precisava de sua graça. Por isso, apesar de ele ser judeu, com um amor isento de preconceito racial, fanatismo religioso e outras limitações humanas, ele pegou a estrada desprezada que levava ao coração de uma mulher, cuja vida degradada seria transformada por sua mensagem e poder.

Após conversar com Nicodemos e vir até a mulher, no poço de Jacó, Jesus usou-o como um púlpito para instar a todos que, cansados, procuravam vida, satisfação e bênçãos mediante o encontro com ele. É impressionante a arte de Cristo como um ganhador de almas, pois extremos e contrastes são apresentados entre o mestre em Israel e a mulher samaritana que tirava água da fonte de Sicar: ele estava no topo da escala social; ela, na base; ele era religioso, culto e altamente respeitado; ela, uma mulher cheia de paixões carnais, ignorante, decadente e sem Deus.

No trato com essas personagens tão opostas, pareceria que Jesus confundiu as coisas. O que ele disse sobre a necessidade de nascer de novo, era, certamente, a mensagem que a mulher samaritana mais precisava —e o ensino com respeito à espiritualidade interior e a adoração espiritual estaria mais adequada para Nicodemos, o instrutor religioso, e também para os discípulos de Cristo em estágio mais avançado, do que para a mulher em "pedaços" que ele encontrou na fonte. Mas ele nunca cometeu um erro em sua abordagem àqueles necessitados de seu toque Salvador. Ele sabia que bem lá dentro do submundo da vida desventurada daquela mulher havia um clamor por Deus. Por ser samaritana, não era considerada participante da aliança de Israel e era o tipo de mulher feita para ser abandonada, a fim de apodrecer em seus pecados.

Chegamos assim ao belo cenário do encontro entre o Salvador e a pecadora. Jesus, cansado de sua viagem, sentou-se à beira do poço. E que toque encorajador João nos dá! O apóstolo revela Cristo como o perfeitamente humano e que, exausto da caminhada entre a Judéia e Samaria, precisava de um descanso no meio do caminho. Muitas vezes cansado *em* sua missão, Jesus jamais estava cansado *dela*. Ele jamais ficava abatido em fazer o bem. Nessa ocasião ele não estava somente exausto, mas também com sede, e disse à mulher: "Dai-me de beber".

Por não saber quem era o estranho, exceto por tratar-se de um judeu, a mulher admirou-se que ele lhe pedisse água, a uma samaritana detestável. Quando lemos as entrelinhas, é como se Jesus esquecesse de sua condição cansada e sedenta, porque aqui se encontrava uma alma cansada de seu pecado e sedenta por uma satisfação interior. Não obstante, seguindo o método que caracterizava o seu ensino, Jesus usou o que estava à mão para ilustrar sua mensagem. A mulher retirava água e, de modo simples, natural e exemplar, Jesus guiou-a do natural ao espiritual, ou seja, da água no poço de Jacó à infalível fonte de vida e satisfação que só se pode encontrar nele.

Em seu esclarecedor estudo do capítulo diante de nós, Campbell Morgan destaca duas palavras completamente diferentes, usadas para poço nesse contexto. Ao referir-se ao poço de Sicar, a mulher disse: "O poço é fundo [...] nosso pai Jacó nos deu o poço" (Jo 4:11,12). Aqui o vocábulo para "poço" é *phear*, que significa um buraco ou cisterna cheio de água acumulada. Mas o termo que João empregou quando disse "estava ali a fonte de Jacó" e "Jesus assentou-se junto a fonte", e o que Jesus usou para si mesmo quando disse "fonte de água" (4:6,14), não era o mesmo vocábulo *phear*", mas outro, que significa uma mina de água, uma fonte que jorrava e salpicava água. Esse termo em particular ocorre apenas aqui e duas vezes em Atos (3:8;14:10), quando é usado para o homem coxo, no lindo portal, "pulando".

A mulher chamou de poço. Jesus falou de uma fonte. Por conhecer a sede profunda da vida da mulher, Ele usou o termo para ilustrar a fonte de água que o poço supria. A diferença estava entre um acúmulo de água (água reunida e retida) e água viva e corrente. Quando os servos de Isaque cavaram no vale, eles "encontraram ali uma fonte de água" (Gn

Parábola do pão da vida

25:32). A mulher veio retirar a água acumulada, e água armazenada rapidamente se transforma em água estagnada. Jesus ofereceu à alma sedente, no poço de Sicar, água viva e corrente para satisfazer suas necessidades mais prementes. A fonte de água nascente, borbulhante, eternamente plena e fresca, era a sua ilustração parabólica de tudo o que ele poderia suprir à humanidade sedenta e febril. A água das cisternas rotas do mundo falham; mas se bebermos dos rios da água viva dele, podemos cantar:

> Minha sede foi saciada, minha alma revivida,
> e agora eu vivo Nele."

Do lado cortado de Jesus, na cruz, escorreram água e sangue. Uma fonte foi adequadamente aberta para eliminar a sede daqueles que se chegam a Deus. A mulher no poço bebeu e viveu, e foi o meio que o Senhor usou para levar muitas outra almas sedentas, espiritualmente, para a Fonte de satisfação. Deixou o cântaro e foi para a cidade, e contou aos samaritanos da fonte borbulhante que encontrara, e eles também vieram a crer em Jesus como o "Cristo, o Salvador do mundo" (Jo 4:42), o doador da água viva. Que as mesmas multidões, hoje, possam ser encontradas bebendo dessa água da vida livremente! (Ap 21:6; 22:17)

Parábola do pão da vida
(Jo 6:35-38)

Quando comparamos o ensino de nosso Senhor aqui ao de sua conversa com a samaritana, descobrimos que um pensamento semelhante foi expresso. A mulher veio para tirar água, e o Senhor ofereceu a ela a si mesmo como uma fonte de água viva. Na narrativa que examinaremos, as pessoas desejavam pão, e ele ofereceu a si mesmo como o Pão da Vida que desceu dos céus. Esse capítulo como um todo pode ser adequadamente intitulado de "O Capítulo do Pão", termo que ocorre aproximadamente vinte e uma vezes, e a ilustração parabólica de Cristo para o pão está cheia de instrução espiritual.

Um dia antes do seu discurso, Cristo havia alimentado sobrenaturalmente os famintos com o pão real, literal, como se menciona no livro *All miracles of the Bible* [*Todos os milagres da Bíblia*]. Mas a quantidade multiplicada, a partir dos cinco pãezinhos do menino, não foi suficiente para outro dia de necessidade. Por isso o povo voltou ao Senhor, na esperança de que ele fizesse outra manifestação do seu poder para satisfazer a sua fome. Eles pensavam apenas no material, pois eram ignorantes da satisfação espiritual que o milagre da multiplicação dos pães deveria significar. Tudo o que as pessoas queriam era encher seus estômagos. Eles buscavam e trabalhavam pelo pão que perecia. Jesus veio para dar-lhes o Pão que poderia supri-los com a vida eterna, tal qual ele tinha dado à mulher, uma fonte geradora de vida que eliminara a sua sede espiritual. O tema central sobre o qual se desenvolve o ensino do Senhor acerca do Pão vivo, encontra-se em suas palavras: "Quem de mim se alimenta, viverá por mim" (Jo 6:57). Após anunciar que era o "Pão da Vida", ele aprofundou cada vez mais o nível de suas revelações. "Este pão é a minha carne que eu darei pela vida do mundo" (Jo 6:51-53).

As três maiores necessidades de nossa vida material são: *ar, água,* e *alimento.* O homem pode viver apenas alguns minutos sem ar, somente uma semana sem água e cerca de quarenta dias sem alimento. No evangelho de João, Jesus promete satisfazer as três necessidades da vida espiritual.

No terceiro capítulo, ele falou do fôlego ou vento do Espírito, sem o qual o homem não pode ter vida espiritual e eterna.

No quarto capítulo, falou à mulher sobre a água viva por meio da qual ela poderia viver para sempre.

Nesse sexto capítulo, ele se apresenta como o alimento essencial à vida presente e futura. A mais profunda fome do homem é espiritual, e Jesus é o único capaz de saciá-la. Por ser o Pão, ele satisfaz a nossa profunda fome, pois veio como o Pão de Deus ou o Pão que é Deus. Como homem, ele conhecia todas as necessidades humanas; como Deus, ele é apto a satisfazer a cada uma delas. Não foi realmente apropriado que Jesus nascesse em *Belém,* que significa "casa do pão"? Ele nasceu para ser o "Pão de Deus" (Jo 6:32, 33), "o Pão da Vida" (Jo 6:35,48), "o Pão do céu" (Jo 6:50,51,58). Não revelam essas designações a sua antiguidade, capacidade e autoridade? Por ser a "Vida" (Jo 14:6), ele pode conceder e sustentar a vida. Mais profunda que quaisquer outras necessidades está a fome espiritual do homem, que só Cristo pode satisfazer, e que, quando ele satisfaz, conseqüentemente atende às menores necessidades.

No Oriente, o pão, como entendemos o termo, feito com farinha, era o principal e mais básico alimento do povo, a sua fonte geral de sustento. Quando Deus disse a Adão: "Do suor do teu rosto comerás o teu pão" (Gn 3:19), a palavra pão não significa somente o alimento feito de cevada ou trigo, mas a comida em geral. No pensamento oriental, o pão sempre é sinônimo de hospitalidade e de comunhão. Reunidos, amigos partiam o pão uns com os outros como sinal de unidade e comunhão. Nosso corpo físico precisa de alimentação adequada e nutritiva. O pão comum não pode produzir ou gerar vida material. Pode, entretanto, se perfeitamente digerido, gerar energia e força, a fim de nos capacitar para a caminhada e tarefas diárias. Cristo se oferece como Alimento vivificante, e somente se nos apropriarmos e assimilarmos o que ele é em si mesmo, seremos vitalizados ou avivados.

O pão não gera a vida, mas contém o gérmen da vida, tão necessário para a manutenção do nosso bem-estar físico e da nossa vitalidade. Augustamente, Jesus declarou ser "O Pão da Vida", "O Pão Vivo". Diferentemente do pão natural, ele é capaz de não apenas suprir nossa vida como sustentá-la. Aqueles maravilhosos oito *Eu Sou,* de Jesus, contêm reivindicações significativas. O grande nome de Deus revelado a Moisés na Sarça é reafirmado majestosamente nesses *Eu Sou* —"Eu sou o que Sou". Quando Jesus disse: "Eu sou o Pão da vida," queria dizer que era capaz de transmitir vida e dar continuidade a ela. Ele não disse: "Assim como o Pai tem vida em si mesmo, ele concedeu ao Filho ter vida em si mesmo?" Portanto, ele trouxe consigo essa vida infinita e para sempre abençoada, do Eterno. Ele veio como o Pão que desceu dos céus, para que o homem por meio dele pudesse subir aos céus.

O maná, que ele usa nessa narrativa como ilustração parabólica de si mesmo, apesar de milagroso em sua origem, ainda assim era um alimento natural. Mas Jesus veio como o "verdadeiro Maná" —verdadeiro, no sentido de que aquele maná cessou. Jesus era e é milagroso, tanto em sua origem como em sua natureza, sendo, portanto, Todo-Poderoso para nos conceder a vida. Como o pão que comemos contém em si muitos dos elementos necessários à nutrição, da mesma forma em Cristo temos tudo o que é necessário para a nossa vida espiritual e eterna.

Pão do céu, Pão do céu,
Alimentai-me até que eu não
mais queira."

Mas o que é o pão que diariamente comemos? Não é trigo moído? Diz o profeta: "O trigo deve ser moído para se fazer pão" (Is 28:28), o que nos lembra que nosso sustento espiritual vem em conseqüência de seu sofrimento. No Calvário, o Pão do céu foi moído e quebrado por nossa iniqüidade. Agora temos vida por sua morte.

Pão do mundo, em misericórdia
quebrado;
Vinho da alma, em misericórdia
derramado."

O pão, contudo, é nutritivo e sustentador somente se for assimilado e apropriado. É por isso que Jesus prosseguiu em suas declarações, que a igreja Romana erroneamente interpreta, sobre o comer a sua carne e beber o seu sangue. Sua "presença real" não está na assim chamada "missa", mas no coração dos que foram tocados pelo seu Espírito. O uso que nosso Senhor deu à ilustração parabólica da "carne" e do "sangue" deve ser entendido no sentido espiritual (6:55,57; Jr 15:26; Ez 2:8;3:4; Ap 10:6,). Em sua encarnação, ele se tornou carne; e, no Calvário, seu sangue, ou vida, foi liberado por meio da morte. Portanto, comer a sua carne e beber o seu sangue representa a nossa apropriação, pela fé, de tudo o que a sua vida e morte tornou possível. Os israelitas porventura não comeram a carne espiritual? (1Co 10:3,4). Quando Cristo entra no coração do pecador entranha-se em sua vida; ele se torna a fonte de vigor e vitória, de energia e expansão, de força e sustento. Ao "comer" dele, temos vida para sempre (Jo 6:51).

O lado prático dessa parábola jamais deve ser esquecido. Jesus, como o Pão de Deus, não nos satisfaz simplesmente para nosso próprio alívio pessoal. Uma vez que ele se torna nossa vida, deseja alimentar outros corações famintos por meio de nossas vidas e de nossos lábios. "Dai-lhes de comer". O pão que Jesus partiu para as multidões foi passado pela mãos dos discípulos, que, portanto, tiveram uma parte em sua gloriosa tarefa. Devemos nos envergonhar, se nos contentamos em banquetear nossas almas nele e negligenciamos ao clamor de milhares que morrem por causa da fome espiritual. Não devemos nos atrever a nos satisfazer, e deixar os outros sem uma migalha sequer. Uma vez salvos, devemos nos tornar canais de salvação para os outros. A força que vem quando nos alimentamos dele deve ser usada a seu serviço para nos guiar aos que espiritualmente morrem de fome por falta do Pão de Deus que desceu do céu, para que também muitos possam ser feitos participantes de sua natureza.

Parábola dos rios de água viva
(Jo 7:37-39)

Da fonte de água que Jesus falou à mulher no poço, chegamos agora a essa figura parabólica dos rios. Não uma fonte, ou um ribeiro, ou mesmo um rio, mas rios, o plural que sugere a plenitude da provisão naquele que falou sobre o Espírito Santo. Antes de abordarmos o significado do incidente em que Jesus ficou de pé e clamou "se alguém tem sede vem a mim e beba", é proveitoso destacarmos o tríplice aspecto do ministério do Espírito Santo em conexão ao caminhar e testemunhar do crente. No terceiro capítulo de João temos a vinda do Espírito Santo (Jo 3:7). No quarto capítulo, o seu jorrar (Jo 4:14). No sétimo capítulo, o seu fluir (Jo 7:37-39). Portanto, o

Espírito doador da vida regenera e, através da vida que ele permeia, busca irrigar o deserto seco e árido à nossa volta. Ele flui então no crente, e finalmente para fora. Esses tríplices aspectos da obra do Espírito Santo estão semelhantemente associados ao nosso serviço, salvação e santificação.

O cenário imediato, da impressionante ilustração dos rios de água viva que fluem do crente, foi o último e grande dia da Festa dos Tabernáculos que durava oito dias (Dt 16:13; Nm 29:12,35; Lv 23:36; Ne 8:18). Todos os dias durante essa festa havia uma procissão de sacerdotes que, com vasos dourados vazios, provenientes do templo, em seus ombros, marchavam pelas ruas, cantando partes do Grande Hallel, ou salmos 113-118, acompanhados de címbalos e trombetas. Após o sacrifício, os sacerdotes e o povo tomavam seu caminho para a fonte de Siloé, onde os vasos eram cheios de água e a procissão alegremente retornava ao templo, onde, na presença da multidão reunida, o sacerdote ia ao altar das ofertas queimadas e clamava em voz alta: "Erguei vossas mãos!" Então ele fazia a libação, ao virar o vaso dourado para o Oriente; e, para o Ocidente, uma taça cheia de vinho tirada dos dois vasos de prata cheios de furos. Durante a libação, o povo cantava, sempre ao som de címbalos e trombetas: "Vós com alegria tirareis água das fontes da salvação" (Is 12:3). Os judeus de então acreditavam que essas palavras estavam repletas de significado messiânico.

Campbell Morgan destaca que no tempo de Jesus muitos itens foram acrescentados ao ritual da Festa dos Tabernáculos, e que no *oitavo* dia não havia mais a procissão dos sacerdotes carregando a água. Foi nesse "último e grande dia" que Jesus, o Sumo Sacerdote, aplicou a si mesmo "um dos mais impressionantes símbolos messiânicos entre todos os que a história nacional continha". Na literatura rabínica, os rituais eram emblemas que relembravam um dos grandes milagres de Deus realizado no deserto, a saber, a água que jorrou da rocha ferida por Moisés e a continuidade da água durante a peregrinação no deserto. No entanto, quando o povo chegou a Canaã, o suprimento sobrenatural não era mais necessário, porque havia rios e fontes em todo lugar na terra Prometida. Os líderes judaicos afirmavam também que o ritual da Festa dos Tabernáculos também simbolizava o reconhecimento de todas as promessas e profecias de um tempo em que forças fertilizantes viriam sobre a nação e a terra. A ausência de sacerdotes no oitavo dia significava que não mais havia necessidade de um suprimento de água sobrenatural; e que também "A tão esperada promessa da nova dispensação de abundância e rededicação ainda não havia acontecido".

A profunda expressão, "como diz a Escritura", revela não apenas o íntimo conhecimento que Cristo tinha do AT, mas também o selo de sua autoridade e veracidade divina. Aqui, no evangelho de João, ele parece ter vivido no passado, a julgar por muitos de seus milagres, parábolas e obras.

No capítulo 2, ele se apresentou como o verdadeiro templo;
No capítulo 3, ele é o que foi suspenso no madeiro;
No capítulo 8, ele é o *Shekinah*, a verdadeira nuvem de glória;
No capítulo 19, ele fala de si mesmo como o Cordeiro Pascal.

E aqui, no capítulo 7, ele é a Rocha verdadeira, da qual os rios de água viva haveriam de fluir. As multidões mataram a sua sede na água

Parábola dos rios de água viva

da rocha que Moisés feriu e, quando Cristo, como a Rocha, fosse ferido no Calvário, haveria a liberação da água geradora de vida no Espírito Santo. Assim como as águas vieram "de dentro" da cavidade da rocha no Horebe (Êx 17:6; Nm 20:11), também de Jesus haveria de fluir os rios da presença e poder do Espírito Santo, e ribeiros de vida nova e dons espirituais, tão necessários ao crescimento e refrigério de todos os crentes.

Geralmente Jesus contava suas parábolas sentado. Aqui lemos que ele *colocou-se* de pé, uma posição adequada, visto que o sacerdote permanecia em pé enquanto derramava água do vaso dourado. A prova de que os rios de água viva são parábolas do derramamento do Espírito Santo, que fora prometido, encontra-se no anúncio específico de João quanto à declaração de Cristo: "Isto ele dizia do Espírito [...] que ainda não fora *dado*, porque Jesus ainda não havia sido glorificado". Enquanto os tradutores da Versão Atualizada adequadamente acrescentaram "dado", no texto original se lê: "O Espírito ainda não fora", e refere-se ao novo e mais completo derramar do Espírito, que foi concedido no Pentecostes após a ascensão e glorificação de Cristo nos céus. No AT havia apenas um conceito vago do Espírito como uma *pessoa*. Ele era visto mais ou menos como um *poder divino* que vinha sobre os homens para equipá-los a realizar uma tarefa especial, como no caso de Bezaleel e, após o serviço estar completo, o poder era retirado. Agora Jesus promete que o Espírito em *pessoa* habitaria nos crentes. Ele estava para vir e fazer sua morada neles. Mas o advento da terceira pessoa da Trindade estava condicionado à ida de Cristo aos céus. "Se eu não for, o Consolador não virá para vós" (Jo 16:7).

A glorificação de Cristo veio em conseqüência de sua morte, ressurreição e ascensão à destra da majestade nas alturas. E uma vez que ele assentou-se como o glorificado Filho do homem, o Espírito Santo veio em toda a plenitude de seu poder e dons para os crentes. Em Atos, do Pentecostes em diante, temos um fluir dos poderosos rios do Espírito Santo, que levariam vida a todo e qualquer lugar seco por onde passassem. Daí em diante, ele se tornou o semeador perene da vida espiritual e a perfeita satisfação dessa vida para a verdadeira Igreja em todos os tempos.

A parábola tem sua contrapartida pessoal e espiritual, porque, assim como a vinda do Espírito Santo foi conseqüência da ascensão de Jesus, agora o Espírito pode outorgar a sua plenitude sobre os corações dos que glorificam a Cristo, ou seja, dos que dão a ele um lugar de preeminência em suas vidas. Deve haver uma ascensão e uma entronização, com todas as coisas postas sob seus pés, se queremos que o Espírito nos encha com ondas sucessivas de poder. Todos os que têm sede de Deus, vêm a ele pela fé e bebem das águas que saem da Rocha, estão aptos a se tornarem canais de bênçãos para os sedentos em volta deles. Será que podemos dizer que rios de bênçãos saem do santuário de nossa vida? Transmitimos aos outros os benefícios do refrigério da graça divina? A sua vida é comparável a um rio, ou melhor dizendo, a muitos rios de divina influência?

Os *rios* dos quais Jesus falou sugerem uma vida de duplo aspecto, a saber, "A satisfação da vida em sua sede e, em segundo lugar, a frutificação da vida, a fim de que traga uma colheita". Após experimentarmos o primeiro aspecto de termos a nossa alma saciada e revivida, será que estamos prontos para, por meio do Espírito Santo, produzirmos uma colheita de almas para a glória do Senhor? Se não estamos completamente satisfeitos, como poderemos levar outros das cisternas rotas do mundo a ele, que é o Rio doador da vida? Pergunta-se: "Estamos satisfeitos? Porque, a menos que estejamos, nenhum rio fluirá de nossa vida. Podemos ser homens e mulheres bons, quando fazemos coisas boas, mas os rios correntes não estarão lá. A influência que exerceremos não será a do Espírito, porque o seu afluxo não tem sido o que deveria ser. Nenhum rio corre de almas sedentas [...] Não há sede quando os rios estão correndo. Não haverá rios, se ainda estivermos sedentos. Não há sede? Então os rios estão correndo".

> Canais somente, bendito Senhor,
> E com todo o vosso maravilhoso poder
> Fluindo através de nós, vós podeis usar-nos
> Cada dia, cada hora.

Parábola da luz do mundo
(Jo 8:12-30)

Nesse segundo grande *Eu Sou*, de Jesus, temos uma ilustração parabólica de sua direta e grande reivindicação: "Eu sou a luz do mundo". Aquele que veio como revelação de Deus, cheio de graça e verdade (Jo 1:14), agora proclama-se como a luz desse mundo de trevas. Após declarar que saciaria a sede da humanidade, ele agora proclama-se como o único capaz de iluminar a mente humana obscurecida pelo pecado. O termo *phos* que Jesus usou para "luz" era bastante conhecido de todos os que O ouviam, e significa "brilhar, a fim de tornar manifesto". Deus disse: "Haja luz", e houve luz, e ela brilhou.

> Todo o nosso conhecimento, senso e visão
> Repousam envoltos nas mais profunda trevas,
> Até que o brilho de Deus irrompa em nossa noite,
> Por meio dos raios da verdade, em um céu sem nuvens.

Como a celebração da Festa dos Tabernáculos sugeriu a Jesus a parábola do "rio de águas vivas", o que o motivou a designar-se "A Luz do mundo" (*mundo* significa "cosmos"), a soma total da humanidade? Muitos escritores pensam que ele aludia ao brilho emitido pelos dois candelabros, que eram acesos ao anoitecer durante a festa, cuja luz, diziam os rabinos, brilhava sobre toda Jerusalém. Mas Jesus não veio apenas como a vida (Jo 7:31). Ele se apresentou como a luz que emana da vida e, como a luz, não só para uma cidade, mas a luz do mundo e para o mundo.

Nada é tão puro como a luz. A neve é pura, mas suja-se facilmente. Não é assim com a luz, que a mão do homem não pode manchar ou corromper. Nada pode macular os seus raios ou poluir seu brilho. Não obstante, sendo Luz, Jesus tomou sobre si a forma de carne pecaminosa, apesar de ter nascido e vivido sem pecado. "Ele era santo, puro, imaculado, separado dos pecadores". A luz é também tão brilhante quanto pura. O dia e nossas casas são iluminados à medida que são atingidos pela luz do Sol. Semelhante à luz, Jesus veio como "o brilho da glória do Pai", e sua função é levar claridade onde quer que as trevas do pecado prevaleçam. A luz é também gratuita, gratuita como o ar que respiramos, e brilha igualmente ao príncipe e ao indigente. Sem dinheiro e sem preço, a luz brilha sobre favelas e palácios. Cristo, como a Luz do céu, é oferecido gratuitamente, e nos mesmos termos da graça, aos judeus e gentios igualmente. Ele é a verdadeira Luz, pronto para iluminar todos os homens do mundo. *Revelação* é outra qualidade pertencente à natureza da luz. As trevas encobrem, mas a luz revela. Cristo, então, atua como a luz. No mundo espiritual ele é o grande Revelador. Semelhante à luz, ele lança luz nas "celas escuras, onde a paixão reina soberana", e revela aos seus olhos a nossa verdadeira pessoa.

Por último, a luz dá vida. Sem o Sol e as miríades de estrelas, esse mundo morreria. "É a cálida luz da primavera que desperta a semente que dorme, que faz crescer os brotos, que cobre as vinhas, o campo e as florestas com vegetação, fragrância e fertilidade". É assim com Cristo, a Luz. Corações nos quais ele ainda não brilhou estão espiritualmente mortos. Se formos destituídos dos raios calorosos de sua graça, viveremos em inverno espiritual. Como a Luz, para que todos os seus benefícios sejam desfrutados, ele deve, antes de tudo, ser recebido. Ao amanhecer abrimos as cortinas para que a luz da manhã encha as nossas casas. Assim também o homem deve abrir as portas do coração para que "o Senhor Deus, que é o Sol" dissipe as trevas com o seu radiante brilho.

Como a "Água da vida" é para todos os sedentos, a "Luz" é para os que desejam andar nela; e se andamos na luz como ele está na luz, e é a Luz, então jamais andaremos nas trevas do pecado, e nos tornaremos refletores da Luz. Isso nos leva ao desafio: "Devemos ser neste mundo tal como ele é". Jesus disse de si mesmo: "Eu sou a luz do mundo"; e daqueles que são seus: "Vós sois a luz do mundo". Mas somos globos luminosos? Brilhamos como a luz em meio às densas trevas desse mundo? Nossa luz deve brilhar diante dos homens para que eles, ao contemplarem nossas boas obras, glorifiquem ao Senhor.

Parábola do dia e da noite
(Jo 9:4)

Envolvida pelo milagre de fazer enxergar alguém que era cego de nascença, essa parábola foi transmitida por Jesus para ilustrar as obras de Deus que ele fora enviado a realizar: "Preciso fazer as obras daquele que me enviou enquanto é *dia*; a *noite* vem, quando ninguém pode trabalhar". Godet diz que o contraste ente *dia* e *noite* "não pode denotar oportunidade ou falta de oportunidade, ou ainda o tempo da graça e o tempo em que não será alcançada. Aqui pode ocorrer apenas o contraste entre o tempo para *trabalhar* durante o *dia*, e o *descanso* noturno. Nada há de sinistro nesta figura: noite".

Porventura Paulo não fala dessa ocasião da vida como "o dia da salvação" e tempo para o homem aceitar a Cristo como a *Luz*? (2Co 6:2). Esse pode ser o mesmo grande dia da Festa dos Tabernáculos, ao pôr do Sol, em que Jesus alertava que o dia dos seus serviços estava rapidamente se acabando. Ele quis dizer: "Enquanto estou no mundo", mas a noite de sua morte não estava distante, quando cessariam as suas atividades humanas na terra. Assim como a noite natural não pode chegar antes de sua hora certa, Jesus sabia que o dia de sua vida estava marcado por limites não menos claros (Jo 11:9). Mas enquanto ainda era dia claro, ele precisava fazer a obra que seu Pai lhe confiara.

Esta época da graça, quando a Igreja de Cristo dá continuidade à sua obra, sob a liderança do Espírito Santo, é nosso dia de oportunidade, e as horas desse dia devem ser cheias de atividades inspiradas pelo Espírito Santo. Esse é o tempo de ganhar almas, um santo ministério, porque a noite vai chegar. Os ímpios precisam ser advertidos de que hoje é o dia da graça, quando podem ser libertos da culpa e purificados dos seus pecados. Porém, se esse dia da oportunidade for desprezado, passará e nunca voltará.

> Trabalhe, pois vem a noite!
> Trabalhe ao brilho do Sol.
> Preencha com trabalho suas brilhantes obras,
> Pois o descanso virá, certo e breve.
> Dê a cada minuto que passa
> Algo para guardar em depósito.
> Trabalhe, pois vem a noite,
> Quando ninguém mais trabalha.

Parábola da porta e do porteiro
(Jo 10:1-3,9)

Ainda que a maior parte desse célebre capítulo seja ocupada pela parábola de Jesus como o *Bom Pastor*, temos dentro dele parábolas ilustrativas distinguíveis, como O Porteiro, a Porta, Ladrões e Assaltantes, Mercenários, tudo como integrantes da figura do Pastor e as Ovelhas, mas que são usadas semelhantemente em sentido espiritual.

A repetição da expressão inicial "em verdade, em verdade", que somente João registra como usada por Jesus em seus ensinamentos, e que ocorre cerca de 25 vezes em seu evangelho, demonstra que ele era um ouvinte atencioso. A dupla afirmação significa realmente *amém, amém*, e introduz verdades de grande importância ou urgência. Usualmente essa fórmula ocorre em meio a outras declarações, e foi utilizada por Jesus para prender a atenção e focalizá-la em um novo aspecto da verdade que ele abordaria. Aqui, "em verdade, em verdade" (Jo 10:1) não introduz um novo discurso, mas age como desenvolvimento do profundo ensinamento de nosso Senhor (Jo 15:1). O capítulo diante de nós é uma extensão de seus ensinamentos iniciados no capítulo anterior (Jo 9:35), que surgiram do milagre do cego, um acontecimento que proporcionou uma evidência para os fariseus, de sua cegueira espiritual. Jesus refere-se a eles como ladrões e mercenários, e deixa-os muito irados (Jo 10:20,21).

Porta. A figura comum da "porta" não é usada apenas literalmente (Mt 6:6; 27:60), mas em metáforas de diversas maneiras, como mostra W. E. Vine:

- Da fé, pela aceitação do evangelho da graça (At 14:22);
- Da abertura para o ministério da Palavra de Deus (1Co 16:9; 2Co 2:12; Co 4:3; Ap 3:8);
- Da entrada no reino de Deus (Mt 25:10; Lc 13:24, 25);
- Da entrada de Cristo no coração do crente arrependido (Ap 3:20);
- Da proximidade da segunda vinda de Cristo (Mt 24:33; Mc 13:29; Tg 5:9);
- Do acesso, para contemplar visões relativas aos propósitos de Deus (Ap 4:1);
- De Cristo como o único, através do qual entramos na graça (Jo 10:7,9).

Por *porta* do aprisco, pela qual entra o pastor, entendemos como a que leva *ao* rebanho, e não uma porta *pela qual* entram as ovelhas. Jesus toma esse recurso material dos pastores e aplica a si mesmo. "Eu sou a Porta". Que idéia impressionante está ligada a esse Eu Sou, de Jesus! Uma porta tem dupla função —deixar entrar e impedir a passagem. Pode introduzir todos os que são bem-vindos e impedir aqueles cuja companhia é indesejável. Quando a porta se fechou nas Bodas do Cordeiro (Mt 25:10), admitiu as cinco virgens sábias e impediu que entrassem as cinco néscias.

Parábola da porta e do porteiro

Cristo é a Porta e, quando entramos por ela, somos salvos. Somente por ele temos acesso ao Pai (Ef 2:18). A figura da porta é paralela à "porta apertada" e ao "caminho estreito" (Mt 7:13, 14; Rm 5:2). Não podemos estreitar a porta do aprisco, nem mesmo alargá-la. Cristo é a Porta para todos os excluídos pela autoridade religiosa dos fariseus. O homem que recebera a visão foi excluído, e Jesus perguntou-lhe: "Crês tu no Filho de Deus?" O homem respondeu: "Quem é ele, Senhor, para que nele creia?" Então Cristo apresenta-se como a porta para uma nova vida quando disse: "Ele é aquele que fala contigo" e, ao recebê-lo, o que fora cego encontrou nele a entrada para um reino inteiramente novo. Quando Jesus dirigiu-se às autoridades religiosas que excluíram o homem cuja visão ele restaurara, condenou-as por excluírem certas pessoas: "Ai de vós doutores da lei, porque tomastes a chave da ciência. Vós mesmos não entrastes, e impedistes os que entram". Eles fracassaram na função de portais através dos quais outros poderiam entrar ao verdadeiro conhecimento de Deus. Agora Jesus apresenta-se como a Porta.

Para os pastores orientais, a porta não era realmente a com dobradiças como imaginamos, mas uma abertura no cercado, sebe ou paliçada. À noite, as ovelhas eram recolhidas ao interior desse cercado relativamente alto, e o porteiro assumia a vigilância e era responsável pela segurança do rebanho. Havia roubo de ovelhas, e ladrões que as matavam, e se o porteiro à porta do redil não ficasse atento, os ladrões e assassinos pulavam a cerca e pegavam as ovelhas. Esses *ladrões* e *assaltantes,* que precederam a Cristo, "todos que vieram antes de mim", não são os profetas do AT ou os mestres que fielmente testemunharam de Jesus como a verdadeira Porta. Cristo, figuradamente, representava a classe sacerdotal oriunda do AT. Esses mestres religiosos usurparam o lugar das verdadeiras escolas proféticas e atribuíram a si mesmos a posição de portas do reino de Deus. Mas por suas próprias adições às leis, e por suas tradições, esses exclusivistas fecharam a verdadeira porta, pilharam e oprimiram os que eles mesmos excluíram. Esses eram os ladrões e assaltantes, e lobos vestidos de ovelhas, que roubavam o rebanho de Cristo e despedaçavam as verdadeiras ovelhas (At 20:29; 1Pe 5:2).

Campbell Morgan muitas vezes disse que a ilustração da porta teve um profundo efeito sobre ele quando lhe foi relatada pelo pr. George Adam Smith. Parece que durante uma das várias vezes que cruzou o Atlântico, o dr. Morgan teve por companheiro de viagem o renomado teólogo. Um dia, quando meditava sobre as coisas de Deus, o Pr. George contou-lhe o relato de uma visita que fizera ao Extremo Oriente. Enquanto viajava, foi a um daqueles apriscos ou cercados com uma abertura na parede. Como o pastor estava próximo, ele perguntou-lhe:

"Isto é um aprisco de ovelhas?"
"É, sim", respondeu o pastor.
"Eu vejo somente uma entrada", disse o Pr. George.
"Sim, ali está, ali está a porta", respondeu o pastor apontando para a abertura na parede.
"Mas não há porta lá", disse o Pr. George.

Ainda que os dois não estivessem falando da *Parábola do bom pastor*, ou das verdades cristãs ao todo, o Pr. George ficou maravilhado quando o pastor disse:

Eu sou a porta".
A mente do grande teólogo vol-

tou a esse décimo capítulo de João e perguntou ao pastor: "O que você quer dizer, chamando a si mesmo de porta?"
Ao que, perfeita e naturalmente o pastor respondeu:

"As ovelhas entram, e eu venho e me deito atravessado na entrada, e nenhuma delas pode sair exceto por cima de meu corpo, e nenhum lobo pode entrar sem passar por cima de mim".

Como é rica em inspiração espiritual essa notável ilustração! Cristo é a Porta, e não podemos sair senão por meio dele, e nenhum lobo feroz pode agarrar as ovelhas, sem passar por ele. Ninguém pode arrebatar-nos de suas mãos (Jo 10:28,29). Como a Porta, o próprio Jesus preserva e protege as suas ovelhas, e elas podem entrar e sair e achar comida. *Dentro* e *fora*. Entrando através de Cristo, encontramos a salvação, serviço e sustento. Godet lembra-nos que *entrar* e *sair* é uma expressão muitas vezes empregada na Bíblia para designar o livre acesso a uma casa, onde se pode entrar e da qual se pode sair sem cerimônias, por pertencer àquela residência e porque está *em casa* (Dt 28:6; Jr 37:4; At 1:21).

Entrará expressa a livre satisfação da necessidade de repouso e a posse de um refúgio.

Sairá sugere a livre satisfação da necessidade de alimentação, o livre usufruto de uma rica pastagem (Sl 23:2,5) É por isso que o tempo do verbo "entrará" é imediatamente seguido pela expressão que o explica: *e achará pastagens. Entramos* para salvação, e *saímos* para servir àquele que nos salvou.

Sendo Jesus a Porta, de que lado você está? Você está *dentro* ou *fora*? "Em Cristo" ou "sem Cristo" —salvo ou perdido? Que solene lembrança temos daquele singelo cântico infantil:

> Uma porta, e uma só;
> Porém, dois lados há.
> Dentro ou fora,
> De que lado você está?

Porteiro. Mesmo que essa personagem não seja parte essencial da alegoria, todavia tem o seu lugar e foi usada por Jesus a fim de aplicar ao que está relacionado a ele, como Pastor, e também às ovelhas. Atualmente a palavra *porteiro* significa "guardião da porta", e é usada para o masculino ou feminino (Mc 13:14; Jo 18:16, 17). Na vida pastoral, o porteiro era um co-pastor, cujas obrigações eram as de confinar as ovelhas depois que fossem recolhidas ao aprisco à noite, e abrir a porta na saída do pastor pela manhã.

Mediante o nosso modo de pensar, *porteiro* sugere um duplo ofício. Alguém que carrega bagagens ou encomendas, como os dispostos maleiros nas estações de trem. A palavra também denota os que, nos grandes estabelecimentos comerciais e hotéis, abrem a porta para os que entram ou saem. Esse último ofício é o indicado pelo porteiro mencionado por Jesus, e quem, no aprisco espiritual, é o que abre as portas ao Pastor. Como precursor de Jesus, João Batista foi o proeminente porteiro que abriu a porta para aquele cujo caminho havia preparado. Quando Jesus surgiu como a Porta, João sentiu-se apenas o porteiro, e retirou-se a um segundo plano para que *a Porta* fosse vista claramente e acessada. "Convém que ele cresça", disse o porteiro quanto à Porta, "e que eu diminua". Paulo considerava o Espírito Santo porteiro divino, quando escreveu sobre as portas de serviço abertas por ele. Em Éfeso, "uma porta grande e eficaz se abriu"

Parábola do bom pastor

(1Co 16:9). Em Trôade, onde Paulo foi pregar o evangelho de Cristo, "uma porta se me abriu no Senhor" (2Co 2:12). Os colossenses foram chamados a orar "para que Deus nos abra a porta da palavra, a fim de falarmos do mistério de Cristo" (Cl 4:3). Então Paulo declara aos irmãos como "Deus abrira a porta da fé aos gentios" (At 14:27). Ao receber as chaves de Jesus, Pedro, no dia de Pentecostes, abriu a porta da fé às multidões reunidas.

Um *porteiro* —guardião ou abridor de porta! Todos os que pertencem ao Bom Pastor serão porteiros espirituais, para guardarem a porta ou defender ardorosamente a fé, e também um diligente 'abridor' de portas para que o Senhor entre. No reino espiritual, abridores de portas são ganhadores de almas. Como cristão, você age em duplo sentido como o Porteiro? Você ajuda a carregar a carga dos outros? "Levai as cargas uns dos outros". Então você está sempre atento para abrir uma porta ao Salvador? Se você nunca abriu uma porta para Jesus, em outras palavras, jamais ganhou uma alma para Cristo, a sua vida não é tão abundante como ele fala nessa parábola.

Parábola do bom pastor
(Jo 10:1-18)

Entre as características do estilo peculiar de João, está a repetição de palavra ou frase que serve para sublinhar o pensamento que ele procura comunicar. Dupla menção significa ênfase divina. Duas vezes, no mesmo versículo, João registra Jesus dizer: "Eu sou o Bom Pastor; o Bom Pastor dá sua vida pelas ovelhas" (Jo 10:11). As mentes dos homens foram preparadas para a concepção de Cristo como pastor. Ele foi mencionado como o pastor (Sl 23; Is 40:11; Ez 34:11-16,23; 37:24). Os primeiros a receber o anúncio de seu maravilhoso nascimento foram os humildes pastores, para significar que aquele que nasceu na manjedoura alimentaria o seu rebanho como um pastor.

Como o *Bom* Pastor, ele morreu pelos pecadores da terra que, como ovelhas, tinham se desviado (Jo 10:10, 15).

Como o *Grande* Pastor, ele ressuscitou, e subiu ao alto, para interceder por suas ovelhas (Hb 13:20).

Como o *Supremo* Pastor, ele voltará para recompensar os seus subpastores que foram fiéis em seu cuidado com o rebanho (1Pe 2:25).

Bom, como foi usado aqui, não significa apenas possuir bondade ou, no sentido físico, o que está em sua própria excelência natural; mas o que, moralmente, é belo, nobre e verdadeiro. Como usado por Cristo, o vocábulo implica que a perfeição de todos os atributos pertence a ele. Nele a perfeição *imerge* e dele ela *emerge*. Como expressa Ellicott: "Ele é o pastor idealmente bom, que preenche toda idéia de governo, sustento, auto-sacrifício que já se reuniu em torno do nome do pastor. Nenhuma imagem de Cristo impressionou tão profundamente a mente da Igreja como essa [...] O cajado pastoral é o emblema adequado do trabalho do bispo, e o pastor é o nome pelo qual o submisso rebanho na beira da estrada pensa sobre ele que, em nome de Cristo, é apontado para seu guia" (Ef 4:11).

Passar da figura de Cristo como a *Porta* permite-nos descobrir tudo o que ele é como *Pastor* que veio para "reunir em um só corpo os filhos de Deus que andavam dispersos" (Jo 11:52), e morrer pelos que não eram de seu rebanho. Tem-se afirmado que "o pastor era sempre o símbolo do rei". Homero disse uma vez: "Todos os reis são pastores de seu povo". Como seria diferente o nosso mundo se todos os soberanos e governadores fossem verdadeiros pastores do povo que governam! Quando pensamos nos reis e profetas de Israel, é interessante enumerar quantos começaram como pastores.

Jesus não misturava suas metáforas quando exortava seus discípulos a serem corajosos: "Não temas, pequeno rebanho; pois a vosso Pai agradou dar-vos o reino". *Rebanho, Pai, reino*, essas três figuras de linguagem fundem-se para constituir a realeza ideal admitida no Oriente. O *Rei* ideal era o *Pastor* de seu rebanho, o *Pai* de sua família e a autoridade *governante* sobre sua nação. Quando Jesus, com augusta majestade e dignidade clamou: "Eu sou o bom Pastor", todas as implicações sobre esse termo foram consolidadas nele.

Como "pastor e bispo das nossas almas" (1Pe 2:25), Jesus assumiu essa missão antes de tudo:

Por designação do Pai. Ele conhecia seu Filho amado como o Pastor, em contraste com os que eram simplesmente mercenários. Deus não falou dele como "o meu pastor e o homem que é o meu companheiro"? (Zc 13:78). Quando Jesus veio em carne, enfatizou o fato de que fora enviado pelo Pai e era seu mediador autorizado, cujas funções, missão e poder foram recebidas de seu Pai.

Por sua voluntária escolha. Mesmo que enviado pelo Pai, o Filho não veio involuntariamente. Satisfeito com a vontade de Deus, Jesus conformou-se sinceramente com tudo o que estava envolvido. O Pai e o Filho eram um em seu amor pelo mundo perdido, e Jesus voluntariamente veio buscar e salvar a ovelha perdida. Como vemos, sua morte e ressurreição, por meio das quais as almas sucumbidas e autodestruídas podem ser resgatadas, eram de sua própria escolha e ação (Jo 10:15,17). Vamos agora identificar a bendita relação que existe entre o Bom Pastor e suas ovelhas.

Ele possui as ovelhas. Jesus usou o pronome pessoal possessivo quando falava sobre as ovelhas. "Suas próprias ovelhas" (v. 4), "minhas ovelhas" (v. 14), "tenho outras ovelhas" (v. 16). Em virtude da criação e redenção, todas as almas pertencem a ele através da entrega do coração e da vida ao seu clamor. Os que entram por ele, a *Porta*, podem dizer com Davi:"O Senhor é *meu pastor*" (Sl 23:1), e sobre eles diz o Pastor: "conheço as *minhas* ovelhas" (Jo 10:14). Os pastores das montanhas e seus cães treinados reconhecem uma única ovelha entre muitas outras, e elas são treinadas exclusivamente, para saberem o seu nome e reconhecerem a voz de seu pastor. Se você é propriedade do Pastor divino, então ele sabe o seu nome e endereço e está pronto a satisfazer suas necessidades quando elas surgirem.

Ele conhece as ovelhas. Jesus disse que *esse* conhecimento é mútuo: "Eu conheço as minhas ovelhas, e as minhas ovelhas me conhecem" (Jo 10:14,27). Por três vezes ele referiu-se a si mesmo como o "Bom Pastor"; duas em conexão com sua morte pelas ovelhas (Jo 10:11), e aqui onde repete a designação para expressar a íntima união e comunhão entre o pastor e as ovelhas. Conhecidos por ele e conhecedores dele implica mais do que conhecer sua voz. Significa que somos participantes de sua natureza. Somos um com ele, da mesma maneira que ele pôde dizer: "Eu e o Pai somos um" (Jo 10:15,30). Somos completamente conhecidos por ele. Possuidores da marca da divina possessão, os seus são conhecidos pelo Senhor.

Parábola do bom pastor

Um pastor oriental conhecia todas as particularidades de cada uma de suas ovelhas —história, defeitos, temperamento e gostos— algumas dessas qualidades eram personificadas pelo nome que ele dava a cada uma delas. O Pai conhecia tudo sobre aquele que viveu em perfeita união com ele. "O Pai me conhece, e eu conheço o PAI". Existia um perfeito entendimento entre o Pai e o Filho. Da mesma forma o Pastor tem compreensivo e perfeito conhecimento de cada uma de suas ovelhas. Nada há oculto para ele. "Não há uma palavra em nossa língua que esteja em oculto, pois Tu, ó Senhor, as conheces todas". Godet observa: "A palavra *conhecer* não significa distingui-los do restante dos judeus. A importância dessa palavra é muito mais profunda, e o sentido *distinguir* não é apropriado nas três declarações seguintes. Jesus penetra com os olhos do seu amoroso conhecimento o genuíno ser interior de cada ovelha e discerne perfeitamente todas as que ele possui. Pois existe uma íntima comunhão entre o verbo 'conheço' e o possessivo 'minhas' ovelhas. Esse conhecimento é recíproco. Os crentes também conhecem como é o seu pastor, tudo o que ele sente e tudo o que deseja fazer por eles. Dessa íntima comunhão entre ele e suas ovelhas, Jesus volta-se àquele que era o modelo e inspiração: sua comunhão com Deus".

Ele conduz o rebanho. Para nós, ocidentais, o pastor segue atrás das ovelhas, mas os pastores orientais vão na frente de suas ovelhas. "Ele vai adiante delas, e elas o seguem, porque conhecem a sua voz" (Jo 10:4). "O Senhor é meu Pastor [...] ele guia-me" (Sl 23:1,2). Dificilmente as ovelhas acham seguramente o seu caminho. Outros animais conseguem, mas as ovelhas desviam-se, e a sua orientação e segurança são asseguradas pelo seguir o pastor cuja voz é conhecida e fundamental para elas. "Ouvem a sua voz" expressa "o conhecimento familiar que o pequeno rebanho tem da voz de seu pastor que o guia dia a dia".

Estranhos, ladrões e assaltantes podem chamar as ovelhas pelo nome e tentar imitar a voz de seu pastor, mas, pelo longo costume e intimidade, elas conseguem discernir uma voz estranha e ficam então receosas. Se procurarmos viver em total harmonia com a vontade de nosso Pastor celestial, estaremos sob a sua inequívoca liderança e direção, pois ele sempre conduz suas ovelhas "pelas veredas da justiça, por amor de seu nome" (Sl 23:3). E, treinados pelo Espírito a conhecer a voz do Pastor, quando ele fala conosco por meio de sua Palavra, discernimos imediatamente e evitamos a voz estranha, mesmo que seja a da religião. Os escribas e fariseus eram imitadores de pastores, e sua voz confundiu e desencaminhou as ovelhas. Por não terem os falsos líderes compreendido a parábola que Jesus proferiu, ele reiterou o seu significado (Jo 10:6,7). A palavra "parábola" é usada aqui em seu amplo sentido, e inclui toda espécie de ilustração figurada ou proverbial e toda espécie de linguagem. Já destacamos a omissão de parábolas em João, como as encontradas nos outros evangelhos.

Ele dá a vida pelas ovelhas. Por duas vezes temos a frase "dou a minha vida pelas ovelhas" (Jo 10:15,17); e duas vezes a expressão "eu a dou" (Jo 10:18), e por duas vezes a assertiva: "Tenho poder para tornar a tomá-la" (10:17,18). Por sua própria vontade, o Bom Pastor deu-se a si mesmo para morrer. Sua vida não lhe foi tirada pelos algozes romanos, mas, sim, voluntariamente doada. Sua morte foi absolutamente por autodeterminação e voluntariedade. No último instante, ele rendeu o seu espírito (Lc 23:46). Ele *deu* a sua vida pelas ovelhas (Jo 10:11). No Calvário, a espada ergueu-se contra o Pastor, mas não contra a sua vontade soberana (Zc 13:7). Vicent, em seu *Word studies* [*Estudo das palavras*], diz que "A expressão 'dado a sua vida' é peculiar a João, pois ocorre apenas em seu evangelho e em sua primeira epístola, e pode ser explicada de duas maneiras:

1. *Colocado como sinal ou pagando um preço,* de acordo com o uso clássico do verbo *dar;*
2. *Pôr de lado a* sua vida como uma veste. "*Ele* tirou a vestimenta" (13:4). Esse último parece preferível. Quando ele clamou 'está consumado', pôs de lado sua vida terrestre como uma vestimenta que ele vestira voluntariamente em Belém".

Então Jesus morreu e ressuscitou por sua própria vontade. Ele deu a sua vida como resgate pelos pecadores e triunfou sobre a morte, a favor deles. Ainda que "*minhas* ovelhas" aplica-se apenas aos crentes, todavia a sua morte foi uma "propiciação, não apenas pelos nossos pecados, mas pelos pecados do mundo inteiro" (1Jo 2:2). Não existe contradição entre "o Espírito que ressuscitou a Jesus dentre os mortos" (Rm 8:11) e a expressão "tenho poder para retomá-la". Godet diz: "Se é no Pai que subsiste o poder que deu vida a Jesus, é ele mesmo que por sua própria vontade e petição convoca-se a manifestar esse poder [...] Deus não impôs a Jesus nem a morte nem a ressurreição". Jesus não era obrigado a morrer. Por nunca haver pecado, a morte não tinha domínio sobre ele. Ademais, quando foi conduzido à morte, poderia chamar doze legiões de anjos para salvá-lo dos que o crucificavam, mas a glória do evangelho, é que Cristo, por sua própria vontade, morreu pelos pecadores.

Ele dá vida e satisfação às suas ovelhas. Por conceder sua vida *pelas* ovelhas, ele está pronto para dar vida, e vida abundante, a todas elas. Em virtude do sacrifício de sua vida, ele pode dar a vida eterna a todo o que nele crer. "Eu lhes dou (às minhas ovelhas) a vida eterna" (Jo 10:28). Quando passamos por ele como a Porta, estamos salvos e abençoados, com suprema e infalível satisfação. Temos perdão e pastagens porque o Pastor não apenas salva, mas satisfaz a alma. Ele também provê eterna segurança para os seus. A vida que ele dá não pode ser "eterna", se a recebemos em um dia e a perdemos em outro. Jesus declarou que ninguém poderia tirar as ovelhas de sua poderosa mão, nem da mão do seu Pai. Então, estamos duplamente seguros. Fomos reunidos, arrebanhados, preservados aqui e seremos glorificados no porvir. Ele nos chamou ao seu reino eterno e de glória. É sua vontade que contemplemos sua glória (Jo 17:24).

Ele protege suas ovelhas. Mercenários ou trabalhadores ambulantes, que ajudavam a garantir a segurança das ovelhas, não se interessavam cordialmente por elas; e se o perigo ameaçava o rebanho, eles fugiam e deixavam as ovelhas entregues aos ladrões, assaltantes e lobos. O duplo motivo, que os levava a não ter algum cuidado com as ovelhas, era: *não são pastores* e *as ovelhas não lhes pertencem.* Ainda que os mercenários não sejam tão destrutivos quanto os ladrões e assaltantes, contudo, por abandonarem as ovelhas frente ao perigo, ajudavam a saquear ou a matar os animais indefesos. Os fariseus que ouviram de nosso Senhor a descrição dos covardes guardiães de ovelhas, provavelmente ficaram com a consciência perturbada. Instintivamente, eles sentiam que *mercenários* retratava apropri-

Parábola do bom pastor

adamente o amor deles ao dinheiro, bem-estar e posição, e sua falta de profundo interesse pela prosperidade espiritual daqueles que estavam sob os seus cuidados. Não é de admirar que pegassem pedras para matar Jesus (Jo 10:31) depois de ouvirem a comparação a *ladrões, assaltantes* e *mercenários* (Ez 34:2). Os ministros religiosos cujo coração é destituído da graça divina, ostentam-se como o caminho da salvação e a porta para o céu, ou negam os gloriosos fundamentos da fé cristã, estão nessa mesma tríplice categoria.

Quem ou o que entendemos ser o *lobo* que ataca e dispersa as ovelhas? Ladrões, assaltantes e mercenários são inimigos humanos das ovelhas, mas o lobo é animal (inimigo natural que destrói o rebanho). A palavra que Jesus usou para o verdadeiro pastor, que *espanta* o lobo que se aproxima, é um tanto gráfica. Implica "fixa contemplação com o fascínio do terror pela aproximação do lobo". Comentaristas divergem quanto ao significado típico do lobo. Aqui estão algumas interpretações: O *lobo* é a pessoa que personifica a hostilidade ao reino de Deus, o diabo, e age por meio de todos os adversários da Igreja (Jesus identificou completamente o farisaísmo com o princípio diabólico: Jo 8); o lobo era o grande poder romano; a figura do lobo pode aplicar-se a todos os poderes antimessiânicos, até mesmo o farisaísmo; o lobo representa os futuros mercenários no meio da Igreja cristã. Godet interpreta concisamente: "O lobo representa o princípio positivamente hostil ao reino de Deus e do Messias —os fariseus e os mercenários, os legítimos, pois julgavam-se funcionários remunerados que, por sua condição, foram chamados a cumprir a tarefa a qual Jesus realizou por autodevoção voluntária. Os sacerdotes e levitas achavam-se doutores da lei". Todos os inimigos espirituais que tentam destruir a Igreja de Cristo são lobos. Jesus referiu-se aos "falsos profetas" como "lobos devoradores" (Mt 7:15). Ele enviou os doze "como ovelhas no meio de lobos" (Mt 10:16), e os setenta eram como "cordeiros no meio de lobos" (Lc 10:3). Paulo profetizou que lobos tentariam destruir o rebanho de Deus (At 20:29). Todos esses lobos estão relacionados com o *lobo*, o diabo, que espera para arrebatar e devorar as ovelhas.

Mas contra o lobo feroz está o fiel e Todo-Poderoso Pastor, que protege suas ovelhas. Durante todo seu ministério Jesus esteve em conflito com o lobo satânico que tentava ferir e matá-lo. No Calvário ele pelejou com o lobo, e ainda que tenha sido ferido, moído pelo combate, e finalmente morto, não foi destruído pelo lobo. Esse horrível combate terminou em vitória, pois "morrendo, ele destruiu a morte". Sua concepção do bom pastoreio significa matar o lobo e ressuscitar, para fazer de suas ovelhas participantes de sua vida invencível. Agora a segurança do crente é inviolável, pois, com a cruz atrás de si, sabe que nenhum inimigo pode destruí-lo. Ninguém pode tirá-lo da mão do poderoso Vencedor. Sua preservação está garantida. Nunca perecerá. Uma vez que a vida, a qual o Pastor oferece, vem ao devedor, o coração do crente deve permanecer inabalável.

Ele deseja um rebanho. Nossa última palavra é sobre o abrangente propósito e paixão do divino Pastor, revelados em sua expressão "ainda tenho outras ovelhas que não são desse aprisco. a mim me convém agregá-las também. Elas também ouvirão minha voz, e haverá um rebanho e um pastor" (Jo 10:16; Ez 37:22). O vocábulo *aprisco* nesse texto é diferente daquele usado no começo da parábola —*aprisco* de ovelhas. Lá significa um objeto inanimado, um recinto cercado, onde as ovelhas repousam. Aqui, no versículo diante de nós, a palavra é *rebanho*, não "aprisco" (Mt 26:31; Lc 2:8; 1Co 9:7).

Um pastor com muitas ovelhas pode possuir muitos apriscos para elas, mas são todas as suas ovelhas, um só rebanho. Essa "unidade não é criada pelo aprisco, mas pela natureza das ovelhas e seu relacionamento com o pastor". No próximo capítulo temos o pronunciamento de Caifás quando afirma que alguém deveria morrer pela nação judaica. "Ele profetizou que Jesus morreria pela nação; e não pela nação apenas, mas também para reunir em um só corpo os filhos de Deus que andavam dispersos". Os judeus formavam um e os gentios outro aprisco. Jesus morreu para ajuntá-los em um só *rebanho*. Os gentios não seriam incorporados dentro do antigo aprisco judaico, mas, regenerados, judeus e gentios tornar-se-iam uma unidade que consiste na perfeita comunhão com o Salvador. A grande consumação de sua obra redentora é que multidões, salvas pela graça, reunidas de todas as gerações e nações, povos e línguas, formarão seu rebanho, sua Igreja, com direito a pastagens na atualidade e na eternidade. Para o presente: "O Senhor é meu pastor, nada me faltará." Para o futuro, quando seu rebanho chegar ao aprisco celestial: "O Cordeiro que está no meio do trono, os apascentará" (Sl 23:1; Ap 7:17). A igreja visível sobre a face da terra pode consistir de muitos apriscos congregacionais, mas todos os que são um em Cristo Jesus formam um só rebanho. A unidade viva, com o Bom e Grande Pastor, faz de suas ovelhas um vasto rebanho.

Se somos suas ovelhas, no aguardo das pastagens eternas de verde imarcescível e águas de tranqüilo repouso no aprisco celestial, devemos cultivar ambas as marcas, a do *ouvido* e do *pé:*

Minhas ovelhas *ouvem* minha voz.
Minhas ovelhas me *seguem*."

Cercados como estamos por ladrões, assaltantes e lobos, tenhamos a graça de ouvir, seguir e obedecer ao Pastor enquanto ele nos guia pelo caminho.

Parábola da morte como um sono
(Jo 11:11-15,23-26)

Não estamos preocupados com a exposição do milagre da ressurreição de Lázaro, pois o leitor pode achar uma explanação sobre o miraculoso poder de Cristo em Betânia, em nosso livro *Todos os Milagres da Bíblia*. O que atualmente nos preocupa é o expressivo símile que Cristo usou para *morte*. Quatro dias depois do falecimento de Lázaro por doença, ele disse: "Nosso amigo Lázaro dorme, mas vou despertá-lo". Entre as parábolas bíblicas que ilustram a "morte", *dormir* parece a favorita. Daniel escreveu sobre os que estão fisicamente mortos como os que "dormem no pó da terra" (Dn 12:2). Jesus tinha afeição por essa figura de linguagem. Ele disse da filha do chefe da sinagoga: "A menina não está morta, mas dorme" (Mt 9:24). Evidentemente a morte era real para Jesus, mas ele sabia que isso se aplicava só ao corpo. Na serenidade da consciência da divindade, ordenou que o povo se retirasse do quarto, onde estava a morte, para que pudesse despertar a menina do sono, i.e., trazer a vida consciente a um corpo inconsciente.

Nosso Senhor tinha em mente um pensamento semelhante quan-

Parábola da morte como um sono

do respondeu aos hostis fariseus: "Se alguém guarda a minha palavra, nunca verá a morte". Como cristãos, possuímos a vida espiritual a qual pode ver, ou experimentar, que a morte é uma vida que passa para uma vida espiritual plena e glorificada no porvir. A morte ataca o corpo, e deixa-o sem vida até a sua ressurreição na volta de Cristo; mas a pessoa dentro do corpo não morre, mas vive com ele que é "A ressurreição e a vida". Quando Jesus ressuscitou e subiu ao céu, tornou-se as primícias dos que dormem (1Co 15:20). Quando ele voltar, os espíritos dos corpos que dormem retornarão com ele e experimentarão "A redenção do corpo" (1Ts 4:13-18).

Dormir como imagem da morte é comum na literatura secular dos tempos primitivos. Escritores pagãos, bem como os judeus, usaram essa ilustração. Para Homero, os poetas falam sobre sono e morte como irmãos gêmeos. Por exemplo, observe as citações abaixo:

Samuel Daniel no século XVI em *Defense of rhyme* [*Em defesa da rima*]:

> Cuidado sedutor, filho da negra noite,
> Irmão da morte, nascido numa noite silenciosa e escura."

Fletcher e Beaumont, do mesmo período, tinham uma linha semelhante:

> Dorme leito de sono, teu alívio de todos os inimigos,
> Irmão da morte [...] Tu, filho da noite."

Lord Byron, em *And thou art dead* [*E tu estás morto*], diz:

> O silêncio dos que dormem sem sonhos eu invejo agora o muito chorar."

Phineas Fletcher, 1582-1650 escreveu:

> Dormir é apenas uma morte curta; a morte é um longo sono."

John Milton, o poeta cego, em *Paradise regained* [*Paraíso revisto*], expressou-se assim:

> Um sono semelhante à morte, um brando flutuar à vida imortal."

Shakespeare, em *Hamlet*, tem as impressionantes linhas:

> Pois naquele sono da morte de onde podem vir os sonhos, quando nos livramos deste tumulto mortal."

De várias fontes alinhamos essas próximas citações:

> Dormir é belo como a morte, e eu não me atrevo a confiar nisto com orações."

> E o sono, irmão da morte, contudo amigo da vida, deu à enfadonha natureza uma restauradora."

> Ó, sono, tu imitas a morte."

> Como é maravilhosa a morte, a morte e seu irmão sono."
> Sono é o alívio da morte."

> Haverá sono suficiente na sepultura."

> Paz, repouso e sono são tudo o que sabemos da morte, e tudo o que sonhamos sobre conforto."

Com essa universal concepção da morte, vamos às palavras confortadoras do Senhor aos discípulos: "Nosso amigo Lázaro dorme, mas vou despertá-lo". Sem compreender a parábola que dizia respeito à morte, os discípulos disseram: "Senhor, se dorme melhorará". Se ele superara a crise de sua doença, com certeza, o sono era um dos seis sintomas positivos de que a febre ou enfermidade tinha passado. Pedro, Tiago e João, que estavam entre os discípulos que imaginavam que Jesus falava da morte de Lázaro, como o descanso em sono natural, deveriam ter lembrado que ele já aplicara a palavra "dormir" para morte antes (Mt 9:24). Então Jesus respondeu-lhes claramente: "Lázaro está morto". As palavras verdadeiramente profundas "nosso amigo Lázaro dorme" não transmitiu seu verdadeiro sentido à mente deles. *Morto* era a única palavra que entendiam, precisamente porque olhavam o corpo sem vida de Lázaro.

Por que Jesus usou essa apropriada metáfora do "sono" quando falou da morte? Ele sabia, e nós também, da semelhança que há entre quem dorme e quem está morto; repouso e paz normalmente caracterizam ambas as citações ilustradas. Vine, em seu *Dictionary of the New Testament words* [*Dicionário das palavras do NT*], diz: "O objetivo total da metáfora é sugerir que, como aquele que dorme não deixa de existir enquanto seu corpo descansa, assim o morto continua a existir, não obstante a sua ausência da região em que os que ficaram podem comunicar-se com ele, e que, como se conhece o sono como temporário, assim será considerada a morte do corpo".

É nesse sentido que se usa o verbo "dormir" para os santos que morreram antes da vinda de Cristo (Mt 27:52; At 13:36); para os crentes antes de sua ascensão (1Ts 4:13-18; At 7:60; 1Co 7:39; 11:30; 15:6,18,51; 2Pe 3:4); e para Lázaro. Um aspecto, contudo, precisa ser acentuado: o verbo "dormir" é usado apenas para o *corpo,* e o termo "ressurreição" semelhantemente aplica-se *somente* ao corpo. Cito Vine novamente: "Quando a estrutura física do cristão (A casa terrestre do nosso tabernáculo —2Co 5:1) se dissolve e retorna ao pó, a parte espiritual do seu ser, altamente complexa, a sede da personalidade, parte para estar com Cristo (Fp 1:23). E desde que aquele estado em que o crente, ausente do corpo, está em casa com o Senhor (2Co 5:6-9), é apresentado como 'muito melhor' do que o estado presente de gozo em comunhão com Deus, e de feliz atividade em seu serviço, e reflete-se por toda parte nos escritos de Paulo. É evidente que o verbo 'dormir', quando aplicado aos cristãos que partiram, não traduz a idéia de que o espírito esteja inconsciente". Não há confirmação em algum lugar para a teoria do "sono da alma", ensinada por alguns teólogos. Lázaro, que se encontrava no seio de Abraão (Lc 16), estava vivo e consciente, exatamente como o rico também estava. É interessante observar que os primeiros cristãos usavam uma palavra para o lugar do sepultamento, para significar uma "casa de repouso". Em português, a palavra *cemitério* tem a mesma origem e significa "lugar de dormir".

À noite, quando vamos dormir, não significa dizer que nós mesmos tenhamos um fim, mas que misteriosamente desce uma cortina e ficamos inconscientes das coisas ao redor; e vem o sono equivalente ao repouso. Os discípulos consideravam o sono uma "doce restauração da natureza, o bálsamo do sono", ou como Shakespeare expressou:

> ... Em sono inocente,
> Dorme para tecer a delicada seda,
> A morte de cada dia da vida, certamente o banho do labor.
> Bálsamo das mentes feridas, seguindo o curso da grande natureza,
> Principal alimentador na festa da vida.

Parábola do grão de trigo

O famoso poeta dá-nos ainda essa ode adicional sobre as benéficas qualidades do sono:

Ó sono! Ó sono tranqüilo!
Suave protetor da natureza, quão muitas vezes te assusto,
Que tu nunca mais pesarás para baixo as minhas pálpebras
E impregnarás os meus sentidos de esquecimento.

Diante da presença da morte, os discípulos perceberam-na como um fato, como Jesus fizera há quatro dias, mas Cristo pensava nesse acontecimento por outra ótica. Os discípulos viam somente o imediato, o cadáver de Lázaro; Jesus olhou além, e sabia que aquele corpo dormente seria ressuscitado. Tudo que Maria e Marta viam era a figura morta de seu amado irmão, mas o Filho de Deus via onde o próprio Lázaro estava, e quão inconsciente encontrava-se do mundo que ele recentemente deixara. *Lázaro* não estava morto; por isso Jesus trouxe-o de volta a seu corpo, da inconsciência quanto as coisas terrenas, para a consciência delas.

Uma lenda diz que os primeiros cristãos nunca diziam "adeus", mas "boa-noite" quando se separavam dos crentes que estavam enfermos. Eles sabiam que, se os seus corpos dormissem, levantar-se-iam na manhã da ressurreição. Vivendo no reino celestial, onde a voz de Jesus é ouvida e obedecida, os primeiros cristãos sabiam que, com a sua morte feliz, não deixariam de existir, mas que ressurgiriam para a ressurreição da vida. Essa é a bendita esperança: todos os que dormem em Jesus, Deus os trará de volta através de Cristo. Não nos entristeçamos como os que não têm esperança, pois sabemos que o espírito consciente encontrará o inconsciente, ou os restos mortais dormentes, naquele glorioso dia da ressurreição.

Dorme, amada, dorme e descansa;
Deita tua cabeça no peito do Salvador;
Nós te amamos muito, mas Jesus ama muito mais —Boa-noite! Boa-noite! Boa-noite!

Parábola do grão de trigo
(Jo 12:20-26)

Quando eu era um jovem cristão, há cerca de meio século, ouvi a última pregação do dr. F. B. Meyer na festa de uma colheita. Sua mensagem baseava-se nesse tema: *Como Tratar da Fertilidade da Vida Sacrificial,* e causou uma impressão indelével em minha mente. Aquele renomado, eloqüente e piedoso pregador deixou claro que:

A vida do eu é morte,
A morte do eu é vida.

O capítulo 12 de João marca o fim do ministério público de Cristo. Dos capítulos 13 ao 17, Jesus está sozinho com os seus discípulos, e o mundo o exclui. Sua parábola sobre o grão de trigo surgiu do pedido dos gregos, ou gentios, que desejavam "ver a Jesus". Eles vieram, naturalmente, a Filipe e André, que eram os únicos apóstolos com nomes gentios. Jesus, ao perceber a aproximação daqueles homens, os quais não pertenciam ao Judaísmo, anunciou que "A hora marcada no conselho de Deus, e sempre presente no seu pensamento, havia chegado". Ele não falara que daria sua vida por aquelas ovelhas (os judeus), e pelas *outras* (os gentios), ou seja, morreria tanto pelos judeus como pelos gentios? (Jo 10:16-19). Esses gregos seriam "os primeiros frutos do grande rebanho da humanidade, e sua presença é a primeira badalada do sino que soa a hora fatal, mas gloriosa".

Mas, para o simples grão de trigo produzir generosa colheita, precisa cair na terra e morrer. Assim Jesus passa para a sua mística palavra com um solene e usual "em verdade, em verdade". Por si mesmo, o grão de trigo permanece um simples grão; mas, se cair na terra, a natureza o multiplica. Da morte surge a vida. Uma colheita vem de um grão. Jesus usou essa analogia de uma lei natural, para ilustrar o que acontece semelhantemente no mundo moral e espiritual. Somente se o grão for enterrado na terra, o gérmen pode brotar e produzir folha, talo e espiga. A morte resulta em verdadeira vida, pois "libera o poder vital interior que a casca, antes, escondera prisioneiro; e esse poder vital multiplica-se em sucessivos grãos e vestirá todo o campo com a colheita de frutos".

Jesus, antes de tudo, aplicou essa lei da vida que surge da morte ao mundo moral. Se a vida é amada simplesmente por si mesma, está perdida. Mas se está perdida no bem-estar de outros, então essa vida perdida é salva e mantida. A própria vida morre drasticamente; e o martírio é algo difícil para a carne encarar. Egoísmo e amor próprio nunca resultam em abençoada colheita divina. Toda auto-abnegação, contudo, quer no andar diário de serviço a outros, quer na devoção de tudo o que somos e temos a Deus, obtém uma abundante colheita como galardão.

As frases: "É chegada a hora"; "Agora meu coração está angustiado, e que direi? Pai, salva-me desta hora?"; "Mas eu, quando for levantado da terra, atrairei todos a mim", apontam para o Calvário, quando Jesus, como divino grão de trigo, foi semeado e morreu tanto pelos judeus como pelos gentios, que estavam sujeitos ao príncipe deste mundo (Jo 8:44; Rm 2). Jesus sabia que, através daquela morte pavorosa (Mt 26:39), seria capaz de atrair a si *todos* os homens. Ele considerava sua própria morte um caminho escuro que deveria ser trilhado, a fim de que as multidões, que ninguém pode contar, pudessem caminhar para a glória. Enquanto Jesus estivesse na terra, seria como um grão de trigo e teria em seu gérmen a vida para todos. Mas, através de sua morte e ressurreição, brotou e houve imediata colheita, como provam as quase 3 mil pessoas que o aceitaram como Salvador no dia de Pentecostes. Desde então a colheita se multiplicou, como claramente revelam Atos dos Apóstolos, e a sua alma ficou satisfeita.

Estamos preparados para seguir o Mestre em auto-abnegação? Porque se nós:

Vivermos para nós mesmos, viveremos em vão;
Mas se vivermos para Cristo, viveremos outra vez."

Anos atrás vi essa frase em uma Lavanderia e Tinturaria, a qual muito me intrigou:

Vivemos para tingir,
Tingimos para viver.

Se trocarmos "tingir" por "morrer", teremos diante de nós uma profunda verdade espiritual. A vida egoísta, cuja circunferência e centro é o próprio eu, é uma vida inútil e isolada; mas a vida sacrificial, com Deus e os outros como o centro e circunferência de vida e trabalho, tem em vista a multiplicação da nossa influência e a colheita de almas a nos saudar diante do Tribunal de Cristo (1Ts 2:19,20).

Parábola do lava-pés
(Jo 13:1-11)

Temos aqui uma das parábolas de ação de nosso Senhor. Embora nenhuma linguagem figurada tenha sido usada por Jesus sobre a verda-

Parábola do lava-pés

de que ele ilustrava, ele nos dá uma parábola pelo exemplo, quando estava sozinho com os doze. Mas, pouco depois dessa parábola, Judas excluiu-se do grupo, e saiu para vender o seu Senhor por trinta moedas de prata. No entanto, Jesus sabia que tinha chegado a sua hora de deixar este mundo e ir para junto do Pai. A constante menção à sua morte amedrontava e entristecia os discípulos, que não compreenderam essa necessidade até a ascensão do Filho de Deus. Mas ainda que tenha discorrido sobre a sua morte e ressurreição, também profetizou e aludiu ao seu futuro reino.

Houve "disputa entre eles sobre quem seria o maior" em seu reino (Lc 12). Os discípulos pensavam somente na proeminência deles, em sua própria posição e poder. Estavam cegos ao fato de que a humildade é o caminho para a honra. Para reforçar essa verdade, Jesus a ilustrou, assumindo o lugar de servo, cujo dever era o de lavar os pés de todos os que entrassem em casa. Jesus tirou a vestimenta externa, que atrapalharia o lava-pés dos discípulos. Porventura não temos aqui uma parábola ilustrativa do que aconteceu em sua encarnação, quando ele despojou-se da glória eterna e vestiu-se com as vestes da nossa humanidade?

Ao assumir a função de escravo, Jesus pôs água numa bacia, lavou os pés dos discípulos e os enxugou com a toalha com que estava cingido. Talvez João, por estar mais perto do Mestre, foi o primeiro a ter seus pés lavados. Então veio Pedro e advertiu a Jesus: "Senhor, tu vais lavar os meus pés?" Pois um ato assim somente seria feito por alguém inferior para um superior; mas aqui o mestre lavava os pés de um discípulo. Esse ato estava além da compreensão de Pedro; por isso Cristo replicou: "O que eu faço não o sabes agora, mas o compreenderás depois". Pedro e João souberam depois e declararam o significado simbólico da ação do auto-esvaziamento de nosso Senhor. Pedro, quando lembrou que a toalha era insígnia da escravidão, desafiou os santos a cingirem-se com a humildade, ou, como Phillips interpreta, "vestir o avental da humildade" (1Pe 5:5). Pela inspiração do Espírito Santo, Pedro viu a manifestação da graça divina na atitude do Mestre. João também percebeu que a humilhação do Senhor conduziu-o à gloriosa exaltação e a insígnia da escravidão transformou-se no cinto de sua realeza. Na revelação da glória de Cristo na ilha de Patmos, João o viu "cingido à altura do peito com uma cinta de ouro". A velha vestimenta de escravo foi transformada em gloriosa e régia roupagem de soberania.

O que nos interessa nessa parábola é a resposta do Senhor ao desejo de Pedro de ser lavado por inteiro: "Não apenas os pés, mas também as mãos e a cabeça". Jesus disse: "Aquele que já se banhou (banhou-se por completo) não necessita de lavar senão os pés; no mais está tudo limpo. Ora, vós estais limpos, mas não todos". A última parte da sua resposta parece referir-se a Judas. Todos os doze foram chamados seus discípulos, mas um, que fora lavado e tornou-se de Cristo pela sua palavra, permitira ao diabo entrar em seu coração e poluí-lo. Ellicott comenta: "Por ter sido negligente depois de purificado, permaneceu na poluição diária do mundo; maus pensamentos abrigaram-se até que corromperam integralmente o homem". Por falta de vigilância em permanecer na Videira, Judas foi cortado como um galho inútil (Jo 15:4).

Há, todavia, a ampla aplicação da linguagem figurada de Cristo. Os termos "lavados" e "banhados" significam lavar toda a pessoa. Assim, o que Jesus disse a Pedro foi: "Aquele que já se banhou, só precisa lavar os pés". Cristo, familiarizado com os costumes orientais, tinha em mente um homem que fora a uma "casa de banhos" e, após lavar-se por inteiro, foi para casa. Enquanto retornava, uma boa quantidade de pó do caminho cobriu parte de seus pés e, ao chegar em casa, precisou limpar os pés da sujeira acumulada pelo caminho. Ele não precisava tomar outro banho, mas apenas lavar uma parte de seu corpo (os pés), que se sujou em sua caminhada.

Charles Wesley, em um de seus grandes hinos, insiste que oremos pela purificação da "culpa" e do "poder" do pecado. Que implica essa dupla purificação? Uma vez que o pecador se arrepende de seus pecados e, pela fé, aceita a Cristo como Salvador pessoal, ele é lavado no sangue, uma vez por todas, da antiga culpa e das penalidades de seu pecado. Mas como pecador salvo, ele precisa lavar-se diariamente das influências poluidoras do pecado. João usa o presente do indicativo quando fala do sangue purificador de Jesus: "Nos purifica (nos mantém limpos) de todo pecado" (1Jo 1:7). Nossa *permanência* diante de Deus está garantida; mas muitas vezes não *permanecemos* aqui embaixo em conformidade com a nossa *permanência*. Ficamos sujos com a caminhada diária e precisamos nos purificar.

A última idéia é a do exemplo, pois Jesus disse: "Eu vos dei o exemplo, para que façais o que eu fiz". Há muitos devotos de certa denominação que tomam literalmente essas palavras, e periodicamente realizam a cerimônia do "lava-pés" em suas igrejas, quando os seus adeptos lavam os pés uns dos outros. Mas certamente nosso Senhor queria que praticássemos o que ele ilustrou por essa parábola, a saber, mansidão e humildade de coração, e não necessariamente repetir a ação em si. O "lava-pés" espiritual é o que Paulo recomenda, quando, ao escrever à igreja na Galácia, diz: "Irmãos, se alguém for surpreendido nalguma ofensa, vós, que sois espirituais, corrigi-o com espírito de mansidão. Mas olha por ti mesmo, para que não sejas também tentado" (Gl 6:1). Mesmo os homens purificados contrairão sujeiras pelo caminho e, quando isso acontecer, não devemos atrair a atenção à sua falta; e, numa atitude de santidade superior, desprezá-los. A nossa obrigação (se nossos próprios pés estiverem limpos) é restaurá-los com espírito de mansidão. Entre as honras e distinções que as pessoas ambicionam, há uma, infelizmente negligenciada e que qualquer um de nós está qualificado a possuir. É a *Ordem da Toalha*. Todos os que pertencem a essa, que é a maior de todas as "ordens", assemelham-se ao seu Fundador, quando são mansos e humildes de coração, e vestidos com o avental da humildade. A glória da graça divina manifesta-se na semente, e por intermédio dela. Como o Mestre, eles revelarão "A transfiguração do serviço dos humildes à soberania do alto".

Parábola das muitas moradas
(Jo 14:1-6)

As preciosas palavras da primeira metade desse trecho, referentes aos santos de todas as épocas, foram proferidas por Jesus quando conversava com os seus discípulos, na semana que antecedeu sua crucificação. Judas, o traidor, deixara o grupo; por isso Jesus significativamente usou o singular, embora se referisse a onze homens: "Não se turbe o vosso *coração*". Com Judas fora do caminho, houve unidade entre os remanescentes, os quais formaram *um só* coração.

As constantes menções da proximidade de sua morte (de Jesus)

Parábola das muitas moradas

perturbaram profundamente os amados discípulos. Eles não conseguiam imaginar o futuro sem aquele que se tornara o centro de todas as coisas na vida deles. Agora ele os deixaria, e o futuro seria sombrio e preocupante. Muitas vezes Jesus falava em partir. Para onde e por que iria embora? Então ele falou: "Para onde vou, vós não podeis ir". Mas a promessa era que finalmente eles o seguiriam e estariam ao seu lado, onde ele estivesse: "Para que onde eu estiver, estejais vós também". Quatro dos perplexos discípulos falaram e na seqüência Cristo deu-lhes (e à igreja de todas as épocas) a mais acalentadora parábola sobre a vida no céu:

Pedro indagou: "Para onde vais?"
Tomé perguntou: "Não sabemos para onde vais. Como podemos conhecer o caminho?"
Filipe inquiriu: "Mostra-nos o Pai, e isso nos basta".

A interrogação de *Judas* (não o Iscariotes) foi: "Por que pretendes manifestar-te a nós, e não ao mundo?"

Esses quatro homens, profundamente perturbados quanto à proximidade da partida de Cristo, aproximaram-se daquela hora pavorosa por ângulos diferentes.

Pedro sabia há meses que Jesus morreria. Seu questionamento, no entanto, vai além do túmulo. O que ele queria saber era algo sobre o misterioso além. Para onde ia Jesus?

Tomé estava mais perplexo quanto ao caminho para a futura morada que Jesus prepararia aos seus santos. Se ele não sabia para onde Jesus ia, como poderia segui-lo?

Filipe, em sua peculiar característica, serenamente tratou da profunda verdade da revelação divina. Sua preocupação não era tanto a morada, mas o Ser augusto cuja presença a encheria. "Mostra-nos o Pai, e isso nos basta". Jesus em sua resposta afirmou ser a manifestação do Pai: "Quem me vê, vê o Pai". Ele era a expressão máxima da revelação do Pai. Se os homens quisessem saber como era Deus, tudo o que tinham de fazer era pensar nas obras, palavras e caminhos de seu Filho.

Judas (não o Iscariotes), de maneira prática, pensou no tempo presente, e quis saber se a revelação dada aos discípulos seria compartilhada com o mundo, depois que Jesus os deixasse. Ele estava fora desses questionamentos que refletiam a tristeza geral, quando Jesus declarou a cura tríplice dos corações turbados de seus discípulos.

Em primeiro lugar, eles deveriam ter fé em Cristo: "Crede *também* em mim". Os discípulos, como judeus, acreditaram o tempo todo no Deus das alianças; mas, de certo modo, Jesus começava a decepcionar-lhes o coração. Um eco de sua profunda decepção foi ouvido no caminho de Emaús: "Nós esperávamos que fosse ele quem redimisse a Israel" (Lc 24:21). Eles procuravam um poderoso Messias que os livrasse da tirania e opressão do governo romano, e aqui estava o Cristo, que morreria como um criminoso, vilipendiado no madeiro. Assim Jesus conclama os seus a não perderem a fé nele, porque sua gloriosa ressurreição provaria a veracidade de suas declarações.

Em segundo lugar, eles deveriam ter fé no futuro, na espaçosa morada do Pai, onde haveria um lugar preparado por ele para os seus, um lugar reservado para um povo preparado. A parábola ilustrativa de Cristo, no segundo versículo, traduz a idéia da imensidão e das acomodações imensuráveis. Godet, em sua exposição desse ponto, diz: "A imagem deriva-se dos imensos palácios orientais, em que há aposentos, não apenas para o soberano e os herdeiros do trono, mas para todos os filhos do rei, não importa quão numerosos sejam". A descrição de Homer sobre o palácio de Príamo expressa a idéia de amplidão:

> Um palácio construído com graciosos portões,
> E cinqüenta quartos um próximo do outro...

Sentimos, contudo, que Jesus usou o termo *templo* (como ele havia chamado "A casa do Pai..."; "a casa de Deus" e "minha casa" que finalmente abandonou, deixando-a desolada) como pano-de-fundo de sua ilustração a respeito da Casa do Pai nas alturas. Aquele templo, construído havia quase cinqüenta anos, era uma obra-prima da construção, pois tinha numerosas partes. O templo era uma casa compacta, não apenas para adoração, mas também para descanso. George Adam Smith, em sua exposição intitulada *Jerusalem [Jerusalém]*, refere-se a ele assim: "O templo de Herodes era dividido, como o seu predecessor, em Santo dos Santos e o Santo Lugar; um pórtico, um pátio exterior com um altar para ofertas queimadas; um pátio de Israel e, em frente desse, outro para as mulheres; e em redor de tudo isso o pátio dos gentios [...] Aposentos para oficiais e um lugar de encontro para o Sinédrio. Contra as paredes foram construídos quartos extras, cerca de 38 ao todo". Assim, o templo era feito de muitas seções e lugares, cada qual com seu próprio valor; no entanto, todas faziam parte do mesmo edifício. Westcott e Hort traduzem "casa" como *lar*, e assim "no lar de meu Pai" adquire um aspecto vivo e amoroso. A palavra, que Jesus usou, quer dizer "morada", um lugar de habitação, enquanto "mansões" significa lugar de repouso permanente. A atual ocupação de Cristo, nas espaçosas moradas celestiais, é a preparação de um lugar para a sua verdadeira Igreja. "Vou preparar-*vos* lugar" —os discípulos representavam a Igreja.

Em resposta ao desejo de Filipe, em obter informações sobre o caminho que conduz ao lugar eterno e permanente, Jesus disse que ele era o único *caminho*, a completa *verdade* a respeito desse lugar, e a sua *vida* (Jo 14:6). Ele nunca levantara o véu tão alto assim. Como gostaríamos de saber mais acerca da localização do céu, do seu conteúdo e de seus ocupantes! Sabemos que onde quer que seja o céu, Jesus mora lá, e estar com Cristo será isso o próprio céu. Há um amplo espaço para os milhões de redimidos. No palácio do Rei não haverá lugares apertados. Façamos mais do que já realizamos pelo céu. Quem sabe, provavelmente estejamos mais próximos da morada do eterno descanso do que pensamos!

O terceiro remédio para seus turbados corações, que Jesus deu aos seus discípulos, foi a fé em sua volta: "Virei outra vez, e vos levarei para mim mesmo, para que onde eu estiver, estejais vós também". Quando o lugar estiver ornamentado para a sua Igreja, e ela estiver preparada para ser arrebatada, Cristo virá dos céus a fim de levá-la consigo. Se ele não voltar pessoalmente, como disse que faria, então não é *o Fiel*, como afirmou ser. Mas Jesus jamais mentiu. Ele voltará, como prometeu, e quando aparecer na terra com os santos, atualmente no céu ao seu lado, os santos na terra serão arrebatados *juntos* em um único e completo corpo.

> Com esperança tão bendita,
> Seremos mais santos;
> Mais semelhantes ao gracioso e glorioso Senhor,
> Cuja face logo veremos."

Parábola da videira verdadeira
(Jo 15)

Estas últimas palavras de Jesus estão cheias de profundo significado para os nossos corações. A bela alegoria da Videira é apresentada subitamente, sem nada no contexto que a introduza. A explanação natural desse discurso, o qual atinge o próximo capítulo, é que a alegoria foi sugerida por um objeto externo visto por Jesus quando ele deixou a cenáculo em direção ao Getsêmani. Em seu caminho entre as vinhas, com suas vides férteis, e o fogo que estrepitava pelos vales e consumia as vides cortadas, teria passado pela mente do Salvador o simbolismo familiar do AT sobre a Vinha e a Videira (Sl 80; Is 5:1-7; Jr 2:21; Ez 19:10) e assim surgiu esse notável e incomparável discurso.

Quando Jesus, ao proferir seus grandes Eu Sou, considerou-se "A videira verdadeira" ou "A videira, a verdadeira", ele não se contrastava com alguma outra falsa. Ele não era "A luz verdadeira" ou "A videira verdadeira" em oposição às não verdadeiras, mas "verdadeira" em resposta ao "perfeito ideal, e como o oposto a todas as outras representações imperfeitas". Ele era idealmente verdadeiro; a verdade ideal, da qual a videira natural é uma figura, cumpriu-se nele. A videira era um símbolo da divina escolha de Israel (Os 10:1; Mt 21:33; Lc 13:6); mas ficou muito aquém do ideal, pois tornou-se uma videira sem fruto, que frutificava apenas para si mesma. Porém Jesus veio como a verdadeira e graciosa Videira, em atendimento ao perfeito ideal.

Quando Jesus disse "Eu sou a videira e vós sois os ramos", não quis dizer que um estava separado do outro. Videira é um termo compreensível, que implica unidade na diversidade, como raízes, caule, ramos, folhas, gavinhas e uvas, os quais, juntos, formam a videira. Cristo é tudo em todos. Ele é todas as coisas, e somos partes dele, vitalmente conectados a ele, como os ramos à videira. Separados dele somos inúteis. A videira existe para frutificar; por isso, a sua seiva vital é muito importante. Porventura, o Espírito Santo (sobre quem Jesus tem muito a dizer nessa seção), não é a seiva divina, que possibilita a frutificação da Videira? As várias partes que formam a videira como um todo falam da união e interdependência. A raiz é inútil sem o caule; o caule, sem os ramos; os ramos, sem os frutos. A produção do fruto depende da seiva viva que flui por toda a videira. Temos uma viva união com Jesus Cristo pela habitação em nós do Espírito Santo, que frutifica em vida e serviço. Diferentemente da videira, não produzimos frutos; apenas *sustentamo*-los. O fruto é do Espírito (Gl 5:22).

Quatro condições da vida frutífera são destacadas por Jesus nessa narrativa. Temos:

1. *União*. "Todo ramo em mim", em Cristo. Sua vida através de nós produz fruto em santidade (Rm 6:22). Se temos aparência de ramos (profissão mas não possessão), então não somos parte da Videira verdadeira, e servimos apenas para ser cortados e jogados fora.

2. *Poda*. Três escalas da frutificação são mencionadas: fruto, mais fruto, melhor fruto (Jo 15:2,5,8,16). Fruto é a evidência notável da vida. E Deus, o Agricultor, "limpa todo ramo que não produz fruto, para que produza fruto melhor" (Jo 15:2, Moffat). A árvore diminui com a poda, o processo de limpeza; mas ela é extremamente necessária, se temos a função de ramos frutíferos da Videira (Jo 15:6).

3. *Permanecer* (v. 4). Os ramos não podem produzir frutos por si mesmos. Eles devem estar em união com o caule da videira, a fim de receber constantemente a seiva fluente, se quiserem produzir frutos. Permanecer não exige esforço, mas descanso. Ao descansar no Senhor e viver numa comunhão intimamente relacionada, tornamo-nos ramos frutíferos. Conhecedores de seus mandamentos, obedeçamos e assim permaneceremos. Permanecemos pela obediência a ele que nos chama a segui-lo em todo o caminho. Obedecer-lhe é permanecer nele. Permanecer nele é obedecer-lhe.

4. *Pedir* (v. 5,7). "Se permanecerdes [...] pedireis o que quiserdes". Não há, realmente, conflito entre "permanecer" e "pedir". Como ramos que permanecem na videira, devemos pedir a seiva, o elemento vital de que precisamos, para cumprirmos o nosso propósito. Se pudéssemos ouvir um ramo falar, ele nos diria: "A cada momento eu preciso da seiva ou morrerei". Não nos lembra o hino que diz "momento após momento, temos vida do alto?" Permanecendo, pedimos apropriadamente, e recebemos porque o Espírito Santo nos ajuda a pedir em harmonia com a vontade de Deus.

Para o pregador pode-se desenvolver uma mensagem em todo o capítulo ao longo destas linhas:

1. Nossa união com Cristo — união e fecundidade (Jo 15:1-11; Cl 1:20-23);
2. Nossa união com os cristãos — amor e comunhão (Jo 15:12-17; Ef 4:25-32);
3. Nossa união com o mundo sem Cristo —hostilidade e fidelidade (Jo 15:18-27; 17:6-18).

Chegamo-nos a Jesus como o *Salvador*;
Aprendemos de Jesus como o *Professor*;
Seguimos a Jesus como o *Mestre*;
Permanecemos em Jesus como a *Vida*.

Parábola da mulher com dores de parto
(Jo 16:20-22)

Esta é a última parábola ilustrativa dos evangelhos que examinaremos e, entre as mais de cem que já estudamos, essa última é a mais sagrada e delicada. Campbell Morgan chama-a de "superlativa ilustração final" que "exige a mais reverente consideração". A importância das declarações de nosso Senhor prova-se pelo seu selo especial de veracidade, o duplo "em verdade, em verdade"; ou "amém, amém"; e da autoridade de seu Eu: "Eu sou o que sou" (Jo 16:20).

A impressionante característica desse breve texto diante de nós é a clareza da contemplação das horas difíceis que se aproximavam, e dos dias, como se estivessem em pleno acontecimento. Eram momentos de angústia sobre os quais Jesus conversou e ilustrou com profunda tristeza ou grande gozo. Os discípulos sabiam da dolorosa morte que viria para o Mestre, e Jesus sabia que eles soluçariam com choro incontrolável e gemidos, como os que se lamentam por um morto. Seu Senhor e Amado morreria como um malfeitor; mas, enquanto eram abatidos pela tristeza, o mundo perverso se regozijaria. O mundo, que executaria sua vontade homicida sobre ele, regozijaria em gozo perverso.

Jesus não abrandou as suas declarações; pelo contrário, falou da enorme tristeza em que eles mergulhariam. Também assegurou-lhes que rapidamente a sua angústia se transformaria em júbilo. Depois das nuvens espessas, o Sol brilharia. Depois de "um pouco, ver-me-eis," o que se refere à segunda vinda. Porém, viria o Espírito Santo como consolador de seus tristes corações, e os faria rejubilar. Então, para reforçar o seu ensinamento, recorreu à sua notável e última figura de linguagem, tão comum na literatura do AT como imagem da tristeza que gera alegria (Is 21:3; 26:17; Os 13:13; Mq 4:9,10). Como veremos, quando chegarmos às epístolas, Paulo seguiu a Cristo na aplicação do mesmo material ilustrativo. A simples interpretação é que o gozo da maternidade sobrepuja a agonia do nascimento. A agonia do parto é momentânea, mas o gozo é contínuo. A mãe feliz se esquece da dor, pela plenitude da alegria. Passou da extrema agonia ao gozo completo. O momento entre a angústia mais terrível e o gozo mais abundante é curto.

O nosso Senhor aplica a profunda figura da tristeza de uma mulher, mergulhada em trevas, agonia e iminência de morte, cuja angústia termina quando nasce o seu bebê. Uma vida que surge da morte está segura em seus braços a favor de seus deprimidos discípulos. Seus corações seriam tomados de grande angústia pela morte do Mestre, e profundos sofrimentos e tribulações os apertariam em seu testemunho sobre ele; mas a recompensa é prometida para todos os seus sofrimentos. Livres de suas dores, muitas crianças nasceriam no reino. A comunhão com Cristo em seus sofrimentos resultaria na eterna coroa de glória. A hora das dores de parto dos discípulos (A palavra usada para a tristeza deles é a mesma apresentada para a mulher, no parto) havia chegado; mas passaria, e teriam plena alegria pela permanente presença de Jesus, no Espírito Santo, que ele enviaria para confortar-lhes o coração. O momento atual é de doloroso trabalho para muitos santos queridos, especialmente os dos países comunistas, e os missionários nos lugares onde há muitos conflitos e derramamento de sangue; mas a sua angústia é temporária. Jesus em breve virá e, quando ele aparecer, concederá formosura em vez de cinzas; óleo de alegria em vez de pranto e vestes de louvor em vez de abatimento. Então eles terão um gozo que ninguém jamais tirará.

INSTRUÇÕES PARABÓLICAS EM ATOS

Embora o miraculoso permeie esse quinto livro do NT (considerado "O evangelho do Espírito Santo"), não se acham *parábolas* como as que os evangelhos apresentam. Hillyer H. Straton corretamente observa ser "... fato notável que fora dos evangelhos não haja parábolas no NT. Os discípulos de Jesus foram leais ao seu Senhor e puderam interpretar sua missão aos homens; puderam preservar os seus ensinamentos incomparáveis, até mesmo esse notável grupo de histórias; puderam testemunhar ao mundo até a morte o que Deus em Cristo fizera por eles e por todos os que crêem; puderam estabelecer uma Igreja para ser testemunha viva e contínua da fé em Jesus como o Messias de Deus e o Salvador do mundo. Contudo, mesmo possuidores do modelo das parábolas nos evangelhos, não produziram uma única parábola. Isso se deu, mesmo tendo havido muitas circunstâncias na vida da Igreja primitiva em que uma nova parábola ajudaria bastante".

Talvez o que mais se aproxime de uma "parábola" seja o milagre do lençol que desceu do céu (At 10:9— 11:18). Esse milagre parabólico livrou Pedro de seu isolacionismo religioso e o pôs em harmonia com o abrangente propósito de Deus. Por meio dessa parábola da graça, o apóstolo viu que a salvação, que Cristo comprou com seu sangue, era para todos os homens. Por fim percebeu que Jesus não faz acepção de pessoas, e os judeus e gentios igualmente tornaram-se beneficiários do poder salvador de Deus.

Ouvindo, à medida que lemos o livro, a todas as notas do glorioso evangelho de Cristo, quando ressoam em harmonia encantadora, para que judeus e romanos as ouçam, fica evidente que os apóstolos não seguiram o seu Mestre quanto ao método parabólico de ensino. As suas mensagens inspiradas pelo Espírito Santo não eram adornadas. Suas palavras tão diretas e agudas eram desprovidas de imagens; contudo, carregadas de poder para convencer. Sua ministração era de natureza largamente miraculosa, acompanhada dos milagres que confirmavam sua autoridade de apóstolos, confirmando também a Igreja como instituição divina. Não é difícil, entretanto, imaginar que, quando Paulo ensinou ao povo a lei e os profetas, e apresentou o reino como aquilo que dizia respeito ao Senhor Jesus Cristo (At 28:24,25,31), atraiu a atenção para o significado das parábolas do reino. Depois dos apóstolos, alguns pais da Igreja primitiva constituíram parábolas para expressar mistérios espirituais. Trench apresenta diversas *amostras* dessas parábolas.

Em sua *dedicação*, por assim dizer, de Atos a Teófilo, seu amigo próximo, Lucas usou a sua expressão característica "começou", verbo que ocorre cerca de 31 vezes em seu "evangelho". Sua ocorrência aqui (At 1:1) identifica a autoria. Tudo o que Cristo *começou* a fazer (suas obras) e a ensinar (suas palavras) quando ainda estava com eles, como está registrado nos quatro evangelhos, continua a realizar por meio de seus apóstolos em Atos. Depois de sua ressurreição, Cristo passou com os seus 40 dias, ininterruptos ou a intervalos. Que dias maravilhosos foram aqueles! Agora, no lado vitorioso da cruz, uma nova luz será lançada sobre tudo o que Jesus lhes ensinou enquanto ainda estava entre eles. Parábolas seriam reiteradas, visto que mais adiante os instruiu no "que respeita ao reino" (1:3).

Tendo em vista o seu ensinamento anterior a respeito da verdadeira interpretação acerca do ingresso dos gentios no reino (Mt 28:19), parábolas de Jesus como a do *Semeador*, com o lançar da semente, e das *Bodas*, com o convite universalmente feito aos gentios nas estradas e nos becos, assumem novo significado. As parábolas tornaram-se "A ponte que liga as duas dispensações". Então o livro, como um todo, ilustra a segunda oportunidade dada a Israel na parábola da *Figueira estéril*. "Este ano" não era um ano de fato, mas "o ano aceitável do Senhor", de que trata o livro de Atos. O juízo adiado contra a árvore resultou em multidões de judeus voltando-se para o Salvador. Por parábola e preceito, ensinara aos seus que a sua provisão era para todos os homens e, em Atos, essa única mensagem era para todos os lugares: Jerusalém, Judéia, Samaria e até os confins da terra. Os apóstolos saíram para pregar o evangelho a toda criatura, mas sem "adaptar o evangelho a todos os séculos".

Embora, como já mostramos, não existam parábolas nesse dinâmico livro, esse "quinto evangelho", como é chamado, contém muitas e expressivas figuras de linguagem. Enumeramos aqui a maioria dessas protoparábolas para orientar o leitor:

Batismo. Quando Lucas emprega o termo "batismo" em relação ao Espírito Santo, usa um ritual visível para ilustrar uma experiência interior. "... sereis batizados com o Espírito Santo" (At 1:5,8) significa "sereis mergulhados no poder espiritual, que vos cobrirá, vos encherá e transbordará de vós". Em nenhum lugar a Bíblia fala do "batismo *do* Espírito Santo". Ele não é o batizador, mas o elemento em que somos batizados ou imersos.

Pentecostes. O aspecto miraculoso desse dia histórico põe-no na lista de *All the miracles of the Bible* [*Todos os milagres da Bíblia*], do mesmo autor dessa obra. Aqui nos ocupamos apenas do aspecto simbólico da manifestação da presença e do poder do Espírito Santo (At 2:2). O "vento impetuoso" é uma figura de linguagem referente à força sobrenatural, inspiradora e irresistível do Espírito, de que estavam conscientes todos os que se encontravam no cenáculo. "... línguas repartidas, como que de fogo..." (At 2:3), ou seja, as línguas de fogo distribuídas entre os apóstolos ilustravam a ardente mensagem que proclamariam. Como o sermão de Pedro conseguiu incendiar a consciência dos que o ouviram declara a verdade do evangelho na língua de todos. Entre todos os que ouviram não houve a mesma reação para com a Palavra. Alguns zombavam: "Estão cheios de vinho". Os apóstolos eram homens intoxicados por Deus. Traziam certo ar de santa empolgação no tom, nos gestos e nas palavras. Alguns pensavam que era embriaguez. Pedro, contudo, com a intrepidez de sua nova língua, rapidamente explicou o seu comportamento (At 2:15).

Profecia de Joel. O profeta, por inspiração divina, não falou apenas à sua época (At 2:28-31), mas apresentou uma parábola de juízo relativa ao futuro remoto. Sua referência ao Espírito prometido cumpriu-se parcialmente no Pentecostes. O cumprimento completo e definitivo, contudo, é ainda futuro (At 2:20).

Divino estrado para os pés. A citação que Pedro faz do salmo 110 é uma parábola da suprema vitória de Cristo sobre os seus inimigos. Tê-los como *estrado* (At 2:35) significa a sua absoluta soberania. Sentado à direita de Deus, posição de autoridade e privilégio, Jesus tem todo o poder para subjugar os seus inimigos e reinar supremamente.

Pedra rejeitada. Não apenas elementos como fogo, vento e água são usados em referência ao Senhor; elementos terrenos também simbolizam tudo o que Jesus é em si mesmo. Cristo é a *pedra* (Sl 118:22; Mt 21:42; At 4:11; 1Pe 2:7). É também a *pedra angular* (Ef 2:20,21); uma *pedra de tropeço* (Is 8:14; 28:16; Zc 3:9; Lc 2:34; Rm 9:32, 33; 1Pe 2:4,6,7,8), uma *rocha* ou *rochedo* (Dt 32:31; Sl 18:2,3; 31:2,3,4; 42:9). Os *edificadores* eram os líderes de Israel, e a *pedra* que rejeitaram, Cristo, a quem Deus escolhera para ser a principal pedra angular —"A pedra sobre a qual se encontram e são interligadas os muros de judeus e gentios" (Ef 2:20). Trinta anos depois que Pedro falou assim, Cristo ainda era para ele "A pedra de esquina". O Espírito Santo revelou à sua mente o verdadeiro significado do uso que o Senhor fez desse símile (Mt 21:42-44).

Templo. O emprego ilustrativo que Estêvão faz do tabernáculo e do templo (7:46-50) recorda a conversa de nosso Senhor com a mulher samaritana junto ao poço (Jo 4:21-23) e também a aplicação do templo a si mesmo como encarnação da presença divina. É interessante notar que Paulo reproduz o pensamento que, quando perseguidor, ouvira dos lábios do mártir Estêvão (At 17:24,25). Temos a tendência de nos elevar à *esfera* da adoração. O que mais importa é o *espírito* de adoração. Os que adoram a Deus, seja no celeiro, seja no templo, devem adorá-lo em espírito e em verdade.

Fel e laço. Pedro repele com horror a idéia de Simão, o mágico, de que o dom do Espírito é adquirido com dinheiro. *Fel*, usado literalmente nos evangelhos (Mt 27:34), é agora usado por Pedro para representar a extrema depravação moral de Simão (Rm 3:14; Ef 4:31). "Laço de iniqüidade" fala das fortes algemas das correntes diabólicas, das quais ele não poderia libertar-se sozinho. Contudo, Simão parecia mais preocupado com o castigo futuro dos seus pecados, do que com libertar-se deles.

Vaso. Embora existam muitos termos nas parábolas referentes aos eleitos por Deus para servi-lo, nenhum é tão notável quanto *vaso* (At 9:15), que encontra muitos significados na Bíblia (Gn 27:3 —de armas; Dt 22:5 —de roupas). O corpo inteiro do crente ou os membros do seu corpo são referidos como "vaso" ou "instrumento" (Mt 12:29; Lc 8:16; Jo 19:29; Rm 9:22; 2Co 4:7). Paulo era um instrumento escolhido por Deus para realizar o seu misericordioso desígnio de conduzir os gentios à Igreja. Nossa solene responsabilidade é cuidar para que os vasos, apesar de serem de barro, estejam limpos o suficiente para uso do Mestre.

Uma luz. Por instrução do Espírito, Paulo percebeu que as referências do AT a respeito de Cristo como "luz" e o uso que o próprio Senhor fizera do símbolo para representar sua missão cumpriam-se agora na revelação do amoroso desígnio de Deus de alcançar o mundo gentio. Paulo sabia que ele mesmo era uma "luz" que brilhava em meio às trevas.

Pó dos seus pés. Os escribas ensinavam que o pó das terras gentílicas era contaminado. Sacudir o pó dos pés simbolizava a tradição segundo a qual, mesmo estando em Israel, o lugar era ímpio, profano e contaminado (At 13:51). Paulo, é claro, tinha em mente o uso que o Senhor fez dessas parábolas (Mt 10:14; Mc 6:11; Lc 9:5; Jo 13:16).

Porta aberta. Paulo, conhecedor do modo em que o Senhor usara o símile da *Porta* (Jo 10), fez dessa uma das suas figuras de linguagem favoritas (At 14:27; 1Co 16:19; 2Co 2:12; Cl 4:3). Pela graça, a porta da casa do Pai está tão aberta agora quanto antes. "Todo o que quiser" pode entrar pela porta enquanto permanecer aberta. Ninguém pode fechar essa porta (Ap 3:8; Gl 2:9). Aquele que a abriu a fechará, e, quando a fechar, será a glória para os que estiverem à sua direita, mas desespero para todos os que ficarem de fora. "É digno de nota a atribuição direta a Deus desse acesso aos gentios."

Jugo sobre o pescoço. A exortação de Paulo ao concílio e o seu uso de jugos pesados (At 15:10) revelam quanto estava familiarizado com as parábolas de Cristo e apto a entrelaçá-las em seus próprios discursos. Aqui ele reproduziu os "fardos pesados" da tradição farisaica (Mt 23:4) e o "jugo suave" do Mestre (Mt 11:30). Quando chegarmos às epístolas, veremos que ele volta a usar a mesma figura de linguagem (Gl 5:1). O jugo das cerimônias enfadonhas, os fervorosas e espirituais achavam impossível cumprir.

Sacudir das roupas. Sacudir o pó dos pés e das roupas era uma ação parabólica bastante comum nos tempos antigos, tanto entre judeus quanto entre gentios (Mt 10:14; 27:24). Nesse gesto, a pessoa se sacudia de toda *relação* com os outros e de toda *responsabilidade* da culpa por alguém ter rejeitado a sua mensagem (At 18:6). Como se tratava de um judeu falando a judeus, não havia palavra ou ação que melhor expressasse o protesto indignado de Paulo diante da rejeição de seu ministério. "Era o último recurso de alguém para quem de nada valia recorrer à razão e à consciência e tudo o que encontrava era a violência desumana e o tumulto."

Cabeça rapada. No que dizia respeito ao voto temporário de nazireu, rapar o cabelo implicava separação do mundo e da vida comum. Enquanto valesse o voto, quem o fazia não podia ingerir vinho ou bebida forte, nem deixar a navalha passar sobre sua cabeça ou rosto (Nm 6:1-21). Para Jamieson é improvável que Paulo praticasse esse voto em particular (At 18:18). "É provável que fosse um voto feito em situação de dificuldade ou perigo, em razão da qual rapou a cabeça e foi para Jerusalém, a fim de oferecer os sacrifícios exigidos dentro dos trinta dias prescritos." Paulo, como sabemos, condenava os cabelos longos para o homem para que não parecesse efeminado (1Co 11:14). A gratidão por ter sido liberto do perigo muitas vezes gera um voto solene, e o voto de Paulo provavelmente foi para renovar a plena devoção na vida. O apóstolo jamais aprendeu a desprezar ou condenar essas manifestações de consagração.

Lobos cruéis. Paulo alertou a igreja de Éfeso sobre duas classes de inimigos que tentariam destruir o rebanho: uma classe de lobos era externa; a outra surgiria no seio da própria comunidade cristã —"dentre vós mesmos". Os dois grupos talvez fossem mestres: o primeiro faria do rebanho uma presa; o outro se comporia de deturpadores da verdade, que dividiriam o rebanho com suas heresias (At 20:2,9,30; 1Tm 1:15-20; 2Tm 2:17; 3:8,13). Aqui o apóstolo adotou algumas figuras de linguagem que Jesus usara em referência ao rebanho e a seus inimigos declarados. Lobos dentro do reduto das ovelhas eram os falsos profetas, usurpadores de autoridade, líderes de facções dentro da igreja (Mt 7:15; Jo 10:12).

Cinto. A ação dramática de Ágabo, que tomou o cinto de Paulo para anunciar um importante acontecimento, lembra o modo de os antigos profetas apresentarem suas profecias. Na parte do nosso estudo que tratava do AT, estudamos essa maneira de profetizar por atos simbólicos (Is 20:3,4; Jr 13:1-11; 27:2; Ez 4:1-3; 5:1-4). Ágabo (At 11:28; 21:10-13), prevendo o perigo a que o apóstolo estava exposto, pensou em avisá-lo, por meio de uma ilustração parabólica, da conspiração dos judeus para entregá-lo aos gentios. Paulo ficou profundamente emocionado quando partiu de junto dos santos de Cesaréia; mas estava pronto, não apenas a ser preso, como a ação do cinto representava, mas a morrer pelo seu Senhor.

Parede branqueada. Provavelmente, ao lembrar-se de que Cristo chamou os fariseus de "sepulcros caiados" (Mt 23:27; Lc 11:44), Paulo dirigiu expressão semelhante ao sumo sacerdote Ananias, o qual mandou aos que estavam junto dele que o golpeassem na boca —método comum no Oriente para silenciar alguém. Paulo precipitadamente disse "Deus te ferirá, parede branqueada" (At 23:2,3), o que aconteceu alguns anos depois, quando, durante uma guerra dos judeus, Ananias foi assassinado. De modo verdadeiramente cavalheiresco, Paulo desculpou-se por dirigir-se daquele modo ao sumo sacerdote. O reconhecimento de que as "autoridades que há foram ordenadas por Deus" era um princípio que norteava a conduta do apóstolo (Rm 13:1-6).

Ouvidos e olhos. Nesse último vislumbre do apóstolo, vemo-lo "quase sem paciência pela longa contestação contra o preconceito e a incredulidade" (At 28:26-28). Depois da exposição do reino de Deus, no que dizia respeito a Jesus, "Alguns eram persuadidos pelo que ele dizia, mas outros não criam". Uns estavam entre o remanescente fiel; e os outros, entre os endurecidos (Rm 11:7-25). "Uma cegueira parcial atingira a Israel." Seguindo as pegadas dos ensinamentos do Mestre, Paulo usou a figura de linguagem da cegueira e da surdez voluntariosas diante daquelas verdades que deveriam produzir arrependimento e fé (Mt 13:13; Mc 4:12; Jo 12:40; At 20:35). A oração e o desejo do coração de Paulo eram que Israel fosse salvo. Era grande a sua mágoa e contínua tristeza pela dureza do coração de Israel (Rm 9:2; 10:1). Então, provavelmente com muita angústia, lançou essa última e severa condenação aos que ouviam sua mensagem com os ouvidos, mas não com o coração; que liam a verdade com os olhos, sem, contudo enxergá-la de fato. Infelizmente, multidões ainda estão espiritualmente surdas e cegas!

Quanto ao ministério de Paulo como um todo, diz Ellicott: "Ele falava não com as cadências retóricas de que se deliciavam os retóricos gregos, mas atingia o alvo como uma flecha, penetrando o coração dos homens. A voz talvez fosse desprezível, mas as palavras eram cheias de vida" (2Co 10:10; 11:25; 1Co 14:25).

INSTRUÇÕES PARABÓLICAS NAS EPÍSTOLAS PAULINAS

Catorze das epístolas —das quais Hebreus, que atribuímos a Paulo— são conhecidas como paulinas; as sete restantes são as epístolas gerais, por terem diversos autores: Tiago, Pedro, João e Judas. Como um todo, as epístolas oferecem ao estudante um rico filão de material ilustrativo. Paulo, particularmente, parece deleitar-se no uso da linguagem parabólica na apresentação que faz da verdade. Embora seja inegável, como afirma Hillyer Straton, que Cristo tivesse uma mente parabólica, pensando e falando com vívidas imagens, e que o "seu uso das parábolas é das melhores provas secundárias que temos da historicidade de Jesus de Nazaré", é igualmente correto afirmar que Paulo tinha uma mente simbólica. Mesmo sem criar parábolas como as do Mestre, que ele amava ternamente, os seus escritos apresentam muitas alegorias admiráveis. Paulo era grato pela incomparável ajuda que as parábolas de Cristo deram e, com incontestável habilidade, combinou os ensinamentos desse à situação em que vivia.

Graças aos muitos elos existentes entre as parábolas dos evangelhos e as das epístolas, é essencial estudar as parábolas à luz das epístolas e também salientar que as epís-

Instruções parabólicas nas epístolas paulinas

tolas devem ser lidas como seqüência das parábolas. No capítulo "The parables and the epistles" ["As parábolas e as epístolas"], Ada R. Habershon trata de forma muito abrangente a associação entre as duas: "As parábolas explicam os escritos das epístolas. Mostram por que agora gregos e romanos são os destinatários em lugar dos judeus. É verdade que as parábolas não revelam plenamente a posição da Igreja nessa dispensação, mas explicam as causas do privilégio dos gentios; percorrem os passos que conduziram a esse privilégio e prepararam o caminho para a revelação feita a Paulo. As epístolas eclesiásticas são apenas o resultado da disseminação da semente, prenunciada na Parábola do Semeador [...] Entendemos também que as epístolas são *seqüências* ou suplementos das parábolas. O Senhor disse a seus discípulos que ainda tinha muitas coisas a dizer-lhes, mas não estavam aptos a recebê-las [...] Em muitos casos, como veremos, o apóstolo usou os mesmos simbolismos para ensinar muitas lições [...] Outro fato importante que aprender, sobretudo no que diz respeito às epístolas, é que a história de Israel é *tipológica* [...] É Paulo quem claramente nos abre um vasto campo de estudo". Com essas observações práticas na mente, examinemos algumas instruções e ilustrações parabólicas que Paulo tem para nós em suas preciosas epístolas.

Figura. Quando Paulo escreve "Adão [...] é a figura daquele que havia de vir" (Rm 5:14-20), apresenta-nos o mais antigo dos tipos. Quanto ao tempo, esse tipo é o primeiro; quanto à posição, é o mais profundo. Não há outro antes dele, nem abaixo dele. Arnot diz: "Ao descer do céu em amor, o Espírito de Deus tomou o primeiro fato da história humana e com ele se reporta ao ensino da redenção do homem. Não houve demora, pois as questões do Rei exigem pressa. O doador estava pronto e desejoso; os receptores, indolentes e vagarosos". Assim como ocorre com o carimbo e a sua impressão, assim se dá com o tipo e seu antítipo, havendo ao mesmo tempo semelhança e diferença; são o mesmo, porém opostos.

Adão e Cristo eram as fontes verdadeiras, os patriarcas de suas respectivas famílias. O primeiro Adão constitui-se o cabeça e representante da raça humana e, quando caiu, levou todos consigo. O último Adão também se constitui cabeça de incontável multidão. Tão logo o primeiro pecou, o último foi prometido como Salvador dos pecados. A semente do primeiro gera dele pecado e morte; a semente do segundo gera dele justiça e vida. A primeira semente inclui toda a raça humana; a segunda, embora contida na primeira, é um "pequeno rebanho".

A palavra que Paulo usa e é traduzida por "figura" é *type*, ou "semelhança". Ao falar, porém, da semelhança entre Adão e Cristo, Paulo de imediato passa a destacar as diferenças entre eles. O contraste, ou as discrepâncias, é realçado pelos elementos de semelhança da seguinte maneira:

Os atuantes	Um homem, *Adão*	Um homem, Cristo
A ação	Um ato de desobediência	Um ato de obediência
O caráter da ação em sua relação com a queda e a salvação	A grande transgressão ou ruptura inicial do mandamento de Deus	A grande obra de graça ou a dádiva da justiça
Pessoas atingidas pela ação	Toda a humanidade	Toda a humanidade
Efeito imediato da ação	Seqüência de muitas transgressões	Eliminação de muitas transgressões
Efeito final da ação	Perda Morte	Ganho Vida

Paulo, de maneira impressionante, retrata o pecado e a morte, a graça e a vida como dois grandes opostos. Fala da morte que governa, mas também da graça e da justiça que de igual modo reinam (Rm 5:14,17). O homem é dominado por um ou pelo outro. Quando Deus formou o coração humano, criou-o capaz de comportar apenas um soberano por vez. Quem realmente reina em sua vida? O fato de o AT ter sido escrito tendo em vista os leitores do NT evidencia-se pela tríplice afirmação do apóstolo:

Gênesis foi escrito "por nossa causa" (Rm 4:23,24);
Deuteronômio foi escrito "por nós" (1Co 9:9,10);
Êxodo e *Números* foram escritos "para aviso nosso" (1Co 10:11).

Compromisso matrimonial. Ao discorrer sobre as obrigações da verdadeira união com Cristo e a exata natureza da liberdade cristã, Paulo toma de empréstimo do casamento uma ilustração para desenvolver o ensino de que não estamos sob a lei, mas debaixo da graça (Rm 6:14,15). Tendo tratado do "fim do pecado para o cristão, agora trata da sua morte para a lei".

No contrato de casamento, o compromisso se dissolve pela morte de uma das partes. Semelhantemente, a identificação do cristão com Cristo em sua morte o liberta da obrigação da lei, pondo-o em nova união espiritual com o Senhor (Rm 7:1-6). Agora casados com Jesus, essa misteriosa e eterna comunhão com ele produz fruto de santidade e serviço.

Oliveira. A *Parábola do zambujeiro enxertado*, de Romanos 11, é uma das mais importantes da história judaica. Paulo usa um símbolo conhecido de Israel para se referir à mudança de dispensação. Para isso usa a figura da queda dos ramos naturais da oliveira e da inserção dos gentios. O enxerto, como Paulo demonstra, trouxe aos gentios a posse das bênçãos e dos privilégios de Israel, incluindo-se a responsabilidade como testemunhas, e assim a oliveira do AT transforma-se na do NT. Pondo Israel de lado, a misericórdia de Deus é estendida a todos os homens, e o simbolismo que Paulo emprega prova que os gentios entram, pela fé, no sistema de bênçãos prometido por Deus a Abraão. Como Israel, um ramo arrancado, assim os gentios, como ramos enxertados, precisam tomar cuidado para que não aconteça, pelo seu pecado, de serem cortados como ramos inúteis (Jo 15). "... se Deus não poupou os ramos naturais, teme que não te poupe a ti também."

Edificadores. Os símiles que o Senhor usou a si mesmo em suas parábolas são aplicados também a seus servos. Ele é o Edificador do templo, sua Igreja (Mt 16:18), e nós, também, somos edificadores com a responsabilidade de utilizar o tipo certo de material (1Co 3:9-15). A outra parábola, a dos *Edificadores sábio e néscio* —uma casa na rocha e outra na areia— pode ser comparada ao ensino de Paulo sobre a edificação. Ele se utiliza do mesmo simbolismo duplo que o evangelho apresenta —Deus como *Agricultor* e *Edificador*. Nos dois aspectos "somos cooperadores de Deus". "... sois lavoura de Deus e edifício de Deus." Paulo compara-se a um agricultor que planta e rega (1Co 3:6) e ao sábio construtor que põe o bom fundamento para outro construir (2Co 3:10). Na *Parábola dos fundamentos* (1Co 3:10-15), os edificadores são todos salvos, estão todos no fundamento, mas, mesmo assim, constroem com materiais diferentes. Na *Parábola dos dois edificadores* (Mt

7:25-27; Lc 6:48,49), são representados salvos e perdidos, tendo como diferença o fundamento: rocha ou areia. Que nossas obras resistam ao teste de fogo!

Templo. Jesus falou de seu corpo físico como um *templo* (Mc 14:58), e Paulo usa a mesma figura de linguagem em referência à igreja de Corinto (1Co 3:16,17). Como sobreveio castigo aos que violaram o antigo templo (Êx 28:43; Lv 16:2), pois era santificado pela habitação da presença divina, assim os crentes habitados pelo Espírito são santos diante do Senhor e não ficarão impunes se profanarem o templo espiritual. Os crentes, individualmente, ou a Igreja como corpo, são mencionados como templo (1Co 6:19; 2Co 6:16). Outras figuras de linguagem expressivas para o leitor desenvolver são ministros, despenseiros, reis (1Co 4:1-8), espetáculo (1Co 4:9) e instrumentos (1Co 4:10).

Fermento. Por duas vezes Paulo usa a fértil expressão "... um pouco de fermento leveda toda a massa..." (1Co 5:6; Gl 5:9). No primeiro caso, Paulo refere-se às perversidades; no segundo, fala das más doutrinas contrárias à natureza e ordena a erradicação do fermento. Na verdade é impossível separar o fermento da farinha (Mt 13:33), mas, nas coisas espirituais, o único modo de impedir que se espalhe o fermento das ações perversas e das más doutrinas é eliminá-lo. Paulo disse à igreja de Corinto que, enquanto o fermento (os membros pecadores da igreja) não fosse erradicado, a igreja não poderia observar a Festa com os pães asmos da sinceridade e da verdade. Tanto os coríntios como os gálatas precisavam aprender que um Deus santo não pode tolerar o mal, seja nas ações, seja na doutrina.

Semeador. O eco da parábola de Jesus sobre o *Semeador* pode ser ouvido vez após vez nas epístolas paulinas e gerais. O Senhor e seus servos são semeadores da Palavra. Paulo cita Isaías: "Quão formosos são os pés dos que anunciam a paz, dos que anunciam coisas boas!" (Rm 10:15 cit. Is 52:7), e diz que todos os arautos da cruz são semeadores da semente (2Co 9:6,10). Ainda que a narrativa trate de dar e receber coisas temporais, o mesmo se aplica aos receptores e semeadores da Palavra de Deus. "Devemos semear aquilo que já prolifera em nossa alma; e a colheita será proporcional à semeadura." A semeadura e a colheita se correspondem (2Co 9:6). Paulo diz que a colheita não dependerá apenas da *quantidade* da semente plantada, mas da *qualidade* dessa semente. "*Tudo* o que o homem semear, *isso* também ceifará" (Gl 6:7-9). Podemos ler *a Parábola do joio* junto com a solene advertência de Paulo.

O apóstolo também usa a figura da semeadura e da colheita em seu grande capítulo sobre a ressurreição, chamado "Carta magna da ressurreição" (1Co 15). O cadáver da sepultura assumirá forma mais gloriosa quando Jesus vier (1Co 15:37,38). Como ocorre com a semente da parábola de Jesus (Mc 4), quando vier a colheita, a semente será encontrada já crescida —não sabemos como.

Intimamente ligada à semeadura e à ceifa está a frutificação, exatamente como há uma ligação fundamental entre o *Semeador* e a *videira.* Paulo, mais do que qualquer outro apóstolo, define claramente um ramo frutífero (Gl 5:22,23). O cacho dos frutos preciosos, a que Paulo se refere, consiste mais de *vida* que de *serviço.* Viver não é o mesmo que *servir,* ainda que ambos estejam associados à frutificação e devam sempre harmonizar-se. Devemos ser frutíferos em toda boa obra. Às vezes, entretanto, o crente, por incapacidades físicas, não pode servir, mas o sofrimento é uma forma passiva de produzir frutos.

Na *Parábola da videira*, o Pai é o Agricultor glorificado pela produtividade dos ramos (Jo 15). Paulo faz ecoar essa mesma verdade em sua segunda carta ao jovem Timóteo: "O lavrador que trabalha deve ser o primeiro a gozar dos frutos" (2Tm 2:6) —o que tem dupla aplicação: o Agricultor divino e seu subagricultor. Todo esse capítulo oferece símiles impressionantes e expressivos. O versículo-chave do capítulo é "Lembra-te de que Jesus Cristo..." (2Tm 2:8), em torno do qual o apóstolo reúne várias figuras de linguagem para ilustrar o nosso relacionamento com o Filho de Deus:

somos soldados — ele é o Divino Capitão (v. 4);
somos atletas — ele é o Árbitro com o prêmio (v. 5);
somos trabalhadores — ele é o Senhor a quem servimos (v. 15);
somos vasos — ele é o Proprietário que nos usa (v. 21);
somos o fruto — ele é o Agricultor que se deleita com o fruto (v. 6).

Em suas parábolas, Paulo muitas vezes faz uso dos *pares*. As plantas e as construções, por exemplo, aparecem lado a lado num símile dos santos.

"... *arraigados* e *edificados* nele..." (Cl 2:7)

"... *arraigados* e *fundados* em amor..." (Ef 3:17)

"... vós sois lavoura de Deus e edifício de Deus" (1Co 3:9).

O apóstolo assim seguiu o Mestre no uso do duplo simbolismo. Os líderes de Israel foram comparados a agricultores e a edificadores. Israel e a Igreja são chamados videira e rebanho (Sl 80; Jo 10:15).

Noite que se aproxima. Outra relação entre as parábolas dos *evangelhos* e as das *epístolas* é a da segunda vinda de nosso Senhor. O Espírito Santo foi prometido como o Iluminador dos acontecimentos futuros. "... vos anunciará o que há de vir", e é Paulo que, pelo Espírito, descortina para a Igreja a verdade da volta do Senhor. Em seus escritos, destaca-se como "Apóstolo do Arrebatamento", quando emprega muitos símiles impressionantes dessa bendita esperança.

Paulo, junto com o nosso Senhor, reforça a *noite* e a *vigilância*. Esta era é a noite escura do mundo, mas para o crente "o dia é chegado". Não devemos dormir como fizeram as virgens, mas, deixando as obras das trevas, revistamo-nos da armadura da luz, como ele, que é *a Luz* (Rm 13:11-14). Por estar próximo o glorioso amanhecer, vivamos como os que estão prontos. Jamais durmamos como os que pertencem a essa era de trevas do mundo. Precisamos estar atentos e prontos para saudar a Cristo em sua vinda (1Ts 4:14—5:10).

Imersos em densas trevas, Paulo lembra-nos em linguagem de vívido impacto a responsabilidade que temos diante daquele que em breve retornará para os seus. Na esperança da vinda de Cristo, procedamos como "embaixadores da parte de Cristo" (2Co 5:20) —sendo o embaixador o equivalente, nas parábolas de Jesus, aos mensageiros enviados para convidar hóspedes à festa. Como o dia da graça continua, devemos insistir com os homens para que se reconciliem com Deus. Depois, Paulo segue a Cristo no símile do "despenseiro", para ilustrar a espécie de serviço que devemos prestar enquanto esperamos a sua volta de uma terra distante. Como *ministros* e *despenseiros* de seus mistérios (1Co 4; Mt 13), devemos ser fiéis no uso das riquezas do Mestre e não desperdiçá-las como fez o mordomo infiel (Lc 16). Se o serviço para o qual nos designou parece árduo, desinteressante e aparentemente sem resultados, não devemos nos rebelar. Sob a figura do boi, Paulo reforça a necessidade da obediência à vontade de Deus (1Co 9:9,10).

Metáforas da esfera militar e do atletismo

Destacam-se entre as figuras de linguagem usadas por Paulo aquelas associadas aos costumes gregos e romanos, não encontradas nas parábolas de Jesus por serem inadequadas aos seus ouvintes. Tendo escrito a romanos e gregos, Paulo faz uso de ilustrações bem conhecidas. Assim, temos:

- A figura do soldado com a armadura completa (Ef 6);
- soldados cujo capitão é Cristo (2Tm 2:3,4; 4:7; Hb 2:10);
- guerreiros que devem combater bem (2Tm 4);
- vencedores que triunfam sobre o pecado e Satanás (2Co 2:14; 10:5);
- atletas que vencem e são coroados (2Co 9:24-27; 2Tm 2:5; 4:7; Hb 12:1-3).

Duas mulheres. Tratando da sabida importância da história de Israel, Paulo mostra que a história de Hagar e Ismael era uma alegoria e declara que todos os acontecimentos da peregrinação no deserto sobrevieram ao povo como exemplos e foram escritos para nos alertar enquanto peregrinamos do Egito desse mundo para a Canaã celestial (Jo 3:14; 1Co 10:11). Em sua alegoria sobre a escravidão ou a liberdade (Gl 4:25-5:1), Paulo, ao utilizar-se dessa dualidade, enumera as seguintes características opostas:

- duas mulheres — Hagar, a escrava; Sara, a livre;.
- dois filhos — Ismael, filho da escrava; Isaque, filho da promessa;
- dois montes — Sinai, cenário da lei divina; Jerusalém, esfera da graça divina;
- duas alianças — com Moisés; com Abraão;
- dois poderes geradores — a carne, pela qual nasceu Ismael; a promessa, pela qual nasceu Isaque;
- duas atitudes — a carne, que persegue; o espiritual, que resiste pela fé;
- dois resultados — a carne, deserdada; a graça, herdeira.

Esses dois conjuntos de condições e circunstâncias irreconciliáveis é o que Paulo tem em mente, sobretudo em *Romanos*, em *Gálatas* e em *Hebreus*, em que contrapõe *lei* a *graça* e ensina claramente que, se somos filhos de Deus pela fé na obra consumada de Cristo, somos livres do domínio da lei.

Cartas vivas. Pelo exemplo de Cristo, Paulo adquiriu o hábito de, ao expor a verdade, deslizar suave e rapidamente de algo comum da natureza para as profundezas da graça. Assim como Jesus utilizou a água do poço de Jacó como ilustração da Água da Vida, Paulo tomava assuntos comuns como ponto de partida para conduzir os seus ouvintes aos assuntos mais profundos do reino de Deus. O costume de portar cartas de recomendação foi logo introduzido na igreja primitiva. Havia os de caráter duvidoso que portavam cartas com assinaturas respeitáveis. Alguns desses obreiros recomendados tinham acabado com os esforços de

Paulo em Corinto. Quando desafiado a apresentar a sua própria carta de recomendação, Paulo disse aos anciãos: "Vós sois a nossa carta" (2Co 3:2,3). Os grandes frutos de seu trabalho eram prova suficiente de seu chamado divino.

Os cristãos autênticos, então, são cartas abertas para que todos leiam. Cristo é o Autor, e o conteúdo não é fruto de pena ou tinta, mas do Espírito Santo. Paulo considerava-se escritor que escrevera não em tábuas de pedra, mas em personalidades vivas. Embora fosse um grande privilégio transmitir a mensagem de Cristo oralmente ou por escrito, muito mais importante era que a *vida* fosse a mensagem.

De modo natural Paulo passa de cartas ou epístolas escritas para cristãos como cartas, devendo ser conhecidos e lidos por todos. Que expressiva figura de linguagem! Os papiros, os pergaminhos ou as folhas usados pelos antigos necessitavam de preparação para ser utilizados na escrita. Também, nos dias de hoje, a celulose precisa ser processada para que se torne papel em que se possa escrever. Como isso ilustra bem nossa nova criação! Denegridos pelo pecado, o precioso sangue de Jesus nos tornou alvos como a neve. Além disso, mais que um texto legível num papel, temos Cristo escrito em nosso coração, e, como uma carta pode revelar o caráter, precisamos, como epístolas ou cartas, ter uma conduta condizente com o nosso caráter. Aquilo em que cremos deve refletir-se em nosso comportamento. Os que nos cercam podem ler a vida de Jesus em nossas ações? O que se escreveu numa carta pode-se apagar ou desbotar, mas "as epístolas de Cristo" têm textos duradouros que o tempo não pode apagar nem desbotar. O Espírito Santo é o Escritor divino, e o que ele escreve permanece. Também, ele escreve em letras bem legíveis, para que todos leiam.

Para os fisicamente cegos, temos o extraordinário sistema Braille, por meio do qual pontos e letras, em vez de chamar a atenção dos olhos, elevam-se da superfície e tornam-se sensíveis ao toque do deficiente visual. Deve ser assim em nossa vida, com a inscrição da mente de Cristo em nosso coração. Os textos devem ser em caracteres salientes, inequívocos e evidentes, a tal ponto que os que estão cegos pelo pecado, lendo-nos dia a dia, entendam que Cristo habita, pela fé, em nosso ser.

Naufrágio. Embora fosse proveitoso fazer uma lista de *todos* os símiles e metáforas que Paulo usou em suas incomparáveis epístolas, concluiremos com essa, do naufrágio da fé (1Tm 1:19). Há uma importante relação entre a fé e a boa consciência. Daquela resulta essa, mas quando alguém abandona a fé logo produz a má consciência, e segue-se o naufrágio na vida. Sem a âncora da fé, que agrada a Deus, ficamos à deriva e afundamos como um navio que se choca contra uma pedra que poderia ter sido evitada. Há muitos naufrágios no mar dessa vida. Penso nos jovens com fé simples nas verdades divinas que, desejosos de ser mais bem preparados para o ministério, estudaram em um seminário modernista, se formaram, mas perderam as convicções. Há muitos desses naufrágios teológicos no ministério. Que a graça nos mantenha ancorados em Cristo e na infalível Palavra de Deus!

Falta-nos espaço para nos determos nas múltiplas metáforas que Paulo usa em todas as suas epístolas. Suas cartas pastorais e proféticas estão cheias de figuras de linguagem tomadas de muitas áreas da vida! Seria muito proveitoso a todo comentarista ou pregador deter-se nessas figuras com a ajuda da relação que E. W. Bullinger oferece no índice de sua monumental obra *Fi-*

gures of speech [Figuras de linguagem]. A título de exemplo, veja Efésios, em que o apóstolo emprega, com grande efeito, além de outros símiles, ilustrações como riquezas (1:7), herança (1:11), selados (1:13; 4:30), penhor (1:14), filhos (1:5), boas obras (2:10), parede (2:14), estrangeiros (2:19), concidadãos (2:19), família (2:19), pedra angular (2:20), co-herdeiros (3:6), prisioneiro (3:1), corpo (3:6), cheiro (5:2), fruto (5:9), luz (5:8), armadura (6:11). O emprego dessas ilustrações expressivas mostra que são como janelas pelas quais brilha a luz celeste.

INSTRUÇÕES PARABÓLICAS NAS EPÍSTOLAS UNIVERSAIS

Tiago, Pedro, João e Judas, todos igualmente familiarizados com o ensino simbólico de Cristo pela convivência com ele, empregam o mesmo método, ainda que de forma limitado.

Material parabólico de Tiago

Inicialmente veremos a epístola de Tiago. Sendo "irmão do Senhor", não desconhecia o modo de Jesus apresentar sua mensagem por meio de ilustrações. Assim, em sua epístola, escrita aos compatriotas espalhados pela terra, Tiago emprega notáveis símiles ao escrever sobre a prática da vida cristã. Suas denúncias, repreensões e advertências se revestem de vívidas imagens que tornam a sua epístola não "sem valor algum, como a palha", como disse Martinho Lutero, mas de excelente valor a todo cristão. Aqui está um breve resumo das figuras de linguagem empregadas por Tiago:

Ondas. Os que oscilam na fé e vacilam entre dois pensamentos são comparados à "onda do mar, impelida e agitada pelo vento" (Tg 1:5-8). Contudo, aquele que andou sobre o mar agitado está perto da alma que sofre na tempestade, para consolá-la e libertá-la.

Erva. Os ricos, exortados para serem humildes, são advertidos de que, a despeito de todas as suas posses, passarão "como a flor da erva" (Tg 1:9-11; Is 40:6-8). Que símile simples, mas poderoso, a retratar a instabilidade e a transitoriedade humana!

Atraído e engodado. Os que cedem às tentações são apresentados como "atraídos e engodados pela sua própria concupiscência" (Tg 1:12-15). As impressionantes figuras "atraídos [...] engodados" revelam o triste processo de tentação e queda. Arnot comenta assim o versículo 14: "A primeira expressão não significa, todavia, atraído *pelo* anzol; significa antes atraído *para* o anzol. Há duas atrações sucessivas, de natureza muito diferente em cada caso. No grego clássico, o primeiro termo aplica-se aos dois, mas nesse caso as circunstâncias apontam para o primeiro deles. O primeiro é *atração* para o anzol; o segundo, *sedução* pelo anzol. A primeira atração é um poder invisível; a segunda é uma força física rude e cruel. A primeira é uma atração secreta da vontade; a segunda é uma violenta opressão por uma força superior, que prende o escravo e o destrói". Quão imperioso é discernir o sutil anzol satânico, ou seguir a exortação do Mestre de vigiar e orar, a fim de não *cair* em tentação! Uma vez fisgado, torna-se difícil a vida do transgressor.

Espelho. Tiago, preocupado com o auto-engano, insiste em que tenhamos um verdadeiro conhecimento de nós mesmos. Devemos ser *praticantes* da Palavra, não apenas *ouvintes*. Quem apenas ouve, mas não age de acordo com o que escuta é como o "homem que contempla no espelho o seu rosto natural" (Tg 1:22-25). O espelho é a infalível Palavra de Deus, o verdadeiro reflexo da alma. Infelizmente, muitos olham o espelho e vêem-se como são de fato na santíssima presença de Deus, mas a visão é apenas superficial ou momentânea, pois continuam a viver para si mesmos. Se formos sinceros em relação ao que o espelho mostra e obedecermos à luz, então virá a transformação do coração e da vida. "... refletindo a glória do Senhor, somos transformados [...] na mesma imagem..." (2Co 3).

Refrear, freios, leme, fogo, manancial. De todos os escritores da Bíblia, Tiago é quem mais dá conselhos práticos e parabólicos quanto ao poder da língua. Se formos tardios para falar, nosso testemunho jamais será corrompido por mentiras, indelicadezas e palavras censuráveis. Os pecados da língua e as advertências e exemplos do falar desordenado são abundantes (Tg 1:26; 3:1-12). Para que o falar não seja afrontoso, precisa ser controlado. Moisés, o mais manso dos homens, falhou uma vez, ao falar inadvertidamente com os lábios (Sl 39:1). Tiago registra cinco comparações sobre a língua:

1. O ato de *refrear*. Se o mais desenfreado membro do corpo, a língua, estiver em sujeição a Cristo, de cujos lábios fluiu a graça, então todo o corpo será controlado.

2. *Freios*. Pelos *freios*, os cavalos selvagens podem ser domados. O domínio é fruto da disciplina. Se permitirmos que Cristo ponha guarda em nossos lábios, toda a nossa vida será dirigida por sua vontade.

3. *Leme*. "... um pequenino leme" de um poderoso navio ajuda a dirigir o curso da navegação. A língua é apenas um pequeno membro, mas muitas vezes se jacta do que pode fazer. A língua tanto dirige o navio (nosso corpo) no curso certo, como pode levá-lo ao desastre.

4. *Fogo*. Uma pequena faísca pode incendiar uma floresta inteira, o que resulta em grande estrago. Por sinal, Tiago tinha em mente "uma vasta floresta envolta em chamas resultantes de uma única centelha". Então aplica a ilustração "A língua é [...] fogo, mundo de iniqüidade". Como precisamos da disciplina divina para nos silenciar, para evitarmos os desastrosos efeitos de uma língua descontrolada!

Deus prometeu que toda espécie de animais seria domada (Gn 1:26-28). A mais indomável criatura pode ser adestrada pelo carinho, pela paciência e pela gratidão. Mas a língua, diz Tiago, ninguém pode dominar. Porém, o que é impossível aos homens, é possível para Deus.

5. *Manancial*. O mesmo manancial não pode jorrar água doce e amarga. Terá de ser de um ou de outro tipo. Assim é com a língua. Dela vem o mal ou o bem, veneno ou bálsamo curador, maldição ou bênção, frutas bravas ou figos, água salobra ou potável. Se formos sábios, devemos confiar a Deus o controle da língua, para possibilitar assim um "bom procedimento" junto com "obras em mansidão de sabedoria [e...] paz" (Tg 3:13-18). Precisamos orar como Jó: "Ensinai-me, e eu me calarei" (Jó 6:24).

Vapor. A todos os que se entregam aos prazeres ou se concentram na aquisição de bens materiais, Tiago alerta sobre a incerteza do futuro e a transitoriedade da vida. O prático apóstolo pergunta "O que é a vossa vida?" e continua: "É um vapor que aparece por um pouco, e logo se desvanece" (Tg 4:13-17). O homem conta com o amanhã, mas este talvez nunca chegue. Tudo o que lhe era importante pode desaparecer num instante. "Somos pó, uma sombra." Por estar o futuro nas mãos de Deus, certamente a sua vontade é a melhor. Todas as posses e o tempo devem estar sob o controle da suprema e viva Vontade. Nossa atitude deve ser sempre "se o Senhor quiser" (1Co 4:19).

Lavrador. Tiago, que tinha muito para dizer sobre a graça da paciência, insiste em que os santos sejam pacientes, tendo em vista a volta do Senhor como *Lavrador* para colher seus preciosos frutos (Tg 5:7-11). Será que, quando Tiago empregou esse símile, não teria em mente a parábola de seu ilustre Irmão, que diz ser ele mesmo o *Lavrador*, o qual, ao retornar de um país distante, fará a sua colheita? A impaciência de nossa parte é sinal de fraqueza. Precisamos imitar a sua paciência, que há muito tem esperado por uma grande colheita.

Os escritos parabólicos das epístolas de Pedro

As epístolas de Pedro caracterizam-se pelo emprego de metáforas e ilustrações vigorosas e cativantes, algumas das quais contundentes quando o apóstolo se refere aos falsos mestres e aos escarnecedores. É um exercício proveitoso buscar nos ensinos do Senhor aquelas sementes de toda a doutrina, as quais os apóstolos posteriormente repetiram e expandiram. Pedro, lembrando-se das palavras do Senhor Jesus com respeito a estarmos prontos para a sua vinda (Lc 12:35), exorta os santos a cingir os lombos do entendimento. Essa metáfora foi tomada do costume dos orientais de cingir seus vestidos esvoaçantes (soltos na hora do repouso, mas presos para o momento das ações enérgicas ou viagens urgentes —1Rs 18:46).

Na exortação à santidade na vida, Pedro lembra que fomos remidos por um elevadíssimo custo (1Pe 1:15-20). Redimir significa resgatar, livrar da escravidão ou do cativeiro mediante resgate (Mt 20:28; 1Tm 2:6). Cristo, como Cordeiro, deu a sua vida em resgate, e por sua morte e ressurreição livrou-nos de todos os nossos inimigos. Que lindo e nítido símbolo da verdadeira redenção Pedro nos apresenta! Temos a emancipação do cativeiro dos vãos e corrompidos hábitos do pecado a preço de sangue, mediante o sangue do Redentor.

Então, é Pedro que nos fornece um dos mais expressivos símiles da Palavra de Deus. Ele a chama semente *incorruptível* (1Pe 1:23). A semente incorruptível refere-se ao descendente de Abraão, nosso Senhor Jesus Cristo. O homem só pode ser salvo pela revelação de uma regeneração espiritual, como revelada na Bíblia (Jo 3:5-7). A Palavra de Deus é o próprio Cristo (Jo 1:1), e só ele pode salvar.

Quando Pedro diz que *Toda a carne é como a erva* (1Pe 1:24,25), apropria-se da parábola que Isaías usou em referência à natureza temporária da vida (Is 40:6-8). O homem está aqui hoje —amanhã já se foi. A analogia usada é tão exata quanto bela. Primeiramente, há a declaração simples e abrangente: *Toda a carne é como a erva*. Depois, surge uma analogia mais específica: ... *toda a glória do homem como o flor da erva*. O homem em si é como a erva —a sua glória, como sua flor. A vida é curta, e o período de seu perfeito desenvolvimento também é breve. Não importa quão atraente e perfumada seja a flor da humanidade; é breve, e murcha, e morre.

Ao examinar os elementos da desunião que tende a separar os que foram há pouco incorporados à nova vida em Cristo, Pedro recorre ao período de amamentação, de onde extrai duas ilustrações da imaturidade espiritual. "... como *meninos* recém-nascidos", aqueles ainda longe da maturidade em Cristo são exortados a desejar "o puro *leite* espiritual" (1Pe 2:2). Paulo também usou a metáfora do *leite* (1Co 3:2). As crianças crescem com leite, e "o puro leite espiritual" refere-se às coisas simples do evangelho, facilmente compreendidas pelos novos cristãos. Como as crianças, os crentes, quando crescem e se desenvolvem, precisam de alimentos mais nutritivos (Hb 5:14).

Tesouro a preço de sangue. Após tratar dos que claramente rejeitaram a Cristo, Pedro focaliza os privilégios e a posição dos que o abraçaram como Salvador. Devem agora viver o real valor da nova vida (1Pe 2:5; Cl 3:3,5). Todos os gloriosos direitos do antigo Israel pertencem em sentido mais pleno aos que agora são o verdadeiro Israel de Deus.

1. *Geração eleita.* Os redimidos foram escolhidos em Deus e por Deus antes da fundação do mundo. A fonte da nossa eleição e redenção está no desígnio de Deus. "Eram teus." Mas a nova raça ou geração não é fruto da descendência física. Somos nova criação em Cristo Jesus.

2. *Sacerdócio real.* Graças ao relacionamento com o Rei, que foi crucificado, somos "reino e sacerdotes". Pela graça fomos feitos "reino e sacerdotes para o seu Deus" (Ap 1:6).

3. *Nação santa.* O mundo não constitui "nação santa". O antigo Israel era nação santa quando estava junto ao monte Sinai; mas prostituiu-se em seus privilégios e tornou-se nação degradada e dividida. Pela obra redentora de Cristo, todos os santos formam a sua nação ou povo consagrado.

4. *Povo adquirido.* O termo "adquirido" significa que o povo é de sua propriedade ou para seu uso especial (Êx 20:5). O termo traduzido por "adquirido" na realidade significa "acima de tudo" e era comum à vida secular dos romanos. A lei e os costumes permitiam que os escravos adquirissem propriedades particulares por habilidades ou recursos próprios. Se acumulasse uma soma considerável, o escravo poderia conquistar a liberdade e assim ascender a altas posições. As economias desse escravo (chamadas em latim *peculium*), sua verdadeira posse, eram direito assegurado por lei. A figura de linguagem usada por Pedro revela o tipo de propriedade que Deus se apraz em exigir com respeito àqueles que adquiriu de volta para si depois de terem sido escravos do pecado. Todos, salvos por sua graça, são agora seu estimado tesouro.

Outras sementes parabólicas do Mestre que Pedro desenvolve são a de Cristo como *Pedra* e de sua Igreja como *templo* ou casa espiritual (1Pe 2:4-8). Além disso, como podemos ver, Pedro apreciava muito explicar suas figuras de linguagem, o que mostra quão intimamente andou nos passos de Cristo. A *Pedra* à qual nos achegamos não é morta, mas *viva*, o próprio Jesus que se autodenominou *a Pedra*. Todos os seus tornam-se "pedras vivas", polidas à semelhança de um palácio (Sl 144:12; 1Co 3:9). Juntas, as pedras vivas formam a "casa espiritual", edifício que o tempo não pode deteriorar nem destruir.

Peregrinos e forasteiros. Ao tomar a imagem da arena, Pedro refere-se aos lutadores que guerreiam na vida contra várias formas de pecados, como *peregrinos e forasteiros* (1Pe 2:11). Qual a diferença entre um "estrangeiro" e um "peregrino"? Um estrangeiro encontra-se *longe* de casa; o peregrino está a caminho de seu lar. Não estamos longe de nossa casa celestial e, contudo, no caminho para esse glorioso lar?

Quando Pedro propôs esse símile, tinha em mente os reis, cuja política era a de deixar os soldados distantes de sua própria casa, ou que não tinham casa para cuidar, os quais ficariam completamente à disposição de seus comandantes. Como soldados de Jesus Cristo, não permaneceremos em casa, nesse mundo. Por termos a nossa cidadania celestial, não devemos nos concentrar nas coisas terrenas. Quanto menos nos prendemos às coisas da terra, mais ancoramos a nossa alma nas celestiais.

Ao nos conclamar a seguir os passos do Mestre, Pedro emprega uma curiosa palavra como "exemplo", encontrada somente aqui, em todo o NT (1Pe 2:21-25). É como uma *cartilha* que uma criança usa para aprender a escrever, ou um *esboço* detalhado, ou um *projeto* a ser executado. Precisamos entrar no caminho de Jesus, para suportarmos os sofrimentos e, desse modo, "seguir os seus passos". Houve um dia em que Pedro foi chamado a seguir aqueles passos, e ele o fez literalmente (Mt 4:19). Precisamos seguir a Jesus como *Pastor* e *Bispo*. Após conhecer a *Parábola do bom pastor* (Jo 10), é natural que Pedro use o símile do Pastor.

Quando trata da submissão das esposas aos maridos, Pedro cuida dos *adornos* mais apropriados para elas (1Pe 3:1-7). Nesses dias em que tanto se gasta com penteados, jóias e roupas da moda, deve-se atender às advertências da Bíblia quanto a essas inutilidades. Temos aqui um exemplo do comportamento feminino quanto ao embelezamento, tanto o condenável como o recomendável. O Deus que formou o nosso corpo nos diz qual o estilo de aparatos que de fato embeleza seus filhos. Não é beleza física, mas santidade espiritual; não são jóias preciosas, mas a posse das mais preciosas promessas; não são roupas caríssimas e elegantes, mas o ornamento de um espírito manso e tranqüilo. Graça no "homem interior do coração" é o mais adequado aderêço. Todos os melhores enfeites e ornamentos são perecíveis, mas os adornos espirituais são duradouros. Geralmente, os ornamentos de uma mulher são para ser vistos e admirados; mas o ornamento de grande valor aos olhos de Deus está oculto no íntimo, e pode, contudo, ser visto numa vida de santidade. Relativamente às obrigações dos maridos para com suas esposas, Pedro diz que elas deviam ser consideradas *vasos* mais frágeis (1Pe 3:7). Usa-se o vaso para referir-se ao corpo (1Ts 4:4). E aqui se refere à fragilidade física feminina. Os homens, feitos para tarefas mais rudes, são por implicação vasos menos delicados.

Em sua exortação aos presbíteros, Pedro retorna ao ensino das parábolas do Mestre e à sua comissão final. Ao despedir-se desse apóstolo, Cristo ordenou-lhe: "Apascenta minhas ovelhas". Através do mesmo símile, Pedro induz os presbíteros a *alimentar o rebanho* de Deus, não por ganância ou superioridade (1Pe 5:1-4). Se atuassem fielmente, com humildade, como pastores, quando Cristo, o *Bom Pastor*, que morreu pelas ovelhas, retornar como *Supremo Pastor*, recompensa-los-á com a imarcescível coroa de glória.

Como os pastores devem estar vigilantes, a fim de preservar os rebanhos adormecidos de algum leão que esteja ao redor, assim devemos estar alertas e observar que o diabo, como *um leão que ruge* (1Pe 5:8), está sempre próximo à procura do *"pequeno rebanho"*, para devorar. Diz Ellicott: "Satanás observa todos os cristãos, e procura a melhor oportunidade, não de meramente vaguear, mas de conseguir uma presa".

Quando Pedro fala da iminência de sua morte, refere-se a isso como o deixar o *tabernáculo* (2Pe 1:14,15). Cristo profetizara que Pedro teria uma morte violenta (Jo 21:18). Por isso, ele sabia que não teria um falecimento convencional. A expressão "deixar o meu tabernáculo" envolve "uma mistura de metáforas, semelhante à de Colossenses 3:1-4. O vocábulo 'deixar' ocorre somente aqui e em 1Pedro 3:21".

Ao lidar com a palavra profética, Pedro concatena diferentes metáforas. A mais firme palavra da profecia é uma *"luz* que ilumina em lugar escuro, até que o dia clareie, e a estrela da alva surja em vossos corações" (2Pe 1:19,20). As mensagens proféticas, como as de João Batista, são como uma "lâmpada acesa a brilhar", preparatórias para a Luz. O vocábulo *clareia*, nessa passagem, pode ter dois sentidos:

1. A visão esclarecida do crente purificado, cujo olhar é firme e cujo corpo está cheio de luz (1Jo 2:8).
2. O retorno de Cristo em glória, para iluminar as trevas do mundo e mostrar o caminho através da escuridão. *Estrela da alva* não ocorre noutro lugar no NT. Cristo referiu-se a si mesmo como "A brilhante estrela da manhã" (Ap 22:16).

Ao se referir aos juízos de Deus sobre os falsos mestres e os que são corruptos e presunçosos, Pedro emprega algumas descrições epigramáticas. Ele os chama *animais irracionais naturais*, feitos apenas para destruição em virtude de sua influência corruptora (2Pe 2:12,13). Por viverem na luxúria, são como *nódoas e máculas* (2Pe 2:13,14), em contraste com as almas piedosas "sem defeito e sem mácula" (1Pe 1:19). Quanto a esses adúlteros, cobiçosos, pecadores permissivos, Pedro diz que são "filhos malditos" e *fonte sem água* —secas, incapazes de saciar a sede, e *névoas impelidas pela tempestade*— vapores que prometem refrescar mas, tão frágeis, são levados pelo vento. Assim os falsos mestres enganam os que estão sedentos de conhecimento (2Pe 2:17). A parábola que se refere a esses homens perversos se cumprirá: "O *cão* voltou ao seu próprio vômito; e a *porca* lavada voltou a revolver-se na lama" (2Pe 2:22; Pv 26:11). Que entrega à abominação é, nessa passagem, mencionada de forma figurada!

Ao se referir à longanimidade de Deus, que não é negligente quanto ao cumprimento de suas promessas, Pedro, utilizando a linguagem do AT, diz que "um dia para o Senhor é como mil anos, e mil anos como um dia" (2Pe 3:8,9; Sl 90:4). Isso significa que, de acordo com o cálculo divino, não faz ainda dois diás que Jesus morreu. Então, ao tratar do "dia do Senhor", não do "dia de Cristo", que é relativo à volta para os seus, mas "o dia do Senhor", associado ao juízo, Pedro emprega a linguagem que ouviu o Mestre usar, e adota a figura do *ladrão* que vem à noite (2Pe 3:10; Mt 24:43; Mc 13:33; 1Ts 5:2).

Quando observamos as epístolas de João, não é surpresa descobrirmos quão desprovidas são de ilustração simbólica. Seu evangelho, como podemos ver, emprega "provérbios" e não "parábolas" e, mesmo rico em seu material alegórico, João não menciona as parábolas do Senhor. É evidente que as palavras do Mestre impressionaram profundamente a mente dele. Anos mais tarde, quando meditava sobre elas, João as reproduziu, em vez de apresentar os seus próprios pensamentos ou palavras. Então, em suas epístolas, ele escreve com "A mais imperativa autoridade e a mais amável ternura", numa linguagem simples, clara e calma, sem os adornos de imagens apelativas. Destacam-se os contrastes —luz e trevas, vida e morte, verdade e mentira, santidade e pecado, amar e odiar, amor do Pai e amor do mundo, filhos de Deus e filhos do diabo, o Espírito da verdade e o espírito do erro: *Luz e Trevas* (1Jo 1:5-7; 2:10,11). Os paralelos entre o evangelho de João e sua primeira epístola, segundo Ellicott, podem ser úteis, se devidamente estudados.

A epístola de Judas, breve, poética e vívida, tem um estilo gráfico em seu todo —"entrecortada, abrupta, arrojada e pitoresca, enérgica, veemente, inflamada com o fogo da paixão [...] tem ao mesmo tempo uma considerável ordem de termos fortes, variados e expressivos". O leitor pode notar a preferência de Judas por tercetos, dos quais há cerca de 12 grupos, nos 25 versículos de sua epístola. Então, temos que considerar a semelhança entre 2Pedro e Judas.

Em seu esforço de induzir os santos a lutar pela fé, numa época de profunda apostasia, Judas expõe e denuncia malfeitores e falsos mestres, numa série de impressionantes termos simbólicos. Em nenhum lugar da Bíblia encontramos tantas declarações notáveis e figuras de linguagem agrupadas num espaço tão pequeno. Um dos pais da igreja, Orígenes, referiu-se à epístola de Judas como "uma epístola de poucas linhas, mas repleta de fortes palavras da graça celestial".

Cadeias eternas. Os anjos que se rebelaram com Lúcifer, antes que o homem fosse colocado na terra, foram condenados pelo juízo divino a prisões nas trevas até o grande julgamento, o do Trono Branco (Jd 6; 2Pe 2:4; Ap 5:7; 16:14; 20:10). Esses anjos presos são diferentes dos que estão livres e em atividade, mas também são apóstatas como eles (Lc 22:31; 1Pe 5:8; Ef 6:12).

Sonhadores obscenos. Esses, como os sodomitas, que contaminam a carne; libertinos, que provocam a Deus; são referidos numa série de espantosos símiles. Ainda que o termo "obscenos" não esteja no original, é usado no mesmo sentido que a próxima cláusula: *"contaminam a carne"*. O vocábulo *sonhadores* abrange os que "contaminam a carne, rejeitam toda autoridade e blasfemam das dignidades". Esses homens ímpios são profundos no sono do pecado e como os cães que, quando sonham, reproduzem estranhos ruídos (Jd 8; Rm 13:11; Is 56:10). Como um sonho é algo vazio, "sonhadores" talvez se refira às especulações vazias daqueles a quem Judas vivamente se referiu.

Animais irracionais. Quando os homens por profunda irreverência abusam do que não conhecem e nem podem conhecer e, por bruta imoralidade, abusam do que conhecem, tornam-se animais irracionais (Jd 10; Rm 1-3). Tais homens corruptos operam a própria ruína —presente e eterna.

Festas manchadas. "Rochas em suas festas de caridade" (Jd 12) pode referir-se às práticas que concretizavam em suas festas de amor. De forma escandalosa, os libertinos empanturravam-se primeiro, em vez de alimentar os pobres, que era o grande propósito das festas de caridade (1Co 11:21; Is 56:11). Enquanto Pedro usa a palavra "manchas" (2Pe 2:13), visto que destacava a sensualidade dos pecadores, o vocábulo, que Judas usa, significa *rochas*, em sua analogia entre Caim e os malfeitores: "Esses libertinos, como Caim, convertem as ordenanças da religião em algo egoísta e pecaminoso; ambos, como rochas submersas, destroem aqueles que inadvertidamente se aproximam deles".

Nuvens sem água. Nuvens vazias são facilmente levadas ou desviadas de seu curso pelos ventos. Quão vazio e inútil é o pecador! Por carecer de estabilidade no caráter, ele é facilmente dominado por qualquer vento de paixão. É decepcionante quando nuvens, que dão esperança ao lavrador, estão desprovidas de água! (Jd 12).

Árvores com frutos murchos. Que contraste temos aqui entre os homens bons que meditam na Palavra de Deus, pois são como árvores plantadas junto a ribeiros de águas e frutificam na estação apropriada! (Sl 1). Os crentes são como galhos da Videira e devem produzir muito fruto. Judas remonta metáfora sobre metáfora, num esforço de expressar o seu aborrecimento e indignação quanto aos que são totalmente desprovidos de piedade. Só evidenciam a sua esterilidade e não frutificam. São "duplamente mortos", i.e., completamente mortos. Após a profissão de fé, retornam à morte do pecado, e tornam-se infrutíferos e completamente mortos, próprios apenas para serem arrancados pela raiz e lançados ao fogo (Jd 12; 2Pe 1:5-8).

Ondas furiosas. Que símbolo apropriado aos que não têm estabilidade e são facilmente sacudidos por qualquer vento de doutrina, cujas vidas nada produzem a não ser espumas desvanecentes! Judas emprega o plural *vergonhas* para denotar os atos impuros deles. Esses perversos são "como o mar agitado, cujas águas lançam sobre si lama e lodo" (Isa 57:20). Como é diferente o título que recebem os que estão firmados na "Rocha dos Séculos", cuja vida e testemunho são coerentes e estáveis! (Jd 13).

Estrelas errantes. Judas declara que o ímpio é diferente dos planetas, que se movimentam em sua órbita normal com precisão matemática e em ordem, porque obedecem às leis de seu Criador. Os ímpios assemelham-se aos meteoros ou aos cometas que brilham nos céus por um breve momento e então perdem-se na escuridão das trevas para sempre (Jd 13).

Arrebatando-os do fogo. Antes de Judas encerrar sua epístola com uma maravilhosa doxologia, ele faz uma solene exortação a todos os que estão edificados sobre a Rocha, para que orem no Espírito, e esperem pela misericórdia de nosso Senhor Jesus Cristo para a vida eterna. Que houvesse profunda compaixão pelos perdidos e esforços para conquistar os que estão separados de nós pelo seus pecados. Quando detestamos a roupa contaminada pela carne, e confiamos que ele é poderoso para nos guardar de tropeços, precisamos, contudo, nos preocupar profundamente com os que estão completamente contaminados pela carne. Coloquemo-los fora do fogo — fora do fogo dos seus próprios pecados que os envolvem, e fora do fogo do juízo vindouro (Jd 22-25).

INSTRUÇÕES PARABÓLICAS EM APOCALIPSE

Que contraste marcante no estilo existe entre as epístolas de João e Apocalipse, também escrito por ele! As epístolas não têm muitos adornos, longe de preocupações com imagens ou figuras, enquanto o Apocalipse expressa-se através de parábolas. Em linguagem simbólica e apocalíptica, João foi inspirado pelo Espírito Santo a "encorajar e estimular o povo em tempos de angústia, por meio da segurança de um futuro glorioso pelo triunfo do tão esperado Libertador de Israel". Ele governará como "o Príncipe dos reis da terra" (Ap 1:5).

Temos ainda um contraste de tom e temperamento entre as epístolas de João e Apocalipse. Todavia, ambos, *trovão* e *ternura,* estavam presentes no modo de ser de João (Mc 3:17). Os primeiros livros exibem seu *trovão* (1Jo 2:22; 5:16; 2Jo 10; 3 Jo 9,10), enquanto que Apocalipse é eloqüente, mas com *ternura*, assim como o trovão do juízo (Ap 1:9; 7:14-17; 21:3,4). O simbolismo que João usa não é de sua própria autoria, mas simplesmente uma nova combinação de antigos símbolos hebreus, quase todos achados no AT. O dr. Scroggie afirma que "todas as figuras do *Apocalipse* foram tomadas do AT. Dos seus 404 versículos, 265 contêm linguagem do AT, e há cerca de 550 referências a passagens do AT. Mas para o AT, esse livro continua um enigma".

Esse último livro da Bíblia relaciona-se, por contraste e comparações, com o seu primeiro livro (Gênesis); todavia, essencialmente, Apocalipse, por seu conteúdo profético, relaciona-se mais com Daniel do que com qualquer outro livro do AT. Daniel esquematiza a história dos gentios durante os sucessivos impérios —Babilônico, Medo-Persa, Grego e Romano; João trata apenas da última fase da história romana. Daniel apresenta o curso total do Império Romano; Apocalipse é um livro das consumações, enquanto Gênesis é o livro das origens.

Nosso propósito é mostrar que o livro profético de João (Ap 1:3; 22:7,10,18,19) revela muitos acontecimentos futuros, apresentados em parábolas e com linguagem rica em símbolos. Desde o enunciado em seu prólogo: "Ele as enviou pelo seu anjo, e as *notificou* ao seu servo João". A palavra "notificou" pode ser traduzida como "*significou*", ou dado através de *sinais* e *símbolos,* que proliferam aqui mais do que em qualquer outro livro da Bíblia. Muitos negligenciam essas revelações por seu caráter altamente simbólico, pois desconhecem que os símbolos, se não explicados no próprio livro, o são em alguma outra parte da Bíblia. Ordenou-se a Daniel que "selasse" as palavras de sua profecia até o "tempo do fim" —não o fim do tempo— mas o fim do "tempo dos gentios". João, ao escrever sobre o nosso tempo presente (Ap 22:10), foi instruído a "não selar" as palavras do livro.

O expressivo simbolismo de Apocalipse relaciona-se com Cristo e sua Igreja no começo do livro; com Israel, no meio do livro; e com as nações, no final. Na construção da cidade santa, a Nova Jerusalém, a Igreja é a fundação representada pelos nomes dos doze apóstolos; Israel simboliza as portas com os nomes das doze tribos escritos nelas; as nações salvas são as *ruas*, onde andam na luz da glória dessa majestosa cidade.

Uma explicação completa de todas as figuras de linguagem em Apocalipse significaria uma exposição desse fascinante livro como um todo —uma tarefa admiravelmente executada por Walter Scott em *The exposition of Revelation* [*A exposição do Apocalipse*]. Tudo o que faremos é listar os símbolos, com um breve comentário dos seus respectivos significados, e assim concluir o nosso estudo das parábolas nas Escrituras. Em ordem sucessiva, temos:

1. Símbolos em visão do Filho do Homem glorificado
(Ap 1:1-20)

Um traço que valoriza esse livro é o fato ocorrido em seu começo, a saber, *a Revelação de Jesus Cristo*. Em todo esse revelador simbolismo está o nosso Senhor:

Natureza: ele é o Alfa e o Ômega, Senhor, Palavra, Jesus, Cristo, Rei, Mestre, Cordeiro, Leão, Noivo e Estrela da Manhã.

Atividades: ele corrige a Igreja, restaura os judeus, julga o mundo, Satanás (e suas hostes malignas) e reina como Rei.

Relacionamentos: Com o Pai, o Espírito Santo, os anjos, os santos, os pecadores, o céu, a terra e o inferno.

Habershon observa que o "prefácio" de João "estabelece uma conexão entre *Apocalipse* e as *Parábolas*, porque elas também eram primeiramente uma revelação do próprio Deus ao Senhor Jesus Cristo e deste aos seus servos, das coisas que em breve aconteceriam. Mateus não era o autor das parábolas das quais se recordou, e nem João era autor das visões a que se referiu. Por ser o Senhor Jesus o autor tanto de Apocalipse como das parábolas, devemos encontrar em ambos os mesmos simbolismos. Ele se apresenta em Apocalipse, assim como nas parábolas, como Rei, Mestre, Dono da Vinha, Esposo, Pastor, Conquistador e Juiz, enquanto dos homens se diz que são súditos, ovelhas, fruto da terra, virgens e comparativamente sob a figura de uma mulher e uma noiva".

As *visões*, que João teve, eram sem dúvida a continuação das histórias que ouvira dos lábios de Jesus, em cujo peito se reclinava. João tinha visto o seu Senhor em humilhação; agora ele o vê em glória. Tendo o apóstolo "ouvidos para ouvir" pôde alistar as parábolas do Mestre e, agora, com "olhos para ver" contempla em visões a sua majestade e poder conquistador.

A *saudação* (1:4-6) não é apenas de João às igrejas, mas também dos "sete espíritos que estão diante do seu trono". Não há sete "espíritos santos". Devemos entender que esses sete espíritos aqui são a sétupla manifestação do Espírito de Deus (Is 11). Então a mente espiritual pode discernir preciosas verdades em Cristo como *Príncipe*, e em nós mesmos como *reis e sacerdotes*.

Na visão, "uma grande voz, como de *trombeta*" disse: "Eu sou o *Alfa* e o *Ômega*, o primeiro e o último". Esses dois nomes são a primeira e a última letra do alfabeto grego, e declaram que Jesus é o Princípio e o Fim, e tudo o que há entre ambos. Temos então uma sétupla descrição de Cristo em sua esplêndida capacidade judicial, por estar ele entre os sete candeeiros de ouro: "Sua cabeça e seus cabelos eram brancos como a alva lã, como neve".

Essa maravilhosa linguagem é análoga à visão que Daniel teve do "ancião de dias, cujas roupas eram brancas como a neve, e os cabelos de sua cabeça como a pura lã" (Dn 7:9). *Branco* simboliza "pureza" e, quando aplicado aos cabelos, denota idade avançada. A vida de Cristo entre os homens caracterizou-se por uma santidade imaculada. "Qual de vós me convence de pecado?" (Jo 8:46). Aqui, seus *cabelos brancos* referem-se à sua ancestralidade, dignidade patriarcal e à venerabilidade de seu caráter. Como o Eterno, ele nunca envelhece, e então seus cabelos não se tornam brancos pela idade.

"Seus olhos como chamas de fogo". Nas Escrituras, *fogo* expressa a divina santidade e justiça. Os olhos de Jesus olhavam furiosamente os que rejeitaram o seu clamor, e estavam muitas vezes turvados pelas

Símbolos relativos às sete igrejas

lágrimas de sua tristeza quanto ao pecado. Agora os seus olhos queimam com "chamas oniscientes". Quando ele vier para julgar a terra, todas as coisas estarão descobertas e patentes, diante de sua penetrante observação.

"Os seus pés eram semelhantes ao bronze reluzente, como que refinado numa fornalha". *Bronze* simboliza juízo merecido, como mostra a *serpente de bronze* no mastro (Jo 3:14). Os pés de Jesus, possuidor ainda das marcas dos pregos, serão como "bronze reluzente" quando ele descer para pisar e esmagar o Anticristo e também Satanás, com os seus pés, na ira do Deus Todo-Poderoso (Ap 19:15).

"Sua voz como o som de muitas águas". Essa expressão figurada é passível de múltiplas interpretações, pois os movimentos das águas são variados. Temos o melodioso e musical murmúrio do riacho ou o poderoso estrondo das quedas duma cachoeira. Quando ele vier em poder e glória, os seus serão consolados com as notas de ternura em sua voz, mas quão aterrorizantes serão as suas palavras quando vier como Juiz de toda a terra para sentenciar os condenados e o diabo (Mt 25:41)!

"Tinha ele em sua mão direita sete estrelas". Biblicamente, a *mão direita* denota lugar de honra, autoridade, responsabilidade. *As sete estrelas* equivalem aos *anjos* das sete igrejas às quais Jesus escreveu. *Anjos* não denota apenas mensageiros angelicais, ou ministros, mas homens como tais. Aqui os representativos líderes da igreja são apresentados como os que receberam suas funções e poderes daquele que os segura em sua mão direita. Como *estrelas*, deveriam refletir a glória de Cristo.

"Da sua boca saía uma afiada espada de dois gumes". A *espada* é um emblema da Palavra de Deus (Ef 6:17; Hb 4:12). Possuidora de dois gumes, pode cortar em ambos os sentidos. Se a Palavra não salva, mata. Será assim na destruição dos inimigos de Cristo, quando ele vier ferir as nações (Ap 19:11-15).

"Seu rosto era como o sol, quando resplandece em sua força". Glória e majestade brilhavam em seu rosto na Transfiguração (Mt 17:2). Quando ele voltar como "o sol da justiça" (Ml 4:2), uma sétupla glória irradiará de seu poderoso e brilhante rosto. Esse brilho suprirá toda a necessidade de iluminação da Nova Jerusalém (Ap 21:23).

2. Símbolos relativos às sete igrejas
(Ap 2; 3)

As cartas que constituem esses dois capítulos não foram enviadas às sete igrejas dos dias de João. Simbolizam sete períodos bem definidos da história da igreja, desde o seu nascimento em Pentecostes até o arrebatamento. Essas igrejas são chamadas *candeeiros*, ou "candelabros", para mostrar que a função da Igreja é brilhar, por Jesus, em meio às trevas do mundo.

À igreja em Éfeso (Ap 2:1-7), a mensagem foi que o Construtor da Igreja caminhava em seu meio. Se, contudo, ela deixou de andar com ele e abandonou o seu primeiro amor, então, como um *candeeiro*, seria tirada de seu lugar. Os que, mesmo dentro dessa igreja apóstata, permaneceram fiéis ao seu Senhor, comerão "da árvore da vida", que significa a promessa da restauração do Paraíso (Gn 3:8; 1Jo 1:3). Essa dádiva de imortalidade é o próprio dom de Cristo que virá.

À igreja em Esmirna, Cristo revela-se como "o primeiro e o último", e tudo o que há nesse meio (Ap 2:8-

11). Os religiosos hipócritas são apresentados como *"sinagoga de Satanás"*. Quanto aos "dez dias", simbolizam "as dez grandes perseguições sob os cruéis imperadores romanos. *Esmirna*, que significa 'amargar', associa-se a *mirra*, um ungüento associado à morte". A recompensa prometida aos mártires era "A coroa da vida".

À igreja em Pérgamo, Cristo apresenta-se como possuidor de "uma afiada espada de dois gumes". Essa expressão figurada denota o poder de sua Palavra para salvar ou matar. Refere-se a Pérgamo como o *trono* de Satanás, ou seja, a sua central de operações, de onde inspirou Constantino a inaugurar o seu estado cristão. Foi também nessa época que o Catolicismo Romano começou a florescer. Contra todos os apóstatas e enganosos, o Senhor disse que lutará com a espada de sua boca. Aos que perseverassem fiéis a ele nessa época degenerada, havia a promessa do maná escondido, uma *pedrinha branca* e um *novo nome*.

À igreja em Tiatira, o Senhor revela seus olhos como *chama de fogo*, e os pés como *bronze polido* —símbolos achados na visão que João teve do Senhor (Ap 1:19-26). A *Jezabel* do AT (1Rs 16:19-26) levou todo Israel a pecar com Jeroboão, filho de Nebate. Se a *Jezabel*, a que Cristo se refere na carta, era uma pessoa real ou não, é difícil afirmar-se. No entanto, é evidente que ela tipifica um sistema perverso, responsável por doutrinas perniciosas, sedução e adoração a ídolos. Um estudo cuidadoso do desenvolvimento do sistema papal com a paganização dos ritos cristãos mostra a correspondência com o *Jezabelismo* da igreja em Tiatira. Aos que resistissem aos falsos apelos desse sistema, há a promessa de que governarão sobre as nações com *cetro de ferro* e possuirão a *Estrela da Manhã*. Essas figuras de linguagem representam autoridade e glória vindouras.

À igreja em Sardes (Ap 3:1-16), o Senhor se apresenta como possuidor dos *sete espíritos de Deus* e as *sete estrelas*. Essa linguagem própria de parábolas, ligeiramente diferente da anterior (1:4), mostra que o Senhor não é apenas o que enviou o Espírito Santo, mas também o seu possuidor, e que só ele pode fazer com que os mensageiros de sua igreja brilhem como estrelas. Aos que, em meio ao formalismo e morte espiritual no lagar da ira da igreja em Sardes, resistirem firmemente ao fluxo do ritualismo, o Senhor promete que seriam vestidos de *vestiduras brancas* e teriam eterna lembrança no *livro da vida*. Andar com ele com gloriosas roupas brancas será a eterna recompensa das testemunhas fiéis. A volta de Cristo *como um ladrão* reporta-nos aos ensinos das parábolas (Mt 24:42,43; Lc 12:39,40).

À igreja em Filadélfia (Ap 3:7-13) Cristo apresenta-se não apenas como o Santo e Verdadeiro, mas também o que possui a *Chave de Davi* (Is 22:22; Hb 3:2,5,6). Os reconhecidos mestres da lei deixaram de usar corretamente a chave do conhecimento (Lc 11:52). Cristo é o verdadeiro Despenseiro da casa de Davi. Se a igreja em Filadélfia representa o reavivamento da Igreja no século XVII, após um período de inanição, na Idade Média, então, através dos avivamentos de Whitefield e dos Wesleys, e da obra missionária de William Carey, abriu-se a porta da graça às multidões. Por isso, os vencedores receberão a *coroa* e tornar-se-ão *colunas* no Santuário de Deus, onde será gravado *O Novo Nome de*

Símbolos que introduzem as sete personagens 419

Cristo. Sob esses expressivos símbolos está a perspectiva de possuir a recompensa e de manter a palavra de sua paciência.

À igreja em Laodicéia (Ap 3:14-22), uma igreja para a qual ele não tem sequer um elogio, apenas reclamações, Cristo elabora um magnífico camafeu de si Mesmo. Ele é "o amém, a fiel e verdadeira testemunha, o princípio da criação de Deus". Esses títulos simbolizam seu cuidado, sua imutabilidade e supremacia. Como essa carta, com severas repreensões, está cheia de símbolos expressivos! A igreja em Laodicéia, cheia de justiça própria, auto-satisfação e opulência, não era *fria* nem *quente*, mas *morna*; e, por ser morna, causava náusea em Cristo. Por isso, ele diz que a *vomitará* de sua boca. Temos aqui uma parábola de rejeição da apóstata igreja organizada, quando ele voltar para a sua verdadeira igreja. A respeito de seu ouro corrompido ou adquirido desonestamente, aconselha-se à igreja que compre do Senhor "*ouro refinado no fogo*", riquezas celestiais incor-ruptíveis; aos cegos espiritualmente, clama-se que comprem "colírio" para que vejam. Mercadores com seus ungüentos e ervas medicinais não conseguem reproduzir qualquer substância que restaure a visão espiritual deteriorada. Somente a unção divina pode fazer isso. Para a sua nudez espiritual, a igreja é desafiada a comprar de Cristo "*vestiduras brancas*", sem as quais ninguém jamais permanecerá em sua presença. Ao incluir tantas coisas em seu íntimo, e ter deixado Jesus de fora, seus membros são amavelmente chamados a abrir a *porta* e deixá-lo entrar. Que contradição é a igreja sem Cristo! Somente aos que lhe abrem a *porta*, serão abertas as *portas* do céu (Ap 4:1).

3. Símbolos associados ao livro com sete selos
(Ap 4-8:1)

De agora em diante o Apocalipse, recebido por João, está permeado de impressionantes parábolas ilustrativas. Elas parecem jorrar abundante e rapidamente. *Tronos, arco-íris, pedras preciosas, lâmpada de fogo, mar de vidro, coroas de ouro, criaturas vivas, um livro selado com sete selos* com suas descrições de diferentes *cavalos* em ordem de batalha que ilustra a bem-aventurança dos fiéis, as angústias e os terrores dos perversos, bem como o controle governamental de Cristo sobre todas as coisas. Ele tem todo o direito, como *Cordeiro* que foi morto, de desatar os selos do juízo sobre o mundo ímpio e perverso. Os que não estiverem protegidos por seu *selo*, certamente perecerão. O sétimo *selo do silêncio* (Ap 8:1) revela a calmaria que antecede a tempestade. O silêncio no céu será tão intenso quanto os terríveis juízos de Deus que serão precipitados sobre a terra, sob as *trombetas e taças*.

4. Símbolos relacionados às sete trombetas
(Ap 8:1—11:15)

Após o pavoroso silêncio no céu, surgem sete anjos com sete trombetas, e vê-se um oitavo que tem nas mãos um incensário de ouro. As orações dos santos sobem ao *altar* como puro incenso. Então encheu-se o incensário com o fogo do juízo como vingança contra os seus inimigos. *Trovoadas, relâmpagos, terremotos, saraiva, fogo, selos* transformam-se em *sangue, gafanhotos, cavalaria de escorpiões* —*gafanhotos, bestas* que emergem do *abismo*. Todos são instrumentos que preparam o caminho para a vinda do "Rei eterno", a fim de subordinar todos os reinos rebeldes da terra ao seu governo mundial. Grandes acontecimentos, os mais extraordinários e importantes que já ocorreram em nosso Planeta, investirão sobre os que estiverem vivos naquela época.

5. Símbolos que introduzem as sete personagens
(Ap 12-13:18)

A *primeira* personagem nessa seção é a "mulher vestida do sol, tendo a lua debaixo dos pés, e uma coroa de doze estrelas sobre a cabeça. Estava grávida e gritava com dores de parto, sofrendo tormentos para dar à luz" (Ap 12:1,2). Essa elevada parábola é interpretada de diversas maneiras. O AT apresenta *Israel* como a *mulher* casada (Is 54:10). "Vestida do sol e coroada com estrelas" leva-nos de volta ao sonho de José quanto ao sol, lua e onze estrelas, onde ele próprio é a décima segunda estrela (Gn 37:9). Essa linguagem simbólica denota os privilégios e as bênçãos que Israel, como nação, recebeu de Deus (Rm 9:4, 5). Então foi de Israel que Cristo veio. Como a semente prometida, ele descendeu da tribo de Judá.

A *segunda* personagem, *o dragão*, era outro "sinal" no céu (Ap 12:3,4). As características do dragão podem ser identificadas das seguintes formas:

Como *dragão*, "A antiga serpente, o diabo", é o cruel e destrutivo inimigo. Como o *grande dragão*, ele é o *príncipe* das trevas e da morte; e, como *vermelho*, ele é apresentado como homicida (Jo 8:44), pois *esta* é a cor do sangue.

Suas sete cabeças, sete coroas e seus dez chifres tipificam a universalidade do domínio de Satanás e a atuação de seu poder como deus desse mundo e como o príncipe dos poderes do ar (Ef 6:12; Jo 12:31; 14:30; 16:11).

A *terça parte das estrelas do céu* caiu na terra, devastada pela cauda do dragão, o que tipifica a expulsão do céu dos anjos que seguiram Satanás em sua rebelião, e também sua participação no incremento das atividades satânicas antes que o diabo seja aprisionado por mil anos (quanto aos anjos serem chamados estrelas, veja Jó 38:7).

A *criança*, que estava prestes a nascer, a quem o dragão esperava para devorar após seu nascimento, não é outro senão o "filho varão", o Senhor Jesus. No primeiro anúncio de Cristo como a futura semente da mulher (Gn 3:15), Satanás tentou destruir a descendência real, da qual viria o Salvador, e quase conseguiu. Então tentou evitar o nascimento de Cristo e, por ter falhado novamente, procurou matá-lo, quando saiu a ordem de Herodes, para que todos os bebês masculinos fossem mortos. Falhando novamente, o dragão esforçou-se para matar a Cristo antes que ele chegasse à cruz, a fim de que, através de sua morte, assegurasse aos homens a redenção.

Esta parábola do dragão pode ser conectada à da viúva que clamava continuamente ao juiz: "Julga a minha causa contra o meu adversário". O dragão é o grande adversário de Israel, mais que qualquer outro de seus inimigos. João refere-se aqui, em linguagem simbólica, à última tentativa de Satanás de perseguir e destruir o povo escolhido de Deus. Mas, ao clamar "de dia e de noite" por libertação, Deus os punirá rapidamente.

A *terceira* personagem (Ap 12:5,6), *o filho varão,* é reputada como possuidora do poder e da autoridade "para reger todas as nações com cetro de *ferro*". Cristo, que veio como a semente da mulher, será investido do domínio universal. Ele destruirá as nações ímpias com seu cetro de ferro e fará delas pedaços de um vaso do oleiro (Sl 2). Em sua ascensão, Cristo foi "tomado" para Deus, e assentou-se à direita do trono do Pai (Hb 1:3). Ainda que o seu governo seja autocrático, não será uma tirania. Ele governará e reinará com justiça.

A *quarta* personagem, o *arcanjo* (Ap 12:7-12), declara "guerra no céu". Exércitos oponentes estão a postos para a conquista cruel e final — Miguel e seus anjos contra o grande dragão, a serpente, chamada diabo e Satanás, e seus anjos. A verdadeira hoste angelical vence. Satanás, o acusador, "potestade celestial" como príncipe dos poderes das trevas nas regiões celestiais (Ef 6:12), foi atirado à terra, e ai de seus habitantes! Por saber que o seu tempo é curto, até que seja aprisionado por mil anos, Satanás estará cheio de ira e manifestará de todos os modos esse ódio. Será concedida graça aos *irmãos*, para vencerem o diabo através do sangue do Cordeiro, e por meio da palavra de seu testemunho. Divina proteção será também concedida a Israel durante o cruel antagonismo de Satanás. Deus será a sua "cidade de refúgio".

A *quinta* personagem é *o remanescente* da semente da mulher (Ap 12:17). Por remanescente, entendemos os fiéis de Israel, que se recusaram a dobrar os joelhos diante da "imagem da besta". Inspirado por Satanás, o Anticristo travará uma perseguição e guerra cruel contra os judeus piedosos, e muitos morrerão como mártires. A última metade da "grande tribulação" é mencionada como o "tempo de angústia para Jacó"; mas Deus será socorro bem presente nesse tempo de angústia (Sl 46:1).

A *sexta* personagem, *a besta que emerge do mar* (Ap 13:1-10), será o Anticristo, o protegido do dragão. Como é vívida essa apresentação parabólica de seu poder, sua autoridade e crueldade! A expressão *emerge do mar* significa que surgirá das nações inquietas. *Besta* denota apropriadamente o caráter desse iníquo, o filho da perdição e rei obstinado (2Ts 2:3-8; Dn 11:36). As sete cabeças e os dez chifres com diademas simbolizam o império da besta, no qual "A grande meretriz" terá papel preponderante. Esse império, satanicamente controlado, incluirá todas as quatro características dos quatro impérios apresentados por Daniel. A *besta* é o Império Romano; o *leão*, a Babilônia; o *leopardo*, a Grécia; o *urso*, o Império Medo-Persa. Quando Cristo voltar à terra essa besta blasfema será merecidamente destruída (2Ts 2:3-10).

A *sétima* personagem, a *besta que emerge da terra* (Ap 13:11-18), é companheira da primeira, o Anticristo. A *primeira* lidera toda a política e a *segunda*, tudo na esfera religiosa. Fingida, a segunda besta tem *dois chifres* e é chamada *o falso profeta* por três vezes (Ap 16:13; 19:20; 20:10). Sua associação com o dragão, e a besta que emerge do mar, torna-se maligna. A trindade satânica será composta pelo dragão, a besta e o falso profeta. De algum modo misterioso, o falso profeta realizará milagres, principalmente quando fizer cair fogo do céu. Sua missão será comandar o povo a fazer uma imagem da besta, e adorá-la. Após o arrebatamento todos serão obrigados a receber "A marca da besta". Os que se recusarem a receber essa "marca do inferno", serão mortos pela fome ou assassinados.

6. Símbolos que ilustram as sete taças dos juízos
(Ap 15-16)

Antes do derramar da ira de Deus sobre os ímpios, temos o Cordeiro no monte Sião com os 144 mil, salvos e selados, que cantam um novo cântico, acompanhados por harpistas celestiais (Ap 14:1-5). Essa é a grande multidão de Israel —12 mil de cada tribo (Ap 7:3-8; 15:2-4). Então surgem três mensageiros angelicais. O *primeiro* proclama "o evangelho eterno" e a hora do julgamento divino (Ap 14:6,7). O *segundo* anuncia a queda de Babilônia e o merecido castigo de seu povo (Ap 14:8). O *terceiro* declara o castigo aos seguidores do Anticristo (Ap 14:9-11) e a eterna bem-aventurança dos que morreram no Senhor (Ap 14:12,13).

A ilustração da colheita e da vindima (Ap 14:14-20) lembra-nos a *Parábola do joio* e o seu ajuntamento para a queima (Is 63; Jl 3:12,13). As sete taças de ouro, que contêm as sete pragas, representam o completo e perfeito julgamento divino sobre uma terra iníqua. Sete anjos, adornados, saíram do santuário do tabernáculo do testemunho (Ap 15:5-8), e receberam as sete taças cheias da cólera de Deus.

A *primeira taça* foi derramada sobre os portadores do sinal da besta e os adoradores de sua imagem (Ap 16:1,2). "Úlceras malignas e perniciosas". Essa é uma repetição da praga dos furúnculos, que sobreveio aos egípcios por causa de sua idolatria (Êx 9:8-12). Como no caso dos egípcios, os corações serão endurecidos e os afligidos se recusarão a arrepender-se (Ap 16:9).

Da *segunda taça*, uma substância não mencionada foi despejada no mar, e esse se tornou em sangue como de morto, e morreu todo ser vivente que havia nele (Ap 16:3; 8:8,9). Como o *mar* agitado é o símbolo dos homens de caráter revolucionário, *o mar* que se torna sangue aponta simbolicamente para a morte *moral*. Judas fala desses que estão *duplamente mortos,* ainda que fisicamente vivos. A completa corrupção da moral é digna de condenação, como nos dias do Dilúvio.

Da *terceira taça* caiu o juízo sobre os rios e fontes de água que se tornaram em sangue. Aos que tinham derramado o sangue dos mártires, agora foi-lhes dado sangue para beber (Ap 16:4-7). Essa terrível taça evoca a primeira praga do Egito, quando as águas do Nilo tornaram-se em sangue, e todos os peixes morreram (Êx 7:19-24). A expressão "anjo das águas" mostra que algumas divisões da natureza são controladas por anjos. A expressão "Tu és justo" mostra a aquiescência dos anjos no julgamento divino —Walter Scott, quando trata desse simbolismo, diz: "A corrupção nacional é muito profunda —seus resultados são morte moral e completa alienação de Deus. Os rios, a vida normal de uma nação caracterizada pelo conhecimento e aceitação dos princípios governamentais, sociais e políticos, seu fôlego de vida, por assim dizer, como as 'fontes de água', as fontes de prosperidade e bem-estar, tudo tornou-se em sangue, simbolicamente, é claro [...] *Sangue* é a prova da morte. Pela retribuição em justiça, através de santos juízos, Deus judicialmente obriga os perseguidores de seu povo a beber sangue, e operar a *morte* em suas próprias almas e consciências [...] um pagamento parcial e pronunciatório dos horrores do Lago de Fogo".

Por meio da *quarta taça* foi dado ao sol o poder de queimar os homens com fogo e intenso calor (Ap 8:12; 16:8,9). Pela ação do anjo, o sol intensificou-se tanto, que os corpos dos homens queimavam com o terrível calor e "ardiam como uma fornalha" (Ml 4:1,2). Em virtude da linguagem parabólica empregada, por *sol* entendemos a suprema autoridade governamental, que atinge os limites da cristandade. Esse grande poder governante virá, em virtude da intensa e espantosa angústia dos que se iludiram com o Anticristo. Queimados ou chamuscados, naturalmente carregam a angústia advinda da crescente severidade dos juízos divinos (Dt 32:24; Ml 4:1). Mas os homens serão tão corruptos que as tempestades da ira vindoura não produzirão frutos de arrependimento. Os que foram merecidamente castigados, em vez de arrependerem-se, blasfemaram o nome de Deus.

Da *quinta taça* derramou-se a cólera sobre o trono da besta e densas trevas sobre o seu reino. Que gráfica descrição daqueles que sofrem: "Eles remordiam as línguas por causa da dor que sentiam, e blasfemavam o Deus do céu por causa das angústias e das úlceras que sofriam; e não se arrependiam das suas obras" (Ap 16:10,11). A nona praga do Egito oferece um paralelo a essa taça de trevas (Êx 10:21-23). Esse é o dia de trevas que tanto Joel como Cristo profetizaram (Jl 2:1,2; Mc 13:24). Como essa taça de trevas é posterior à que trazia queimaduras, parece que Deus em sua misericórdia escondeu os raios do sol que seriam insuportáveis. João não nos deixa dúvida quanto ao alvo específico, a saber, o centro e o trono do poder e domínio da besta. O executivo do reino recebe o golpe do juízo divino —um presságio de trevas e escuridão eternas (Mt 25:30). Wm. Ramsay diz que a frase "os homens remordiam as línguas" é "A única expressão desse gênero em toda a Palavra de Deus, e revela a mais intensa e crucial agonia". Assim, moralmente em trevas, os corações continuaram impenitentes.

Da *sexta taça* veio poder para literalmente secar o "grande rio Eufrates" (Ap 16:12). O motivo para essa ação é declarado, ou seja, para que os reis do ocidente possam passar e se reunir para a batalha do Armagedom (Is 11:15,16). Outro motivo será o de permitir que os remanescentes de Israel voltem da Assíria para a Palestina. Que justa retribuição surpreenderá esse vasto ajuntamento de forças opostas! Os *três espíritos imundos,* semelhantes a *rãs,* simbolizam a trindade maligna: o dragão, a besta e o falso profeta —uma combinação direta entre o poder satânico e a força bruta apóstata, que reunirá a mais gigantesca combinação de forças oponentes jamais vista. Mas eles, junto com aqueles a quem enganaram, estão condenados à destruição.

Da *sétima taça* (Ap 16:17-21) vieram trovões, relâmpagos, um grande terremoto e grande saraivada com pedras que pesavam cerca de 46 quilos. A saraiva sempre foi um recurso de Deus para causar destruição (Êx 9:13-35; Js 10:11). Quão terrível e amedrontador é o indomável e intenso poder da natureza! Do trono, uma voz diz: *Está feito.* Como quando Cristo, ao expirar na cruz, clamou: *"Está consumado",* esse é o cumprimento da salvação de uma raça pecadora. A expressão *está feito* anuncia a satisfação da ira de Deus sobre o perverso mundo.

7. Símbolos relativos aos sete juízos
(Ap 17-20)

O conteúdo gráfico desses quatro capítulos é realmente muito solene, pois apresenta em forma de extraordinárias parábolas não apenas acontecimentos assustadores, mas o Juízo Final de Deus sobre a cristandade apóstata, os governadores ímpios, Satanás e suas hostes malignas e também sobre os ímpios mortos.

O *primeiro* juízo é contra a *Babilônia eclesiástica* (Ap 18:1-24). Um mensageiro angelical revelou a João o julgamento da *grande prostituta.* O que significa o vívido aspecto dessa repugnante criatura? Uma *prostituta* é uma mulher que adultera a função natural de seu corpo e, como aplicada aqui, a figura de linguagem representa uma igreja removida para longe do propósito divino, uma falsa igreja culpada de prostituição espiritual. A igreja condenada será uma falsificação da verdadeira — a Igreja de Cristo. Assim como Satanás imita a Cristo, a noiva do Anticristo será a imitação da Noiva de Cristo.

Paulo refere-se à igreja do Deus vivo como *mistério* (Ef 3:1-21), a mesma designação de a *grande Babilônia*. Não é algo incomum que o vocábulo *noiva* refira-se a uma *cidade* (Sl 46:5; Ap 21:9,10). Aqui a *cidade* não representa literalmente uma cidade, mas um sistema religioso apóstata, uma religião organizada rejeitada (Ap 3:16), idólatra e a igreja Papal como o último dominador de um sistema renegado. A religião da Babilônia é a prefigurada pela igreja em Tiatira, que representa a era papal no testemunho da Igreja.

As fornicações das prostitutas com os reis da terra retratam a sua perversa associação com os ímpios governantes da terra —o auge do casamento entre a Igreja e o Estado, no reinado de Constantino. A *besta*, em que a prostituta está montada, é o Anticristo, e as *sete cabeças* e os *dez chifres* representam autoridades governamentais que mantêm lealdade à besta. A mulher de prostituições, vestida de púrpura e escarlata, e adornada de ouro, pedras preciosas e pérolas, é uma figura extremamente sugestiva, pois *escarlata* e *púrpura* são atualmente as cores do papado, e a mitra do Papa é ornamentada com pérolas, ouro e pedras preciosas. Quanto ao *cálice de ouro,* do qual os sacerdotes declaram beber durante a realização de cada missa, não está cheio do sangue de Cristo, mas de abominações, fornicações e do sangue dos santos mártires. A história da perseguição dos primeiros cristãos, a terrível "Inquisição" em terras controladas pelo Catolicismo Romano, bem como os massacres na Inglaterra, marcam a igreja papal como assassina, que bebe o sangue dos santos.

João, porém, mostra que os reinos confederados sob a besta, ao contemplar seus poderes restringidos por um professo sistema eclesiástico com supremo poder, odiarão a "prostituta", tirarão suas luxuosíssimas roupas, confiscarão as suas opulentas riquezas e queimarão suas igrejas de culto idólatra (Ap 17:16). Que terrível e solene ocasião será quando o joio for separado do trigo e todo fermento separado da farinha!

O *segundo* juízo é a destruição da Babilônia comercial (Ap 18:1-24). É evidente que a *mulher* e a *cidade* não simbolizam a mesma coisa. A *mulher* é destruída pelos *dez reis,* enquanto a *cidade* é desfeita por um poderoso terremoto e por fogo, que acontecerá, ao que parece, três anos e meio após o fim da *mulher,* a mística Babilônia do capítulo anterior. O julgamento da magnífica cidade, tão perversa quanto rica, acontece em "uma hora", e ilustra a repentina e completa destruição da civilização pervertida, quando os poderosos anjos pegam a *grande pedra de moinho* e atiram-na ao mar. O fogo também ajudará a obliterar a cidade que "nunca jamais será achada" (Ap 18:21; Jr 50:40). Tão drástico tratamento será necessário para purificar a cidade que permitiu a si mesma se tornar a habitação de demônios, esconderijo de todo espírito imundo, e abrigo de todas as aves imundas. Antes que uma repentina e total destruição surpreenda a cidade, Deus misericordiosamente salvará os que permaneceram fiéis a ele, a despeito do ambiente poluído onde viviam: "Sai dela, povo meu, para que não sejas participante dos seus pecados, para que não incorrais nas suas pragas".

Símbolos relativos aos sete juízos

Um *Coro de Aleluias* (Ap 19:1-7) faz um intervalo entre esse juízo e o próximo. Todos no céu concordam que os juízos que sobrevieram à mística e comerciante Babilônia eram merecidos. O cântico de vitória, um quádruplo *aleluia*, ou em sua forma grega *alleluia*, é cantado ao Senhor Deus Todo-Poderoso. Nesse intervalo também ocorrem "as bodas do Cordeiro" (Ap 19:8-10), sobre as quais as parábolas da festa nupcial e da grande ceia profetizaram. Agora Cristo e sua verdadeira Igreja estão publicamente unidos, a Noiva e o Noivo tornam-se Um. A Igreja agora está pronta para auxiliar o seu Senhor no controle governamental da terra durante o seu reino milenar (Ap 20:1-7).

Temos então uma parábola que representa Cristo como o Conquistador, apresentado como quem volta após conquistar todos os seus inimigos, montado num *cavalo branco*. Seus olhos como *chamas de fogo*, *muitos diademas* em sua cabeça, manto *tinto de sangue*, uma *espada afiada* em sua boca, um *cetro de ferro* em sua mão e, pessoalmente, pisa o *lagar da ira do Deus Todo-Poderoso*. Os *exércitos* do céu acompanham-no, todos montados em *cavalos brancos*, vestidos de *linho finíssimo branco e puro*. As aves do céu são convidadas para a *ceia do grande Deus*, ou seja, comer a carne dos exércitos estrangeiros e dos seus cavalos (Ap 19:11-19).

O "cavaleiro do cavalo branco", aqui mencionado, não deve ser confundido com o que João apresenta num capítulo anterior (Ap 6:2). Lá o condutor é o Anticristo com um arco em sua mão, mas não é dado o seu nome. Aqui, o cavaleiro é Cristo, o Verbo de Deus, e ele não tem *uma*, mas *muitas coroas*; e não usa um arco, mas uma espada afiada. Quando estava na terra, Cristo montou num jumento (Zc 9:9; Mt 21:4-11); aqui ele cavalga um branco e magnífico cavalo de batalha, uma linguagem figurada de Nosso Senhor ao se aproximar como Conquistador (2Rs 2:11; 6: 13-17), "com milhares de seus santos" (Jd 14).

A terrível batalha do Armagedom será o dia da vingança profetizado pelos profetas (Is 63:1-6). O derramar das *taças* (Ap 14:14-20) era uma antevisão profética do tempo sobre o qual Isaías diz que a terra "se embriagará de sangue" (Is 34:1-8; Zc 14:1-3). Você não fica aliviado sabendo que, pela graça, não estará mais na terra quando sua colheita estiver acabada (Ap 14:15) e tomada por uma terrível carnificina? Todos que são de Cristo formam seus exércitos celestiais e cantam em triunfo:

> Eis que ele vem! Dos céus descendo aquele que morreu a favor dos pecadores;
> Milhares e milhares de santos a servi-lo,
> Dilatando o triunfo de seu séquito! Aleluia!
> Jesus vem, e vem para reinar.

O *terceiro* juízo revela a vitória absoluta do cavaleiro do cavalo branco e seus exércitos. O êxito dessa batalha é indubitável. Cristo está destinado a colocar os seus inimigos como estrado dos seus pés. A *besta*, ou o Anticristo, e o miraculoso *falso profeta*, responsáveis por enganar a muitas pessoas, serão presos e *lançados vivos* no lago de fogo e enxofre (Ap 19:20). Do mesmo modo que Enoque e Elias foram tomados para o céu sem que morressem, assim essas duas asquerosas criaturas serão lançadas vivas ao inferno, e ali ainda estarão vivas quando o seu mestre infernal, Satanás, juntar-se a eles mil anos depois. A linguagem que João usa prova que a *besta* e o *falso profeta* não são "sistemas" mas "pessoas" responsáveis pela criação de um sistema de anarquia e rebelião designado a roubar a Deus em seu poder e glória.

O *quarto* juízo leva-nos à destruição das nações anticristãs (Ap 19:17, 18, 21; Ez 39:1-12; Mt 24:27,28). Tão grande será a carnificina, que os moradores da Palestina demorarão sete meses para enterrar os seus mortos. Deus se preparará para os resultados da matança. Ele se antecipará para que o mau cheiro dos mortos não produza pestilências. Um bando de "lixeiros" emplumados estará às ordens para fartar-se com a carne dos mortos (Ap 19:21). Para entender melhor o aspecto sobrenatural da destruição de um grande exército através de grande saraivada, aconselha-se que se leia *All the Miracles of the Bible* [*Todos os milagres da Bíblia*].

Antes do anúncio do próximo juízo, temos a prisão de Satanás por mil anos (Ap 20:1-3). Os quatro nomes usados: *dragão, velha serpente, diabo e Satanás* —bem como o fato de ser *preso,* provam que ele é uma pessoa e não uma influência ou princípio do mal. As *algemas eternas, abismo sem fundo,* tampado e selado, são todos símbolos da impotência de Satanás para escapar de seu cativeiro (2Pe 2:4; Jd 6). O "anjo das estrelas" (Ap 8:12) será o guardião das "chaves" do "abismo". Nada se diz quanto à prisão dos outros espíritos malignos durante o milênio. Sem dúvida, com seu mestre no cativeiro, e Cristo no controle de todas as coisas, eles, também, se renderão, impotentes, durante esse período. Por ser Onipotente, ele pode fazer o diabo e suas hostes cessarem suas atividades quando estiver pronto. Após os mil anos do reinado de nosso Senhor, com a participação da Igreja e dos santos mártires da grande tribulação (Ap 20:4-6), Satanás será solto por um pouco de tempo (Ap 20:7,8). Amargurado por seu longo aprisionamento e inflamado em ódio contra Deus e seu povo, o diabo liderará outra rebelião universal contra os santos.

O *quinto* juízo diz respeito ao fatal resultado da decepção satânica. Fogo que descerá do céu, da parte de Deus, destruirá Gogue e Magogue (Ap 20:7,8). Essa será a última guerra que esse planeta testemunhará, e será sem sangue. Deus prometeu a Noé que nunca mais destruiria a terra com outro dilúvio universal (Gn 9:11); por isso, a purificará com fogo (2Pe 3:7).

O *sexto* juízo declara o banimento do enganador para o cativeiro eterno. *O lago de fogo* foi preparado para ele e seus anjos (Mt 25:41), como lugar de sua eterna punição. Não sabemos se o *fogo* e *enxofre* são literais ou simbólicos, mas temos certeza de que será uma experiência bem mais terrível do que qualquer figura de linguagem possa mostrar.

Por ser *Apocalipse* o único livro da Bíblia que registra a destruição final do diabo e seus enganos, entendemos por que ele odeia esse livro, causa confusões a esse respeito, e luta, a fim de impedir que o povo o leia. É prejudicial ao seu orgulho satânico que o mundo saiba quão terrível e humilhante fim o aguarda. Cristo, a Semente da mulher, triunfará gloriosamente sobre ele.

O *sétimo* juízo nos fornece uma solene representação simbólica do Juízo Final, *O Grande Trono Branco* (Ap 20:11-15). Esse "juízo do grande dia" (Jd 6) será *grande,* pois mostra que eclipsará todos os outros juízos já ocorridos, à base dos juízos e veredictos, e ao próprio Juiz. Será *branco* por causa da pureza do julgamento. Como Juiz de toda a terra, ele fará o que é correto e justo. Deus não pode agir contrariamente ao seu caráter. O *trono* fala do seu poder supremo. Nesse último tribunal, os ímpios mortos ressuscitarão para a ratificação de sua condenação. Os livros da vida de todas as pessoas e o Livro de Deus serão abertos, e o que estiver gravado contra eles será usado para condená-los. Surgindo do Hades, sua moradia temporária desde que morreram, os condenados serão lançados no lago de fogo para sempre.

8. Símbolos que retratam sete coisas novas
(Ap 21 e 22)

Imediatamente após a derrota de Satanás e seus exércitos e a realização do julgamento do *Grande Trono Branco*, João viu a terra e o céu fugirem, e surgirem um novo céu e uma nova terra (Ap 20:11; 21:1). Pedro profetizou a destruição dos céus e da terra pelo fogo, e o surgimento de novos céus e nova terra, nos quais habita a justiça (2Pe 3:7-13). A linguagem usada revela que o nosso planeta, com seus céus espaciais ao seu redor, será completamente renovado.

Haverá *novo céu* (Ap 21:1). Por estar no singular, o vocábulo céu refere-se à nova atmosfera da nova terra. Como príncipe das potestades do *ar* (ar significa aqui a atmosfera inferior), a prolongada permanência de atividades satânicas nessa esfera poluiu tudo; por isso a necessidade de uma atmosfera purificada e condicionada a um estado eterno. Quando lemos "o primeiro céu e a primeira terra passaram" (Ap 21:1), notamos que o termo *passaram* não significa que deixaram de existir ou que foram aniquilados, mas que "passaram de uma condição de existência para outra". "Passar como um pergaminho" não significa total desaparecimento, pois a seguir João viu "A nova Jerusalém que descia do céu, e as nações andando na terra mediante a sua luz" (Ap 21:2, 24; Ec 1:4; 1Co 15:24-28).

Haverá *uma nova terra* porque essa atual carrega a maldição do pecado e está encharcada de sangue e manchada por muitas lágrimas. Também testemunhou a rejeição e morte de seu Criador, e precisa portanto ser transformada. Purificada ou renovada pelo fogo, a nova terra existirá pura para sempre. Presentemente nosso velho planeta traz em seu íntimo um reservatório de fogo violento, que será usado para a sua futura purificação. Então a nova terra não terá *mar*. Os grandes oceanos, que simbolizam mistério, tristeza e separação, não terão lugar quando a terra readquirir sua beleza e glória originais.

Haverá uma *nova cidade,* poderosa e magnífica (Ap 21:9-23).

Em vez de João ver a *Noiva, a Esposa do Cordeiro,* observou, pelo Espírito Santo, uma *Grande Cidade, a Santa Jerusalém,* e isso deixa claro que a *Noiva* e a *Cidade* referem-se à mesma coisa. Habitantes, e não apenas prédios e parques, constituem uma cidade. A Nova Jerusalém é *a Noiva,* como, também, a sua residência. Com elevada linguagem figurada, João refere-se a essa imensuravelmente grande e celestial residência que o divino Arquiteto construiu para sua Igreja.

Com seus muros de *jaspe,* e suas fundações de toda espécie de pedras preciosas, coroada no alto com a luz da *glória de Deus* (Ap 21:23,25), essa cidade será um glorioso espetáculo, toda feita de *ouro puro, como cristal.*

O que logo seremos, lá na glória, eu ainda não vislumbrei."

Haverá *novos países* compostos apenas dos que sobreviveram ao Julgamento das Nações e andarão na luz da magnífica cidade (Ap 21:24-27). Fora da nova e maravilhosa cidade, espalhadas pela superfície da nova terra, habitarão as nações, cujos reis trarão sua glória e honra para a cidade, e adoração ao Rei dos reis (Is 9:7; 66:22). Nada haverá de corruptível na Nova Jerusalém.

Haverá *um novo rio*, límpido como cristal, que procede do trono de Deus (Ap 22:1). Os nossos rios atualmente não são claros como cristal. Muitos deles estão contaminados por fatores externos e esgotos. Os rios naturais originam-se de fontes nas montanhas, mas o *Rio da Água da Vida* tem a sua origem no trono de Deus. Com expressiva ilustração, relembra o nosso Senhor quando usa a mesma parábola em conexão com o ministério do Espírito Santo (Jo 7:37-39), a fim de revelá-lo como a infalível e eterna fonte da vida e refrigério.

Haverá uma nova *árvore da vida* (Ap 22:2,14). A Bíblia começa e termina com um jardim (Gn 3:22-24). Com Satanás em sua prisão eterna, não haverá medo de que esse jardim, com sua *árvore da vida,* seja contaminado por sua presença maligna. Lindas árvores frutíferas são para a saúde, não para a cura, das nações. Então não haverá enfermidades para serem curadas. Talvez se Adão tivesse comido da árvore da vida no jardim do Éden, teria preservado a sua saúde. A morte veio porque ele comeu do fruto proibido.

Haverá um *novo trono*, de onde Deus e o Cordeiro reinarão (Ap 22:3,4). A nova terra será a residência da Trindade. O tabernáculo divino estará com os homens e a divindade estará com eles. Então João mistura positivos e negativos, em sua descrição de tudo o que nos espera. Pelo lado positivo, serviremos ao Senhor, diante de seu rosto, com o seu nome em nossa testa, para significar que seremos marcados como seus eternamente. Como essa marca é diferente do sinal da besta! Então João nos dá uma pequena lista do "nunca mais". A morada eterna é apresentada pelo que *não* haverá lá, como pelo que existirá. Não haverá mais *lágrimas*, nem *morte,* nem *tristeza,* nem *angústia*. Todas as coisas originadas pelo pecado desaparecerão. Todas as coisas serão renovadas na eternidade, e aguardarão os que pertencem a ele, o *Alfa* e o *Ômega,* o princípio e o fim.

Ao chegarmos ao final do nosso revelador e gratificante estudo, o que mais podemos fazer, senão agradecer a Deus por revelar-se a nós através de sua rica Palavra? Que atraente variedade existe nas verdades que ela apresenta! "Variedade", dizemos, "é o tempero da vida". Bem, as múltiplas facetas da mensagem divina, exposta na Bíblia, acrescentam grande sabor à nossa meditação em suas páginas sagradas. Com tão abundante apresentação diante de nós, nunca sejamos culpados de nos apegar a qualquer expressão isolada da verdade. Parábolas, metáforas, emblemas, figuras, tipos, histórias, ilustrações e interrogações —tudo isso e muito mais para o inescrutável explicar do Deus inescrutável. A linguagem humana, em sua melhor expressão, não é capaz de expressar toda a sua glória e graça, cujos caminhos foram explicados. Acreditamos, entretanto, que o leitor achou ou considerou que o aspecto das parábolas das Sagradas Escrituras é tanto informativo como inspirador.

BIBLIOGRAFIA

Os seguintes comentários foram consultados no que diz respeito ao ensino parabólico em geral, bem como em relação às parábolas relacionadas em nosso *Índice de Assuntos*.

BULLINGER, E. H. *Figures of speech in the Bible*. The Lamp Press, Old Town, London, 1890.

ELLICOTT, Charles H. *Commentary on the whole Bible*. Zondervan, Grand Rapids, 1951.

EXPOSITORY outlines on the whole Bible. Zondervan, Grand Rapids, 1956.

FAIRBAIRN, Patrick. *Imperial standard Bible encyclopaedia*. Zondervan, Grand Rapids, s.d.

HASTINGS, James. *The dictionary of the Bible*. T. and T. Clark, Edinburgh, 1909.

HENRY, Carl F. H. *The biblical expositor*. Pickering and Inglis, London, 1960.

JAMIESON, FAUSETT & BROWN. *Commentary on the whole Bible*. Zondervan, Grand Rapids, s.d.

KEACH, Benjamin. *A key to open Scripture metaphors:* an exposition of the parables. City Press, London, 1856.

NICOLSON, William. *The Bible student's companion*. Pickering and Inglis, London, s.d.

PIERSON, A. T. *Knowing the Scriptures*. James Nisbet, London, 1910.

SCOTT, Walter. *The Bible handbook*. G. Moorish, London, s.d.

SCROGGIE, W. Graham. *A guide to the gospels*. Pickering and Inglis, London, 1948.

THE INTERNATIONAL standard Bible encyclopaedia. Eerdmans, Grand Rapids, 1939.

Para os que desejam estudar mais profundamente as parábolas das Escrituras, a lista de antigos autores britânicos e europeus que Lisco cita pode ser valiosa para consulta na biblioteca de algum seminário teológico tradicional. Trench, no apêndice de sua renomada obra *The parables* [As parábolas], fornece, como nenhum outro autor, uma lista completa das obras mais importantes sobre o assunto. Ele relaciona tanto autores britânicos quanto europeus e divide os livros em três seções:

1. obras introdutórias ao estudo das parábolas;
2. obras sobre as parábolas em geral;
3. obras sobre parábolas específicas.

Convidado a divulgar livros num trabalho anterior ao meu (livros que eu não tinha lido, mas conhecia como confiáveis), fiquei interessado ao achar em um parágrafo do prefácio do livro de Trench a seguinte frase: "Mencionei apenas algumas obras que conheço, ou que tenho razões para supor tenham algum valor. A maioria desses renomados, *mas não todos*, esteve sob meus olhos". Lisco também relaciona poucas obras sobre as quais disse: "Não tive acesso". Em *Guide to the gospels* [*Guia dos evangelhos*], o sr. Graham Scroggie menciona fantásticas obras "às quais não tive acesso e, conseqüentemente, não se encontram na seguinte lista". Goebel, no prefácio de sua obra *The parables of Jesus* [*As parábolas de Jesus*], dá uma lista de antigos escritores, principalmente alemães, sobre esse tema:

ARNOT, Wm. *Lesser parables of our Lord.* T. Nelson and Sons, New York, 1855.
———. *The parables of our Lord.* T. Nelson and Sons, New York, 1872.
AYER, Wm. Ward. *Christ's parables for today.* Zondervan, Grand Rapids, 1949.
BRUCE, A. B. *The parabolic teaching of Christ.* T. and T. Clark., Edinburgh, 1900.
BUCHHEIMER, L. B. *Emblems in the gospels.* E. Kaufman Ltd., Chicago, 1946.
BURNS, Jabez. *Sermons on the parables.* Zondervan, Grand Rapids, 1954.
BUTTRICK, Geo. A. *The parables of Jesus.* Harper and Brothers, New York, 1928.
CUMMING, John. *Lectures on the parables.* Arthur Hull, Virtue and Co., London, 1852.
DODD, C. H. *The parables of the kingdom.* Nisbet and Co., London, 1955.
DODS, Marcus. *The parables of our Lord.* Fleming H. Revell, New York, s.d.
DRYSDALE, J. D. *Holiness in the parables.* Oliphant's Ltd., London, 1952.
FEREDAY, W. W. *Our Lord's parables.* John Ritchie, Kilmarnoch, s.d.
GOEBEL, Siegfried. *The parables of Jesus.* T. and T. Clark, Edinburgh, 1883.
GUTHRIE, Thomas. *Parable of Christ.* G. B. Treat and Co., London, s.d.
HABERSHON, Ada R. *The study of parables.* Pickering and Inglis, London, s.d.

HUNTER, Archibald M. *Interpreting the parables.* Westminster, Philadelphia, 1960.
KIRK, Edward N. *Lectures on the parables.* James Blackwood, London, 1850.
LANG, Cosmo Gordon. *The parables of Jesus.* Pitman and Son, London, 1906.
LANG, G. H. *Pictures and parables.* The Paternoster Press, London, 1955.
LISCO, F. G. *The parables of Jesus.* Daniels and Smith, Philadelphia, 1850.
MORGAN, G. Campbell. *The parables and metaphors of our Lord.* Fleming H. Revel, New York, s.d.
———. *The parables of the kingdom.* Hodder and Stoughton, London, 1960.
NEWBERRY, Thomas. *The parables of the Lord Jesus Christ.* Pickering and Inglis, London, s.d.
SALMOND, Principal. *The parables of our Lord.* T. and T. Clark, Edinburgh, 1893.
SELL, H. T. *Studies of the parables of our Lord.* Fleming H. Revell, New York, s.d.
SPURGEON, C. H. *Sermons on the parables.* Zondervan, Grand Rapids, 1958.
STRATON, Hillyer H. *A guide to the parables of Jesus.* Eerdmans, Grand Rapids, 1959.
TAYLOR, Wm. M. *The parables of our Savior.* Doubleday, Doran Co., New York, 1886.
TRENCH, R. C. *The parables of our Lord.* Kegan Paul, Trench and Co., London, 1889.

ÍNDICE DE ASSUNTOS

Parábola do monte Moriá 29
Parábola do tabernáculo 29
As parábolas de Balaão 31
Parábola das árvores 33
Parábola da cordeira 37
Parábola dos dois filhos 39
Parábola do profeta ferido 42
Parábola de Micaías 43
Parábola do cardo e do cedro 43
Parábola de Jó 44
Parábola da videira trazida do Egito 44
Parábola da inutilidade 46
Parábola do comer e do beber 47
Parábola da pequena cidade 47
Parábola do amado e sua amada 48
Parábola do dono da manjedoura 49
Parábola da vinha do Senhor 51
Parábola do consolo 53
Parábola da vara de amendoeira e da panela a ferver 56
Parábola do cinto apodrecido 57
Parábola do odre de vinho 58
Parábola do oleiro e do barro 59
Parábola da botija quebrada 60
Parábola dos dois cestos de figos 61
Parábola do copo do furor 63
Parábola das brochas e dos canzis 64
Parábola das pedras escondidas 65
Parábola dos seres viventes 68
Parábola do rolo engolido 75
Parábola do tijolo entalhado 76
Parábola da cabeça e da barba rapada 77
Parábola da imagem de ciúmes 78
Parábola do homem com um tinteiro 79
Parábola da panela e da carne 80
Parábola da mudança 81
Parábola do pau da videira 82
Parábola de Jerusalém como esposa infiel 82
Parábola da grande águia 86
Parábola da leoa e seus cachorrinhos 86
Parábola da videira com fortes varas 86
Parábola das duas irmãs 87
Parábola da panela fervente 89
Parábola da esposa do profeta 90
Parábola do querubim da guarda ungido 92
Parábola do cedro no Líbano 93
Parábola dos pastores infiéis 94
Parábola do vale de ossos secos 96
Parábola dos dois pedaços de pau 97
Parábola da cana de medir 98
Parábola das águas em elevação 98
Parábola da grande imagem 101
Parábola da grande árvore 103
Parábola da escrita misteriosa 104
Parábola dos quatro animais 105
Parábola do carneiro e do bode 107
Parábola da esposa infiel 110
Parábola de zombaria 113
Parábola de escárnio 113
Parábola dos cavalos e das murteiras ... 115
Parábola dos chifres e dos ferreiros 116
Parábola do cordel de medir 117
Parábola do sacerdote Josué 118
Parábola do castiçal de ouro 119
Parábola do rolo volante 122
Parábola da mulher e do efa 123
Parábola dos quatro carros de guerra ... 125
Parábola das coroas 126
Parábola da graça e da união 129
Parábola do advento de Cristo 131
As parábolas e o seu potencial na pregação 137
Parábolas como retratos falados 143
As parábolas de acordo com um esboço 146
I. Parábolas do início do ministério 148
II. Parábolas do final do ministério 148
III. Parábolas da Semana da Paixão 149
Parábola dos vales e dos montes 151
Parábola do machado e das árvores 154
Parábola da raça de víboras 155
Parábola da pá e da joeira 155
Parábola do Cordeiro e seu fardo 157
Parábola do noivo e seu amigo 158
Parábola do peixe e dos pescadores 160
Parábola do sal e de seu sabor 162
Parábola da luz e da cidade 163
Parábola da traça e dos ladrões 164
Parábola dos olhos bons e maus 165
Parábola dos pássaros e dos lírios 166
Parábola do cisco e da trave 168
Parábola dos cães e dos porcos 169
Parábola das pedras e das serpentes 171
Parábola das duas portas e dos dois caminhos 172
Parábola das ovelhas e dos lobos 174
Parábola dos espinheiros e dos abrolhos 175
Parábola das duas casas 175
Parábola das raposas e das aves 178
Parábola do médico e do noivo 179
Parábola do vestido velho e dos odres velhos 181
Parábola das ovelhas e da seara 182
Parábola das ovelhas e dos lobos 183
Parábola dos pardais e dos cabelos 184
Parábola da espada e dos inimigos 185
Parábola do caniço e dos que trajam ricamente 186
Parábola da geração e dos meninos 187
Parábola da ovelha e da cova 188
Parábola da árvore e dos frutos 189
Parábola de Jonas e da rainha 190
Parábola da casa desocupada e dos oito espíritos 191
O esquema parabólico de Mateus 13 191
Parábola do semeador e da semente 194
Parábola do trigo e do joio 201
Parábola da mostarda e das aves 206

Índice de Assuntos

Parábola do fermento e da
farinha 212
Parábola do tesouro e do campo 220
Parábola do comerciante e da
pérola 224
Parábola dos peixes bons e ruins 230
Parábola da escriba e do pai
de família 235
Preciosas figuras parabólicas 240
Parábola da planta arrancada 241
Parábola dos condutores cegos 241
Parábola dos cachorrinhos 242
Parábola da previsão do tempo 243
Parábola do fermento 243
Parábola da pedra e das chaves 244
Parábola do grão de mostarda 245
Parábola da pedra de moinho
e das ovelhas perdidas 245
Parábola do perdão e do servo
sem misericórdia 246
Parábola do camelo e do homem
rico 248
Parábola do pai de família e
seus trabalhadores 249
Parábola da figueira e da fé 250
Parábola dos dois filhos e da vinha 252
Parábola do viticultor e do
herdeiro 255
Parábola das bodas e da veste
nupcial 258
Figuras proféticas e parabólicas 263
Parábola dos animais de carga
sobrecarregados 265
Parábola dos condutores cegos 265
Parábola do mosquito e do camelo 265
Parábola do copo e do prato 266
Parábola dos sepulcros caiados 266
Parábola das víboras 266
Parábola da galinha e os pintinhos 267
Parábola do relâmpago 267
Parábola do cadáver e dos abutres 268
Parábola da figueira 268
Parábola do ladrão 269
Parábola do servo fiel e do prudente 269
Parábola das dez virgens 270
Parábola dos talentos e das
recompensas 275
Parábola das ovelhas e dos bodes 281
Parábola da semente 286
Parábola da candeia e da luz 290
Parábola do senhor da casa e
do porteiro 291
Parábola do credor e dois
devedores 292
Parábola do bom samaritano 297
Parábola do amigo importuno 303
Parábola do rico insensato 306
Parábola do servo vigilante 310
Parábola da figueira estéril 310
Parábola do convidado ambicioso 314
Parábola da festa 315
Parábola da grande ceia 316
Parábola do construtor 320
Parábola do rei indo para a guerra 322
Parábola dos bens perdidos 323
A mulher e a moeda perdida 327
O pai e o filho perdido 329
Parábola do mordomo infiel 334
Parábola do rico e Lázaro 337
Parábola da semente e dos
servos inúteis 342
Parábola do juiz iníquo 345
Parábola do fariseu e do cobrador
de impostos 349
Parábola das minas 354
Parábola do verbo 360
Parábola da luz 360
Parábola da voz 360
Parábola da pomba 361
Parábola dos anjos e da escada 362
Parábola do templo 362
Parábola da água e do vento 364
Parábola da serpente na estaca 366
Parábola da água viva 367
Parábola do pão da vida 369
Parábola dos rios de água viva 371
Parábola da luz do mundo 374
Parábola do dia e da noite 375
Parábola da porta e do porteiro 376
Parábola do bom pastor 379
Parábola da morte como um sono 384
Parábola do grão de trigo 387
Parábola do lava-pés 388
Parábola das muitas moradas 390
Parábola da videira verdadeira 393
Parábola da mulher com dores
de parto 394
Metáforas da esfera militar e do
atletismo 405
Material parabólico de Tiago 407
Os escritos parabólicos das epístolas
de Pedro 409
Símbolos em visão do Filho do Homem
glorificado 416
Símbolos relativos às sete igrejas 417
Símbolos associados ao livro com sete
selos 419
Símbolos relacionados às sete
trombetas 419
Símbolos que introduzem as sete
personagens 420
Símbolos que ilustram as sete
taças dos Juízos 421
Símbolos relativos aos sete Juízos 423
Símbolos que retratam sete coisas
novas 427